Demokratien des 21. Jahrhunderts im Vergleich

Eckhard Jesse · Roland Sturm

Demokratien des 21. Jahrhunderts im Vergleich

Historische Zugänge,
Gegenwartsprobleme,
Reformperspektiven

Leske + Budrich, Opladen 2003

Gedruckt auf alterungsbeständigem und säurefreiem Papier

Die Deutsche Bibliothek – CIP-Einheitsaufnahme
Ein Titeldatensatz für die Publikation ist bei
Der Deutschen Bibliothek erhältlich

ISBN 3-8100-3732-X

© 2003 Leske + Budrich, Opladen

Satz: Verlag Leske + Budrich, Opladen
Druck: DruckPartner Rübelmann, Hemsbach
Printed in Germany

Inhalt

Eckhard Jesse/Roland Sturm

Zu diesem Band

Dieser Band will einen umfassenden Überblick über die „Demokratien des 21. Jahrhunderts im Vergleich" bieten – ausgehend vom Beispiel der deutschen Erfahrung. Er beschreitet damit einen Mittelweg zum Verständnis moderner Gesellschaften in Gegenwart und Zukunft. Zum einen öffnet er die Perspektive des Betrachters und lenkt seinen Blick über nationale Grenzen, zum anderen gibt er Orientierung in der Vielfalt vorfindbarer Regierungsformen, weil die Argumentation immer wieder an der dem Leser vertrauten deutschen Demokratieentwicklung anknüpft. Damit verbindet sich die naheliegende Frage, ob die Bundesrepublik Deutschland, gemessen an der heutigen Realität demokratischer Verfassungsstaaten, einen „Normalfall" oder einen „Sonderfall" darstellt. Die Betrachtung von Politik und Gesellschaft in anderen Demokratien kommt jeweils zur Sprache, um charakteristische Abweichungen vom deutschen Fall und verallgemeinerbare Regelhaftigkeiten zu erfassen.

Mit Blick auf das 21. Jahrhundert steht eine zweite Frage im Vordergrund: Driftet die innere Ordnung von demokratischen Staaten auseinander, oder vollzieht sich (z.B. im Zuge der Globalisierung) eine Annäherung? Inwieweit wirken nationale Traditionen, institutionelle Lösungen und politische Leistungsbilanzen weiterhin für Demokratien identitätsbildend, die sich mit in hohem Maße vergleichbaren politischen und wirtschaftlichen Herausforderungen konfrontiert sehen und zunehmend in internationale Bündnissysteme und Verfahren der Zusammenarbeit eingebunden sind (beispielsweise durch die Fortentwicklung der Europäischen Union oder der freien Märkte im Rahmen der WTO).

Schließlich geht es darum, im einzelnen zu prüfen, welche Anpassungsleistungen institutioneller Art, im politischen Willensbildungsprozess und auf einzelnen Politikfeldern Demokratien im 21. Jahrhundert bereits erbringen und damit die demokratische Staatsform im Kern bewahren und fortentwickeln. Wer die genannten Fragen angemessen beantworten will, hat zentrale Felder der vergleichenden Regierungslehre zu berücksichtigen. Dies geschieht in der erwähnten Absicht, neue Antworten auf weiterhin gültige Forschungsfragen zu finden. Weder ein systematischer Ländervergleich noch eine nationale Nabelschau ist dabei beabsichtigt.

Die Beiträge beziehen sich auf drei große Themenfelder: die Verfasstheit demokratischer Systeme (Verfassung, Regierungssysteme, rechtliche Ordnung, Föderalismus und Regionalismus, Kommunen) – die Prägekräfte gesellschaftlicher Ordnungen (Politische Kultur, Eliten, Verbände und Interessenpolitik, öffentliche Meinung und Demoskopie, politischer Extremismus) – die Leistungsprofile und die Leistungskraft moderner Demokratien (Wirtschaftsordnung, Sozialpolitik, Umwelt, Demokratieschutz). Zwar wären ergänzende Themen denkbar, die für die Demokratieentwicklung zentralen Themenfelder kommen aber alle zur Sprache. Damit sind die Kernbereiche der drei großen Ebenen der Politik erfasst: polity, politics und policy.

Bei einem Sammelband setzen die Autoren – dem Pluralismus der wissenschaftlichen Methoden und Forschungsansätze entsprechend – die Akzente unterschiedlich. Auch angesichts der schillernden Themengebiete ist ein bestimmtes Maß an Unterschieden der geeigneten analytischen Zugänge unvermeidlich. Die Beiträge sind gleichermaßen fakten- und problemorientiert, wobei sich die Gewichtung von Fall zu Fall unterscheidet. Bei dem ersten Autor nimmt die komparatistische Dimension eine breitere Bedeutung ein als bei dem zweiten. Woanders wiederum steht die Frage nach den Herausforderungen und den Reformnotwendigkeiten stärker im Vordergrund. Manch einer betont mehr die empirisch-deskriptive Dimension, manch einer legt den Ausführungen einen normativen Bezugsrahmen zugrunde.

Ohne die Ergebnisse im einzelnen vorwegnehmen zu wollen, ist der Befund bemerkenswert, dass der Blick über Grenzen wichtige Weichenstellungen der deutschen Demokratie bestätigt. Die Bundesrepublik schlägt vielfach einen „mittleren Weg" ein. Die These vom „Sonderweg Deutschlands", in der Vergangenheit entweder harsch kritisiert oder verteidigt, spielt keine Rolle mehr. Auch wenn wir uns im Zeitalter der Globalisierung befinden, hat sich eine Reihe nationaler Spezifika gehalten. Demokratien vertrauen weiterhin auf historisch gewachsene Erfahrungen und geben so ihren Bürgern Orientierung. Veränderungsprozesse beziehen sich hierauf und sind allgegenwärtig. Überall klingt an, in welchem Ausmaß die Herausforderungen der Zukunft die Entwicklung der Demokratien im 21. Jahrhundert bestimmen.

Wie sieht der Aufbau des Bandes aus? Die Texte werden von dieser Hinführung zur Thematik und einem nur Bücher umfassenden knappen Literaturverzeichnis eingerahmt. Die eingangs mehr historisch-deskriptiv, am Ende eher politikwissenschaftlich-systematisch angelegten Beiträge der Herausgeber zum „Erbe des 20. Jahrhunderts" und zu den „Herausforderungen des 21. Jahrhunderts" gehen den drei Großkapiteln voraus bzw. folgen ihnen nach. Auf diese Weise sollen die Themen in ihrem Facettenreichtum mit einem Blick zurück in historische Zusammenhänge und einem Blick voraus in die Zukunft eingebettet werden.

Die Herausgeber analysieren anfangs das schwierige Erbe des 20. Jahrhunderts. Dieses war zugleich das Jahrhundert der Diktaturen wie das ihrer (weitgehenden) Überwindung. Die neuesten Daten von „Freedom House" geben zu – eingeschränktem – Optimismus Anlass. Immer mehr Staaten be-

sitzen eine demokratische Regierungsform. Gab es 1972 43 freie, 38 halbfreie und 69 unfreie Staaten, so lauteten die Zahlen für das Jahr 2002 folgendermaßen: 89 – 56 – 47. Führte im 19. Jahrhundert der Kampf der Nationen
zu Kriegen, so tobte im 20. Jahrhundert der Kampf der Ideologien – nicht
zuletzt in Deutschland. Mit dem Kommunismus in der Sowjetunion und dem
Nationalsozialismus in Deutschland hatten sich zwei Gewaltregime herausgebildet, deren Struktur in modifizierter Form auf andere Staaten übertragen
wurde. Auch wenn es woanders zu Systemwechseln gekommen ist, steht
Deutschland, was Europa betrifft, im 20. Jahrhundert mit Blick auf Häufigkeit und Radikalität an der Spitze. Die vier Jahreszahlen 1918, 1933, 1945
und 1989 symbolisieren (Um-)Brüche ungeheuren Ausmaßes. Diese wirken
sich in mancher Hinsicht bis auf die heutige Zeit aus (z.B. in Form heftiger
Auseinandersetzungen über die angemessene Art der Vergangenheitsbewältigung).

Der Berliner, z.Z. in Harvard lehrende Politikwissenschaftler Ludger
Helms erörtert die Verfassungen liberaler Demokratien. Behandelt werden,
ausgehend von der terminologischen Abgrenzung des Gegenstands und einem Überblick über die wichtigsten Ansätze der politikwissenschaftlichen
Verfassungslehre, die unterschiedlichen Entstehungskontexte moderner Verfassungen, ihr Regelungsanspruch sowie zentrale Aspekte der Staatsorganisation, des Verfassungswandels und der Verfassungskultur. Verfassungen dürften auch im 21. Jahrhundert zu den grundlegenden und unverzichtbaren
Strukturelementen der liberalen Demokratie gehören. Dies gilt im übrigen
nicht nur für die etablierten liberal-demokratischen Systeme, sondern auch
und in besonderem Maße für die „jungen Demokratien", in denen Verfassungen häufig eine zentrale Bedeutung für die Herausbildung und Konsolidierung einer demokratischen politischen Kultur zukommt, welche auf die Verfassungspraxis zurückstrahlt. Mit ihrem spezifischen Verfassungsgefüge hat
sich die Bundesrepublik während der vergangenen Jahrzehnte von einem
„Provisorium" zu einem „Referenzmodell" moderner Verfassungsstaatlichkeit, mit beträchtlicher internationaler Ausstrahlungswirkung, gewandelt.

Die Hallenser Politikwissenschaftlerin Suzanne S. Schüttemeyer, der
These von der Eigenständigkeit eines semi-präsidentiellen Regierungstypus
skeptisch gegenüberstehend, belegt den Erfolg des parlamentarischen Regierungssystems in der politischen Praxis Ostmittel- und Osteuropas seit dem
Beginn der neunziger Jahre. Die Bundesrepublik gilt als ein Musterbeispiel
eines parlamentarischen Regierungssystems – mit der Abberufbarkeit der
Regierung durch das Parlament und der Kanzlerdominanz. Es zeichnete sich
in den über fünfzig Jahren seiner Existenz durch kanzlerdominierte Regierungen, deutliche Konsensorientierung der politisch orientierten Akteure und
parlamentarische Professionalisierung aus. Zunehmend treten koordinations-
und verhandlungsdemokratische Elemente in den Vordergrund, deren Komplexität sich öffentlich kaum vermitteln lasse. Unter den großen europäischen
Parlamenten weist der Bundestag die ausgeprägtesten Strukturen politischer
Professionalisierung auf. Das Urteil, Politik durch Verhandeln auf und zwi-

schen mehreren Ebenen entmachte das Parlament, trifft so nicht zu. Es hat seine Funktionen insgesamt erfolgreich wahrgenommen. Auch wenn die in den parlamentarischen Regierungssystemen Westeuropas zu registrierende Exekutivlastigkeit für die neuere Entwicklung typisch ist, darf die Rolle der Parlamente nicht unterschätzt werden. Der Europäisierungsprozess stellt diese jedoch vor neue Herausforderungen.

Der ebenfalls in Halle Politikwissenschaft lehrende Everhard Holtmann will die Rechtsordnung Deutschlands in ihren gesellschaftlichen Bezügen und ihren politischen Implikationen historisch wie systematisch umreißen. Dabei werden, soweit möglich, ausgewählte Merkmale außerdeutscher Rechtssysteme vergleichend herangezogen, um anschaulich zu machen, inwieweit es sich jeweils um singulär deutsche Rechtstraditionen und Rechtsauffassungen handelt und ob sich Ähnlichkeiten bzw. Gemeinsamkeiten mit anderen Rechtskreisen aufzeigen lassen. Abgesehen von der Konvergenz ursprünglich national begrenzter Rechtsmethoden und Rechtstechniken funktioniere das hergebrachte Prinzip, dass der Geltungsbereich von Recht durch die Grenzen souveräner Staaten bestimmt ist, auf Grund fundamental veränderter Handlungsgrundlagen nationalstaatlicher Politik nicht mehr – zum einen durch die „Deterritorialisierung" in den Bereichen von Ökonomie und Politik, zum anderen durch das Gemeinschaftsrecht der Europäischen Union. Während im nationalen Rahmen das hierarchisch-zentralistische Handeln zurückgefahren werde, wachse im Zuge der Europäisierung des Gesetzesrechts der Mitgliedstaaten eine neue, supranational hierarchisierte Ordnung von Rechtsnormen nach.

Der Erlanger Politikwissenschaftler Roland Sturm untersucht die politische Bedeutung von Regionalismus und Föderalismus. In Deutschland fehlen weitgehend die emotionalen Bindungen an politische Regionen, die politischen Regionalismus fördern, wie er uns in den Auseinandersetzungen um regionale Autonomie und die Unabhängigkeit staatenloser Nationen begegnet. Gleichwohl hat der hiesige Regionalismus international eine gewisse Vorreiterrolle gespielt. Er wurde anders und früher als in den meisten Ländern Europas und Nordamerikas nach wirtschaftspolitischen Erfordernissen der Standortpolitik „inszeniert"und half bei der Mobilisierung von Sozialkapital. Die Befunde zum Föderalismus haben mehrere Facetten. Das deutsche Parteiensystem folgt in seiner Wettbewerbslogik immer stärker der strukturellen Ausdifferenzierung, die die Realität vieler Entscheidungszentren im Föderalismus vorgibt. Damit passt es sich dem internationalen Trend an. Die Institution Bundesrat und seine Entscheidungsverfahren finden international hingegen kaum eine Entsprechung. Ungelöst bleiben die Effizienzprobleme des deutschen Föderalismus. Die Herausbildung der Politikverflechtung macht den deutschen Föderalismus im internationalen Vergleich zu einem negativen Ausnahmefall. Effizienzprobleme gehen mit Transparenzproblemen Hand in Hand. Diese Form des Föderalismus leistet somit in seiner jetzigen Ausgestaltung einen eigenen unerwünschten Beitrag zur Erstarrung von Politik und Gesellschaft.

Die Stuttgarter Politikwissenschaftler Oskar W. Gabriel und Melanie Walter-Rogg erörtern Partizipation und Wettbewerb sowie die Folgen der Reform der Gemeindeverfassung für die Qualität der lokalen Demokratie. Einen Schwerpunkt dieser Reformen bildete die Ausweitung der Partizipationsrechte der Bürger. Ungeachtet der gewachsenen demokratischen Potentiale wurde das Ziel, die Inklusivität des lokalen politischen Systems zu steigern, nur bedingt erreicht. Die Reform der kommunalen Entscheidungsstrukturen brachte eine Abkehr vom Modell der repräsentativen Gemeindedemokratie mit sich. Diese Verschiebung der politischen Kräfteverhältnisse zu Gunsten von Bürgern wie der Verwaltungsspitze und zu Lasten der Kommunalvertretung mag in Deutschland stärker ausgefallen sein als in anderen europäischen Demokratien, wobei jedoch auch in den Nachbarländern eine ähnliche Tendenz feststellbar ist. Für die politischen Einstellungen der Bürger und der Eliten ergeben sich aus den Befunden keinerlei Hinweise auf besondere Defizite der lokalen Demokratie in Deutschland. Allerdings müssen ihre Entwicklungsperspektiven unter den Bedingungen einer gewachsenen Internationalisierung der Politik neu beleuchtet werden. Kommunale Demokratie nimmt künftig eine andere – nicht notwendigerweise schlechtere – Form an als in der Ära souveräner Nationalstaaten.

Der Marburger Politikwissenschaftler Dirk Berg-Schlosser analysiert die Rolle eines der vieldeutigsten und umstrittensten analytischen Konstrukte in der Politikwissenschaft: das der politischen Kultur. Nach einer systematischen Konzeptionalisierung und Eingrenzung folgt eine Erörterung des aktuellen Forschungsstands aus unterschiedlichen epistemologischen und methodischen Blickwinkeln. Am Beispiel des deutschen Falls, der für diese Forschungsrichtung in vielfacher Hinsicht paradigmatische Bedeutung besitzt, werden Aspekte der jeweiligen sozialen und „nationalen" Identität – wie Demokratieverankerung und Wertewandel, ökonomische Einstellungen und schließlich die Legitimität des politischen Systems – differenziert und facettenreich behandelt. Einige wichtige vergleichbare Gesichtspunkte im europäischen Kontext schließen den Beitrag ab. Die Bundesrepublik stellt aufgrund ihres Wandels zumal in den siebziger Jahren keinen Ausnahmefall dar, wenngleich die Unterschiede zwischen Ost und West woanders in dieser Form so nicht anzutreffen sind. Wie der Ausblick auf die europäische Entwicklung im neuen Jahrhundert zeigt, dürfte es nicht zu einer Verschmelzung der einzelnen politischen Kulturen kommen.

Die Bamberger Politikwissenschaftlerin Ursula Hoffmann-Lange widmet sich den politischen Eliten. Liberal-demokratische Gesellschaften zeichnen sich durch die Offenheit des Zugangs zu gesellschaftlichen Führungspositionen und eine Rückbindung der Eliten an ihre Basis aus. Dies bedingt die Repräsentation unterschiedlicher Vorstellungen über die Lösung gesellschaftlicher Probleme auf Elitenebene; die dadurch hervorgerufenen Interessenkonflikte werden durch die Existenz eines Elitenkonsenses über die Spielregeln des Konfliktaustrags sowie kooperativer Austauschbeziehungen zwischen den verschiedenen Eliten abgemildert. Auf Grund der diskontinuierlichen

demokratischen Entwicklung Deutschlands bildete sich eine solche Eliten-
formation erst nach dem Zweiten Weltkrieg und zunächst nur in der „alten"
Bundesrepublik heraus. Durch die deutsche Vereinigung erfuhr diese Struktur bloß eine unwesentliche Veränderung; jedoch erweiterte sich das Parteiensystem um die PDS, die innerhalb der Eliten allerdings eine Außenseiterposition wahrnimmt. Demokratische Elitenformationen weisen eine hohe
Flexibilität bei der Anpassung an gesellschaftlichen Wandel auf. Die Globalisierung stellt insofern eine neue Herausforderung dar, als sie einerseits die
eigenständigen Handlungsspielräume nationaler Eliten vermindert und andererseits die Steuerungsfähigkeit der politischen Instanzen vor allem gegenüber den global agierenden wirtschaftlichen Eliten beeinträchtigt.

Die Erlanger, z.Z. in Potsdam lehrende Politikwissenschaftlerin Sabine
Kropp greift ein konstitutives Element der pluralistischen Demokratie auf:
die Interessenpolitik der Verbände. Es ist die These der Autorin, dass sich die
nationalen „Verbändelandschaften" in den europäischen Demokratien einem
systematischen Vergleich entziehen. Einige seien stärker pluralistisch (z.B.
Großbritannien, Frankreich), andere (neben Deutschland vor allem die skandinavischen Länder und Österreich) eher korporatistisch geprägt. Wie Begriffsgeschichte und Forschungskonjunkturen belegen, gibt es „typisch deutsche" Interpretationsmuster. Die in Deutschland einst vorherrschende Ver-
bandsprüderie mit ihrem rousseauistischen Demokratieverständnis gilt als
überwunden. Die Interessengruppen – ob im Wirtschaftsbereich und in der
Arbeitswelt, im sozialen Bereich, im Freizeitbereich, im Bereich von Religion, Kultur und Wissenschaft – stünden u.a. angesichts des Motivationswandels der heterogener gewordenen Mitgliederschaft und neuer Themen (z.B.
der Globalisierung) vor vielfältigen Herausforderungen. Eine Europäisierung
der Verbändelandschaften sei bisher ausgeblieben.

Der Berliner Politikwissenschaftler Oskar Niedermayer untersucht die
Entwicklung des deutschen Parteiensystems seit 1945 und beantwortet die
Frage, ob das deutsche System sich im Mainstream der Entwicklung der Parteiensysteme Westeuropas bewegt. Dabei wird vor allem auf drei zentrale
Parteiensystemcharakteristika eingegangen: die Fragmentierung, d.h. den
Grad an Zersplitterung oder Konzentration, die strukturelle Asymmetrie zwischen den beiden Großparteien und die Herausbildung einer neuen Konfliktlinie. Wie die Analyse erhellt, zeichnen sich die Parteiensysteme Westeuropas mit Blick auf diese Eigenschaften zwar durch eine relativ große Variationsbreite aus, gewisse mehrheitliche Entwicklungstendenzen sind jedoch
erkennbar. Dies betrifft sowohl die Fragmentierung, die in der Mehrheit der
Parteiensysteme zunimmt, als auch den Abbau der die westeuropäischen
Christdemokraten in der Vergangenheit begünstigenden strukturellen Asymmetrie. Zudem konnte sich – mit wenigen Ausnahmen – in den westeuropäischen Parteiensystemen eine neue Konfliktlinie etablieren, die in den grün-libertären und ethnozentristisch-autoritären Parteien ihren organisatorischen
Ausdruck gefunden hat. Das Parteiensystem der Bundesrepublik stellt bei
diesem Verlauf keinen Sonderfall dar.

Die Mainzer Politikwissenschaftler Kai Arzheimer und Jürgen Falter präsentieren zunächst die wichtigsten Ansätze der Wahlsystem- und Wähler- forschung. Vor diesem Hintergrund erörtern sie das System der Wahl zum Deutschen Bundestag und die zentralen Befunde der Wahlforschung für die Bundesrepublik. Dabei gehen sie insbesondere auf das Fortwirken der sozio- politischen Konflikte des 19. Jahrhunderts, die Rolle von Parteibindungen sowie auf die beträchtlichen Unterschiede im Wahlverhalten von Ost- und Westdeutschen ein. Die Frage, ob das hiesige Wahlsystem und Wahlverhal- ten vom „Normalfall" abweichen oder eher als typisch für andere Demokrati- en des 21. Jahrhunderts gelten können, wird in dem Sinne beantwortet, dass die Bundesrepublik Deutschland keine Sonderstellung besitzt. Das Verhält- niswahlsystem findet in vielen anderen Demokratien Anwendung, und die Grundmuster des Wahlverhaltens (dominierende Rolle der Parteien, das Weiterbestehen der großen Konflikte aus dem 19. Jahrhundert, abnehmende Parteiidentifikationen) sind in fast allen westeuropäischen Gesellschaften nachweisbar.

Der Chemnitzer Politikwissenschaftler Alexander Gallus widmet sich dem Verhältnis von Medien, öffentlicher Meinung und Demoskopie zur Po- litik. Die Kommunikationsabhängigkeit der Politik hat in Deutschland, aber auch in den anderen westeuropäischen Demokratien zugenommen – beson- ders mit der Etablierung des Fernsehens als omnipräsentes Leitmedium. Ten- denzen zur Medien- und „Demoskopiedemokratie", die sich etwa an der vermehrten Personalisierung von Politik, der gewachsenen Unterhaltungsori- entierung der Medien oder ihrer Neigung zu Negativismus und Skandalisie- rung zeigen, seien nicht von der Hand zu weisen, doch von einem Umschla- gen der Parteien- und Verhandlungsdemokratie in eine reine Stimmungsde- mokratie könne keine Rede sein. Dies zeigt sich insbesondere dann, sobald man den weiterhin vergleichsweise geringen Einfluss der Medien auf ent- scheidungspolitische Prozesse von ihrer großen Bedeutung im Bereich der Darstellungspolitik trennt. Im westeuropäischen Vergleich ist die Bundes- republik insgesamt ein Normalfall. Sie unterscheidet sich strukturell vom poli- tischen System der Vereinigten Staaten, aber auch vom „Sonderfall" Italien, wo politische und mediale Macht in den Händen Berlusconis unmittelbar miteinander verschränkt sind.

Der Dresdner Politikwissenschaftler Uwe Backes behandelt Entwicklung und aktuelle Bedeutung des Rechts- und Linksextremismus in seinen organi- sierten – legal operierenden wie gewaltorientierten – Formen. Nach Skizzen zur Forschung und Begriffsgeschichte folgen Darlegungen zu den links- und rechtsextremen „Szenen". Die Bilanz mit Blick auf das Bedrohungspotential konterkariert in den Medien verbreitete alarmistische Szenarien: Die wahlpo- litischen Mobilisierungswellen der extremen Rechten (SRP, NPD, DVU, REP) führten nicht zu einer parteipolitischen Etablierung und schwächten sich im Laufe der Jahrzehnte ab. Die extreme Linke spielt erst seit dem Un- tergang des SED-Regimes in Gestalt der PDS eine bei Wahlen bedeutsame Rolle, ist jedoch über das Stadium einer Regionalpartei nicht hinausgekommen. Im europäischen Maßstab steht Deutschland in dieser Hinsicht gut da. Das hiesige vergleichsweise hohe Ausmaß fremdenfeindlicher Gewalt erscheint überwiegend als eine Folgelast der Vereinigung mit ihren sozial(psychologisch)en und ökonomischen Verwerfungen im östlichen Deutschland. Die Zahl der Gewaltakte hat sich indes wieder auf das Niveau linksextremer Gruppierungen (vor allem: „Autonome") eingependelt. So ernst dieses Problem auch ist: Auf der Ebene des politischen Systems handelt es sich um keinen schwerwiegenden Desintegrationsfaktor.

Der Stuttgarter Politikwissenschaftler Markus M. Müller weist nach, dass sich die Wirtschaftsordnung der Bundesrepublik Deutschland in ihren marktwirtschaftlichen Grundzügen seit 1948 nur wenig verändert hat – ungeachtet spezifischer Phasen (1949-1966; 1966-1982; 1982-1990; seit 1990). Es finden sich Belege für Parallelen wie für Abweichungen von ausländischen Erfahrungen. Das gilt für die Institutionen der Wirtschaftsordnung (z.B. Bundesbank), die Bedeutung und Verwirklichung von politischen Handlungskonzepten (z.B. Keynesianismus) sowie für die jeweils zum Einsatz kommenden Problembearbeitungsmechanismen (z.B. Korporatismus). Diese Kontinuität im Vergleich zu dem ständigen und tiefgreifenden Wechsel von wirtschafts- und auch ordnungspolitischen Vorstellungen in Großbritannien erscheint bemerkenswert. Die relativ stark ausgeprägte Robustheit der deutschen Wirtschaftsordnung hat ihre Legitimation weiter erhöht. Sie ist aber durch die neuen Anforderungen einer internationalisierten Wirtschaftsordnung zunehmend in Frage gestellt.

Der Heidelberger Politikwissenschaftler Manfred G. Schmidt ergründet die Bedeutung und den Wandel der Sozialpolitik. Nach einem historischen Vergleich ihrer Stationen wird insbesondere am Beispiel der Höhe der Sozialleistungsquote und dem Prozentanteil der öffentlichen Sozialausgaben am Bruttoinlandsprodukt Deutschlands Sozialpolitik im internationalen Vergleich erläutert. Deutschland befindet sich nach wie vor auf einem mittleren Weg – zwischen dem marktdominierten US-amerikanischen Kapitalismus einerseits und dem wohlfahrtsstaatlich orientierten nordeuropäischen Kapitalismus andererseits. Dieser mittlere Weg zeichnet sich durch folgende Hauptkomponenten aus: Streben nach wirtschaftlicher Effizienz und starkem Sozialstaat; Vorrang von Preisstabilität gegenüber Arbeitsplatzsicherung; hohe Staatsquote zwecks Finanzierung eines transferintensiven Investitionsstaates; Delegation vieler gemeinschaftlicher Aufgaben an die Verbände in der Gesellschaft. Allerdings ist das Verhältnis von Sozialpolitik und Wirtschaftskraft nicht genügend austariert, eine Schieflage zwischen Sozial- und Wirtschaftpolitik eingetreten. Die wirtschaftliche Leistungskraft hinke dem weit ausgebauten Sozialschutz hinterher.

Der Erlanger Politikwissenschaftler Heinrich Pehle belegt den Sachverhalt, dass die Bundesrepublik im Bereich des Umweltschutzes insofern den Normalfall darstellt, als der Beginn der siebziger Jahre in den meisten Demokratien die Entdeckung des Umweltschutzes als politische Aufgabe markierte. Wer sich zeitlich gesehen im Mittelfeld bewegt, hat grundsätzlich die

Möglichkeit gehabt, von den „Vorreitern" zu lernen. Dass man darauf verzichtete, speziell auf den Umweltschutz zugeschnittene Instrumente von den
seinerzeitigen „Pionieren" – etwa Japan und den USA – zu übernehmen und
stattdessen auf die spezifisch deutsche Tradition setzte, erklärt Besonderheiten zum Teil bis heute. Im technisch orientierten Umweltschutz nimmt
Deutschland nach wie vor eine Spitzenposition ein. Umweltschutz sei als eine Aufgabe begriffen worden, der man am Besten mit regulativen Politikkonzepten Rechnung tragen könne. Die Kehrseite der Medaille besteht darin,
dass sich die deutsche Umweltpolitik mittlerweile im Ordnungsrecht teilweise selbst gefangen hat. Mit der – auch durch die Europäische Union forcierten – Einführung prozedural orientierter und auf die Beteiligung der Öffentlichkeit gerichteter Instrumente tut man sich deshalb bis heute schwer. Die
auffällig starke Fragmentierung des Umweltrechts wird wohl auch künftig
ein „typisch deutsches" Phänomen bleiben.

Der Chemnitzer Politikwissenschaftler Eckhard Jesse untersucht die Frage,
wie sich die Demokratien gegenüber jenen Kräften verhalten (sollen), die sie
abschaffen oder einschränken wollen. Dass die demokratischen Verfassungsstaaten sich wehren, wenn die Strafgesetze verletzt werden (z.B. durch Gewaltanwendung), versteht sich. Die Reaktionen gegenüber der Legalitätstaktik ver-
fassungsfeindlicher Bestrebungen fallen höchst unterschiedlich aus. Die Bundesrepublik, geprägt durch den Untergang der ersten deutschen Demokratie
und die Errichtung der zweiten deutschen Diktatur nach 1945, orientiert sich im
Gegensatz zu anderen Demokratien der Welt an der Maxime der streitbaren
Demokratie. Das Grundgesetz basiere auf den Prinzipien der Wertgebundenheit
und der Abwehrbereitschaft (z.B. Möglichkeit des Parteienverbots). Ist damit
die Bundesrepublik in verfassungsrechtlicher Hinsicht weitgehend ein Sonderfall, so ebnet die Praxis die Unterschiede zum Teil ein. Die zweite deutsche
Demokratie (und daran habe auch die deutsche Einheit nichts geändert) ist trotz
des Verfassungsrechts weitaus weniger militant; zudem setzen andere Demokratien eine Vielzahl von Mechanismen zum eigenen Schutz ein.

Die Herausgeber stellen sich abschließend den Herausforderungen des
21. Jahrhunderts – mit besonderem Blick auf Staat, Regierung und politische
Teilhabe. Der Nationalstaat wird durch regionale Integration europäisiert.
Der Staat des 21. Jahrhunderts müsse der Globalisierung, Individualisierung
und Migration standhalten. Die Regierungstätigkeit, die bisher wesentlich
durch Gesetze erfolgte, dürfte hinfort stärker wegen der nachlassenden staatlichen Steuerungsfähigkeit durch Verhandeln und Entstaatlichung bestimmt
sein. Das Gewaltmonopol des Staates gerate angesichts zahlreicher Herausforderungen ebenso in Gefahr wie der traditionelle Sozialstaat. Die politische
Teilhabe könne sich vielfältig verändern: weg vom herkömmlichen demokratischen Willensbildungsprozess hin zur e-democracy, vom weltanschaulich geprägten Wettbewerb zur verstärkten Entideologisierung. Auch wenn
die Pluralisierung der Lebensformen und der Identitäten der Bürger zunehmen dürfte, bleibt die Hoffnung, die Prinzipien des demokratischen Verfassungsstaates ließen sich im 21. Jahrhundert beibehalten und ausbauen.

Die Beiträge sollen so wissenschaftlich wie nötig und so verständlich wie möglich verfasst sein. Der Leser möge prüfen, ob die Autoren diesen Anspruch einlösen. Wer mehr über die hiesige Demokratie erfahren will, ist gut damit bedient, den Blick über die Grenzen zu richten. Ein solcher Band konnte nur durch die Kooperation Vieler zustandekommen. Unser besonderer Dank gilt den Verfassern, die die Mäkeleien der Herausgeber ertragen und konstruktiv umgesetzt haben, sowie dem Verlag für gewohnt zügige Produktion.

Chemnitz/Erlangen
Februar 2003

Kapitel I

Eckhard Jesse/Roland Sturm

Das Erbe des 20. Jahrhunderts

1. Deutschland im 20. Jahrhundert:
1918 – 1933 – 1945 – 1989

Das 20. Jahrhundert war ein Jahrhundert des Schreckens. Wer einen Blick zurückwirft, wird erkennen, dass es zugleich auch ein Jahrhundert der (teilweisen) Überwindung des Schreckens gewesen ist – ein durch Licht- und Schattenseiten gleichermaßen geprägtes Säkulum. Sein Erbe ist vielfältig, nicht auf einen Nenner zu bringen. Wer das „Jahrhundert verstehen"[1] will, kommt nicht umhin, die Auseinandersetzungen zwischen Diktaturen und Demokratien zu benennen.[2]

Viele Staaten haben im 20. Jahrhundert „Systemwechsel"[3] erlebt – von der (autoritären bzw. totalitären) Diktatur zur Demokratie und/oder umgekehrt. Kein Land der Welt aber ist in den letzten einhundert Jahren so von tiefgreifenden Brüchen heimgesucht worden wie Deutschland. Zum Teil waren diese eine Reaktion auf internationale Konstellationen, zum Teil endogener Natur. Einige Betrachter haben dies – mit unterschiedlicher Begründung – zum Anlaß genommen, vom „deutschen Jahrhundert"[4] zu reden – eine Cha-

---

1   So der Titel von Dan Diner, Das Jahrhundert verstehen. Eine universalhistorische Deutung, München 1999.

2   Vgl. die unterschiedlichen Sichtweisen bei Eric Hobsbawm, Das Zeitalter der Extreme. Weltgeschichte des 20. Jahrhunderts, München 1995; François Furet, Das Ende der Illusion. Der Kommunismus im 20. Jahrhundert, München 1996; Ernst Nolte, Der europäische Bürgerkrieg 1917-1945. Nationalsozialismus und Bolschewismus, 5. Aufl., München 1997.

3   Vgl. zu dieser Thematik: Wolfgang Merkel (Hrsg.), Systemwechsel 1. Theorien, Ansätze und Konzepte der Transitionsforschung, Opladen 1994; ders./Eberhard Sandschneider/Dieter Segert (Hrsg.), Systemwechsel 2. Die Institutionalisierung der Demokratie, Opladen 1996; Wolfgang Merkel/Eberhard Sandscheider (Hrsg.), Systemwechsel 3. Parteien im Transformationsprozeß, Opladen 1997; dies. (Hrsg.), Systemwechsel 4. Die Rolle von Verbänden im Transformationsprozeß, Opladen 1999; Wolfgang Merkel (Hrsg.), Systemwechsel 5. Zivilgesellschaft und Transformation, Opladen 2000. Zusammenfassend ders./Peter Thiery, Systemwechsel, in: Hans-Joachim Lauth (Hrsg.), Vergleichende Regierungslehre. Eine Einführung, Wiesbaden 2002, S. 181-209.

4   So Eberhard Jäckel, Das deutsche Jahrhundert. Eine historische Bilanz, Stuttgart 1996. Siehe auch Christian Graf von Krockow, Die Deutschen und ihr Jahrhundert 1890-1990, Reinbek bei Hamburg 1990.

rakterisierung, die wohl die Komplexität des Geschehens unterschlägt und die Rolle Deutschlands überschätzt. Die vier Jahreszahlen 1918, 1933, 1945 und 1989 symbolisieren fundamentale, in mancher Hinsicht für das 20. Jahrhundert charakteristische Systembrüche.[5] Alle vier Zahlen sind mit einem bestimmten Datum verbunden (dem 9. November, dem 30. Januar, dem 8. Mai[6] und erneut dem 9. November) und einem bestimmten Ereignis (der Ausrufung der Republik, der „Machtergreifung", der Kapitulation und der Öffnung der Mauer). Es geht im folgenden darum, Anfang und Ende dieser Epochen unter dem Gesichtspunkt von Diktatur und Demokratie zu deuten.

Im Jahre 1918 brach das autoritäre Kaiserreich zusammen. Es war weitgehend ein Rechtsstaat, aber keine Demokratie. Der nach allgemeinem (Männer-)Wahlrecht zustandegekommene Reichstag konnte den Kanzler weder ernennen noch absetzen, wiewohl er zunehmend an Einfluß gewann. Am 9. November rief der Sozialdemokrat Philip Scheidemann von einem Balkon des Reichstages die „deutsche Republik" aus, wenige Stunden danach der Spartakist Karl Liebknecht, der spätere Mitbegründer der KPD, von einem Balkon des Berliner Schlosses die „freie sozialistische Republik Deutschland". Die Novemberrevolution fegte die durch den verlorenen Krieg entkräftete Monarchie hinweg, die trotz der überhastet eingeführten „Oktoberreformen" nicht mehr zu retten war. Gleichwohl blieb die Weimarer Republik von Anfang an eine ungefestigte Demokratie.[7] Sie musste sich gewaltsamer links- und rechtsextremistischer Bestrebungen gleichermaßen erwehren. Die Parteien der „Weimarer Koalition" – SPD, Zentrum und DDP – verloren bei der ersten Reichstagswahl 1920 ihre Mehrheit, die sie bis zum Ende der Weimarer Republik nie mehr zurückerhalten sollten. Die „Demokratie ohne Demokraten" litt unter einer Vielzahl von Strukturdefiziten: Schwächen der politischen Kultur, außenpolitischen Belastungen, innenpolitischen Bedrängnissen, verfassungsrechtlichen Ungereimtheiten, ökonomischen Widrigkeiten. Die abwehrschwache Demokratie sah keinen Schutz vor gewaltloser antidemokratischer Unterwanderung vor und war der Legalitätstaktik der Nationalsozialisten ausgeliefert.

Ab dem Jahr 1930 kam es zu Präsidialkabinetten und damit zu einer Zurückdrängung des parlamentarischen Einflusses. Nach den beiden Reichstagswahlen 1932 besaßen die extreme Rechte in Form der NSDAP (also sogar ohne die Deutschnationalen) und die extreme Linke in Form der KPD die absolute Mehrheit, wenngleich nur eine negative. Sie waren sich einig in

---

5   Vgl. Wolfgang Schieder, Die Umbrüche von 1918, 1933, 1945 und 1989 als Wendepunkte deutscher Geschichte, in: Dietrich Papenfuß/Wolfgang Schieder (Hrsg.), Deutsche Umbrüche im 20. Jahrhundert, Weimar/Wien 2002, S. 3-18.

6   Dieses immer wieder genannte Datum ist ungenau. Denn die bedingungslose Kapitulation in Reims gegenüber den USA vollzog sich am 7. Mai (2.41 Uhr) und die gegenüber der Sowjetunion in Berlin-Karlshorst am frühen Morgen des 9. Mai (0.16 Uhr).

7   Vgl. zur Geschichte, zum Forschungsstand und zur Literatur Eberhard Kolb, Die Weimarer Republik, 4. Aufl., München 1998.

dem, was sie ablehnten, aber nicht einig in dem, was sie befürworteten. Auch wenn das Ende von Weimar nicht auf eine Ansammlung von Intrigen der Entourage um den greisen Reichspräsidenten Paul von Hindenburg zurückzuführen ist[8]: Es war keineswegs zwangsläufig, wie das Standardwerk von Karl Dietrich Bracher zu den (zerfallenden) Machtstrukturen am Ende der Weimarer Republik eindrucksvoll gezeigt hat.[9] Der Handlungsspielraum zur Rettung der Demokratie ist nicht ausgeschöpft worden – sei es wegen der Unterschätzung der totalitären Dynamik des Nationalsozialismus, sei es wegen der Uneinigkeit seiner Gegner.

Im Jahre 1933 wurde die Weimarer Republik durch die „Machtergreifung"[10] der Nationalsozialisten beendet. Am 30. Januar 1933 ernannte der greise Reichspräsident Paul von Hindenburg Adolf Hitler zum Reichskanzler. Die konservative Kamarilla um Hindenburg scheiterte mit ihren halbherzigen Versuchen, die totalitäre NS-Bewegung zu zähmen.[11] Die NSDAP baute das Dritte Reich schnell zu einem „Führerstaat" aus.[12] Zu den ersten wichtigen Etappen auf diesem Weg gehörten die Notverordnung „zum Schutze von Volk und Staat" vom 28. Februar (als Reaktion auf den Reichstagsbrand einen Tag zuvor), die Reichstagswahl vom 5. März (sie brachte den Nationalsozialisten gemeinsam mit der DNVP eine absolute Mehrheit) und das Ermächtigungsgesetz vom 23. März (das Parlament schaltete sich gegen die Stimmen der Sozialdemokratie aus dem Gesetzgebungsprozeß selbst aus). Mit dem Tode Hindenburgs am 2. August 1934 und der Vereinigung der Ämter des Reichspräsidenten und des Reichskanzlers durch den „Führer" war die NS-Herrschaft fest etabliert, auch wenn die Weimarer Verfassung formal niemals außer Kraft gesetzt wurde. Die Hinweise auf das Kompetenzgerangel im Dritten Reich[13] mögen richtig sein, doch wird damit nur die Existenz polykratischer Elemente nachgewiesen. Dieser Befund relativiert nicht den diktatorischen Charakter des Herrschaftssystems. Die Frage nach der Gewichtung von monokratischen und polykratischen Elementen ist auf einer anderen Ebene angesiedelt als die nach dem totalitären oder autoritären Charakter.

Der „Kulturschock", der nach 1945 einsetzte, war weniger den totalitären Zügen des NS-Regimes geschuldet als vielmehr einem Zivilisationsbruch –

---

8   Vgl. in diesem Sinne Henry A. Turner, Hitlers Weg zur Macht. Der Januar 1933, München 1997.

9   Vgl. Karl Dietrich Bracher, Die Auflösung der Weimarer Republik. Eine Studie zum Problem des Machtverfalls in der Weimarer Republik, 5. Aufl., Villingen 1971.

10   Die Nationalsozialisten kamen im Kern durch formal legale Verfahren an die Regierung. Insofern trifft dieser verbreitete Terminus nicht den Vorgang.

11   Vgl. Gotthard Jasper, Die gescheiterte Zähmung. Wege zur Machtergreifung Hitlers 1930-1934, Frankfurt a.M. 1986.

12   Vgl. zur Geschichte, zum Forschungsstand und zur Literatur Klaus Hildebrand, Das Dritte Reich, 5. Aufl., München 1995.

13   Vgl. z.B. Peter Hüttenberger, Nationalsozialistische Polykratie, in: Geschichte und Gesellschaft 2 (1976), S. 417-442.

der Vernichtung des europäischen Judentums, die sich im Geheimen vollzog. In vielen Debatten zur Deutungskultur – wie zum Beispiel beim „Historiker-streit"[14] – spielt(e) das Argument „Auschwitz" eine tragende Rolle. „Das ‚Dritte Reich' wurde zu jener ‚deutschen Katastrophe', von der Friedrich Meinecke 1946 im Rückblick sprach. Der Preis, den die Deutschen für die Politik der Nationalsozialisten zu bezahlen hatten, war eine der Ursachen dafür, dass 1945 zu einer viel tieferen Zäsur wurde als 1918. Die nationalsozialistische Diktatur wirkte und wirkt nach als das denkbar stärkste Argument für Demokratie und Freiheit, das die deutsche Geschichte bereithält. In der kollektiven Erinnerung der Deutschen nimmt dabei der katastrophale Misserfolg ihrer Revolution gegen die Demokratie eine ähnliche Rolle ein wie bei anderen Völkern die Erinnerung an eine erfolgreiche demokratische Revolution."[15]

Im Jahre 1945 fiel das „Tausendjährige Reich" nach einer Existenz von 12 Jahren und einem blutigen Weltkrieg in Schutt und Asche. Das Ende des Krieges war Befreiung und Niederlage zugleich. Die Wege im Osten und im Westen Deutschlands trennten sich wegen der ideen- und machtpolitischen Gegensätze der Alliierten. Während in der sowjetischen Besatzungszone schnell eine sich terminologisch in demokratisches Renommiergewand hüllende Diktatur nach sowjetischem Muster entstand, konnte die Bundesrepublik Deutschland[16] den Weg zu einer stabilen Demokratie einschlagen – politisch gefestigt, ökonomisch vital, kulturell zunehmend westlich geprägt. Der Bruch mit der deutschen Vergangenheit war bei allen Elementen der Kontinuität fundamental. Das Jahr 1945 wies damit für die beiden Hälften Deutschlands, aus denen sich vier Jahre später zwei Staaten bildeten, eine vollkommen andere Qualität auf.

Kennzeichnend für die Bundesrepublik Deutschland, die in ihrem Grundgesetz Strukturdefekte der Weimarer Verfassung mied, sollte ein hohes Maß an Stabilität werden. Konrad Adenauer regierte als Kanzler länger als die Weimarer Republik überhaupt dauerte. Innenpolitisch erwies sich der Staat von Anfang an – trotz nicht nur günstiger Bedingungen (z.B. der Integration von Millionen Flüchtlingen und Vertriebenen) – als voll funktionsfähig, u.a.

---

14 Vgl. die Sammlung einschlägiger Beiträge in dem folgenden Band: „Historikerstreit". Die Dokumentation der Kontroverse um die Einzigartigkeit der nationalsozialistischen Judenvernichtung, München/Zürich 1987; eine Bewertung aus politikwissenschaftlicher Sicht stammt von Steffen Kailitz, Die politische Deutungskultur im Spiegel des „Historikerstreits". What's right? What's left?, Wiesbaden 2001.

15 So Heinrich August Winkler, Weimar 1918-1933. Die Geschichte der ersten deutschen Demokratie, München 1993, S. 613.

16 Vgl. zur Geschichte, zum Forschungsstand und zur Literatur Rudolf Morsey, Die Bundesrepublik Deutschland. Entstehung und Entwicklung bis 1969, 3. Aufl., München 1995. Für die weitere Zeit unter stärker politologisch-systematischen Gesichtspunkten: Klaus von Beyme, Das politische System der Bundesrepublik, 9. Aufl., Opladen 1999; Eckhard Jesse, Die Demokratie der Bundesrepublik Deutschland. Eine Einführung in das politische System, 8. Aufl., Baden-Baden 1997; Wolfgang Rudzio, Das politische System der Bundesrepublik Deutschland, 6. Aufl., Opladen 2003.

auch deshalb, weil der Föderalismus, deutsches Produkt und Produkt der Alliierten gleichermaßen, die Voraussetzungen dafür bot, dass die parlamentarische Opposition im Bund und in den Ländern politische Verantwortung
übernehmen konnte, und die Verankerung starker wohlfahrtsstaatlicher Elemente nicht zu kurz kam. Außenpolitisch war und ist die Bundesrepublik fest
im westlichen Bündnis eingebunden. Die in der Weimarer Zeit verbreitete
Idee eines Weges zwischen Ost und West spielte bei den tonangebenden gesellschaftlichen Kräften kaum eine Rolle.[17] Die Westbindung der Bundesrepublik Deutschland nahm allmählich immer festere Formen an.[18] Der „lange
Weg nach Westen"[19] war erfolgreich, wobei nicht jede westliche Nation stets
auf westlichen Wegen wandelte. Aus der Liberalisierung der politischen
Kultur[20] ergab sich manche Erschütterung des Staatswesens. So trug die Stu-
dentenbewegung Ende der sechziger Jahre zur Schwächung wie zur Stärkung
demokratischer Grundlagen bei, auch wenn die These zu weit geht, die Bundesrepublik habe dadurch eine innere Neugründung erlebt. Angesichts der erfolgreichen Entwicklung der Bundesrepublik durfte es nicht verwundern,
dass viele ostdeutsche Bürger in ihr den Bezugspunkt für die eigene Orientierung erblickten.

Die DDR kriselte von Anfang an.[21] Die Volkserhebung vom 17. Juni
1953 ließ sich nur durch das Eingreifen der Besatzungsmacht niederschlagen,
und der Mauerbau am 13. August 1961 sicherte dem Staatswesen lediglich
vorübergehend eine gewisse Stabilität, nicht aber Legitimität. Gemäß Art. 1
der 1968 verabschiedeten Verfassung, die die Theorie der Verfassungspraxis
anglich, war die DDR „die politische Organisation der Werktätigen in Stadt
und Land unter Führung der Arbeiterklasse und ihrer marxistisch-leninis-
tischen Partei", wie der Alltag permanent demonstrierte. Allerdings änderte
sich im Laufe der vier Jahrzehnte die Herrschaftsstruktur der DDR insofern,
als das politische System, hervorgerufen durch eine Reihe verschiedener
Faktoren, von der offenen Repression zur „Zersetzung" oppositioneller
Kräfte überging.[22] Dies bedingte eine gleichsam flächendeckende Überwachung durch die Organe der Staatssicherheit. Die Antwort auf die Frage, ob

17 Vgl. Alexander Gallus, Die Neutralisten. Verfechter eines vereinten Deutschland zwischen Ost und West 1945-1990, Düsseldorf 2001.
18 Vgl. Axel Schildt, Ankunft im Westen. Ein Essay zur Erfolgsgeschichte, Frankfurt
a.M. 1999; Anselm Doering-Manteuffel, Wie westlich sind die Deutschen? Amerikanisierung und Westernisierung im 20. Jahrhundert, Göttingen 1999; Heinz Bude/
Bernd Greiner (Hrsg.), Westbindungen. Amerika in der Bundesrepublik, Hamburg
1999.
19 Vgl. Heinrich August Winkler, Der lange Weg nach Westen. Erster Band: Vom Ende
des Alten Reiches bis zum Untergang der Weimarer Republik. Zweiter Band: Deutsche Geschichte vom „Dritten Reich" bis zur Wiedervereinigung, München 2000.
20 Vgl. Ulrich Herbert (Hrsg.), Wandlungsprozesse in Westdeutschland. Belastung, Integration, Liberalisierung 1945-1980, Göttingen 2002.
21 Vgl. zur Geschichte, zum Forschungsstand und zur Literatur Hermann Weber, Die
DDR 1945-1990, 3. Aufl., München 2000.
22 Vgl. Sandra Schliemann-Pingel, Zersetzen – Strategie einer Diktatur, Berlin 2002.

sich die DDR damit von einer totalitären Diktatur in eine Diktatur stärker autoritärer Richtung wandelte, hängt vom jeweiligen Verständnis des Totalitarismusbegriffs ab. Jedoch besteht kein Zweifel an der diktatorischen Grundstruktur auch in den siebziger und achtziger Jahren.

Im Jahre 1989 war das Ende der zweiten deutschen Diktatur besiegelt. Am 9. November fiel überraschend die Mauer – in einer von den Machthabern so nicht beabsichtigten Weise.[23] Die Gründe für den Bau und für die Öffnung fielen zusammen: Es ging jeweils um den Erhalt der DDR. Die Ursachen für die friedliche Revolution 1989 liegen wesentlich in dem Zusammenspiel von „Exit" („Abwanderung") und „Voice" („Widerspruch")[24]: Die Fluchtbewegung bewirkte die Demonstrationsbewegung. Die mutige Bürgerbewegung mit ihren Ideen von einem dritten Weg geriet nach dem Fall der Mauer schnell ins Hintertreffen.[25]

Ist die These richtig, das Dritte Reich sei von innen gestützt und von außen gestürzt, die DDR hingegen von innen gestürzt und von außen gestützt worden? Die DDR, lange von außen gestützt, wurde in der Tat von innen gestürzt. Erst der fundamentale Wandel beim „großen Bruder" – die Aufgabe der Breschnew-Doktrin – bewirkte den Sturz der Diktatur. Insofern ist die Veränderung der außenpolitischen Konstellation der wohl entscheidende Faktor für die friedliche Revolution gewesen. Mit dem Ende der Diktatur vollzog sich binnen kurzem die Einheit Deutschlands. Die Bundesrepublik, die als „postnationaler Staat" (Karl Dietrich Bracher) in den achtziger Jahren eine Art „Selbstanerkennung" vollzogen hatte, verfügte über keine Pläne in der Schublade für die „Stunde x". Auch damit erklären sich manche der Fehler im Prozeß der Wiedervereinigung.

Vergleiche zwischen der ersten und der zweiten deutschen Demokratie fallen deutlich zugunsten der Bundesrepublik Deutschland aus.[26] Das mit beschwörendem Unterton ausgesprochene Diktum von Fritz René Allemann „Bonn ist nicht Weimar"[27] wurde häufig zur bänglichen Frage umgewandelt: „Wird Bonn doch Weimar"? – bei Erscheinungen, die keineswegs eine Krise oder auch nur eine krisenhafte Entwicklung des demokratischen Verfas-

---

23 Vgl. Hans-Hermann Hertle, Chronik des Mauerfalls. Die dramatischen Ereignisse um den 9. November 1989, Berlin 1996; ders., Der Fall der Mauer. Die unbeabsichtigte Selbstauflösung des SED-Staates, Opladen 1986; ders./Konrad H. Jarausch/Christoph Kleßmann (Hrsg.), Mauerbau und Mauerfall. Ursachen – Verlauf – Auswirkungen, Berlin 2002.

24 Vgl. Albert O. Hirschmann, Abwanderung, Widerspruch und das Schicksal der Deutschen Demokratischen Republik. Ein Essay zur konzeptionellen Geschichte, in: Leviathan 20 (1992), S. 330-358.

25 Vgl. zur heutigen Sicht der einstigen Oppositionellen: Eckhard Jesse (Hrsg.), Eine Revolution und ihre Folgen. 14 Bürgerrechtler ziehen Bilanz, 2. Aufl., Berlin 2001.

26 Vgl. Hartmut Wasser, Weimar und Bonn. Zwei deutsche Republiken. Ein Strukturvergleich, Stuttgart 1980; Friedrich Balke/Benno Wagner (Hrsg.), Vom Nutzen und Nachteil historischer Vergleiche. Der Fall Bonn-Weimar, Frankfurt a.M./New York 1997.

27 Vgl. Fritz René Allemann, Bonn ist nicht Weimar, Köln 1956.

sungsstaates erkennen ließen, sondern vielmehr zum politischen Alltag gehören: etwa bei einer Auffächerung des Parteiensystems und/oder zeitweiligen
Stimmengewinnen für extremistische Parteien. Jedenfalls waren und sind die
„Lehren aus Weimar" präsent.[28] Freilich fielen diese höchst unterschiedlich
aus, ja geradezu gegensätzlich. Die einen sahen in einem starken Staat den
besten Schutz vor einer neuen Diktatur, die anderen in ihm einen Vorboten
derselben. Der Buchtitel der gelehrten Abhandlung von Peter Graf Kielmansegg „Nach der Katastrophe"[29] besitzt nicht nur eine temporale Bedeutung,
sondern auch eine kausale. Denn manche Entwicklung und Verhaltensweise
in der zweiten deutschen Demokratie – etwa Pazifismus von Intellektuellen
wie deren Absage an die Einheit des Landes vor 1990 – ist nicht verstehbar
ohne die schlimmen Vorgänge in der ersten deutschen Diktatur. Die Hinterlassenschaft des Nationalsozialismus spiegelt sich damit auch auf diese Weise wider. Umgekehrt wollte die zweite deutsche Diktatur ebenso Lehren aus
dem Scheitern der ersten deutschen Demokratie ziehen.[30] „Antifaschismus"
hieß die Losung, auf die sie sich einschwor.

Nach der deutschen Einheit ist der Begriff von der „Berliner Republik"
aufgekommen – auch in der wissenschaftlichen Literatur.[31] Wenn damit gemeint ist, es sei durch die Vereinigung ein neues Staatsgebilde entstanden, so
dürfte diese Feststellung schwerlich haltbar sein. Denn an der Grundstruktur
des Regierungssystems hat sich nach der Vereinigung nichts geändert.[32] Wir
haben im wesentlichen eine erweiterte Bundesrepublik. Mit weitaus mehr
Recht kann der Analytiker den Terminus „neu" mit Blick auf die vielfach
unterschätzte Europäisierung der Institutionen, Entscheidungsprozesse und
Politikfelder in der Bundesrepublik gebrauchen.[33]

Auch wenn die Bundesrepublik viele Fährnisse gemeistert hat, sieht sie
sich zahlreichen Herausforderungen gegenüber. Besitzstandsdenken – gepaart mit wenig ausgeprägten Maßnahmen der Deregulierung – verhindert
einschneidende Reformen; eine unzureichende wirtschaftliche Flexibilität
schwächt die gesellschaftliche Dynamik[34]; starke Politikverflechtung (nicht

28 Vgl. Heinrich August Winkler (Hrsg.), Weimar im Widerstreit. Deutungen der ersten
deutschen Republik im geteilten Deutschland, München 2002.
29 Vgl. Peter Graf Kielmansegg, Nach der Katastrophe. Eine Geschichte des geteilten
Deutschland, Berlin 2000.
30 Vgl. Martin Sabrow, Kampfplatz Weimar. DDR-Geschichtsschreibung im Konflikt
von Erfahrung, Politik und Wissenschaft, in: Winkler (Anm. 28), S. 163-184.
31 Vgl. z.B. Roland Czada/Hellmut Wollmann (Hrsg.), Von der Bonner zur Berliner Republik. 10 Jahre Deutsche Einheit, Wiesbaden 2000.
32 Vgl. u.a. Ludger Helms (Hrsg.), Institutions and Institutional Change in the Federal
Republic of Germany, London 2000.
33 Vgl. Roland Sturm/Heinrich Pehle, Das neue deutsche Regierungssystem. Die Europäisierung von Institutionen, Entscheidungsprozessen und Politikfeldern in der Bundesrepublik Deutschland, Opladen 2001.
34 Vgl. Jahresgutachten 2002/03 des Sachverständigenrates zur Begutachtung der gesamtwirtschaftlichen Entwicklung, Bundestagsdrucksache 15/100 v. 15. November
2002.

nur wegen der häufig unterschiedlichen Mehrheiten im Bundestag und Bundesrat) blockiert Entscheidungen von Tragweite, politische Führung insgesamt. Der Föderalismus in seiner gegenwärtigen Gestalt weist mehr Schatten als Licht auf.[35]

Ein Kapitel, dem sich die Wissenschaft verstärkt zu stellen hat, ist die Frage der Wechselbeziehung der beiden deutschen Staaten. Wie hat die DDR auf die Bundesrepublik reagiert, wie die Bundesrepublik auf die DDR? Das gilt nicht nur für die „große Politik", sondern auch für den Alltag der Menschen. Dabei ergibt sich die Paradoxie, dass für Menschen im Westen die DDR eine Art unbekannter Nachbar war, wenngleich die Politik an der Offenheit der deutschen Frage festhielt. In der DDR fiel das deutsche Zusammengehörigkeitsgefühl bei der Bevölkerung vielfach größer aus, obwohl die Staatsführung die Kontakte zum „Klassenfeind" zu unterbinden bzw. zu reduzieren suchte.

Vergleiche zwischen der ersten und zweiten deutschen Diktatur waren vor dem Ende der DDR weitgehend tabuisiert, weil die Annahme vorherrschte, damit könnte die Einzigartigkeit der Verbrechen des Nationalsozialismus in Frage gestellt werden. Doch mittlerweile spielt eine solche Einschätzung eine geringere Rolle.[36] Wer vergleicht, setzt nicht gleich; wer auf die Verbrechen des einen Systems verweist, spielt die des anderen nicht herunter und relativiert sie keineswegs. Die vergleichende Diktaturforschung ist das Pendant zur vergleichenden Demokratieforschung. Es gibt nicht nur Vergleiche zwischen den beiden Diktaturen, sondern auch solche zwischen ihrer (zum Teil halbherzigen) Aufarbeitung[37] – freilich zum Teil nur in Form einer Gegenüberstellung.[38] Der deutsche Fall spiegelt mit seinen Brüchen in mancher Hinsicht das krisengeschüttelte 20. Jahrhundert wider.

35 Vgl. Arthur Benz/Gerhard Lehmbruch (Hrsg.), Föderalismus. Analysen in entwicklungsgeschichtlicher und vergleichender Perspektive (= Sonderheft 32 der Politischen Vierteljahresschrift), Wiesbaden 2002; Roland Sturm, Föderalismus in Deutschland, Berlin 2001.

36 Vgl. z.B. Ludger Kühnhardt u.a. (Hrsg.), Die doppelte deutsche Diktaturerfahrung – ein historisch-politikwissenschaftlicher Vergleich, Frankfurt a.M./Berlin 1994; Günther Heydemann/Eckhard Jesse (Hrsg.), Diktaturvergleich als Herausforderung. Theorie und Praxis, Berlin 1998.

37 Vgl. u.a. Rainer Eckert/Alexander von Plato/Jörn Schüttrumpf (Hrsg.), Wendezeiten – Zeitenwände. Zur „Entnazifizierung" und „Entstalinisierung", Hamburg 1991; Klaus Sühl (Hrsg.), Vergangenheitsbewältigung 1945 und 1989. Ein unmöglicher Vergleich? Eine Diskussion, Berlin 1994.

38 Vgl. u.a. Helmut König/Michael Kohlstruck/Andreas Wöll (Hrsg.), Vergangenheitsbewältigung am Ende des zwanzigsten Jahrhunderts, Opladen/Wiesbaden 1998.

2. Die Staaten der Welt im 20. Jahrhundert: immer mehr Demokratien?

Der demokratische Verfassungsstaat ist jungen Ursprungs mit einer alten Tradition. Der Begriff setzt sich aus zwei Traditionslinien[39] zusammen: der konstitutionellen und der demokratischen. Zum Teil ergänzen sie sich, zum Teil stehen sie in einem Spannungsverhältnis. Das Begriffspaar „Antinomie" und „Synthese" bringt diesen Sachverhalt gut zum Ausdruck.[40] Mit dem demokratischen Prinzip ist im Wesentlichen die Volkssouveränität gemeint. Alle Staatsgewalt muß entsprechend der Gleichheitsidee vom Volk ausgehen. Das konstitutionelle Element bezweckt die Einhaltung rechtsstaatlicher Grundsätze. Nicht alles steht zur Disposition des Gesetzgebers.

Wer ein Element verabsolutiert, fängt nicht das so spannungsreiche wie fruchtbare Zusammenwirken beider Prinzipien ein. Der demokratische Verfassungsstaat erschöpft sich also nicht in der Volkssouveränität[41] und ist mehr als „Herrschaft des Volkes". Nur der demokratische Konstitutionalismus (oder die konstitutionelle Demokratie) kann Legitimität für sich beanspruchen. Sowohl der demokratische Antikonstitutionalismus als auch der antidemokratische Konstitutionalismus löst das Spannungsverhältnis nach der einen oder anderen Seite auf. Demokratische Verfassungsstaaten – es handelt sich durchweg um repräsentative Demokratien – erfüllen die Bedingung der Volkssouveränität mit freien Wahlen ebenso wie die des auf Grundrechten basierenden Rechtsstaates.

Im Jahre 1984 stellte der bekannte amerikanische Sozialwissenschaftler Samuel P. Huntington eine Frage, ohne sich vorschnell auf eine Antwort festzulegen: „Will more Countries become democratic?"[42] Wenige Jahre später – 1991 – wurde die Frage bejaht.[43] Huntington spricht in seinem Buch „The Third Wave" von drei großen Demokratisierungswellen. Die erste (lange) Welle datiert er von 1828-1926, die zweite (kurze) von 1943-1962, die dritte schließlich von 1974 an.

Zur ersten Phase – mit ihren Wurzeln in der amerikanischen und französischen Revolution – rechnet er rund einhundert Jahre, in denen das Wahlrecht auf immer mehr Bevölkerungsgruppen Ausdehnung erfuhr und eine

---

39 Zur historischen Herleitung vgl. u.a. Uwe Backes, Liberalismus und Demokratie – Antinomie und Synthese. Zum Wechselverhältnis zweier politischer Strömungen im Vormärz, Düsseldorf 2000.

40 Vgl. Werner Kägi, Rechtsstaat und Demokratie. Antinomie und Synthese (1953), in: Ulrich Matz (Hrsg.), Grundprobleme der Demokratie, Darmstadt 1973, S. 107-146.

41 Vgl. Peter Graf Kielmansegg, Volkssouveränität. Eine Untersuchung der Bedingungen demokratischer Legitimität, Stuttgart 1977.

42 Vgl. Samuel P. Huntington, Will more Countries become democratic?, in: Political Science Quarterly 29 (1984), S. 193-218.

43 Vgl. ders., The Third Wave. Democratization in the Late Twentieth Century, Norman/London 1991.

vom Parlament abhängige Regierung Gestalt annahm. Die erste „Gegenwelle" datiert Huntington von 1922 bis 1942. Seinerzeit breitete sich zumal in Osteuropa eine Reihe autoritärer Regime aus.[44]

Die zweite Welle setzt er mit dem sich abzeichnenden Ende des Zweiten Weltkrieges an, als aus Diktaturen Demokratien wurden (u.a. in Deutschland, Italien, Japan). Nach der Entkolonialisierung entstand eine Reihe neuer Staaten, doch viele dieser Gebilde wandelten sich zu Militärregimes (auch in Lateinamerika) oder kommunistischen Diktaturen, so dass Huntington für die Zeit von 1958 bis zu 1975 von einer zweiten „Gegenwelle" spricht.[45]

Mit der dritten Welle der Demokratie meint Huntington eine Entwicklung, die sich in Südosteuropa (Griechenland, Portugal, Spanien) ebenso vollzog wie in Lateinamerika und in Asien, nicht zuletzt in den kommunistischen Diktaturen Osteuropas – mit der Sowjetunion, dem „Vaterland aller Vaterländer", an der Spitze -, aber auch in Teilen von Afrika.

Wenngleich sich über die Anzahl der Demokratisierungswellen und ihrer „Gegenwellen" streiten lässt (so sollte der Regimewechsel zu kommunistischen Diktaturen in der zweiten Hälfte der vierziger Jahre berücksichtigt und deren Wandel zu Demokratien Ende der achtziger, Anfang der neunziger Jahre als einheitlicher Vorgang gesehen werden): Huntington hat die Entwicklung gut eingefangen und eine Reihe plausibler Ursachen dafür angegeben. Unter Vernachlässigung von Staaten mit weniger als einer Million Einwohnern kommt der Autor zu dem Ergebnis, dass es 1922 29 Demokratien gab und 35 Diktaturen, 1942 12 Demokratien und 49 Diktaturen, 1962 36 Demokratien und 75 Diktaturen, 1973 30 Demokratien und 92 Diktaturen, 1990 50 Demokratien und 71 Diktaturen.[46] Die Zahl der Diktaturen überwog also zu jeder Zeit die der Demokratien, wenngleich deren Einfluß den von Diktaturen zumindest in der Gegenwart deutlich übertrifft.

Wie nimmt sich die Situation heutzutage aus? Die folgenden Ausführungen orientieren sich an „Freedom House", einer amerikanischen Organisation, die Jahr für Jahr einen „Index politischer Rechte" und einen „Index bürgerlicher Freiheiten" für alle Staaten ermittelt. Die Indizes weisen Skalen von 1 bis 7 auf. Je niedriger der Wert ist, um so demokratischer ist das System. Bei den politischen Rechten spielen acht Fragenkomplexe eine Rolle (u.a. die Frage danach, ob die Repräsentanten aus freien und fairen Wahlen hervorgehen), bei den bürgerlichen Freiheiten deren 13 (u.a. die Frage danach, ob es freie und unabhängige Medien gibt).[47] Der erste Index misst vor allem die

---

44 Vgl. u.a. Erwin Oberländer (Hrsg.), Autoritäre Regime in Ostmittel- und Südosteuropa 1919-1944, Paderborn u.a. 2001.

45 Vgl. Juan J. Linz/Alfred Stepan, The Breakdown of Democratic Regimes, Baltimore 1978.

46 Vgl. Huntington (Anm. 43), S. 26.

47 Vgl. The Comparative Survey of Freedom. 1995-1996 Survey Methodology, in: Freedom House. Freedom in the World. The Annual Survey of Political Rights & Civil Liberties 1995-1996, New York 1996, S. 530-535; für Einzelheiten siehe Ray-

demokratische, der zweite insbesondere die konstitutionelle Komponente. Auch wenn die „fehlende Transparenz der Einstufungen"[48] stört, so ist durch die kontinuierliche Einordnung eine gute Vergleichsbasis gegeben.

„Freedom House" unterscheidet zwischen freien (Skala 1 oder 2), halbfreien (Skala 3, 4, 5) und nicht freien Staaten (Skala 6 oder 7). Wer die Entwicklung im Zehn-Jahres-Rhythmus von 1972 an betrachtet, erkennt den beträchtlichen Wandel. Die Zahl der freien Staaten hat sich gegenüber dem Jahr 1972 zwar mehr als verdoppelt – von 43 auf 89 – (vgl. Tabelle 1); gleichwohl gibt es noch immer weniger freie Staaten als halbfreie und nicht freie zusammengenommen. Dabei war das Jahr 2002 das beste jemals gemessene Jahr für „Freedom House".[49] „Die entwickelte Demokratie ist zwar kein Luxusartikel nur für reiche Länder, aber doch ein Gut, an dessen Herstellung und Konsum selbst im ausgehenden 20. Jahrhundert nur eine Minderheit der Menschheit beteiligt ist. Die Mehrheit lebt in nichtdemokratischen oder bestenfalls halbdemokratischen Verhältnissen."[50]

Im Vergleich zum Jahre 1992 nahm zwar die Zahl der Demokratien zu (um vierzehn), aber auch die der nicht freien Staaten (um neun). Dieser Umstand hat Analytiker dazu veranlasst, von Gegenstömungen zur dritten Demokratiewelle zu sprechen.[51] Auch Samuel P. Huntington hält eine solche Entwicklung für möglich.[52] Sie könne eher durch Machthaber, die sich auf das Volk stützen, vorangetrieben werden als durch gewaltsame Umstürze. Wenig aussagekräftig ist der Hinweis von „Freedom House" auf die Zahl der in den freien, halbfreien und nicht freien Staaten lebenden Menschen (wegen der größeren Fertilitätsquote in Entwicklungsländern, die häufig keine demokratische Regierungsform besitzen). Manch ein Vergleich kann gar in die Irre führen. So lebten nach „Freedom House" im Jahre 1982 36,32 Prozent der Menschen in freien Staaten, 1992 – nach den demokratischen Revolutionen im Ostblock und anderswo – aber nur 24,83 Prozent.[53] Der Grund für diese Paradoxie liegt neben dem größeren Bevölkerungswachstum in den Nicht-Demokratien darin begründet, dass Indien 1982 zu den freien, 1992 nur zu den halbfreien Staaten gehörte.

mond Duncan Gastil, The Comparative Survey of Freedom. Experiences and Suggestions, in: Studies in Comparative International Development 25 (1990), S. 25-50.

48 Hans-Joachim Lauth, Regimetypen: Totalitarismus – Autoritarismus – Demokratie, in: Ders. (Anm. 3), S. 124.

49 Freedom House, Freedom in the World 2002. Liberty's Expansion in a Turbulent World, New York 2003, S. 2.

50 Manfred G. Schmidt, Demokratietheorien. Eine Einführung. 3. Aufl., Opladen 2000, S. 417.

51 Vgl. ebd., S. 486f.; Wolfgang Merkel, Systemtransformation. Eine Einführung in die Theorie und Empirie der Transformationsforschung, Opladen 1999, S. 175, S. 536-538.

52 Vgl. Samuel P. Huntington, Democracy for the Long Haul, in: Journal of Democracy 7 (1996), Nr. 2, S. 3-13.

53 Vgl. Freedom House (Anm. 49), S. 4.

Tabelle 1: Staaten der Welt 1972, 1982, 1992, 2002

	frei	halbfrei	nicht frei
1972	43	38	69
1982	54	47	64
1992	75	73	38
2002	89	56	47

Quelle: Freedom House, Freedom in the World 2002. Liberty's Expansion in a Turbulent World, New York 2003, S. 3.

Die Frage nach der angemessenen Demokratiemessung wirft ohnehin Probleme auf.[54] Wenn große Abweichungen bei der Einordnung auftauchen, so muß dies wesentlich damit zusammenhängen, mittels welcher Indikatoren Demokratie ermittelt wird. Wer von „elektoralen Demokratien" (Larry Diamond) spricht (und dafür als Kriterium die freie Wahl des Parlaments auf nationaler Ebene zugrundelegt), gelangt zum Ergebnis, dass deren Zahl massiv gestiegen ist (von 39 im Jahre 1974 über 76 1990 und 118 1996 auf 121 im Jahre 2002). Das bedeutete eine Steigerung von 27,5 Prozent (1974) über 46,1 (1990) und 61,8 (1996) auf 63,0 Prozent.[55] Offenkundig ist es aber nicht ausreichend, nur dieses Element zugrundezulegen.

Denn mit der Zunahme von Demokratien zeigte sich das Phänomen, dass sie in mancher Hinsicht nicht voll den an einen demokratischen Verfassungsstaat anzulegenden Standards entsprachen. Für diesen Typus wurde der Begriff der „defekten Demokratie" geprägt.[56] Wolfgang Merkel unterscheidet drei Formen: die „exklusive Demokratie", bei der ein Teil der Bürgerschaft vom Wahlrecht ausgeschlossen ist (wie in Lettland), die „Domänendemokratie", in der ein Teil der Regierungsgewalt nicht den gewählten Repräsentanten obliegt, sondern Vetomächten wie dem Militär (z.B. in Paraguay) sowie vor allem die „illiberale Demokratie". Sie zeichnet sich dadurch aus, dass die demokratisch ins Amt gekommenen Regierungen Menschenrechte verletzen und/oder den auf Gewaltenteilung angelegten Rechtsstaat beschädigen (z.B. Argentinien). Auch Russland fällt in diese Kategorie.[57]

---

54 Sie werden erörtert u.a. in dem Band von Hans-Joachim Lauth/Gert Pickel/Christian Welzel (Hrsg.), Demokratiemessung. Konzepte und Befunde im internationalen Vergleich, Opladen 2002.
55 Vgl. Merkel (Anm. 51), S. 534; Freedom House (Anm. 49), S. 2.
56 Vgl. Hans-Joachim Lauth, Dimensionen der Demokratie und das Konzept einer defekten Demokratie, in: Gert Pickel/Susanne Pickel/Jörg Jacobs (Hrsg.), Demokratie – Entwicklungsformen und Erscheinungsbilder im interkulturellen Vergleich, Frankfurt a.O. 1997, S. 33-54; Wolfgang Merkel, Defekte Demokratien, in: Ders./Andreas Busch (Hrsg.), Demokratie in Ost und West. Für Klaus von Beyme, Frankfurt a.M. 1989, S. 361-381; Aurel Croissant/Peter Thiery, Defekte Demokratie. Konzept, Operationalisierung und Messung, in: Lauth/Pickel/Welzel (Anm. 54), S. 89-111.
57 Vgl. Julia von Blumenthal, Der Präsident Russlands im Demokratisierungsprozeß. Garant der Stabilität oder Wegbereiter der Diktatur?, Hamburg 1995; Ljuba Trautmann, Russland zwischen Diktatur und Demokratie. Die Krise der Reformpolitik seit

Das verbreitete Beispiel der „illiberalen Demokratie" verdeutlicht die Wichtigkeit der Unterscheidung zwischen demokratischen und konstitutionellen Elementen. Denn es zeigt, dass das Vorhandensein demokratischer Bausteine nicht unbedingt auf die Existenz eines festen konstitutionellen Mauerwerkes schließen läßt. In einer Reihe von jungen Demokratien ist die rechtstaatliche Form der Herrschaft keineswegs ausgeprägt. Die Gründe dafür sind vielfältiger Natur: In ungefestigten Demokratien neigen Herrscher dazu, sich über die Grenzen des Rechtstaates hinwegzusetzen, sei es, weil das komplexe Räderwerk mit seinen intermediären Mechanismen noch nicht so funktioniert wie in konsolidierten Demokratien, sei es, weil die politische Kultur in Staaten ohne (große) demokratische Tradition die Legitimität eines breiten Interessenpluralismus nicht kennt. Zumal Präsidialdemokratien bilden Einfallstore für Herrscher, die sich nicht immer um verfassungsstaatliche Essentials scheren. Das Element der Volkssouveränität wird gegen das des Konstitutionalismus, der aus der Sicht der Machthaber notwendige Entscheidungen behindere oder hinauszögere, mitunter ausgespielt. Wie betont wird, lässt sich das Entstehen „illiberaler Demokratien" wesentlich mit der Informalisierung der politischen Institutionen und der politischen Entscheidungsregeln erklären.[58]

Zum Teil sind die Grenzen zwischen funktionierenden und „defekten" Demokratien fließend, wie dies auch für die Grenzen zwischen autoritären und totalitären Diktaturen gilt.[59] Trotz der „Defekte" gehören die Staaten zu den Demokratien. Die Anregung, mit dem Begriff des „hybriden Regime" einen zwischen Demokratie und Diktatur angesiedelten eigenständigen Regimetypus vorzusehen[60], überzeugt trotz der Konstruktion eines demokratischen und autokratischen Minimums wegen der Fixierung auf Momentaufnahmen und auf ein Übergangsstadium nicht sonderlich – unabhängig davon, dass sich in der Praxis manchmal nicht klar entscheiden lässt, ob es sich bei einem bestimmten Staat noch oder schon um eine Demokratie bzw. schon oder noch um eine Diktatur handelt. „Freedom House" zieht sich mit dem Verlegenheitsbegriff der „halbfreien Staaten" aus der Affäre.

1993, Baden-Baden 1995; Klaus von Beyme, Russland zwischen Anarchie und Autokratie, Wiesbaden 2001.

58 Vgl. Wolfgang Merkel/Aurel Croissant, Formale und informale Institutionen in defekten Demokratien, in: Politische Vierteljahresschrift 41 (2000), S. 3-30.

59 Für diese Unterscheidung vgl. das klassische Werk von Juan Linz, Totalitäre und autoritäre Regime (1975), Berlin 2000.

60 Vgl. die Überlegungen von Friedbert W. Rüb, Hybride Regime: Politikwissenschaftliches Chamäleon oder neuer Regimetypus? Begriffliche und konzeptionelle Überlegungen zum neuen Pessimismus in der Transitologie, in: Petra Bendel/Aurel Croissant/Friedbert W. Rüb (Hrsg.), Zwischen Demokratie und Diktatur. Zur Konzeption und Empirie demokratischer Grauzonen, Opladen 2002, S. 93-118.

3. Schlussbetrachtung: ungewisse Zukunft

Wer sich an den Demokratisierungswellen Huntingtons orientiert, kommt zu
dem Ergebnis, dass Deutschland jedes Mal dabei gewesen ist: bei der ersten
Welle nach dem Ersten Weltkrieg, bei der zweiten nach dem Zweiten Weltkrieg, und der weitgehende Zusammenbruch des kommunistischen Weltsy-
stems führte in der dritten Welle zur friedlichen und freiheitlichen Revolution
in der DDR. Allerdings war es auch Deutschland, das die erste „Gegenwelle"
mit der expansionistischen NS-Diktatur maßgeblich bestimmte.

Die Frage nach dem demokratischen Gehalt eines Staates ist mehr als
akademischer Natur und für die Weltpolitik von großer Bedeutung: Noch
niemals haben demokratische Verfassungsstaaten gegeneinander Krieg geführt.[61] Ein erfolgreicher Demokratieexport würde die Welt sicherer machen,
wobei freilich nicht jede humanitäre Intervention in einem „Schurkenstaat"
erfolgreich oder auch nur sinnvoll sein muß.[62] Wenngleich die Entwicklung
der letzten Jahre bei allen „Defekten" mancher neuen Demokratien insgesamt
positiv zu sehen ist, so warten auf die Staaten des 21. Jahrhunderts in einer
globalisierten Welt[63] vielfältige Herausforderungen.[64] Das fängt bei den
Handlungsmöglichkeiten des Staates an und hört bei seinen Handlungsgren-
zen nicht auf.[65]

Das Erbe des 20. Jahrhunderts erlaubt keine hinreichenden Extrapolatio-
nen für die Sicherheit einer optimistischen Perspektive, wie sie etwa Francis
Fukuyama nach dem (faktischen) Ende des Kommunismus verficht[66], oder für
die Gewissheit einer pessimistischen Perspektive, wie sie Samuel P. Huntington wegen des „Kampfs der Kulturen" diagnostiziert[67]. Man kann zwar im
nachhinein Ursachen für einen bestimmten historischen Verlauf angeben,
aber es fällt dem Sozialwissenschaftler schwer, ihn angesichts fehlender Gesetzmäßigkeiten zu prognostizieren, wiewohl sich Entwicklungspfade ab-

---

61 Vgl. Alex Mintz/Nehemia Geva, Why Don't Democracies Fight Each Other? An Ex-
    perimental Study, in: Journal of Conflict Resolution 37 (1993), S. 484-503.
62 Vgl. u.a. Hartmut Jäckel (Hrsg.), Ist das Prinzip der Nichteinmischung überholt?, Ba-
    den-Baden 1995.
63 Vgl. z.B. einige Beiträge in dem Band von Herfried Münkler/Marcus Llanque/
    Clemens K. Stepina (Hrsg.), Der demokratische Nationalstaat in den Zeiten der Glo-
    balisierung. Politische Leitideen für das 21. Jahrhundert. Festschrift zum 80. Ge-
    burtstag von Iring Fetscher, Berlin 2002.
64 Vgl. in diesem Band den abschließenden Beitrag von Eckhard Jesse/Roland Sturm,
    Die Herausforderungen des 21. Jahrhunderts.
65 Vgl. u.a. Erhard Forndran, Demokratie und demokratischer Staat in der Krise? Eine
    Frage an Theorie und Praxis zu ihren Handlungsmöglichkeiten und Handlungsgren-
    zen, Baden-Baden 2002.
66 Vgl. Francis Fukuyama, Das Ende der Geschichte. Wo stehen wir?, München 1992.
67 Vgl. Samuel P. Huntington, Kampf der Kulturen. Die Neugestaltung der Weltpolitik im
    21. Jahrhundert, München/Wien 1996. Diese Schrift steht in einem gewissen Span-
    nungsverhältnis zu Huntingtons Publikationen über die Zukunft der Demokratien.

zeichnen.[68] Das „Gesicht des Jahrhunderts"[69] ist wesentlich vom Handeln einzelner Persönlichkeiten bestimmt worden, wie das Beispiel Michail Gorbatschows zeigt, der maßgeblich den nahezu weltweiten Zusammenbruch des Kommunismus mehr unwillentlich als willentlich herbeigeführt hat. Selbst ein so klug vorausschauender Beobachter wie Zbigniew Brzezinski, der 1989 den Kommunismus als ein „gescheitertes Experiment" ansah, hielt die DDR und Bulgarien kurz vor ihrem Zusammenbruch für deutlich stabiler als China und Nordkorea.[70] Was aus dem Erbe des 20. Jahrhunderts wird, hängt nicht zuletzt davon ab, wie die Regierenden und die Regierten die Herausforderungen des 21. Jahrhunderts meistern.

---

68 Insofern müssen Bücher zur „Weltpolitik" beständig umgeschrieben werden. Vgl. die drei Auflagen des „Kaiser/Schwarz": Karl Kaiser/Hans-Peter Schwarz (Hrsg.), Weltpolitik. Strukturen – Akteure – Perspektiven, Stuttgart 1985; dies. (Hrsg.), Die neue Weltpolitik, Baden-Baden 1995; dies. (Hrsg.), Weltpolitik im neuen Jahrhundert, Baden-Baden 2000. Nach dem Terroranschlag vom 11. September 2001 zeichnen sich wiederum neue Konstellationen ab.

69 Vgl. Hans-Peter Schwarz, Das Gesicht des Jahrhunderts. Monster, Retter und Mediokritäten, Berlin 1998.

70 Vgl. Zbigniew Brzezinski, Das gescheiterte Experiment. Der Untergang des kommunistischen Systems, Wien 1989.

Kapitel II:
Die Verfasstheit demokratischer Gesellschaften

Ludger Helms

Verfassung

1. Einleitung

Gegenstand dieses Beitrags sind die Verfassungen liberaler Demokratien aus *politikwissenschaftlicher* Forschungsperspektive betrachtet. Dieser in Übereinstimmung mit den übrigen Beiträgen des Bandes gewählte Fokus schließt die Kenntnisnahme der weitaus umfangreicheren rechtswissenschaftlichen Literatur über Fragen der Verfassung nicht aus, generiert jedoch gleichwohl eine eigene Schwerpunktsetzung. Zahlreiche der für die Politikwissenschaft besonders relevanten Fragen aus dem Themenkreis der Verfassung – wie die politischen Konflikt- und Konsensbildungsprozesse, aus denen Verfassungen hervorgehen; informelle Formen des Verfassungswandels; oder die unterschiedlichen Aspekte der Verfassungskultur – bilden kaum mehr als Randbereiche der traditionellen rechtswissenschaftlichen Beschäftigung mit Verfassungen. Umgekehrt ist das Interesse der Politikwissenschaft am Verfassungstext selbst, welcher im Zentrum der juristischen Verfassungslehre steht, in vielen Arbeiten auf die flüchtige Kenntnisnahme der einschlägigen verfassungsrechtlichen Vorgaben beschränkt. Das Hauptinteresse der meisten politikwissenschaftlichen Arbeiten aus dem Bereich der Vergleichenden Regierungslehre gilt vielmehr der „lebenden Verfassung"[1], d.h. der Verfassungspraxis in einem Gemeinwesen.

Es besteht gleichwohl kein Anlass, die unterschiedlichen Orientierungen der Politikwissenschaft und der Rechtswissenschaft künstlich weiter zu befestigen. Die in den meisten westeuropäischen Ländern deutlich bescheidener auftretende Disziplin der Politikwissenschaft hat sich eine prinzipielle Offenheit gegenüber dem rechtswissenschaftlichen Schrifttum ohnehin bewahrt, auch wenn dem bewussten Bekenntnis politikwissenschaftlicher Interdisziplinarität auf Seiten der übergroßen Mehrzahl rechtwissenschaftlicher Autoren wenig Gegenliebe zuteil wurde. Immerhin lässt sich feststellen, dass die vergleichende Politikwissenschaft mit der vergleichenden Rechtswissenschaft – nicht zuletzt wegen der beiden Subdisziplinen gemeinsamen Kon-

---

1   Vgl. Dolf Sternberger, Lebende Verfassung. Studien über Koalition und Opposition, Meisenheim am Glan 1956.

zentration auf die Identifikation und Diskussion funktionaler Äquivalente[2] –
deutlich mehr verbindet als die nicht-vergleichende Politikwissenschaft mit
der allgemeinen Rechtswissenschaft.

Im nächsten Abschnitt dieses Beitrags geht es – nach einer kurzen Beschäftigung mit der Geschichte des Verfassungsbegriffs (2.) – zunächst um
die Skizzierung des Forschungsstandes auf dem Feld der politikwissenschaftlichen Verfassungslehre (3.). Anschließend sollen die Verfassungen
und die Verfassungsentwicklungen in den liberalen Demokratien[3] auf unterschiedlichen Ebenen vergleichend untersucht werden. Berücksichtigt wird
dabei der Entstehungskontext von Verfassungen (4.), deren Inhalt und Regelungsanspruch (5.), die Bedeutung von Verfassungskonventionen (6.), die
Verfassungsentwicklung (7.) sowie die „Verfassungskultur" (8.). Der
Schlussabschnitt (9.) verortet die Bundesrepublik im Bereich der Verfassung
im Kreise der übrigen konsolidierten liberalen Demokratien und beleuchtet
die Frage nach der Zukunft der Verfassung im 21. Jahrhundert.

2. Der Begriff der Verfassung

Das heute vorherrschende Verständnis von Verfassung als dem höchstrangi-
gen Komplex rechtlich verbindlicher Regeln über die Organisation eines
Gemeinwesens, durch welches sowohl das Verhältnis der staatlichen Gewalten als auch die Beziehungen zwischen diesen und der Bevölkerung bestimmt
werden, bildete sich erst im Laufe des 18. Jahrhunderts heraus.[4] Ursprünglich
im Bereich der Naturbeschreibung beheimatet, diente der Begriff nach dessen
Eintritt in die rechtlich-politische Sphäre zunächst primär zur Bezeichnung
eines empirischen Zustands eines Landes, eben im Sinne von dessen „Verfasstheit". Dies schloss selbst rechtlose Herrschaftsformen nicht aus. Auch
die allmähliche Konzentration des Begriffs auf die normative, durch das
Staatsrecht fixierte Dimension eines Gemeinwesens seit dem 18. Jahrhundert
bedeutete zunächst nicht in jedem Fall, dass Verfassungen tatsächlich die
staatliche Herrschafts- und Entscheidungsgewalt konstituierten. In der histo-

---

2   Vgl. K. Scheiwe, Was ist ein funktionales Äquivalent in der Rechtsvergleichung?, in:
    Kritische Vierteljahresschrift für Gesetzgebung und Rechtswissenschaft 83 (2000), S.
    30-51; Jan van Deth, Equivalence in Comparative Political Research, in: Ders.
    (Hrsg.), Comparative Politics. The Problem of Equivalence, London/New York 1998,
    S. 1-19.

3   Der hier präsentierte Vergleich bleibt auf konsolidierte liberale Demokratien be-
    schränkt. Für die Beschäftigung mit den Verfassungen und der Verfassungspolitik der
    erst vor kurzem (re-)demokratisierten Länder Mittel-Ost-Europas vgl. insbesondere
    die seit 1992 vierteljährlich erscheinende Zeitschrift „East European Constitutional
    Review".

4   Vgl. hierzu Dieter Grimm, Verfassung, in: Ders., Die Zukunft der Verfassung, Frank-
    furt a.M. 1994, S. 11-28, hier S. 11.

risch ersten Phase der Überwindung des absolutistischen Regimes durch die Konstitutionalisierung von Herrschaft wurde deren Existenz vielmehr bereits vorausgesetzt.[5] Das heutige Verständnis von Verfassungen als auf dem Prinzip der Volkssouveränität basierende Regelsysteme entwickelte sich zuerst im Gefolge der bürgerlichen Revolutionen in Nordamerika und Frankreich in der zweiten Hälfte des 18. Jahrhunderts.

Die beiden materiellen bzw. inhaltlichen Aspekte, die schon das aristotelische Verfassungsverständnis prägten – die Staatsorganisation und die Beziehungen zwischen den Staatsorganen und den Bürgern – wurden im modernen Verfassungsstaat indes durch die Einführung von Grundrechten und dem Prinzip der Gewaltenteilung spezifiziert.[6] Die zuerst in Artikel 16 der französischen „Déclaration des droits de l'homme et du citoyen" von 1789 formulierte Überzeugung, nach der eine Gesellschaft ohne Rechtsstaatlichkeit und Gewaltenteilung keine Verfassung habe, ist seither zum Konsensbestand der liberal-demokratischen Verfassungstheorie geworden. Weniger eindeutig ist die Lage hinsichtlich der Bedeutung von Grundrechten, obwohl diese in der Mehrzahl moderner Verfassungen sogar an bevorzugter Stelle stehen. Immerhin gibt es einflussreiche Autoren, die die Frage der (gewaltenteilig angelegten) Staatsorganisation als Definitionskriterium einer liberalen Verfassung höher bewerten als die Existenz von Grundrechten im Sinne einer „bill of rights". So heißt es bei Giovanni Sartori lapidar: „a constitution without a declaration of rights is still a constitution, whereas a constitution whose core and centerpiece is not a frame of government is not a constitution".[7] Dabei geht Sartori allerdings davon aus, dass es sich bei dem bezeichneten "frame of government" um eine Ausprägung von "free government" handelt, in der die Freiheit des Einzelnen gegenüber dem Staat zumindest implizit gewährleistet ist.

Die meisten Autoren rechnen zu den definitorischen Kernmerkmalen einer Verfassung auch deren (im Vergleich zu einfachen Gesetzen) erschwerte Abänderbarkeit.[8] Eine klassische Unterscheidung der Verfassungstheorie bezieht sich auf „starre" und „flexible Verfassungen". Nach heute vorherrschendem Verständnis geht es dabei um die Existenz bzw. Nicht-Existenz besonderer Änderungsverfahren. So werden Verfassungen, die von einfachen politischen Mehrheiten verändert werden können, als „flexible Verfassungen" bezeichnet, während „starre Verfassungen" ein besonderes Änderungs-

---

5   Vgl. Ernst-Wolfgang Böckenförde, Geschichtliche Entwicklung und Bedeutungswandel der Verfassung, in: Ders., Staat, Verfassung, Demokratie. Studien zur Verfassungstheorie und zum Verfassungsrecht, 2. Aufl., Frankfurt a.M. 1992, S. 29-52, hier S. 33f.

6   Vgl. Hans Boldt, Deutsche Verfassungsgeschichte. Bd. 2: Von 1806 bis zur Gegenwart, München 1990, S. 13.

7   Vgl. Giovanni Sartori, Comparative Constitutional Engineering. An Inquiry into Structures, Incentives and Outcomes, London 1994, S. 198.

8   Vgl. Friedrich G. Schwegmann, Verfassung, in: Dieter Nohlen (Hrsg.), Kleines Lexikon der Politik, München 2001, S. 533-543, hier S. 534.

verfahren und die politische Unterstützung von qualifizierten Mehrheiten erfordern. Bei der „Starrheit" von Verfassungen handelt es sich freilich um ein
Kontinuum, d.h. die speziellen Hürden für Verfassungsänderungen können
von Land zu Land unterschiedlich hoch sein (vgl. Kapitel 7). Bei James Bry-
ce, dem Schöpfer dieser sprachlichen Differenzierung, hatte die Unterscheidung zwischen „flexiblen" und „starren" Verfassungen eine andere Bedeutung. Er differenzierte zwischen (flexiblen) „historischen" Verfassungen und
(starren) „schriftlichen" Verfassungen.[9] Die davon inspirierte Unterscheidung
zwischen „geschriebenen" und „ungeschriebenen" Verfassungen wird heute
von führenden politikwissenschaftlichen Autoren als zweitrangig betrachtet,
da es einerseits nur sehr wenige demokratisch regierte Länder ohne geschriebene Verfassung gibt[10] und andererseits die bloße Existenz einer geschriebenen Verfassung nicht zwingend etwas über den Stellenwert der Verfassung
oder die Schwierigkeit einer Verfassungsänderung aussage.[11]

Eine weitere wichtige Dimension der politikwissenschaftlichen Begriffs-
klärung bezieht sich auf die Abgrenzung zwischen „Verfassung" und „politischem System". Während der Verfassungsbegriff heute stark auf den juri-
stisch-normativen Aspekt zugespitzt ist, werden die faktisch-sozialen Aspekte des Gemeinwesens häufig als „politisches System" bezeichnet.[12] Eine solche Sichtweise liegt auch der Analogie bei Derbyshire und Derbyshire zugrunde: „A constitution can be said to be the text of a play whereas the political system is its enactment"[13]. Auch dieser auf den ersten Blick treffende
Vergleich ist jedoch mit Problemen behaftet. Denn – um im Bilde zu bleiben
– die Aufführung eines Theaterstückes hat keine rückwirkenden Effekte auf
den Text eines Schauspiels. Demgegenüber wirken die politischen und sozialen Prozesse innerhalb des politischen Systems auf unterschiedliche Weise
auf die Verfassung zurück und modifizieren diese im Zeitverlauf. Selbst die
aus der klassischen Vertragslehre stammende Vorstellung, dass Verfassungen
der Konstituierung von Gemeinwesen vorausgehen, wurde für die politische
Moderne gelegentlich bezweifelt, da in der historischen Abfolge unterschiedlicher Verfassungen und politischer Regime in einem Land stets auch
die ersteren von den letzteren geprägt würden.[14] Richtig ist, dass heute keine
empirische Theorie der Verfassungsgenese die Ausarbeitung und Verab-

9   Vgl. Alessandro Pace, Starre und flexible Verfassungen, in: Jahrbuch des öffentlichen
    Rechts der Gegenwart/NF 49 (2001), S. 89-101, hier S. 90.
10 Bei Derbyshire/Derbyshire werden Großbritannien, Neuseeland, Israel, San Marino,
    Buthan und der Vatikanstaat als Staaten ohne geschriebene Verfassungsurkunde ge-
    nannt, wobei zugleich auf gewisse Einschränkungen einer solchen Klassifizierung
    hingewiesen wird. Vgl. J. Denis Derbyshire/Ian Derbyshire, Political Systems of the
    World. Band 1, 3. Aufl., Oxford 1999, S. 13f.
11 Vgl. Arend Lijphart, Patterns of Democracy, Government Forms and Performance in
    Thirty-Six Countries, New Haven/London 1999, S. 216-223.
12 Vgl. Klaus von Beyme, Verfassung und politisches System, in: Ders., Der Vergleich
    in der Politikwissenschaft, München/Zürich 1988, S. 129-152, hier S. 129.
13 Vgl. Derbyshire/Derbyshire (Anm. 10), S. 11.
14 Vgl. von Beyme (Anm. 12), S. 129f.

schiedung einer Verfassung als Beendigung des „Naturzustandes" bezeichnen würde. Ansonsten gelten entsprechende Vorbehalte jedoch nur im Rahmen einer kategorialen Gegenüberstellung von „Verfassung" und „politischem System". Historisch hingegen gehen Verfassungen zwar in aller Regel aus den Konflikt- und Konsensbildungsprozessen des *alten* politischen Systems hervor, markieren jedoch gleichwohl die normativ-rechtliche „Geburtsstunde" des *neuen* Systems.

3. Forschungsstand: Verfassungen als Gegenstand politikwissenschaftlicher Forschung

Der deutschen Politikwissenschaft wurde von rechtswissenschaftlichen Autoren ein erstaunlich geringes Interesse an Verfassungen und Verfassungspolitik attestiert.[15] Diese für die siebziger (und achtziger) Jahre korrekte Feststellung wurde in jüngeren Überblicksdarstellungen zum Thema allzu unreflektiert übernommen. Wer das einschlägige Schrifttum der vergangenen Jahre überblickt, wird kaum mehr ernsthaft von einer „Enthaltsamkeit der Politikwissenschaft gegenüber Verfassungsfragen"[16] sprechen wollen. Für die internationale Politikwissenschaft galt sie im übrigen nie in vergleichbarem Maße wie für die Profession in der Bundesrepublik.

In vielen Ländern ist die Beschäftigung mit Verfassungsfragen seit den frühen neunziger Jahren geradezu zu einem Schwerpunkt der Disziplin geworden. Die intensivierte Hinwendung zu Fragen der Verfassungsordnung wurde zum einen forschungsimmanent begünstigt von der weltweiten Wiederentdeckung der Institutionen im Rahmen der unterschiedlichen Varianten des Neo-Institutionalismus.[17] Mindestens so bedeutend waren die Entwicklungen in der politischen Realität selbst: (1) Der Zusammenbruch der sozialistischen Staaten 1989/90 konfrontierte eine große Zahl von Ländern mit der Aufgabe, sich eine neue, den Ansprüchen an ein liberal-demokratisches Gemeinwesen genügende Verfassung zu geben. Die vergleichende Politikwissenschaft, die vereinzelt schon Ende der achtziger Jahre ihr Interesse an vergleichender

15 Vgl. Dieter Grimm, Gegenwartsprobleme der Verfassungspolitik und der Beitrag der Politikwissenschaft, in: Udo Bermbach (Hrsg.), Politische Wissenschaft und politische Praxis, Opladen 1978, S. 272-295.
16 So Gert-Joachim Glaeßner/Werner Reutter, Verfassung, Politik und Politikwissenschaft, in: Dies./Charlie Jeffery (Hrsg.), Verfassungspolitik in Deutschland und Großbritannien im Vergleich, Wiesbaden 2001, S. 9-27.
17 Vgl. Vivian Lowndes, Varieties of New Institutionalism: a Criticial Appraisal, in: Public Administration 74 (1996), S. 181-197; Peter Hall/Rosemary Taylor, Political Science and the Three New Institutionalisms, in: Political Studies 44 (1996), S. 936-957; B. Guy Peters, Institutional Theory in Political Science. The 'New Institutionalism', London/New York 1999.

Verfassungslehre bekundet hatte[18], begleitete den Prozess der politischen Verfassungsdiskussion im Rahmen der sogenannten „Constitutional Engineering"-Debatte.[19] (2) Auch die politische Auseinandersetzung über die Wünschbarkeit einer Verfassung für die Europäische Union hat ihren Reflex im internationalen politikwissenschaftlichen Schrifttum gefunden, insbesondere nach der Verkündung der europäischen Grundrechtscharta im Jahre 2000 und der Einsetzung eines „Europäischen Verfassungskonvents" 2001.[20] Gleichsam eine „Vorstufe" des europäischen Verfassungsdiskurses im engeren Sinne bildete die auf die Erhellung des Ausmaßes an Homogenität und Konvergenz hin orientierte vergleichende Betrachtung verfassungsrechtlicher Regeln in den einzelnen Mitgliedsstaaten der Europäischen Union.[21] (3) Schließlich wurde auch die nicht-vergleichende, auf einzelne Länder beschränkte Beschäftigung mit Aspekten der Verfassungspolitik maßgeblich durch bedeutende Entwicklungen in der politischen Arena angeregt. Dies gilt für die Verfassungsreformdiskussion in der Bundesrepublik im Gefolge der deutschen Vereinigung[22] ebenso wie etwa für die – sehr unterschiedlich erfolgreichen – Verfassungsreformprozesse in Großbritannien[23] und Italien[24].

Während der Neo-Institutionalismus Verfassungsstrukturen und politische Institutionen primär als erklärende Variablen betrachtet, steht in der

---

18 Vgl. Vernon Bogdanor (Hrsg.), Constitutions in Democratic Politics, Aldershot 1988.

19 Vgl. insbesondere Sartori (Anm. 7); Arend Lijphart, Democracies: Forms, Performance, and Constitutional Engineering, in: European Journal of Political Research 25 (1994), S. 1-17; Joachim Jens Hesse/Nevil Johnson (Hrsg.), Constitutional Policy and Change in Europe, Oxford 1995.

20 Vgl. etwa Heinrich Schneider, Der Post-Nizza-Prozess: ein direkter Anlauf zur Konstitutionalisierung der Europäischen Union?, in: Integration 24 (2001), S. 198-207; Pier Virgilio Dastoli, Dalla diplomazia alla democrazia: verso una costituzione europea?, in: Il Mulino 49 (2000), S. 903-914; Renaud Dehausse, Naissance d'un constitutionalisme transnational, in: Pouvoirs, No. 96 (2001), S. 19-30; Simon Hix, A Constitution for the EU ? A Comparative Perspective, in: Collegium, No. 23 (2002), S. 17-35.

21 Vgl. etwa Adolf Kimmel, Einführung, in: Ders. (Hrsg.), Die Verfassungen der EG-Mitgliedstaaten, 5. Aufl., München 2000, S. IX-XXXIV.

22 Vgl. etwa Bernd Guggenberger/Tine Stein (Hrsg.), Die Verfassungsdiskussion im Jahr der deutschen Einheit. Analysen – Hintergründe – Materialien, München 1991; Arthur Benz, Verfassungsreform als politischer Prozess. Politikwissenschaftliche Anmerkungen zur aktuellen Revision des Grundgesetzes, in: Die Öffentliche Verwaltung 46 (1993), S. 881-889; Klaus H. Goetz/Peter Cullen (Hrsg.), Constitutional Policy in Unified Germany, London 1994; Helge-Lothar Batt, Die Grundgesetzreform nach der deutschen Einheit. Akteure, politischer Prozess und Ergebnisse, Opladen 1996.

23 Vgl. Michael Foley, The Politics of the British Constitution, Manchester/New York 1999; Keith Sutherland (Hrsg.), The Rape of the Constitution?, Thoverton 2000; Nevil Johnson, Taking Stock of Constitutional Reform, in: Government and Opposition 36 (2001), S. 331-354.

24 Vgl. Peter Häberle, Probleme der Verfassungsreform in Italien – Außenansichten eines „teilnehmenden Beobachters", in: Ders., Verfassung als öffentlicher Prozess, Berlin 1996, S. 819-854; Enzo Chieli, La riforma mancata. Tradizione e innovazione nella Costituzione italiana, Bologna 2000.

Mehrzahl der in diesem Überblick berücksichtigten Arbeiten die Verfassung selbst als zu erklärende Variable im Zentrum des Interesses. Daneben haben Fragen nach den Wirkungen der Verfassung auf das politische System jedoch ihren Platz in der Forschungsliteratur behauptet. Ohne die gebührende Abwägung möglicher Wirkungen von Verfassungsregeln ließe sich eine Verfassungsreformdiskussion freilich auch kaum sinnvoll führen. Ein Unterschied zwischen der Mehrzahl neo-institutionalistischer Perspektiven auf die Verfassung einerseits und Teilen der politikwissenschaftlichen Verfassungsliteratur im engeren Sinne andererseits besteht aber hinsichtlich der Konzentration auf unterschiedliche zu erklärende Variablen: Geht es den meisten Neo-Institutionalisten schwerpunktmäßig um die Erhellung der Wirkungen verfassungsstruktureller Merkmale auf materielle Politiken („policies"), so steht in der eigentlichen Verfassungsliteratur die Prägung des politischen Willensbildungs- und Entscheidungsprozesses („politics") durch Verfassungsnormen im Vordergrund.

Ein zentrales Merkmal neo-institutionalistisch inspirierter Arbeiten der Verfassungsliteratur, in denen Verfassungen schwerpunktmäßig als abhängige bzw. zu erklärende Variable betrachtet werden, besteht in der starken Konzentration auf informelle Komponenten, welche der klassische Institutionalismus nur am Rande berücksichtigt. Die Entdeckung des „informalen Verfassungsstaates"[25] gehört ebenso in diesen Bereich wie die interdisziplinäre Beschäftigung mit unterschiedlichen Dimensionen der „informalen Verfassung".[26] Eine stärkere Berücksichtigung informeller Komponenten kennzeichnet auch die neuere Literatur zum Verfassungswandel.[27]

In mehreren der jüngsten Veröffentlichungen liegt das Hauptaugenmerk auf dem Studium des Verhältnisses zwischen Verfassungen und politischer Kultur bzw. auf der „Verfassungskultur"[28], ohne dass sich diesbezüglich bereits von einem etablierten Forschungsparadigma sprechen ließe. Von den Vertretern einer anderen Variante der jüngeren politikwissenschaftlichen Verfassungsforschung wird demgegenüber weniger das Verhältnis zwischen Verfassungen und anderen Dimensionen des politischen Gemeinwesens (wie der politischen Kultur) studiert, als vielmehr ein drastisch erweiterter Verfassungsbegriff zugrunde gelegt, in dem die unterschiedlichen Komponenten der

25 Vgl. Helmuth Schulze-Fielitz, Der informale Verfassungsstaat, Berlin 1982.
26 Vgl. Axel Görlitz/Hans-Peter Burth (Hrsg.), Informale Verfassung, Baden-Baden 1998.
27 Vgl. Charlie Jeffery, Verfassungspolitik im Vergleich: Britische Devolution und deutscher Föderalismus, in: Glaeßner u.a. (Anm. 16), S. 125-142.
28 Vgl. Peter Häberle, Verfassungslehre als Kulturwissenschaft, 2. Aufl., Berlin 1998; Jürgen Gebhardt (Hrsg.), Verfassung und politische Kultur, Baden-Baden 1999; Daniel P. Franklin/Michael J. Baun (Hrsg.), Political Culture and Constitutionalism: A Comparative Approach, Armonk, NY/London 1995; Rainer Wahl, Verfassungsvergleichung als Kulturvergleichung, in: Dietrich Murswieck u.a. (Hrsg.), Staat – Souveränität – Verfassung. Festschrift für Helmut Quaritsch zum 70. Geburtstag, Berlin 2000, S. 163-182; John Ferejohn/Jack R. Rakove/Jonathan Riley (Hrsg.), Constitutional Culture and Democratic Rule, Cambridge 2001.

Verfassungswirklichkeit aufgehen.[29] Diesem neuen Verständnis von „constitutionalism" ist eine Reihe weiterer Studien entsprungen, die sich auf unterschiedliche Spezialbereiche konzentrieren.[30] Ein (teils um die soziologische, teils um die internationale Dimension) erweitertes Verständnis von Verfassung hat sich, ausgehend von der Diskussion über Staatsziele und die Rolle von Staat und Verfassung in der Postmoderne, mittlerweile auch im deutschsprachigen Raum als ein Strang der politikwissenschaftlichen Beschäftigung mit Verfassungsfragen neben anderen etabliert.[31]

Als ein weiteres Merkmal des Forschungsfeldes lässt sich schließlich hervorheben, dass die politikwissenschaftliche Beschäftigung mit Verfassungen und Verfassungspolitik im Vergleich mit den meisten anderen Spezialdisziplinen unter dem Dach der vergleichenden Politikforschung ein Gebiet geblieben ist, in dem Studien mit qualitativem methodischen Zugang deutlich überwiegen. Gleichwohl gibt es mittlerweile eine Reihe bemerkenswerter Versuche, statistisch-quantitative Methoden auch im Rahmen der politikwissenschaftlichen Verfassungsforschung einzusetzen.[32]

4. Entstehungskontexte moderner Verfassungen

Anders als in Amerika, Frankreich oder England erfolgte die historische Herausbildung des Verfassungsstaates in Deutschland weder auf der Grundlage erfolgreicher Revolutionen noch eines kontinuierlich betriebenen Evolutionsprozesses.[33] In Deutschland gewann der liberale Verfassungsstaat vielmehr

---

29 Vgl. Stephen L. Elkin, Constitutionalism: Old and New, in: Stephen L. Elkin/Karol Edward Soltan (Hrsg.), A New Constitutionalism. Designing Political Institutions for a Good Society, Chicago/London 1993, S. 20-37 sowie ders., Constitutionalism's Successor, in: Ebd., S. 117-143.

30 Vgl. etwa Patrick J. Hanafin/Melissa S. Williams (Hrsg.), Identity, Rights and Constitutional Transformation, Aldershot 1999; Franklin/Braun (Anm. 28).

31 Vgl. etwa Karl-Heinz Ladeur, Postmoderne Verfassungstheorie, in: Ulrich K. Preuß (Hrsg.), Zum Begriff der Verfassung. Die Ordnung des Politischen, Frankfurt a.M. 1994, S. 304-331; Rolf K. Hocevar, Neue Wege der Verfassungstheorie, in: Theo Stammen u.a. (Hrsg.), Politik – Bildung – Religion. Hans Maier zum 65. Geburtstag, Paderborn u.a. 1996, S. 317-326.

32 Vgl. etwa Jan-Erik Lane, Constitutions and Political Theory, Manchester/New York 1997; Robert D. Cooter, The Strategic Constitution, Princeton, NJ 2000; Jan-Erik Lane/Reinert Maeland, Constitutional Analysis – The Power Index Approach, in: European Journal of Political Research 37 (2000), S. 31-56.

33 Vgl. Lane (Anm. 32), S. 63-86. Den historischen Entstehungsbedingungen des Verfassungsstaates in Amerika, Frankreich und England wurden in der jüngeren Literatur überdies unterschiedliche geistesgeschichtlich-funktionale Ausprägungen des Konstitutionalismus zugesprochen. So wurde der britische Konstitutionalismus als genuin politisch, der amerikanische als primär gesellschaftlich und der französische als etatistisch charakterisiert. Vgl. Ulrich K. Preuß, Einleitung: Der Begriff der Verfassung und ihre Beziehung zur Politik, in: Ders. (Anm. 31), S. 7-33, hier S. 25.

zunächst als Ergebnis politischer Willkürakte der Fürsten Gestalt, durch die sich diese freiwillig unter die Geltung einer Verfassung stellten.[34] Bei Samuel Finer wird dieser Regimetyp treffend als „self-limited absolutism" beschrieben.[35] Als weitere historische Besonderheit des deutschen Weges kam die territoriale Dimension des Konstitutionalisierungsprozesses hinzu. Anders als in den meisten anderen großen westlichen Ländern vollzog sich dieser nicht auf nationalstaatlicher Ebene, sondern in den zahlreichen kleinen und nicht selten winzigen territorialen Subeinheiten souveräner Einzelstaaten auf deutschem Boden.

Auch die Entstehungsbedingungen des Grundgesetzes weisen eine Reihe von Besonderheiten auf.[36] Gemessen an den Verfassungsgebungsprozessen der Nachkriegszeit in den beiden anderen ehemaligen „Achsenmächten" (Japan und Italien) und Österreich (als ehemaligem Teil des nationalsozialistisch beherrschten Deutschen Reichs) kam dem westlichen Teil Deutschlands hinsichtlich des Ausmaßes an Selbstbestimmung und konstitutionellem Neubeginn eine Mittelposition zu. Während die Italiener die Möglichkeit erhielten, im Rahmen einer eigens einberufenen verfassungsgebenden Versammlung ohne Eingriffe der Alliierten eine neue Verfassung zu erarbeiten, beherrschten die Amerikaner den Verfassungsgebungsprozess in Japan praktisch vollständig. Speziell im Rahmen eines deutsch-japanischen Vergleichs[37] lässt sich für den westlichen Teil Nachkriegsdeutschlands von einer relativ weitreichenden Entscheidungsfreiheit der politischen Elite über Detailregelungen des Grundgesetzes sprechen, welche allerdings nur nach Maßgabe der Vorbehaltsrechte der Alliierten wirksam werden konnte. Besonders kontrastreich verlief der Weg zur „Redemokratisierung" und „Rekonstitutionalisierung" aus deutscher Perspektive in Österreich. Dort entschloss man sich schlicht, die Verfassung der ersten Republik in der Fassung von 1929 wieder einzuführen.

Definiert man den Vergleichmaßstab für den Entstehungszusammenhang des Grundgesetzes weniger streng historisch, sondern systematisch, kann man das Grundgesetz im Rahmen eines westeuropäischen Vergleichs in einer Gruppe mit den Verfassungen Italiens (1948), Griechenlands (1975), Portugals (1976) und Spaniens (1978) verorten. Überall dort entstanden liberaldemokratische Verfassungen auf der Grundlage unmittelbar vorausgehender

---

34 Dies bedeutete jedoch nicht, dass die vom (nunmehr konstitutionellen) Monarchen einmal etablierten Selbstbeschränkungsrechte sich einfach wieder zurücknehmen ließen. Sie waren politisch wie rechtlich bindend und konnten nur im Rahmen des formalrechtlich fixierten Verfahrens unter Zustimmung der Volksvertretung geändert werden. Vgl. Böckenförde (Anm. 5), S. 34.

35 Vgl. Samuel E. Finer, The History of Government from the Earliest Times. Vol. III: Empires, Monarchies, and the Modern State, Oxford 1997, S. 1589.

36 Vgl. hierzu statt vieler Karlheinz Niclauß, Der Weg zum Grundgesetz. Demokratiegründung in Westdeutschland, Paderborn u.a. 1998.

37 Vgl. hierzu jetzt Yoshifumi Furuta, Die US-Besatzung und die Entstehung der japanischen Nachkriegsverfassung – Ein Vergleichsmodell zum deutschen Grundgesetz, in: Andrea Gourd/Thomas Noetzel (Hrsg.), Zukunft der Demokratie in Deutschland, Opladen 2001, S. 336-352.

Erfahrungen mit diktatorischen Regimen. Tatsächlich zeigt ein Vergleich der materiellen Bestimmungen dieser Verfassungswerke, dass die diesbezüglichen historischen Erfahrungen eines Landes die normative Ausgestaltung der Verfassungsstaatlichkeit in hohem Maße beeinflussen (vgl. Kapitel 5).

In kritischen Auseinandersetzungen mit den Entstehungsbedingungen des Grundgesetzes wurde insbesondere auf dessen geringen Grad an direkter demokratischer Legitimation hingewiesen. Die Theorie der „konkludenten Handlung" – der impliziten Anerkennung des Grundgesetzes durch die Bevölkerung in Form einer hohen Wahlbeteiligung und der Unterstützung systemtragender Parteien bei den ersten Bundestagswahlen – befriedigte zeitgenössische Beobachter mehr als spätere Kommentatoren. Der Verzicht auf eine Volkswahl der verfassungsgebenden Versammlung wie auf eine nachträgliche plebiszitäre Bestätigung des Verfassungstextes bildet aus international vergleichender Perspektive betrachtet in der Tat eine Ausnahme, welche mit den spezifischen historischen Rahmenbedingungen erklärt werden kann. Es gab jedoch auch in einigen anderen Ländern Verfassungen, die von „normalen" parlamentarischen Versammlungen erarbeitet wurden (Schweden 1973, Niederlande 1983). Radikal plebiszitäre Verfassungsgebungsprozesse – d.h. die Abhaltung eines Referendums ohne vorausgehende parlamentarische Beschlussfassung (wie in Frankreich 1958) – markierten in Westeuropa einen ähnlichen Sonderfall wie der deutsche Weg der Verfassungsgebung nach 1945.

5. Inhalt und Regelungsanspruch von Verfassungen

5.1 Grundrechte und Staatszielbestimmungen

Entsprechend der oben gegebenen Begriffsbestimmung bilden Grundrechte in der übergroßen Mehrzahl der westlichen Länder einen konstitutiven Bestandteil der Verfassung. Den bemerkenswertesten Sonderfall Westeuropas stellt die Verfassung des Vereinigten Königreiches dar, welche traditionell keinerlei Grundrechte kennt.[38] In Frankreich wurden die lediglich in der Präambel niedergelegte Menschenrechtserklärung von 1789 und die Präambel der Verfassung von 1946 (welche diese bestätigte und ergänzte) 1971 durch eine Entscheidung des Verfassungsrates zu konstitutiven Bestandteilen der Verfassung der V. Republik Frankreich erklärt.[39] In Österreich – dessen Ver-

---

38 Was die Frage der verfassungsrechtlichen Verankerung von Grundrechten und deren Rückwirkung auf die traditionelle Doktrin der Parlamentssouveränität betrifft, markierte jedoch die Verabschiedung des „Human Rights Acts 1998", mit der die Europäische Menschenrechtskonvention in britisches Recht transformiert wurde, einen historischen Quantensprung. Vgl. Gillian Peele, The Law and the Constitution, in: Patrick Dunleavy u.a. (Hrsg.), Developments in British Politics 6, London 2000, S. 69-87, hier S. 78f.

39 Vgl. Kimmel (Anm. 21), S. XIV.

fassung in der Gruppe der EU-Mitgliedsstaaten die einzige ist, die keinen spezifischen Grundrechtskatalog kennt –, wird der Grundrechtsschutz zum einen durch das aus dem Jahre 1867 stammende „Staatsgrundgesetz über die allgemeinen Rechte der Staatsbürger", zum anderen durch die 1958 von der österreichischen Bundesregierung ratifizierte und 1964 in den Verfassungsrang erhobene „Europäische Menschenrechtskonvention" gewährleistet.[40] In der Schweiz war die Verabschiedung einer neuen Bundesverfassung im Jahre 1999 Anlass, erstmals einen Grundrechtsteil in der Verfassung zu verankern, in dem die zuvor nur rudimentären und verstreuten sowie zahlreiche ungeschriebene Rechte systematisch zusammengefasst werden.[41]

Die Bundesrepublik gehört gemeinsam mit einigen anderen Ländern, deren Verfassungen auf der Grundlage von historischen Erfahrungen mit totalitären bzw. autoritären Regimen entstanden (Italien, Griechenland, Portugal, Spanien), zur Gruppe jener Staaten, in denen Grundrechte einen besonders hohen Stellenwert und einen entsprechend weitreichenden verfassungsrechtlichen Schutz genießen. Wie die griechische und portugiesische Verfassung, entzieht das Grundgesetz (Art. 79, Abs. 3) bestimmte Prinzipien der Verfassung jedweder Änderung durch den Verfassungsgesetzgeber. Keine vergleichbare Stellung wie den Freiheits- und Partizipationsrechten kommt den „sozialen Grundrechten" zu. Der wichtigste Unterschied liegt im jeweiligen Grad der Konkretisierung.[42] Von den hochgradig unterschiedlichen „sozialen Grundrechten" ist vor allem das Recht auf Arbeit weit verbreitet. Der Umweltschutz als staatliche Aufgabe fand in Westeuropa zuerst in die Mitte der siebziger Jahre entstandenen Verfassungen Spaniens, Portugals und Griechenlands Eingang. Seit 1994 gibt es ein entsprechendes Staatsziel auch im Grundgesetz (Art. 20a GG), wobei der Schutz der natürlichen Lebensgrundlagen „durch die Gesetzgebung" erfolgen soll. Im Vergleich zu vielen anderen Ländern blieb die Anzahl verfassungsrechtlich kodifizierter Staatszielbestimmungen im Grundgesetz aber auch nach der Verfassungsdebatte im Gefolge der deutschen Einheit gering. Außer dem Umweltschutz (Art. 20a GG) kamen lediglich die Förderung einer „tatsächlichen Gleichberechtigung" der Frauen und das Verbot der Diskriminierung Behinderter (Art. 3 GG) hinzu. Ein systematischer Zusammenhang zwischen der Anzahl und Breite „sozialer Grundrechte" in den Verfassungen der westeuropäischen Demokratien lässt

---

40 Vgl. Hannes Tretter, Die Grundrechte in Österreich, Wien 1998.

41 Vgl. Martin Kayser/Dagmar Richter, Die neue schweizerische Bundesverfassung, in: Zeitschrift für ausländisches öffentliches Recht und Völkerrecht 59 (1999), S. 985-1063, hier S. 1039 ff.

42 Es wurde deshalb vorgeschlagen, „soziale Grundrechte" alternativ als Verfassungsaufträge, Staatszielbestimmungen oder Staatspflichten zu bezeichnen, insofern anders als bei den unmittelbar wirkenden Freiheitsrechten bei den „sozialen Grundrechten" stets Gesetze oder Regierungsverordnungen erforderlich sind, damit der einzelne Bürger von ihnen profitieren kann. Vgl. A. Kimmel (Anm. 21), S. XIX; für eine detailliertere Auseinandersetzung Ernst-Wolfgang Böckenförde, Grundrechtstheorie und Grundrechtsinterpretation, in: Ders. (Anm. 5), S. 115-145.

sich am ehesten im Verhältnis zu der jeweiligen Stärke linker Parteien im Verfassungsgebungsprozess erkennen.[43]

5.2 Aspekte der Staatsorganisation

Zwei Koordinaten haben die politikwissenschaftliche Beschäftigung mit den verfassungsrechtlich festgeschriebenen Aspekten der Staatsorganisation in den vergangenen Jahrzehnten dominiert: das Verhältnis zwischen Exekutive und Legislative (und die daraus entspringende Unterscheidung parlamentarischer, präsidentieller und semi-präsidentieller Demokratien) einerseits und die Unterscheidung von Einheitsstaaten und Bundesstaaten andererseits.[44] Beiden ist gemein, dass sie Ausdruck des Prinzips der – einmal horizontalen, einmal vertikalen – Gewaltenteilung sind.

Die für die heutige Politikwissenschaft grundlegende Unterscheidung parlamentarischer und präsidentieller Demokratien[45] lässt sich bis zu den Schriften des bedeutenden britischen Verfassungsgelehrten Walter Bagehot (1826-1877) zurückverfolgen. In der jüngeren Forschung kursieren sehr unterschiedlich umfangreiche Merkmalskataloge der beiden Modelle, wobei die differenziertesten Beschreibungen nur mehr ein Abbild der beiden Prototypen der parlamentarischen Demokratie (Großbritannien) und der präsidentiellen Demokratie (USA) darstellen.[46] Von Winfried Steffani stammt der Vorschlag, sich auf ein Primärkriterium – die parlamentarische Verantwortlichkeit der Regierung – zu konzentrieren, welche die parlamentarische Regierungsform gegenüber allen nicht-parlamentarischen Regierungsformen abgrenzt.[47] Häufig wird mit Blick auf das Verhältnis von Exekutive und Legislative in der parlamentarischen Demokratie auch von „Gewaltenfusion" gesprochen, während die präsidentielle Demokratie durch das Prinzip der „Gewaltentrennung"

---

43   Vgl. ebd., S. XVIII-XXIV.
44   Die einflussreichste institutionenbezogene Typologie liberaler Demokratien von Lijphart, der Mehrheitsdemokratien und Konsensusdemokratien unterscheidet, enthält demgegenüber eine Reihe von Bestimmungsmerkmalen – wie insbesondere das Koalitionsformat und die Struktur des Parteiensystems – die nicht von der Verfassung vorgegeben sind. Vgl. Arend Lijphart, Democracies, New Haven 1984 sowie Ders. (Anm. 11).
45   Eine wichtige Variante dieser Unterscheidung bildet das Konzept der semi-präsidentiellen Demokratie, das hier wegen der vor allem um die Verortung der Bundesrepublik bemühten Vergleichs nicht näher zu behandeln ist. Vgl. grundlegend Maurice Duverger, A New Political System Model: Semi-Presidential Government, in: European Journal of Political Research 8 (1980), S. 165-187. Für die umfassendste, sowohl theoretisch als auch empirisch aufschlussreiche Studie zum Thema vgl. Robert Elgie (Hrsg.), Semi-presidentialism in Europe, Oxford 1999.
46   Vgl. die Sammlung unterschiedlicher Definitionsversuche bei Arend Lijphart (Hrsg.), Parliamentary versus Presidential Government, Oxford 1992.
47   Vgl. Winfried Steffani, Zur Unterscheidung parlamentarischer und präsidentieller Regierungssysteme, in: Zeitschrift für Parlamentsfragen 14 (1983), S. 390-401, hier S. 392.

zwischen beiden Verfassungsorganen gekennzeichnet ist (wodurch kontinu-ierliche Kooperation zwischen Präsident und Legislatur in der Verfas-sungspraxis freilich nicht ausgeschlossen, sondern für das Funktionieren der präsidentiellen Demokratie vielmehr unerlässlich ist).[48] In Westeuropa bildet die parlamentarische Regierungsform in ihren unterschiedlichen Varianten den „Normaltypus" des liberalen Verfassungsstaates. Die wichtigsten Unter-scheidungen, die auf das Verfassungsrecht zurückgehen[49], betreffen den in-stitutionellen Charakter des Staatsoberhaupts (aus der der Unterschied zwi-schen parlamentarischer Monarchie und parlamentarischer Republik resul-tiert) und das Kompetenzverhältnis innerhalb der für parlamentarische De-mokratien konstitutiven „doppelköpfigen Exekutive" (Regierungschef und Staatsoberhaupt).

Der weithin unstrittigen Charakterisierung der Bundesrepublik als einer „parlamentarischen Republik mit Kanzlerdominanz"[50] steht ein beträchtlicher politikwissenschaftlicher Diskussionsbedarf hinsichtlich des im Grundgesetz ausgestalteten Prinzips der horizontalen Gewaltenteilung gegenüber. So wur-de in den vergangenen Jahren wiederholt auf das Spannungsverhältnis zwi-schen der durch Art. 67 GG verfassungsrechtlich etablierten parlamentari-schen Regierungsform einerseits und dem dieser widersprechenden dualisti-schen Verständnis des Verhältnisses von Regierung und Parlament, wie es an anderen Stellen des Grundgesetzes zum Ausdruck kommt, andererseits hin-gewiesen.[51] In Studien über die parlamentarische Elite in der Bundesrepublik und die Wahrnehmung des politischen Systems durch die Bevölkerung wurde im Gewaltenteilungskonzept des Grundgesetzes vereinzelt gar der Keim ei-nes „latenten Verfassungskonflikts" gesehen.[52]

---

48 Vgl. Ludger Helms, Präsident und Kongress in der legislativen Arena. Wandlungsten-denzen amerikanischer Gewaltenteilung am Ende des 20. Jahrhunderts, in: Zeitschrift für Parlamentsfragen 30 (1999), S. 841-864.

49 Hiervon abzugrenzen sind wichtige Aspekte der konkreten (parteipolitischen) Macht-verteilung und der politischen Kultur, durch die die Verfassungspraxis in unterschied-lichen parlamentarischen Demokratien in hohem Maße geprägt wird.

50 Unstrittig ist der Zusatz „Kanzlerdominanz" zumindest bezogen auf das Verhältnis zwi-schen Bundeskanzler und Bundespräsident, während die Führungsrolle des Kanzlers in-nerhalb der Exekutive von rechtswissenschaftlichen Autoren vereinzelt mit dem Hinweis auf die verfassungsrechtliche Kompetenzfülle des Kabinetts bezweifelt wurde. Vgl. Martin Oldiges, Die Bundesregierung als Kollegium. Eine Studie zur Regierungsorgani-sation nach dem Grundgesetz, Hamburg 1983. Für eine vergleichende Verortung der verfassungsrechtlichen Exekutivstrukturen in der Bundesrepublik vgl. Ludger Helms, Das Amt des deutschen Bundeskanzlers in historisch und international vergleichender Perspektive, in: Zeitschrift für Parlamentsfragen 27 (1996), S. 697-711.

51 Vgl. etwa Eberhard Schütt-Wetschky, Gewaltenteilung zwischen Bundestag und Bun-desregierung? Nach dem Scheitern des Gewaltenteilungskonzeptes des Parlamentari-schen Rates: Gemeinwohl durch Parteien statt durch Staatsorgane?, in: Klaus Dicke (Hrsg.), Der demokratische Verfassungsstaat in Deutschland, Baden-Baden 2001, S. 67-117.

52 Vgl. Werner J. Patzelt, Ein latenter Verfassungskonflikt? Die Deutschen und ihr par-lamentarisches Regierungssystem, in: Politische Vierteljahresschrift 39 (1998), S. 725-757.

Obwohl das „konstruktive Misstrauensvotum" (Art. 67 GG) – das es außer in der Bundesrepublik auch in Spanien und Belgien gibt – Ausdruck des
Bedürfnisses war, die Exekutive gegenüber dem Parlament zu stärken und
damit die Regierungsstabilität zu erhöhen, gehört das Grundgesetz im westeuropäischen Vergleich nicht zu jenen Verfassungen, in denen eine „Rationalisierung des Parlamentarismus" rechtlich vorgezeichnet ist. Im Gegenteil
ging es bei der Gründung der Bundesrepublik – ähnlich wie in Italien – weniger um eine Schwächung als vielmehr um eine Stärkung des Parlaments
gegenüber den anderen Verfassungsorganen (im deutschen Fall konkret gegenüber dem Staatsoberhaupt). Den Extremfall der Tendenz, das Parlament
verfassungsrechtlich (und damit auch politisch) zu schwächen, verkörpert die
Verfassung der V. französischen Republik. In vielen anderen Ländern wurde
der „rationalisierte Parlamentarismus" weniger durch die Verfassung als
durch die parlamentarischen Geschäftsordnungen rechtlich fixiert. Obwohl
die (verfassungs-)rechtliche und politische Stärkung der Exekutive gegenüber
dem Parlament die dominante historische Entwicklungstendenz in den parlamentarischen Demokratien Westeuropas markiert, schließt dies entgegenge-
setzte Entwicklungen keineswegs aus. Das jüngste Beispiel für eine deutliche
Stärkung des Parlaments im Gefüge der Verfassungsorgane bildet die neue
Verfassung Finnlands.[53]
    Eine wichtige Besonderheit der durch das Grundgesetz vorgezeichneten
Staatsorganisation ist in der Kombination der parlamentarischen Regierungsform mit dem Prinzip der Bundesstaatlichkeit zu sehen.[54] In der Familie der
konsolidierten liberalen Demokratien findet sich die Verbindung von Parlamentarismus und Föderalismus außer in der Bundesrepublik nur noch in Kanada, Australien, Österreich, Belgien und Spanien, wobei der föderative Gedanke in den meisten der genannten Länder keine vergleichbar weitreichende
verfassungsrechtliche Konkretisierung in Richtung eindeutiger Bundesstaatlichkeit erfahren hat wie in der Bundesrepublik. Auch die konkrete Ausgestaltung des föderativen Prinzips unter dem Grundgesetz weist eine Reihe
von Eigentümlichkeiten, ja geradezu international einzigartigen Merkmalen
auf. Dazu gehören zumindest der verfassungsrechtlich festgeschriebene horizontale Finanzausgleich und die Konstruktion des Bundesrates.[55] Während
die grundsätzliche Entscheidung für die Errichtung eines föderativen Systems
in den Westzonen Nachkriegsdeutschlands wesentlich von den Präferenzen
der Alliierten bestimmt war (und somit funktionale Begründungen des Föde-

---

53 Vgl. Jaakko Nousiainen, From Semi-presidentialism to Parliamentary Government:
    Political and Constitutional Developments in Finland, in: Scandinavian Political Stu-
    dies 24 (2001), S. 95-109.
54 Die spezifischen Probleme dieser Verbindung bilden seit langem einen der promi-
    nentesten Schwerpunkte der Innenpolitikforschung in der Bundesrepublik. Vgl.
    grundlegend Gerhard Lehmbruch, Parteienwettbewerb im Bundesstaat, 3. Aufl.,
    Wiesbaden 1999.
55 Vgl. Ludger Helms, Strukturmerkmale und Entwicklungsdynamik des deutschen Bun-
    desstaates im internationalen Vergleich, in: Zeitschrift für Politik 49 (2002), S. 125-148.

ralismus historische Aspekte zumindest gleichberechtigt ergänzten), lässt sich vor allem in der Konstruktion des Bundesrates eine eindeutige historische Traditionslinie des föderativen Prinzips in Deutschland erkennen.

Eine Reihe anderer Eigenheiten der Staatsorganisation nach dem Grundgesetz, welche aus den historischen Erfahrungen mit der Weimarer Republik und dem Nationalsozialismus erklärt werden müssen[56], markieren im internationalen Vergleich keine Ausnahme. Das gilt insbesondere für die Schwächung des Staatsoberhauptes gegenüber der politischen Exekutive (Regierungschef und Kabinett), in geringerem Maße aber auch für die verfassungsrechtliche Anerkennung der Parteien. Mit Blick auf letztere gibt es ähnliche Ausführungen wie im Grundgesetz in den Verfassungen Italiens, Portugals, Spaniens, Griechenlands und (in deutlich bescheidenerem Maße) der V. französischen Republik. Etwas anderes gilt für das Mischungsverhältnis von repräsentativdemokratischen Strukturen und direktdemokratischen Instrumenten (auf der zentralstaatlichen Ebene) im politischen System der Bundesrepublik: Die im Schrifttum noch immer mehrheitlich mit der (vermeintlichen) Rolle direktdemokratischer Einrichtungen in der Weimarer Republik begründeten Entscheidung des parlamentarischen Rates für eine „superrepräsentative Verfassung" (Fraenkel), und das Festhalten an dieser, ist aus international vergleichender Perspektive betrachtet bemerkenswert.[57] Innerhalb Westeuropas kennen, neben Großbritannien (wo es indes, wie zuletzt bei den Devolution-Referenden von 1998, immerhin zu ad hoc anberaumten Volksabstimmungen kommen kann), nur die Verfassungen der Benelux-Staaten einen vergleichbar vollständigen Verzicht auf direkte Mitwirkungsrechte des Volkes.

Ein weiteres institutionelles Kernmerkmal des durch das Grundgesetz geschaffenen Demokratiemodells ist in der im internationalen Vergleich einzigartig stark ausgeprägten Verfassungsgerichtsbarkeit zu sehen.[58] Auch in dieser Hinsicht spielten historische Erfahrungen eine maßgebliche Rolle. So ist es kaum als Zufall zu betrachten, dass sich die stärksten Verfassungsgerichte Westeuropas (parallel zum jeweiligen Stellenwert des verfassungsrechtlichen Schutzes des Individuums gegenüber dem Staat) in jenen Ländern finden, in

---

56 Vgl. hierzu grundlegend Friedrich Karl Fromme, Von der Weimarer Verfassung zum Bonner Grundgesetz. Die verfassungspolitischen Folgerungen des Parlamentarischen Rates aus Weimarer Republik und nationalsozialistischer Diktatur, 3. Aufl., Berlin 1999.

57 Der jüngste, von der rot-grünen Bundesregierung initiierte Versuch, die repräsentativen Strukturen des Grundgesetzes durch ein umfangreiches Arsenal direktdemokratischer Instrumente zu ergänzen, scheiterte am 7. Juni 2002 im Bundestag, da die für verfassungsändernde Gesetze erforderliche Zweidrittelmehrheit nicht erreicht wurde. CDU/CSU und Teile der FDP stimmten dagegen. Vgl. Frankfurter Allgemeine Zeitung vom 8. Juni 2002, S. 4.

58 Vgl. als aktuellen Überblick Ernst-Gottfried Mahrenholz, Europäische Verfassungsgerichte, in: Jahrbuch des öffentlichen Rechts der Gegenwart/NF 49 (2001), S. 15-30; für einen über den europäischen Raum hinausreichenden Vergleich: Alexander von Brünneck, Verfassungsgerichtsbarkeit in den westlichen Demokratien, Baden-Baden 1992.

denen es historisch zu schwerwiegenden Verletzungen von Grundrechten und einer Abkehr von der liberal-demokratischen Regierungsform gekommen war.

6. Verfassungskonventionen

In allen Regierungssystemen werden formale Verfassungsbestimmungen durch Verfassungskonventionen ergänzt. Die Rolle, die entsprechenden Konventionen zukommt, variiert mit der Rechtskultur eines Landes und der Regelungsdichte des geschriebenen Verfassungsrechts. In keinem anderen westeuropäischen Land erlangten verfassungsrechtliche Konventionalregeln einen vergleichbaren Stellenwert wie in Großbritannien, wo ganze Kernbereiche der Staatsorganisation (wie insbesondere der Bereich der Regierung) ausschließlich durch „constitutional conventions" reguliert werden. Wo sonst noch könnte ein führender Verfassungsrechtler den Wesensgehalt der Verfassung mit den Worten „the Constitution is what happens" beschreiben.[59]

Aber auch eine vergleichsweise detaillierte Verfassung wie das Grundgesetz, welches zudem eingebettet ist in eine stark legalistisch geprägte politische Kultur, lässt genügend Raum für das Entstehen von Konventionen. Zusammengenommen kann man das System ungeschriebener Verfassungsregeln als „informale Verfassung" beschreiben: „Die Geltungskraft der ungeschriebenen Regeln der informalen Verfassung gründet in einem gemeinsamen Grundkonsens der beteiligten Akteure, im Willen zum Miteinander." Dabei geht es „nicht nur um die Existenz der politischen Praxis, sondern um die sozialen Regelmäßigkeiten, nach denen die politische Praxis agiert; es geht um Gewohnheiten, die Verhaltenserwartungen stabilisieren, ohne dass sie sogleich als Ausdruck von Rechtsregeln angesehen werden müssen. [...] Informale Regeln der Staatspraxis können geschriebenes Verfassungsrecht handhabbar machen, praktisch konkretisieren oder auch ergänzen; sie können verfassungsrechtliche Regeln aber auch unterlaufen und damit abwerten."[60]

Beispiele solcher informalen Verfassungsregeln in der Bundesrepublik finden sich etwa im Bereich der Regierung, insbesondere bezüglich der Regierungsbildung. Auf diesem Feld wurden die formalrechtlichen Vorgaben des Grundgesetzes einerseits durch die sich rasch herausbildende quasiplebiszitäre Bestimmung des Kanzlers bei Bundestagswahlen, andererseits durch eine drastische Ausweitung des Mitbestimmungsanspruchs der Partei-

---

59 Vgl. J. A. G. Griffith, zitiert bei Richard Rose, Politics in England, in: Gabriel A. Almond/B. Bingham Powell (Hrsg.), Comparative Politics Today, 6. Aufl., New York 1996, S. 155-209, hier S. 165. Auch für Großbritannien gilt, dass hinsichtlich der genauen Abgrenzung von Konventionalregeln gegenüber weniger verbindlichen bloßen Gewohnheiten kein Konsens besteht. Vgl. u.a. John Alder, Constitutional and Administrative Law, 2. Aufl., London 1994, S. 35.

60 Vgl. Helmuth Schulze-Fielitz, Das Verhältnis von formaler und informaler Verfassung, in: Görlitz/Burth (Hrsg.) (Anm. 26), S. 25-53, hier S. 47, 27, 48.

en modifiziert bzw. ergänzt. Vergleichbare Beispiele lassen sich für praktisch alle liberalen Demokratien finden. In der V. französischen Republik folgt das gesamte Zusammenspiel zwischen Präsident und Premierminister bis heute stärker dem von de Gaulle installierten Modell politischer Führung als dem Verfassungstext. Noch deutlicher ist das Spannungsverhältnis zwischen formaler und informaler Verfassung in den USA. Auf die „legislative presidency" – dem Anspruch amerikanischer Präsidenten seit Franklin D. Roosevelt, dem Kongress mit einem präsidentiellen Gesetzgebungsprogramm gegenüberzutreten – findet sich im Verfassungstext keinerlei Hinweis.

7. Verfassungsentwicklung

In Anlehnung an Brun-Otto Bryde kann mit Blick auf das Phänomen der Verfassungsentwicklung zwischen Verfassungswandel und Verfassungsänderung unterschieden werden.[61] Dabei können unter Verfassungswandel solche Entwicklungen verstanden werden, die die Handhabung verfassungsrechtlicher Regeln in der Staatspraxis betreffen, ohne in den Verfassungstext integriert zu sein. Verfassungsänderungen beziehen sich demgegenüber auf die formale Umgestaltung des Verfassungstextes.

Gebräuchlicher, wenngleich weniger präzise, ist in der jüngeren Literatur die Unterscheidung zwischen formalem und informalem Verfassungswandel. Informale Formen des Verfassungswandels (etwa in Gestalt sich stillschweigend herausbildender Verfassungskonventionen) werden dabei von rechtswissenschaftlich geschulten Autoren zumeist lediglich unter der Bezeichnung des „unechten Verfassungswandels" geführt.[62] Selbst unter rechtswissenschaftlichen Autoren gilt jedoch die Interpretation verfassungsrechtlicher Normen durch die Verfassungsrechtsprechung neben der Verfassungsänderung durch den Verfassungsgesetzgeber als ein gleichberechtigter Pfad des formalen Verfassungswandels. Eine Verortung der Verfassungsrechtsprechung als eine Form des informellen Verfassungswandels, wie bei Glaeßner und Reutter, ist demgegenüber zumindest ungewöhnlich.[63]

Die in einem politischen System vorherrschende Form der Verfassungsentwicklung ist abhängig von einer Reihe unterschiedlicher Faktoren. Eine jüngere Studie über das Grundgesetz, in der sowohl historisch-strukturelle, ideologische als auch institutionelle Theorien der Verfassungsentwicklung berücksichtigt werden, kommt auf der Grundlage vergleichender Untersuchungen zu dem Ergebnis, dass vor allem institutionelle Faktoren die Häu-

61 Vgl. Brun-Otto Bryde, Verfassungsentwicklung. Stabilität und Dynamik im Verfassungsrecht der Bundesrepublik Deutschland, Baden-Baden 1982, S. 4 ff.
62 Vgl. Christian Walter, Hüter oder Wandler der Verfassung? Zur Rolle des Bundesverfassungsgerichts im Prozess des Verfassungswandels, in: Archiv des öffentlichen Rechts 125 (2000), S. 517-550, hier S. 521f.
63 Vgl. Glaeßner/Reutter (Anm. 16), S. 16, Übersicht 2.

figkeit von formalen Verfassungsänderungen durch den Verfassungsgesetzgeber erklären können.[64] Je leichter es ist, die Verfassung zu ändern, desto
häufiger geschieht dies. Ein internationaler Vergleich zeigt ferner, dass die
institutionellen Barrieren gegen Verfassungsänderungen in der Bundesrepublik – entgegen der im Schrifttum bis heute vorherrschenden Einschätzungen
– alles in allem eher schwach ausgeprägt sind.[65] So fehlt nicht zuletzt jedwede
direkte Einbindung des Volkes in den formalrechtlichen Prozess der Verfassungsänderung, die in den meisten Demokratien Westeuropas zwingend vor-
geschrieben ist.

Das Verhältnis zwischen der Häufigkeit formaler Verfassungsänderungen durch den Verfassungsgesetzgeber einerseits und dem Gewicht verfassungsgerichtlicher Interpretationen der Verfassung andererseits ist jedoch
kein Nullsummenspiel. Zwar gilt beispielsweise für die USA, dass die Rolle
des Supreme Court für die amerikanische Verfassungsentwicklung nicht zuletzt deshalb so zentral ist, weil es (bedingt durch die extrem hohen institutionellen Hürden) nur in seltenen Ausnahmefällen zu formalen Revisionen
der Verfassung durch den Verfassungsgesetzgeber kommt. Für die Bundesrepublik wäre aus rein institutioneller Perspektive zu erwarten, dass angesichts der häufigen Verfassungsänderungen durch Bundestag und Bundesrat
andere Ausprägungen des formalen Verfassungswandels eine entsprechend
geringere Rolle spielen. Dies ist jedoch nicht der Fall. Tatsächlich kommt
dem Bundesverfassungsgericht ein ähnlich zentraler (wenngleich weniger
exklusiver) Stellenwert für den Prozess des Verfassungswandels zu wie dem
Supreme Court in den USA. Trotzdem besitzt der institutionelle Ansatz – in
dieser Hinsicht bezogen auf die jeweilige Kompetenzausstattung von Verfassungsgerichten – auch in diesem Bereich eine beträchtliche Erklärungskraft.
Gemeinsam nämlich mit dem amerikanischen Supreme Court sowie den Verfassungsgerichten Spaniens und Indiens gehört das Bundesverfassungsgericht
zu den kompetenzstärksten Verfassungsgerichten der Welt.[66]

Weder die in einem politischen System zu beobachtende Häufigkeit von
Verfassungsänderungen durch den Verfassungsgesetzgeber noch das Gewicht
von Verfassungsgerichten für den Prozess der Verfassungsentwicklung können jedoch ausschließlich mit institutionellen Faktoren erklärt werden. Eine

---

64 Vgl. Andreas Busch, The Grundgesetz after 50 Years: Analysing Changes in the
    German Constitution, in: German Politics 9 (2000), S. 41-60.
65 Ebd., S. 51.
66 Nach Lijphart besteht ein weiterer Zusammenhang zwischen dem Ausmaß an verfas-
    sungsgerichtlicher Kontrolle („judicial review") – hier definiert als die Summe der for-
    malen Kompetenzen und der tatsächlichen Inanspruchnahme derselben durch Verfas-
    sungsgerichte – einerseits und der institutionellen Form der Verankerung verfassungs-
    gerichtlicher Kontrolle in einem System andererseits. So begünstigt das zunächst in Öster-
    reich etablierte und später in der Bundesrepublik, Italien, Spanien, Portugal und Belgien
    übernommene Modell einer zentralisierten Verfassungsgerichtsbarkeit (gegenüber dem
    amerikanischen Modell einer dezentralisierten Verfassungsgerichtsbarkeit) eine intensi-
    vere Ausprägung von „judicial review". Vgl. Lijphart (Anm. 11), S. 228.

wichtige Rolle spielen auch das Alter und die Detailliertheit der Verfassung, deren historischen Entstehungsbedingungen und die Rechtskultur eines Landes.[67] Unter sonst gleichen Bedingungen kann erwartet werden, dass alte Verfassungen, die überdies „kurz und dunkel" sind, einen höheren Änderungsbedarf aufweisen als jüngere, im Lichte gegenwärtiger Herausforderungen geschriebene, detailreiche Verfassungen. Vergleichsweise häufige formale Verfassungsänderungen sind auch dann zu erwarten, wenn Verfassungen in großer Eile erarbeitet oder bestimmte Regelungsbereiche zum Zeitpunkt der Verfassungsgebung mit Absicht ausgespart wurden.[68] Schließlich ist es von Bedeutung, für wie wichtig es in einem Land erachtet wird, dass die in der bzw. für die Staatspraxis maßgeblichen Normen vollständig in den geschriebenen Verfassungstext integriert sind. Ein extrem ausgeprägtes Bedürfnis, „Verfassung und Verfassungswirklichkeit" formal so eng wie möglich in Übereinstimmung miteinander zu bringen, hatte Wilhelm Hennis schon vor mehr als drei Jahrzehnten als „ein deutsches Problem" beschrieben, für das es in den meisten anderen Ländern kein Äquivalent gäbe.[69]

Auf den informalen Verfassungswandel wurde oben bereits im Zusammenhang mit den „Verfassungskonventionen" eingegangen. Obwohl es diese in allen politischen Systemen gibt, scheinen hinsichtlich der Erklärung des Stellenwerts des informellen Verfassungswandels in unterschiedlichen Ländern die institutionellen Regelungen und die politisch-kulturellen Rahmenbedingungen auch in dieser Hinsicht von Bedeutung zu sein. Dabei gilt: Je mehr formal geändert wird, desto weniger Raum bleibt für informelle Entwicklungen. Dies gilt nicht nur für ganze Länder, sondern auch für einzelne Sektoren von politischen Systemen. Nicht zufällig bildet der Bereich der Regierung in der Bundesrepublik sowohl jenen Teil des Grundgesetzes, der am seltensten (in der Tat praktisch gar nicht) geändert wurde, als auch jenen Bereich staatlicher Politik, der am stärksten durch die Herausbildung informeller Konventionen geprägt ist. Auch da, wo Entwicklungen nicht auf der Ebene des informellen Verfassungswandels stehen bleiben, geht der formalen Verfassungsänderung im übrigen zumeist ein informeller Verfassungswandel voraus. Wichtige einschlägige Beispiele aus der Verfassungsgeschichte der Bundesrepublik finden sich vor allem im Bereich der föderativen Ordnung. So kodifizierte die große verfassungsrechtliche Reform des Bundesstaates von 1969 zum Teil lediglich die informell bereits seit Jahren gepflegte Praxis der Politikverflechtung. Auch die Rolle des Bundes als bundesstaatliche Ausgleichsinstanz war in der ursprünglichen Fassung des Grundgesetzes nicht vorgesehen, wurde jedoch gleichwohl bereits vor einer entsprechenden Verfassungsänderung praktiziert.[70]

---

67 Vgl. von Beyme (Anm. 12), S. 143f.
68 Auch die beiden letztgenannten Punkte wird man für den Fall der Bundesrepublik bzw. des Grundgesetzes ins Feld führen können.
69 Vgl. Wilhelm Hennis, Verfassung und Verfassungswirklichkeit. Ein deutsches Problem, Tübingen 1968.
70 Vgl. Helms (Anm. 55), hier S. 132-133, 135.

8. „Verfassungskulturen"

Neben der auf die Verfassung (insbesondere das Verhältnis zwischen Verfassung und Verfassungswirklichkeit) bezogenen Rechtskultur eines Landes lassen sich im Lichte der jüngeren Literatur landesspezifische „Verfassungskulturen" unterscheiden. Bei Peter Häberle wird unter Verfassungskultur „die Summe der subjektiven Einstellungen, Erfahrungen und des Denkens sowie des (objektiven) Handelns der Bürger und Pluralgruppen, der Organe des Staates etc. im Verhältnis zur Verfassung als öffentlichem Prozeß" verstanden.[71] Andere Autoren mit ähnlichen Erkenntnisinteressen bevorzugen hingegen den älteren Begriff der politischen Kultur und bemühen sich in historisch und international vergleichenden Studien um die Klärung des Verhältnisses zwischen politischer Kultur und Verfassung bzw. um die Bestimmung des Stellenwertes der Verfassung für eine bestimmte politische Kultur.

Die „Verfassungskulturen" in den liberalen Demokratien sind so unterschiedlich wie die gesellschaftlichen Bedingungen und historischen Entwicklungspfade einzelner Länder selbst. Eine grob vereinfachende Unterscheidung bezieht sich auf den Gegensatz zwischen „verfassungszentrierten politischen Kulturen" und solchen politischen Kulturen, in denen nicht der Verfassung, sondern anderen Begriffen bzw. Konzepten eine herausragende Bedeutung zukommt. Trotz aller Unterschiede lassen sich sowohl die Bundesrepublik als auch die Vereinigten Staaten oder die Schweiz den „verfassungszentrierten politischen Kulturen" zuordnen, während Frankreich in der Familie der westeuropäischen Demokratien ein besonders ausgeprägtes Beispiel für eine nicht auf die Verfassung hin konzentrierte politische Kultur bildet. Zwar läßt sich für die V. französische Republik von einem wachsenden Respekt gegenüber dem Verfassungstext sprechen, wofür vor allem die Arbeit des Verfassungsrates seit den frühen siebziger Jahren maßgeblich verantwortlich ist. Nach wie vor spielen jedoch im Bewusstsein der französischen Öffentlichkeit die ideellen Konzepte der Republik und der Nation eine entscheidendere Rolle als die Verfassung.[72]

Die einschlägige Debatte in der Bundesrepublik drehte sich vor allem um das Konzept des „Verfassungspatriotismus". Der von Dolf Sternberger eingeführte Begriff läßt sich mit Jürgen Gebhardt als „eine verfassungszentrierte demokratische politische Kultur" beschreiben, „in der sich das bürgerschaftliche und etatistische Element derart erfolgreich mischen, dass die Bundesrepublik trotz der historischen Vorbelastungen in der Gestaltung ihrer inneren Verhältnisse und in ihrem außenpolitischen Engagement der westlichen Idee politischer Gesittung auf eine ihr eigene Weise geschichtlich Ausdruck zu

---

71 Vgl. Häberle (Anm. 28), S. 90.
72 Vgl. Adolf Kimmel, Nation, Republik, Verfassung in der französischen politischen Kultur, in: Stammen u.a. (Anm. 31), S. 423-432.

geben vermochte.“[73] Der vielleicht wichtigste Streitpunkt in der Auseinandersetzung zwischen linken und konservativen Autoren betraf das Verhältnis
zwischen Verfassungspatriotismus und nationaler Identität. Während Autoren
wie Jürgen Habermas das Konzept als mögliche Grundlage für eine zukünftig
postnationale und posttraditionale Identität sahen, verstand Sternberger selbst
(und mit ihm die Mehrzahl konservativer Autoren) „Verfassungspatriotismus“ ausdrücklich nicht als Ersatz für einen nationalen Patriotismus. Durch
die deutsche Vereinigung hat die Debatte über die „Verfassungskultur“ in der
Bundesrepublik als Subdisziplin der politischen Kulturforschung eine neue
Aktualität gewonnen.[74]

9. Schlussbetrachtung

Die Konstitutionalisierung von Herrschaft markierte historisch die erste
Etappe der Entwicklung politischer Gemeinwesen zu liberal-demokratischen
Systemen. Sie wurde später ergänzt durch demokratische Partizipationsrechte
der Bürger, welche heute zum dominierenden Bestimmungskriterium demokratischer Herrschaft geworden sind. Selbst die tiefgreifendsten gesellschaftlichen und politischen Wandlungsprozesse haben Verfassungen als solche
nicht überflüssig gemacht. Auch dort, wo die dominanten gesellschaftlich-
politischen Zielvorstellungen und die verfassungsrechtlichen Normen auseinander fielen, wurde die Verfassung nicht einfach abgeschafft, sondern durch
eine neue ersetzt.

Wie die anderen Strukturen moderner Demokratien wandeln sich jedoch
auch Verfassungen. Eine generelle Entwicklung auf der strukturellen Ebene
von Verfassungen scheint in deren Tendenz zur formalen Expansion zu liegen. Viele ältere Verfassungen wurden durch die Einfügung weiterer Passa-
gen zum Teil deutlich erweitert. Das Grundgesetz bildet in dieser Hinsicht
sogar ein besonders beeindruckendes Beispiel: Während der ersten 50 Jahre
seines Bestehens verdoppelte sich dessen Wortumfang nahezu.[75] Auch neue
Verfassungen sind kaum jemals weniger umfangreich als deren „Vorgänger“.
Viele der besonders detaillierten und ungewöhnlich langen Verfassungen,
wie diejenige Brasiliens (1988) oder Kolumbiens (1991), entstammen der
jüngeren globalen Entwicklungsgeschichte der Verfassung.

Solche strukturellen Wandlungen werden begleitet von einem funktionalen
Wandel der Verfassung. Die Geschichte der liberalen Demokratien im 20.

---

73 Vgl. Jürgen Gebhardt, Verfassung und politische Kultur in Deutschland, in: Ders.
    (Anm 28), S. 15-30, hier S. 29.
74 Vgl. Jürgen Gebhardt, Verfassungspatriotismus als Identitätskonzept der Nation, in:
    Aus Politik und Zeitgeschichte B 14/93, S. 29-39; Stephan Detjen, Verfassungsver-
    ständnis und Verfassungsdiskussionen in der Geschichte der Bundesrepublik
    Deutschland, in: Aus Politik und Zeitgeschichte, B 15-16/97, S. 3-10.
75 Vgl. Busch (Anm. 64), S. 43.

Jahrhundert wurde vor allem durch zwei Entwicklungen maßgeblich geprägt: die Herausbildung des Wohlfahrtsstaates und den Wandel des Staates von einem dirigierenden zu einem stärker verhandelnden Akteur im Kontext netzwerkartig strukturierter Entscheidungssysteme.[76] In letzteren treten vor allem die politischen Parteien als Repräsentanten öffentlicher Gewalt auf. Für die Rolle der Verfassung bedeutet dies, dass es ihr in geringerem Maße als früher gelingt, alle Träger öffentlicher Gewalt in ihr Regelwerk einzubeziehen und sämtliche Bereiche der Staatstätigkeit erschöpfend zu erfassen.[77] Ob diese Diagnose künftig zur Grundlage eines Krisenszenarios für die Verfassung wird, hängt nicht zuletzt vom zugrunde gelegten Verfassungsverständnis ab.

Aus der im Rahmen dieses Beitrages entwickelten Perspektive spricht alles dafür, dass Verfassungen auch im 21. Jahrhundert zu den grundlegenden und unverzichtbaren Strukturelementen der liberalen Demokratien gehören werden. Dies gilt im übrigen nicht nur für die etablierten liberal-demokratischen Systeme, sondern auch und in ganz besonderem Maße für die „jungen Demokratien"[78], wo Verfassungen häufig eine zentrale Bedeutung für die Herausbildung und Konsolidierung einer demokratischen politischen Kultur zukommt, welche auf die Verfassungspraxis zurückstrahlt.[79] Selbst die fortschreitende Globalisierung und Supra-Nationalisierung politischer Entscheidungsprozesse, die nach Auffassung einiger Beobachter viele politische Institutionen der klassischen Moderne obsolet zu machen droht[80], scheint der prinzipiellen Bedeutung von Verfassungen nichts anhaben zu können. Dies zeigt nicht zuletzt die intensiv geführte Debatte über die verfassungspolitische und verfassungsrechtliche Zukunft der Europäischen Union.

Fragen wir rückblickend, und in Übereinstimmung mit dem Fokus der übrigen Beiträge dieses Bandes, noch einmal nach dem Platz der Bundesrepublik in der Familie der konsolidierten liberalen Demokratien: Im Hinblick auf ihre Verfassung, das Grundgesetz, verkörpert die Bundesrepublik zwar keinen ausgesprochenen „Sonderfall". Die Eigenheiten der Verfassungsstruktur, des Verfassungswandels sowie des Verfassungsverständnisses verdichten sich jedoch zu einem spezifischen Ganzen, das mehr ist als ein „Normalfall", den es angesichts der Vielfalt und Komplexität historischer,

---

76   Vgl. Fritz Scharpf, Die Handlungsfähigkeit des Staates am Ende des 20. Jahrhunderts, in: Politische Vierteljahresschrift 32 (1991), S. 621-634.

77   Vgl. Dieter Grimm, Der Wandel der Staatsaufgaben und die Zukunft der Verfassung, in: Ders. (Hrsg.), Staatsaufgaben, Baden-Baden 1992, S. 613-646; Hans Vorländer, Die Verfassung. Idee und Geschichte, München 1999, S. 116-117.

78   So der Titel einer von Klaus von Beyme und Dieter Nohlen herausgegebenen Schriftenreihe im Verlag Leske + Budrich, die der Analyse der politischen Entwicklungen in den erst kürzlich demokratisierten Ländern gewidmet ist.

79   In historischer Perspektive kann nicht zuletzt die Bundesrepublik als ein wichtiges Beispiel für eine entsprechende Prägewirkung von Verfassungen gelten. Vgl. M. Rainer Lepsius, Interessen, Ideen und Institutionen, Opladen 1990.

80   Vgl. Susan Strange, The End of Politics, in: Government and Opposition 30 (1995), S. 291-311.

struktureller und funktionaler Aspekte moderner Demokratie ohnehin lediglich als sozialwissenschaftliches Konstrukt geben kann.

Eine weiter ausgreifende historische Perspektive hätte zunächst auf dem Gebiet der deutschen Verfassungsgeschichte eine Reihe von Besonderheiten ausführlicher zu würdigen. Hierzu gehört neben dem spezifisch deutschen Weg zur Überwindung präkonstitutioneller Regime und der vorübergehenden Abkehr von Rechtstaatlichkeit und Demokratie im Nationalsozialismus auch das insgesamt geringe Ausmaß an Regimestabilität von der Mitte des 19. Jahrhunderts bis zum Ende des Zweiten Weltkriegs. Die Geschichte der nach 1945 in Westdeutschland geschaffenen Verfassungsordnung war demgegenüber – trotz ungewöhnlich zahlreicher Verfassungsänderungen – durch ein nicht nur im historischen, sondern auch im internationalen Vergleich hohes Maß an Stabilität gekennzeichnet. Viele der aus historischer Perspektive bemerkenswerten Neuerungen im Bereich der Grundrechte teilt die Bundesrepublik mit anderen ehemals autoritär bzw. totalitär regierten Ländern.

Aus politikwissenschaftlicher Perspektive verdienen vor allem die Eigenheiten der Staatsorganisation nach dem Grundgesetz besondere Beachtung. Als ungewöhnlich (wenngleich nicht einzigartig) können dabei im internationalen Vergleich die Kombination der parlamentarischen Demokratie mit einer „integrativen" Bundesstaatlichkeit und der vollständige Verzicht auf direktdemokratische Mitwirkungsrechte auf der zentralstaatlichen Ebene gelten. Die Verbindung dieser Elemente mit der republikanischen Staatsform und einer stark ausgebauten Verfassungsgerichtsbarkeit tragen zur Spezifizierung des verfassungsrechtlichen Institutionenmodells der Bundesrepublik wesentlich bei. Auf der Ebene der Verfassungspolitik haben einzelne Elemente des Grundgesetzes, wie das „konstruktive Misstrauensvotum", die Struktur „zweiter Kammern" oder die Ausgestaltung der Verfassungsgerichtsbarkeit, eine zum Zeitpunkt der Gründung der Bundesrepublik kaum für möglich gehaltene Vorbildfunktion für einige andere Länder erlangt. Die international einflussreichsten politikwissenschaftlichen Charakterisierungen der Bundesrepublik von Katzenstein[81] bis Schmidt[82] beziehen sich hingegen weniger auf die formale Verfassungsstruktur als auf die durch diese geprägte Verfassungspraxis, welche nach vorherrschendem Verständnis mindestens so sehr ein Gegenstand der vergleichenden politischen Systemforschung wie der traditionellen Verfassungslehre ist.

---

81 Peter Katzenstein, Policy and Politics in West Germany. The Growth of a Semisovereign State, Philadelphia 1987.

82 Manfred G. Schmidt, Germany: The Grand Coalition State, in: Joseph M. Colomer (Hrsg.), Political Institutions in Europe, London/New York 1996, S. 62-98.

Suzanne S. Schüttemeyer

Regierungssysteme

1. Einleitung

Nach dem Zusammenbruch des Sowjetimperiums standen etliche – alte wie
erst entstehende – Staaten vor der Aufgabe, sich neue Strukturen der politischen Willensbildung und Entscheidung zu schaffen. Daher erfuhr die Beschäftigung mit Typen von Regierungssystemen neuen Aufschwung. Bis Anfang der neunziger Jahre hatten die Unterschiede zwischen Parlamentarismus, Präsidentialismus und Semi-Präsidentialismus nur wenig Aufmerksamkeit in der Politikwissenschaft gefunden. Tatsächlich hatte sich in Deutschland kaum jemand anderer als Winfried Steffani der Typologisierung von
Regierungssystemen gewidmet, und auch in der lange Zeit behavioristisch,
teilweise geradezu anti-institutionalistisch geprägten amerikanischen Politikwissenschaft führte dieses Thema ein Schattendasein.

Mit der dritten Welle der Demokratisierung stellten sich der Politikwissenschaft dann aber hinsichtlich institutioneller Designs und ihrer Auswirkungen konkrete Fragen: Welches Regierungssystem ist am besten geeignet,
den Übergang von totalitären Systemen zu demokratischen zu konsolidieren?
Welche Gewichtverteilung zwischen den Verfassungsorganen der Legislative
und Exekutive hat welche Konsequenzen, erstens für die Entscheidungs- und
Steuerungsfähigkeit, damit auch für die Legitimität von Politik und zweitens
für die Herausbildung von Strukturen intermediärer Interessenvermittlung,
insbesondere von Parteien und Verbänden? Mit welcher Form der strukturellen Konsolidierung, das heißt mit welchem Typus von Regierungssystem
inklusive seines Wahl- und Parteiensystems, ist eine demokratische Politische Kultur und eine leistungsfähige Volkswirtschaft am sichersten aufzubauen? Waren und sind dies Überlebensfragen junger Demokratien, so bleiben sie etablierten Demokratien des Westens kaum weniger aufgegeben,
wenn auch bei anderer Ausgangssituation und Problemstellung.

Globalisierung, Individualisierung und Entsolidarisierung sind Stichworte, die verdeutlichen, welchen Herausforderungen sich die politischen Institutionen bei dem Versuch gegenübersehen, dem Ziel demokratischer Stabilität näher zu kommen. Veränderte Strukturen der Kommunikation zwischen Politikern und Bürgern, die dadurch fortschreitende Personalisierung
der Politik, stark gestiegene Anforderungen an den Verhandlungscharakter

von Politik, in den Mitgliedstaaten der EU die Europäisierung politischen Entscheidens markieren weitere Tendenzen, die systemische Wandlungen bedeuten könnten bzw. bereits anzeigen. Deshalb bedürfen die institutionellen Arrangements eines Regierungssystems immer wieder der Überprüfung daraufhin, ob in ihnen und mit ihnen die demokratietheoretisch herausgearbeiteten Sollwerte – Transparenz, Effizienz und Partizipation – noch erreicht bzw. optimiert werden können.

2. Typen von Regierungssystemen: Der Stand der Forschung

Wichtigstes analytisches Hilfsmittel, um die Wandlungsprozesse von Regierungssystemen zu erkennen und einordnen zu können wie auch zielgerichtet Reformen zu betreiben, sind Typologien. Ihr Ausgangspunkt ist regelmäßig das Verhältnis von Legislative und Exekutive, wobei die Grundfragen lauten: In welcher Abhängigkeit stehen Parlament und Regierung zueinander? Ist ihr Verhältnis auf Integration oder Kooperation bzw. Konkurrenz angelegt? Die dazu getroffenen Entscheidungen in Verfassungsrecht und Verfassungspraxis entfalten weitreichende Konsequenzen für das politische System. Zur Illustration: Wird eine Exekutive als in ihrer Existenz abhängig von der Legislative konstruiert, ist sie also nur solange im Amt, wie sie über das Vertrauen einer parlamentarischen Mehrheit verfügt, dann kommt es für die Stabilität und Handlungsfähigkeit einer Regierung auf Partei- und gegebenenfalls Koalitionsdisziplin an. Demselben Grundprinzip gehorcht die Opposition, da ihr Ziel die Ablösung der Regierung ist. Ist die Regierung bzw. der Präsident dagegen in der Dauer seines Amtes unabhängig von einer ihn tragenden Parlamentsmehrheit, ist er „nur" auf gesetzgeberische Mehrheiten angewiesen, die er sich auch, wenn nötig, ad hoc und von Fall zu Fall besorgen kann – oder muss –, dann sind festgefügte Mehrheit und Opposition nicht strukturnotwendig für Bestand und Aktionsfähigkeit einer Regierung. Bei dieser Konstellation des Verhältnisses von Legislative und Exekutive sind die Anreize, programmatisch kohärente Parteien und disziplinierte Fraktionen bzw. Koalitionen zu bilden, erheblich geringer als im vorangegangenen Fall. Entsprechend systematisch variiert das Akteursverhalten in Parlament und Regierung wie gegenüber den Wählern. (Dass dies auch zu ganz unterschiedlich ausgeprägten Handlungsoptionen von Interessengruppen führt, sei nur am Rande bemerkt.)

Jenseits der grundlegenden Übereinstimmung, dass das Verhältnis von Legislative und Exekutive für die Unterscheidung von Regierungssystemen zentral ist, sind etliche Typologien entwickelt worden, die erheblich differieren hinsichtlich der jeweils als wichtig eingestuften Kriterien, hinsichtlich ihrer Kombination und ihrer Zuordnung zu Typen.

Winfried Steffani erklärt die Abberufbarkeit der Regierung durch das Parlament zum „Start-Kriterium", soll heißen: zum alleinentscheidenden

Merkmal, ob ein Regierungssystem parlamentarisch oder präsidentiell zu nennen ist[1]. Konkret ist die Abberufbarkeit ausgestaltet als Misstrauensvotum seitens einer Parlamentsmehrheit mit der Folge des Rücktritts der Regierung oder/und der anschließenden Parlamentsauflösung und Neuwahlen. In Deutschland ist das konstruktive Misstrauensvotum vorgesehen, eine „Erfindung" des Parlamentarischen Rates zur Erhöhung der Regierungsstabilität und zur Sicherung staatlicher Handlungsfähigkeit. Spanien und Ungarn, um zwei Beispiele zu nennen, haben diese Vorkehrung in ihre neuen demokratischen Verfassungen übernommen.

Mit der Entscheidung für oder gegen die Abberufbarkeit wird, so Steffani, „über den Charakter des jeweiligen Parlaments, seine Stellung und Rolle im politischen System sowie über sein Grundverhältnis zur Regierung und zum Staatsoberhaupt befunden", ferner „über die normative wie faktische Grundstruktur der Gewaltenteilung eines Landes – einschließlich der damit bewirkten fundamental unterschiedlichen Herausforderungen an die Parteien"[2]. Insofern ist es konsequent, dass für ihn die Abberufbarkeit das einzige primäre Unterscheidungsmerkmal zwischen Typen von Regierungssystemen ist; folglich gibt es für Steffani nur zwei: das parlamentarische und das präsidentielle. Unterhalb dieser disjunktiven Klassifikation nimmt er weitere Feingliederungen vor; er unterscheidet zwischen geschlossenen und doppelten Exekutiven sowie zwischen der monarchischen und republikanischen Form.

Nach dieser Typologie sind die USA das Musterbeispiel des Präsidentialismus. Die demokratischen Regierungssysteme Europas sind danach allesamt als parlamentarische einzuordnen, auch jene, in denen die Exekutive aus einem direkt gewählten Präsidenten mit erheblichen Kompetenzen und einem vom Parlament abhängigen Premierminister besteht.

Genau dies traf insbesondere für Frankreich zu: der seit 1962 durch Volkswahl bestellte Präsident, die machtvolle Amtsführung des ersten Staatsoberhauptes der V. Republik, Charles de Gaulle, und das gegenüber der Exekutive geschwächte Parlament. Dieses Frankreich, zwar typologisch rein, als parlamentarisches Regierungssystem zu bezeichnen, widersprach dem politischen Alltagsverständnis zu sehr, und daher vermochte Steffanis strikte Klassifikation als Analyseinstrument für die Gewichtverteilung zwischen Exekutive und Legislative auch nicht völlig zu überzeugen.

1980 stellte Maurice Duverger seinen Typus des „semi-präsidentiellen" Regierungssystems international vor[3] und ordnete ihm sieben Fälle zu: Frank-

---

1   Vgl. Winfried Steffani, Strukturtypen präsidentieller und parlamentarischer Regierungssysteme, in: Ders., Parlamentarische und präsidentielle Demokratie, Opladen 1979, S. 37-60.

2   Ders., Semi-Präsidentialismus: ein eigenständiger Systemtyp? Zur Unterscheidung von Legislative und Parlament, in: Zeitschrift für Parlamentsfragen 26 (1995), S. 621-641, hier S. 632.

3   Vgl. Maurice Duverger, A New Political System Model: Semi-Presidential Government, in: European Journal of Political Research 8 (1980), S. 165-187. Schon in den siebziger Jahren hatte er den Begriff in seinen französischsprachigen Veröffentlichun-

reich, Österreich, Irland, Finnland, Island, Portugal und die Weimarer Republik. In ihnen seien die drei zentralen Kriterien seiner Begriffsdefinition erfüllt, nämlich die Volkswahl, die in der Verfassung niedergelegten „erheblichen" Kompetenzen des Präsidenten und die gleichzeitige Existenz eines vom Parlament abhängigen Premierministers. Die großen Unterschiede zwischen der politischen Praxis dieser Länder versuchte er mit Hilfe von vier Parametern analytisch in den Griff zu bekommen und identifizierte drei empirische Fallgruppen: (1) Länder, in denen der Präsident hauptsächlich repräsentative Aufgaben erfüllt; (2) Länder, in denen eine Balance zwischen Präsident und Regierung existiert; (3) ein Land mit einem besonders machtvollen Präsidenten.

Häufig wurde Duvergers Systemtypus als Mischsystem, als Synthese von parlamentarischem und präsidentiellem Typ missverstanden. Tatsächlich ist festzustellen, dass die Verfassungsmerkmale eine alternierende Praxis zwischen parlamentarischen und präsidentiellen Phasen zulassen, und zwar in erster Linie abhängig von den jeweiligen Mehrheitsverhältnissen im Parlament und der Stellung des Präsidenten zu dieser Mehrheit.

Aus diesem Grund erscheint bei einer weiteren, in der Politikwissenschaft prominenten Typologie der Typus des Semi-Präsidentialismus gar nicht. Arend Lijphart hatte zunächst zwei Primärkriterien seiner Typologie für den Vergleich von 21 Ländern zugrunde gelegt[4]: Neben die Abberufbarkeit der Regierung durch das Parlament stellte er die Direktwahl der „presidential heads of government". Diese Verdoppelung der demokratischen Legitimation in einem politischen System, also die Etablierung zweier gleichermaßen gerechtfertigter Handlungszentren, schien ihm – insbesondere hinsichtlich der Auswirkungen auf das Parteiensystem und die Entscheidungsregeln – so zentral, dass er es als primäres Unterscheidungsmerkmal einführte – ganz im Gegensatz zu Steffani, der die Direktwahl als tertiäres Kriterium einordnet. 1994 fügte Lijphart ein drittes Primärmerkmal hinzu: die Ein-Mann- oder die kollegiale Exekutive[5]. Er argumentierte, dass diese institutionelle Anordnung erhebliche systematisch variierende Konsequenzen für die Neigung zu Mehrheits- bzw. konsensualen Entscheidungspraktiken habe.

Die Einführung eines dritten Kriteriums bescherte Lijphart ein schweres typologisches Problem: Wohin gehören die Regierungssysteme, die einen direkt gewählten Präsidenten und einen vom Parlament abhängigen Premierminister haben, also jene, die Duverger semi-präsidentiell nennt? Da Lijpharts Perspektive die Auswirkungen verschiedener Typen von Exekutiv-Legislativ-Konstruktionen auf die Konsensfähigkeit von Politik sind, erscheint es folgerichtig, dass er die Zuordnung dieser „gemischten" Fälle an folgender Frage

gen eingeführt und begründet; vgl. ders., Institutions politiques et droit constitutionnel, Paris 1970; Echec au Roi, Paris 1978.

4   Vgl. Arend Lijphart, Democracies. Patterns of Majoritarian and Consensus Government in Twenty-One Countries, New Haven/London 1984, S. 68-74.

5   Vgl. Ders., Presidentialism and Majoritarian Democracy: Theoretical Observations, in: Juan J. Linz/Arturo Valenzuela (Hrsg.), The Failure of Presidential Democracy, Band 1, Baltimore/London 1994, S. 91-105.

ausrichtet: „Who is the real head of government – president or prime minister?" So findet sich Frankreich einmal als purer Präsidentialismus und einmal – für die Phasen der Cohabitation – als purer Parlamentarismus klassifiziert.

Bei Steffani ging die typologie-immanent zwingende Einordnung der Schweiz als präsidentielles System und Frankreichs als parlamentarisches contre cœur des politischen Allgemeinverständnisses. Bei Lijphart ist die Verortung Frankreichs als Präsidentialismus mit direkt gewählter parlamentsunabhängiger Ein-Mann-Exekutive ebenso zwingend in der Logik seiner Typologie; sie erscheint aber eher noch künstlicher, denn die französische Exekutive besteht nun einmal nicht aus einer Person, sondern aus dem Präsidenten, dem Premierminister und Ministern, ist teilweise direkt gewählt, teilweise parlamentsabhängig. Die typologisch zutreffende *und* der Realität dieser Konstellation angemessene Einordnung wurde also auch von Lijphart nicht vorgelegt. Die Frage blieb folglich, ob Duvergers Semi-Präsidentialismus ein eigenständiger Typus ist[6].

Auch jüngere Argumentationen, der Semi-Präsidentialismus kombiniere „die zentralen Logiken parlamentarischer und präsidentieller Systeme auf eigenständige Weise"[7], vermögen nicht zu überzeugen. Erstens ist nämlich die Machtteilung zwischen Präsident und parlamentarisch verantwortlicher Regierung nicht, wie dort angenommen, ein Spezifikum semi-präsidentieller Systeme. Auch im Parlamentarismus sind die Exekutivfunktionen des Regierungschefs und des Staatsoberhauptes geteilt, so dass die Stellung des Präsidenten zu einer Frage des Grades, nicht aber der klassifikatorisch sauberen strukturellen Unterschiedlichkeit wird. Dann kommt es nämlich zum einen darauf an, *wie viele* Kompetenzen mit welcher politischen Substanz dem Staatsoberhaupt von der Verfassung zugewiesen werden, und damit wird die Zuordnung zu einem Typus weitgehend beliebig; zum anderen muss empirisch festgestellt werden, ob der jeweilige Amtsinhaber diese Kompetenzen nutzt bzw. nutzen kann. Zweitens trifft die Behauptung nicht zu, die Logik des Präsidentialismus bestehe darin, dass „die Exekutive auch dann handlungsfähig bleibt, wenn sie keine parlamentarische Mehrheit mehr hat"[8]. Im präsidentiellen Regierungssystem bleibt die Regierung auch ohne parlamentarische Mehrheit im Amt, ist also *existentiell* unabhängig. *Handlungsfähig* ist sie aber eben nicht mehr[9]; dafür braucht sie gemäß der Grundidee der *checks and balances – separate institutions sharing powers –* die legislatori-

---

6   Vgl. die Kontroverse zwischen Winfried Steffani (Anm. 2) und Horst Bahro/Ernst Veser, Das semipräsidentielle System – „Bastard" oder Regierungsform sui generis?, in: Zeitschrift für Parlamentsfragen 26 (1995), S. 471-485.

7   Thomas Poguntke, Präsidiale Regierungschefs: Verändern sich die parlamentarischen Demokratien?, in: Oskar Niedermayer/Bettina Westle (Hrsg.), Demokratie und Partizipation. Festschrift für Max Kaase, Opladen 2000, S. 356-371, hier S. 361.

8   Ebd., S. 361.

9   Poguntke selbst führt in seinem Resümee dazu das aufschlussreiche Beispiel des amerikanischen Präsidenten an, der „die Staatsbürokratie mangels flüssiger Mittel nach Hause schicken muss", ebd., S. 369.

sche Mehrheit des Kongresses. Dass dem Staatsoberhaupt die „originären exekutiven Kompetenzen des Präsidentenamtes"[10] verbleiben, ist typologisch unfruchtbar, denn über solche verfügt eben auch der Präsident im parlamentarischen Regierungssystem; wenngleich nur als Rest- und Reservefunktionen. Versuche, den Semi-Präsidentialismus als eigenständigen Typus zu begründen, kommen letztlich nicht daran vorbei, zu bestimmen, ab welcher Fülle und Substanz präsidentieller Kompetenzen ein System noch „parlamentarisch" bzw. schon „semi-präsidentiell" ist, wobei des weiteren zu klären wäre, ob diese Abgrenzung auf der Ebene des Verfassungsrechts oder der Verfassungspraxis zu erfolgen hätte. Bisher schafft also nur die disjunktive Unterscheidung zwischen parlamentsabhängiger und parlamentsunabhängiger Fortexistenz der Regierung typologische Klarheit und somit Erkenntnisgewinn hinsichtlich der Funktionsbedingungen der beobachteten Systeme.

Gerade mit dem Blick auf die variantenreiche ostmittel- und osteuropäische Entwicklung ist versucht worden, die klassifikatorischen, auf entweder/oder beruhenden Typologien durch komparative zu ersetzen. In ihnen wird gleichsam ein Kontinuum zwischen Parlamentarismus und Präsidentialismus mit Abstufungen in der Machtposition des Präsidenten konstruiert. So schlägt Wolfgang Merkel, basierend auf Matthew Shugart und John Carey[11], eine Typologie vor, die neben dem parlamentarischen und dem präsidentiellen Regierungssystem die Typen parlamentarisch-präsidentiell und präsidentiell-parlamentarisch beinhaltet[12].

Auch in dieser Einteilung rangieren alle westeuropäischen Regierungssysteme – mit Ausnahme Frankreichs und Finnlands – als parlamentarisch. Dies trifft ebenso für die meisten ost- und ostmitteleuropäischen Länder zu, von denen allerdings einige wegen der Direktwahl und der Stellung ihres Staatsoberhauptes in die Kategorie parlamentarisch-präsidentiell fallen. Dabei beruht die Abgrenzung zwischen dem parlamentarischen und dem parlamentarisch-präsidentiellen Typus oft auf der jeweiligen Verfassungspraxis und kann folglich erheblichen Schwankungen unterliegen. Deshalb empfiehlt Ismayr, „bei der typologischen Klassifizierung der osteuropäischen Staaten vornehmlich vom Verfassungstext auszugehen, da angesichts des kurzen Erfahrungszeitraums noch kaum von beständigen Traditionen der Verfassungspraxis gesprochen werden kann"[13]. Dann ist allerdings erneut zu fragen, welchen Erkenntniswert diese Typologisierung für die spezifischen politischen Funktionsbedingungen eines Landes überhaupt entfaltet.

---

10 Ebd., S. 361.
11 Vgl. Matthew Soberg Shugart/John Carey, Presidents and Assemblies. Constitutional Design and Electoral Dynamics, Cambridge 1992, S. 18-27.
12 Vgl. Wolfgang Merkel, Institutionalisierung und Konsolidierung der Demokratie in Ostmitteleuropa, in: Ders., Eberhard Sandschneider/Dieter Segert (Hrsg.), Systemwechsel 2. Institutionalisierung der Demokratie, Opladen 1996, S. 73-112, hier S. 77-80.
13 Wolfgang Ismayr, Die politischen Systeme Osteuropas im Vergleich, in: Ders. (Hrsg.), Die politischen Systeme Osteuropas, Opladen 2002, S. 9-67, hier S. 22.

Der Wandel in den Verfassungen und in der politischen Praxis Ostmittel- und Osteuropas verläuft jedenfalls eher in Richtung der eindeutig parlamentarischen Regierungssysteme, als dass Länder sich von diesen hin zum Präsidentialismus bewegen. Insofern lässt sich ohne das Pathos jener Aussagen, die Anfang der neunziger Jahre das Ende der Geschichte und den unaufhaltsamen Siegeszug der liberalen Demokratie verkündeten, feststellen, dass die parlamentarische Demokratie offenbar als das erfolgversprechendste Rezept zur Systembildung angesehen wurde und wird. Denn dort, wo die Demokratisierung gelang, entschloss man sich (mit Ausnahme Lateinamerikas) regelmäßig zur Parlamentarisierung, also zur existentiellen Abhängigkeit der Exekutive von der Legislative. Ohne Zweifel spielten hierbei Traditionsbestände und Aspekte Politischer Kultur eine wichtige Rolle. Nicht zu unterschätzen sind aber ebenfalls rationales Kalkül wie Lerneffekte der Akteure beim *constitutional engineering* bzw. bei der schrittweisen Anpassung von Verfassung und politischer Praxis. Diese Zusammenhänge lassen sich nicht erst an den jungen Demokratien im Osten Europas studieren, sondern wurden bereits beim demokratischen Neubeginn Westdeutschlands nach dem Zweiten Weltkrieg deutlich.

3. Die Entwicklung des Regierungssystems der Bundesrepublik Deutschland im Vergleich

3.1 Entscheidung des Parlamentarischen Rates für ein parlamentarisches System

Carlo Schmid erklärte die schnelle Übereinkunft über die zentralen Fragen der parlamentarischen Regierungsweise, die zwischen Sozialdemokraten, Christdemokraten und Liberalen, sogar auch Kommunisten, bei den Beratungen über das Grundgesetz gefunden werden konnte, mit der Tatsache, dass sie alle auf den „Traditionen der parlamentarisch und demokratisch verfassten europäischen Staaten" fußten. Schon die in Herrenchiemsee versammelten Experten, die einen Entwurf für eine westdeutsche Verfassung erarbeiten sollten, waren sich einig in dem Ziel, eine parlamentarische Demokratie zu begründen. Unter den zehn unstrittigen Leitgedanken befand sich die Abhängigkeit der Regierung vom Parlament ebenso wie die Festlegung auf ein Staatsoberhaupt ohne Notverordnungsrecht und ohne die Möglichkeit, Präsidialregierungen zu bilden. Damit sollte ganz bewusst den Fehlentwicklungen der Weimarer Republik begegnet werden.

Dem Verhältnis von Exekutive und Legislative galt besonderes Augenmerk, um schon mit der Verfassung so zwingend wie möglich die Bedingungen dafür zu setzen, dass es künftig stabile und handlungsfähige Regierungen in der Bundesrepublik geben würde. Entsprechend unkompliziert verständigte man sich darauf, das von Carlo Schmid bereits in Württemberg-Hohenzollern und Württemberg-Baden durchgesetzte konstruktive Misstrauensvotum auch ins Grundgesetz einzufügen. „Damit sollte das zentrale Konstruktionsprinzip der parlamentarischen Demokratie, das für den Bestand der Regierung im Regelfall notwendige Vertrauen der Parlamentsmehrheit, abgesichert werden gegen die mögliche, unerwünschte Folge allzu häufigen Regierungswechsels oder gar des Vakuums zwischen Abwahl einer Regierung durch Vertrauensentzug und Neubildung durch Vertrauensgewährung. Das Parlamentsvertrauen wurde gleichsam seiner Negativkomponente beraubt; eine sich im Laufe der Wahlperiode als zur positiv-konstruktiven Mitwirkung und Verantwortung unfähig oder unwillig zeigende Legislative sollte nicht allein das Gesetz des Handelns in Händen halten."[14] Die starke Orientierung der Verfassungsväter auf Effizienz schlug sich auch in ihrer Entscheidung nieder, den Kanzler bei ansonsten konventionell gefassten Prinzipien der Ressort- und Kabinettsverantwortlichkeit mit der Richtlinienkompetenz auszustatten. Kontroverser verlief die Diskussion im Parlamentarischen Rat um das Präsidentenamt (und um die Ausgestaltung der Zweiten Kammer). Schließlich fand sich eine große Mehrheit dafür, den künftigen Bundespräsidenten nicht durch das Volk wählen zu lassen und ihn im wesentlichen nur mit repräsentativen Aufgaben und politischen Reservefunktionen auszustatten.

Die nahezu fraglose Grundentscheidung des Verfassungskonventes und des Parlamentarischen Rates für die parlamentarische (und strikt repräsentative) Variante des Regierungssystems war also gespeist aus dem Bestreben, weder den Präsidenten (und das Volk) noch das Parlament allzu mächtig werden zu lassen. Trotz der primären Orientierung an einer parlamentarisch zwar verantwortlichen, aber sicher handlungsfähigen Exekutive kann von einer „Schwächung des Parlamentarismus" (Friedrich Karl Fromme) dennoch nicht die Rede sein. Letztlich vermag ein Parlament nur Ansehen und Akzeptanz bei den Bürgern zu gewinnen, wenn es zum Ort nicht nur demokratischer Entscheidung im engeren Sinne – also transparenter und partizipativer Prozesse – wird, sondern auch zum Garanten der Effizienz politischer Problemlösungen. Insofern haben die im Grundgesetz verankerten Instrumente und Verfahren, mit denen der Bundestag gezwungen wird, bzw. Anreize erhält, Regierungen ins Amt zu bringen und verlässlich mit Mehrheiten auszustatten, auch dem Parlament genützt. Hinzu kommt folgende Erwägung: Die strukturelle Förderung fraktioneller Geschlossenheit, die im Anschluss an die Verfassungsgebung durch die Geschäftsordnung des Deutschen Bundestages aufgegriffen und mit ihren späteren Reformen sowie durch die Geschäftsordnungen der Fraktionen noch verstärkt wurde, hat die Parteien im Parlament zu professionellen Arbeitseinheiten mit spezifischer Aufgabenverteilung werden lassen, bei der gesetzgeberische Detailarbeit und politische Führung

---

14 Suzanne S. Schüttemeyer, 50 Jahre deutscher Parlamentarismus: Kategorien und Kriterien für Leistungen und Defizite, in: Thomas Ellwein/Everhard Holtmann (Hrsg.), 50 Jahre Bundesrepublik Deutschland, PVS-Sonderheft 30, Opladen 1999, S. 482-495, hier S. 482f.

ineinander greifen. Außerdem führte der verfassungsrechtlich intendierte und in der Parlamentspraxis tatsächlich durchgängig geübte Verzicht auf wechselnde Mehrheiten zu einer Profilierung der Opposition als klarer Gegenspieler der Regierungsmehrheit. Dieses zentrale, für Regierungswechsel unverzichtbare Charakteristikum einer parlamentarischen Demokratie konnte sich also auch in der Bundesrepublik entwickeln – bei gleichzeitiger durch die Politische Kultur begünstigter und wiederum durch institutionelle Arrangements (nämlich den Bikameralismus und die damit gegebene Möglichkeit divergierender parteipolitischer Mehrheiten) partiell erzwungener Kooperationsbereitschaft. Das solchermaßen in seinen Grundzügen konsensual verankerte parlamentarische Regierungssystem war in den folgenden Jahrzehnten geprägt von kanzlerdominierten stabilen Regierungen, deutlicher Konsensorientierung der politischen Akteure und parlamentarischer Professionalisierung.

3.2 Abberufbarkeit der Regierung: nur auf dem Papier?

Von dem Recht, die Regierung abzuberufen, hat der Deutsche Bundestag nur äußerst sparsam Gebrauch gemacht. Lediglich zweimal ist versucht worden, den amtierenden Kanzler durch ein konstruktives Misstrauensvotum gemäß Artikel 67 GG zu stürzen, und auch „normale" Regierungswechsel waren eine Seltenheit. In fünfzig Jahren kam es lediglich dreimal dazu. 1969 und 1982 erfolgte dies als Koalitionswechsel: Nach zwanzig Jahren unionsgeführter Bundeskabinette (darunter eine dreijährige Interimsphase Großer Koalition mit der SPD als Juniorpartner) verständigten sich SPD und FDP nach der Bundestagswahl 1969 auf eine Koalition. Dreizehn Jahre später entschlossen sich die Liberalen, und zwar während der Wahlperiode, wieder die Seite zu wechseln und verhalfen Helmut Kohl zur Kanzlerschaft. Erst 1998 fand der erste „ungefilterte", direkt durch Wählervotum herbeigeführte Regierungswechsel auf Bundesebene statt, als Sozialdemokraten und Grüne aus der Bundestagswahl erfolgreich hervorgingen und die schon zuvor erklärte Absicht zu einer Koalition verwirklichen konnten.

Auch im Blick auf Kanzlerwechsel haben sich die Stabilitätshoffnungen der Verfassungsväter erfüllt. 1998 trat Gerhard Schröder als erst siebter Regierungschef sein Amt an. Dabei waren drei seiner Vorgänger nur vergleichsweise kurz Kanzler: Erhard drei, Kiesinger drei und Brandt fünf Jahre. Adenauer, Schmidt und Kohl hingegen amtierten in der Summe 38 Jahre. Die Bundesrepublik gehört damit zu den stabilsten politischen Systemen Westeuropas. Dies gilt im übrigen auch, wenn man Regierungsstabilität mit anderen Messgrößen ermittelt. Offenbar gelang es dem Bundestag – genauer: den Fraktionen von Mehrheit und Opposition – also nicht nur, Regierungskoalitionen lange aufrecht zu erhalten, sondern auch sehr erfolgreich, Kanzler zu rekrutieren und mit den notwendigen Mehrheiten zu versorgen[15]. Dass zehn

---

15 Vgl. ebd., S. 485f.

der sechzehn Kanzlerkandidaten der beiden großen Parteien und vier der fünf
seit 1966 amtierenden Regierungschefs auf ihrem Karriereweg Ministerpräsidenten gewesen waren[16], spiegelt die zusätzlichen politischen Handlungsoptionen im Bundesstaat wider.

Bemerkenswert ist auch, in welcher Weise die wenigen erfolgten Kanzlerwechsel die Logik des parlamentarischen Regierungssystems aktualisier-
ten. Nur ein Regierungchef, Kohl, wurde durch Wählervotum abgelöst. Kiesinger verlor sein Amt durch einen Koalitionswechsel. Bei drei Kanzlern –
Adenauer, Erhard und Brandt – nahm die jeweilige Parlamentsmehrheit,
konkret: die jeweilige Fraktionsführung, ihre spezifische Verantwortung
wahr und ersetzte ihren Spitzenmann, als er ihr nicht mehr die erforderliche
Handlungsfähigkeit zu garantieren schien. An mangelndem Rückhalt in seiner eigenen Fraktion scheiterte letztlich auch Schmidt, wobei in seinem Falle
nicht mehr die Möglichkeit eines fraktionsinternen Austausches des Regierungschefs bestand, da der Koalitionspartner seine Unterstützung entzog.
Damit wurde Schmidt zum ersten und bisher einzigen Kanzler der Bundesrepublik, der durch ein konstruktives Misstrauensvotum, das scharfe Schwert
der gegnerischen Übernahme im Parlamentarismus, gestürzt wurde.

Schon 1972 war durch die heftigen Kontroversen über die neue Ostpolitik der 1969 ins Amt gekommenen sozial-liberalen Regierung die parlamentarische Vertrauensbasis des Kanzlers Willy Brandt so weit abgebröckelt,
dass die Oppositionsfraktion unter ihrem Führer Rainer Barzel glaubte, ein
konstruktives Misstrauensvotum riskieren zu können. Zwar schlug der Versuch fehl, aber es kam kurz darauf durch weitere Fraktionswechsel zu einem
parlamentarischen Patt, das durch einvernehmliche Parlamentsauflösung und
Neuwahlen im November 1972 beendet wurde. Erst 1982 gelang es der Opposition, den Amtsinhaber Helmut Schmidt durch den christdemokratischen
Fraktionsvorsitzenden Helmut Kohl zu ersetzen. Und dieses zweite konstruktive Misstrauensvotum konnte eben nur deshalb erfolgreich verlaufen,
weil sich die Freidemokraten (jedenfalls der Großteil ihrer Fraktion) entschlossen und offen erklärt hatten, die Koalition mit der SPD nach dreizehn
Jahren zu beenden.

Aus dieser spärlichen Praxis der Abberufung der Regierung ist geschlossen worden, dass es des vom Parlamentarischen Rat gut gemeinten Instruments des konstruktiven Misstrauensvotums gar nicht bedurft hätte, um Regierungsstabilität zu erreichen. In der Rückschau mag dies angehen; zweierlei
ist allerdings zu bedenken: Nur hypothetisch lässt sich ermessen, ob die Parteien im Bundestag zu ebensolcher Geschlossenheit gefunden hätten und es
zu einer derart klaren Herausbildung von Regierungsmehrheit und Opposti-
on gekommen wäre, wenn die Negativkomponente des herkömmlichen
Misstrauensvotums erhalten geblieben und es damit dem Parlament erleichtert worden wäre, sich unliebsamer Regierungschefs zu entledigen. Ebenfalls

---

16 Der fünfte, Helmut Schmidt, hatte als Hamburger Innensenator Regierungserfahrun-
    gen gesammelt.

nur hypothetisch kann vermutet werden, dass Artikel 67 GG erhebliche Wirkung als Damoklesschwert entfaltet hat; die schlichte Tatsache seiner Existenz markiert für Kanzler und Kabinette eine Grenzlinie der politischen Zumutbarkeiten, die – bei Strafe ihrer Abwahl – im Umgang mit den die Regierung tragenden Fraktionen nicht überschritten werden darf. Es kommt eben für die Handlungslogik des Parlamentarismus nicht darauf an, dass der Kanzler abberufen *wird*, sondern dass er abberufen werden *kann*. Dadurch wird – gleichsam ex negativo – die spezielle gegenseitige Abhängigkeit der Parlamentsmehrheit und „ihrer" Regierung konstituiert. Die dergestalt festgeschriebene letztliche Verantwortung der Mehrheitsfraktionen für das erfolgreiche politische Wirken der Exekutive konkretisiert sich in den Alltagsbeziehungen durch ständige Kommunikation und Abstimmung und eben nur im schlimmsten aller Fälle, dem unheilbaren Verlust des Vertrauens in die politische Führungsfähigkeit des Regierungschefs, durch Abwahl.

Insofern kann die erhebliche Stabilität bundesdeutscher Regierungen auch als besonderer Ausweis der Wahl- und Rekrutierungsfähigkeit des Bundestages[17] interpretiert werden. Genau genommen war dies das Verdienst der Parteien und Fraktionen, die Kandidaten sozialisierten und rekrutierten, die Koalitionen schmiedeten und – wenn nötig – zunächst intern sachpolitische und personelle Veränderungen vornahmen, um externe Folgen, nämlich den Mehrheitsverlust im Parlament oder durch Wählervotum zu verhindern. Wurde diese in den Strukturen des parlamentarischen Regierungssystems erreichte Stabilität als Stagnation empfunden, so kam es zu Lerneffekten im Repräsentationsprozess. An Beispielen: Als es den Sozialdemokraten auch in der fünften Bundestagswahl nicht gelang, die Dominanz der Union zu durchbrechen und einen Regierungswechsel herbeizuführen, ersannen sie den Ausweg über eine Regierungsbeteiligung als Juniorpartner der Union; eine für das eigene politische Überleben durchaus riskante koalitionspolitische Umorientierung der Freidemokraten erbrachte drei Jahre später die von vielen Bürgern als dringend nötig erachtete Ablösung von CDU und CSU. Nach mehr als zwei Jahrzehnten eines wohl-etablierten Zweieinhalbparteiensystems und dreizehn Jahren der faktischen Allparteienkoalition infolge divergierender Mehrheiten in Bundestag und Bundesrat betraten die Grünen als Ausdruck erheblicher gesellschaftlicher Repräsentationsdefizite die parlamentarische Bühne. 16 Jahre der Kanzlerschaft Kohls änderten die Einstellungen von Parteien und Wählern zu Koalitionsoptionen wie Regierungswilligkeit, so dass es schließlich zum rot-grünen Wahlerfolg und zum ersten Regierungsbündnis dieser Parteien auf Bundesebene kam.

Im Saldo lässt sich also feststellen, dass die dem parlamentarischen Regierungssystem eigene Verantwortlichkeit des Parlaments für die Exekutive seine Logik in der Bundesrepublik erfolgreich entfaltet hat. Cum grano salis

---

17 Vgl. Hans-Peter Schneider/Wolfgang Zeh, Koalitionen, Kanzlerwahl und Kabinettsbildung, in: Dies. (Hrsg.), Parlamentsrecht und Parlamentspraxis, Berlin/New York 1989, S. 1297-1324, hier S. 1320.

gilt dies für die anderen Demokratien in der Europäischen Union ebenso. Die naheliegende Vermutung, dass es dort, wo die Verfassungen nicht die erhöhte Hürde eines konstruktiven Misstrauensvotums vorsehen, den Parlamenten leichter fällt, diese Verantwortlichkeit zu aktualisieren, findet sich allerdings nicht bestätigt. Auch in Großbritannien, in Frankreich und Italien beispielsweise, wo sich das Parlament nicht auf einen neuen Regierungschef verständigen muss, um einen amtierenden abzusetzen, sondern ihm incidenter bei einer Gesetzesvorlage oder zielgerichtet durch einen entsprechenden Antrag das Misstrauen – sei es mit einfacher oder qualifizierter Mehrheit – aussprechen kann, wurden diese Möglichkeiten kaum genutzt bzw. führten sie nicht zum Erfolg. Der Assemblée Nationale der V. Republik gelang es nur einmal in über vierzig Jahren, einen Premierminister auf diesem Wege abzulösen (1962 Georges Pompidou); die Camera dei Deputati stürzte erstmals 1998 einen Ministerpräsidenten durch Misstrauensvotum (Romano Prodi), und auch im Vereinigten Königreich war es nur einmal dieses förmliche Recht des Parlaments, das die Amtszeit eines Regierungschefs beendete (1979 James Callaghan). Ob Regierungen gegenüber dem Parlament stark oder schwach, ob sie stabil oder instabil sind, nimmt sich somit sehr deutlich als Ergebnis vor allem der Handlungsfähigkeit der Parteien aus – als Fraktionen wie als gesellschaftliche Organisationen. Von ihnen hängt es in besonderem Maße ab, wie die entsprechenden Verfassungsbestimmungen umgesetzt werden (können) zur förmlichen und informellen, tatsächlich und antizipatorisch wirksamen Kontrolle der Regierung. Dies wird besonders klar im Vergleich: Die durch das Agieren der Parteien hergestellten stabilen parlamentarischen Mehrheiten in Frankreich, Großbritannien und der Bundesrepublik stehen im Kontrast zu Italien, wo seit den fünfziger Jahren die Entwicklungen im Parteiensystem sowie die geringe Autonomie der Fraktionen gegenüber den Parteiführungen stabile parlamentarische Regierungsmehrheiten verhinderten.

3.3 Kanzlerdominanz: von gestern oder aktueller denn je?

Empirische Untersuchungen zur Stellung und Amtsführung der Bundeskanzler haben die Bundesrepublik als „Kanzlerdemokratie" erscheinen lassen[18], und auch Typologie-Ansätze ordneten sie als Parlamentarismus mit Kanzlerhegemonie ein[19]. Als Merkmale der Kanzlerdemokratie sind definiert worden: (1) das Kanzlerprinzip, das im Grundgesetz als Richtlinienkompetenz gefasst ist; (2) das persönliche Prestige des Kanzlers; (3) die enge Verbindung von Kanzlerschaft und Parteiführung; (4) die Gegenüberstellung von Regierung und Opposition; (5) das starke außenpolitische Engagement

---

18   Vgl. zum Beispiel Karlheinz Niclauß, Kanzlerdemokratie. Bonner Regierungspraxis von Konrad Adenauer bis Helmut Kohl, Stuttgart u.a. 1988.
19   Vgl. Steffani (Anm. 1), S. 44.

des Kanzlers[20]. Nach diesen Kriterien ist die Bundesrepublik in der Tat in den meisten Phasen ihrer Geschichte eine Kanzlerdemokratie gewesen. Dass damit spezifische Bedingungen für die politische Kommunikation und die Perzeption der Politik durch die Bürger gesetzt wurden, belegte schon die Entwicklung im ersten Jahrzehnt Westdeutschlands. Bereits unter dem ersten Bundeskanzler Konrad Adenauer kann eine deutliche Personalisierung in dem Sinne verzeichnet werden, dass die öffentliche Darstellung von Politik von einzelnen Personen, insbesondere vom Kanzler (und seinem Herausforderer) dominiert wird und die Wähler Politik vor allem fixiert auf diese Personen wahrnehmen (und möglicherweise auch beurteilen[21]). Diese Tendenz setzte sich mit Willy Brandt – als Kanzlerkandidat wie später als Kanzler – fort. Auch Helmut Schmidt in den siebziger Jahren sowie Helmut Kohl in den achtziger und neunziger Jahren führten höchst personalisierte Wahlkämpfe und beanspruchten unmissverständlich ihren Führungsanspruch im politischen Alltagsgeschäft – gegenüber der Öffentlichkeit und intern, wenn auch mit unterschiedlichen Regierungsstilen[22]. Schon immer „kam es auf den Kanzler an" (Wahlplakat Kurt Georg Kiesingers 1969), wie sich seit 50 Jahren an den Wahlkampfslogans jeder der beiden großen Parteien, wenn sie den Regierungschef stellte, ablesen lässt. Und selbstverständlich versuchte die jeweilige Opposition Entsprechendes, wenn sie dies personell leisten konnte, also einen in der öffentlichen Präsentation als ebenbürtig eingeschätzten (oder erhofften) Kandidaten aufbieten konnte. So wurde Adenauer mit „den Fäden zur freien Welt", sprich: mit einer westorientierten Politik, plakativ gleichgesetzt, Brandt mit dem „blauen Himmel über der Ruhr", und keineswegs erst seit Helmut Kohl wurde immer wieder mit Personen ohne politisch-inhaltliche Botschaften geworben[23].

---

20 Niclauß (Anm. 18), S. 67-69.
21 Zur Unterscheidung zwischen Personalisierung der Wahlkämpfe und Personalisierung des Wahlverhaltens vgl. Frank Brettschneider, Kohl oder Schröder: Determinanten der Kanzlerpräferenz gleich Determinanten der Wahlpräferenz?, in: Zeitschrift für Parlamentsfragen 29 (1998), S. 401-421.
22 Vgl. hierzu grundlegend Axel Murswieck, Führungsstile in der Politik in vergleichender Perspektive, in: Hans-Hermann Hartwich/Göttrik Wewer (Hrsg.), Regieren in der Bundesrepublik 2, Opladen 1991, S. 81-95. Zu den Regierungsstilen einzelner Bundeskanzler siehe Niclauß (Anm. 18); Stephen Padgett (Hrsg.), Adenauer to Kohl. The Development of the German Chancellorship, London 1994 (bes. Kapitel 2 von Stephen Padgett und Kapitel 3 von Roland Sturm); Karl-Rudolf Korte, Kommt es auf die Person des Kanzlers an? Zum Regierungsstil von Helmut Kohl in der „Kanzlerdemokratie" des deutschen „Parteienstaates", in: Zeitschrift für Parlamentsfragen 29 (1998), S. 387-401.
23 Eine Auflistung der Wahlkampfslogans findet sich bei Peter Schindler (Bearb.), Datenhandbuch zur Geschichte des Deutschen Bundestages 1949-1999, Baden-Baden 1999, Band I, S. 145-150.

Geradezu plebiszitäre Züge wurden auch schon früh den Bundestagswahlen bescheinigt, die faktisch Kanzlerwahlen geworden seien[24]. Die grundgesetzlich verankerte Prärogative des Bundestages, den Kanzler zu wählen,
nahm dieser zwar eigenständig wahr, wenn während einer Legislaturperiode
ein Wechsel als nötig oder unvermeidbar erachtet wurde; dies geschah 1963
im Übergang von Adenauer zu Erhard, 1966 mit der Wahl Kiesingers als
Kanzler einer Großen Koalition, 1974, als Schmidt Brandt ersetzte und 1982
mit dem konstruktiven Misstrauensvotum, das Kohl ins Amt brachte. Fraglose öffentliche Akzeptanz fanden diese Akte aber höchstens, wenn es sich –
wie 1963 und 1974 – um den partei- bzw. koalitionsinternen Austausch des
Regierungschefs handelte. Waren es politisch gravierendere Wechsel wie der
Abschluss der Großen Koalition unter personell, aber nicht parteipolitisch
veränderter Kanzlerschaft oder gar „Machtwechsel" wie 1982, so wurde dem
Bundestag vorgeworfen, den Wählerwillen zu hintergehen, und die Forderung formuliert, die Legitimität des neuen Kanzlers wenigstens nachholend
durch Wählervotum herzustellen. Dies war für Helmut Kohl der Hauptgrund,
kurz nach seiner Bestellung Neuwahlen des Bundestages herbeizuführen –
sogar um den Preis, die Verfassung zu dehnen, wenn nicht gar zu brechen[25].
Generell gilt in der Tat, dass die Wähler beanspruchen, mit ihrem Stimmzettel nicht nur über die parteipolitische und personelle Zusammensetzung des
Parlaments, sondern vor allem über den Kanzler zu entscheiden. Entsprechend wird gefordert, dass die prospektiven kleinen Koalitionspartner ihre
Bündnispräferenzen zuvor offen legen, damit die Wähler dieser Parteien
nicht „die Katze im Sack kaufen" müssen, also die wahrscheinlichen Regie-
rungsalternativen kennen, bevor sie ihre Stimme abgeben – und damit wissen, welchen Kandidaten die Partei ihrer Wahl als Kanzler präferiert. So ist
der „ewige" Koalitionspartner FDP – die Liberalen regierten in 41 von 53
Jahren Bundesrepublik mit – zum ersten Mal 1957 und dann 2002 von dieser
ehernen Regel abgewichen und hat auf eine Koalitionsaussage verzichtet.
Angesichts ihrer allseits angenommenen deutlich größeren Nähe zur Union
mag dies der Partei bei der Bundestagswahl 2002 nicht geschadet haben.
1961 erhielt sie das unvergessene Etikett der „Umfallerpartei" sogar schon
dafür, dass sie das vor der Wahl abgegebene Versprechen, mit der CDU, aber
nicht unter Adenauer eine Koalition einzugehen, insofern brach, als sie sich
schließlich doch dazu bereit fand, Adenauer erneut zur Kanzlerschaft zu ver-
helfen, wenn auch nur auf Zeit. In welchem Ausmaß Bundestagswahlen in
der Wahrnehmung der Bürger zu Kanzlerwahlen geworden sind, wird zu-

---

24   Jean Amphoux (1962), zitiert nach Niclauß (Anm. 18), S. 274; Uwe Thaysen, Parla-
      mentarisches Regierungssystem in der Bundesrepublik Deutschland, Opladen 1976, S. 19f.
25   Zur Problematik der Parlamentsauflösung nach dem Grundgesetz vgl. Hans Hugo
      Klein, Die Auflösung des Deutschen Bundestages nach Art. 68 GG. Zum Urteil des
      Bundesverfassungsgerichts vom 16. Februar 1983, in: Zeitschrift für Parlamentsfragen
      14 (1983), S. 402-422; Rudolf W. Strohmeier, Die verfassungsgemäße Bundestags-
      auflösung – einige kritische Anmerkungen zu den Begründungen des Verfassungsge-
      richtsurteils vom 16. Februar 1983, in: Ebd., S. 422-430.

sätzlich illustriert durch das Bemühen der SPD, diese plebiszitäre Wirkung schon bei der Kandidatenauswahl zu erzielen: 1998 wurde die niedersächsische Landtagswahl als Entscheidung über den Kanzlerkandidaten der Sozialdemokraten – der amtierende Ministerpräsident Niedersachsens Gerhard Schröder oder Oskar Lafontaine – inszeniert.

Bereits diese knappe Skizze zeigt, dass Personalisierung der Politik keineswegs eine Erscheinung der mediendominierten Demokratie der jüngeren Zeit ist, auch wenn die Verbreitung, die technischen Möglichkeiten und die auf Kommunikation bezogenen Gesetzmäßigkeiten der elektronischen Medien erhebliche Anreize bieten bzw. Zwänge ausüben, Politik als „Ware" zu handhaben. Ohne Zweifel hat dies wesentlich zur Allgegenwärtigkeit von Erwägungen beigetragen, wie Politik zu „verkaufen" ist, und hat damit auch eine rasante Zunahme der Personalisierung – mindestens der Wahlkämpfe – bewirkt. Einerseits ist das angesichts der Entwicklung früherer Jahrzehnte nur eine Frage des Grades und kann nicht als grundsätzliche Veränderung in der Vermittlung von Politik gesehen werden. Andererseits ist damit aber nichts darüber ausgesagt, ob die gestern wie heute bewusst herbeigeführte Identifikation von Personen mit Positionen inzwischen nicht mehr Mittel ist, um für sachliche Problemlösungen und politische Konzepte öffentlich zu werben, sondern Medienmanagement und Politikmarketing zum Selbstzweck geworden sind. Dass „Gesicht (Personifizierung), ..., Etikett (Botschaften), ..., Aroma (Stilistik), ..., Markenkern (Leitbilder)"[26] Voraussetzungen für erfolgreiche politische Kommunikation sind, ist keine neue Erkenntnis; dass diese aber strategisch plan- und produzierbar erscheinen und in einer „permanenten Kampagne" eingesetzt werden müssen, könnte in der Tat einen qualitativen Sprung ausmachen[27] und birgt die Versuchung in sich, die öffentlichkeitswirksame Darstellung von Personen zur Camouflage für eine weitgehend inhaltsleere Politik verkommen zu lassen[28].

Im Kontext dieser Diskussion ist folgendes in Erinnerung zu rufen: Die unübersehbare Dominanz der Kanzler in der öffentlichen Präsentation von Politik und die Wichtigkeit, die diesem Amt und seinen Inhabern von den Bürgern zugemessen wird, sind in vielerlei Hinsicht rational und keineswegs nur Ergebnis besonders geschickter Spin Doctors. Schließlich sind dem Kanzler mehr Kompetenzen, mehr Mittel zur Ausübung politischer Macht an die Hand gegeben als jedem anderen. Mehr als jeder andere trägt er politische

---

26 Matthias Machnig, Politische Kommunikation in der Mediengesellschaft, in: Ders. (Hrsg.), Politik – Medien – Wähler. Wahlkampf im Medienzeitalter, Opladen 2002, S. 145-152, hier S. 149.

27 Vgl. jüngst. zu diesen Zusammenhängen und mit weiteren Nachweisen politik- und kommunikationswissenschaftlicher Literatur Ulrich Sarcinelli/Alexander Geisler, Die Demokratie auf dem Opferaltar kampagnenpolitischer Aufrüstung?, in: Machnig (Anm. 26), S. 153-163.

28 Diese Gefahren erörtert Bernd Becker am wohl in diesem Kontext meistzitierten Beispiel Großbritanniens: Tony Blair in No. 10 Downing Street und die Probleme, Politik als Produkt zu verkaufen, in: Zeitschrift für Parlamentsfragen 31 (2000), S. 871-885.

Verantwortung. Er ist gerade gewählt worden, um Folgebereitschaft gegenüber der ihn legitimierenden Mehrheit mit demokratischer politischer Führung – und das heißt eben auch hoher Sichtbarkeit und Überprüfbarkeit – zu
verbinden.

Diese Hervorgehobenheit des Amtes ist allerdings nicht automatisch
gleichzusetzen mit der kabinetts- und koalitions-, der fraktions- sowie parteiinternen Führungskompetenz, der inhaltlichen Dominanz oder politischen
Durchsetzungskraft des jeweiligen Kanzlers. Hier greifen neben Faktoren der
Persönlichkeit des Amtsinhabers eine Reihe von institutionellen, strukturellen
und situativen Kontextvariablen, welche den Akteuren Verhaltens- und
Handlungsoptionen eröffnen bzw. diese beschränken[29]. Zum Beispiel: Sach-
kenntnisse und Politikstil des jeweiligen Amtsinhabers bestimmen wesentlich
darüber mit, wie das Kabinett zusammengesetzt ist, in welchem Umfang der
Kanzler Gebrauch von seiner Richtlinienkompetenz macht und welche Eigenständigkeit einzelne Minister erlangen können, ob informelle Gremien an
die Seite der verfassungsrechtlich vorgesehenen Institutionen und Verfahren
treten oder diese gar ersetzen[30]. Auch nach der Reputation und Machtstellung,
die der Kanzler in seiner Partei und/oder seiner Fraktion genießt, bemessen
sich seine Entscheidungs- und Handlungsspielräume. Dies lässt sich zum
Beispiel im Gesetzgebungsprozess an der Reibungslosigkeit ablesen, mit der
die sachpolitischen Abstimmungen zwischen der Mehrheit und ihrer Regierung verlaufen, und an der Unauffälligkeit der Konfliktbereinigung, wenn es
zunächst Meinungsverschiedenheiten gibt. Die Regierungsbildung ist ein
weiterer Indikator für die Stellung des Kanzlers. Empirische Untersuchungen
haben nachgewiesen, dass es in der Tat eine „Legende der Kanzlerdemokratie" (Klaus von Beyme) ist, dass der Regierungschef autonom die Zusammensetzung seines Kabinetts bestimmen könne[31]. Dies trifft nicht einmal auf
Konrad Adenauer zu, dem besonders hartnäckig nachgesagt wird, ein Mann
„einsamer Entscheidungen" gewesen zu sein. Vielmehr wurde schon in den
Anfangsjahren der Bundesrepublik die „Präsentationsprärogative" der am
Regierungsbündnis beteiligten kleinen Fraktion(en) etabliert und ist zur un-

---

29 Vgl. hierzu grundsätzlich Robert Elgie, Political Leadership in Liberal Democracies,
    London u.a. 1995.
30 Vgl. hierzu die Diskussion während der Kanzlerschaft Helmut Kohls, der besonders
    intensiv von informellen Strukturen und Gremien politischen Entscheidens Gebrauch
    machte: Waldemar Schreckenberger, Veränderungen im parlamentarischen Regie-
    rungssystem. Zur Oligarchie der Spitzenpolitiker der Parteien, in: Karl Dietrich Bra-
    cher u.a. (Hrsg.), Staat und Parteien. Festschrift für Rudolf Morsey, Berlin 1992, S.
    133-157; ders., Informelle Verfahren der Entscheidungsvorbereitung zwischen der
    Bundesregierung und den Mehrheitsfraktionen: Koalitionsgespräche und Koalitions-
    runden, in: Zeitschrift für Parlamentsfragen 25 (1994), S. 329-346; Wolfgang Rudzio,
    Informelle Entscheidungsmuster in Bonner Koalitionsregierungen, in: Hans-Hermann
    Hartwich/Göttrik Wewer (Hrsg.), Regieren in der Bundesrepublik 2, Opladen 1991, S.
    125-141.
31 Vgl. Suzanne S. Schüttemeyer, Fraktionen im Deutschen Bundestag 1949-1997. Em-
    pirische Befunde und theoretische Folgerungen, Opladen 1998, S. 113-247.

antastbaren Tradition geworden. Auch bei der Auswahl der Kabinettsmitglieder aus den eigenen Reihen ist der Kanzler keineswegs frei. Zwar wurden bisher in beiden großen Parteien die Ministerernennungen regelmäßig von ihm und einer kleinen Gruppe von Spitzenparlamentariern entschieden. „Sie mussten aber zum Zwecke der Einbindung der Mehrheit in die Regierungsloyalität vielfältige Forderungen und Interessen berücksichtigen. Häufig mussten sie die Exponenten dieser Interessen mit Kabinettspositionen zufrieden stellen, um Akzeptanz und Unterstützung für künftiges Regierungshandeln zu sichern."[32]

Stellt also das Binnenverhältnis von Kanzler und Fraktion eine wichtige Größe für dessen politischen Spielräume dar, so werden diese ebenfalls erweitert oder begrenzt in Abhängigkeit von der parlaments- und koalitionsinternen Kräfteverteilung. Dabei ist keine schlichte lineare Beziehung festzustellen: Knappe Mehrheitsverhältnisse können nämlich Geschlossenheit – und damit den Regierungschef – ebenso stärken wie schwächen, weil sie einerseits die Regierungsmehrheit zusammenschweißen, andererseits einzelne Abgeordnete mit erheblichem Erpressungspotenzial ausstatten. Außerdem bedeutet ein starker Koalitionspartner nicht automatisch einen schwachen Kanzler wie auch die umgekehrte Relation nicht zwingend ist. Es kommt auf weitere institutionelle Variablen an, auf die konkrete Entscheidungssituation und die jeweiligen individuellen Motive und Prioritäten der Akteure sowie auf ihre Fähigkeiten, die strukturell vorgegebenen Möglichkeiten zu erkennen und zu nutzen.

Als wichtige institutionelle Schranke wirkt in Deutschland die Bundesstaatlichkeit[33] und dabei insbesondere die Existenz des Bundesrates, der es der Opposition bei nicht-identischen parteipolitischen Mehrheiten in den beiden Kammern ermöglicht, zur Vetokraft gegenüber der amtierenden Regierung zu werden. Quantitativ ist diese Konstellation mittlerweile zur bundesrepublikanischen Normalität geworden: Seit 1969 verfügten Regierungskoalitionen nur noch gut neun Jahre lang auch über eine Mehrheit im Bundesrat (die christlich-liberale Regierung von 1982 bis 1991[34], die erste Regierung Schröder für ein knappes halbes Jahr nach ihrem Amtsantritt 1998). Dies ist zwar nicht automatisch gleichzusetzen mit einer nahezu ständigen Praxis oppositioneller Blockadepolitik, stellt aber eine stark restriktive Bedingung für den Kanzler bei der Durchsetzung seiner politischen Ziele dar[35]. Neben die Aufgabe, die Positionen der eigenen Fraktion und Partei auf einen Nenner zu

---

32 Ebd., S. 242.
33 Siehe hierzu auch den Beitrag von Roland Sturm in diesem Band.
34 Mit Ausnahme der Monate Juni bis November 1990; vgl. Schindler (Anm. 23), Band II, S. 2439.
35 Für einen Versuch, dies in einem räumlichen Modell (für wirtschafts- und innenpolitische Gesetzentwürfe seit der deutschen Vereinigung) einzufangen, vgl. Thomas König/Thomas Bräuninger, Wie wichtig sind die Länder für die Politik der Bundesregierung bei Einspruchs- und Zustimmungsgesetzen?, in: Zeitschrift für Parlamentsfragen 28 (1997), S. 605-628.

bringen und mit jenen des Koalitionspartners auszubalancieren, tritt der
Zwang, bei vielen Entscheidungen faktisch einen Allparteienkompromiss zustande zu bringen, um die benötigte Mehrheit in der Länderkammer zu erhalten. Nur am Rande sei noch vermerkt, dass die Verfassungsgerichtsbarkeit
mit der deutschen Spezialität der abstrakten Normenkontrolle weitere, ähnlich gelagerte Wirkungen entfaltet.

Mag anfänglich die Bundesrepublik mit ihrer hervorgehobenen Stellung
der Exekutive und Adenauers spezifischer Regierungspraxis und Erschei-
nungsweise noch dem britischen *prime ministerial government* geglichen haben, so prägten schnell die besonderen Bedingungen von Koalitionsregierungen – wie wir sie in den meisten westeuropäischen Staaten vorfinden – das
deutsche Regierungssystem. Mittlerweile kann die generelle Tendenz
(post)moderner pluralistischer Demokratien, sich zu Verhandlungssystemen
zu entwickeln, als faktisch stärkste Beschränkung der Vormachtstellung des
Kanzlers gelten. Diese Tendenz wird durch den kooperativ praktizierten Föderalismus der Bundesrepublik noch besonders gefördert, findet ihren Ausdruck aber bereits in den vielfältigen Kompromissnotwendigkeiten, die eine
in ihren Interessen sich immer weiter ausdifferenzierende Gesellschaft der
Politik auferlegt. Probleme lösen und Entscheidungen treffen mittels Verhandlungen – das ist das jedem Kanzler auferlegte Grundmuster des Handelns, das je nach persönlichen und situativen Faktoren einmal mehr, einmal
weniger stark variiert werden kann.

Zahl und Bandbreite der hier kurz aufgefächerten Determinanten setzen
dem wissenschaftlichen Bemühen, zu verallgemeinerbaren, gar zu nomothe-
tischen Aussagen über Kanzlerdominanz zu kommen, enge Grenzen. Wenigstens kann festgehalten werden, dass der Regierungschef im Mittelpunkt der
öffentlichen Wahrnehmung von Politik steht. Im Zuge der Veränderung von
Medienlandschaft und Politikvermittlung wird er dorthin noch deutlicher und
vor allem strategisch zielgerichtet gerückt. Seine rechtliche Stellung ist stark,
und auf dieser Ebene erscheint es durchaus gerechtfertigt, den deutschen
Bundeskanzler in dieselbe Kategorie wie den britischen Premier einzuordnen[36]. Der Blick auf weitere systemstrukturelle und institutionelle Variablen
macht deutlich, dass sein Handlungsspielraum eingeschränkter, der Grad seiner Entscheidungsautonomie geringer ist als der seines Amtskollegen im
Westminster-Modell des unitarischen Staates mit Parlamentssouveränität.
Hingegen erscheint er im Vergleich zum französischen und italienischen
Premier als der machtvollere Regierungschef. Ersterer agiert als Teil der exe-
kutivischen Doppelspitze und muss sich mit dem über genuin politische
Kompetenzen verfügenden Staatspräsidenten arrangieren, was ihn, wenn-
gleich weniger, durchaus auch im Falle der Co-habitation deutlich ein-

---

36 Dies tut Anthony King, Chief Executives in Western Europe, in: Ian Budge/David
    McKay (Hrsg.), Developing Democracy, London 1994, S. 150-163; darauf fußend
    Ludger Helms, Das Amt des deutschen Bundeskanzlers in historisch und international
    vergleichender Perspektive, in: Zeitschrift für Parlamentsfragen 27 (1996), S. 697-711.

schränkt. Schon der italienische Verfassungstext weist den Premierminister als *primus inter pares* aus; wichtiger als das Fehlen einer wirksamen verfassungsrechtlichen Richtlinienkompetenz ist wiederum die Tatsache, dass der Regierungschef oft zum Spielball vor allem außerparlamentarischer Kräfte in den Parteien wurde. Ob hier mit Silvio Berlusconi, dessen Forza Italia eine weitestgehend von ihm abhängige, kaum als Partei zu bezeichnende Gruppierung ist, und seiner hochgradig personalisierten Politikdarstellung eine grundlegende Änderung in der Stellung des Premierministers eingeleitet wird, bleibt abzuwarten, ist aber angesichts des nach wie vor stark fragmentierten Parteiensystems und seiner wenig disziplinierten Akteure eher fraglich.

Für die Bundesrepublik bleibt festzuhalten: Unter allen politischen Kräften ist der Kanzler diejenige mit dem höchsten Potenzial, die politischen Prozesse kontinuierlich und systematisch zu dominieren. Seine wichtigsten Mittel sind dabei Koordination und Verhandlung. Der Befund einer durch Personalisierungstendenzen gestärkten repräsentativ-plebiszitären Kanzlerdemokratie steht also nicht im Widerspruch zu jenem, der den Regierungschef in „der mühseligen Rolle eines Koordinators und Sprechers im komplexen Entscheidungsprozess"[37] sieht. Beides gehört zu der spezifischen Mischung von Anforderungen und Funktionen, die dem Kanzler durch das Regierungssystem mit seinen politischen und gesellschaftlichen Rahmenbedingungen auferlegt sind.

3.4 Koordinations- und Verhandlungsdemokratie: verstärkt durch Individualisierung und Europäisierung?

An dieser Stelle kann nicht die vielschichtige Entwicklung hin zum verflochtenen und verhandelnden Staat und die langjährige politikwissenschaftliche Diskussion[38] darüber nachgezeichnet werden. Trotz einiger Meinungs-

---

37 Wolfgang Jäger, Wer regiert die Deutschen?, Zürich 1994, S. 68; vgl. auch ders., Von der Kanzlerdemokratie zur Koordinationsdemokratie, in: Zeitschrift für Politik 35 (1988), S. 15-32.

38 In der Bundesrepublik geht diese vor allem zurück auf die Arbeiten von Fritz W. Scharpf; vgl. z. B.: Politikverflechtung: Theorie und Empirie des kooperativen Föderalismus in der Bundesrepublik, Kronberg 1976 (mit Bernd Reissert und Fritz Schnabel); Horizontale Politikverflechtung. Zur Theorie von Verhandlungssystemen, Frankfurt am Main/New York 1992 (mit Arthur Benz und Reinhard Zintl); Die Handlungsfähigkeit des Staates am Ende des 20. Jahrhunderts, in: Beate Kohler-Koch (Hrsg.), Staat und Demokratie in Europa, Opladen 1992, S. 93-115; Versuch über Demokratie im verhandelnden Staat, in: Roland Czada/Manfred G. Schmidt (Hrsg.), Verhandlungsdemokratie, Interessenvermittlung, Regierbarkeit. Festschrift für Gerhard Lehmbruch, Opladen 1993, S. 25-50; Positive und negative Koordination in Verhandlungssystemen, in: Adrienne Héritier (Hrsg.), Policy-Analyse, PVS-Sonderheft 24, Opladen 1993, S. 57-83; siehe auch Renate Mayntz, Policy-Netzwerke und die Logik von Verhandlungssystemen, in: Ebd., S. 39-56, dort auch weitere Nachweise ihrer Veröffent-

verschiedenheiten insbesondere hinsichtlich der Bewertung und ihrer Maßstäbe gibt es keinen Zweifel an dem Ist-Befund: Es sind nicht die Gesetze der
majoritären Konkurrenzdemokratie, nach denen in Deutschland – sowohl im
engeren Bereich der Verfassungsorgane und ihres Zusammenspiels als auch
im weiteren der intermediären und sozialen Kräfte – entschieden und gehan-
delt wird. Ob normativ wünschenswert und rational der bestgeeignete Rahmen für notwendige Problemlösungen oder nicht: Der „gezähmte Staat" der
Bundesrepublik ist gekennzeichnet durch einen „auch territorial wirksamen
Binnenpluralismus der großen Parteien, der den Einfluss von Interessengruppen auf politische Entscheidungen begünstigt, die Rolle der Rechtsprechung und insbesondere die Bedeutung des Bundesverfassungsgerichts für
die Gesetzgebungspolitik, das Gewicht der mit einer hohen Autonomie aus-
gestatteten Bundesbank für die Wirtschaftspolitik, die durch Verbandspolitik
faktisch wahrgenommenen öffentlichen Aufgaben in parastaatlichen Institutionen des Sozial- und Wirtschaftsbereiches und die hemmenden Mechanismen der föderalen Politikverflechtung"[39]. Dieses Urteil hat zwölf Jahre später
durch innerdeutsche, europäische und globale Entwicklungen an Einschlä-
gigkeit noch gewonnen.

Auf gesellschaftlicher Ebene lässt sich diagnostizieren, dass stabile Orientierungen des einzelnen entlang fest verankerter Konfliktlinien und ihre
entsprechend dauerhafte politische Organisation aufgebrochen worden sind.
Nicht mehr langfristige Gruppenzugehörigkeit und ein weitestgehend bere-
chenbares Set von Interessen steuern die politischen Präferenzen des Bürgers
und lassen die Legitimation politischer Entscheidungen relativ unproblematisch werden; vielmehr haben sich die Verhaltens- und Handlungsoptionen
des einzelnen, die Bandbreite seiner Wertvorstellungen und Interessen drastisch erweitert. Weil er damit „immer mehr selbstverantwortlich wird für die
Definition seiner Umwelt und die Reduktion der gestiegenen Außenkomple-
xität, verlieren die traditionellen Vermittlungs- und Legitimationsinstanzen
von Politik zwar nicht grundsätzlich die Kraft, Konflikte im politischen Prozess erfolgreich zu bearbeiten. Es wird für sie aber immer schwieriger, dies
als dauerhafte, mit generalisiertem Führungsvertrauen ausgestattete Interes-
senvertreter stabiler gesellschaftlicher Großgruppen zu tun"[40]. Politik wird
dadurch zum einen immer weniger kalkulierbar; zweitens gehen dichotome
Entscheidungskonstellationen verloren, die mit ihrem Ja-Nein, Dafür-
Dagegen typisch und ideal für majoritäre Konkurrenzdemokratien sind. Viel
zu schnell wandeln sich Prioritäten, wechseln politische Präferenzen, gerät
der einzelne mit seinen Interessen in cross-pressure-Situationen. So kann die
sachpolitisch und personell kompetitive Frontstellung von Regierungsmehr-

lichungen zu Verflechtungserscheinungen und Verhandlungslösungen auf einzelnen
Politikfeldern.

39 Axel Murswieck, Die Bundesrepublik Deutschland – Kanzlerdemokratie, Koordinationsdemokratie oder was sonst?, in: Hans-Hermann Hartwich/Göttrik Wewer (Hrsg.),
Regieren in der Bundesrepublik 1, Opladen 1990, S. 151-169, hier S. 165.
40 Schüttemeyer (Anm. 31), S. 348.

heit und Opposition mit der alleinigen, ungeteilten Entscheidungsmacht bei
ersterer in vielen Fällen den Ansprüchen der solchermaßen veränderten Gesellschaft nicht mehr gerecht werden. Folglich „erscheinen verhandlungsdemokratische Strukturen mit ihrer auf Konsens und Kompromiss zielenden
Beteiligung zahlreicher Interessen im institutionellen wie außer-institutio-
nellen Bereich angemessener, um die politischen Entscheidungsinstanzen
handlungs- und steuerungsfähig zu halten und die Herstellung von Legitimität für ihre Entscheidungen zu ermöglichen"[41]. Die Akteure des „verhandelnden Staates" verlassen diese Rolle nur noch – und dann taktisch geplant oder
gar inszeniert – zwecks kurzfristig kalkulierter Stimmengewinne in Wahlen
oder zur besseren Positionierung im Verhandlungsprozess. Ansonsten gilt es,
in vielen Arenen und auf etlichen, oft miteinander verflochtenen Ebenen
Kompromisslösungen zustande zu bringen, die problemadäquat sind und von
einer mobilen, flexiblen, jedenfalls volatilen Wählerschaft als legitim akzeptiert werden.

Verhandlungssysteme sind also die Reaktion auf die gesellschaftlichen
Veränderungen in den komplexen hochentwickelten Demokratien des 21.
Jahrhunderts. Außerdem antworten sie auf die nachhaltig gewandelten politischen und ökonomischen Realitäten fortschreitender europäischer Integration
und Globalisierung, angesichts derer die klassischen Entscheidungsmuster
und institutionellen Arrangements des hierarchischen souveränen Nationalstaates immer weniger greifen. Um wirksame Regelungen für das gegenwärtige – und immer wichtiger: auch das künftige – Zusammenleben anbieten zu
können, müssen die politischen Akteure auf und zwischen den Ebenen regionaler und nationaler, supranationaler und internationaler Governance Kon-
sultationen führen, Übereinkünfte treffen, immer häufiger auch bindende
Verpflichtungen eingehen. Die Entscheidungsprozesse in den Institutionen
der Europäischen Union, insbesondere in den Räten und ihren Vorberei-
tungsorganen, internationale Klimaschutzkonferenzen und Welthandelsrun-
den sind mit Vorstellungen vom umstandslosen Gebrauch einer einmal in Parlamentswahlen errungenen Mehrheit weder zu bewältigen noch zu legitimieren.

Diese Entwicklungen haben nicht nur eine Verhaltensanpassung der Politiker, Parteien, Verbände und Interessengruppen innerhalb der Institutionen
der Bundesrepublik wie auch anderer westlicher Demokratien bewirkt; sie
haben auch diese Institutionen selbst verändert. Besonders deutlich ist dies
im Kontext der EU nachzuweisen: „Politisches Handeln folgt in vielen Teilbereichen in zunehmenden Maße der europäischen Logik der Entscheidungsfindung und der Bewertung von Entscheidungsalternativen", und damit verändert sich die deutsche Politik „institutionell und in ihren Inhalten inkre-
mental"[42]. Bundestag, Bundesrat und Bundesregierung haben durch Verände-

---

41 Ebd.
42 Roland Sturm/Heinrich Pehle, Das neue deutsche Regierungssystem. Die Europäisierung von Institutionen, Entscheidungsprozessen und Politikfeldern in der Bundesrepublik Deutschland, Opladen 2001, S. 13.

rungen ihrer Binnenorganisation im Laufe der Zeit immer wieder auf die neuen Anforderungen europäisierten Entscheidens reagiert[43]. Per Saldo ergaben diese Versuche, dass einige Akteure durch die Verlagerung von Politikfeldern auf die EU an Handlungsspielräumen gewonnen, andere verloren haben. Die Anpassungsleistungen der Exekutiven in Bund und Ländern (vor allem über den Bundesrat) waren vergleichsweise erfolgreicher, und dies mag zu einem nicht geringen Teil darauf zurückzuführen sein, dass die Europäisierung in mancher Hinsicht die aus dem bundesdeutschen kooperativen Föderalismus bekannten Mechanismen der Politikverflechtung dupliziert hat[44]. In diesen Strukturen sind Koordination und Verhandlung eingeübte Methoden der Willensbildung und Entscheidung – mit allen ihren Vor- und Nachteilen. Einerseits gelten Verhandlungssysteme als „eine zwar anspruchsvolle (und deshalb vielleicht weniger robuste), aber potentiell auch besonders leistungsfähige Form der demokratischen Selbstbestimmung"[45]; sie fördern Integration und eine Politik der Mitte. Andererseits ist nicht zu übersehen, dass sie Defizite aufweisen wie Langwierigkeit, geringe Transparenz sowie schwierige Zuschreibung von Verantwortung; mit zunehmender Verflechtung besteht die Gefahr der Einigungen auf dem kleinsten gemeinsamen Nenner, schließlich auch der Reformblockade.

Die skizzierten binnenstaatlichen Verhandlungs- und Konsenserfordernisse im politischen Entscheidungsprozess haben die Exekutive(n) begünstigt (was sich besonders auffällig am drastischen Funktionsverlust der Landesparlamente zeigt). Es ist zu befürchten, dass die Europäisierung die Gewichte im bundesdeutschen Regierungssystem weiter zuungunsten des Parlaments verschoben hat[46].

3.5 Parlamentsschwäche: Binsenweisheit oder Fehlurteil?

Die Klage über den Funktionsverlust von Parlamenten ist fast so alt wie diese Institutionen selbst. Häufig waren und sind diese Klagen wie auch die in der öffentlichen Meinung oft anzutreffende Parlamentsschelte auf ein normativ falsches Verständnis vom Parlament in seinem jeweiligen Systemumfeld zurückzuführen[47]. So kann etwa der Maßstab, ein Parlament als Ganzes stünde der Regierung gegenüber und kontrolliere diese, nur Fehlurteile hervor-

---

43   Vgl. ebd., S. 41-85.
44   Schon 1986 sprachen Uwe Thaysen und Rudolf Hrbek von „doppelter Politikverflechtung", vgl. Rudolf Hrbek, Doppelte Politikverflechtung. Deutscher Föderalismus und Europäische Integration, in: Ders./Uwe Thaysen (Hrsg.), Die deutschen Länder und die Europäischen Gemeinschaften, Baden-Baden 1986, S. 17-36.
45   Scharpf, Versuch über Demokratie im verhandelnden Staat (Anm. 38), S. 35.
46   Vgl. Sturm/Pehle (Anm. 42), S. 250f.
47   Siehe hierzu die Forschungsarbeiten Werner J. Patzelts, insbesondere: Ein latenter Verfassungskonflikt? Die Deutschen und ihr parlamentarisches Regierungssystem, in: Politische Vierteljahresschrift 39 (1998), S. 725-757, mit weiteren Nachweisen seiner Veröffentlichungen zu diesem Themenkomplex.

bringen, wenn er auf ein parlamentarisches Regierungssystem angewandt wird. Ohne Zweifel ist aber auch bei Anwendung system- und sachgerechter Kriterien ein Wandel der parlamentarischen Aufgaben zu diagnostizieren.

Wider Erwarten entwickelte sich der Deutsche Bundestag nicht zu einer Mischform von Rede- und Arbeitsparlament, sondern prägte sehr schnell alle Merkmale eines spezialisierten, hochgradig arbeitsteiligen und hierarchisierten Organs aus. Regelmäßig attestierte man ihm, auf effiziente Weise sowohl für stabile und handlungsfähige Regierungen zu sorgen als auch alternativfähige Opposition zu profilieren. Hingegen wurde immer wieder Kritik laut an der Wahrnehmung der parlamentarischen Öffentlichkeitsfunktion. Der Bundestag vernachlässige die öffentliche Vermittlung von Politik, stelle nicht genügend Offenheit und Transparenz der politischen Willensbildung und Entscheidung her[48]. Allerdings haben empirische Untersuchungen auch ergeben, dass „zwischen öffentlicher Meinung und parlamentarischem Handeln ein Verhältnis wechselseitiger Beeinflussung existiert"[49]. Danach war der Bundestag in erheblichem Maße responsiv, wobei er sowohl auf öffentlich artikulierte Interessen reagierte als diese auch meinungsführend beeinflusste. Hierin spiegelt sich die Komplexität der parlamentarischen Öffentlichkeitsfunktion, die vielfältige Formen kommunikativer Interaktion umfasst und sich nicht in der öffentlichen Darstellung von Politik erschöpft – etwa im Parlamentsplenum, in öffentlich tagenden Ausschüssen und Fraktionen etc.[50].

Dennoch ist dem Bundestag – auch und gerade angesichts seines schwindenden Ansehens bei den Bürgern – vorzuhalten, dass er „kreative, spontane Diskursfähigkeit ... zugunsten ergebnisorientierter, pragmatischer Handlungsfähigkeit vernachlässigt"[51]. Die aus guten Gründen von den Abgeordneten selbst geschaffenen Strukturen der Führung und Arbeitsteilung haben starke Fraktionshierarchien hervorgebracht, in denen Spezialisierung und fleißige gesetzgeberische Detailarbeit wirksame Mittel für den einzelnen Abgeordneten sind, eigene Gestaltungsspielräume zu gewinnen und sich gegebenenfalls auch für Führungsaufgaben zu profilieren. Entsprechend ausdifferenziert sind die Arbeitsstrukturen der Fraktionen. Die durchgängige Verteilung von fachlichen Zuständigkeiten innerhalb der Fraktion (und die gemein-

48 Vgl. zum Beispiel die Beiträge von Uwe Thaysen und Gerhard Loewenberg zum vierzigjährigen Bestehen des Bundestages, in: Konrad Porzner/Heinrich Oberreuter/Uwe Thaysen (Hrsg.), 40 Jahre Deutscher Bundestag, Baden-Baden 1990, S. 60f. und S. 76-82.

49 Frank Brettschneider, Parlamentarisches Handeln und öffentliche Meinung. Zur Responsivität des Deutschen Bundestages bei politischen Sachfragen zwischen 1949 und 1990, in: Zeitschrift für Parlamentsfragen 27 (1996), S. 108-126, hier S. 125; siehe auch die Monographie desselben Autors: Öffentliche Meinung und Politik, Opladen 1995.

50 Zur Komplexität des Begriffs und der Wirklichkeit parlamentarischer Öffentlichkeit vgl. zum Beispiel Stefan Marschall, Parlamentarische Öffentlichkeit. Eine Feldskizze, in: Heinrich Oberreuter/Uwe Kranenpohl/Martin Sebaldt (Hrsg.), Der Deutsche Bundestag im Wandel, 2. Aufl., Opladen 2002, S. 168-186.

51 Schüttemeyer (Anm. 14), S. 495.

same Parteizugehörigkeit) bewirken eine auf Gegenseitigkeit beruhende sachpolitische Folgebereitschaft. So kommt den jeweiligen Fachleuten beträchtlicher Einfluss auf die Willensbildung in ihrer Fraktion zu. Sie sind es, die die von der Führung vorgegebenen und koordinierten Initiativen konkretisieren, begrenzen und im Detail korrigieren. Dadurch entsteht ein funktionales Gegengewicht zu der organisationsnotwendigen Führung durch die Wenigen. Diese Komplementarität von Führung und Kontrolle vermag prinzipiell, Kreativität bei Problemlösungen mit Effizienz in der Aufgabenerledigung in Einklang zu bringen. Den Fraktionen des Bundestages ist es nicht immer gelungen, dieses Gleichgewicht zu halten[52].

Nichtsdestoweniger sind sie es, die mit ihrer hohen Binnendifferenzierung in besonderem Maße die sachpolitische Einflussnahme des Parlaments – sei es der Mehrheit, sei es der Opposition mit ihrer je spezifischen Zielsetzung – sowie auch des einzelnen Abgeordneten sichern. Dies wird deutlich im Vergleich zu anderen großen europäischen Demokratien: So sind im Westminster-Modell des britischen Parlaments die Fraktionen zwar als Garanten des geschlossenen Gegenübers von Mehrheit und Opposition mit stark ausgeprägter Abstimmungsdisziplin selbstverständlich, keineswegs aber stellen sie wie im Bundestag Strukturen bereit, in denen Abgeordnete (innerhalb von Leitlinien der Führungsebene) politische Positionsbestimmungen arbeitsteilig vornehmen und mit dem Entscheidungsprozess des Parlaments, insbesondere in seinen Ausschüssen, verzahnen[53]. Ohnehin sind diese im House of Commons schwach entwickelt und nicht dafür vorgesehen, die Prärogative der Regierung bei der Gesetzgebung in irgendeiner Weise einzuschränken. Allerdings hat ein gewisser Professionalisierungsschub auch im britischen Parlament stattgefunden; dabei stehen ein verändertes Selbstverständnis und Verhalten der Abgeordneten im Wechselverhältnis zu Strukturreformen und Verbesserungen ihres Status (zum Beispiel die Einführung von Select Committees, Diätenerhöhungen, Amtsausstattung etc.)[54].

Auf den ersten Blick ähnlich stellt sich die Situation im französischen „rationalisierten" Parlamentarismus dar, in dem die Exekutive eher noch ausgeprägter die Agenda der Legislative beherrscht und dieser ihren politischen Willen aufzuzwingen vermag. Dennoch gelten die Fraktionen der Assemblée Nationale als „die zentralen Akteure der Parlamentsorganisation und - arbeit"[55], in denen durchaus auch eigenständige gesetzgeberische Aktivitäten entfaltet werden, obgleich der Rahmen der verfassungsrechtlich auf sechs be-

---

52 Vgl. die Befunde bei Schüttemeyer (Anm. 31), zusammenfassend besonders S. 334f.

53 Vgl. Thomas Saalfeld, Fraktionsführung als Parteiführung: Partei und Fraktion in Großbritannien, in: Ludger Helms (Hrsg.), Parteien und Fraktionen. Ein internationaler Vergleich, Opladen 1999, S. 67-97, hier S. 89.

54 Vgl. Roland Sturm, Das politische System Großbritanniens, in: Wolfgang Ismayr (Hrsg.), Die politischen Systeme Westeuropas, 2., aktualisierte Auflage, Opladen 1999, S. 217-253, hier S. 222f.

55 Axel Murswieck, Professionell und regierungsorientiert: Parteien und Fraktionen in Frankreich, in: Helms (Anm. 53), S. 99-119, hier S. 110.

grenzten Ausschüsse parlamentarische Mitwirkungsansprüche erheblich einengt. Hinzu kommt das spezifische Rollenverständnis der französischen Parlamentarier, deren Fokus weniger auf die nationale Bühne als auf individuelle und lokale Interessen gerichtet ist, für die sie als Appellationsinstanz fungieren.

Von Exekutivdominanz wie in Frankreich und Großbritannien mit eher bescheidenen Mitteln parlamentarischer Behauptung in der Kräfteverteilung zwischen Mehrheit, Regierung, Opposition und einzelnen Abgeordneten kann in Italien keine Rede sein. Vielmehr gelten die Parteisekretariate als die „wahren Zentren politischer Entscheidungen"[56]. Daneben ist aber zum einen „a significant degree of parliamentary individualism"[57] zu verzeichnen, zum zweiten eine sehr starke Stellung der Ausschüsse, die unter bestimmten Voraussetzungen eigenständig und abschließend Gesetze verabschieden können. Zusammen mit der hohen Fragmentierung des Parteiensystems führt dies zu schwachen Fraktionen, die vor allem nicht die Geschlossenheit eines Regierungslagers auf der einen, einer Opposition auf der anderen Seite sichern können – mit den bekannten negativen Konsequenzen für die Stabilität von Regierungen und die Kalkulierbarkeit ihres Handelns.

Ohne dass dies mit weiteren Details hier belegt werden könnte, ist zusammenfassend festzustellen: Der Deutsche Bundestag weist unter den großen europäischen Parlamenten die ausgeprägtesten Strukturen politischer Professionalisierung auf und gibt damit auch spezifische Verhaltens- und Handlungsanreize für seine Abgeordneten. Auf die damit verbundenen Probleme wurde bereits hingewiesen, und auch die oben skizzierten generellen Entwicklungen geben Anlass zu fragen, welchen Stellenwert der Bundestag in der bundesstaatlichen und europäisierten Verhandlungsdemokratie einnimmt.

Es ist in der Tat naheliegend anzunehmen, dass ein so großes, aus ganz heterogenen, nichtsdestoweniger rechtlich gleichgestellten Mitgliedern zusammengesetztes Gremium wie der Bundestag den erhöhten Anforderungen an Expertise, Koordination und Verhandlungsfähigkeiten nicht gerecht werden kann und deshalb der Regierung mit ihrer Ministerialbürokratie immer mehr das Feld überlassen muss, zum „rubberstamp", zum bloßen Notar anderweitig getroffener Entscheidungen wird. Diese Annahme entspricht nur zum Teil der Realität.

Erstens steht ihr die Spezialisierung der Abgeordneten entgegen, die sich aus den Strukturen der Fraktionen und den individuellen – im übrigen auch politisch-kulturell vermittelten – Präferenzen der Bundestagsmitglieder ergibt. Diese wirken, wie dargelegt, aktiv an der Gesetzgebung mit, prägen die sachpolitischen Positionen ihrer Fraktion, sind im Falle der Mehrheitsfraktionen schon früh in die Vorbereitung auf Ebene der Ministerialbürokratie und des Kabinetts eingebunden. Für die Mitglieder der (engeren) Fraktionsfüh-

---

56 Gianfranco Pasquino, zitiert von Günter Trautmann, Fraktionen in Italien: ein Instrument der Parteien, in: Ebd., S. 121-144, hier S. 124.
57 Maurizio Cotta, The Rise and Fall of the „Centrality" of the Italian Parliament, in: Gary W. Copeland/Samuel C. Patterson (Hrsg.), Parliaments in the Modern World. Changing Institutions, Ann Arbor 1994, S. 59-84, hier S. 63.

rungen der Regierungskoalition trifft dies zusätzlich hinsichtlich der Initiative und Koordinierung von Gesetzentwürfen zu. Und die Opposition kann nur dann ihre Alternativfähigkeit glaubhaft machen, wenn sie ihre sachpolitische Kompetenz konkret unter Beweis stellt; also folgen ihre Arbeitsstrukturen und ihre Abgeordneten prinzipiell derselben Handlungslogik. Hinzu kommt, dass sie nur so ihre durchaus vorhandenen gesetzgeberischen Mitwirkungsmöglichkeiten nutzen kann.

Denn, *zweitens*, sind die Ausschüsse und Kommissionen des Bundestages keineswegs nur der verlängerte Arm einer Regierung, deren Vorlagen von den Abgeordneten der Mehrheit unverändert „durchgewunken" werden. Hier findet ein intensives, direktes und indirektes Zusammenspiel der Vertreter des „eisernen Fünfecks" (Parlamentarier, Interessengruppen, Ministerialbeamte, aus dem Bundesrat entsandte Ländervertreter, „diskret" koordinierendes Fraktionsmanagement)[58] statt, bei dem die Mehrheit zwar in der Regel – und allemal im öffentlichkeitswirksamen Konfliktfall – ihrer Regierung nicht die Gefolgschaft versagt, wo es aber durchaus Spielraum für Änderungen sowohl seitens der Regierungsabgeordneten als auch der Opposition gibt. Diese Chancen sollten jedoch angesichts der Logik des parlamentarischen Regierungssystems nicht überschätzt werden.

Wichtiger ist, *drittens*, dass sich während und durch die Ausschussarbeit „Knotenpunkte" bilden, „an denen für die einzelnen Politikfelder formelle wie informelle Politiknetzwerke fixiert werden können"[59]. Dies trifft außerdem auf die Fraktionen, deren Arbeitsgruppen bzw. Arbeitskreise und weitere formelle und informelle Gremien zu, in denen inner- und außerparlamentarische Akteure zusammenwirken[60]. Auf diese Weise sind der Bundestag und seine Abgeordneten eingebunden in eine Vielzahl von Willensbildungs- und Entscheidungsstrukturen, in denen durch Verhandeln möglichst konsensuale, damit breit akzeptierte und Folgebereitschaft erzielende Problemlösungen angestrebt werden.

Ob allerdings der Bundestag seiner Knotenpunktfunktion auch im Europäisierungsprozess nachkommt, muss gegenwärtig bezweifelt werden. Die Auffassung, hier könne er nur als öffentlichkeitswirksamer Kontrolleur agieren, weil ihm bei den auf die EU übertragenen Regelungsmaterien das Letztentscheidungsrecht und folglich die inhaltliche Mitwirkung an der Gesetzgebung abhanden gekommen sei[61], greift insofern zu kurz, als damit nur auf die formalen Verfahren der Gesetzesberatung abgestellt wird. Die im nationalen Kontext sichtbar gewordene Möglichkeit, darüber hinaus – manchmal sogar vor allem – an den Netzwerken teilzuhaben, sollte den Bundestag veranlas-

---

58 Auf diese Weise erweitert Klaus von Beyme die aus dem US-Kongress bekannten „iron triangles": Der Gesetzgeber. Der Bundestag als Entscheidungszentrum, Opladen 1997, S. 188-206, bes. S. 203f.
59 Peter Lösche, Der Bundestag – kein „trauriges", kein „ohnmächtiges" Parlament, in: Zeitschrift für Parlamentsfragen 31 (2000), S. 926-936, hier S. 930.
60 Vgl. ebd., S. 929f.
61 Vgl. Sturm/Pehle (Anm. 42), S. 71-74.

sen, weitere institutionelle Phantasie hinsichtlich seiner europapolitischen Mitwirkung zu entfalten.

Das Pauschalurteil, Politik durch Verhandeln entmachte das Parlament, trifft also nicht zu. Zweifelsohne ist die Regierung auch hier in einer besseren, „mächtigeren" Position. Dabei ist in Erinnerung zu rufen, dass dies grundsätzlich der Funktionslogik des parlamentarischen Regierungssystems entspricht. Zu ihr gehört aber ebenso das Recht und die Pflicht des Parlaments, die Handlungsfähigkeit der Regierung zu garantieren – einschließlich der Möglichkeit, diese abzulösen. Bei näherem Hinsehen hat sich der Deutsche Bundestag bei der Erfüllung dieser Aufgaben keineswegs als schwaches Parlament erwiesen.

Mit einigen kritischen Anmerkungen fällt demnach das Urteil über die Funktionswahrnehmung durch den Bundestag bei all jenen wissenschaftlichen Analytikern insgesamt positiv aus[62], die ihre Bewertungskriterien nicht aus der vermeintlich „goldenen" Periode eines „klassischen" Parlamentarismus gewinnen und deren parlamentarische Glanzbilder sogar zu Zeiten des Konstitutionalismus kaum je der Realität entsprachen[63].

4. Schlussbetrachtung: Chancen für ein neues Gleichgewicht zwischen Regierung und Parlament?

Die in den parlamentarischen Regierungssystemen Westeuropas fast überall zu beobachtende Exekutivlastigkeit ist strukturtypisch. Es besteht aber die Gefahr, dass die in diesem Rahmen nötige und intendierte Vormachtstellung der Regierungen die ebenso strukturtypischen Rollen der Parlamentsmehrheit als intern mitwirkender und begrenzender, der Opposition als öffentlichkeitswirksamer und Alternativen offerierender Kontrolleur zu sehr einschränkt oder gar außer Kraft setzt. Die Anforderungen, die eine stärker individualisierte und ausdifferenzierte Gesellschaft, die komplizierte und vernetzte, teilweise europäisierte, zuweilen schon globalisierte Entscheidungsmaterien an die Politik stellen, bedürfen nicht nur hoher Sachkompetenz, sondern mehr denn je auch der prozeduralen politik-spezifischen Kenntnisse und Fähigkeiten. Politische Entscheidungen sind zunehmend das Ergebnis ausgedehnter Verhandlungen auf und zwischen mehreren Ebenen, dessen Komplexität öffentlich kaum vermittelbar erscheint, dennoch zum Zwecke

---

62 Vgl. jüngst Lösche (Anm. 59); siehe auch Uwe Thaysen, Repräsentative Demokratie: Ist der Deutsche Bundestag dem zunehmenden gesellschaftlichen Pluralismus noch gewachsen?, in: Günther Rüther (Hrsg.), Repräsentative oder plebiszitäre Demokratie – eine Alternative?, Baden-Baden 1996, S. 223-243.

63 Manche Veröffentlichungen Hans Herbert von Arnims und Hildegard Hamm-Brüchers sowie auch eine Wortmeldung Ralf Dahrendorfs verraten solche Leitbilder und tragen damit – gewollt oder ungewollt – zum Wiederaufleben eines alten deutschen Ressentiments gegen Parlamentarismus und Parlamente bei.

der Legitimation und Akzeptanz einer partiell und sektoral hoch mobilisierbaren Wählerschaft „verkauft" werden muss.

Diese Rahmenbedingungen für politisches Handeln gelten prinzipiell für alle modernen parlamentarischen Demokratien Europas. Historische und politisch-kulturelle Determinanten, Entwicklungen des Parteien- und Wahlsystems, die Ausprägung als Einheits- oder Bundesstaat führen zu je unterschiedlichen Akzentuierungen in der politischen Praxis; das Grundmuster ist nichtsdestoweniger allenthalben erkennbar. Dabei spiegelt sich das „Menschenrecht auf handlungsfähige Regierungen" (Richard Schröder) auch in den Ansprüchen der Wählerschaften und der öffentlichen Meinung – insbesondere in Krisenzeiten – wider. Damit werden einerseits die Akteure unter Handlungs- und Reformdruck gesetzt, andererseits kommt es – bei enttäuschten Erwartungen – zu Meinungs- und Willensäußerungen zugunsten populistischer Politikangebote, die Ressentiments gegen die „politische Klasse" wählerwirksam zu inszenieren und auszunutzen verstehen. Die wechselvolle Geschichte solcher Parteien bzw. Bewegungen in etlichen Ländern Europas, ihr oft drastisches Auf und Ab in der Wählergunst beweist immer wieder, dass sachlich angemessene und politisch akzeptable Problemlösungen unter den skizzierten Rahmenbedingungen letztlich doch nur von solchen Akteuren gefunden und durchgesetzt werden können, die sich dem Handwerk und Geschäft der Politik dauerhaft und professionell widmen. Dass dies gleichsam „natürlich" auf die Regierungen zutrifft, liegt auf der Hand.

Für die diesbezüglichen Entwicklungen im Regierungssystem steht die Bundesrepublik Deutschland als Beispiel: der Bundeskanzler mit seinen durch veränderte Kommunikationsmöglichkeiten erweiterten, durch vielfältige Verhandlungszwänge aber eingeschränkten Spielräumen und der Deutsche Bundestag, an dem deutlich wird, welche Probleme professionelle Politik aufwirft und welche Chancen daraus für die – systemadäquate – Wahrung der Rolle des Parlaments erwachsen können.

Everhard Holtmann

Rechtliche Ordnung

1. Einleitung

Der folgende Beitrag stellt den Versuch dar, die Rechtsordnung Deutschlands in ihren gesellschaftlichen Bezügen und ihren politischen Implikationen historisch wie systematisch zu umreißen. Dabei sollen, soweit möglich, ausgewählte Merkmale außerdeutscher Rechtssysteme vergleichend herangezogen werden, um anschaulich zu machen, inwieweit es sich jeweils um singulär deutsche Rechtstraditionen und Rechtsauffassungen handelt oder ob sich Ähnlichkeiten bzw. Gemeinsamkeiten mit anderen Rechtskreisen aufzeigen lassen. Der Beitrag ist wie folgt gegliedert: Aus grundlegenden Bemerkungen zur sozialen und politischen Funktion des Rechts ergeben sich die untersuchungsleitenden Fragen (Kapitel 2). Nach der Erläuterung der begrifflichen Genese und Bedeutung des für die moderne deutsche Rechtsordnung zentralen Leitbegriffs „Rechtsstaat" (Kapitel 3) werden solche strukturprägenden Merkmale der bundesdeutschen Rechtsordnung vorgestellt, die einen Gestaltungs- und Wirkungsbezug zu Politik haben (Kapitel 4). Anschließend geht es um die Prüfung der Frage, ob das deutsche Recht im internationalen Rahmen einen gesonderten Entwicklungspfad genommen hat (Kapitel 5). Sodann gilt das Augenmerk aktuellen Tendenzen einer Annäherung nationalstaatlicher Rechtskreise, die nicht zuletzt durch das EU-Gemeinschaftsrecht förmlich aufgenötigt wird (Kapitel 6). Der Ausblick (Kapitel 7) verweist auf die mit transnationaler Rechtsschöpfung einhergehenden Probleme demokratischer Legitimation.

2. Forschungsstand und Forschungsfragen zur sozialen und politischen Funktion des Rechts

Die vergleichend vorgehende Rechtswissenschaft richtet den Blick vornehmlich auf Gemeinsamkeiten und Unterschiede im juristischen Duktus nationalstaatlicher Rechtsordnungen. Gegenstand komparativer Untersuchung sind unter dem Oberbegriff Rechtliche Ordnung dann insbesondere der jeweilige Umgang mit dem Rechtsstoff, die Verfahren der Schlichtung und Entscheidung von Streitsachen, die Arbeitsweise der Juristen, Gesetzgebungstechniken und Kodifikationsstile, ferner die Methoden der Gesetzesauslegung, die Tragweite von Präzedenzfällen oder die Rolle von Laienrichtern.[1] Doch geht es der Rechtswissenschaft durchaus auch darum, „die sozialen Bedingungen der einzelnen Rechtssätze auf[zu]decken".[2] In diesem Punkt überschneiden sich die Erkenntnisinteressen der Jurisprudenz mit der Sichtweise der Politikwissenschaft, die nach der sozialen und der politischen Funktion von Recht fragt und diese Beziehung zum Ausgangspunkt einer vergleichenden Darstellung von Rechtsordnungen macht.

Die sozialen und politischen Bezüge von Recht rücken zwangsläufig ins Blickfeld, wenn aus politikwissenschaftlicher Perspektive *Recht und Demokratie* in einen gedanklichen Zusammenhang gebracht werden. Der Koppelbegriff „Rechts-Ordnung" enthält in sich bereits den Hinweis, dass das Recht eine sozial ordnende Funktion übernimmt. Das Attribut „demokratisch" verdient dieser ordnungsstiftende Vorgang dann, wenn, allgemein ausgedrückt, die Gesellschaft mittels politisch verfasster Einrichtungen das Recht *selbst setzt* und das so gesatzte Recht *als legitim anerkennt.* Dass eine Rechtsordnung solcherart generell anerkennungsfähig wird und bleibt, setzt in der Regel voraus, dass die je konkrete Rechtsetzung und Rechtsanwendung sich nach Überzeugung der dem Recht Unterworfenen an den Leitideen *personaler Rechtssicherheit* und *materieller Gerechtigkeit* sowie am Maßstab *prinzipieller Gleichbehandlung* ausrichtet. Die internationale Staatengemeinschaft hat zudem mit der Erklärung *unveräußerlicher Menschenrechte* ein überpositives Rechtsgut gesetzt, das ein Gradmesser für die rechtsstaatliche und demokratische Qualität nationalstaatlicher Rechtsordnungen ist. Subjektives Rechtsempfinden, das auf Vertrauen in die eigene Rechtsordnung gründet, und das Gelten objektiver Rechtsgüter, die im Verlauf der Entwicklung der neuzeitlichen bürgerlichen Verfassungsidee zum Allgemeingut westlicher Demokratien geworden sind[3], fügen sich mithin zur demokratischen Rechtskultur eines Gemeinwesens zusammen.

Tatsächlich genießen die Organe der Justiz, das Bundesverfassungsgericht an der Spitze, in Deutschland ein relativ hohes Ansehen.[4] Oskar Niedermayer zufolge besteht hierzulande „eine klare Vertrauenshierarchie mit den rechtsstaatlichen Institutionen an der Spitze, gefolgt von den parteienstaatlichen Kerninstitutionen und den intermediären Organisationen". Dieses

---

1   Vgl. hierzu das mehrfach aufgelegte Standardwerk von Konrad Zweigert/Hein Kötz, Einführung in die Rechtsvergleichung auf dem Gebiet des Privatrechts, 3. neubearb. Aufl., Tübingen 1996, S. 4.
2   Ebd., S. 3.
3   Auf Aspekte des Verfassungsrechts wird im folgenden nicht gesondert eingegangen. Dies ist Thema des Beitrags von Ludger Helms in diesem Band.
4   Siehe hierzu die Daten-Zeitreihen für die 1980er und die 1990er Jahre bei Oskar Niedermayer, Bürger und Politik. Politische Orientierungen und Verhaltensweisen der Deutschen, Wiesbaden 2001, S. 60-66. Das Vertrauen in die Justiz ist in Ostdeutschland deutlich geringer ausgeprägt (ebd., S. 64).

besondere Institutionenvertrauen verlängert sich offenbar auch auf die EU-Ebene. Umfragedaten belegen, dass die Deutschen dem Europäischen Gerichtshof mit 70 Prozent (EU-Mittel: 64 Prozent) überdurchschnittlich häufig eine wichtige Funktion innerhalb der Europäischen Gemeinschaft zuschreiben.[5] Europaweit ist das Vertrauen der Bürgerinnen und Bürger in dieses supranationale Justizorgan mit 49 Prozent positiven Nennungen ebenfalls recht hoch (siehe die Abbildung „Trust in the European Institutions and Agencies").

Abbildung „Trust in the European Institutions and Agencies"

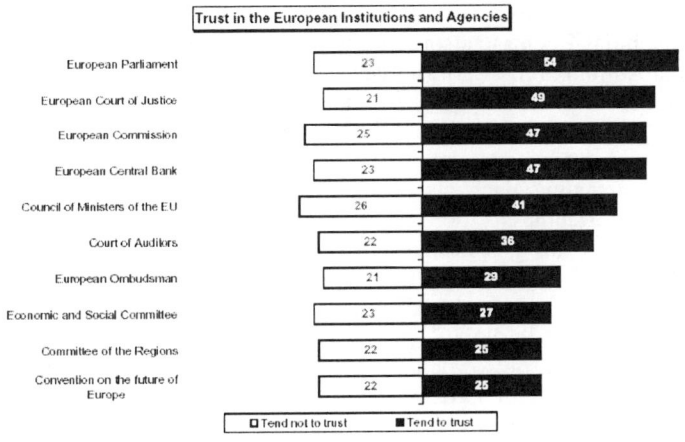

Quelle: Eurobarometer 57 (Frühjahr 2002)

Die ordnende und handlungsleitende Funktion des Rechts erschließt sich genauer, wenn nicht nur *Recht und Gesellschaft*, sondern auch *Recht und Politik* in ihren Schnittstellen verdeutlicht werden. Im folgenden geht es daher darum, sowohl die sozialen als auch die politischen Bezüge der Rechtsordnung zu behandeln.

Gesellschaftsbezogen ist Recht stets insoweit, als seiner Setzung und Anwendung die Interessen – von Einzelnen, von Gruppen, des Gemeinwesens – unterliegen, die als berücksichtigenswert anerkannt sind. Anders gesagt: Es sind Interessenlagen, die das soziale Substrat jeder abstrakten juristischen Norm bilden. Ein *unparteiischer* Interessenausgleich ist, rechtsstaatliche Bedingungen vorausgesetzt, ein Leitmotiv für jeden justiziellen oder verwaltungsförmigen Hoheitsakt. Folgerichtig ist beispielsweise die öffentliche Verwaltung in Deutschland gehalten, bei einem Verwaltungsakt, der Bürger belastet oder begünstigt, die „wohlverstandenen" Interessen der All-

---

5   Zahlenangaben nach Eurobarometer 57, erhoben zwischen dem 29. März und dem 1. Mai 2002 (http://europa.eu.int/comm/public_opinion/standard_en.htm).

gemeinheit und schutzwürdige individuelle Belange sorgsam gegeneinander abzuwägen. In diesem Abwägungsgebot erweist sich exemplarisch der Charakter von Recht als einer sozialen Handlung, in welcher der ursprüngliche Gedanke der einvernehmlichen gesellschaftlichen Selbstregelung zum Ausdruck kommt und mit Hilfe beauftragter professioneller Rechtswahrer fortwährend praktiziert wird. Als *gedachter Konsens* über ihre immerwährende Geltung ist eine Rechtsordnung, die rechtsstaatlichen Kriterien genügt, ein untrennbarer Teil jenes "hypothetischen Volkswillens", der dem bekannten Diktum Ernst Fraenkels zufolge dem offenen Verfassungskonzept pluralistischer Gesellschaften notwendig unterliegt.[6] Das Konstrukt des hypothetischen Volkswillens rückt elementare Freiheitsgarantien, wie Grundrechte und eben auch das Rechtsstaatsprinzip, verfassungstheoretisch in den Bereich des „Nichtabstimmbaren" (Adolf Arndt). Gerade darum ist es eine Gewähr gegen populistische Verirrungen des empirischen Volkswillens, der ja durchaus imstande sein kann, Mehrheiten für freiheitsfeindliche Beschlüsse zu mobilisieren.

Der „Rechtsnatur" nach als überzeitliche und überpositive Regel konstruiert, geht ein Recht, das die Gestalt abstrakter Normen annimmt, zwangsläufig auf Distanz zur gesellschaftlichen Wirklichkeit. Andererseits dürfen, will die Rechtsordnung ihre Verbindung zur Welt der sozialen Erfahrungen nicht abreißen lassen und an Akzeptanz als ein Organ gesellschaftlicher Selbststeuerung nicht verlieren, die Abstände zwischen Norm und Anwendungsfall nicht allzu groß werden. In jedem Falle gilt: „Gesetze sind aus sich selbst heraus unverständlich, denn ihr Sinn kann nicht einmal gedacht werden ohne eine Vorstellung vom geregelten Sachverhalt."[7] Da sich diese Vorstellungen – wie auch die zu regelnden Sachverhalte selbst – bekanntlich mit der Zeit ändern, kann eine moderne Rechtsordnung nicht gänzlich änderungsfest, gleichsam in Gänze eine Ewigkeitsklausel sein. Recht muss vielmehr sozialem Wandel folgen, d.h. die Rechtsfortbildung, sei es durch Novellierungen des Gesetzgebers, sei es durch fortlaufende Rechtsprechung der Gerichte, muss und wird sich veränderten Wertepräferenzen und neuartigen Gefahrenlagen der Gesellschaft anpassen, zugleich aber – jedenfalls nach dem Verfassungsverständnis des Grundgesetzes – freiheitsverbürgende Basisnormen etwa den „Wesenskern" der Grundrechte bewahren.

Recht muss, so lautet eine elementare Erfahrung der Menschheitsgeschichte, immer wieder gegen Widerstreben durchgesetzt werden. Seitdem Rechtsverstöße nicht mehr im Wege einer vormodernen Selbstjustiz unberechenbar und willkürlich geahndet, sondern der gesetzlich kontrollierten Sanktionsmacht der *staatlichen Dritten Gewalt* überantwortet werden, sind *Recht und Politik* eine dauerhafte funktionale Beziehung eingegangen. Die

---

6   Über die Kategorien des hypothetischen und des empirischen Volkswillens als Elemente demokratischer Verfassungsstaaten siehe Ernst Fraenkel, Deutschland und die westlichen Demokratien, erw. Ausg., Frankfurt a.M. 1991, S. 153-159.
7   Martin Morlok/Ralf Kölbel/Agnes Launhardt, Recht als soziale Praxis. Eine soziologische Perspektive in der Methodenlehre, in: Rechtstheorie 31 (2000), S. 15-46, hier S. 30.

Einsicht, dass menschliche Gemeinschaften, die an Komplexität und Interessenvielfalt zunehmen, alsbald der Formen des geregelten Konfliktaustrags, der Bereitstellung öffentlicher Güter sowie verlässlicher Garantien für angstfreie persönliche Entfaltung bedürfen, war bereits den antiken Stadtstaaten geläufig. Indem die soziale Gemeinschaft sich als politische Gemeinschaft konstituierte, schuf sie sich Institutionen, die auf das bürgerschaftliche Gemeinwesen („polis") und dessen „gemeinen Nutzen" hin ausgelegt wurden und die, ausgestattet mit herausgehobenen Zuständigkeiten, mit „öffentlicher Hand" öffentliche Aufgaben erfüllten.

Resultat dieser historischen Entwicklung, die im Zuge der modernen Staatenbildung in Europa seit der frühen Neuzeit zur Ausgliederung eines eigenständigen öffentlichen Sektors aus dem vormals über rein personale Beziehungen bestimmten Herrschaftsgefüge der Gesellschaft führte, ist die Institution des modernen Staates. Dieser verfügt über exklusive Herrschaftsgewalt, insonderheit, in der klassischen Formulierung *Max Webers*, über das Monopol physischen Zwanges bzw. physischer Gewaltsamkeit.[8] Die Betonung des staatlichen Gewaltmonopols, von Weber aus Gründen der Typisierung vorgenommen, verliert augenblicklich ihren martialischen Beiklang, wenn man hinzufügt, dass der modernen Institution Staat die Institution Recht per definitionem untrennbar beigeordnet ist: Mittels des Rechts wird den staatlichen Gewalten ein Mittel allgemein verbindlicher Steuerung und Gestaltung übertragen. Mittels des Rechts wird der Staat als Träger des Gewaltmonopols andererseits gebändigt. Mittels des Rechts gewinnt schließlich der Bürger, als Träger von Grundrechten und Leistungsansprüchen, im Staat und diesem gegenüber einen Status, der selbstbestimmte Privatheit zulässt, persönliche Lebensrisiken mindert und individuelle Teilhabe an öffentlichen Gütern („public goods") gewährleistet. Diese letzteren Teilhabegarantien und Daseinsvorsorgeleistungen sind jedoch, das sei hier angemerkt, ein Merkmal wohlfahrtsstaatlicher politischer Systeme[9], also zwar auch für Deutschland, aber keineswegs für Verfassungsstaaten des westlichen Typus generell kennzeichnend.

Der moderne Staat ist, nach dem berühmten Diktum Max Webers, die der Moderne zeitgemäße Form *legaler Herrschaft*: Herrschaft wird *rational*, weil sie in den Formen des Rechts ausgeübt wird. Legale Herrschaft beruht, so Weber, auf der Vorstellung, „dass jedes Recht seinem Wesen nach ein Kosmos abstrakter, normalerweise: absichtsvoll gesatzter Regeln sei", dass ferner die Rechtspflege „die Anwendung dieser Regeln auf den Einzelfall"

---

8 Max Weber, Wirtschaft und Gesellschaft, 5. rev. Aufl., Tübingen 1976, S. 29 und S. 822.

9 Vgl. hierzu die Kurznotiz von Jürgen Kohl, ´The Three Worlds of Welfare Capitalism` und die vergleichende Forschung über den Wohlfahrtsstaat, in: Wolfgang Glatzer (Hrsg.), 25. Deutscher Soziologentag 1990. Die Modernisierung moderner Gesellschaften, Opladen 1990, S. 330-333; Lutz Leisering, Der deutsche Sozialstaat, in: Thomas Ellwein/Everhard Holtmann (Hrsg.), 50 Jahre Bundesrepublik Deutschland (PVS-Sonderheft 30/1999), S. 181-192.

darstelle sowie die Verwaltung die rationale Wahrnehmung von öffentlichen Interessen „innerhalb der Schranken von Rechtsregeln" sei.[10] Der moderne Staat gestaltet seither das Verhältnis zu seinen Bürgerinnen und Bürgern nach den Vorgaben *unpersönlicher Gesetzesherrschaft*. Das Gesetz wird zum zentralen Instrument politischer Herrschaft, die im Zuge der europäischen Verfassungsentwicklung ihrerseits inzwischen überall parlamentarische Formen angenommen hat. Entwickelt hat sich daraus die „regulative Politik" als eine Variante staatlicher Intervention, die mit Geboten und Verboten, mit Verordnungen und weiteren Normierungen in wirtschaftliche und gesellschaftliche Bereiche einwirkt.[11]

Der Aufstieg des Gesetzes zum zentralen politischen Führungsmittel macht die Verknüpfung der Sphären des Rechts und der Politik ein weiteres Mal anschaulich: Einerseits ist das Einkleiden politischer Herrschaftsakte in Gesetze Ausdruck des Bestrebens, eben diese politische Herrschaft „dadurch zu rationalisieren, dass der Herrschaftsapparat mit Vernunftsregeln programmiert wird", deren Erstellung in demokratischen Systemen überdies an die Zustimmung der Bevölkerung gebunden ist.[12] Andererseits ist die Gesetzesbindung aller staatlichen Gewalt ein konstitutives Element des *Rechtsstaates*, der die Existenz der Einzelnen und die sozialen Beziehungen der Adressaten seiner Rechtsnormen mittels eines gesonderten Regelsystems dauerhaft überformt.

Aus politikwissenschaftlicher Sicht ergeben sich damit folgende untersuchungsleitende Fragen: Wie hat sich in Deutschland der Rechtsstaat, als Kernstück der modernen Rechtsordnung, historisch entwickelt, und welche Form hat er in der Gegenwart angenommen? Ist das deutsche Rechtssystem im internationalen Vergleich der Rechtsordnungen eine singuläre Erscheinung? Inwieweit können Recht und Gesetz als Mittel politischer Führung und Steuerung heute noch jene exklusive Geltungskraft beanspruchen, die ihnen von der hergebrachten, staatszentrierten und mit einem hierarchischen Staatsbild operierenden Rechtslehre und Staatstheorie zuerkannt werden?

3.   „Polizeystaat" und „Rechtsstaat" in der Entwicklung der modernen deutschen Rechtsordnung

Verglichen mit anderen Ländern Europas, ist die Bildung des Nationalstaats in Deutschland mit der Reichsgründung von 1871 zwar „verspätet" zustande gekommen. Doch hatte sich zuvor in den begrenzten Territorien der monar-

---

10   Ebd., S. 124f.; vgl. auch ders., Politik als Beruf (1919), Stuttgart 1997, S. 8.
11   Vgl. Stichwort „Regulative Politik" in: Dieter Nohlen/Rainer-Olaf Schultze (Hrsg.), Lexikon der Politikwissenschaft, Band 2, München 2002, S. 805.
12   So Rolf-Richard Grauhan, Modelle politischer Verwaltungsführung, in: Politische Vierteljahresschrift 10 (1969), S. 269-284, hier S. 269.

chischen und fürstlichen Landesherrschaften, beginnend bereits im 16. und 17. Jahrhundert, der Zentralverwaltungsstaat als modernes Formprinzip öffentlicher Gewalt allmählich herausgebildet. Vorreiter der regionalen Prozesse von Zentralstaatsbildung sind zumal Preußen, aber auch die Länder im liberalen Südwesten Deutschlands gewesen.

Ursprung und Fortgang dieser formativen Phase moderner Staatlichkeit sind mit den Konzeptionen des „Polizeystaates" und des Rechtsstaates sowie ihrer Institutionalisierung historisch eng verbunden. Beide Konzeptionen zeigen an, dass die staatsbildende und den entstehenden staatlichen Organen gleich selbst übereignete Modernisierung „von oben" wesentlich in Formen des Rechts verlaufen ist. Dabei sollte der frühmoderne, zweifellos obrigkeitliche „Polizeystaat" allerdings nicht verwechselt werden mit dem jüngeren politischen Kampfbegriff „Polizeistaat", der auf einen repressiven und missbräuchlichen Gebrauch staatlicher Sanktionsmittel abhebt. Der ältere Staat der „guten Polizey" sah es vielmehr als seine Aufgabe an, für „gute Ordnung, Sicherheit und Wohlstand der Untertanen" Sorge zu tragen. Die Abwehr äußerer Gefahren und die Volksfürsorge waren demzufolge gleichermaßen eine polizeystaatliche Angelegenheit.[13]

Es entsprach der Staatsräson des absolutistischen aufgeklärten Wohlfahrtsstaates, zentrale Verwaltungsstellen einzurichten. Diesen zentralen Stellen wurden umfassende Aufgaben zugewiesen, die sich, so *Thomas Ellwein*, „aus dem Gestaltungs- und Regelungsanspruch des aufgeklärten Wohlfahrtsstaates" ergaben.[14] Die Zentralbehörden bedeuteten *Ellwein* zufolge „in der Regel den Versuch, die Rechte und Möglichkeiten der politischen Herrschaft zu bündeln und gegen den Widerstand der Landstände, des örtlichen Herkommens und der örtlichen Trägheit durchzusetzen".[15] Weil dies „neue Wege der Rechtsdurchsetzung" erforderte[16], wurde die Administration aus der Justiz ausgegliedert und von dieser hinfort institutionell strikt getrennt. Abgegrenzt wurden damit die Aufgaben der inneren Verwaltung (Polizei) und der Gerichtsbarkeit (Wahrung von Frieden und Recht). Die der staatlichen Bürokratie übertragenen Rechtsregeln wurden den neuen Funktionserfordernissen angepasst. Es kam zu einer „weitgehende[n] Abkehr von den Einzelfallentscheidungen der Zentrale zugunsten abstrakt-genereller Weisungen mit landesweiter Geltung, die dem konkreten, mithin meist örtlichen

---

13 Vgl. Franz-Ludwig Knemeyer, Artikel „Polizei", in: Otto Brunner/Werner Conze/Reinhart Koselleck (Hrsg.), Geschichtliche Grundbegriffe, Band 4, Stuttgart 1978, S. 875-897; Hans Maier, Die ältere deutsche Staats- und Verwaltungslehre, München 1986; neuestens Wilhelm Bleek, Geschichte der Politikwissenschaft in Deutschland, München 2001, S. 71-83; Arthur Benz, Der moderne Staat, München/Wien 2001, S. 97-103.

14 Thomas Ellwein, Perioden und Probleme der deutschen Verwaltungsgeschichte, in: Verwaltungs-Archiv 87 (1996), S. 1-18, hier S. 10.

15 Ebd., S. 7.

16 Ebd., S. 7.

Vollzug einen gewissen Interpretationsspielraum ließen"[17]. Damit waren wesentliche Merkmale des Gesetzesbegriffs der nachmaligen parlamentarischen Ära schon vorweggenommen.

Während das hierarchische Behörden-Reglement die Verwaltung zu einem verlässlichen Vollzugsorgan der Staatsleitung machte, behielt sich letztere auch ein Monopol der Rechtsdeutung vor. Im preußischen Allgemeinen Landrecht (ALR) von 1794 war kein Spielraum für richterliche Rechtsfortbildung vorgesehen. Vielmehr wurde der Richter seitens des Monarchen auf die Rolle des „mechanistischen Rechtsanwenders" festgelegt.[18]

Das Prinzip getrennter Gewalten und das auf dem Grundsatz abstrakter und genereller Regelung fußende neuartige Gesetzesrecht wurde in die Institution des *Rechtsstaates* überführt, der sich im Zuge der liberalen Verfassungsbewegungen des 19. Jahrhunderts in Deutschland allmählich durchsetzte. Das Konstrukt „Rechtsstaat" ist, worauf Ernst-Wolfgang Böckenförde hingewiesen hat, „eine dem deutschen Sprachraum eigene Wortverbindung und Begriffsprägung, die in anderen Sprachen so keine Entsprechung findet". Weder die französische noch die angelsächsische Rechtssprache kenne, so Böckenförde, überhaupt eine vergleichbare Wort- bzw. Begriffsbildung.[19] Seit der frühkonstitutionellen Durchsetzung des Rechtsstaatskonzepts ist auch die – neben Rechtsprechung und Gesetzgebung – getrennte Zurechnung von Regierung und Verwaltung zu den Staatsfunktionen in der deutschen, rechtswissenschaftlich geleiteten Staatslehre gebräuchlich.[20] Der Rechtsstaatsbegriff wandelte sich im Laufe des 19. Jahrhunderts: Stand er ursprünglich der Idee nach für eine neue, vernunftrechtlich durchwirkte „Staatsgattung"[21], so wurde er schließlich zum *formalen* Rechtsstaat, d.h. er setzte auf die öffentliches wie privates Handeln bindende, regelnde Kraft förmlicher Normen, und er kam folglich, „formalistisch" wie er war, ohne die Beimischung des sozialmoralischen Elements der paternalistischen „guten Polizey" aus.

Die Formprinzipien des klassischen, aus dem bürgerlichen Liberalismus hervorgegangenen Rechtsstaates sind als ein unverzichtbarer Bestandteil

---

17 Ebd., S. 12.
18 Zweigert/Kötz (Anm. 1), S. 88. So habe Friedrich Wilhelm II. in seinem Publikationspatent zum Allgemeinen Landrecht „bei Vermeidung Unserer höchsten Ungnade und schwerer Ahndung" den Richtern ausdrücklich untersagt, „von klaren und deutlichen Vorschriften der Gesetze, auf den Grund eines vermeintlichen philosophischen Raisonnements, oder unter dem Vorwande einer aus dem Zwecke und der Absicht des Gesetzes abzuleitenden Auslegung, die geringste eigenmächtige Abweichung ... sich zu erlauben" (zit. nach ebd.).
19 Ernst-Wolfgang Böckenförde, Entstehung und Wandel des Rechtsstaatsbegriffs, in: Horst Ehmke u.a. (Hrsg.), Festschrift für Adolf Arndt zum 65.Geburtstag, Frankfurt a.M. 1969, S. 54.
20 Thomas Ellwein, mit Bezug auf Georg Jellinek, in: Ernst Benda/Werner Maihofer/Hans-Jochen Vogel (Hrsg.), Handbuch des Verfassungsrechts der Bundesrepublik Deutschland Band II, Berlin/New York 1984, S. 1095.
21 Böckenförde (Anm. 19), S. 55.

freiheitlicher Verfassungen heute allgemein anerkannt. Hierzu gehören die Unabhängigkeit der Gerichte, die sich in der Unab- und Unversetzbarkeit der Richter sowie in der Garantie des gesetzlichen Richters konkretisiert; die horizontale Gewaltenteilung zwischen Legislative, Exekutive und Jurisdiktion; die Gesetzmäßigkeit der Verwaltung, d.h. die Bindung ihres Handelns an den Vorbehalt bzw. Vorrang des Gesetzes; ein individueller Rechtsschutz gegenüber Eingriffsakten der Verwaltung, der in Deutschland zur Ausbildung des eigenständigen Rechtszweigs der Verwaltungsgerichtsbarkeit geführt hat; schließlich nicht zuletzt die Garantie von Grundrechten, die allerdings nach klassisch liberalem Verständnis zunächst lediglich als staatsgerichtete Abwehrrechte konzipiert gewesen sind.[22]

4. Die Rechtsordnung der Bundesrepublik Deutschland

Im folgenden Abschnitt wird bewusst darauf verzichtet, vertraute Strukturmerkmale der deutschen Justiz wie Gerichtsorganisation, Instanzenzüge und Verfahren, Personalprofil und Rechtsausbildung ein weiteres Mal darzustellen.[23] Vielmehr sollen, den eingangs skizzierten Problemaufriss aufnehmend, solche kennzeichnenden Merkmale der deutschen Rechtsordnung herausgearbeitet werden, die als Gesamtergebnis eines epochenübergreifenden Prozesses der *Modernisierung staatlicher Institutionen*, soweit dieser in der Entwicklung des Rechts Ausdruck fand, begriffen werden können. In der historischen Abfolge dieses Prozesses kam es zunächst zur *Verrechtlichung* politischer und gesellschaftlicher Beziehungen. Daran schließen in jüngerer Zeit Tendenzen der *Entrechtlichung* an. Für Verrechtlichung steht paradigmatisch das Prinzip formaler Legalität. Es trägt für kollektive wie individuelle Sicherheit Sorge und hat soziale und politische Beziehungen berechenbar gemacht. Entrechtlichung bedeutet nicht etwa, dass formale Regelwerke demontiert oder für ungültig erklärt, sondern dass sie durch *informale Absprachen* teilweise ersetzt werden.

In einem ersten historischen Modernisierungsschritt ist, als Ertrag obrigkeitlich-monarchischer Modernisierung von oben, der moderne Gesetzesbegriff als institutionelles Requisit neuzeitlicher staatlicher Steuerung geschaffen worden. Darauf folgte in Deutschland später die verfassungsmäßige Verankerung zunächst des formalen und sodann des materialen Rechtsstaates. Beide Rechtsstaats-Konzeptionen sind Ausdruck dessen, dass sich die Ge-

22 Siehe hierzu Ernst Benda, Der soziale Rechtsstaat, in: Benda/Maihofer/Vogel (Anm. 20), Band I, S. 477-553; Dian Schefold, Stichwort „Rechtstaat", in: Everhard Holtmann (Hrsg.), Politik-Lexikon, 3. Aufl., München/Wien 2000, S. 576-580.
23 Hierzu der Überblick bei Jürgen Plöhn, Die Gerichtsbarkeit, in: Oscar W. Gabriel/Everhard Holtmann (Hrsg.), Handbuch Politisches System der Bundesrepublik Deutschland, 2. Aufl., München/Wien 1999, S. 355-377. In vergleichender Perspektive: Zweigert/Kötz (Anm. 1).

sellschaft von obrigkeitsstaatlicher Vormundschaft emanzipiert und sodann
vermittels der Entscheidungen des parlamentarischen Gesetzgebers dem
Staatshandeln ihren eigenen souveränen Willen aufgeprägt hat. Im Ergebnis
des dritten und vorläufig letzten Modernisierungsschrittes ist mit dem „verhandelnden Staat" ein Akteur auf den Plan getreten, der die herkömmliche
Selbstbindung öffentlicher Gewalt an formales Recht in neue, offene und informale Gewaltverhältnisse transzendiert. Diese historische Abfolge von
Modernisierungsstufen, die aufeinander aufbauen, ohne einander radikal abzulösen, gibt der rechtlichen Ordnung in Deutschland heutzutage ihr spezifi-
sches Gepräge. Daher sollen wesentliche Etappen dieser Schrittfolge, welche
die Rechtsinstitutionen und das Rechtsverständnis in Deutschland fortbilde-
ten, nachfolgend erläutert werden.

(1) *Materialer Rechtsstaat und Sozialstaatspostulat:* Im *sozialen Rechtsstaat* des Grundgesetzes sind die Elemente des formalen Rechtsstaates aufgehoben, um Elemente des *materialen Rechtsstaats* ergänzt und zugleich mit
dem Sozialstaatsgebot (Artikel 20 und 28 GG) verknüpft worden. Während
es vorrangiger Zweck des formalen Rechtsstaates war und ist, die souveräne
Staatsgewalt durch ihre Legalisierung zu *begrenzen*[24], macht der materiale
Rechtsstaat auch Vorgaben für *Inhalt und Richtung* der Staatätigkeit. Diese
richtunggebende Dimension hat Ernst Benda mit Verweisen auf die fortlaufende Rechtsprechung des Bundesverfassungsgerichts wie folgt beschrieben:
Der Staat sei verpflichtet zur Wahrung und Verwirklichung der Grundrechte.
Diese Verpflichtung erschöpfe sich indes nicht in deren bloßer Substanzer-
haltung, sondern lege dem Staat „den Willen zum gerechten Ausgleich, also
zur Gerechtigkeit" auf. Daraus sei unter anderem eine Schutzpflicht des
Staates für seine Bürger gegenüber einem ungerechtfertigten „Recht des
Stärkeren", das aus wirtschaftlicher oder sozialer Macht herrührt, abzuleiten.
Zentrale Rechtsstaatsprinzipien wie das Gebot rechtlicher Gleichbehandlung
oder die Rechtsbindung staatlicher Gewalt seien am Begriff materialer Gerechtigkeit orientiert: Eine gesetzliche Differenzierung, die ohne zwingenden
Grund erfolge, verletze den Gleichheitssatz; die Bindung der Staatsgewalten
an Recht und Gesetz sei nicht zuletzt als ein Willkürverbot zu verstehen.
Schließlich bedeute Gewaltenteilung nicht nur ein Organisationsprinzip des
Staates, sondern die ihr innewohnende wechselseitige Kontrolle und Begrenzung der Staatsmacht diene auch dem Schutz individueller Freiheit.[25]

Mit dem materialen Rechtsstaatsgedanken und der gleichzeitigen Inserti-
on des Sozialstaatsgebots in das Grundgesetz knüpft die bundesdeutsche
Rechtsordnung an die Traditionslinie des ethischen Handlungsmaximen verpflichteten älteren Staatskonzepts der „guten Polizey" an, freilich ohne dessen vordemokratisches Legitimationsmuster zu übernehmen. Das in ständiger
Rechtsprechung des Bundesverfassungsgerichts aus Artikel 20 und 28 GG
heraus entwickelte und von den Fachgerichten vornehmlich der Arbeits- und

---

24 Ebd., S. 576.
25 Benda (Anm. 22), S. 477 passim.

Sozialgerichtsbarkeit forensisch verfeinerte *Sozialstaatsgebot* verpflichtet den Staat, insbesondere den Gesetzgeber, dazu, „für einen Ausgleich der sozialen Gegensätze und damit für eine gerechte Sozialordnung zu sorgen".[26] Dieser Gestaltungsauftrag beinhaltet eine angemessene „staatliche Vor- und Fürsorge für Einzelne oder Gruppen der Gesellschaft, die aufgrund persönlicher Lebensumstände oder gesellschaftlicher Benachteiligung in ihrer persönlichen und sozialen Entfaltung gehindert sind".[27] Auch das Verwaltungshandeln unterliegt den Maßgaben des Sozialstaatsgebot. Die Verwaltung ist gehalten, ihre Ermessens- und Auslegungsspielräume im Sinne dieses Gebots zu handhaben. Des weiteren haben sich die Behörden im Dienstverkehr mit hilfsbedürftigen bzw. sozial schwachen Klienten eines kooperativen Umgangsstils zu befleißigen.

Das aus der historischen Rechtstradition heraus erwachsene Rechtsstaats- und Sozialstaatsdenken zählt zweifellos zu den „stilprägenden Faktoren", die für die heutige deutsche Rechtsordnung kennzeichnend sind. Weitere solcher stilprägenden Faktoren, die von der vergleichenden Rechtswissenschaft als Kriterien für die Klassifikation und Unterscheidung von Rechtsordnungen bzw. Rechtskreisen im weltweiten Maßstab genannt werden, sind unter anderem die je vorherrschende juristische Denkweise, die kennzeichnenden Rechtseinrichtungen, die Art der Rechtsquellen und die Methodik ihrer Auslegung oder auch die Existenz (oder Nichtexistenz) einer Verfassungsgerichtsbarkeit.[28]

(2) der rechtlich eingefangene und zugleich beauftragte Interventionsstaat: Als für die deutsche Rechtsordnung nicht nur stil-, sondern auch strukturprägend hat sich der Interventions- und Sozialstaat erwiesen, der sich, an ältere Traditionslinien bruchlos anknüpfend, nach 1945 bzw. seit 1949 in der Bundesrepublik herausgebildet hat. In den Anfangsjahren hauptsächlich zur Regulierung der immensen Kriegsfolgelasten gebraucht und ausgebaut, trug das mit diesem Staatsmodell einhergehende, aktiv eingreifende und leistende Staatshandeln zur kontinuierlich anwachsenden *Verrechtlichung der Lebens- und Arbeitswelten* bei.

Drei Ursachen lassen sich dafür benennen: Einmal muss die expandierende Staatstätigkeit, die sich in den vergangenen Jahrzehnten, über ihr angestammtes Tätigkeitsfeld der inneren und äußeren Sicherheit hinauswachsend, die Sektoren der Wirtschaftsförderung, der Strukturentwicklung und der sozialen Sicherungssysteme erschlossen hat, auf entsprechende rechtliche Grundlagen gestellt werden. Es bedarf auch deshalb klarer Normen, um den rechtsstaatlichen Grundsatz der Gleichbehandlung für alle Adressaten des „aktiven" Staatshandelns abzusichern, zumal dann, wenn damit verteilende („distributive") oder gar *un*verteilende („redistributive") Maßnahmen verbunden sind. In solchen Fällen entfaltet das Recht seine soziale Wirkung als

---

26 Entscheidungen des Bundesverfassungsgerichts (BVerfGE), Band 22, S. 180 und S. 204.
27 BVerfGE 45, 376 und 387.
28 Vgl. Zweigert/Kötz (Anm. 1), S. 64-68.

formalisierter Anspruch. Folgerichtig hat das Bundesverfassungsgericht das Prinzip des Gesetzesvorbehalts, der vormals nur für die sogenannte Eingriffsverwaltung des Staates galt, inzwischen auf alle wesentlichen Entscheidungen der staatlichen Verwaltung „in grundlegenden normativen Bereichen", also auch der Leistungsverwaltung, ausgedehnt.[29]

(3) Verrechtlichung als Folge justizieller Rechtsfortbildung: Zum anderen bewirkt die *richterliche Kontrolle von Gesetzgebung und Verwaltung,* die durch die Verfassungsgerichtsbarkeit des Bundes und der Länder, durch Fachgerichte und Verwaltungsgerichte ausgeübt wird, nicht nur eine richterrechtliche Fortbildung geltenden Gesetzes- und Verordnungsrechts, sondern verstärkt ihrerseits auch die formale Regelungsdichte. Denn wenn seitens der Justiz entweder Rechts- und Verfassungsstöße von bestehenden Rechtsnormen festgestellt oder aber das Fehlen rechtsstaatskonformer rechtlicher Regelungen beanstandet werden, sind häufig nachbessernde, d.h. ergänzende, klarstellende oder gänzlich neue Rechtsvorschriften die Folge. Vor allem bei Fällen der abstrakten Normenkontrolle, manchmal auch bei Entscheidungen, die aus Verfassungsbeschwerden resultieren, macht das Bundesverfassungsgericht den Rechtsstaatsgrundsatz, dass die Verfassung „als ranghöchste Norm"[30] zu beachten ist, nachdrücklich und gesetzeswirksam geltend, mitunter in der Art, dass nicht lediglich der Verfassungsverstoß benannt, sondern dem Gesetzgeber eine verfassungsfeste Lösungsalternative inhaltlich gleich mit aufgeschrieben wird. Nicht zuletzt diese Spruchpraxis hat dem Bundesverfassungsgericht den Vorwurf mangelnder richterlicher Selbstbeschränkung und Kritik, es agiere als „Übergesetzgeber", eingetragen. Solche Kritik kam auch aus den eigenen Reihen: In einem Sondervotum zum Beschluss des zweiten Senats vom 22. Juni 1995 zur Vermögensteuer („Halbteilungsgrundsatz") hat Richter Ernst-Wolfgang Böckenförde dem Gericht jedwede „Befugnis begleitender Verfassungskontrolle gesetzgeberischen Handelns" prinzipiell abgesprochen. Alles, was der Senat zu Grund, Ausmaß, Bemessungsgrundlagen und rechtlicher Eigenart der Vermögensbesteuerung geäußert habe, sei „durch die Vorlagefrage nicht veranlasst" und verletzte den Kompetenzbereich des Gesetzgebers. Wenn das Gericht sich selbst auch für durch das Klagebegehren „nicht veranlasste maßstäbliche Fragen" zuständig erkläre, begrenze und binde es unzulässig Entscheidungen des Gesetzgebers „im vorhinein in abstrakt ausgreifender Weise". Es etabliere sich damit „gegenüber dem Gesetzgeber als autoritativer Praeceptor".[31]

(4) Regelungsdichte als Folge von Bürokratisierung: Drittens schließlich erwächst die Regelungsdichte aus der fortgeschrittenen *Bürokratisierung,* d.h. aus der auf formalen Rechtsregeln basierenden Handlungslogik

---

29 Hierzu Ingo von Münch, Verwaltung und Verwaltungsrecht im demokratischen und sozialen Rechtsstaat, in: Hans-Uwe Erichsen/Wolfgang Martens (Hrsg.), Allgemeines Verwaltungsrecht, 8. neubearb. Aufl., Berlin/New York 1988, S. 1-62, hier S. 50.

30 Benda (Anm. 22), S. 485.

31 Abweichende Meinung des Richters Böckenförde zum Beschluss des Zweiten Senats vom 22. Juni 1995 (– 2 BvL 37/91 –), S. 2f.

der staatlichen Administration. In dem Maße, wie dem Staat mehr und mehr Aufgaben zugeordnet wurden, die Staatsquote anstieg und der Bedarf an staatlicher Regelung zunahm, ist die öffentliche Verwaltung stetig gewachsen. Gewachsen ist damit auch deren eigenes juristisches Regelwerk. Nicht nur die Verwaltungsvorschriften i.e.S., sondern auch ein großer Teil der Gesetze und Verordnungen entfalten keine nach außen gerichtete Wirkung, sondern dienen allein der internen Regelung der laufenden Verwaltungsgeschäfte. Die häufig beklagte „Normenflut" wird also zu einem Gutteil für Selbstzwecke der Institution Staat erzeugt.

Doch auch an der allgemeinen Rechtsetzung ist die (Ministerial-)Verwaltung unmittelbar beteiligt. Neben Gesetzen im formellen Sinn gibt es *Rechtsverordnungen*, deren Erlass gemäß Artikel 80 GG auf die Exekutiven des Bundes und der Länder übertragen worden ist. Rechtsverordnungen sollen den Gesetzgeber von detaillierten Ausführungsbestimmungen entlasten. Obwohl jeder Rechtsverordnung eine nach Inhalt, Zweck und Ausmaß bestimmte förmliche gesetzliche Ermächtigung vorausgehen muss, ist mit diesem Instrument der vollziehenden Gewalt ein wichtiges Element der Selbststeuerung bei der Umsetzung politischer Programme übertragen.[32]

(5) *Einzelfallregelung durch Maßnahmegesetze:* In der Normenhierarchie der bundesdeutschen Rechtsordnung spielen *Maßnahmegesetze* eine erhebliche und an Bedeutung eher wachsende Rolle. Abweichend vom herkömmlichen Gesetzesbegriff, der Sachverhalte abstrakt-generell normiert, werden in Maßnahmegesetzen nicht eine unbestimmte Vielheit gleichgelagerter Fälle, sondern ein konkreter, zweck-, anlass-, sach- oder personenbezogener Einzelfall geregelt. Maßnahmegesetze sind Ausdruck eines historischen Formen- und Funktionswandels des Gesetzesbegriffs. Dieser Wandel, der erklärt werden kann mit dem Bestreben, die „Treffergenauigkeit" und Effektivität expandierender Staatstätigkeit zu steigern, wirft indes grundsätzliche Fragen einer verfassungsloyalen Normenproduktion auf. In der Zwischenkriegszeit wurde das einzelfallregelnde Maßnahmegesetz oder –dekret diskreditiert, weil es autoritären und totalitären Regimen als scheinlegale Handhabe diente, um die demokratische Ordnung zu unterhöhlen und Grundrechte zu suspendieren.[33] Von einem derartigen Gegensatz zwischen Maßnahmegesetz und Rechtsgesetz kann unter den heutigen Verbürgungen des demokratischen und sozialen Rechtsstaates keine Rede sein. Auch das Bundesverfassungsgericht hat inzwischen befunden, dass Gesetze nicht zwingend generell-abstrakt sein müssen.[34] Dass Maßnahmegesetze gleichwohl auch

---

32   Siehe hierzu Erichsen/Martens (Anm. 29), S. 83-89; Everhard Holtmann, Die öffentliche Verwaltung, in: Gabriel/Holtmann (Anm. 23), S. 302.

33   Vgl. Franz Neumann, Der Funktionswandel des Gesetzes im Recht der bürgerlichen Gesellschaft (1937), in: Ders., Demokratischer und autoritärer Staat, Frankfurt a.M. 1967, S. 13f.; Konrad Huber, Maßnahmegesetz und Rechtsgesetz, Berlin 1963, S. 126f. und S. 168f.

34   Peter Eichhorn, Verwaltungslexikon, Baden-Baden 1985, S. 595 mit Bezug auf BVerfGE 15, 146, und 24, 52.

heute im Grenzbereich des rechtsstaatlich Zulässigen liegen, verdeutlicht der Hinweis Peter Eichhorns, es bestünde „die erhöhte Gefahr eines Verstoßes gegen das Prinzip der Gewaltenteilung, da die Regelung von Einzelfällen grundsätzlich der Exekutive obliege".[35] Der latente Organstreit darüber, inwieweit Rechtsetzung, Rechtsvollzug und Rechtskontrolle in den Kernbereich des jeweils einen oder anderen Organs unzulässig einwirken, verweist beispielhaft darauf, das die bundesdeutsche Rechtsordnung durch die professionelle Praxis von Politik, Verwaltung und Justiz einem beständigen Wandel unterliegt. Die Dynamik, die innerhalb der genannten staatlichen Institutionen aus dem Handeln der Akteure entsteht und auf das Rechtsverständnis zurückwirkt, wird in dem Spannungsverhältnis zwischen formaler Rechtsordnung und informal handelndem, „verhandelnden Staat" deutlich.

(6) „Paktierender Staat" im Spannungsverhältnis zum Demokratieprinzip und Rechtsstaatsgebot: Die jüngere politikwissenschaftliche Staats- und Steuerungstheorie hat sich mit Erscheinungsformen und Ursachen dieses Formenwandels des Staatshandelns seit den 1980er Jahren intensiv beschäftigt. Dabei hat Gerhard Lehmbruch bereits Mitte der 70er Jahre darauf hingewiesen, dass das in langer Tradition gewachsene deutsche Modell politischer Problembearbeitung, das auf die Durchsetzungsmacht des hierarchisch-zentralistischen Staates hin ausgelegt ist, bereits historisch von einem weiteren politischen Handlungsmuster, dem Regelsystem des konsensualen Aushandelns, begleitet worden ist.[36] Dieses in der Arena bundesstaatlicher Politik zuerst und ausgiebig erprobte Modell kooperativer Staatlichkeit hat, so die Beobachtung Fritz Scharpfs, zum ausgehenden 20. Jahrhundert hin das alte Modell hierarchischer Steuerung zunehmend ersetzt durch „horizontale Selbstkoordination" im Rahmen inner- und unterstaatlicher Verhandlungssysteme, in welchen staatliche Stellen mit parastaatlichen und privaten („korporativen") Akteuren kooperieren.[37]

Derartige Akteurskonstellationen haben sich mittlerweile in etlichen Politikfeldern – so der Strukturpolitik, der Gesundheitspolitik oder Energiewirtschaft – formiert und sich zu „Policy-Netzwerken" verstetigt. *Renate Mayntz* zufolge, hat dies den Charakter politischer Entscheidungsprozesse erheblich verändert: „Anstatt von einer zentralen Autorität hervorgebracht zu werden, sei dies die Regierung oder die gesetzgebende Gewalt, entsteht Politik heute oft in einem Prozess, in den eine Vielzahl von sowohl öffentlichen als auch

---

35 Ebd. In der Entscheidung über eine Normenkontrollklage gegen das Bundesgesetz über den Bau der ICE-Südumfahrung Stendal hat das Bundesverfassungsgericht die Beschwerde der Antragsteller, dieses Maßnahmegesetz greife unzulässig in den Kernbereich der Exekutive ein, im Juli 1996 zurückgewiesen (BVG – 2 BvR 38/94 –).

36 Gerhard Lehmbruch, Parteienwettbewerb im Bundesstaat, 3. akt. und erw. Aufl., Wiesbaden 2000 (1976), S. 15.

37 Fritz W. Scharpf, Die Handlungsfähigkeit des Staates am Ende des Zwanzigsten Jahrhunderts, in: Beate Kohler-Koch (Hrsg.), Staat und Demokratie in Europa, Opladen 1992, S. 93-115, hier S. 103.

privaten Akteuren eingebunden ist."[38] Die für solche Netzwerke typische Handlungsweise ist nicht die Mehrheitsregel, sondern Tausch, Kompromiss und Aushandeln („bargaining"). Zwar werden die teilnehmenden „formalen" Organisationen, also beteiligte Verbände, aufgewertet; gleichzeitig nimmt der politische Entscheidungsprozess, der in Policy-Netzwerken – neuestens auch zunehmend in regierungsamtlich gesteuerten Experten-Kommissionen (z.B. Gentechnik, Bundeswehrreform, Hartz-Kommission) – vorberaten und nicht selten de facto auch vorentschieden wird, verstärkt *informale Züge* an: *Ausgehandelte* Lösungen entstehen „im Schatten der Hierarchie" (Fritz Scharpf), und dies mit der Folge, dass materielle Vereinbarungen außerhalb der „Formalstruktur der Politik"[39], insonderheit der Verfassungsinstitution der Parlamente, gefunden werden. Üblich wird, dass der Gesetzesinhalt zwischen staatlichen Stellen und privaten Interessenten ausgehandelt wird: „Der Staat verspricht dann einen Regelungsverzicht, sofern die privaten Interessen ein freiwilliges Entgegenkommen in Aussicht stellen. Absprachen dieser Art haben für beide Seiten Vorteile. Die privaten Akteure können mit weniger strengen Verhaltensanforderungen, etwa zum Zweck des Umweltschutzes oder der Produktsicherheit, rechnen. Der Staat spart die Implementationskosten, die ihm bei gesetzlichen Regelungen entstünden."[40]

Es liegt auf der Hand, dass sich infolge dieses Wandels der Staatstätigkeit die politische Steuerungsfunktion des Rechts ändert. Staatsrechtler von Rang, wie der ehemalige Bundesverfassungsrichter Dieter Grimm, haben diese Entwicklung als schleichende Aushöhlung der demokratischen und rechtsstaatlichen Verfassungsordnung scharf kritisiert. Der Staat verhandele mit „Interessen, die ohnehin mächtig sind" und über Vetomacht verfügen. Prämiiert würden somit soziale Machtpositionen, welche das Grundgesetz im Hinblick auf die Gesetzgebung gerade habe neutralisieren wollen. Zum anderen würden die verfassungsmäßigen Entscheidungsorgane und –verfahren entwertet. „Fast alle Vorkehrungen, die die Verfassung zur Gewährleistung des Demokratieprinzips und des Rechtsstaatsprinzips trifft, werden durch den paktierenden Staat unterlaufen."[41]

Die Bedenken, dass der verhandelnde Staat neuerliche Disparitäten der Berücksichtigungschancen erzeuge, die Transparenz von Entscheidungsver-

38 Renate Mayntz, Policy-Netzwerke und die Logik von Verhandlungssystemen, in: Adrienne Héritier (Hrsg.), Policy-Analyse. Kritik und Neuorientierung (PVS-Sonderheft 24/1993), S. 39-56, hier S. 40.

39 Roland Czada, Institutionelle Theorien der Politik, in: Dieter Nohlen/Rainer-Olaf Schultze (Hrsg.), Lexikon der Politik, Band Politische Theorien, München 1995, S. 210.

40 Dieter Grimm, Das Grundgesetz nach 50 Jahren – Versuch einer staatsrechtlichen Würdigung, in: Bundesministerium des Innern (Hrsg.), Bewährung und Herausforderung. Die Verfassung vor der Zukunft, Opladen 1999, S. 39-62, hier S. 56.

41 Ebd., S. 57. Vgl. auch die zitierten Äußerungen Grimms bei Robert Leicht, Alles Verhandlungssache. Das Kommissionswesen blüht, das Parlament verkümmert, in: http://www.zeit.de/2001/22.

fahren schmälere und demokratische Kontrollen unterlaufe[42], wiegen zweifellos schwer. Mit dem Hinweis auf gesteigerte Effizienz des Staatshandelns werden diese Bedenken nicht wirklich entkräftet. Policy-Netzwerke sind Gefäße informaler Politik und als solche nicht hinreichend demokratisch legitimiert. Die Bildung solcher Netzwerke, ihre Abläufe und ihre Verstetigung sind nicht rechtsförmig festgelegt, sondern gründen auf Erwartungen der Beteiligten. Policy-Netzwerke sind *Möglichkeitszonen* politischen Entscheidungshandelns – nicht rechtsfrei, aber auch nicht rechtlich verregelt. Dennoch wird die Rechtsordnung, wird die demokratische Balance nicht zu Lasten der formal zuständigen Entscheider ausgehebelt. Das Parlament zumal ist, in Gestalt seiner Fraktionen, Auschüsse und Fachpolitiker, an der informalen Programmformulierung, welche die Stationen des formalen Gesetzgebungsverfahrens vorbereitet und begleitet, längst und intensiv beteiligt. Mit dem förmlichen Letztentscheidungsrecht des Parlaments bleibt der für repräsentative Verfassungsstaaten erforderliche „Primat formaler Politik"[43] gewahrt, auch dann, wenn die exekutive Herzkammer modernen Regierens, das Kanzleramt, mit nebenparlamentarischen Vorbauten von Experten-Kommissionen umgeben wird.[44]

5. Die deutsche Rechtsordnung im internationalen Vergleich: ein Sonderfall?

Der Eindruck drängt sich auf, dass die grundsätzlich geführte Kontroverse um die Risiken informaler Politik eine sehr deutsche Diskussion ist, eben weil im deutschen Gesetzesstaat die formale Verregelung staatlichen Handelns mit Rationalitätsgewinnen dieses Handelns seit jeher selbstverständlich gleichgesetzt worden ist. Ernst-Wolfgang Böckenförde hat gelegentlich angemerkt, dass der Terminus „Rechtsstaat" eine „dem deutschen Sprachraum eigene Wortverbindung und Begriffsprägung" sei, die in anderen Sprachen so keine Entsprechung finde. „Rechtstaat" sei begrifflich ein ideelles Produkt

---

42 So auch Arthur Benz, Postparlamentarische Demokratie? Demokratische Legitimation im kooperativen Staat, in: Michael Greven (Hrsg.), Demokratie – eine Kultur des Westens?, Opladen 1998, S. 201-222, hier S. 207.
43 Klaus von Beyme, Informelle Komponenten des Regierens, in: Hans-Hermann Hartwich/Göttrik Wewer (Hrsg.), Regieren in der Bundesrepublik II, Opladen 1991, S. 31-50, hier S. 34.
44 Hierzu Alexandra Unkelbach, Die Vorbereitung und Übernahme staatlicher Entscheidungen durch plural zusammengesetzte Gremien. Bericht über ein laufendes Forschungsprojekt, in: Karl-Peter Sommermann (Hrsg.), Gremienwesen und staatliche Gemeinwohlverantwortung, Berlin 2001, S. 55-68.

des deutschen Frühliberalismus und bedeute, dass der Staat die Vernunft zur Grundlage seines und seiner Bürger Handelns mache.[45]

Obschon zentrale Elemente des Rechtsstaatsprinzips, wie Gewaltenteilung und Unabhängigkeit der Justiz, in alle demokratischen Verfassungsordnungen Eingang gefunden haben, verweist das deutsche Verständnis von Rechtsstaat doch auf eine eigenständige Rechtsentwicklung, die im Grundriss der Rechtsordnung als *umfassende und systematische Kodifikation* zum Ausdruck kommt, wie dies die historischen Regelwerke des Allgemeinen Landrechts von 1794 und des zum 1. Januar 1900 in kraft tretenden Bürgerlichen Gesetzbuchs (BGB) dokumentieren.[46] Es ist daher angebracht, nicht generell eine staatliche Rechtsordnung mit einem *Rechtssystem* gleichzusetzen, weil eine derartige ganzheitlich-systematische Architektur des Rechts für andere, außerdeutsche Rechtskreise untypisch ist. Nachdem im 18. Jahrhundert die auf dem römischen Recht gründende Rechtseinheit des europäischen Kontinents zerfallen war, begann sich im deutschen Rechtskreis eine juristische Denkweise herauszubilden, die mit dem Bestreben „zur Abstraktion der rechtlichen Norm" sowie zum „Einfangen ganzer Rechtsgebiete in wohlgegliederte Systeme" ein stilprägendes Element des römischen Rechts bewahrte, das ähnlich im romanischen Rechtskreis fortlebte, nicht aber den angloamerikanischen Rechtskreis des Common Law prägte.[47]

Die in der deutschen Rechtstradition vergleichsweise viel intensivere Rezeption des römischen Rechts hat, so Zweigert/Kötz, die Verwissenschaftlichung des Rechtsdenkens gefördert. Das Bürgerliche Gesetzbuch löste im Privatrecht die „konkret-anschauliche Kasuistik" älterer Rechtsquellen wie des Allgemeinen Landrechts ab und setzte an deren Stelle die „abstrakt-begriffliche Sprache" einer systematisierten Rechtsordnung.[48] Vergleichbaren systemischen Ursprungs ist auch die bis heute gültige französische Hauptrechtsquelle, der Code civil von 1804. „Der Code civil beruht ebenso wie das Allgemeine Landrecht für die preußischen Staaten (1794) und das österreichische Allgemeine Bürgerliche Gesetzbuch (1811) auf der durch die Aufklärung und das Vernunftrecht begründeten Überzeugung, es könne durch eine umfassende Neuordnung des Rechtsstoffs planmäßig die Grundlage für eine rationale Ordnung des gesellschaftlichen Lebens gelegt werden."[49]

Beide Kodifikationen, der französische Code civil und das deutsche BGB, haben sich als bemerkenswert beständig erwiesen. Das Bürgerliche Gesetzbuch etwa, stellen Zweigert/Kötz fest, habe „auch heute noch im wesentlichen das gleiche Aussehen wie vor 100 Jahren". Diese überzeitliche Gültigkeit sei vornehmlich damit zu erklären, dass in Deutschland wie auch

45 Ernst-Wolfgang Böckenförde, Entstehung und Wandel des Rechtsstaatsbegriffs, in: Horst Ehmke u.a. (Hrsg.), Festschrift für Adolf Arndt zum 65.Geburtstag, Frankfurt a.M. 1969, S. 53-76, hier S. 54f.

46 Zweigert/Kötz (Anm. 1), S. 143.

47 Ebd., S. 13f, 68f.

48 Ebd., S. 136 und 143.

49 Ebd., S. 84.

in Frankreich das Gesetzesrecht für die notwendigen Ergänzungen und An-
passungen gesorgt habe. Gesetzgeber und Richter haben auf den Gebieten
des Familien- und Erbrechts, des Arbeitsrechts, des Wohnungsbau- und
Mietrechts, des Wettbewerbs- und Vertragsrechts die Regelungslücken aufgefüllt und das deutsche Rechtsgut in der Richtung des sozialen Rechtsstaates
fortentwickelt.[50]

Sowohl „das Einfangen ganzer Rechtsgebiete in wohlgegliederte Systeme"[51] als auch die Konstruktion der Rechtsregel als abstrakte Norm, welcher
sich eine unbestimmte Vielzahl von Fällen subsumieren lassen, ist der
Denkweise des englischen Rechtskreises ursprünglich fremd. Im englischen
Rechtswesen existieren bis heute keine dem deutschen Zivilgesetzbuch oder
der Zivilprozessordnung vergleichbare Kodifikationen. Praktiziert wird hingegen eine „Rechtstechnik, die primär nicht an Gesetzestexten und ihrer Interpretation, nicht an der begrifflichen Zergliederung eines Lebenssachver-
halts und an seiner ,Einordnung in das System' interessiert ist, sondern vorrangig in Präjudizien und Fallgruppen denkt, auf sorgfältige und lebenszuge-
wandte Problemdiskussion bedacht ist und lieber konkret und historisch als
abstrakt und systematisch argumentiert".[52] Dieses Rechtsdenken ist aus jahr-
hundertealter englischer Rechtstradition herausgewachsen, welche die historischen Rechtsquellen des Gewohnheitsrechts (*Common Law*) und eines
„Billigkeitsrechts" (*Equity*)[53] umfasst. Das – nicht kodifizierte – *Common
Law* bildet nach wie vor die Grundlage des englischen Rechts, soweit es nicht
durch das moderne Gesetzesrecht (*parliamentary legislation, civil law* oder
statute law) überformt wird. Das *Common Law*, „das auf Gewohnheit gründet
und anhand konkreter gerichtsanhängiger Fälle durch Richter ausgelegt wird,
ist niemals präzise definiert noch zusammengefasst worden."[54] Inzwischen
allerdings hat, so *Zweigert/Kötz*, angestoßen vor allem durch die moderne
Sozialgesetzgebung, das englische Gesetzesrecht an Umfang und Bedeutung
zugenommen, sodass die frühere Unterscheidung von richterlichem Fallrecht
des *Common Law* und Gesetzesrecht des *Civil Law* überholt sei.[55]

Der US-amerikanische Rechtskreis hat die britische Tradition des Common Law übernommen, dieses jedoch im Wege der einzelstaatlichen Legislatur erheblich verändert. Auch auf der Bundesebene kam es fortlaufend zu

---

50 Ebd., S. 148-151, für Frankreich ebd., S. 93f.
51 Ebd., S. 68f.
52 Ebd., S. 177.
53 Vgl. Roland Sturm, Das politische System Großbritanniens, in: Wolfgang Ismayr
    (Hrsg.), Die politischen Systeme Westeuropas, Opladen 1999, S. 217-254, hier S. 245.
    Die „Equity" umschließt eine Sammlung von Rechtssätzen, die seit dem 15. Jahrhun-
    dert vom Court of Chancery, der Londoner Appellationsinstanz, entwickelt wurden
    und als Leitentscheidungen auch präjudizielle Wirkung entfalteten; vgl. Zweigert/
    Kötz (Anm. 1), S. 185.
54 ICL – United Kingdom Index, Legal System
    (http://www.uni-wuerzburg.de/law/uk_indx.html) – deutsche Übersetzung des engl.
    Textes.
55 Zweigert/Kötz (Anm. 1), S. 198.

Ergänzungen des Common Law im Wege der Gesetzgebung. Gestützt auf die Doktrin der „implied powers" (1819) sowie auf der Grundlage der „commerce clause", die dem Bund die Gesetzgebungsbefugnis für Materien einräumt, welche den zwischenstaatlichen Handelsverkehr regeln, weitete die Bundesgewalt ihre legislatorischen Aktivitäten aus. Andererseits verblieb den Einzelstaaten die Zuständigkeit für das Privatrecht (Familien-, Vertrags-, Versicherungsrecht etc.).[56]

Obwohl oder gerade weil die grundlegenden deutschen Rechts-Kodifikationen eine bemerkenswert lange Lebensdauer haben, werden Rechtsreformen seitens der Politik als eine immerwährende Aufgabe begriffen, Ansätze zur Modernisierung des Rechts oftmals in engem Zusammenhang mit seriöser Bürokratiekritik bzw. Initiativen zur Reform der öffentlichen Verwaltung entwickelt. Als Ursachen von Bürokratisierung werden immer wieder unerwünschte Effekte des Gesetzesstaates genannt: „Normenflut" und „Überregelung", daraus erwachsende „langsame und schwerfällige" administrative Bearbeitungs- und Entscheidungsprozesse, „dem Einzelfall nicht gerechte Entscheidungen infolge dominierender Regelorientierung".[57] Zur Einschränkung der Regelungsdichte haben Experten bereits 1980 die Variante einer „Sunset Legislation" vorgeschlagen: Neue Gesetze und andere Rechtsvorschriften werden mit einem Verfallsdatum versehen; sollen sie danach weiterhin in Kraft bleiben, bedarf dies einer ausdrücklichen Begründung.[58]

Seit Juli 2000 liegt ein im Auftrag der Bundesregierung erarbeiteter „Leitfaden zur Gesetzesfolgenabschätzung" vor, der u.a. auch den Grundgedanken einer Verfallsprüfung neuerlich aufnimmt.[59] Auch hier geht es darum, die Qualität der Rechtsvorschriften zu verbessern und die Regelungsdichte zu verringern. Die Gesetzesfolgenabschätzung, so heißt es programmatisch, trage als „Verfahren zur Rechtsoptimierung" bei „zur Verminderung der Regelungsmenge". Sie solle „prinzipiell weniger, dafür bessere, schlankere und leichter verstehbare Regelungen ermöglichen und damit auch deren Befolgbarkeit und Vollziehbarkeit fördern".[60]

Reformen einzelner Rechtsmaterien werden häufig mit dem Dreipunktziel „Vereinfachung, Neugliederung und inhaltliche Modernisierung" begründet.[61] Regelmäßig geht es darum, sprachlich und/oder inhaltlich veraltete Regelungen zu erneuern, „gewandelten Lebensverhältnissen" Rechnung zu tragen, besondere Bedürfnisse einzelner Bevölkerungsgruppen zu berück-

---

56 Ebd., S. 235-245.
57 So schon Bundesministerium des Innern (Hrsg.), Sachverständigenanhörung zu Ursachen einer Bürokratisierung in der öffentlichen Verwaltung , Bonn 1980, S. 4f.
58 Ebd., S. 114.
59 Carl Böhret/Götz Konzendorf, Moderner Staat – Moderne Verwaltung. Leitfaden zur Gesetzesfolgenabschätzung, im Auftrag des Bundesministers des Innern und des Innenministeriums Baden-Württemberg. (www.staat-modern.de).
60 Ebd., S. 6.
61 So beispielhaft in der Pressemitteilung des Bundesministeriums für Justiz über die Mietrechtsreform (2001); http://www.bmj.bund.de.

sichtigen, unterschiedliche Interessen von Adressaten auszutarieren, komplexe Regelungen, die Aspekte etwa der Sozial-, Wirtschafts- und Umweltschutzpolitik integrieren, vorzunehmen oder auch verstreute und zersplitterte Rechtsmaterien „verständlich und übersichtlich" zusammenzufassen bzw. in das Bürgerliche Gesetzbuch zu integrieren.[62] Rechtsreformen brauchen üblicherweise einen längeren zeitlichen Vorlauf. So wurde beispielsweise mit den Vorarbeiten für das im Oktober 2001 verabschiedete neue Schuldrechtsgesetz im Jahr 1978 begonnen. Die ebenfalls im Jahr 2001 beschlossene Mietrechtsreform geht gar auf ein Monitum des Bundestages von 1974 zurück.

6. Tendenzen der Annäherung und supranationalen Überformung nationalstaatlicher Rechts-Kreise

Die rechtswissenschaftliche Komparatistik beobachtet eine seit längerem wirksame Tendenz zum Zusammenwachsen der vormals voneinander geschiedenen mondialen Rechtskreise: „Die absolute Präponderanz des Gesetzesrechts gehört auf dem Kontinent der Vergangenheit an; umgekehrt neigt man im Common Law mehr und mehr dazu, im Interesse der Vereinheitlichung, der Rationalisierung und der Vereinfachung des Rechts die Dienste des Gesetzgebers in Anspruch zu nehmen. In der kontinentalen Jurisprudenz gewinnen die Rechtsfortbildung durch den Richter und – Hand in Hand damit – der induktive, problemorientierte Denkstil zunehmend an Boden; umgekehrt meldet sich im Common Law ein Bedürfnis, das gewachsene richterliche Regelrecht durch gesetzgeberisches Handeln und wissenschaftliche Analyse in eine systematische Ordnung zu bringen, um es dadurch beherrschbarer und übersichtlicher zu machen."[63] Daher bestehe Grund zu der Annahme, „dass von entgegengesetzten Ausgangspunkten her Common Law und Civil Law auch in ihren juristischen Methoden und Techniken allmählich zusammenwachsen werden".[64]

Abgesehen von der Konvergenz ursprünglich national begrenzter Rechtsmethoden und Rechtstechniken, wird das hergebrachte Prinzip, dass der Geltungsbereich von Recht durch die Grenzen souveräner Staaten bestimmt ist, durch fundamental veränderte Handlungsgrundlagen nationalstaatlicher Politik infrage gestellt, zum einen durch die „Deterritorialisierung" in den Bereichen von Ökonomie und Politik sowie in Europa zum anderen durch das Gemeinschaftsrecht der EU. Mit Deterritorialisierung ist gemeint, dass „Problemräume" und „Zuständigkeitsräume" teilweise nicht mehr

---

62 Vgl. pars pro toto Deutscher Bundestag, Beschlussempfehlung des Rechtsausschusses zum Entwurf eines Gesetzes zur Modernisierung des Schuldrechts (14. Wahlperiode, Drucksache 14/7100, 10. Oktober 2001).

63 Zweigert/Kötz (Anm. 1), S. 265.

64 Ebd., S. 265.

deckungsgleich sind. In dem Maße, wie beispielsweise Unternehmen grenzüberschreitend tätig werden, wie die Wege der Kommunikation und der Wanderungen weltweite Größenordnungen annehmen und wie sich neue transnationale Akteursbeziehungen in entsprechend erweiterten Funktionsräumen ausbilden, entziehen diese sich tendenziell der Zuständigkeit nationalstaatlicher Rechtsordnungen. Eine global ausgelegte „Public Policy", die, um den Problemräumen flexibel zu folgen, vom national definierten Territorialitätsgrundsatz entkoppelt werden muss, bedarf folglich sowohl einer entsprechenden Anpassung der öffentlichen Rechtsnormen[65] als auch der internationalen Verständigung auf weltweit verbindliche Vereinbarungen.

Immerhin ist zum 30. Juni 2002 ein *Völkerstrafgesetzbuch* in Kraft getreten. Demzufolge können des Völkermords, der Kriegsverbrechen oder der Verbrechen gegen die Menschlichkeit Beschuldigte jeder Nationalität nach dem „Weltstrafprinzip" in Deutschland festgenommen und verurteilt werden. Hohe Schwellen der wechselseitig verbindlichen Verständigung sind jedoch vor einem Erfolg internationaler Verhandlungsregime zu überwinden. Fritz Scharpf schätzt zwar die Chancen, dass sich „aus institutionalisierten Dauerbeziehungen zwischen den Beteiligten ... ein Konsens über ‚faire' Verteilungsregeln, über die Relevanz und Irrelevanz von sachlichen Gesichtspunkten und über das anzuwendende Verfahren" herausbilden kann, als relativ günstig ein.[66] Doch da ein derartiges weltumspannend gültiges und durchsetzbares Regelwerk ein Einvernehmen einer Vielzahl nationalstaatlicher Akteure voraussetzt, liegen die Schwierigkeiten praktischer Durchsetzung, wie das Kyoto-Abkommen zur Luftreinhaltung exemplarisch zeigt, auf der Hand.

Auf der darunter liegenden europäischen Ebene transnationaler Angleichung von Rechtsnormen, innerhalb des sich fortwährend weiterentwickelnden einheitlichen Rechtsraumes der Europäischen Union, stehen die EU-Mitgliedsstaaten unter permanentem Zwang, ihre Rechtsordnungen den Vorgaben des Gemeinschaftsrechts anzupassen.[67] Das sogenannte Sekundärrecht der Gemeinschaft kennt Verordnungen (*regulations*), die unmittelbar bindende Wirkung haben und nicht der einzelstaatlichen Umsetzungsbestimmungen bedürfen, ferner Richtlinien (*directives*), die lediglich Ziele vorgeben und den Mitgliedsstaaten innerhalb bestimmter Fristen die Art und Form der Implementation überlässt, sowie Einzelfall-Entscheidungen *(decisions)* und

---

65 Die Vorstellungen hierüber sind indes zum Teil ziemlich vage: „...the operational aspects of international sovereignty can indeed be decoupled from territoriality, its formal legal counterpart [...] Thus global public policy will be structured around so called legally nonbinding international instruments." Wolfgang H. Reinicke, Global Public Policy. Governing without Government?, Washington 1998, S. 86 und S. 88.

66 Fritz W. Scharpf, Versuch über Demokratie im verhandelnden Staat, in: Roland Czada/Manfred G. Schmidt (Hrsg.), Verhandlungsdemokratie, Interessenvermittlung, Regierbarkeit, Festschrift für Gerhard Lehmbruch, Opladen 1993, S. 30f.

67 Vgl. Bengt Beutler u.a., Die Europäische Union. Rechtsordnung und Politik, 4.Aufl., Baden-Baden 1993, S. 386-389.

schließlich Empfehlungen und Stellungnahmen (*recommendations, opinions*), die nicht bindend sind und deklaratorischen Charakter haben.[68] Die Produktion an Gemeinschaftsrecht expandiert mit wachsender Geschwindigkeit: Von 1960 bis 1996 ist die Zahl der gesetzgebenden Akte der Kommission von 6 auf 2863 angewachsen; mehr als die Hälfte davon fällt in die Zeit nach 1996.[69] Entsprechend hat die Zahl der Bundestags-Vorlagen, mit welchen EU-Richtlinien in deutsches Recht umgesetzt werden, von 13 in der 3. Wahlperiode auf 2070 in der 13. Wahlperiode zugenommen.[70]

Die einschneidenden Folgen der Europäisierung der nationalen Rechtsordnungen werden indes nicht in der rein zahlenmäßigen Dimension erkennbar. In der Sache bringt das Gemeinschaftsrecht schrittweise eine Veränderung öffentlicher Aufgaben mit sich, die aus deutscher Sicht als ein Abbau autonomer Zuständigkeiten der staatlichen und kommunalen Gebietskörperschaften sowie als ein Absenken sozialstaatlich wohlbegründeter Standards öffentlicher Daseinsvorsorge wahrgenommen werden.[71] Auf die damit verbundenen Schwierigkeiten der „Struktursicherung" deutscher Sozialstaatlichkeit im Prozess europäischer Rechtsvereinheitlichung hat Fritz Scharpf bereits Anfang der 90er Jahre hingewiesen. Da eine europaweite Einführung des Sozialstaats nach deutschem Vorbild unrealistisch sei, müssten Länder, die wie die Bundesrepublik „mit anspruchsvollen Systemen der sozialen Sicherung und Institutionen der Sozialpartnerschaft" ausgestattet seien, wenigstens vorbeugend zu verhindern suchen, „dass die Europäische Kommission und der Europäische Gerichtshof in ihrem unermüdlichen Kampf gegen nationale Handelshemmnisse auch wesentliche Elemente der deutschen Sozialordnung als Verletzung der Wettbewerbs- und Niederlassungsfreiheit in Frage stellen".[72]

Die ordnungspolitischen Konflikte, die in Divergenzen zwischen dem EU-Gemeinschaftsrecht, das auf Durchsetzung des europäischen Binnenmarktes zielt, und nationalen Systemen „öffentlicher Dienste" aufbrechen, stellen keineswegs ein singulär deutsches Rechtsproblem dar. Namentlich Frankreich reklamiert für seine Staatsregime der „Services publics" beharrlich eine gemeinschaftsrechtliche Sonderbehandlung, die jene monopolisti-

---

68 Siehe hierzu http://europa.eu.int/scadplus/leg; http://europa.eu.int.eur-lex/en.

69 Angaben nach Wolfgang Wessels, Das Politische System der Europäischen Union, in: Ismayr (Anm. 52), S. 713-746, hier S. 734.

70 Angaben nach Roland Sturm/Heinrich Pehle, Das neue deutsche Regierungssystem. Die Europäisierung von Institutionen, Entscheidungsprozessen und Politikfeldern in der Bundesrepublik Deutschland, Opladen 2001, S. 58.

71 Vgl. auch ebd., S. 27.

72 Fritz W. Scharpf, Europäisches Demokratiedefizit und deutscher Föderalismus, in: Thomas Ellwein u.a. (Hrsg.), Jahrbuch zur Staats- und Verwaltungswissenschaft, Band 6 (1992/93), S. 165-178, hier S. 166f.

schen Versorgungsunternehmen als einen nationalen Gegenpol zum europäischen Wettbewerbsprinzip verstetigen.[73]

Der Zielkonflikt zwischen „Gemeinschafts-Räson" und deutscher Tradition öffentlicher Ordnung, die in staatlicher bzw. kommunaler Erledigung gemeinwohlorientierter Aufgaben zum Ausdruck kommt, hat jüngst zwischen EU-Kommission und den deutschen Regierungen des Bundes und der Länder in einem zentralen Bereich öffentlicher Daseinsvorsorge, dem öffentlich-rechtlichen Banken- und Sparkassensektor, zum offenen Konflikt geführt. Während die Landesbanken unter anderem die regionale Strukturpolitik der Bundesländer finanziell begleiten, dienen die kommunalen Sparkassen seit dem 19. Jahrhundert als Geber günstiger Kredite für kleine und mittlere Handwerks- und Gewerbebetriebe sowie der Sparförderung breiter Bevölkerungsschichten. Sparkassen können nicht in Konkurs gehen, da ihre Eigner, die jeweiligen Städte und Landkreise, als „Gewährsträger" finanzielle Risiken und Verluste rechtlich absichern. Eben diese Konstruktion hat die EU-Kommission, einer Beschwerde des privaten Bankenverbandes in Brüssel stattgebend, als Verstoß gegen die Wettbewerbsregeln der Gemeinschaft moniert. Bis 2005 muss das deutsche Modell der sog. Anstaltslast und Gewährsträgerhaftung abgeändert werden.[74]

Dieser Konflikt und seine schließliche Regelung verweisen beispielhaft darauf, dass der weitergehende Ausbau des Gemeinschaftsrechts in Deutschland historisch gewachsene Strukturen öffentlicher Aufgaben und Leistungen im Feld der Daseinsvorsorge auf längere Sicht drastisch verändert. Zwar sind auch aus Sicht der EU-Kommission Leistungen der Daseinsvorsorge „ein Schlüsselelement des europäischen Gesellschaftsmodells"; doch werden solche Dienste ausdrücklich als ein Beitrag zur Stärkung der „allgemeinen Wettbewerbsfähigkeit der europäischen Wirtschaft" definiert. Die deutsche Politik in Bund und Ländern hat die Tragweite der Kommissions-Strategie inzwischen erkannt. Leistungen der Daseinsvorsorge, so wird staatlicherseits argumentiert, zählten „zum Kernbestand des deutschen Rechts- und Gesellschaftssystems". Aspekte des Wettbewerbs müssten „mit Gemeinwohlbelangen wie z.B. Versorgungssicherheit, flächendeckendem und gleichberechtigtem Zugang, Qualitätssicherung, angemessener Preisgestaltung, sozialpolitischen Gesichtspunkten, Förderung von Bildung und Kultur abgewogen werden". Es gelte, „die richtige Balance zwischen Belangen des Wettbewerbs und des Gemeinwohls" zu finden.[75]

---

73 Siehe hierzu Johann-Christian Pielow, Öffentliche Dienste zwischen Markt und Staat, in: Frankfurter Allgemeine Zeitung vom 23. Oktober 2001; ferner umfassend ders., Frankreich – Service Public, in: Rudolf Hrbek/Martin Nettesheim (Hrsg.), Europäische Union und mitgliedstaatliche Daseinsvorsorge, Baden-Baden 2002, S. 164.

74 Verständigung über Anstaltslast und Gewährsträgerhaftung, Brüssel, 17. Juli 2001 (http://www.bay-landkreistag.de/lkt/mitteilungen/m/140801 b.html.).

75 Reinhold Bocklet (Staatsminister für Bundes- und Europaangelegenheiten in der Bayerischen Staatskanzlei), Leistungen der Daseinsvorsorge in Europa, München, 22. September 2000 (www.bayern.de/Europa/Daseinsvorsorge. html).

Teil des europäischen Mehrebenensystems geworden, stößt der verhandelnde Staat an neue institutionelle Barrieren (rechts)politischer Selbstregelung. Während im nationalen Rahmen das hierarchisch-zentralistische Staatshandeln zurückgefahren wird, wächst im Zuge der Europäisierung des Gesetzesrechts der Mitgliedsstaaten eine neue, supranational hierarchisierte Ordnung von Rechtsnormen nach.

7. Ausblick

Auf die der demokratischen Legitimation von Politik abträglichen Folgekosten eines zunehmend „verhandelnden Staates", die zusätzlich der Europäisierung und Globalisierung rechtlicher Ordnungen geschuldet sind, ist inzwischen wiederholt hingewiesen worden.[76] Die Informalisierung politischer Entscheidungsprozesse bewirkt neuartige Formen von rechtsstaatlich bedenklicher Ungleichbehandlung, wenn exklusive Policy-Netzwerke entstehen, die Herrschaftswissen und Vorentscheider-Macht monopolisieren. Hier und ebenso als Folge der Europäisierung und Globalisierung des Rechts entstehen Legitimationslücken, weil politisch-administrative Verantwortungsketten („chains of resposibility") aus der Sicht der Bürgerinnen und Bürger nicht mehr nachvollzogen werden können.

Wenn aber das Grundgefühl verlorenzugehen droht, dass – so hatten wir eingangs gesagt – die Gesellschaft mittels ihrer politisch verfassten Einrichtungen das Recht selbst setzt und es deshalb als legitim anerkennt, gerät die demokratische Grundlage der Rechtsordnung in Gefahr. Vielleicht ist dies auch ein Grund dafür, dass das in Institutionen der Justiz gesetzte Vertrauen national wie auf die EU bezogen so hoch ausfällt. Es könnte sein, dass die Bürgerinnen und Bürger in den Gerichtsorganen instinktiv einen Verbündeten sehen, der die zunehmend intransparenter gewordenen politischen Entscheidungsprozesse kontrolliert. Die Legitimationsschere zwischen den Bürgern und der politischen Produktion von Rechtsnormen wieder zu schließen, wird eine der wichtigsten Aufgaben derer sein, die mit dem transnationalen Überbauen der nationalstaatlichen Rechtsregeln betraut sind.

---

76 Siehe hierzu Arthur Benz, Postparlamentarische Demokratie? Demokratische Legitimation im kooperativen Staat, in: Greven (Anm. 42), S. 201-222.

Roland Sturm

Föderalismus und Regionalismus

1. Einleitung

Wer von Föderalismus und von Regionalismus spricht, unternimmt den Versuch, jene Ebene staatlicher Organisation, politischer Willensbildung und wirtschaftlicher und kultureller Zusammenarbeit und Zusammengehörigkeit zu erfassen, die zwischen der Gemeinde und dem Nationalstaat anzusiedeln ist. Der Föderalismus ordnet diese Ebene in ein rechtlich verfaßtes Mehrebenensystem ein, der Regionalismus macht sie zu einem eigenständigen Thema der politischen Auseinandersetzung. Während der Föderalismus vor allem als spezifische Staatsform diskutiert wird, verbindet sich mit dem Regionalismus gedanklich die territoriale Mobilisierung von gesellschaftlichen Interessen. In jeder föderalen Ordnung gibt es regionale Elemente, aber nicht jede Form des Regionalismus führt zum Föderalismus. Auch wenn Föderalismus und Regionalismus in keiner der heutigen Demokratien gleichgewichtig eine Balance staatlicher Dezentralisierung und gesellschaftlicher Artikulation herstellen, schließen sie sich prinzipiell nicht gegenseitig aus. Deutliche Unterschiede zwischen den Demokratien des 21. Jahrhunderts bestehen aber in der Form und der Bedeutung der Institutionalisierung der substaatlichen politischen Ebene sowie in der mehr oder weniger stark konfliktorientierten Politisierung territorialer Identitäten.

Die Bundesrepublik Deutschland ist ein Föderalstaat mit ausgeprägten Besonderheiten seiner föderalen Ordnung[1], sowohl was deren rechtliche, institutionelle als auch ihre politikfeldspezifische Verankerung betrifft. Repräsentation und Effizienz, landsmannschaftliche Traditionen und gesellschaftliche Vereinheitlichung, regionale wirtschaftliche Konkurrenz und gesamtwirtschaftliche Steuerung sind nur einige der Pole, zwischen denen sich die Leistungsbilanz des deutschen Föderalismus bewegt. Gerade im wirtschaftlichen Bereich, aber auch im Hinblick auf regionalkulturelle Zuordnungen, ist zudem die Bedeutung der Region als Handlungsrahmen bzw. Bezugsort der Identität von Bürgern gewachsen. Solche Orientierung gebende und für den einzelnen Bürger Zugehörigkeitsgefühle erzeugende Regionen sind heute

---

[1] Vgl. Roland Sturm, Föderalismus in Deutschland, Opladen 2001.

flexible Ergänzungen des Föderalismus, der in erster Linie politisch vermittelt und institutionell strukturiert Interessenwahrnehmung ermöglicht.

In vergleichender Perspektive soll ausgehend von der deutschen Erfahrung hier eine bisher in der politikwissenschaftlichen Diskussion eher unübliche, aber in Demokratien naheliegende Perspektive für das Verständnis von Föderalismus und Regionalismus gewählt werden. Analysiert werden Föderalismus und Regionalismus aus der Sicht der Bürgerinnen und Bürger, für die sich zunächst die Frage nach den Möglichkeiten des Wahrens von für ihr Selbstverständnis wichtigen Identitätsbezügen stellt (Identität), sodann die nach den Möglichkeiten der Teilhabe an Politik und Gesellschaft (Partizipation) und den entsprechenden institutionellen Vorkehrungen (Institutionen) und ihrer Leistungsfähigkeit. Von nicht geringer Bedeutung ist schließlich die Bewertung jener Politik (Effizienz), die sich in besonderer Weise föderalen und regionalen Einflüssen verdankt.

2. Deutscher Regionalismus und Föderalismus im Kontext nationaler und international vergleichender Forschung

Die Erforschung deutscher regionaler Zusammengehörigkeitsbezüge erfolgte in Deutschland, anders als beispielsweise in Belgien, Kanada oder Großbritannien, bisher weitgehend getrennt von der klassischen Föderalismusforschung. Während für letztere sich Politikwissenschaftler, Staatsrechtler und neuerdings auch Volkswirte interessieren, ist der klassische Regionalismusforscher von seiner Ausbildung her Kulturwissenschaftler, Sprachwissenschaftler, Historiker, Ethnologe oder Soziologe. In der Föderalismusforschung steht in Deutschland der Staatsaufbau und das Staatshandeln im Vordergrund, während sich die Regionalismusforschung um Regionen prägende Traditionen und Identitätsbezüge (Sprache, Religion, Kultur) kümmert.

Die heutige Einordnung des deutschen Föderalismus orientiert sich einerseits an historischen Erfahrungen und andererseits an Leitbildern des Föderalismus. Letztere gingen aus der wissenschaftlichen Diskussion hervor und beziehen sich auf Verallgemeinerungen, die auf der systematischen vergleichenden Betrachtung der föderalen Realität von Demokratien des 21. Jahrhunderts aufbauen.

Die historischen Wurzeln des deutschen Föderalismus reichen in das Heilige Römische Reich Deutscher Nation zurück. Insbesondere die Tatsache, daß seit dem Westfälischen Frieden von 1648 die Machtpolitik der deutschen Territorialstaaten sich der Einwirkung des Reiches immer mehr entzog, machte das Heilige Römische Reich bis zu seiner Auflösung 1806 zu einem losen Verbund von Staaten. Mit dem Ende des Heiligen Römischen Reiches wurde unter dem Einfluß Napoleons die deutsche Staatenwelt neu geordnet. Das Ergebnis dieser Neuordnung begründete die deutsche Tradition relativ willkürlicher Grenzziehungen und machtpolitischer Zuordnungen von Territorien mit nur begrenzter Rücksichtnahme auf gewachsene Identitäten. Diese Zufallsprodukte der Geschichte und weniger historische Identitäten wurden zu Bausteinen föderaler Ordnungen in Deutschland.

Die einzige bundesstaatliche deutsche Verfassung des 19. Jahrhunderts ist die als Ergebnis der Märzrevolution von 1848 durch die Nationalversammlung in der Frankfurter Paulskirche verabschiedete Reichsverfassung. Sie sah ein Zweikammerparlament vor, in dessen Zweiter Kammer, dem Staatenhaus, Vertreter der Regierungen und Parlamente der Gliedstaaten mit einem Vetorecht gegenüber den Beschlüssen der ersten Kammer, dem direkt gewählten Volkshaus, an der Reichsgesetzgebung mitwirken sollten. Die Bundesebene sollte Deutschland nach außen vertreten, das Verkehrswesen regeln, die Hoheit über Regeln des Außen- und Binnenhandels erhalten, sowie die Rechtseinheit Deutschlands herstellen. Um den Bund fortzuentwikkeln, war vorgesehen, das Reich mit ausreichenden Finanzmitteln aus Zöllen und Verbrauchssteuern auszustatten und diesem zu ermöglichen, durch Verfassungsänderungen seine Kompetenzen zu erweitern und weitere gemeinsame Einrichtungen des Reiches und der Gliedstaaten zu schaffen. Auf allen nicht geregelten Politikfeldern sollte die innenpolitische Autonomie der Gliedstaaten unangetastet bleiben. Als Schiedsrichter bei Streitigkeiten zwischen dem Reich und den Einzelstaaten war ein Reichsgericht vorgesehen. Diese Verfassung existierte nur auf dem Papier. Sie wurde zwar zunächst von 28 Einzelstaaten anerkannt, scheiterte aber daran, daß der preußische König nicht bereit war, sich im Rahmen der Verfassung an die Spitze des Reiches zu stellen und die mit dem „Ludergeruch" der Revolution behaftete Kaiserkrone zu akzeptieren. Die Bedeutung der Paulskirchenverfassung liegt weniger in ihren unmittelbaren Wirkungen im 19. Jahrhundert als vielmehr darin begründet, daß sie in Deutschland erstmals versuchte, Föderalismus und Demokratie in Einklang zu bringen.

Da die Träger der föderalen Vielfalt im Deutschen Kaiserreich die Monarchen der Gliedstaaten waren, verlor der föderale Gedanke mit der Vertreibung der Dynastien im Verlauf des revolutionären Umbruchs nach dem Ende des I. Weltkrieges machtpolitisch an Boden. Die neue Weimarer Verfassung knüpfte zwar an das föderale Vorbild der Paulskirchenverfassung an. Der Gedanke eines demokratischen Neuanfangs auf der Grundlage der Einheit des Volkes erwies sich jedoch als stärker als der Wunsch nach möglichst großer Landesautonomie. Die Lösung des Staatenbundes war bei der Erarbeitung des Verfassungsentwurfes der Weimarer Republik von vorneherein ausgeschlossen. Die Entscheidung fiel zwischen den alternativen Organisationsprinzipen Einheitsstaat und Bundesstaat zugunsten eines dezentralisierten Einheitsstaates, der formal an föderale Elemente anknüpfte, deren Kompetenzausstattung aber eng begrenzte. Die Länder wurden finanziell vom Reich abhängig. Neu eingeführt wurde die auch heute in der Bundesrepublik noch gültige Praxis, daß die nationale Gesetzgebung durch die Landesbehörden ausgeführt wird. Das Ende der Weimarer Republik bedeutete zunächst auch das Ende der föderalen und demokratischen Verfassungsordnung.

Der nach 1949 in Deutschland entstandene Föderalismus war angesichts dieser historischen Erfahrungen vorbelastet. Zwar gab es keinen Zweifel darüber, daß gegenüber dem totalitären Anspruch des zentralistisch organisierten Nationalsozialismus die vom Föderalismus ermöglichte Vielfalt ein demokratischer Fortschritt war. Sie schuf ein Gegengewicht zur Kontrolle der Herrschaft des Zentralstaats durch die Autonomie der mit staatsrechtlicher Qualität versehenen Länder, die vertikale Gewaltenteilung. Aber im kollektiven Bewusstsein der Verfassungsgründer blieb auch verankert, daß das historisch erreichte Höchstmaß regionaler Autonomie mit demokratisch nicht legitimiertem Partikularismus einhergegangen war. „Seit der napoleonischen Zeit war ja das unitarische Frankreich durchaus ein wirkungsmächtiges Modell, und vor allem das nationalliberale Bürgertum neigte dazu, föderative Vielfalt mit dem dynastischen Obrigkeitsstaat zu assoziieren, Unitarisierung hingegen mit Fortschritt. Die oft beklagte Unitarisierung ist also im deutschen Föderalismus von Anfang an angelegt."[2] Ein System der weitgehenden Trennung staatlicher Gewalt auf der nationalen und der Länderebene mußte die politische Handlungsfähigkeit der Bundesregierung schwächen, was vor allem gesamtstaatlicher Umverteilungspolitik, z.b. zur Finanzierung wohlfahrtsstaatlicher Politik, enge Grenzen setzten würde.

Der Vergleich mit föderalen politischen Systemen anderer Länder setzt sich häufig über diese aus historischer Erfahrung verengte Perspektive der Gestaltungsmöglichkeiten für eine föderale Ordnung in Deutschland hinweg. Föderalismus wird gedacht als eine effiziente Balance der Vielfalt in der Einheit. Vielfalt bedeutet die Möglichkeit einer weitgehend eigenständigen Entwicklung der Länder. Dies hat eine entsprechende politisch-kulturelle Disposition in dem jeweiligen Staat, also das Akzeptieren regional unterschiedlicher Schwerpunkte und Prioritäten staatlichen Engagements durch die Bürger zur Voraussetzung. Es setzt zudem eine Vollausstattung auch der gliedstaatlichen Ebene der Politik mit den Einrichtungen von Regierung, Justiz und Verwaltung voraus. Die USA und die Schweiz, man könnte auch Kanada oder Belgien erwähnen, werden häufig als Fälle genannt, in denen ein so organisierter weitgehend „dualer" Föderalismus" politische und gesellschaftliche Anerkennung findet.

Gemessen an diesem Maßstab beschreibt eine Richtung der Föderalismusforschung den deutschen Föderalismus als weitgehend defizitär.[3] Unter-

2 Gerhard Lehmbruch, Föderalismus als entwicklungsgeschichtlich geronnene Verteilungsentscheidungen, in: Der Bürger im Staat 49 (1999), S. 117.
3 Vgl. u.a. Heidrun Abromeit, Der verkappte Einheitsstaat, Opladen 1992; Rainer-Olaf Schultze, Statt Subsidiarität und Entscheidungsautonomie – Politikverflechtung und kein Ende: Der deutsche Föderalismus nach der Vereinigung, in: Staatswissenschaften und Staatspraxis 4 (1993), S. 225-255. Roland Sturm, Föderalismus in Deutschland und den USA – Tendenzen der Angleichung, in: Zeitschrift für Parlamentsfragen 28 (1997), S. 335-345. Roland Sturm, Der Föderalismus im Wandel. Kontinuitätslinien und Reformbedarf, in: Eckhard Jesse/Konrad Löw (Hrsg.), 50 Jahre Bundesrepublik Deutschland, Berlin 1999, S. 81-99.

stützt wird diese Argumentation durch die volkswirtschaftliche Debatte um den so genannten „Wettbewerbsföderalismus"[4]. Das zentrale volkswirtschaftliche Argument zielt auf die Effizienzgewinne, die durch den Wettbewerb der Länder im Föderalismus auf allen (innenpolitischen) Politikfeldern bis hin zur Steuerpolitik erreicht werden könnte, sowie auf die zentrale Rolle des Bürgers, der durch den Föderalismus ganz in seiner Nähe eine Instanz (Landtag) bzw. Person hat, die er durch den Entzug seiner Wählerunterstützung bei – aus seiner Sicht suboptimalem Verhalten – abstrafen kann. Noch besser gelingt dies, wenn Referenden auch über Finanzen des Staates möglich sind. Hier wird in der Forschungsliteratur erneut dem deutschen Föderalismus das Vorbild der Schweiz vorgehalten[5] und teilweise auch das der USA, beispielsweise in Fragen der Steuerreform, die als politische Bewegung 1978 von einem Referendum in Kalifornien (Proposition 13) angestoßen wurde.[6]

Der deutsche Föderalismus ist aber viel stärker als der amerikanische oder der schweizerische oder der kanadische ein verhandelter Föderalismus. Entscheidungen auf allen Politikfeldern fallen in der Regel im Zusammenspiel von Bund (und Europäischer Union) und den Ländern. Es wäre allerdings verfehlt anzunehmen, irgendeiner der Föderalismen des 21. Jahrhunderts käme dank einer klaren Aufgabentrennung von Bund und Ländern ganz ohne Verhandlungen zwischen Bundesregierung und Gliedstaaten aus. Die Kooperation der politischen Ebenen im Föderalismus ist nicht nur zu einem gewissen Grade unvermeidlich, um gesamtstaatliche Ziele zu verwirklichen, sie wird auch von Politik und Bevölkerung gewünscht und erwartet. Das heißt nicht, daß Verhandlungen zwischen Bund und Gliedstaaten in allen Ländern in immer gleicher Weise organisiert sind. In den USA, beispielsweise, treten die Gouverneure als Lobbyisten beim Kongress auf, wenn es um die Durchsetzung ihrer Anliegen geht. In Kanada finden quasi diplomatische

---

4   Wallace E. Oates, Fiscal Federalism, New York 1992; Wallace E. Oates, An Essay on Fiscal Federalism, in: Journal of Economic Literature 37 (1999), S. 1120-1149; Bernd Huber/ Karl Lichtblau, Ein neuer Finanzausgleich. Reformoptionen nach dem Verfassungsgerichtsurteil, Köln 2000; Bernd Huber, Föderaler Wettbewerb: Möglichkeiten und Grenzen, in: Thiess Büttner (Hrsg.), Finanzverfassung und Föderalismus in Deutschland und Europa, Baden-Baden 2000, S. 123-134. Ablehnend u.a.: Heribert Schatz/Robert Chr. Van Ooyen/Sascha Werthes, Wettbewerbsföderalismus. Aufstieg und Fall eines politischen Streitbegriffes, Baden-Baden 2000; Gisela Färber, Probleme der regionalen Steuerverteilung im bundesstaatlichen Finanzausgleich, Baden-Baden 2000; Christian Dästner, Entflechtung der Kompetenzen? Auf der Suche nach einer Verbesserung der politischen Handlungsfähigkeit im Bundesstaat, in: Karl Ekkart/Helmut Jenkis (Hrsg.), Föderalismus in Deutschland, Berlin 2001, S. 149-173.

5   Gebhard Kirchgässner/Werner Pommerehne, Die Entwicklung der öffentlichen Finanzen in föderativen Systemen. Die Beispiele der Bundesrepublik Deutschland und der Schweiz, in: Dieter Grimm (Hrsg. unter Mitarbeit von Evelyn Hagenah), Staatsaufgaben, Baden-Baden, 1994, S. 149-176.

6   Dazu ausführlicher James N. Danziger, California's Proposition 13 and the Fiscal Limitations Movement in the United States, in: Political Studies 28 (1980), S. 599-612.

Verhandlungen der Regierungschefs von Bund und Ländern statt, um gesamtkanadische politische Positionen zu bestimmen, und in Deutschland gibt es zahlreiche informelle und formelle Koordinierungsinstanzen der Länder untereinander (die so genannte Dritte Ebene) sowie des Bundes und der Länder neben dem Bundesrat, der die Rolle der föderalen Koordinierung in der Gesetzgebung und in der Organisation der Verwaltung spielt.

Eine Schule der Föderalismusforschung nähert sich dem Selbstverständnis des deutschen Föderalismus über das Thema des politischen Entscheidens durch Verhandeln[7]. Was aus dem Vergleich mit dem föderalen Wettbewerb der Gliedstaaten in der Schweiz und den USA als Defizit erscheint, wird hier zumindest prinzipiell zur Stärke des deutschen Föderalismus. Die Kooperation im Föderalismus anstelle der Konkurrenz führt zu Entscheidungen, die weitgehend im Konsens fallen (müssen) und in ihren Ergebnissen nicht nur möglichst viele Interessen berücksichtigen, sondern auch gesamtstaatlich eine Angleichung der Lebensverhältnisse der Bürger anstreben. Im verhandelten Föderalismus, so wie er bisher in Deutschland die politische Praxis bestimmt, gelten Solidarität und Kohärenz einer Gesellschaft im Vergleich zu Effizienz und Wettbewerb als höherwertig. Damit verbunden ist ein Demokratiebegriff, der auf der Abstimmung (Konkordanz) gesellschaftlicher Interessen basiert.

Inzwischen ist sich die Forschung aber weitgehend einig, daß ein Zuviel an Kooperation, z.b. durch deren institutionelles Festschreiben, zu einer politische Prozesse lähmenden Politikverflechtung führt. Gemeinsames Entscheiden von Bund und Ländern wird intransparent, schwerfällig und ineffizient. Verhandeln wird im Extremfall zum Selbstzweck und ersetzt Handeln. Probleme werden abgearbeitet, aber nicht mehr gelöst. Die Föderalismusforschung sucht deshalb weltweit nach der effizienten Kombination von Subsidiarität, also der Anerkennung der demokratischen und politikfeldbezogenen Potentiale von Gliedstaatenautonomie, und von Solidarität, also der Formulierung für alle Regionen gleicher, die föderale Vielfalt beschränkender Vorgaben.

Der Wunsch nach Vielfalt wird in der deutschen Föderalismusforschung eher mit der Logik marktwirtschaftlichen Wettbewerbs oder der Konkurrenz um die politisch besten Problemlösungen begründet. In der internationalen Forschung spielt aber auch die Frage eine Rolle, ob der Föderalismus nicht auch eine Form des politischen Regionalismus ist. Aus der Sicht von Nationalbewegungen, wie der schottischen oder der baskischen, ist die regionale Autonomie sogar nur ein Durchgangsstadium, der erste Schritt zur eigenständigen Staatsgründung. Föderalismus ermöglicht in abgrenzbaren Territorien lebenden ethnischen und sozialen Gruppen ein hohes Maß an Autonomie und gesellschaftlicher Selbstbestimmung, gerade wenn diese Gruppen in einem

---

7   Vgl. z.B. Wolfgang Luthardt, Europäischer Integrationsprozeß, deutscher Föderalismus und Verhandlungsprozesse in einem Mehrebenensystem: Beteiligungsföderalismus als Zukunftsmodell, in: Staatswissenschaften und Staatspraxis 7 (1996), S. 293-316; Arthur Benz, Der deutsche Föderalismus, in: Thomas Ellwein/Everhard Holtmann (Hrsg.), 50 Jahre Bundesrepublik Deutschland, Wiesbaden 1999, S. 135-153.

Staatsgefüge nicht die Mehrheit bilden oder sich für Werte und Traditionen einsetzen, die der überwiegenden Mehrheit des Staatsvolkes gleichgültig sind bzw. von dieser abgelehnt werden.

Ethnische Spannungen und selbst teilweise mit unfriedlichen Mitteln ausgetragene Konflikte können durch die in föderalen Staatswesen selbstverständlichen Chancen regionaler Autonomie leichter beigelegt werden. Beispiele für die zumindest bislang erfolgreiche Lösung ethnischer Konflikte durch das Schaffen neuer föderaler Einheiten bieten Belgien und die Schweiz. In Belgien wurde 1994 ein Föderalstaat gegründet, nachdem der jahrzehntelange ethnische Konflikt zwischen Flamen und Wallonen, trotz mehrerer Verfassungsrevisionen und weitgehender Zugeständnisse an beide Volksgruppen im Bereich der Kultur- und Sprachautonomie, im Rahmen der Verfassung eines Einheitsstaates nicht mehr lösbar schien. In der Schweiz wurde der Konflikt zwischen den deutschsprachigen und protestantischen Bewohnern des Kantons Bern und ihren sich diskriminiert fühlenden französischsprachigen und katholischen Mitbewohnern 1978 durch die Gründung eines neuen Kantons Jura gelöst, in dem letztere nun über ihre Angelegenheiten selbst bestimmen können.

Föderale Lösungen ethnisch-sozialer Konflikte sind allerdings nicht voraussetzungslos, wie das Auseinanderbrechen Jugoslawiens oder der Tschechisch-slowakischen Föderation (1989-1992) bewiesen hat. Solche Lösungen erfordern, wie der Föderalismus selbst, einen Minimalkonsens über Grundwerte und politische Spielregeln. Dieser Grundkonsens über die Staatsorganisation besteht im deutschen Falle, ja es kann sogar gesagt werden, daß ethnisch-kulturelle Bruchlinien in der deutschen Gesellschaft sich in erster Linie auf Identitäten und kulturelle Anliegen (Friesen, Sinti und Roma, Sorben, Dänen) beziehen, die nur ausnahmsweise politisiert werden (die Dänen in Schleswig-Holstein organisieren sich seit der Gründung der Bundesrepublik teilweise in einer eigenständigen Partei, die sich selbst aber nicht einmal Partei nennt, nämlich im Südschleswigschen Wählerverband [SSW]).

3. Identität

Der deutsche Föderalismus ist in Ländern organisiert, die mit Ausnahme Bayerns, Sachsens, Thüringens und der deutschen Hansestädte aus historischer Sicht weitgehend Kunstgebilde sind. Im Laufe der nun mehr über 50jährigen Geschichte der Bundesrepublik ist es aber auch diesen Ländern gelungen, ein gewisses Zusammengehörigkeitsgefühl ihrer Bürger zu erzeugen, zumal im ganzen Land durch die Wanderungsprozesse in und nach Deutschland eine Chance zur Lockerung kleinräumiger Orientierungen und zur Neuorientierung regionaler Identitäten bestand. Angefangen von der Flucht und den Vertreibungen der Nachkriegszeit bis zu der in den sechziger Jahren beginnenden und heute noch andauernden Zuwanderung haben immer wieder neue Gruppen von Bürgern für sich selbst ihre regionale Orientierung bestimmt. Die Konstruktion von Identität im Rahmen der neuformierten Länder in Ost und West machte es sogar möglich, Wahlkämpfe mit Slogans wie: „Wir in NRW" zu führen.

Dennoch bleibt festzuhalten, daß unter der Oberfläche der politischen Einheiten der Flächenländer sich ein historisch-kultureller Regionalismus erhalten hat, der gerade bei der Identitätsbestimmung der Bürger weiterhin Gewicht hat. Regionale Rundfunksender ebenso wie die werbende Industrie greifen diese regionalen Bezüge erfolgreich auf und bestärken so die Vielfalt der deutschen Regionalismen. Die historischen Anknüpfungspunkte von Regionalbewußtsein können, wie im Ruhrgebiet, in wirtschaftlichen Besonderheiten einer Region liegen.[8] In der Regel wird aber der Schwerpunkt der Alltagserfahrung einer Region sich auf Dialekte und vorurteilsbeladene Abgrenzungen zu anderen Regionen stützen. Ein Land wie Baden-Württemberg das 1952 als Südweststaat neu entstand, verbindet nicht nur badische und württembergische Traditionen, die politisch bis heute als badische Klage über die schwäbische Bevormundung und Benachteiligung eine Rolle spielen.[9] Der landesinterne Regionalismus umfaßt auch kleinräumigere Gebiete, wie beispielsweise Hohenlohe[10], Oberschwaben oder die Kurpfalz, und wirkt hier bis heute identitätsbildend. In Niedersachsen, um ein weiteres Beispiel zu nennen, wirken in gleicher Weise die historischen Identitäten der Regionen Hannover, Braunschweig, Oldenburg, Schaumburg-Lippe oder Friesland nach.

Die Frage nach der politischen Bedeutung dieser kleinräumigen regionalen Identifikation wird in Deutschland anders als in vielen europäischen Ländern kaum gestellt, nicht zuletzt, weil es bis auf wenige Ausnahmen, beispielsweise der Bemühungen um eine Interessenvertretung Badens im Südweststaat oder der Franken in Bayern, keinen organisatorischen Ausdruck solcher Regionen gibt. Damit trat in Deutschland auch die Frage nach der Bedeutung regionaler Identitäten für das Wählerverhalten in den Hintergrund. Bis auf wenige Beiträge der historischen Wahlforschung fehlt uns hier systematisches Wissen für ein Verständnis der regionalen Dimension des heutigen Wählerverhaltens. Eher herrscht, wenn nicht Desinteresse so doch Ratlosigkeit gegenüber dieser Frage vor, die im internationalen Vergleich von großer Bedeutung ist: „Wie sich die Gewichte konkret verteilen und ob der institutionelle Kontext der Bundesländer und eine damit verknüpfte länderspezifische politische Kultur, ob der sich wandelnde Charakter der Bun-

---

8   Detlef Briesen/Rüdiger Gans/Armin Flender, Regionalbewußtsein in Montanregionen im 19. und 20. Jahrhundert, Bochum 1994.

9   Zur Illustration nur eines aus einer langen Reihe von Beispielen: Die badischen Landtagsabgeordneten protestierten im Jahre 2002 (!) gegen den Umfang der Landesförderung für den Neubau der Messe auf den Fildern im schwäbischen Leinfelden-Echterdingen, weil die Messe am badischen Karlsruhe weit weniger Zuschüsse erhält (Schwäbisches Tagblatt vom 18. März 2002).

10   Otto Bauschert (Hrsg.), Hohenlohe, Stuttgart 1993; Hans-Georg Wehling (Hrsg.), Oberschwaben, Stuttgart 1995; Alexander Schweickert (Hrsg.), Kurpfalz, Stuttgart 1997.

desparteien oder ob längerfristige historische Traditionen von Teilräumen eine größere Bedeutung besitzen, wenn es darum geht, regionalen politischen Wandel und regionale politische Stabilität jenseits von sozialstrukturellen Erklärungen angemessen zu interpretieren – diese Frage läßt sich kaum allgemein verbindlich beantworten."[11]

Die deutsche Debatte um eine Länderneugliederung im Föderalismus ist über historisch-kulturelle Raumbezüge weitgehend hinweggegangen. Zwar nennt der Artikel 29(1) des Grundgesetzes unter anderem „die landsmannschaftliche Verbundenheit" und „die geschichtlichen und kulturellen Zusammenhänge" als Maßstäbe für die Grenzziehung neuer Länder. Aber bereits 1975 fand sich im Bundestag keine Mehrheit mehr für die Wiederherstellung des Landes Schaumburg-Lippe, die dessen Bürger mehrheitlich in einem Volksentscheid gefordert hatten. Die Länderneugliederungsdebatte im deutschen Föderalismus ist stark an Effizienzkriterien orientiert und insofern eher vergleichbar mit den Debatten zur Verwaltungsreform in anderen Ländern als mit der Regionalisierungsdebatte in ehemaligen Zentralstaaten wie dem Vereinigten Königreich oder Spanien (weniger allerdings in Frankreich), in der die Entscheidung zur Neugliederung des Staatsgebiets eine Verbindung mit regionalen Identitätsbezügen herstellt.

Eine Renaissance hat der Regionalismus in Deutschland im Kontext wirtschaftspolitischer Strategien erfahren.[12] Regionalisierung bedeutet „keine einfache Rückverlagerung wirtschaftlicher Aktivitäten in die Region, sondern sie ist als Basis für eine neue Form der wirtschaftlichen Vernetzung anzusehen. Diese Vernetzung ist in ihrer Struktur von spezifischen regionalen Bedingungen abhängig, die nicht mehr durch den zentral planenden und regulierenden Staat, sondern nur noch im Rahmen offener Prozesse durch Selbstorganisation herzustellen sind."[13] Regionale Grenzen werden dabei nicht länger nur durch historische und/oder kulturelle Loyalitäten abgesteckt, sondern auch durch funktionales Aufeinanderbezogensein. Regionale Solidarität ist so nicht zuletzt ökonomisch begründet. Wenn es ihr gelingt, über pragmatisches Kosten-Nutzen-Denken hinaus zu einem „sozialen Konstrukt" zu werden, kann sie es bewerkstelligen, zusätzliche Ressourcen zu mobilisieren, die weiterreichende regionale Konsensbildungsprozesse erst ermöglichen oder fördern. Inzwischen ist auch in anderen Ländern eine heftige Debatte über

---

11 Karl Rohe, Wahlen und Wählerverhalten in Deutschland, Frankfurt a. M. 1991, S. 182.
12 Roland Sturm, Die Industriepolitik der Bundesländer und die europäische Integration, Baden-Baden 1991; ders., Regionalisierung der Industriepolitik, in: Aus Politik und Zeitgeschichte, B 10-11/92, S. 25-35; ders., Regionalisierung der Wirtschafts- und Industriepolitik als strategische Option?, in: Politische Studien 48 (1997), S. 134-146; Ulrich Jürgens/Wolfgang Krumbein (Hrsg.), Industriepolitische Strategien. Bundesländer im Vergleich, Berlin 1991; Alexander Krafft/Günter Ulrich, Chancen und Risiken regionaler Selbstorganisation. Erfahrungen mit der Regionalisierung der Wirtschaftspolitik in Nordrhein-Westfalen und Niedersachsen, Opladen 1993.
13 Heinz Kruse, Reform durch Regionalisierung. Eine politische Antwort auf die Umstrukturierung der Wirtschaft, Frankfurt a.M./New York 1990, S. 54.

endogene Potentiale einer Region, vor allem ihr nichtökonomisches „Sozialkapital" entstanden. Internationale Anerkennung und Aufmerksamkeit hat diese Diskussion durch eine Studie Robert Putnams[14] gefunden, der nachgewiesen hat, daß die unterschiedlichen Entwicklungsperspektiven italienischer Regionen insbesondere auf ihre unterschiedliche Ausstattung mit Sozialkapital zurückzuführen ist.

Unter Sozialkapital ist die Fähigkeit zu verstehen, motivationelle und intellektuelle Ressourcen zu erschließen, also ein regionales Wir-Gefühl zu konstruieren, das dem einzelnen Bürger den Einsatz für seine Region plausibel macht, ihn dazu veranlaßt, sich in regionalen sozialen Netzwerken zu engagieren und das sogar zu einer regionalen Aufbruchstimmung beitragen kann. Gemeinsam ist diesen regionalökonomischen Initiativen die Identitätsbildung im regionalen Rahmen, die über die sachliche Feststellung, daß sich die wirtschaftliche Zusammenarbeit in diesem Rahmen lohnt, hinausgeht. Die Region wird zur Mobilisierung ihre Sozialkapitals als politisch-kulturelle Entität definiert, von der angenommen wird, daß sie einen traditionellen, historisch begründbaren, landsmannschaftlich vermittelten Zusammenhalt habe und sich von Nachbarregionen unterscheide. Da solche Unterscheidungen nicht immer auf der Hand liegen und historisch-traditionelle Begründungen für regionale Identitäten den Bürgern nicht automatisch präsent oder plausibel sind bzw. oft für Wirtschaftsregionen oder Städteachsen schlicht fehlen, kann eine mobilisierungsfähige Identität auch konstruiert werden. Nicht zufällig erlangt die Arbeit von lokalen Amateurhistorikern und von Interpreten der lokalen Oral History in diesem Zusammenhang häufig große Anerkennung. Vor allem aber ist es eine der Aufgaben des Regionalmarketing die regionalen Identitäten zu finden bzw. zu erfinden, zu pflegen und fortzuentwickeln, denn die Wirkung attraktiver regionaler Identitätsbildung richtet sich nicht nur nach innen, sondern dient auch dazu, den eigenen Wirtschaftsstandort für Investoren und in der Konkurrenz mit anderen Regionen attraktiver zu machen.

Der deutsche Regionalismus ist – allerdings ohne entsprechende politische Folgen – im Kern vergleichbar mit der regionalen Identitätssuche in anderen Ländern. In Ländern mit politisch relevanten Regionalbewegungen haben die Bürger wie in Deutschland Mehrfachidentitäten. Sie sind zugleich Schotten und Briten, Korsen und Franzosen, Galizier und Spanier. Aber während in Deutschland sich um die regionale Identifikation keine politische Mobilisierung ausgebildet hat, ist der Regionalismus und der daraus entstehende Nationalismus in weiten Teilen Europas eine prägende politische Kraft geworden, die in Konkurrenz zum Föderalismus treten kann und diesen auch zerstören kann. Voraussetzung für eine destruktive Rolle des Regionalismus[15] ist, daß die Region überzeugend als Bezugspunkt nicht nur der Identität ihrer

14 Robert Putnam, Making Democracy Work. Civic Traditions in Modern Italy, Princeton 1993.
15 Ausführlicher Dirk Gerdes, Regionalismus als soziale Bewegung: Westeuropa, Frankreich, Korsika, Frankfurt a.M./New York 1985.

Bürger dargestellt wird, sondern auch als Fokus gesellschaftlicher Problemlagen. Nichtregionale soziale Bindungen und Interessenorganisationen müssen ebenso wie politikfeldspezifische Entscheidungsmodi im politischen Prozeß als zweitrangig gegenüber der regionalen Konfrontation mit der Zentralregierung erscheinen. Eine solche Konstellation gibt es in Deutschland nicht. Die emotionale Bindung an eine Region bleibt politisch weitgehend ziellos, wenn auch für die gesellschaftliche Orientierung des einzelnen nicht folgenlos. Regionen sind in Deutschland in ihren Grenzen und Identitätszuordnungen auch relativ flexibel, so daß ihrer Instrumentalisierung für eine Landeswirtschaftspolitik mit einem Ohr für regionale Bedürfnisse und Möglichkeiten nichts im Wege steht. Regionale Identität wird zum Mittel von Politik, als politisch-strategisches Ziel spielt der Erhalt regionaler Identität, außerhalb der Länderstrukturen des deutschen Föderalismus, nur eine folkloristische Nebenrolle.

4. Partizipation

Wege der Partizipation im Föderalismus eröffnen sich dem Bürger in erster Linie über die Beteiligung bei Wahlen und Abstimmungen. Nach der deutschen Einheit setzte ein Verfassungsneugründungs- und Verfassungsreformprozeß ein, der dazu geführt hat, daß Formen direkter Demokratie nun in Deutschland auf Landesebene flächendeckend etabliert sind[16]. Aber auch wenn Verfassungsänderungen durch Volksentscheid und sogar die Auflösung des Landtages per Referendum möglich wurden, haben sich die Länder – sieht man einmal von dem relativ häufigen Einsatz des Instruments der Referenden auf der kommunalen Ebene ab – nicht zu einem Forum direkter Demokratie entwickelt. Mit Ausnahme des Vergleichs mit der Referendumspraxis der Schweiz und den USA auf der Gliedstaatenebene bewegt sich die deutsche Realität in dem international üblichen Rahmen. Parlamentarische Demokratie bedeutet auch auf Länderebene eine dominierende Rolle der Parteien bei der politischen Willensbildung.

Die Parteiensysteme der Länder haben sich schon in der alten Bundesrepublik vom Parteiensystem im Bund unterschieden. Zwar war vor den Wahlerfolgen der Grünen die Zahl der relevanten Parteien (definiert als Regierungsparteien) in Bund und Ländern spätestens seit den sechziger Jahren auf drei begrenzt. Aber diese drei Parteien waren schon immer in den einzelnen Ländern deutlich unterschiedlich erfolgreich. Anders als im Bund gab und gibt es in einzelnen Ländern Einparteienregierungen als Regelfall und

---

16 Otmar Jung, Abschluß und Bilanz der jüngsten plebiszitären Entwicklung in Deutschland auf Landesebene, in: Jahrbuch des Öffentlichen Rechts, NF Band 48 (2000), S. 39-85; Bärbel Martina Weixner, Direkte Demokratie in den Bundesländern, Opladen 2002.

nicht als Ausnahme. Und anders als im Bund konnten einzelne Parteien das politische Leben von Ländern dominieren. Auf Landesebene erwies sich eine Art „Hochburgenbildung" als möglich, die gelegentlich Landesidentität und Parteiidentität verschmelzen läßt. Die Dominanz einer solchen Partei ist aber nicht garantiert. In einigen Ländern wurde die Vormachtstellung der Regierungspartei nicht nur erschüttert, sondern sogar durch die Vorherrschaft einer anderen Partei abgelöst.

Nach den Erfolgen der Grünen in den Landtagen und nach der deutschen Einheit, in deren Gefolge sich die PDS als politische Kraft in den Landtagen etablierte, vergrößerte sich die Variationsbreite der Länderparteiensysteme. In einigen Landtagen waren nur noch drei Parteien vertreten, in anderen aber fünf. Aber nicht nur die Zahl der im Landtag vertretenen Parteien variiert heute von Landesparteiensystem zu Landesparteiensystem, auch die Präsenz der Kleinparteien und damit der potentiellen Koalitionspartner für CDU und SPD ist regional sehr unterschiedlich. Die PDS ist eine ostdeutsche Regionalpartei. Bündnis90/Die Grünen sind wie die FDP vorwiegend in westdeutschen Landtagen vertreten. Für die Regierungsbildung in den Ländern bedeutet dies, daß es immer schwerer fällt, Regierungen in den Ländern nach dem Vorbild oder als Gegenbild zur im Bund regierenden Koalition zusammenzusetzen. Vor allem seit den neunziger Jahren werden Länderkoalitionen immer häufiger „quer" zu den koalitionspolitischen Trennlinien im Bund gebildet (nichtkonforme Koalitionen). Unter dem Vorzeichen der Spezifika des Umgangs mit der PDS wurden sogar Minderheitsregierungen (in Sachsen-Anhalt 1994-2002), die in westdeutschen Ländern regelmäßig als „Zwischenstation" zur Neuwahl interpretiert wurden, mit Aussicht auf ein politisches Überdauern möglich.

Im Unterschied zu vorhergehenden Jahrzehnten bundesdeutscher Politik haben die Parteizentralen auf Bundesebene weitgehend die Möglichkeit verloren, bei der Koalitionsbildung in den Ländern, ungeliebte Lösungen zu verhindern. Der Parteienwettbewerb in den Ländern hat das Potential der intern ohnehin föderal organisierten Parteien zur Widerspiegelung der regionalen Vielfalt in der politischen Willensbildung noch erhöht. Auch ohne die Problemlagen, die sich aus einer Koalitionsbildung ergeben, die der Lagerbildung im Bund nicht folgt, sind die Auseinandersetzungen zwischen den Repräsentanten der gleichen Partei im Bund und in den Ländern häufiger und substantieller geworden. Hier wird deutlich, daß es nicht nur ein formales Argument ist, wenn Koalitionsregierungen sich mit dem Verweis auf die Interessen ihrer Länder kritisch gegenüber der Bundesregierung äußern. In Zeiten knapper Kassen kann parteipolitische Loyalität nicht mehr im bisherigen Maße als Ressource zum Aushandeln von Unterstützungsleistungen für das eigene Land genutzt werden. Eine deutliche Vertretung der Interessen ihrer Länder auch in der Auseinandersetzung mit allen anderen Bundesländern, nicht zuletzt aber auch mit dem Bund ist für Landesregierungen aufgrund der schärfer werdenden Verteilungskämpfe um Finanzen und Investoren heute unumgänglich. Die Länder sehen sich nicht mehr nur als eigenständige politi-

sche Ebene, sondern auch als Ost- und Westländer, als reiche oder arme, als
große oder kleine Länder, als Stadt- oder Flächenstaaten, als Kooperations-
partner europäischer Regionen oder als Wirtschaftsregionen im europäischen
Binnenmarkt. Der politische Willensbildungsprozeß in den Ländern – und
das bedeutet auch die Logik des regionalen Parteienwettbewerbs – muß diese
Konstellationen berücksichtigen. Der Parteienwettbewerb „regionalisiert"
sich zusehends.[17]

In diesem Prozeß nimmt die regionale Ausdifferenzierung, die „Föderalisierung", auch der großen Parteien zu. Dies ist im internationalen Vergleich
keine ungewöhnliche Erscheinung. In Belgien sind fast alle Parteien in zwei
Regionalparteien zerfallen. In Kanada besteht bei einigen Parteien, wie der
Liberalen Partei oder den Progressive Conservatives, nur eine sehr lose Verbindung zwischen regionalen und nationalen Parteifamilien. Der „Föderalisierung" der deutschen Parteien sind aber vor allem durch die institutionellen
Besonderheiten des deutschen Föderalismus Grenzen gesetzt, der ein relativ
hohes Maß an Kooperation von Bund und Ländern als Verfassungsregel fest-
schreibt.

5. Institutionen

Die zentrale Institution des deutschen Föderalismus auf Bundesebene ist der
Bundesrat. Der Bundesrat ist ein eigenständiges Verfassungsorgan (Grundge-
setz Artikel 50) und bildet keine Zweite Kammer des deutschen Parlamentes.
Durch ihn wirken die Länder bei der Gesetzgebung und Verwaltung des
Bundes und in Angelegenheiten der Europäischen Union mit. Der Bundesrat
ist der Ort, wo der „Beteiligungsföderalismus" seinen institutionellen Ausdruck findet. Da Beteiligung nicht mit Zustimmung gleichzusetzen ist, ist der
Bundesrat auch eine der Arenen möglicher Konflikte zwischen Bundes- und
Landesregierungen, sowohl über Sachthemen als auch über Kompetenzen
und Kompetenzabgrenzungen der Ebenen des föderalen Staates. Sind die
Meinungsverschiedenheiten von Bund und Ländern hinsichtlich des Umfangs
ihrer jeweiligen Rechte und Pflichten nicht zu klären, kann nach Artikel 93
des Grundgesetzes zur endgültigen Entscheidung das Bundesverfassungsgericht angerufen werden.

Charakteristisch für den Bundesrat sind sein institutioneller Aufbau nach
dem Bundesratsprinzip, sowie seine Arbeitsweise mit Ausschüssen, in denen
anders als im Bundestag in erster Linie Beamte Ausschußentscheidungen
vorbereiten. Das Gewicht der Repräsentation der Länder im Bundesrat ist
ungleich, aber nicht in dem Maße, in dem sich die Länder hinsichtlich ihrer

---

17 Sabine Kropp/Roland Sturm, Politische Willensbildung im Föderalismus. Parteienwettbewerb, Regierungsbildungen und Bundesratsverhalten in den Ländern, in: Aus
Politik und Zeitgeschichte, B 13/99, S. 24-36.

Bevölkerungszahl unterscheiden (gemäßigtes Bundesratsprinzip). Das Grundgesetz hat sich also nicht für das beispielsweise in der Schweiz oder den USA für die Besetzung der Zweiten Kammern gewählte „Senatsprinzip" entschieden, das dort jedem Gliedstaat ganz unabhängig von seiner Größe gleich viele (zwei) Vertreter zuweist.

Die Mitglieder des Bundesrates werden weder von der Landesbevölkerung direkt gewählt, wie etwa die amerikanischen Senatoren, noch werden sie von den Länderparlamenten, wie z.B. in Österreich, entsprechend dem Kräfteverhältnis der dortigen Fraktionen entsandt. Es sind die Regierungen der deutschen Länder, die die Bundesratsvertreter des jeweiligen Landes bestellen. Bei der Stimmabgabe der Ländervertreter im Bundesrat können sich diese nicht frei nach ihrem Gewissen entscheiden (freies Mandat), sondern sind an die Beschlüsse der jeweiligen Landesregierung gebunden (imperatives Mandat). Jedes Land kann zwar so viele Mitglieder in den Bundesrat entsenden, wie es dort Stimmen hat. Für die Stimmabgabe genügt aber die Anwesenheit eines „Stimmführers", der im Paket alle Stimmen eines Landes abgeben kann. Diese von der Verfassung vorgegebene einheitliche Stimmabgabe (Artikel 51 Grundgesetz) hat mindestens zwei wichtige Konsequenzen:

Die erste Konsequenz besteht, darin daß die eigentliche Entscheidung über die Stimmabgabe eines Landes im Bundesrat außerhalb dieses Gremiums, nämlich in den Landesregierungen, getroffen wird. Debatten im Bundesrat sind deshalb mit Bundestagsdebatten nicht zu vergleichen. Von letzteren wird angenommen, daß sie auch Überzeugungsarbeit leisten und den einen oder anderen Abgeordneten in bestimmten Fällen noch in seinem Abstimmungsverhalten beeinflussen können. Im Bundesrat steht das Stimmverhalten der Länder dagegen fest. Entsprechend emotionslos werden meist die Positionen der Länder im Plenum vorgetragen. Letzte Abstimmungen der Landesregierungen finden regelmäßig in Länderrunden vor den Bundesratssitzungen statt, in denen sich die Länder nach Gruppen getrennt treffen, je nachdem ob sie von der SPD geführt werden (A-Länder) oder von der CDU/CSU (B-Länder).

Die zweite Konsequenz des Zwanges zur einheitlichen Stimmabgabe besteht darin, daß sich in den Ländern mit Koalitionsregierungen die Koalitionspartner hinsichtlich ihres Stimmverhaltens im Bundesrat einigen müssen. Die Regeln für eine solche Einigung werden heute vor der Regierungsbildung in den Ländern verhandelt und in Koalitionsverträgen[18] festgehalten, in denen die Koalitionspartner die Grundsätze für ihre gemeinsame Regierungsarbeit festlegen. Besonders heikel ist die Einigung auf das Abstimmungsverhalten im Bundesrat in Länderkoalitionen, die von Parteien gebildet werden, von denen eine im Bund in der Regierung ist und die andere in der Opposition. In solchen Fällen wird in der Regel die Aufnahme einer Bundesratsklausel in

---

18   Vgl. Sabine Kropp/Roland Sturm, Koalitionen und Koalitionsvereinbarungen, Opladen 1998.

die Koalitionsverträge vorgesehen, die das Stimmverhalten im Bundesrat bei unterschiedlichen Positionen der Koalitionspartner steuern soll.

LAND	Stimmabgabe der Vertreter in der Zweiten Kammer	Mehrheitsregel
USA	freies Mandat	relative Mehrheit
Schweiz	freies Mandat	relative Mehrheit
Australien	freies Mandat	relative Mehrheit
Österreich	freies Mandat	relative Mehrheit, aber Anwesenheit eines Drittels der Mitglieder der Zweiten Kammer erforderlich
Südafrika	freies Mandat bei einfachen, die Provinzen nicht betreffenden Gesetzen / einheitliche Stimmabgabe (jede Provinz hat 1 Stimme) bei einfachen, die Provinzen betreffenden Gesetzen	relative Mehrheit
Indien	freies Mandat	relative Mehrheit
Spanien	freies Mandat	relative Mehrheit
Belgien	freies Mandat	absolute Mehrheit
Kanada	freies Mandat	relative Mehrheit
Russland	freies Mandat	relative Mehrheit
Deutschland	imperatives Mandat	absolute Mehrheit

Quelle: Roland Sturm, Vorbilder für eine Bundesratsreform? Lehren aus den Erfahrungen der Verfassungspraxis Zweiter Kammern, in: Zeitschrift für Parlamentsfragen 33 (2002), S. 178.

Der internationale Vergleich bestätigt, daß die Entscheidungsverfahren des Bundesrates in anderen föderalen politischen Systemen kaum eine Entsprechung finden. Der rein formale Vergleich legt nahe, das freie Mandat im parlamentarischen Entscheidungsprozeß für selbstverständlich zu halten. Dabei sollte aber nicht in Vergessenheit geraten, daß dieses sich in erster Linie der Logik des Parlamentarismus verdankt, also impliziert, daß Zweite Kammern, vor allem Abgeordnete versammeln und keine Regionalvertreter, die Bindungen an andere Parlamente haben. In der Schweiz wurden eben diese Alternativen kürzlich diskutiert[19], und die Entscheidung fiel zugunsten des freien Mandates. Wo, wie in Südafrika und in der Bundesrepublik, eine permanente Verbindung der Repräsentanten in der Zweiten Kammer zu den regionalen Parlamenten hergestellt wird, erscheint das auf den ersten Blick „undemokratische" imperative Mandat der Repräsentanten in einem anderen Licht. Bezieht man also den weiteren institutionellen Kontext mit ein, beginnt der Vergleich mit anderen Zwei-Kammer-Systemen an diesem Punkt zu hinken und verliert an Aussagekraft. Der deutsche Fall ist aus einer exzeptionellen Logik der institutionellen Vorgabe zu erklären und nicht als willkürliche Abweichung von einer international anerkannten Praxis.

Anders sieht es mit dem Erfordernis der absoluten Mehrheit bei Entscheidungen des Bundesrates (Art. 52 (3) GG) aus. Dies ist in der Tat eine

---

19   Giesela Riescher, Der Schweizer Ständerat, in: Dies./Sabine Ruß/Christoph M. Haas (Hrsg.), Zweite Kammern, München/Wien 2000, S. 57.

relativ willkürliche Setzung und findet sich außer in Deutschland nur noch in Belgien. Hier aber aus anderen Gründen. In Belgien ist sie Ausdruck des traditionellen „perfekten" Bikameralismus. Auch in der Ersten Kammer gilt das Erfordernis der absoluten Mehrheit, die entsprechende Regelung für die Zweite Kammer ergibt sich quasi „automatisch" aus der Logik ihrer völligen Gleichstellung mit der Ersten. Gegen eine Änderung der Mehrheitsregel, die inzwischen von einigen Befürwortern einer Reform des Bundesrates vorgeschlagen wird[20], sprechen im deutschen Falle aus der Sicht des internationalen Vergleichs keine prinzipiellen Gründe.

Das Grundgesetz ging vom Bundesrat als einer reinen Länderkammer aus. Im Bericht über die Beratungen des Verfassungskonvents auf Herrenchiemsee von 1948 heißt es: „Es bestand Einigkeit, daß neben dem Parlament eine weitere Kammer bestehen soll, durch die im bundesstaatlichen Gefüge das Element Land zur Geltung kommt."[21] „Die ‚Polarisierung' des Bundesrates war also in dieser Konstruktion nicht vorgesehen; vielmehr setzte der Grundgesetzgeber voraus, daß das bundesstaatliche System weitgehend autonom gegenüber dem Parteiensystem bleiben und die ihm zugedachte Rolle eines ‚Widerlagers' tatsächlich spielen könnte. Das aber sollte sich als eine folgenreiche Fehleinschätzung erweisen. Vielmehr wurde mit dem als letztes Refugium vor dem Parteienwettbewerb gedachten Bundesrat der mögliche ‚Strukturbruch' gleichsam in die Verfassungskonstruktion eingebaut."[22] Der von Gerhard Lehmbruch diagnostizierte Strukturbruch ist die Ursache permanenter Rollenkonflikte der Ländervertreter im Bundesrat und hat zu dem Vorwurf geführt, der Bundesrat sei aus parteipolitischen Gründen zu einem Blockadeinstrument geworden.

Voraussetzung für eine Blockadepolitik ist die fehlende absolute Mehrheit der Regierungskoalition im Bundesrat ist. Dies war in den Jahren 1949 bis 1954, 1956, 1958 bis 1961, 1970 bis 1982 und seit 1990 der Fall. Angesichts der Tatsache, daß in den 50 Jahren von 1949 bis 1999 in 33 Jahren die theoretische Möglichkeit der Blockade zustimmungspflichtiger Gesetze im Bundesrat bestand, ist der empirische Befund zur Häufigkeit der Nutzung dieses Instruments eher bescheiden. Das Blockadeargument taucht erst in den siebziger Jahren auf, als die damalige konservative Opposition beschuldigt wurde, die Politik der sozial-liberalen Koalition geführt von den Bundeskanzlern Willy Brandt und Helmut Schmidt im Bundesrat stoppen zu wollen. Eine neuerliche Debatte zu diesem Thema entzündete sich in den neunziger Jahren mit umgekehrten politischen Vorzeichen an der Haltung der SPD im Bundesrat bei Gesetzesvorhaben der christlich-liberalen Koalition mit Helmut Kohl als Bundeskanzler. Auch die rot-grüne Koalition von Bundeskanz-

20 Bertelsmann Kommission „Verfassungspolitik und Regierungsfähigkeit", Entflechtung 2005, Gütersloh 2000, S. 30.
21 Peter März/Heinrich Oberreuter (Hrsg.), Weichenstellung für Deutschland. Der Verfassungskonvent von Herrenchiemsee, München 1999, S. 150.
22 Gerhard Lehmbruch, Parteienwettbewerb im Bundesstaat, 2. Aufl., Opladen 1998, S. 82.

ler Gerhard Schröder mußte wiederholt ohne absolute Mehrheit im Bundesrat regieren und sich dort mit einer Mehrheit der Länder arrangieren.

Die Zahl der Fälle, in denen der Bundesrat die Gesetzgebung des Bundes blockierte, ist insgesamt gesehen verschwindend gering. Meist sind von dieser Blockade ein bis drei Prozent der Gesetze betroffen. Der Einwand, daß dieses aber die wichtigeren Gesetze waren, und daß die Bundesratsblockade zum politischen Stillstand führe, trifft nur bedingt zu. Besonders in den 50er und 60er Jahren richtete sich das Veto des Bundesrates häufig gegen die mit einer bestimmten Gesetzgebung verbundenen Verwaltungsvorschriften.

Umstritten ist, ob sich in den neunziger Jahren eine Trendwende vollzieht und der Bundesrat wegen der stärkeren Orientierung seiner Mitglieder an Länderinteressen und der unübersichtlicher gewordenen Gemengelage von Koalitionsvarianten in den Ländern, die sich schwerer auf die parteipolitisch motivierte Befürwortung eines Gesetzgebungsvorhabens festlegen lassen, in seinem Entscheidungsverhalten parteipolitisch unabhängiger wird. Träfe letzteres zu, so würden parteipolitische Vetopositionen im Bundesrat viel weniger als früher automatisch zu parteipolitischen Blockaden führen. Zumindest wäre es auch für eine Regierung mit einer gegnerischen Bundesratsmehrheit möglich, Kompromisse mit einigen oppositionsgeführten Landesregierungen zu finden.

Von den Blockademöglichkeiten, die Regierungssysteme mit echten Zweiten Kammern bieten, ist die Gesetzgebung in der Bundesrepublik weit entfernt. Zweite Kammern im Föderalismus können bei unterschiedlichen Mehrheitsverhältnissen Regierungen im Extremfall handlungsunfähig machen, so daß für sie als letzte Möglichkeit nur Neuwahlen bleiben. Das war der Weg, den zum Beispiel das australische Unterhaus 1975 beschreiten mußte, als es ihm gegen den Widerstand des Senats nicht einmal mehr gelang, Finanzgesetze zu beschließen. Der Bundesrat ist eine für die Regierungspolitik gelegentlich unbequeme Hürde. Er kann aber nie die gesamte Regierungspolitik zum Stillstand bringen oder gar die Regierung stürzen.

Unzweifelhaft scheint, daß die fehlende parteipolitische Mehrheit der Bundesregierung im Bundesrat diese schon im Stadium der Gesetzesvorbereitung veranlaßt, nach Kompromißmöglichkeiten mit der Opposition zu suchen, und daß diese Suche sich auch in der Auseinandersetzung im Bundesrat fortsetzt. Das Vetorecht des Bundesrates bei bestimmten wichtigen Gesetzesvorhaben trägt zur Kompromißbildung und zur Gesetzgebung im Konsens bei. Schon die Möglichkeit eines Bundesratsvetos führt zur Notwendigkeit der Abstimmung der Länderregierungen im Vorfeld politischer Entscheidungen mit dem Bund und der Länderregierungen untereinander. De facto regiert auf diese Weise eine informelle große Koalition das Land.[23].

Die Kompromißbildung kann aber auch durch ein institutionalisiertes Verfahren gestützt werden. Legt der Bundesrat sein Veto gegen ein Geset-

---

23 Manfred G. Schmidt, The Grand Coalition State, in: Joseph M. Colomer (Hrsg.), Political Institutions in Europe, London 1996, S. 62-98.

zesvorhaben ein, so haben nach dem Grundgesetz (Art. 77) Bundestag und Bundesregierung das Recht, den Vermittlungsausschuß anzurufen. Da auch der Bundesrat das Recht hat, bei zustimmungspflichtigen Gesetzen den Vermittlungsausschuß anzurufen, sind insgesamt drei Vermittlungsverfahren möglich. Anders ist dies bei nichtzustimmungspflichtigen Gesetzen (den Einspruchsgesetzen). Hier sieht das Grundgesetz nur ein Vermittlungsverfahren vor, das vom Bundesrat angeregt werden kann. Erst wenn das Verfahren durchgeführt ist, ist der Einspruch des Bundesrates möglich. Er kann anders als der Einspruch bei zustimmungspflichtigen Gesetzen durch die Mehrheit der Mitglieder des Bundestages bzw. bei einer Entscheidung des Bundesrates mit einer Zwei-Drittel-Mehrheit mit einer entsprechenden Mehrheit im Bundestag zurückgewiesen werden.

Das Grundgesetz regelt die Zusammensetzung des Vermittlungsausschusses nicht. Es bestimmt lediglich, daß er aus Mitgliedern des Bundestages und des Bundesrates gebildet werden muß. In der Gemeinsamen Geschäftsordnung des Bundestages und des Bundesrates ist festgelegt, daß dem Vermittlungsausschuß ein Vertreter je Land (also 16 Ländervertreter) und eine gleich große Anzahl von Mitgliedern des Bundestages angehören. Der Ausschuß wählt je ein Mitglied des Bundestages und des Bundesrates, die sich im Vorsitz des Vermittlungsausschusses vierteljährlich abwechseln und gegenseitig vertreten. Der Vermittlungsausschuß hat die Aufgabe, bei Meinungsverschiedenheiten zwischen den an der Gesetzgebung beteiligten Verfassungsorganen einen Einigungsvorschlag zu machen. Dies kann er auf unterschiedliche Weise tun: Er kann bei Mehrheitsverhältnissen im Vermittlungsausschuß, die den Mehrheitsverhältnissen im Bundestag nicht entsprechen, die Bundesratsposition gleichsam bestätigen („unechter" Vermittlungsvorschlag). Er kann versuchen, die Positionen von Bundestag und Bundesrat anzunähern („echter" Vermittlungsvorschlag). Und er kann neue Ideen in den Gesetzgebungsprozeß einbringen. Dies ist aus pragmatischen Gründen oft attraktiv, aber nicht unproblematisch. Der Vermittlungsausschuß hat kein Recht der Gesetzesinitiative. Gestaltet er, so wirkt er wie ein „Überparlament". Kritiker sprechen von dem Problem, daß der Vermittlungsausschuß bei der Gesetzgebung in die Rolle einer „Dritten Kammer" des Parlaments schlüpfe.

Die hochgradig institutionalisierte Rolle des deutschen Vermittlungsausschusses ist im internationalen Vergleich föderaler Ordnungen eine Besonderheit. Oftmals werden solche Ausschüsse nur ad hoc im Rahmen bestimmter Gesetzgebungsverfahren gebildet, wie in den USA und als Notlösung in der Schweiz, oder gelten als zweitbeste Lösung bzw. als Lösung für nur begrenzte Vorhaben, wie in Südafrika oder Spanien. Noch am ehesten Vergleich mit der deutschen Praxis ist die Rolle, die der Gesetzgeber dem Vermittlungsausschuß in Rußland gibt und die diesem nach Artikel 251 EG-Vertrag beim Mitentscheidungsverfahren des Europäischen Parlaments hinsichtlich der Annahme von Rechtsakten der EG zukommt.

LAND	Repräsentations-prinzip	Vetorechte der Zweiten Kammer	Konfliktschlichtung
USA	Senatsprinzip	absolutes Veto	ad-hoc Vermittlungs-ausschüsse
Schweiz	Senatsprinzip	absolutes Veto	Navetteverfahren und ad-hoc Vermittlungsausschuß
Australien	Senatsprinzip	absolutes Veto	Navetteverfahren, double dissolution und gemeinsame Sitzung beider Kammern
Österreich	Bundesratsprinzip	suspensives Veto	Erste Kammer überstimmt Zweite
		absolutes Veto bei Verfassungsbestimmungen, die die Institution Bundesrat betreffen	
		2/3 Mehrheit im Bundesrat erforderlich bei Eingriffen in die Verfassungsrechte der Länder	
Südafrika	Senatsprinzip	suspensives Veto	Erste Kammer überstimmt Zweite
		bei Provinzangelegenheiten Veto, das nur mit 2/3 Mehrheit der Ersten Kammer überwunden wird	nur bei Provinzangelegenheiten kann Vermittlungsausschuss angerufen werden
Indien	Bundesratsprinzip	absolutes Veto, Ausnahme: Finanzgesetze	gemeinsame Sitzung beider Kammern
Spanien	Bundesratsprinzip	suspensives Veto	Erste Kammer überstimmt Zweite
		absolutes Veto bei einer Gesamtrevision der Verfassung, suspensives Veto bei Verfassungsänderungen (3/5 Mehrheit)	wird 3/5 Mehrheit nicht erreicht: Vermittlungsausschuss. Für Annahme des Vermittlungsergebnisses genügt 2/3 Mehrheit in Erster und absolute Mehrheit in Zweiter Kammer
Belgien	Bundesratsprinzip	für begrenzte Politikfelder: absolutesVeto	Erste Kammer überstimmt Zweite Kammer
		für begrenzte Politikfelder: suspensives Veto	kein Vermittlungsausschuss, aber paritätisch aus beiden Kammern besetzter Ausschuss, der über Konflikte der Zuordnung von Politikfeldern entscheidet. Bei Nichteinigung der beiden Hälften des Ausschusses Entscheidung im Ausschuss mit 2/3 Mehrheit

LAND	Repräsentations-prinzip	Vetorechte der Zweiten Kammer	Konfliktschlichtung
Kanada	Bundesratsprinzip bzw. historisch (und als Reformmodell) (regionalisiertes) Senatsprinzip	absolutes Veto	Peers-Schub zur Herstellung einer Regierungsmehrheit
Russland	Senatsprinzip	für begrenzte Politikfelder: absolutes Veto	Vermittlungsausschuss. Mit 2/3 Mehrheit kann Erste Kammer Ergebnis überstimmen.
		bei Verfassungsänderungen: ¾ Mehrheit in Zweiter Kammer und 2/3 Mehrheit in Erster	
Deutsch-land	Bundesratsprinzip	absolutes Veto bei Gesetzen, die Länderangelegenheiten betreffen	Vermittlungsausschuss kann dreimal angerufen werden
		suspensives Veto	Vermittlungsausschuss kann einmal angerufen werden (Zurückweisen des Vetos durch jeweils entsprechende Mehrheit, absolute oder 2/3)
		Erfordernis der Zweidrittel-mehrheit bei Verfassungs-änderungen	

Quelle: Roland Sturm, Vorbilder für eine Bundesratsreform? Lehren aus den Erfahrungen der Verfassungspraxis Zweiter Kammern, in: Zeitschrift für Parlamentsfragen 33 (2002), S. 172f.

6. Effizienz

Die Frage nach der Effizienz des deutschen Föderalismus läßt sich nur im historischen Kontext deutscher Gesellschaftsbilder beantworten. Hintergrund solcher Überlegungen bildet immer die Balance von Konsens und Konflikt und von Einheitlichkeit und Vielfalt, die in einer Gesellschaft für erforderlich gehalten werden. Während der Weg von einer Konkordanz- zu einer Konkurrenzdemokratie (und umgekehrt) weit ist, erweist sich, daß sich die Gewichtsverteilung zwischen Einheitlichkeit und Vielfalt in einer föderalen Ordnung weit flexibler gestalten läßt. Der amerikanische[24] und noch deutlicher der kanadische Föderalismus, beispielsweise, haben in historischer Perspektive immer wieder Pendelausschläge sowohl in Richtung Unitarisierung als auch in Richtung Dezentralisierung hinter sich gebracht.

---

24 Hinweise zu notwendigen Differenzierungen u.a. bei Joseph F. Zimmerman, National-State Relations: Cooperative Federalism in the Twentieth Century, in: Publius 31 (2001), S. 15-30.

Die heutige internationale Debatte geht allerdings von einem generellen Trend zur aufgabentrennenden Dezentralisierung und Föderalisierung politischer Ordnungen aus und verbindet damit die Erwartung größerer Effizienz des Regierens und höherer demokratischer Responsivität.[25] Theoretisch unterfüttert wird dies meist mit Anleihen aus der ökonomischen Theorie des fiskalischen Föderalismus. Diese nimmt grundsätzlich an: „Föderative (d.h. dezentralisierte) sind zentralisierten Staaten überlegen."[26] Allerdings ist diese Hypothese nicht voraussetzungslos. Eine Reihe von Gestaltungskriterien der föderalen Ordnung ist zu beachten, in erster Linie das Prinzip der fiskalischen Äquivalenz[27] und das Konnexitätsprinzip[28].

Das Prinzip der fiskalischen Äquivalenz basiert auf der Forderung, daß die Belastungen für den Bürger durch staatliche Steuerpolitik auf jener politischen Ebene erfolgen soll, auf der auch die Verantwortlichkeit für die durch diese Steuern finanzierten Ausgaben angesiedelt ist. Nur so kann der Bürger seine Ausgaben- und Einnahmenpräferenzen an einen eindeutigen Adressaten richten, und nur so kann er Fehlleistungen der Politik, Präferenzabweichungen also, durch Vertrauensentzug im Wahlakt sanktionieren. Kompetenzverflechtung über politische Ebenen hinweg ist ebenso wie eine Steuerpolitik des „großen Topfes", der die eigenständige Steuerhoheit unterer politischer Ebenen beschneidet und staatliche Leistungen auf allen politischen Ebenen weitgehend aus einer Hand finanziert, der sicherste Weg, um es dem Bürger unmöglich zu machen, seine Präferenzen im politischen Prozeß geltend zu machen. Nicht nur, weil Politikverflechtung zu einem gewissen Grade die Zuordnung von Verantwortung zu einzelnen politischen Ebenen kaum mehr möglich macht, sondern auch, weil die Informationskosten zur Feststellung selbst der Restverantwortung prohibitiv werden, bleibt die Sanktionierung von politischem Fehlverhalten aus. Einer ineffizienten, korrupten oder im Eigeninteresse der Berufspolitiker fehlgeleiteten Politik steht trotz formal vertikaler Gewaltenteilung im Föderalismus nichts mehr im Wege.

Das Konnexitätsprinzip ist Ausdruck des Bemühens, einen Teil des Wildwuchses an Verflechtungsbeziehungen im Föderalismus aufzubrechen. Es fordert das Ende der Kostenüberwälzung der höheren politischen Ebene auf die unteren. Ausgabenwirksame Gesetze sollten auf derjenigen politischen Ebene vollständig finanziert werden, auf der über sie beschlossen wur-

---

25 Vgl. z.B. Conference on Fiscal Decentralization. Sponsored by the IMF Fiscal Affairs Department (FAD), IMF Headquarters, Washington, D.C., 20.-21. November 2000. http://www.imf.org/external/pubs/ft/seminar/ 2000/fiscal.

26 Bruno S. Frey, Ein neuer Föderalismus für Europa: Die Idee der FOCJ, Tübingen 1997, S. 29.

27 Mancur Olson Jr., The Principle of „Fiscal Equivalence": The Division of Responsibilities Among Different Levels of Government, in: American Economic Review 59 (1969), S. 479-487.

28 Mit Beispielen für Deutschland: Thomas Kreuder, Gestörtes Gleichgewicht. Die Gefährdungen der politischen Autonomie von Ländern und Gemeinden durch Kostenverlagerungen, in: Aus Politik und Zeitgeschichte, B 24/97, S. 31-36.

de. Nur so wird im politischen Alltag deutlich, wer für Belastungen des Bürgers tatsächlich verantwortlich ist. Der legitimatorischen Entlastung der oberen Entscheidungsebene, die den politischen Erfolg für sich reklamiert, während die Verantwortlichkeit für dessen Finanzierung Ländern und Kommunen zugeschoben wird, sollte entgegengewirkt werden.

Überlegungen zum Fiskalföderalismus beruhen zentral auf der Annahme eines strikt durchgehaltenen Trennsystem im Föderalismus, einem dualen und dort wo Verfassungen die Gemeinden als dritte Ebene des Föderalismus anerkennen, einem dreigeteilten Föderalismus. Wenn ein Trennsystem den Zielhorizont institutioneller Reformen definiert, kann nach Tiebout[29] angenommen werden, daß die Dezentralisierung eines politischen Systems, z.B. die Einführung von Föderalismus in einem Einheitsstaat, die ökonomische Konkurrenz zwischen den neu entstandenen Subeinheiten stimuliert, was in der gesamtstaatlichen bzw. gesamtgesellschaftlichen Bilanz zur größeren ökonomischen Effizienz und zur Vermeidung korrupten Verhaltens führt. Wenn Bürger und Unternehmen nach der Dezentralisierung die Wahl haben zwischen unterschiedlichen regionalen oder kommunalen Verwaltungen werden sie bei deren Fehlverhalten (Korruption, Ressourcenverschwendung, mangelnde Performanz) mit den Füßen abstimmen und in eine besser regierte Region abwandern. Dies reduziert die Steuerbasis der ineffizienten Jurisdiktionen. Deren Eigeninteresse motiviert diese, ihrem ökonomischen Niedergang entgegenzuwirken. Es kommt zur Anpassung an die Standards der für die Unternehmen und Bürger attraktiveren Regionen. Die permanente Wettbewerbssituation nach der Dezentralisierung eines politischen Systems führt so zu einem race-to-the-top und einer ständigen Verbesserung der Qualität von Regierung und Verwaltung.

Erinnert man sich an diesen theoretischen Hintergrund, so wird verständlich, daß der deutsche Föderalismus, der sich weiterhin am Leitbild der Politikverflechtung[30] orientiert, national und international[31] in die Kritik geraten ist. Historischer Hintergrund der Vertiefung der Kooperationsbeziehungen im deutschen Föderalismus, war die von allen politischen Parteien geteilte Überzeugung, gesellschaftliche und wirtschaftliche Entwicklung lasse sich zu einem großen Teil planen und steuern. Aus dieser Steuerungsperspektive war vor allem die Autonomie der Länder in der Wirtschafts- und Finanzpolitik dysfunktional. Ja die Entscheidungsstrukturen des deutschen Föderalismus insgesamt, schienen geradezu darauf angelegt, die Steuerungsfähigkeit staatlicher Politik zu konterkarieren. Die wichtigsten Reformen des Grundgesetzes, die Ende der sechziger Jahre aus dem Bemühen um eine systematische und gemeinsame Bund-Länder-Planung wirtschaftlichen und sozialen Wandels hervorgingen, betrafen Artikel 106(3): Großer Steuerver-

---

29   Charles Tiebout, A Pure Theory of Local Expenditures, in: Journal of Political Economy 64 (1956), S. 416-424.
30   Fritz W. Scharpf/Bernd Reissert/Fritz Schnabel, Politikverflechtung. Theorie und Empirie des kooperativen Föderalismus in der Bundesrepublik, Kronberg/Taunus 1976.
31   Vgl. z.B.: OECD, Wirtschaftsberichte Deutschland, Paris 1998, S. 110.

bund; Artikel 91a und 91b: Gemeinschaftsaufgaben; Artikel 104a: Finanzhilfen; Artikel 75: Ausweitung der Rahmengesetzgebung.

Der kooperative Föderalismus der Nachkriegszeit wurde durch solche Entscheidungsstrukturen in seinem Wesensgehalt modifiziert. Nicht nur entfiel das Element der Freiwilligkeit bei Kooperationsbeziehungen und die Möglichkeit einzelner Länder, sich Ansinnen des Bundes zu verweigern. Es wurde auch ein Entscheidungssystem geschaffen, das einen hohen Konsensbedarf hervorrief. Auch für die Qualität von Entscheidungen im Föderalismus hatten die durch die Politikverflechtung gesetzten Rahmenbedingungen weitreichende Folgen. Sie bedeuteten eine strukturelle Bevorzugung von Entscheidungen über nicht-kontroverse Projekte gegenüber solchen, die nicht unumstritten waren. Politisch brisante und kontroverse Fragen waren nicht in dem geforderten umfassenden Sinne mehrheitsfähig mit der Folge, daß sie im Verhandlungsprozeß ausgeblendet bzw. vertagt wurden. Zudem fielen Entscheidungen, die allen Beteiligten einen in der Regel finanziellen Vorteil brachten, am leichtesten. Am schnellsten konnten Bund und Länder sich bei der Neuverteilung von Mitteln einigen. Diese Mittel wurden meist durch zusätzliche Staatsverschuldung mobilisiert. In den siebziger Jahren schien die Verschuldungspolitik zumindest kurzfristig angesichts der allgemeinen Wirtschaftslage und der Überzeugung, daß staatliche Verschuldung ein adäquates Mittel sei, in Krisenzeiten, die Wirtschaft anzukurbeln, weniger problematisch als heute. Längerfristig programmierte aber eine solche Verteilungspolitik selbst ihr finanzielles Ende.

Am ehesten kamen im Entscheidungssystem der Politikverflechtung politische Ergebnisse dann zustande, wenn sie sich am Status quo orientierten. Für Routineentscheidungen und für Entscheidungen, die das Bestehende nur schrittweise fortentwickelten, waren viel leichter Mehrheiten zu finden als für innovative Entscheidungen und grundlegende Reformen. Der Entscheidungsmodus bevorzugte also „strukturkonservative" Lösungen und war wenig flexibel und damit wenig geeignet, die Aufgabenerfüllung im Föderalismus neuen Herausforderungen anzupassen.

Schließlich ist hervorzuheben, daß bei politischen Entscheidungen die Exekutiven von Bund und Ländern, die die Bund-Länder Verhandlungen führten, unter sich blieben. Die Negativentwicklung des kooperativen Föderalismus zum „Exekutivföderalismus" setzte sich damit nicht nur fort, sie wurde sogar verschärft, weil neue Kompetenzen der exekutiven Kontrolle anvertraut wurde. Die komplexen und intransparenten Verhandlungsprozesse der politischen Exekutiven hinter verschlossenen Türen gaben den demokratisch gewählten Parlamenten in Bund und Ländern kaum noch eine Chance, Politik mitzugestalten. Ihnen blieb wenig anderes übrig als die von den Exekutiven gefundenen Kompromisse abzusegnen, wollten sie nicht politischen Stillstand oder die fortwährende Wiederholung der gleichen Verhandlungsprozesse riskieren.

Der einzelne Parlamentarier, der bei Abstimmungen im Landtag der Linie seiner Partei folgte, mag die Tatsache, daß er politische Verpflichtungen, die seine Landesregierung in Verhandlungen mit anderen Landesregierungen und dem Bund einging, faktisch nur noch bestätigen konnte, weniger als unmittelbaren Machtverlust empfunden haben. Was zählt als Bilanz der Politikverflechtung ist aber das Gesamtergebnis. Hierzu gehört der Verlust an Transparenz im Föderalismus und damit eine massive Einschränkung der Möglichkeiten für die Wählerinnen und Wähler politische Verantwortung zuzuordnen und entsprechend bei Wahlen durch Zustimmung für oder die Abwahl bestimmter Regierungen zu reagieren. Der Föderalismus wurde, wie dies der Politikwissenschaftler Thomas Ellwein einmal formulierte, zum „Verschiebebahnhof politischer Verantwortung"[32]. Während der Erfolg in der Politik viele Väter hatte, schoben sich bei Mißerfolgen Bund, Länder und Gemeinden gegenseitig die Verantwortung zu, und der Wähler hatte keine Möglichkeit, dieses Spiel zu durchschauen.

Die Kritik an der Politikverflechtung wurde seit den achtziger Jahren immer heftiger. Dies hatte nicht zuletzt mit der zunehmenden Skepsis gegenüber staatlichen Versuchen zu tun, die Gesellschaft global planen und steuern zu wollen. Von der Weiterentwicklung des kooperativen Föderalismus zu einem vernetzten Handlungs- und Entscheidungssystem mit Hilfe der Instrumente der Politikverflechtung wurde nun weit weniger erwartet als noch in den siebziger Jahren. Zwar konnte zugunsten der Politikverflechtung ins Feld geführt werden, daß sie in hohem Maße gesellschaftliche Konflikte „beruhigt" und Probleme „abgearbeitet", d.h. sie in allgemein akzeptierten politischen Verfahren hin und her bewegt, wenn auch nicht unbedingt gelöst hatte. Die Politikverflechtung trug damit zur Konsenskultur der deutschen Demokratie bei, aber auch zu Entscheidungsblockaden. Die Effizienzvermutung, die zugunsten der Verflechtung politischer Entscheidungsebenen sprach, war praktisch auf jedem Politikfeld widerlegt.

Die Politikverflechtung hat in den achtziger und vor allem den neunziger Jahren drei wesentliche Voraussetzungen für ihren Erfolg als Leitidee des Föderalismus verloren[33], nämlich a) den wirtschaftlichen Erfolg, der die Ressourcen zur Verfügung stellen konnte, die die reibungslose Konsensbildung im System der Politikverflechtung erforderte, b) die Überzeugung der Politik, gesellschaftliche Entwicklung ließe sich im nationalen Rahmen effizient steuern und c) die relative soziale und wirtschaftliche Homogenität Deutschlands. Damit wird es immer schwieriger, argumentativ und zunehmend auch unter Effizienzkriterien einem Umbau des deutschen Föderalismus, der den internationalen Vorgaben folgt, zu widerstehen.

---

32 Thomas Ellwein, Das Regierungssystem der Bundesrepublik Deutschland, 4. Aufl., Opladen 1977, S. 73.
33 Roland Sturm (Anm. 3), S. 87-89.

7. Schlußfolgerungen

7.1 Zusammenfassung

Die zentrale Frage, ob die Ausprägung von Regionalismus und Föderalismus in Deutschland im Vergleich mit den Befunden für die politischen Systeme anderer Länder einen Sonderfall darstellt, wurde im Hinblick auf elementare Bausteine eines politischen Gemeinwesens untersucht, nämlich Identität, Partizipation, Institutionen und Effizienz.

Bemerkenswert ist die weitgehende Abwesenheit emotionaler Bindungen an politische Regionen in Deutschland, die politischen Regionalismus, wie er uns international in den Auseinandersetzungen um regionale Autonomie und die Unabhängigkeit staatenloser Nationen begegnet, verhindert. Gleichwohl hat der Regionalismus in Deutschland international eine gewisse Vorreiterrolle gespielt. Er wurde anders und früher als in den meisten anderen Ländern Europas und Nordamerikas nach funktionalen Erfordernissen der Standortpolitik „inszeniert", diente als Instrument in wirtschaftspolitischen Strategien und half bei der Mobilisierung von Sozialkapital.

Weniger spektakulär sind die Befunde, wenn die Möglichkeiten der politischen Teilhabe betrachtet werden, die der Föderalismus eröffnet. Das deutsche Parteiensystem folgt in seiner Wettbewerbslogik immer stärker der strukturellen Ausdifferenzierung, die die Realität vieler Entscheidungszentren im Föderalismus vorgibt. Damit paßt es sich dem internationalen Trend an. Die früher vom Parteiensystem ausgehenden relativ einseitigen Unitarisierungstendenzen des politischen Systems trotz föderaler politischer Ordnung machten Deutschland dagegen eher zum Ausnahmefall.[34]

Die Institution Bundesrat und seine Entscheidungsverfahren finden international kaum eine Entsprechung. Sowohl das imperative Mandat als auch das Erfordernis der absoluten Mehrheit bei Bundesratsentscheidungen sowie die Tatsache, daß das Grundgesetz den Bundesrat als eigenständiges Verfassungsorgan und nicht als Teil des Parlamentes konzipiert hat, verleihen dem deutschen Föderalismus eine besondere von der internationalen Praxis abweichende Prägung. International nicht unüblich ist die parteipolitische Überformung von Institutionen auf der zentralstaatlichen Ebene, die das Forum für Gliedstaatenvertreter bilden. Was im deutschen Kontext als parteipolitische Blockadepolitik des Bundesrates empfunden wird, ist in anderen Ländern das tägliche Brot des „divided government".[35] Deutschland weicht eher in dem Grade ab, in dem es immer noch gelingt und gelang, Landesinteressen

34 Vgl. Roland Sturm, Zur Reform des Bundesrates. Lehren eines internationalen Vergleiches der Zweiten Kammern, in: Aus Politik und Zeitgeschichte, B 29-30/2003, S. 24-31.
35 Vgl. Robert Elgie (Hrsg.), Divided Government in Comparative Perspective, Oxford 2001.

trotz entgegenstehender machtpolitischer Ansprüche von Parteien zu verteidigen.
Ungelöst bleiben allerdings die Effizienzprobleme des deutschen Föderalismus. Die Herausbildung der Politikverflechtung in Deutschland macht den deutschen Föderalismus im internationalen Vergleich zu einem negativen Ausnahmefall. Effizienzprobleme gehen zudem mit Transparenzproblemen Hand in Hand. Der Föderalismus in Deutschland leistet somit in seiner jetzigen Ausgestaltung einen eigenen unerwünschten Beitrag zur Erstarrung von Politik und Gesellschaft. Die wichtige Pflege der Konsenskultur in Deutschland kann Entscheidungsblockaden nicht rechtfertigen.

7.2 Ausblick

Ist der deutsche Föderalismus im internationalen Vergleich zukunftsfähig, oder sollte er durch Reformen nach dem Vorbild anderer Föderalismen reformiert werden? Bei der Beantwortung dieser Fragen ist zu beachten, daß die Übernahme von in anderen Ländern entwickelten Modellen, seien sie theoretischer oder praktischer Art, kein technisches Problem ist. Wohlverstandene Reformpolitik setzt eine Vertrautheit mit dem Kernbestand dezentralisierten Regierens in Deutschland voraus, den eine solche Reformpolitik nicht in Frage stellen sollte. Der deutsche Föderalismus ist untrennbar mit dem Gedanken der Demokratiesicherung verbunden. Aus der vertikalen Gewaltenteilung bezieht er seine Legitimation. Diese überzeugt aber nur, wenn sie nicht nur effizient Fehlentscheidungen blockiert, sondern auch dem Bürger Gestaltungsräume eröffnet. Die Entflechtung staatlicher Aufgabenerfüllung, die auch die Landtage wieder in den Stand von Entscheidungsträgern setzt[36], ist hierfür eine unabdingbare Voraussetzung.
Zwar ist ein Föderalismus ohne Verhandlungsprozesse in keinem Land der Welt denkbar oder praktikabel, es kommt aber darauf an, diese möglichst transparent und effizient zu gestalten. An einer Stärkung der Vielfalt in der Einheit des deutschen Föderalismus führt kein Weg vorbei. Es besteht keinerlei Gefahr, daß in Deutschland anders als in vielen anderen ethnisch zerrissenen Ländern, das politische System wegen mangelnder Repräsentationsleistung für Minderheiten und des sich daraus ableitenden separatistischen Regionalismus an Legitimität verliert. Allerdings trägt ein Föderalismus, der sich nur als eine Form der Verwaltungsorganisation in einem letztlich zentralisierten Entscheidungssystem präsentiert, auch zu solchen Negativerscheinungen bei.

---

36 Vgl. beispielsweise Bericht der Enquête-Kommission des Bayerischen Landtags „Reform des Föderalismus – Stärkung der Landesparlamente", Drucksache 14/8660 (2002). Regierungserklärung von Ministerpräsident Wolfgang Clement vom 23. Januar 2002: „Nordrhein-Westfalen in Deutschland und Europa – Transparenz schaffen, Handlungsfähigkeit erweitern, Länder stärken".
www.nrw.de/aktuell/reden/mskr20020123-1.htm.

Oscar W. Gabriel/ Melanie Walter-Rogg

Kommunale Demokratie

1. Einführung

„Nach meinem Verständnis ist die beständige Responsivität der Regierenden gegenüber den Präferenzen der Bürger ein Schlüsselmerkmal einer Demokratie, wobei alle Bürger als politisch gleichberechtigt betrachtet werden"[1]. Vor mehr als dreißig Jahren formulierte Robert A. Dahl diese Vorstellungen über die wichtigsten Merkmale eines demokratischen Systems, die bis heute nichts von ihrer Relevanz eingebüßt haben. Responsivität der Regierenden gegenüber den Regierten ist in jedem politischen System möglich, jedoch ist die Demokratie die einzige Herrschaftsform, die Responsivität durch institutionelle Regelungen erzwingt. Sie gibt allen Mitgliedern der Gemeinschaft das Recht, sich ihre Meinung über politische Fragen frei zu bilden und den Regierenden diese Ideen durch individuelles und gemeinschaftliches Handeln mitzuteilen. Schließlich ist in der Demokratie dafür Sorge getragen, dass allen Bürgerwünschen die gleiche Bedeutung für die Regierungspolitik zukommt, so dass kein Anliegen auf Grund seines Inhaltes oder seiner Herkunft aus dem politischen Prozess ausgeschlossen wird. Alle diese Rechte sind durch verbindliche Regelungen, d.h. durch die Verfassung und die Gesetze, legitimiert und geschützt. Politischer Wettbewerb und politische Partizipation tragen dazu bei, das Prinzip der Verantwortlichkeit der Regierenden gegenüber den Regierten institutionell abzusichern. Diese demokratischen Grundsätze gelten in Deutschland auch für die kommunale Selbstverwaltung.

Seit der Wiedervereinigung entwickelte sich das Thema „Verbesserung der Qualität der kommunalen Demokratie" zu einem Dauerbrenner in der öffentlichen Diskussion. Schwerpunkte der in diesem Kontext durchgeführten Reformen waren die Einführung einer modifizierten Form der süddeutschen Ratsverfassung durch nahezu alle Bundesländer, die Aufnahme von Bürgerbegehren und Bürgerentscheiden in sämtliche Gemeindeordnungen sowie Experimente mit dem sogenannten Neuen Steuerungsmodell und verschiede-

---

1   Vgl. und zum folgenden Robert A. Dahl, Polyarchy, Participation and Opposition, New Haven 1971, S. 1.

nen Formen von E-Government und nichtinstitutionalisierter Beteiligung[2]. Dieser veritable Reformschub lässt zwei gegensätzliche Schlußfolgerungen zu. Interpretiert man den Sachverhalt pessimistisch, dann wären die Veränderungen Ausdruck eines besonders großen Reformbedarfs. Sieht man die Lage dagegen positiv, dann spielt die lokale Ebene eine Pionierrolle bei der Modernisierung des Staates. Sie dient als Experimentierfeld, auf dem man verschiedene Strategien erprobt, um diese schließlich auf anderen Handlungsebenen des politischen Systems einzusetzen und so die Qualität der gesamtstaatlichen Demokratie zu verbessern.

Für beide Lesarten sprechen bestimmte Gesichtspunkte: Gemessen an Dahls Kriterien des Wettbewerbs und der Partizipation scheint sich die kommunale Demokratie in einer prekären Lage zu befinden. Dies betrifft weniger die institutionellen Regelungen als die tatsächlichen Gegebenheiten: Einerseits existiert auf der lokalen Ebene ein ausdifferenziertes intermediäres System, insbesondere ein Parteiensystem, das die Grundlage für einen freien und offenen Wettbewerb um die lokale politische Führung bilden könnte. Andererseits kritisieren Beobachter das Vorherrschen von Allparteienkoalitionen und Elitenkartellen sowie das Fehlen politischer Alternativen in der Kommunalpolitik. Zwar existieren auf der kommunalen Ebene umfassendere Partizipationsrechte als in der Bundes- und Landespolitik, faktisch werden sie aber kaum genutzt. Selbst die Beteiligung an Kommunalwahlen fällt regelmäßig erheblich niedriger aus als auf der Landes- und Bundesebene. Lange Zeit galt die Kommunalpolitik als ein Bereich, in dem zwischen den demokratischen Möglichkeiten und der politischen Wirklichkeit eine besonders große Lücke klafft.

Eine deutlich optimistischere Sicht der demokratischen Qualität der Kommunalpolitik propagiert der Abschlußbericht der Enquetekommission „Bürgerschaftliches Engagement" des Deutschen Bundestages, der die besonderen demokratischen Potentiale der Kommunalpolitik als Basis einer Modernisierung der Staates würdigt: „Auch wenn das oft bemühte Bild von der Kommunalpolitik als ,Schule der Demokratie' nicht immer zu überzeugen vermag, ist doch die kommunale Ebene strukturell den Interessen und Problemen der Bürgerinnen und Bürger am nächsten. Sie liegt, ohne erheblichen Aufwand betreiben zu müssen, in der Reichweite alltäglicher Lebenspraxis. Diese bildet einen Erfahrungshintergrund, auf dem sich bürgerschaftliches Kompetenzbewusstsein entwickeln kann"[3]. Damit befindet sich die Position der Enquete-Kommission im Einklang mit der traditionellen Sichtweise der Kommunen als Quelle der deutschen Demokratie: Demokratische Strukturen waren in Deutschland auf der kommunalen Ebene, insbesondere in den

---

2   Vgl. im einzelnen Jörg Bogumil, Modernisierung lokaler Politik: kommunale Entscheidungsprozesse im Spannungsfeld zwischen Parteienwettbewerb, Verhandlungszwängen und Ökonomisierung, Baden-Baden 2001.

3   Vgl. Enquete-Kommission, Bürgerschaftliches Engagement und Zivilgesellschaft, in: Deutscher Bundestag (Hrsg.), Zukunft des Bürgerschaftlichen Engagements, Opladen 2002, S. 334.

Städten, wesentlich früher entwickelt als auf anderen Handlungsebenen des politischen Systems. In der Literatur ist allerdings strittig, ob die frühe Demokratisierung der lokalen Ebene Impulse für die Entwicklung eines demokratischen Staates zu setzen vermochte.

Um die Funktion der kommunalen Demokratie für die Weiterentwicklung der Demokratie in Deutschland zu diskutieren und den Standort Deutschlands im internationalen Vergleich zu bestimmen, benötigt man Kriterien, an denen man die Qualität der lokalen Demokratie festmachen kann. In der demokratietheoretischen Literatur herrscht weitgehende Einigkeit darin, dass mindestens die folgenden Merkmale eine funktionsfähige Demokratie ausmachen:

1. Demokratische Institutionen und Prozesse, d.h. Werte, Strukturen, Regeln und Verfahren, die Partizipation und Wettbewerb garantieren und auf diese Art und Weise eine beständige Responsivität der Regierenden gegenüber den Regierten sicher stellen,
2. demokratische Bürger, die durch ihre Einstellungen und Verhaltensweisen die demokratischen Strukturen und Prozesse mit Leben füllen und auf diese Weise auf der „Nachfrageseite" ein responsives Verhalten der politischen Führung erzwingen und
3. demokratische Führungsgruppen, die sich durch Offenheit, Pluralität und Responsivität auszeichnen und ihre Macht im Sinne der Demokratie einsetzen.

Ohne ein Mindestmaß an Autonomie läuft die lokale Demokratie allerdings ins Leere. Die Funktion eines jeden politischen Systems besteht darin, allgemein verbindliche Entscheidungen zu fällen. Hierzu werden Entscheidungsspielräume benötigt, innerhalb derer die politischen Akteure im Einklang mit ihren Präferenzen handeln können. Die wenigen international vergleichenden Studien zum Thema lokale Demokratie konstatieren in Deutschland kein Autonomie- und Demokratiedefizit; einige zählen Deutschland vielmehr zu den weltweit führenden Staaten mit Blick auf die lokale Autonomie und Demokratie[4]. Das Ausmaß an lokaler Autonomie ist nicht alleine für das Verhältnis Staat-Kommune relevant, sondern beeinflusst auch die Strukturen und Prozesse in den Gemeinden.

Die folgenden Teile dieses Beitrages werden die Institutionen, Bürger und Eliten als Dimensionen lokaler Demokratie behandeln. Der Schwerpunkt liegt auf der Demokratie in Deutschland, diese wird allerdings nach Maßgabe der Forschungslage im internationalen Vergleich betrachtet. Da die politische Ordnung in den Ländern und Kommunen nach den Bestimmungen des Grundgesetzes demokratischen Grundsätzen entsprechen muss, geht es auf der institutionellen Ebene in erster Linie um die Klärung der Frage, wie diese

---

4   Vgl. Michael J. Goldsmith, Autonomy and City Limits, in: David Judge/Gerry Stoker/Harold Wolman (Hrsg.), Theories of Urban Politics, London u.a. 1995, 228-252.

Grundsätze umgesetzt wurden und ob die jüngsten Reformen der Gemeindeverfassung die lokale Demokratie gestärkt haben (Teil 2). Die Analyse der
Rolle der Bürger (Teil 3) und der Führungsgruppen (Teil 4) bezieht sich auf
die Bedeutung der Einstellungen und Verhaltensweisen dieser Akteure für
das politische Leben in den Gemeinden, insbesondere für die Qualität der
kommunalen Demokratie. Im Schlussteil werden wir die Perspektiven der
kommunalen Demokratie in Deutschland, insbesondere im Kontext der Internationalisierung der Politik zur Sprache bringen.

2. Die politischen Institutionen: Partizipation und Wettbewerb als Grundlagen lokaler Demokratie

2.1 Vorgehensweise

Robert A. Dahl behandelt die Dimensionen „Partizipation" und „Wettbewerb" als die wichtigsten Elemente der Demokratie und misst die Fortschritte
im Demokratisierungsprozess an der institutionellen Garantie und der Realisierung dieser Prinzipien in einer politischen Gemeinschaft. Auch wenn erst
das Verhalten politischer Akteure institutionelle Regelungen mit Leben erfüllt, sind die Institutionen und Akteure zunächst getrennt voneinander zu
betrachten. Da das Grundgesetz das Demokratieprinzip als Rahmen für die
Ausgestaltung der politischen Ordnung in den Ländern und Gemeinden vorschreibt, dieser Rahmen in den Gemeindeordnungen aber im Detail unterschiedlich ausgefüllt wird, können die institutionellen Regelungen in unserem Kontext nur in groben Zügen beleuchtet werden. Unsere Betrachtung der
institutionellen Basis der kommunalen Demokratie wird sich auf die folgenden Fragen konzentrieren:

–   Wie sind die demokratischen Erfordernisse von Partizipation und Wett-
    bewerb in den Kommunalverfassungen institutionalisiert, wie stellen sie
    sich faktisch dar, und welche Besonderheiten weist Deutschland im in-
    ternationalen Vergleich auf?
–   Welche Bedeutung hatten die Reformen der 1990er Jahre für die Stär-
    kung der lokalen Demokratie, und lassen sich in anderen Ländern ähnli-
    che Entwicklungen feststellen wie in Deutschland?

2.2 Inklusivität: Die Institutionen politischer Beteiligung

Politische Institutionen sind inklusiv, wenn sie allen Mitgliedern der politischen Gemeinschaft das gleiche, uneingeschränkte Recht zur Teilnahme am
politischen Leben einräumen. Nur auf diese Weise ist sichergestellt, dass die
Bürger Forderungen an die politische Führung richten und im Bedarfsfall den

notwendigen Druck ausüben können, um ihre Forderungen durchzusetzen. Inklusivität bedeutet in diesem Sinne zweierlei: Zunächst geht es darum, ob alle auf dem Gemeindegebiet lebenden Personen den Status von Vollmitgliedern der politischen Gemeinschaft, also das Bürgerrecht, besitzen. Zum zweiten stellt sich die Frage, wie die Teilhaberechte im einzelnen beschaffen sind, mittels derer die Bürger das Handeln der politischen Führung beeinflussen können. Die institutionellen Regelungen stellen zwar nicht sicher, dass alle Mitglieder der politischen Gemeinschaft ihre Rechte tatsächlich wahrnehmen, sie schaffen aber die hierfür erforderlichen Voraussetzungen.

Das Ziel, durch verfassungsrechtliche und gesetzliche Regelungen Inklusivität sicherstellen, stellt sich in den Demokratien des 20. und 21. Jahrhunderts diffiziler dar als in früheren Zeiten. Vor allem in Folge der internationalen Migration ist der Status des Bürgers nicht mehr quasi gleichsam mit dem des Einwohners verknüpft. In Deutschland beläuft sich der Ausländeranteil an der Wohnbevölkerung auf knapp neun Prozent, in einigen städtischen Ballungsräumen liegt die Quote über zwanzig Prozent[5]. Die europäischen Staaten haben auf das Entstehen multikultureller Gesellschaften verschieden reagiert, insbesondere im Hinblick auf die Beteiligungsrechte. Auf der lokalen Ebene genießen die EU-Bürger in allen Mitgliedsstaaten volle Teilnahmerechte; anders stellt sich der Sachverhalt für Nicht-EU-Bürger dar. Deutschland beschränkt die Wahrnehmung aller Partizipationsrechte, die zu verbindlichen Entscheidungen führen, nach wie vor auf die Staatsbürger bzw. EU-Bürger; die skandinavischen Länder und die Niederlande räumen allen Einwohnern nach einer Mindestwohndauer volle bürgerschaftliche Teilnahmerechte ein. Im Hinblick auf die formale Inklusivität bleibt somit das lokale Institutionensystem Deutschlands hinter dem anderer westlicher Demokratien zurück.

Nicht allein der Kreis der Personen, die auf einer formal geregelten Basis zur Teilnahme am politischen Leben berechtigt sind, hat sich geändert, auch die Rechte selbst haben eine andere Qualität gewonnen. Für Dahl und die an ihn anschließende Forschung bedeutete Inklusivität die Garantie eines demokratischen Verfahrens für die Auswahl der politischen Führung, insbesondere der Parlamente. Daneben existierten schon immer Möglichkeiten zur Einflussnahme auf den politischen Willensbildungsprozess (z.B. die Mitarbeit in politischen Parteien und Verbänden), die aber unterhalb der Schwelle formaler Entscheidungskompetenzen blieben. Bis vor wenigen Jahren war kommunale Demokratie in fast allen Staaten, auch in Deutschland, gleichbedeutend mit repräsentativer Demokratie.

In den Demokratien des 21. Jahrhunderts bildet das Recht zur Wahl von Parlamenten nach wie vor das Kernelement des Partizipationssystems eines

---

5   Vgl. Bundeszentrale für politische Bildung, Datenreport: Zahlen und Fakten über die Bundesrepublik Deutschland, Bonn 2002, S. 45-50.

Landes. Spätestens die Arbeiten der Verba-Gruppe[6] verwiesen aber auf die Grenzen des Partizipationsrechts „Wählen", das nur eine grobe Steuerung des politischen Prozesses erlaubt und auch nur in relativ langen Zeitabständen ausgeübt werden kann. Die in den letzten beiden Jahrzehnten vorgenommenen politischen Reformen verfolgten unter anderem das Ziel, die Rolle des Wählers aufzuwerten und den Bürgern zusätzlich ein institutionalisiertes, erweitertes Mitspracherecht bei der Entscheidung über politische Sachfragen zu geben. Nach der Verwirklichung dieser Reformen nimmt Deutschland im Hinblick auf das Ausmaß und die Qualität bürgerschaftlicher Beteiligungsrechte eine Spitzenposition unter den westlichen Demokratien ein[7].

Bis vor wenigen Jahrzehnten waren lokale Bürgerbegehren und Bürgerentscheide nur in der Gemeindeordnung von Baden-Württemberg vorgesehen, und dies auch nur unter äußerst anspruchsvollen Voraussetzungen und in einem eng begrenzten Themenfeld. Begehren waren nur zulässig, wenn sie mit einer Begründung und einem Finanzierungsvorschlag versehen waren und sich im Einklang mit einem Positivkatalog befanden, ohne gegen einen Negativkatalog zu verstoßen. Vor ihrer Umsetzung mussten sie ein hohes Unterschriftenquorum erfüllen und einer Zulässigkeitsprüfung durch den Gemeinderat standhalten. Sofern Bürgerentscheide nicht vom Gemeinderat initiiert wurden, setzten sie ein erfolgreiches Bürgerbegehren voraus und mussten nochmals eine relativ hohe Zahl an Unterstützern zu den Urnen bringen. Inklusivität war formal gegeben, denn jeder konnte sich an Bürgerbegehren und -entscheiden beteiligen. In der Praxis war das System allerdings keineswegs inklusiv, weil die Möglichkeiten kaum genutzt wurden[8].

Bereits kurz vor der Vereinigung Deutschlands debattierten einige Landtage Änderungen des Kommunalverfassungsrechts mit dem Ziel, Bürgerbegehren und Bürgerentscheide einzuführen. Zur Realisierung dieser Überlegungen stieß man allerdings zunächst nur in Schleswig-Holstein vor. Der Durchbruch auf dem Weg zu mehr direkter Demokratie in den Gemeinden wurde mit der Übergangsverfassung der ehemaligen DDR erreicht, die deutlich geringere Anforderungen an die Nutzung dieser Einflussmöglichkeiten als die baden-württembergische Gemeindeordnung stellte. Nach der Vereinigung zogen alle Flächenstaaten mit der Einführung von Bürgerbegehren und Bürgerentscheiden nach. Mittlerweile sind sie in den Gemeindeordnungen aller Bundesländer vorgesehen, institutionell allerdings unterschied-

---

6 Vgl. Sidney Verba/Norman H. Nie/Kim Jao-on, Participation and Political Equality. A Seven Nation Comparison, Cambridge 1978, S. 51-56.

7 Vgl. Angelika Vetter, Lokale Politik als Ressource der Demokratie in Europa? Lokale Autonomie, lokale Strukturen und die Einstellungen der Bürger zur lokalen Politik, Opladen 2002, S. 148-150.

8 Zum folgenden vgl. Oscar W. Gabriel, Das Volk als Gesetzgeber: Bürgerbegehren und Bürgerentscheide in der Kommunalpolitik aus der Perspektive der empirischen Forschung, in: Zeitschrift für Gesetzgebung, 14 (1999), S. 299-331; Hellmut Wollmann, Die Entwicklung der politischen Partizipationsmöglichkeiten auf kommunaler Ebene, in: Enquete-Kommission (Anm. 3), S. 101-113.

lich ausgestaltet. Das Standardverfahren sieht mehr oder weniger hohe Unterschriften- und Abstimmungsquoren vor, das Einreichen einer Begründung und eines Finanzierungsvorschlages, einen Negativkatalog sowie eine Prüfung der Zulässigkeit von Begehren. In Bayern setzte sich in einem landespolitischen Volksentscheid ein Antrag der Organisation „Mehr Demokratie in Bayern" gegen einen von der Landesregierung unterbreiteten Gesetzentwurf durch. Deswegen fallen die formalen Regelungen partizipationsfreundlicher aus als in anderen Bundesländern.

Mit der Einführung von Bürgerbegehren und Bürgerentscheiden waren bei einigen Politikern, Aktivisten und Wissenschaftlern große Erwartungen verbunden. Von einer Ergänzung der repräsentativen, parteienstaatlichen Formen der Willensbildung und Entscheidung erhoffte man eine Mobilisierung weiterer Bevölkerungskreise, einen direkten Austausch zwischen Regierenden und Regierten, mehr Responsivität und weniger Politikverdrossenheit. Auch wenn man diese hohen Erwartungen nicht teilt, ist der potentielle Beitrag von direktdemokratischen Verfahren zur Verbesserung der Qualität der kommunalen Demokratie nicht zu bestreiten.

Freilich weniger spektakulär, nicht weniger folgenreich, waren Änderungen des Kommunalwahlrechts, die sowohl die Wahl der Gemeindevertretung als auch die Bestellung des Verwaltungschefs betreffen. Nach Art. 28 GG ist in allen Gemeinden eine Volksvertretung einzurichten, die in demokratischen Wahlen bestimmt wird. Die demokratischen Wahlgrundsätze sind für den Gesetzgeber verbindlich; dieser kann aber das Wahlverfahren in seinen Einzelheiten regeln und den Wählern dadurch unterschiedliche Einflußmöglichkeiten eröffnen.

Bis zur Wiedervereinigung orientierte sich das Kommunalwahlrecht außer in Bayern und Baden-Württemberg am Grundsatz der starren Listenwahl. Durch ihre Stimmabgabe konnten die Wähler nur über die parteipolitische Kräfteverteilung in der Volksvertretung entscheiden, die personelle Zusammensetzung im einzelnen war ihrem Einfluss entzogen. Nach 1990 führten einige Bundesländer die Möglichkeit zum Panaschieren und Kumulieren ein. Dadurch erhalten die Bürger einen deutlich größeren Einfluss auf das Wahlergebnis und die bis dahin nahezu exklusive Kontrolle der Parteien über die Kandidatenrekrutierung wird abgeschwächt. Eine zusätzliche Aufwertung der Wählerrolle brachte die Direktwahl des Verwaltungschefs, die es bis 1990 nur in Bayern und Baden-Württemberg gegeben hatte. Seit 1999 ist sie in allen Flächenstaaten vorgesehen, in einigen Ländern in Verbindung mit der Möglichkeit zur Abwahl.

Ob die neuen Möglichkeiten in der politischen Praxis genutzt werden, ist eine zweite Frage; die institutionellen Regelungen legen nur Rahmenbedingungen fest, innerhalb derer politische Akteure sich unterschiedlich verhalten können. Abgesehen von individuellen Merkmalen wie den partizipativen Kompetenzen und Motiven wird ihr Verhalten maßgeblich von der parteipolitischen Konstellation in der Gemeinde, von den Spezifika der jeweiligen politischen Handlungssituation und von der lokalen politischen Kultur be-

stimmt. Schon vor zwanzig Jahren kam Arzberger zu der Erkenntnis, dass
erweiterte Partizipationsrechte wenig an der Geschlossenheit des kommunalen Entscheidungssystem ändern, so lange die Bevölkerung die verfügbaren
Rechte nicht konsequent nutzt[9]. Auch nach den von Gabriel vorgelegten Befunden nimmt die Bevölkerung die vorhandenen Partizipationsrechte kaum
wahr[10]. Mangelndes Interesse an der Kommunalpolitik, ein unzulänglich ent-
wickeltes Gefühl politischer Kompetenz oder fehlende Zeit, sich politische
Informationen zu beschaffen, gehören zu den wichtigsten Gründen politischer Inaktivität. Allerdings belegen Arbeiten über die Bürgerbeteiligung in
der Schweiz die Annahme, dass allein das Vorhandensein formaler Beteiligungsrechte die Entscheidungsträger zu responsivem Handeln veranlasst, und
zwar unabhängig davon, ob sich die Bürger faktisch am Entscheidungsprozeß
beteiligen. Wenn Möglichkeiten zur Einflussnahme erst einmal gegeben sind,
wird es wahrscheinlich, dass die Bürger sie im Bedarfsfalle nutzen.

2.3 Institutionen des politischen Wettbewerbs: Muster der Machtverteilung im kommunalen Entscheidungssystem

Mit dem politischen Wettbewerb als zweitem Merkmal der Demokratie verbindet man üblicherweise Strukturen und Prozesse wie Parteienkonkurrenz,
den damit verbundenen Dualismus zwischen Regierung und Opposition und
ein pluralistisches Interessenvermittlungssystem. Diese Sicht ist zwar prinzipiell angemessen, kollidiert jedoch mit der Vorstellung, Kommunalpolitik
bestehe eher im Vollzug von Sachrationalitäten als im Austragen von Konflikten über die bestmögliche Gestaltung der kommunalen Lebensbedingungen. Die Einschätzung der Kommunalpolitik als ideologiefreie Zone hat sich
seit der Mitte der 1970er Jahre zwar abgeschwächt, ist aber keineswegs verschwunden. Sie findet ihren Ausdruck auch im völligen Ignorieren des Par-
teienstaatsprinzips durch das deutsche Kommunalverfassungsrecht.

Bei der institutionellen Regelung des Wettbewerbs sind die Gemeinden
an die Vorgaben des Grundgesetzes gebunden. Die Grundrechte der Mei-
nungsfreiheit, der Pressefreiheit, der Koalitionsfreiheit sowie der inneren und
äußeren Parteifreiheit stellen sicher, dass jede politische Position über einen
freien und gleichberechtigten Zugang zum lokalpolitischen Prozess verfügt.
Neben dem sozialen und politischen Pluralismus legt das Grundgesetz die
Vertretung der Bevölkerung durch ein demokratisch bestelltes parlamentarisches Gremium fest, dem die Gemeindeordnungen der Bundesländer die Position des Hauptorgans der Gemeinde zuweisen.

Ungeachtet der verfassungsrechtlichen Rahmenbedingungen bleibt es eine spannende Frage, wie der politische Wettbewerb unter dem für die Kom-

---

9   Vgl. Klaus Arzberger, Bürger und Eliten in der Kommunalpolitik, Stuttgart 1980, S.
    137.
10 Vgl. Gabriel (Anm. 8), S. 331.

munalpolitik typischen Leitbild der Überparteilichkeit und Sachbezogenheit funktionieren kann. An Stelle der parteienstaatlichen Strukturen, die sich in der nationalen Politik unangefochten durchgesetzt haben, hält die ältere rechtswissenschaftliche Literatur für diesen Sachverhalt eine scheinbar tragfähige Lösung bereit. Sie geht von der Fiktion eines gleichberechtigten Zusammenwirkens zweier konkurrierender Kräfte auf die Kommunalpolitik aus. Auf der einen Seite stehe der Sachverstand der hauptamtlich tätigen, nach professionellen Kriterien operierenden Verwaltung. Als Korrektiv zu diesem fungiere der „gesunde Menschenverstand" der in einem demokratischen Wettbewerb ausgewählten ehrenamtlichen Ratsmitglieder. Der fiktive Charakter dieses Gleichgewichtsmodells ist schon deshalb evident, weil zwischen einer professionell und hauptberuflich arbeitenden Verwaltung und einer ehrenamtlich tätigen Kommunalvertretung ein strukturell bedingtes Machtgefälle besteht. Dies könnte – wenn überhaupt – durch eine Professionalisierung der Arbeit des Gemeinderates abgeschwächt werden. Da das aus vielerlei Gründen nicht zu realisieren ist, stellt sich die Frage, welche anderen Strukturmerkmale des kommunalen Entscheidungssystems den politischen Wettbewerb sicherstellen sollen.

Traditionell gab es in Deutschland vier Kommunalverfassungssysteme mit jeweils unterschiedlichen Konstruktionen des Verhältnisses zwischen Rat und Verwaltungsspitze. Die norddeutsche Ratsverfassung und die Magistratsverfassung wollten den Wettbewerb durch eine möglichst starke Fragmentierung politischer Macht in einem parteienstaatlichen Rahmen gewährleisten. Dies manifestierte sich in der Trennung von politischer und administrativer Führung, in den begrenzten Kompetenzen der Verwaltungsspitze, in der starken Position der Kommunalvertretung sowie ihrer Ausschüsse und in der wichtigen Rolle der politischen Parteien im kommunalen Entscheidungssystem. Diese Strukturen führten zwar nicht zu einem vollständig ausdifferenzierten System parlamentarischer Regierung, kamen diesem aber nahe. Dagegen statteten die süddeutsche Ratsverfassung und die Bürgermeisterverfassung die Verwaltungsspitze mit umfassenden Kompetenzen und einer entsprechenden Machtposition aus. Wettbewerb ist unter diesen Bedingungen nicht durch einen parlamentarisch-parteienstaatlichen Dualismus zwischen der Parlamentsmehrheit und der Verwaltungsspitze auf der einen Seite und der Minderheit in der Kommunalvertretung auf der anderen Seite gewährleistet. Statt dessen ähneln die institutionellen Strukturen denen eines präsidentiellen Regierungssystems, in dem der politische Wettbewerb zwischen der Legislative und der Exekutive stattfindet: Der Rat und der Verwaltungschef verfügen über eigenständige Aufgabenbereiche und ein voneinander unabhängiges politisches Mandat. Dies verleiht beiden ein starkes institutionelles Eigengewicht. Der Gemeinderat übt die Funktion einer kommunalen Legislative aus, die Kommunalverwaltung bereitet die Ratsbeschlüsse vor und führt sie aus. Der Bürgermeister steht der Kommunalvertretung vor und nimmt zugleich die politische und exekutive Führungsrolle sowie die Außenvertretung der Gemeinde wahr. Die relativ schwache Rolle der Parteien im politischen Wettbewerb stützt diesen durch das Prinzip der funktionalen Differenzierung begründeten institutionellen Dualismus zusätzlich ab. Da die Verwaltungsspitze sich nicht auf die Unterstützung der ihr parteipolitisch verbundenen Ratsmehrheit verlassen kann, steht sie vor der Notwendigkeit, sich fallweise im Rat Mehrheiten zu suchen. Somit war der politische Wettbewerb in der norddeutschen Ratsverfassung im parteienstaatlichen Dualismus von Mehrheits- und Minderheitsfraktion angelegt, im süddeutschen Modell ergibt er sich aus der funktionalen und legitimatorischen Eigenständigkeit der lokalen Institutionen.

Bis 1990 bestanden diese beiden Grundmodelle in Deutschland nebeneinander. Allerdings wurde das norddeutsche Modell vor allem von Verwaltungspraktikern, weniger von Wissenschaftlern kritisiert, weil die starke Machtfragmentierung – angeblich – mit Effizienzverlusten verbunden war. Wegen der starken Position der Verwaltungsspitze galt die Süddeutsche Ratsverfassung als effizienter. Deshalb wurden nach 1990 in fast allen Bundesländern Varianten der Süddeutschen Ratsverfassung eingeführt (Ausnahmen Mecklenburg-Vorpommern, Brandenburg und Hessen)[11].

Die neuen institutionellen Strukturen mit einem starken, direkt gewählten Verwaltungschef, der zugleich die politische Führungsrolle in der Gemeinde spielt, ähneln denen in Frankreich, Spanien, Italien, Griechenland, Österreich, Belgien und den Vereinigten Staaten („Strong-Mayor"-Variante). Wie in Deutschland befindet sich in diesen Ländern der Bürgermeister bzw. eine ihm unterstellte kollegiale Verwaltungsspitze in einer vom Rat weitgehend unabhängigen Position, die zu einer Dominanz der Exekutive führen kann.

In einer zweiten Ländergruppe entspricht das politische Institutionensystem eher dem alten norddeutschen Modell. In Skandinavien spielt der vom Rat gewählte Haupt- oder Führungsausschuss als Exekutivorgan meist eine wichtigere politische Rolle als der Bürgermeister, zumal diesem oft ein Verwaltungsleiter als weitere Führungsfigur gegenüber steht[12]. In Großbritannien übt der Bürgermeister lediglich repräsentative Funktionen aus, die politische Macht liegt beim Führer der Mehrheitspartei, die Verwaltungsmacht beim „chief executive". Allerdings soll die Position der Bürgermeister in den britischen Großstädten analog zu dem seit 2000 in London praktizierten Modell durch die direkte Volkswahl gestärkt werden[13].

Eine weitere Reform des lokalen Institutionensystems blieb unterhalb der Ebene gesetzlicher Regelungen. Im Falle einer flächendeckenden Einführung würde sie das traditionelle Modell kommunaler Selbstverwaltung dennoch

11 Zum folgenden vgl. Franz-Ludwig Knemeyer, Gemeindeverfassungen, in: Hellmut Wollmann/Roland Roth (Hrsg.), Kommunalpolitik. Politisches Handeln in Gemeinden, Opladen 1998, S. 104-122.
12 Zu den Abweichungen vgl. Henry Bäck/Folke Johansson/Helge O. Larsen, Local government in Nordic big Cities, in: Oscar W. Gabriel/Vincent Hoffmann-Martinot/Hank V. Savitch (Hrsg.), Urban Democracy, Opladen 2000, S. 49.
13 Vgl. Herbert Döring, Politische Reformen von Thatcher bis Blair: Langsamer Abschied vom insularen Sonderweg?, in: Aus Politik und Zeitgeschichte, B 18/97, S. 17.

mindestens so stark verändern wie die Durchsetzung der plebiszitären Bürgermeisterverfassung. Die unter den Bezeichnungen „Neues Steuerungsmodell" bzw. „New Public Management" propagierten Reformen der kommunalen Selbstverwaltung enthalten die folgenden Elemente, die zu einer
grundlegenden Neuverteilung politischer Macht in den Kommunen führen
dürften:

- die Organisation der Kommunalverwaltungen nach dem Konzernmodell
  sowie die Einführung betriebswirtschaftlicher Planungs-, Steuerungs-
  und Kontrollinstrumente,
- die Reorganisation der kommunalen Dienstleistungen durch Dezentralisierung, Deregulierung, Privatisierung, Public-Private-Partnership sowie
  eine stärkere „Kundenorientierung" und
- die Neugestaltung des Verhältnisses von Kommunalverwaltung und
  Kommunalvertretung, wobei sich letztere aus dem operativen Geschäft,
  also der Beschäftigung mit Einzelfragen, zurückziehen und auf die Regelung von Grundsatzangelegenheiten beschränken solle, die allerdings
  auf dem Wege von Zielvereinbarungen zur Grundlage des Verwaltungs-
  handelns gemacht werden sollen. Neben der Festlegung der politischen
  Ziele soll der Gemeinderat künftig die Einhaltung der Zielvereinbarungen kontrollieren.

Wenn man von der Reduzierung der Bürger- auf die Kundenrolle absieht,
sind die beiden ersten Reformziele unter demokratiepolitischen Gesichtspunkten zwar unproblematisch. Auch sie reflektieren aber eine problemati-
sche Sicht der kommunalen Selbstverwaltung, nämlich ihre Gleichsetzung
mit einem Dienstleistungsunternehmen und die Vernachlässigung ihrer demokratischen Komponente. Ungeachtet des Bedeutungsgewinns der Leistungsverwaltung lässt sich Kommunalpolitik nicht auf die Produktion von
Dienstleistungen eingrenzen, wie sie für Unternehmen typisch ist. Die kommunalen Institutionen einschließlich der Verwaltung unterliegen einer Steuerung durch demokratische Verfahren, wodurch sie sich grundlegend von
Transaktionen auf Märkten unterscheiden. Die im neuen Steuerungsmodell
angelegte Sicht der Volksvertretung als Aufsichtsrat und der Verwaltung als
Vorstand (Konzernmodell) widerspricht der Funktion des Rates als demokratisch legitimiertem oberstem Gemeindeorgan. Darüber hinaus sind die seit
langem ohne greifbaren Erfolg unternommenen Versuche, generelle Steue-
rungsaufgaben von tagespolitischen Angelegenheiten abzugrenzen, mit der
Interessenlage der Ratsmitglieder inkompatibel.

Die lokalen Strukturreformen installierten in Deutschland ein quasipräsi-
dentielles System mit stark plebiszitärer Komponente. Die Stärkung der
kommunalen Exekutive verfolgte das Ziel, die Effizienz der politischen Führung zu steigern. Der Ausbau der bürgerschaftlichen Partizipationsrechte galt
als Gegengewicht zum Machtgewinn der Exekutive, da auf diese Weise neue
Veto-Positionen in das lokale Entscheidungssystem eingebaut wurden. Da-
hinter stand die Erwartung, die Bürger wünschten mehr Partizipation auf der

lokalen Ebene. Im Bildungs- und Informationszeitalter sei dies auch möglich, weil die Bürger interessierter, informierter und handlungsbereiter seien als in früheren Zeiten. Kritiker der Reformen wandten dagegen ein, die Stärkung der Exekutive und die Einführung plebiszitärer Verfahren schwäche die Gemeindevertretung als die wichtigste Einrichtung in einer repräsentativen Demokratie. Wie jedoch das Beispiel der Schweiz zeigt, können plebiszitäre Institutionen den Handlungsspielraum der Exekutive tatsächlich begrenzen, weil sie Vetopositionen schaffen und konsensuale Problemlösungen erzwingen, an denen alle relevanten politischen Akteure beteiligt sind.

Die Frage, ob die Reformen der 1990er Jahre die lokale Demokratie gestärkt haben, ist auf der Basis einer Analyse des politischen Institutionensystems alleine nicht zu beantworten, denn das Funktionieren von Institutionen in der politischen Wirklichkeit hängt vom Verhalten der politischen Akteure und vom Ablauf politischer Prozesse ab. Ein Ergebnis jedoch lässt sich bereits auf der Basis der bisher dargestellten Sachverhalte festhalten. Die Reformen waren nicht am Leitbild der repräsentativen Gemeindedemokratie orientiert, das seit dem Ende des Zweiten Weltkrieges in der kommunalwissenschaftlichen Literatur dominiert hatte. Sie sind vielmehr durch ein geradezu auffälliges Desinteresse an der Rolle der demokratisch legitimierten kommunalen Vertretungskörperschaft gekennzeichnet und verabsolutieren die Ziele der Bürgerpartizipation und der Verwaltungseffizienz. Auf den ersten Blick scheinen die Kommunalparlamente die Verlierer der Strukturreformen zu sein; ob diese Annahme die Realität korrekt widerspiegelt, ist ohne eine genauere empirische Analyse kommunaler Machtstrukturen und Entscheidungsprozesse nicht zu sagen.

3. Die Bürger und die lokale Demokratie: Einstellungen und Verhalten

3.1 „Macht" und „Responsivität"

Wie man in vielen politikwissenschaftlichen Lehrbüchern lesen kann, wird eine Demokratie nur dann ihrem Anspruch gerecht, wenn sich die politischen Orientierungen und Verhaltensweisen der Bürger im Einklang mit demokratischen Prinzipien befinden. Dies gilt für lokale politische Systeme ebenso wie für nationale. Ungeachtet ihrer Plausibilität weist die Vorstellung von der Bedeutsamkeit der politischen Orientierungen und Verhaltensweisen der Bürger für die Funktionsfähigkeit der kommunalen Demokratie eine Schwäche auf: Ein allgemein anerkanntes Leitbild des demokratischen Bürgers gibt es nicht. Je nachdem, aus welcher politikphilosophischen Perspektive man argumentiert, kommt man zu unterschiedlichen, wenn nicht gar gegensätzlichen Erwartungen. Es ist nicht einmal klar, welche Dimensionen bei der Erörterung der Rolle der Bürger überhaupt eine Rolle spielen sollen.

In der von Almond und Verba begründeten Forschungstradition hat eine Demokratie zwei miteinander konkurrierende Anforderungen zu erfüllen, die sie mit den Begriffen „Macht" und „Responsivität" charakterisierten[14]. Die effektive Ausübung politischer Macht erfordert loyale Bürger (Vertrauen, Unterstützung), die dazu bereit sind, dem politischen System den für eine effektive Erfüllung seiner Aufgaben benötigten Handlungsspielraum zu gewähren. Zugleich legitimiert die Unterstützung der Bürger das politische System sowie dessen Institutionen und Akteure.

Die Forderung nach politischer Responsivität erfüllt eine andere Funktion. Sie ergibt sich aus den speziellen Funktionserfordernissen einer Demokratie und setzt dieses Ordnungsmodell von anderen Regimetypen ab. In einer Demokratie muss sicher gestellt sein, dass die politische Führung ihren Handlungsspielraum im Einklang mit demokratischen Prinzipien und im Interesse der Bevölkerung nutzt. Die zuvor behandelten Prinzipien des Wettbewerbs und der Partizipation schaffen die institutionelle Voraussetzung für eine responsive Politik. Dieses normative Leitbild wird aber erst zur Realität wenn die Bürger das Handeln der politischen Führung wachsam und kritisch begleiten und die Eliten im Bedarfsfalle zu responsivem Handeln zwingen. Dies wiederum setzt eine Konfiguration von Einstellungen und Verhaltensweisen voraus, die man als politische Involvierung bezeichnet. Hierzu gehören politisches Interesse, politisches Wissen, das Gefühl politischer Kompetenz, die Bereitschaft zur politischen Aktivität sowie die Umsetzung dieser Bereitschaft in politisches Handeln.

Die Einstellungen und Verhaltensweisen der Bürger in der Kommunalpolitik wurden bisher nur selten untersucht, international vergleichende Studien sind noch rarer. Insofern sind dem Bemühen, die demokratischen Potentiale der Kommunalpolitik aus der Akteursperspektive im internationalen Vergleich zu beleuchten, Grenzen gesetzt. Dennoch liegen einige Studien vor, die es ermöglichen, das Verhältnis der deutschen Bevölkerung zur lokalen Politik im internationalen Vergleich zu erörtern[15].

3.2 Politische Involvierung und politische Partizipation

Bereits in der Civic Culture-Studie untersuchten Almond und Verba an Hand einer Reihe von Indikatoren die Involvierung der Bürger in die lokale und nationale Politik. Wie sie herausfanden, waren die Bundesbürger wesentlich stärker in die lokale Politik involviert als in die nationale Politik. Sie gaben an, lokale Fragen besser zu verstehen als nationale und schätzten ihre Chancen, etwas gegen unerwünschte Maßnahmen lokaler Autoritäten unternehmen zu können, erheblich positiver ein als ihre Einflusschancen auf der nationalen

---

14 Vgl. Gabriel A. Almond/Sidney Verba, The Civic Culture. Political Attitudes and Democracy in Five Nations, Boston 1965.
15 Vgl. hierzu insbesondere Vetter (Anm. 7).

Ebene. Im internationalen Vergleich lag Deutschland bei den meisten Indikatoren zwischen den beiden klassischen Demokratien (USA und Großbritannien) und Italien. Dieses Ergebnis entsprach ebenso den Erwartungen wie ein zweites. In keinem anderen Land fiel die Bewertung der beiden Systemebenen so unterschiedlich aus wie in Deutschland[16]. Dies reflektiert die lange und starke Tradition kommunaler Selbstverwaltung in diesem Lande und zeigt, dass im Deutschland der 1950er Jahre auf der kommunalen Ebene bessere kulturelle Voraussetzungen für eine responsive Politik bestanden als auf der nationalen Ebene.

Wie alle seither durchgeführten empirischen Erhebungen erkennen lassen, hat sich die in den 1950er Jahren festgestellte Konstellation nur insoweit verändert, als ein Spillover partizipativer Orientierungen von der lokalen auf die nationale Ebene stattgefunden zu haben scheint. Auch am Beginn der 1980er Jahre sahen die Deutschen in der Kommunalpolitik bessere Einflussmöglichkeiten als in der Bundespolitik; die Unterschiede in der Bewertung der Systemebenen hatten sich jedoch im Vergleich mit dem ersten Jahrzehnt nach der Gründung der Bundesrepublik verringert. Ebenfalls verkleinert hatte sich der Abstand zwischen Deutschland und den traditionsreichen Demokratien, und zwar auf der lokalen wie auf der nationalen Ebene. Diese beiden Sachverhalte bestätigten sich in einer Vier-Länder-Studie von Hayes und Bean über das Gefühl politischer Kompetenz[17] und in einer knapp zehn Jahre später von Vetter publizierten Untersuchung. Unter zwölf europäischen Staaten befand sich Deutschland im Hinblick auf die lokale und die nationale politische Kompetenz in der Spitzengruppe[18]. Zudem waren die Unterschiede in der Bewertung der lokalen und nationalen Politik in Deutschland kleiner als im europäischen Durchschnitt.

Gemessen am Gefühl der Bevölkerung, politische Vorgänge in der nationalen und lokalen Politik beeinflussen zu können, haben sich die politischen Verhältnisse in Deutschland spätestens seit der Mitte der 1970er Jahre jenen in den traditionsreichen Demokratien angeglichen. Einstellungen wie das politische Interesse und das Gefühl politischer Kompetenz sind nicht nur für sich genommen, sondern auch als Bestimmungsfaktoren politischer Partizipation von Interesse. Folgt man den bisherigen Überlegungen, dann dürften auf der lokalen Ebene bessere kulturelle Voraussetzungen für eine aktive Teilnahme am politischen Leben bestehen als in der nationalen Politik. Insofern ist es sicher auch kein Zufall, dass die Ausweitung der kommunalen Partizipationsrechte bisher keine Entsprechung in der nationalen Politik fand. Dennoch hatten die klassischen Partizipationsstudien ihren Focus auf der na-

---

16 Detaillierte Belege und zum folgenden bei Oscar W. Gabriel, Lokale politische Kultur, in: Ulrich von Alemann/Kay Loss/Gerhard Vowe (Hrsg.): Politik. Eine Einführung, Opladen 1994, S. 219-223 und 235-241; Vetter (Anm. 7), S. 83-86.

17 Vgl. Bernadette C. Hayes/Clive S. Bean, Political Efficacy: A comparative study of the United States, West Germany, Great Britain and Australia, in: European Journal of Political Research 23 (1993), S. 263-265.

18 Vgl. Vetter (Anm. 7), S. 85-86.

tionalen Ebene des politischen Systems oder nahmen keine nach Handlungsebenen des politischen Systems differenzierte Betrachtung der politischen Beteiligung vor. Dieser Sachverhalt ist nicht allein im Hinblick auf die normative Debatte über die Rolle der Gemeinden als „Schule der Demokratie" erstaunlich, sondern auch unter dem Gesichtspunkt, dass die Gemeindeordnungen nach den Reformen der jüngsten Vergangenheit besonders reichhaltige Partizipationsmöglichkeiten vorsehen. Außerdem lässt sich kooperatives Handeln, wie es für die meisten Formen politischer Partizipation notwendig ist, auf der lokalen Ebene wesentlich leichter realisieren als in der nationalen Politik.

Auch in Deutschland gehört die Analyse lokaler Partizipation zu den vernachlässigten Forschungsfeldern. Besonders unbefriedigend ist die Datenlage, wenn man sich für die langfristige Entwicklung der Bürgerbeteiligung an der Kommunalpolitik interessiert. Die einzigen Ausnahme bilden Daten über die Stimmabgabe bei Kommunalwahlen und über die Bereitschaft, gemeinsam mit anderen an der Lösung kommunaler Probleme zu arbeiten. Diese zuletzt genannten Aktivitäten, die über einen längeren Zeitraum hinweg auf der Basis national repräsentativer Daten erhoben wurden, zeigen das aus der nationalen Politik bekannte Bild: Nur eine Minderheit der Bundesbürger ist politisch aktiv[19]. Über eine regelmäßige Beteiligung an derartigen Aktivitäten berichteten im Zeitraum 1974 bis 1996 lediglich vier Prozent der Bundesbürger; der Anteil der sporadisch Aktiven variierte zwischen 15 Prozent im Jahr 1980 und 42 Prozent in den Jahren 1986 und 1989. Diese starken Schwankungen resultieren aus dem Umstand, dass Aktivitäten mit einem konkreten Problembezug immer an das Auftreten bestimmter Anlässe gebunden sind. Diese verteilen sich aber nicht gleichmäßig über die Zeit. Ungeachtet der Fluktuation im politischen Engagement bleibt die kommunalpolitische Beteiligung, selbst wenn sie nur gelegentlich erfolgt, eine Sache von Minderheiten[20].

Diese Erkenntnis bestätigte sich in einer Bestandsaufnahme der lokalpolitischen Partizipation im Jahr 1997. An keiner der untersuchten Aktivitäten beteiligte sich eine Mehrheit der Befragten, die Spitzenwerte lagen bei 20 Prozent. Besonders populäre Formen politischer Einflussnahme waren die Beteiligung an Unterschriftensammlungen, Behördenkontakte und die Zusammenarbeit mit anderen zur Lösung lokaler Probleme. Wenig Resonanz fanden in der Öffentlichkeit illegale Formen politischer Einflussnahme.

---

19 Vgl. Verba/Nie/Kim (Anm. 7) für die USA, die Niederlande, Österreich und Japan; Geraint Parry/George Moyser/Neil Day, Political Participation and Democracy in Britain, Cambridge 1992 (für Großbritannien); Lawrence E. Rose/Per Arnt Patterson, The good citizen: Democratic theory and political realities among Norwegians, Paper prepared for the Annual Meeting of the Midwest Political Science Association, Chicago 2002 (für Norwegen); Fritz Plasser/Peter A. Ulram, Das österreichische Politikverständnis. Von der Konsens- zur Konfliktkultur?, Wien 2002 (für Österreich).

20 Vgl. und zum folgenden Gabriel (Anm. 8).

Die einzige Abweichung von diesem generellen Muster ergibt sich bei der Stimmabgabe bei Wahlen. Sie gehört für die Mehrheit der Deutschen, besonders der Westdeutschen, zu den etablierten Formen des politischen Verhaltens. Allerdings liegt die Beteiligung an Kommunalwahlen deutlich unter dem bei Bundestagswahlen erreichten Niveau und variiert von Gemeinde zu Gemeinde und von Wahl zu Wahl. Auch die kommunalen Bürgerbegehren und Bürgerentscheide vermögen es nur in Ausnahmefällen, eine breite Mehrheit der Bürger zu mobilisieren. Jenseits der Grenzen Deutschlands macht die Mehrheit der Wahlberechtigten keineswegs in allen Ländern von ihrem Recht zur Stimmabgabe bei Kommunalwahlen Gebrauch[21].

Im Vergleich mit den Annahmen normativer Partizipationstheorien fallen die empirischen Befunde über die politische Involvierung und Partizipation der Bürger enttäuschend aus. Allerdings muss man die Frage stellen, ob die Erwartung, eine Mehrheit der Bürger sei an einem dauerhaften politischen Engagement in jeder beliebigen Frage interessiert, jemals gerechtfertigt war. Nur wenn man von einer derartigen Prämisse ausgeht, wird der Befund, dass lediglich eine Minderheit der Bürger politisch aktiv ist, per se zum Problem. Nach Sniderman/Brody/Tetlock ergibt sich die begrenzte politische Involvierung und Partizipation nicht zuletzt aus der Ausdifferenzierung zahlreicher Issuepublika, die sich ausschließlich für die für sie relevanten Sachfragen interessieren und entsprechend informieren und nur auf diesen Feldern handlungsbereit sind, auf anderen aber nicht[22].

Eine stärkere Herausforderung für das Verhältnis von Norm und Wirklichkeit der Demokratie ergibt sich aus einem weiteren Befund der empirischen Forschung. Wie seit den ersten Arbeiten auf dem Gebiet der empirischen Partizipationsforschung bekannt ist, rekrutiert sich die politisch aktive Minderheit in allen westlichen Demokratien aus den ressourcenstarken, sozial gut integrierten Bevölkerungsgruppen. Zudem gibt es deutliche Hinweise auf ein Auseinanderklaffen der Politikpräferenzen der aktiven und der inaktiven Bevölkerung, besonders wenn es sich um die Teilnahme an Protestaktivitäten handelt. Vor diesem Hintergrund stellt sich auch die Diskussion über die Beziehung zwischen politischer Partizipation und politischer Responsivität in einem neuen Licht dar. Wenn vornehmlich die ressourcenstarken Gruppen ihre politische Interessen öffentlich artikulieren, dann ist ein responsives Handeln der politischen Führung gegenüber den Aktivisten wahrscheinlicher als gegenüber der gesamten Bevölkerung.

---

21 Vgl. Colin Rallings/Michael Temple/Michael Trasher, Participation in Local Elections, in: Lawrence Pratchett/David Wilson (Hrsg.), Local Democracy and Local Government, Houndmills 1996, S. 62-83.

22 Vgl. Paul M. Sniderman/Richard A. Brody/Philip E. Tetlock, Reasoning and Choice. Explorations in Political Psychology, Cambridge 1994.

3.3 Politische Unterstützung

In einer Demokratie ist es nicht nur wichtig, dass die Bevölkerung am politischen Leben Anteil nimmt, sondern sie muss auch mit den grundlegenden Werten, Strukturen und Prozessen einverstanden sein. Dies gilt gerade in Fällen, in denen einzelne politische Entscheidungen den eigenen Interessen zuwider laufen. Zur Bezeichnung dieser Einstellungen zum politischen System, seinen Institutionen und Akteuren verwendet man in der Politikwissenschaft den Begriff „politische Unterstützung".

Ähnlich wie die politische Involvierung wurde die Unterstützung der lokalen Politik zum ersten Mal in der Civic Culture-Studie untersucht und mit den entsprechenden Einstellungen zur nationalen Politik verglichen. In diesem Bereich zeigten sich in den 1950er Jahren deutliche Unterschiede zwischen den traditionsreichen und den neuen Demokratien. In Deutschland wie in den drei anderen Ländern vertrat eine Mehrheit der Bürger die Auffassung, die Arbeit der Kommunalverwaltung beeinflusse ihr Leben positiv. Dieser Anteil war nur knapp unter dem in Großbritannien, jedoch deutlich niedriger als in den USA. Etwas skeptischer bewerteten die Deutschen – im Gegensatz zu den Amerikanern und Briten – die Arbeit der nationalen Regierung. Wenn Almond und Verba das Verhältnis der Deutschen zur Politik als outputorientiert oder instrumentell charakterisierten, dann galt dies weniger für die lokale als für die nationale Politik; denn im lokalen Bereich waren die partizipativen Orientierungen nicht schwächer ausgeprägt als die Bewertung des Nutzens aus dem Handeln der politischen Führung.

Weitere Erhebungen in den letzten beiden Jahrzehnten bestätigen – auch im internationalen Vergleich – die große Zufriedenheit der deutschen Bevölkerung mit dem Funktionieren der lokalen Selbstverwaltung bzw. der lokalen Demokratie. In einer 1984 in den EU-Staaten durchgeführten Umfrage rangierte Deutschland im Hinblick auf die Zufriedenheit mit der kommunalen Selbstverwaltung hinter Frankreich (71 Prozent) und Belgien (70 Prozent) auf dem dritten Platz (68 Prozent). In den 1990er Jahren bekundeten die Bürger der alten Bundesländer eine große Zufriedenheit mit dem Funktionieren der Demokratie auf der nationalen und der lokalen Ebene. Sie liegen damit in beiden Fällen in der Spitzengruppe der EU-Staaten. In Ostdeutschland war die Demokratiezufriedenheit auf beiden Ebenen nur unterdurchschnittlich entwickelt. Allerdings existieren weder in West- noch in Ostdeutschland große Unterschiede zwischen der Bewertung der lokalen und der nationalen Demokratie. In anderen europäischen Staaten war dies sehr wohl der Fall: Insbesondere in den südeuropäischen Ländern und in Großbritannien, in denen die Mehrheit der Bevölkerung den aktuellen Zustand des politischen Systems kritisch sah, schnitt die lokale Ebene deutlich besser ab als die nationale Ebene.

Politik wird für die meisten Menschen eher durch die Wahrnehmung der Arbeit politischer Institutionen und Akteure erlebbar als in einer Auseinandersetzung mit abstrakten Prinzipien. Die in Tabelle 1 enthaltenen Daten aus einer national repräsentativen Erhebung des Vertrauens in lokale und nationale politische Akteure in Ost- und Westdeutschland indizieren zwar keine uneingeschränkte Zustimmung zu den Verhältnissen in der kommunalen Politik, jedoch schneiden alle lokalen Institutionen und Akteure im Urteil der Bürger wesentlich besser ab als ihre Pendants auf der nationalen Ebene.

Auch in Großbritannien vertraut die Bevölkerung den lokalen Politikern stärker als den nationalen Akteuren; ein direkter Vergleich des Vertrauens zu lokalen und nationalen Institutionen ist allerdings in den einschlägigen Studien nicht enthalten[23]. In einer Studie über Norwegen aus dem Jahr 1996 stellten Rose und Pettersen[24] keine wesentlichen Unterschiede im Vertrauen zu lokalen und nationalen Institutionen und Akteuren fest. Wenn überhaupt Differenzen auftraten, schnitten die nationalen politischen Objekte etwas besser ab als die lokalen. In den USA war das politische Vertrauen im Jahr 2000 relativ schwach ausgeprägt. Als Folge der außergewöhnlichen Ereignisse am 11. September 2001 stieg das Vertrauen zur nationalen Regierung zwischen 2000 und 2001 jedoch erheblich stärker als das zur Lokalregierung[25].

Tabelle 1: Vertrauen zu lokalen und nationalen Institutionen in Deutschland, 1997

	Alte Bundesländer		Neue Bundesländer	
	Gemeinde	Bund	Gemeinde	Bund
Oberbürgermeister	43		36	
Regierung		22		17
Parlament	33	25	24	17
Verwaltung	36	31	25	21
Parteien	24	13	16	12
Politiker	27	12	22	11
N		2022		502

Quelle: Konrad Adenauer-Stiftung, Herbst-Studie 1997, eigene Auswertungen.

Obwohl die Datenlage nur vorsichtige Aussagen über die Struktur und Entwicklung des Verhältnisses der Bevölkerung zur lokalen Demokratie zulässt, ist der Ertrag der empirischen Forschung über die kulturellen Grundlagen der Demokratie in den deutschen Gemeinden doch deutlich von Null verschieden. Mit der subjektiven politischen Kompetenz und der Demokratiezufriedenheit stehen zwei Variablen für nationale und international vergleichende Analysen zur Verfügung, die die beiden wichtigsten Dimensionen der politi-

23   Vgl. Ken Young/Nirmala Rao, Faith in Local Democracy, in: Roger Jowell u.a. (Hrsg.), British Social Attitudes: the 12th report, Aldershot 1995, S. 98-99.

24   Vgl. Lawrence E. Rose/Per Arnt Pettersen, Confidence in Politicians and Institutions: Comparing National and Local Levels, in: Hanne Marthe Narud/Toril Aalberg (Hrsg.), Challenges to Representative Democracy: Parties, Voters and Public Opinion, Bergen 1999, S. 107-111.

25   Vgl. Theda Skocpol, Will 9/11 and the War on Terror Revitalize American Civic Democracy?, in: Political Science and Politics 35 (2002), S. 537-540.

schen Kultur, die politische Involvierung und die politische Unterstützung, repräsentieren. Für diese beiden Einstellungen lassen sich wichtige Folgerungen ziehen: Im Einklang mit der langen Tradition kommunaler Demokratie in Deutschland weist die Bevölkerung ein positives Verhältnis zum aktuellen Zustand des lokalen politischen Systems auf und liegt – zumindest gilt dies für Westdeutschland – im internationalen Vergleich in der Spitzengruppe. Das Niveau subjektiver politischer Kompetenz in lokalen Fragen ist in Deutschland ebenfalls höher als in den meisten anderen europäischen Demokratien. Im internationalen Vergleich sind die kulturellen Grundlagen der lokalen Demokratie in Deutschland relativ gut entwickelt. Der Anteil politisch kompetenter Bürger dürfte ausreichen, die in einer Demokratie unverzichtbare Responsivität der Regierenden gegenüber den Regierten zu gewährleisten. Das hohe Niveau der Zufriedenheit mit dem Funktionieren der lokalen Demokratie sowie das relativ breite Vertrauen zu den lokalen Institutionen stellen sicher, dass die politische Führung über den zum effektiven Regieren erforderlichen Handlungsspielraum verfügt.

Da über das normative Leitbild des demokratischen Bürgers Unklarheiten und Kontroversen bestehen, lässt sich nur schwer sagen, ob die politischen Einstellungen und Verhaltensweisen der Bundesbürger den Idealvorstellungen von einer gut funktionierenden kommunalen Demokratie entsprechen. Im internationalen Vergleich allerdings schneidet Deutschland – soweit die unbefriedigende Datenlage überhaupt eine allgemeine Feststellung zulässt – nicht schlechter ab als Demokratien mit einer längeren Tradition. Im Hinblick auf die entscheidenden Parameter lokale Involvierung, Partizipation und Unterstützung befindet sich Deutschland in den wenigen international vergleichenden Studien entweder in der Spitzengruppen oder im Mittelfeld.

4. Die Eliten und die lokale Demokratie

4.1 Offenheit und Pluralität der lokalen Elite

Die Qualität der lokalen Demokratie hängt nicht allein von den politischen Institutionen und den Orientierungen bzw. Verhaltensweisen der Bürger ab. Mindestens so wichtig, wenn nicht gar wichtiger, ist die Struktur des Führungssystems von Gemeinden, insbesondere die Pluralität, Offenheit, Zirkulation und Responsivität der lokalen Eliten. Burton/Gunther/Higley bezeichnen als Eliten die wichtigsten Entscheidungsträger in den großen und ressourcenstarken Organisationen einer Gesellschaft[26]. Hierzu gehören auf der lokalen Ebene die Gemeindevertretung und ihre Ausschüsse, Fraktionen und

---

26 Vgl. Michael Burton/Richard Gunther/John Higley, Introduction: Elite Transformations and Democratic Regimes, in: John Higley/Richard Gunther (Hrsg), Elites and Democratic Consolidation in Latin America and Southern Europe, New York 1992, S. 1-37, hier S. 8.

informellen Gruppierungen, der Bürgermeister als politische bzw. administrative Führungsperson, eventuell bestehende kollektive Leitungsorgane der Verwaltung (Magistrat, Stadtvorstand, Verwaltungsausschuss), die Parteien, organisierte und ad hoc gebildete Interessengruppen, die Lokalpresse und die lokale Wirtschaft[27]. Elitenpluralismus herrscht dann, wenn die verschiedenen Sektoren des Führungssystems einer Gemeinde nicht zu eng miteinander verflochten sind, sondern unabhängig voneinander agieren können. Offenheit setzt voraus, dass im Prinzip jedes Mitglied der gesellschaftlichen oder politischen Gemeinschaft in Führungspositionen aufsteigen kann; Zirkulation bedeutet zeitlich begrenzte Dauer der Zugehörigkeit zur Elite, und mit Responsivität meint man die Orientierung des Handelns der Eliten an den Präferenzen der Nichteliten ihres Handlungsfeldes. Dieses Postulat ist in einer Demokratie für die politischen Eliten allerdings wichtiger als für andere Sektoren des Führungssystems einer Gesellschaft.

Über die Struktur des Führungs- und Entscheidungssystems von Gemeinden gibt es in der Politikwissenschaft eine lange und zeitweise heftig geführte Kontroverse[28], weil der Nachweis elitärer Führungsstrukturen das Selbstverständnis pluralistischer Demokratien in Frage stellt. Im politischen System wird der Elitenpluralismus durch die innere und äußere Parteifreiheit sowie durch die Vereinigungsfreiheit ermöglicht. Diese Prinzipien schaffen die Grundlage für die gleichberechtigte Teilnahme aller demokratischen Kräfte am politischen Willensbildungs- und Entscheidungsprozess. Der Parteienwettbewerb und die institutionellen Regelungen der Gemeindeverfassung beeinflussen ihrerseits die Form der Machtverteilung auf der kommunalen Ebene. In anderen gesellschaftlichen Handlungsbereichen können die Offenheit und die Pluralität der Führungsstrukturen schwächer ausgeprägt sein, weil für den Aufstieg in Führungspositionen spezielle Fachkompetenzen erforderlich sind. Die Frage, ob parteienstaatliche Rekrutierungsprinzipien eher zu Pluralität und Wettbewerb führen als fachspezifische Kriterien, ist allerdings nur empirisch zu klären.

Der Zugang zu lokalen Führungspositionen ist durch die institutionellen, sozialstrukturellen und kulturellen Voraussetzungen eines Landes geprägt. Prinzipiell steht in allen westlichen Demokratien jedem Bürger der Weg in die Führungsgruppen offen. Alle Bürger können sich in ein Amt wählen lassen oder eine gesellschaftliche Führungsposition einnehmen und somit an der Vorbereitung und Durchführung politischer Entscheidungen mitwirken. Entgegen den Idealen der normativen Demokratietheorie zeigen empirische Studien eine Überrepräsentation gut gebildeter, männlicher Angehöriger der Mittel- und Oberschicht in den Führungspositionen. Als zusätzliche generelle Voraussetzungen für einen Aufstieg in die Elite gelten Fachkompetenz, so-

---

27 Vgl. Melanie Walter, Politische Macht und Responsivität in der Großstadt – Eine Studie zur Einstellungskongruenz kommunalpolitischer Akteure am Beispiel der Stadt Stuttgart, Stuttgart 2002, S. 178.

28 Ebd., S. 178.

ziales Prestige und Führungsqualitäten. In der lokalen Politik kommen weitere Merkmale hinzu: die Unterstützung durch eine Partei sowie frei disponible zeitliche Ressourcen. Auch wenn formal der Aufstieg in die lokale Elite für jeden offen steht, haben in der Praxis bestimmte Bevölkerungsgruppen überdurchschnittlich gute Chancen, lokale Führungspositionen zu übernehmen.

In der amerikanischen Community-Power-Forschung stand mehrere Jahrzehnte lang die Frage „Who Governs" im Vordergrund. Auslöser dieser Auseinandersetzung war die Annahme der Elitisten, eine kleine, kohäsive ökonomische Elite bestimme die Geschicke einer Stadt, jedenfalls auf den wichtigen Politikfeldern. Pluralisten hielten dem entgegen, die Machtstrukturen in Kommunen variierten von Politikfeld zu Politikfeld, die Existenz einer einheitlichen Elite mit einem gleich großen Einfluss auf alle kommunalen Streitfragen stellten sie in Abrede.

Aus vielerlei Gründen entwickelte sich die Analyse kommunaler Macht- und Führungsstrukturen in Deutschland nach einem gänzlich anderen Muster als in den USA. Abgesehen von einem eklatanten Mangel an empirischen Untersuchungen stand in den wenigen deutschen Untersuchungen kommunaler Entscheidungsprozesse stets die Machtverteilung zwischen der kommunalen Vertretungskörperschaft und der Verwaltungsspitze im Zentrum[29]. Dabei konkurrierten drei Annahmen miteinander:

Nach dem Modell der *legislatorischen Steuerung* steuert die kommunale Vertretungskörperschaft das Verwaltungshandeln durch ihre Beschlüsse. Die Verwaltung ist auf die Aufgabe reduziert, die Beschlüsse des Rates vorzubereiten und auszuführen. Obgleich die Kommunalvertretung im kommunalen Entscheidungssystem die dominierende Rolle spielt, ist die Machtstruktur pluralistisch. Der Rat, die Fraktionen, die Ausschüsse und die Verwaltung verfügen über jeweils eigene Machtressourcen, deren Gewicht im Einzelfalle allerdings erheblich von den Eigenschaften der beteiligten Akteure abhängt. Nach dem Modell der *exekutiven Führerschaft* gehen die meisten Initiativen von der hauptberuflichen Verwaltung aus, und sie haben die größten Chancen, sich im lokalen Entscheidungsprozess durchzusetzen. Hierfür ist nicht zuletzt die starke Stellung des Verwaltungschefs maßgeblich, in dessen Position politische und exekutive Führungspositionen gebündelt sind und der auf Grund seiner Stellung dazu in der Lage ist, die Kommunalvertretung zu lenken. Obwohl die Umsetzung formaler in faktische Macht auch in dieser Konstellation maßgeblich von den Führungsqualitäten des Verwaltungschefs abhängt, ist das kommunale Entscheidungssystem in der Regel weniger pluralistisch als unter den Bedingungen der legislatorischen Steuerung. Nach der *Vorentscheider-These* bereitet eine kleine Gruppe einflussreicher Personen aus Rat und Verwaltung die relevanten Entscheidungen vor und legt die Richtlinien der Politik fest. Die Vorentscheider neutralisieren den institutionell vorgegebenen Dualismus zwischen Verwaltung und Kommunalvertre-

---

29 Vgl. Wolfgang Rudzio, Das politische System der Bundesrepublik Deutschland, 5. Aufl., Opladen 2000, S. 406-410.

tung, da sie Akteure aus beiden Teilsystemen zusammenführen. Die Pluralität der Machtstruktur hängt in diesem Falle in erster Linie von der Inklusivität des Vorentscheiderkreises ab.

Keine dieser Annahmen wurde von der lokalen Politikforschung empirisch belegt. Dies hat primär mit der bereits erwähnten Forschungssituation zu tun, aber selbst die wenigen empirischen Arbeiten, die sich explizit mit der Analyse kommunaler Führungsstrukturen beschäftigten, zeichneten kein einheitliches Bild. Derlien u.a. lieferten in einer vor 25 Jahren publizierten Vier-Städte-Studie Belege für einen Einfluss des Kommunalverfassungssystems auf die Machtstruktur in den untersuchten Gemeinden[30]. In einer Studie in zehn Städten Baden-Württembergs und Nordrhein-Westfalens konnte Simon die Ergebnisse Derliens nicht bestätigen: „Die kommunalpolitische Wirklichkeit ist eher durch Kooperation und Machtbalance gekennzeichnet als durch die Dominanz eines Steuerungszentrums"[31]. Dass die Ergebnisse der vor der Reform der Kommunalverfassung durchgeführten Studien nicht auf die heutigen Bedingungen übertragen werden können, versteht sich von selbst. Vermutlich schaffen aber auch heute die institutionellen Regelungen nur Rahmenbedingungen, innerhalb derer die politischen Akteure ihre Ressourcen und Entscheidungsspielräume mit unterschiedlichem Geschick und Erfolg nutzen. Zu generellen Aussagen über die Struktur des lokalen Führungssystems würde man wohl auch bei einer noch so breiten Forschungsaktivität kaum kommen.

4.2 Politische Einstellungen und Verhalten der lokalen Elite

4.2.1 Bedeutung von politischer Responsivität

Die Stabilität und die Funktionsfähigkeit eines politischen Systems hängen maßgeblich von den Einstellungen und Verhaltensweisen der gesellschaftlichen und politischen Eliten ab, insbesondere von der Unterstützung demokratischer Prinzipien. Wichtig ist nicht allein ein breiter Elitenkonsens über demokratische Werte, Normen und Spielregeln, sondern auch eine Übereinstimmung zwischen den Eliten und den Nichteliten in den grundsätzlichen Fragen des gesellschaftlichen und politischen Zusammenlebens (Responsivität). Allerdings stellt sich der Konsensbedarf in verschiedenen Bereichen unterschiedlich dar, wie die Befunde der empirischen Forschung unterstreichen. Demnach besteht ein breiter Elitenkonsens über grundlegende demokratische Prinzipien, denen sich die Eliten zudem stärker verpflichtet fühlen als die

---

30 Vgl. Hans-Ulrich Derlien/Christoph Gürtler/Wolfgang Holler/Hermann J. Schreiner, Kommunalverfassung und kommunales Entscheidungssystem – Eine vergleichende Studie in vier Gemeinden, Meisenheim am Glan 1976.
31 Vgl. Klaus Simon, Repräsentative Demokratie in großen Städten, Melle 1988, S. 11.

Bürger[32]. Anders stellt sich die Sachlage bei den für das gesellschaftliche Zusammenleben maßgeblichen Ziele (Ideologien und Werte) dar. In diesen Fragen divergieren die Positionen der politischen Eliten mitunter stärker als die der Bevölkerung[33]. Responsivität in ideologischen Fragen lässt sich auch nicht einfach auf eine Übereinstimmung der gesamten Elite mit der gesamten Bevölkerung oder Wählerschaft reduzieren. Wahrscheinlicher sind Übereinstimmungen zwischen bestimmten Teileliten und bestimmten Bevölkerungsgruppen. Darüber hinaus stellt sich gerade in diesem Kontext die Frage nach dem Verhältnis zwischen Führung und Responsivität: Besteht die Übereinstimmung deshalb, weil die Eliten die Vorstellungen der Bevölkerung repräsentieren oder kommt sie dadurch zustande, dass die Eliten die Bevölkerung für ihre Ideen und Programme gewinnen können?

Was politische Responsivität in modernen, pluralistischen Demokratien bedeutet und an wessen Wünschen und Forderungen sich die Politiker bei ihren Entscheidungen orientieren, ist keineswegs eindeutig geklärt. In pluralistischen Gesellschaften setzt sich die Bevölkerung aus einer Vielzahl von Gruppen mit unterschiedlichen Interessen zusammen. Da ein homogenes Repräsentationsobjekt nicht existiert, berücksichtigen die Inhaber politischer Führungspositionen die Vorstellungen einzelner Wählergruppen möglicherweise stärker als die anderer. Für die Beurteilung der Repräsentationsleistung von Politikern ist also nicht nur die generelle Übereinstimmung zwischen diesen beiden Gruppen maßgeblich. Eine stark ausgeprägte kollektive Responsivität kann nämlich einen „Responsiveness-Bias"[34], d.h. eine schlechte Repräsentation der Vorstellungen einzelner Bevölkerungsgruppen durch die politische Führung verdecken. Ebenso ist es vorstellbar, dass einzelne Elitegruppen sich responsiver gegenüber dem Elektorat oder ihrer Klientel verhalten als andere.

4.2.2 Ideologien und Werte

Mit den Begriffen Ideologien und Werte bezeichnet man die in einer Gesellschaft vorherrschenden Vorstellungen von den gemeinsam zu verfolgenden Zielen und den zu ihrer Erreichung geeigneten Mitteln. Nicht zuletzt wegen des lange vorherrschenden Verständnisses der kommunalen Selbstverwaltung als sachbezogene, ideologiefreie Erfüllung von Verwaltungsaufgaben gibt es nur wenige empirische Studien über die ideologische Übereinstimmung zwischen Bürgern und Eliten in lokalpolitischen Fragen. Erst nach der zweiten

---

32 Vgl. Bernhard Boll, Politische Eliten, in: Oscar W. Gabriel/Everhard Holtmann (Hrsg.), Handbuch Politisches System der Bundesrepublik Deutschland, München 1997, S. 597-615, hier S. 614; Ursula Hoffmann-Lange, Eliten, Macht und Konflikt in der Bundesrepublik, Opladen 1992, S. 309.

33 Vgl. Paul M. Sniderman, The Clash of Rights – Liberty, Equality and Legitimacy in Pluralist Democracy, New Haven/London 1997.

34 Vgl. Paul D. Schumaker/Russel W. Getter/Terry N. Clark, Policy Responsiveness and Fiscal Strain in 51 American Communities, Washington 1983.

Hälfte der 1960er Jahre wurde die Vorstellung der Kommunalpolitik als Auswahl unter prinzipiell kontroversen Alternativen propagiert. Später fand diese neue Sicht ihren Niederschlag in empirischen Studien über die Bedeutung von Ideologien und Wertorientierungen der Bürger und Eliten als Bestimmungsfaktoren kommunaler Aufgaben. In diesen Untersuchungen zeigte sich, dass der Großteil der Bürger und Führungskräfte ideologisch eine gemäßigte Positionen einnimmt[35]. Einen Vergleich der politischen Wertorientierungen der lokalen Eliten und der Bürger legte erstmals Arzberger vor. Seinen Ergebnissen zu Folge ist der Bevölkerungsdurchschnitt „konservativ", „materialistisch" oder „sicherheitsorientiert", während sich die lokalen Führungsgruppen als „progressiv", „post-materialistisch" oder „entfaltungsorientiert" erweisen.

Abweichend von den zuvor dargestellten Ergebnissen ergab sich in neueren Untersuchungen in der Stadt Stuttgart ein gewisser Unterschied in den ideologischen Dispositionen von Eliten und Nichteliten; zugleich zeigten sich große Übereinstimmungen zwischen den Wertorientierungen von Führungsgruppen und Bevölkerung. Auf der Links-Rechts-Skala nahmen die Stuttgarter Eliten etwas deutlicher profilierte Positionen ein als die Bevölkerung. Während sich 40 Prozent der Stuttgarter Bürger exakt auf der mittleren Position einer elfstufigen Skala einordneten, besetzten die Führungsgruppen mehrheitlich gemäßigt linke oder rechte Positionen. Damit gleicht die Verteilung der ideologischen Positionen der Stuttgarter Führungsgruppen derjenigen in der bundesdeutschen Bevölkerung; sie ist aber weniger gemäßigt als die der Stuttgarter Bürger (vgl. Abbildung 1).

In Anlehnung an Klages wurde auch nach der Wichtigkeit traditioneller (Kon) und neuer (non-Kon) Werte für die Bürger und die Führungsgruppen gefragt[36]. Sowohl bei den Bürgern als auch bei den lokalen Eliten überwogen die Mischtypen, die Kon- (Sicherheit, Anpassung, Disziplin, Leistungsorientierung) und non-Kon-Ziele (Selbstentfaltung, Partizipation) als gleichermaßen wichtig einstuften[37]. Extremtypen waren bei den Bürgern und den gesellschaftlichen Führungsgruppen relativ selten, bei den politisch-administrativen Eliten etwas häufiger. Fasst man die extremen und die moderaten Positionen auf dem Wertekontinuum zusammen, dann ließ sich bei den Bürgern

---

35 Vgl. Oscar W. Gabriel/Frank Brettschneider, Werte, Ideologien und Politikpräferenzen und Melanie Walter, Stuttgarter Ratsmitglieder – Sozialprofil, politische Einstellungen und kommunale Aufgaben, beide in: Oscar W. Gabriel/Frank Brettschneider/Angelika Vetter (Hrsg.), Politische Kultur und Wahlverhalten in einer Großstadt, Opladen 1997, S. 43-92 und S. 229-247.

36 Zu den Indikatoren und zur Indexbildung vgl. Oscar W. Gabriel/Frank Brettschneider, Werte, Ideologien und Politikpräferenzen, in: Gabriel/Brettschneider/Vetter (Anm. 35), S. 51.

37 Die Bürgerbefragung aus dem Jahr 1997 konnte nicht für den Vergleich verwendet werden, da hier eine andere Antwortskala vorliegt. Die Frage- und Antwortformate der Bürgerbefragung 1994 und der Elitenbefragung 1997 sind identisch. Da es sich bei Wertorientierungen um relativ stabile Einstellungen handelt, wird ein Zeitunterschied von drei Jahren als unproblematisch betrachtet.

und den gesellschaftlichen Eliten jeder dritte Befragte der Kon-Gruppe zuordnen. Der Anteil der non-Kon-Gruppe belief sich in beiden Populationen
auf ein Viertel. Beide Typen von Wertorientierungen sind bei den politisch-
administrativen Eliten etwas häufiger anzutreffen (vgl. Abbildung 2).

Abbildung 1: Ideologische Positionen der Stuttgarter Bürger und lokalen
Eliten (in Prozent)[38]

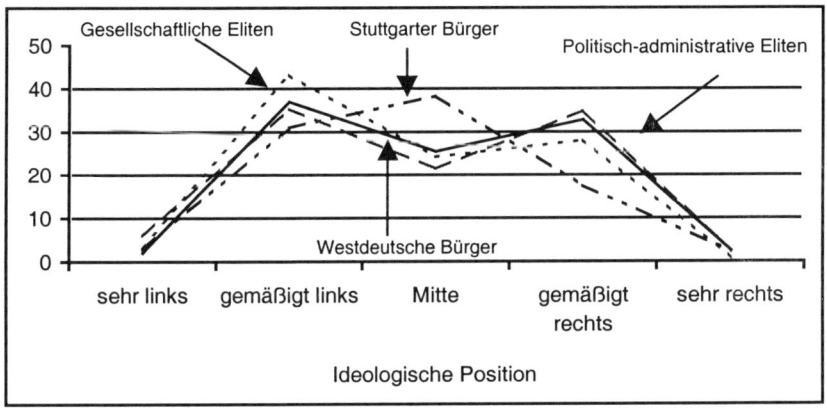

$N_{\text{Bürger lokal 1997}} = 1386$, $N_{\text{Bürger national/West 1998}} = 1963$, $N_{\text{Politisch-administrative Eliten 1997}} = 206$, $N_{\text{Gesell-schaftliche Eliten 1997}} = 611$

Quellen: Führungskräftebefragung und Akzeptanzstudie Stuttgart 21, Institut für Sozialwissenschaften der Universität Stuttgart 1997 sowie repräsentative DFG-Studie
„Politische Einstellungen und politische Partizipation im vereinigten Deutschland" 1998.

In den 1990er Jahren repräsentierten somit die lokalen Eliten in Stuttgart die
Wertvorstellungen der Bevölkerung etwas besser als die ideologischen Positionen. Ideologische Diskrepanzen zwischen Eliten und Nichteliten wurden
auch in der nationalen Politik und in anderen westlichen Demokratien festgestellt[39]. Dieses Repräsentationsdefizit in ideologischen Fragen wird durch einen weiteren Umstand verstärkt. Wie aus nationalen Umfragen bekannt ist,
stimmen die ideologischen Dispositionen und Wertvorstellungen der Eliten

---

38 Die Selbsteinstufung der Bürger und der lokalen Eliten wurde mittels einer Elfpunkte-
skala gemessen, auf der der Wert 1 eine extrem linke und der Wert 11 eine extrem
rechte Position angibt. Aus Gründen der Übersichtlichkeit wurde die Darstellung wie
folgt reduziert: 1 und 2 zu „sehr links", 3 bis 5 zu „gemäßigt links", 7 bis 9 zu „gemäßigt rechts", 10 und 11 zu „extrem rechts"; der Wert 6 stellt die neutrale Position
dar.

39 Vgl. Robert Rohrschneider, Learning Democracy – Democratic and Economic Values
in Unified Germany, Oxford 1999.

nicht mit allen Bürgergruppen gleichermaßen überein. Besonders gut repräsentieren die Eliten die Vorstellungen der Bürger, die ihnen im Bildungsni-
veau und in der Schichtzugehörigkeit ähneln. Die lokalen Eliten stehen somit
nicht nur in einer gewissen ideologischen Distanz zur Gesamtbevölkerung,
sondern sie repräsentieren die ideologischen Positionen bestimmter einzelner
Bevölkerungsgruppen besser als die anderer.

Abbildung 2: Wertetypen der Stuttgarter Bürger und lokalen Eliten
(in Prozent)

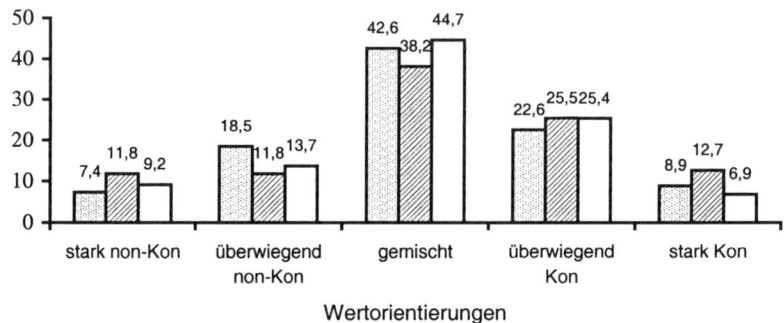

☐ Bürger 1994 ▨ Politisch-administrative Eliten ☐ Gesellschaftliche Eliten

$N_{\text{Bürger 1994}} = 806$, $N_{\text{Politisch-administrative Eliten 1997}} = 212$, $N_{\text{Gesellschaftliche Eliten 1997}} = 606$

Quellen: Führungskräftebefragung, Institut für Sozialwissenschaften der Universität Stuttgart 1997 sowie repräsentative Bürgerbefragung „Wahlen in Stuttgart" 1994.

4.2.3 Politische Sachfragen

Wie auch immer man die Bedeutung von Ideologien und Werten in der
Kommunalpolitik bewerten mag, die Notwendigkeit der Lösung konkreter
Sachaufgaben durch die kommunalen Entscheidungsträger ist unumstritten.
Insofern dürfte die Übereinstimmung zwischen den Führungsgruppen und der
Bevölkerung auf diesem Gebiet für die Repräsentationsbeziehungen in der
Kommunalpolitik wichtiger sein als der Konsens in ideologischen Fragen.
Diese Sicht deckt sich mit der traditionsreichen amerikanischen Repräsenta-
tionsforschung, die sich überwiegend mit der Übereinstimmung von Wählern
und Gewählten in Sachfragen beschäftigte. In ihrer klassischen Studie untersuchten Miller und Stokes die Repräsentationsleistung der Politiker an Hand
der Kongruenz ihres Abstimmungsverhaltens mit den Präferenzen der Wahl-
kreisbevölkerung. Diese Sicht entspricht dem normativen Ideal der repräsentativ-pluralistischen Demokratie, nach dem die gewählten Repräsentanten
über alle wichtigen politischen Sachfragen entscheiden, dabei die Bürger-

wünsche berücksichtigen sollen und von den Wählern für ihr Verhalten zur Rechenschaft gezogen werden. Bei den amerikanischen Abgeordneten herrschte das Rollenverständnis eines *Instructed Delegate* vor, das sie auf die Vertretung des Wählerwillens verpflichtete[40]. Das ergibt sich aus der schwachen Position der Parteien im Prozess der Auswahl von Parlamentskandidaten. Diese müssen sich ohne die Unterstützung einer Partei gegen ihre Konkurrenten durchsetzen und sind deshalb stärker auf ihre Wähler angewiesen als in Europa.

In Deutschland und anderen europäischen Demokratien spielen die Parteien eine Schlüsselrolle bei der Auswahl der Kandidaten für nationale und lokale Parlamente. Aus diesem Grunde entspricht ihr Rollenverständnis stärker dem *Responsible Party-Modell*, das den programmatischen Positionen der Parteien im Konfliktfall ein größeres Gewicht für die Entscheidung der Abgeordneten einräumt als der Sicht der Wähler[41]. Unter derartigen Bedingungen macht es wenig Sinn, das Abstimmungsverhalten einzelner Abgeordneter zu betrachten. Stattdessen hat sich in Europa eine Forschungstradition herausgebildet, die Repräsentation an den Einstellungskongruenzen von Politikern und Wählern festmacht.

Die Frage, inwieweit die lokale Führungsstruktur politische Responsivität fördert, wird seit langem in der Community-Power-Forschung diskutiert, allerdings nur implizit. So nimmt Dahl an, eine pluralistische Machtstruktur fördere politische Responsivität während eine elitistische Machtstruktur sie hemme. Responsivität wurde in diesen Studien in der Regel nicht direkt erhoben, sondern aus der Art der Machtverteilung abgeleitet. Nach Schumaker/Getter/Clark sind die folgenden Charakteristika von Gemeinden für eine unverzerrte Repräsentation der Bevölkerungswünsche durch die politische Führung maßgeblich: Die Gemeinde ist klein, sie zeichnet sich durch einen niedrigen Anteil gut gebildeter Bürger aus, die Bevölkerungsstruktur ist heterogen, die politische Machtstruktur fragmentiert, jedoch verfügen die politisch-administrativen Eliten über einen großen Einfluss, der Parteienwettbewerb ist stark ausgeprägt, und Minoritäten sind gut organisiert. Zudem übte die Kommunalverfassung einen Einfluss auf die Repräsentation der Bevölkerungswünsche durch die Eliten aus. Gewählte Gremien verhalten sich responsiver als ernannte, Gemeinden mit einer professionellen Stadtverwaltung (*Council Manager-Ordnung*) und einem entpolitisierten Entscheidungsprozess bedingen weniger Responsivität in Gemeindeverfassungen, die die Wahl einer starken politischen Führung durch die Bevölkerung vorsehen (*Mayor Council-Ordnung*). Auch die Wichtigkeit politischer Themen fördert politische Responsivität. Die Führungskräfte können es sich kaum erlauben, in wichtigen Sachfragen die Interessen der Bevölkerung zu ignorieren. Als ein

---

40 Vgl. Warren E. Miller/Donald E. Stokes, Constituency Influence in Congress, in: American Political Science Review 57 (1963), S. 45-56.

41 Vgl. Russell J. Dalton, Political Parties and Political Representation. Party Supporters and Party Elites in Nine Nations, in: Comparative Political Studies 8 (1985), S. 267-299.

weiterer Einflussfaktor erwies sich das Ausmaß politischer Partizipation in einer Gemeinde. Wenn die Bürgerbeteiligung schwach ausfällt und sich nur wenige Interessenorganisationen formieren, kann die politisch-administrative Elite nur begrenzt responsiv handeln, da sie nicht über die hierfür relevanten Informationen verfügt.

Die für Deutschland vorliegenden Daten zum Vergleich von Eliten- und Bürgerpräferenzen auf lokaler Ebene sind weitgehend veraltet oder lückenhaft. In Arzbergers 20 Jahre alter Studie wurden außer Frankfurt lediglich Mittel- und Kleinstädte untersucht. In den Arbeiten von Gabriel u.a. waren zwar Großstädte enthalten, aber die Messung der Bürgerpräferenzen erfolgte nur mittelbar über die Wahrnehmung der Bürgerwünsche durch die politischen Eliten. Deshalb ist eine Ergänzung dieser Befunde um neuere und breiter gestreute Untersuchungen wünschenswert. Die Realisierung dieses Vorhabens erweist sich aus mehreren Gründen als schwierig. Zunächst liegen nur für wenige Kommunen – und zwar ausschließlich für Großstädte – aktuelle Daten über die lokalpolitischen Präferenzen der Bevölkerung vor. Zudem variieren die in den Städteumfragen eingesetzten Themenkataloge und Fragenformate. Generalisierende Aussagen über die kommunalpolitischen Prioritäten der Bundesbürger sind deshalb praktisch unmöglich. Noch dürftiger stellt sich die Datenlage für die Präferenzen der Inhaber kommunaler Führungspositionen dar. Insgesamt haben nur wenige deutsche Autoren die politische Responsivität auf kommunaler Ebene untersucht; lediglich Arzberger und Walter berücksichtigten neben den Bürgern weitere Elitegruppen außerhalb des politisch-administrativen Systems[42]. Wie Arzberger herausfand, haben die sachpolitischen Einstellungen der Rats- bzw. Elitenmitglieder nur eine geringe Ähnlichkeit mit dem Bürgerwillen. Auch hier beeinflusste, wie in den Vereinigten Staaten, die Gemeindegröße die politische Responsivität. In den Klein- und Mittelstädten stimmten die Präferenzen von Bürgern und Eliten wesentlich stärker überein als in der Großstadt Frankfurt. Im Gegensatz dazu wies Walter in Stuttgart eine relativ hohe politische Responsivität der Führungskräfte gegenüber den Bürgerpräferenzen nach. Auch die Autoren, die sich auf eine Untersuchung der sachfragenorientierten Repräsentationsleistung von Ratsmitgliedern beschränkten, kamen nicht zu einheitlichen Ergebnissen.

In einer empirischen Überprüfung der von Schumaker entwickelten Modelle politischer Repräsentation (vgl. Tabelle 2) in der Stadt Stuttgart stellte Walter eine überraschend gute Repräsentation der Bevölkerungspräferenzen durch die politisch Verantwortlichen, zugleich aber auch eine starke Übereinstimmung der Orientierungen der politischen Entscheidungsträger mit den Vorstellungen anderer gesellschaftlicher Eliten fest[43]. Trotz der insgesamt guten Repräsentationsleistung zeigte sich bei einzelnen Themen ein unterschiedliches Ausmaß an Responsivität. In einigen Bereichen stimmten die

---

42   Vgl. Walter (Anm. 27).
43   Vgl. ebd.

politischen Führungskräfte stärker mit den ehrenamtlich tätigen Bürgern überein als mit Bürgern ohne Ehrenamt. In anderen Fällen orientierten sich die politischen Führungsgruppen nicht an den Wünschen der Bevölkerungsmehrheit (Konsensmodell), sondern an den Präferenzen bestimmter Elitegruppen, z.b. der Verwaltung oder der Wirtschaft. Dennoch konnte die Annahme, bei Wirtschaftsthemen seien demokratische Entscheidungen schwer durchzusetzen, ebenso wenig bestätigt werden wie in der Studie von Schumaker[44]. Auf einigen Themenfeldern schließlich kamen Minderheiteninteressen oder die Wünsche überlokaler Akteure zum Zuge.

Im Großen und Ganzen erhärtete eine Analyse der Haushaltsausgaben die zuvor auf der Basis von Einstellungskongruenzen getroffenen Mutmaßungen: Die Stuttgarter Verantwortlichen in Rat und Verwaltung sind stark konsensorientiert. Zu diesem Ergebnis kam Schumaker ebenfalls in der amerikanischen Stadt Lawrence, andere Repräsentationsstudien in westlichen Demokratien zeigen jedoch, dass dies eher die Ausnahme darstellt[45].

Tabelle 2: Modelle politischer Repräsentation

Variationen in den Policy-Entscheidungen	Ratsmit-glieder	Bürger	Eliten (Reputa-tion)	Verwaltung	Initiatoren/ Mobilisierer	Individuelle Aktivisten
Externe Dominanz	–	–	–	–	–	–
Dominanz Eliten oder Verwaltung	–	–	+ oder	+	–	–
Dominanz Minderheiten	–	–	NR	NR	+	+
Ratsmitglieder als Instructed Delegate	–	+	NR	NR	NR	NR
Ratsmitglieder als Trustee	+	–	–	–	–	–
Referendum	–	+	NR	NR	NR	NR
Überzeugungskraft Eliten/Verwaltung	+	–	+ oder	+	–	–
Überzeugungskraft Minderheiten	+	–	NR	NR	+ oder	+
Dominanz Mehrheitspräferenzen	+	+	NR	NR	– oder	–
Dominanz Massenpräferenzen	+	+	– oder	–	+	+
Konsens	+	+	+	+	+	+

+ Policy-Outcome ist kongruent mit den Policy-Präferenzen, – Policy-Outcome ist inkongruent mit den Policy-Präferenzen, NR nicht relevant für die Policy-Entscheidungen, Präferenzen können kongruent oder inkongruent sein.

Quelle: Walter (Anm. 17), S. 130.

Die Forschungslage lässt eine abschließende Bewertung der demokratischen Performanz der lokalen Eliten in Deutschland nicht zu. Der Tendenz nach

44 Vgl. ebd.; Paul D. Schumaker, Critical Pluralism, Democratic Performance, and Community Power, Lawrence 1991.
45 Vgl. Schumaker/Getter/Clark (Anm. 34).

scheint die Responsivität der politischen Führung auf der lokalen Ebene größer zu sein als auf der nationalen[46]. Doch stützt sich diese Aussage lediglich auf eine kleine Zahl von Einzelstudien, deren Design überdies eine ganze Reihe von Fragen offen lässt. Mit Hilfe der üblichen statischen Untersuchungen kann man nur bedingt klären, wie die Entscheidungsabläufe tatsächlich aussehen und in welchem Maße sie demokratischen Ansprüchen genügen. Zum einen können – wie im klassischen Repräsentationsverständnis formuliert – die Bürgerwünsche die Politikereinstellungen und somit ihr Handeln beeinflussen. Zum anderen ist auch denkbar, dass sich die Bürger von den Stellungnahmen der Politiker beeinflussen lassen, die Eliten somit eine Führungs- und Meinungsbildungsfunktion wahrnehmen[47].

Darüber hinaus impliziert eine Kongruenz zwischen Eliten- und Bürgereinstellungen und dem Policy Output einer Kommune nicht notwendigerweise Responsivität. Es ist denkbar, dass die Bürger nicht direkt an Entscheidungen teilnehmen, die Politiker aber ihre Präferenzen antizipieren und in ihrem Interesse entscheiden[48]. Zudem können sich die Entscheidungen von Politikern im Einklang mit den Bürgerwünschen befinden, ohne sie zu kennen und sich explizit an ihnen zu orientieren. Das Problem, wie eine korrekte Wahrnehmung der Bürgerwünsche durch die politische Führung zustande kommt und welche Faktoren diese Wahrnehmung verzerren, ist ebenso wenig geklärt wie die Frage, an welchen Bezugsgruppen sich die Orientierungen und das Handeln der Politiker ausrichten soll. Die Annahmen über die Beziehungen zwischen Wählern und Gewählten weisen eine große Bandbreite auf. An einem Ende stehen Positionen, die den Bürgern keinerlei Einfluss auf die Entscheidungen der Eliten zusprechen, andere unterstellen eine starke Berücksichtigung des Wählerwillens durch die Entscheidungsträger. Aus vielerlei Gründen dürften die Qualität politischer Repräsentationsleistung und die Zufriedenheit der Bürger mit dem politischen System weniger davon abhängen, ob die Bürger das Handeln der Führung direkt, indirekt oder überhaupt nicht steuern. Viel wichtiger ist das Ergebnis des Repräsentationsprozesses, die Widerspiegelung der Bürgerwünsche im Politikergebnis.

5. Schlußbetrachtung

In diesem Beitrag wurde die Qualität der lokalen Demokratie in Deutschland auf den drei Dimensionen Institutionen, Bürger und Eliten untersucht. So

---

46 Vgl. Margot Fälker, Demokratische Grundhaltungen und Stabilität des politischen Systems: Ein Einstellungsvergleich von Bevölkerung und politisch-administrativer Elite in der Bundesrepublik Deutschland, in: Politische Vierteljahresschrift 32 (1991), S. 72.

47 Vgl. Edward G. Carmines/James A. Stimson, On the Structure and Sequence of Issue Evolution, in: American Political Science Review 80 (1986), S. 901-920.

48 Vgl. Carl J. Friedrich, Constitutional Government and Democracy, New York 1950.

weit wie es die Forschungslage zulässt, haben wir versucht, die Qualität der lokalen Demokratie im internationalen Vergleich zu bestimmen.

Ausgehend von Dahls Annahme, dass politische Partizipation und politischer Wettbewerb die Verantwortlichkeit der Regierenden gegenüber den Regierten institutionell absichern, galt unser Interesse zunächst der Norm und Praxis von Partizipation und Wettbewerb sowie den Implikationen der Reform der Gemeindeverfassung für die Qualität der lokalen Demokratie. Einen Schwerpunkt dieser Reformen bildete die Ausweitung der Partizipationsrechte der Bürger auf der kommunalen Ebene. Ungeachtet der gestiegenen demokratischen Potentiale wurde das Ziel, die Inklusivität des lokalen politischen Systems zu steigern, nur bedingt erreicht. Auch nach den Reformen bleiben die Partizipationsrechte auf deutsche Staatsbürger und EU-Bürger beschränkt, ein beachtlicher Teil der Gemeindebevölkerung – insbesondere in den städtischen Ballungsgebieten – wird aus dem politischen Leben ausgeschlossen. Hinzu kommt, dass nur eine Minderheit der Bürger die verfügbaren Partizipationsrechte nutzt und dass sich die politisch Aktiven überproportional aus den ressourcenstarken, sozial integrierten Bevölkerungsgruppen rekrutieren.

Die Reform der kommunalen Entscheidungsstrukturen brachte eine Abkehr von dem zuvor geradezu dogmatisierten Modell der repräsentativen Gemeindedemokratie mit sich. Durch den Ausbau der Institutionen der direkten Demokratie und die Stärkung der Verwaltungsspitze entwickelten sich die politischen Strukturen in die Richtung eines quasipräsidentiellen Systems mit stark plebiszitärer Komponente. Das Zusammenspiel dieser institutionellen Reformen mit den Versuchen der Einführung von „New Public Management"-Modellen sollte zu mehr Effizienz des lokalen politischen Systems als Produzent von Dienstleistungen führen, drängte aber die repräsentativ-demokratische Komponente der kommunalen Selbstverwaltung in den Hintergrund. Dies schwächt die Qualität der lokalen Demokratie, da die Verwaltung nicht im gleichen Maße von den Bürgern abhängig ist wie die direkt gewählte Bürgervertretung. Wegen der schwachen Nutzung der Partizipationsrechte vermochte der Ausbau der direkten Demokratie die institutionelle Schwächung der Kommunalvertretung nicht zu kompensieren. Diese Verschiebung der politischen Kräfteverhältnisse zu Gunsten von Bürgern und Verwaltungsspitze und zu Lasten der Kommunalvertretung mag in Deutschland stärker ausgefallen sein als in anderen europäischen Demokratien, jedoch ist auch in den Nachbarländern eine ähnliche Tendenz der Reformdebatte zu konstatieren, insbesondere im Hinblick auf die Orientierung am Prinzip des „New Public Management".

Die Analyse der politischen Einstellungen der Bürger und der Eliten in Deutschland kann sich nur auf eine vergleichsweise schwache Datenbasis stützen. Allerdings ergeben sich aus den Befunden keinerlei Hinweise auf besondere Defizite der lokalen Demokratie in Deutschland. Die partizipativen Orientierungen und die faktische Teilnahme der Bürger am politischen Leben bleiben zwar hinter den normativen Standards der partizipativen Demokra-

tietheorie zurück, sie sind aber nicht schwächer ausgeprägt als in traditionsreichen Demokratien. Mit dem Zustand der lokalen Demokratie sind die
Deutschen zufriedener als die Bürger der meisten EU-Staaten, das Vertrauen
zu den lokalen Institutionen ist nicht geringer als anderswo. Im Hinblick auf
die Responsivität der Gewählten gegenüber den Wählern lassen die wenigen
in Deutschland durchgeführten Studien keine ungünstigeren Bedingungen erkennen als in den USA.

Die Frage, ob Deutschland im Hinblick auf den Zustand der kommunalen
Demokratie eine Sonderrolle in der westlichen Welt spielt, ist nicht in einem
Satz zu beantworten. Gemessen an den Kriterien Inklusivität, politischer
Wettbewerb und Autonomie, gilt folgendes: Abgesehen von der geringeren
Inklusivität des kommunalen Entscheidungssystems bleibt die Qualität der
kommunalen Demokratie in Deutschland nicht hinter der anderer westlicher
Staaten zurück. Der politische Wettbewerb ist durch zahlreiche Mechanismen
gewährleistet. Allerdings variieren die institutionellen Ausgestaltungen in
den 16 Bundesländern zum Teil erheblich, so dass eine Aussage über die Position Deutschlands im internationalen Vergleich kaum möglich ist. Im Hinblick auf die Pluralität der Strukturen lokaler Demokratie bildet Deutschland
gemeinsam mit den USA und der Schweiz einen Sonderfall unter den westlichen Demokratien. Diese Ausnahmestellung ist aber positiv zu bewerten, da
pluralistische Strukturen eher politische Innovationen ermöglichen als uni-
forme. In dieses Bild passt es auch, dass Beobachter die stark ausgeprägte,
verfassungsrechtlich gesicherte lokale Autonomie als eine besonders positive
Errungenschaft der Demokratie in Deutschland würdigen.

Allerdings müssen die Entwicklungsperspektiven der lokalen Demokratie unter den Bedingungen einer zunehmenden Internationalisierung der Politik neu beleuchtet werden. Die traditionell enge Bindung politischer Willensbildung, Repräsentation und Herrschaftsausübung an das Territorialprinzip ist
in Folge der intensiven Verflechtungen zwischen den westlichen Gesellschaften einem grundlegenden Wandel unterworfen. Als Reaktion auf die
Internationalisierungsprozesse entwickelten sich vielfältige Formen transnationaler Problemlösung. Was auch immer diese Systeme internationalisierten
Regierens im Detail voneinander unterscheidet, ein Merkmal ist ihnen gemeinsam: Die Erfüllung politischer Aufgaben liegt nicht mehr (ausschließlich) in der Kompetenz souveräner Nationalstaaten; vielmehr haben diese einen großen Teil ihrer Souveränität an transnationale Einrichtungen abgege-
ben. Unter der Bezeichnung „Mehrebenensysteme" wurde die Bedeutung der
Internationalisierung für die nationalstaatliche Politikgestaltung in der politikwissenschaftlichen Forschung relativ breit diskutiert; relativ wenig Aufmerksamkeit fanden jedoch die Auswirkungen der Internationalisierung auf
das Funktionieren der lokalen Demokratie.

Aus der in der deutschen Kommunalwissenschaft immer noch vorherrschenden Sicht der Kommunen als Teil der Staatsverwaltung ist dies nachvollziehbar; denn auch im europäischen Politikverbund bleibt den Kommunen die Aufgabe, überlokale Regelungen auf der örtlichen Ebene umzuset-

zen. Dabei scheint es nicht besonders relevant zu sein, ob es sich um Entscheidungen europäischer oder nationalstaatlicher Akteurseinheiten handelt. Allerdings dürfte sich die Repräsentationsbeziehung zwischen der Bevölkerung und den politischen Entscheidungsträgern in internationalisierten politischen Systemen noch komplexer und intransparenter gestalten als es bisher schon der Fall war.

À la longue stellt sich die Frage, welche Entscheidungskompetenzen den kommunalen Vertretungen und der Bürgerschaft noch verbleiben, wenn europäische Bürokratien Nationalstaaten und Kommunen mit einem immer dichteren Netz von Regelungen überziehen. Die verbesserten Exit-Optionen auf globalen Märkten operierender Unternehmen runden den Prozess einer Schwächung demokratisch legitimierter Entscheidungsträger ab; denn die Drohung mit Standortverlagerungen eröffnet zusätzliche Möglichkeiten, Druck auf demokratisch legitimierte Entscheidungsträger auszuüben.

Auch wenn die negativen Effekte der Internationalisierung für die kommunale Demokratie bereits sehr deutlich erkennbar sind, sollen einige Ansatzpunkte für positive Entwicklungen nicht übersehen werden. Der Funktionsverlust des Nationalstaates und die Distanz der Bürger zu den europäischen Institutionen könnten zu einer intensiveren Identifikation mit den Gemeinden und Regionen führen und die Bedeutung der subnationalen Ebene im europäischen Politikverbund stärken. Grenzüberschreitende Städtepartnerschaften bilden möglicherweise eine Grundlage für das Ausprobieren politischer Problemlösungen, die in bestimmten Städten bereits erfolgreich erprobt wurden; langfristig kann eine intensive interkommunale Kooperation unter Umständen sogar zur Herausbildung einer europäischen Identität beitragen. Kommunale Demokratie nimmt im Zeitalter der Internationalisierung der Politik eine andere Form an als in der Ära souveräner Nationalstaaten; diese neue Form muss aber nicht zwangsläufig von schlechterer Qualität sein als die uns bekannte.

Kapitel III:
Die Prägekräfte gesellschaftlicher Ordnungen

Dirk Berg-Schlosser

Politische Kultur

1. Einleitung

Der Begriff der „Politischen Kultur" (englisch „political culture") gehört mittlerweile auch im Deutschen zum Standardrepertoire der Politikwissenschaft.[1] Dabei ist die Verquickung zweier so vielfältig besetzter und international unterschiedlich verwendeter Begriffe wie „Politik" und „Kultur" problematisch. Im Gegensatz zum angelsächsischen Sprachgebrauch ist der Kultur-Begriff im Deutschen meist mit der Vorstellung einer bestimmten „Hoch"-Kultur, also als Verkörperung alles „Schönen, Guten, Wahren", verknüpft. Dem entspricht im Englischen stärker der Begriff „civilization" bzw. im Französischen „civilisation". Im folgenden soll im wesentlichen auf die ursprünglich angelsächsische Verwendung des Terminus in einem deskriptiven und analytischen und nicht von vorneherein wertenden Sinne zurückgegriffen werden, wobei in einem komplexeren Verständnis im Einzelfall durchaus auch wertende, aber jeweils eigens anzugebende und zu qualifizierende Elemente (z.b. einer „demokratischen" oder „partizipatorischen" Politischen Kultur) Berücksichtigung finden.

In diesem Sinne bezeichnet Politische Kultur – in der allgemeinen Form – die „subjektive Dimension" der gesellschaftlichen Grundlagen politischer Systeme. Diese umfasst die Gesamtheit aller politisch relevanten individuellen Persönlichkeitsmerkmale, latente, in Einstellungen und Werten verankerte Prädispositionen zu politischem Handeln – auch in ihren symbolhaften Ausprägungen – und hieraus abgeleitetes politisches Verhalten. Oder, wie Glenda Patrick es nach einer umfassenden semantischen Diskussion des Konzepts definiert: „den Satz grundlegender Meinungen, Einstellungen und

---

1 Die ursprüngliche Rezipierung erfolgte insbesondere bezogen auf die erste vergleichende Fünf-Länder-Studie (Gabriel Almond/Sidney Verba, The Civic Culture, Princeton 1963) durch Ekkehard Krippendorff, Politische Kultur, in: Neue Politische Literatur 11 (1966), S. 398-404; Patrick Dias, Der Begriff Politische Kultur in der Politikwissenschaft, in: Dieter Oberndörfer (Hrsg.), Systemtheorie, Systemanalyse und Entwicklungsländerforschung, Berlin 1971, S. 409-448; Dirk Berg-Schlosser, Politische Kultur – Eine neue Dimension politikwissenschaftlicher Analyse, München 1972. Eine ausführliche Darstellung der wissenschaftlichen Rezipierung des Begriffs in Deutschland findet sich in der Dissertation von Wolf M. Iwand, Paradigma Politische Kultur, Opladen 1985.

Werte, die die Art eines politischen Systems charakterisieren und die politischen Interaktionen unter seinen Mitgliedern regeln"[2].

Die Politische Kulturforschung versucht dabei, zu stärker objektivierbaren Befunden kultureller Ausprägungen und Unterschiede zu kommen. Im Gegensatz zu lange vorherrschenden „Nationalcharakter"-Studien, die von eher statischen und unwandelbaren Gegebenheiten, nicht selten unter sehr fragwürdigen genetischen und rassischen, aber auch tiefenpsychologischen Prämissen ausgingen[3], hebt „Politische Kultur" die Lernbarkeit und Veränderbarkeit von Einstellungen und Verhalten hervor.

Wissenschaftsgeschichtlich kommt es nicht von ungefähr, dass dieses Konzept vor rund vierzig Jahren gerade auch durch die Befassung mit dem *deutschen „Fall"* entwickelt wurde[4]. Hierzu hatte insbesondere die Tatsache beigetragen, dass es in Deutschland in weniger als 100 Jahren fünf sehr unterschiedliche Typen politischer Systeme – das Kaiserreich, die fragile Weimarer Republik, das NS-Regime und schließlich die Bundesrepublik und die DDR – gegeben hatte. Unterschiedliche Thesen über Kontinuität und Wandel politischer Kulturen und ihrer Entsprechung mit den jeweiligen politischen Strukturen ließen sich so in „quasi-experimenteller" Weise anschaulich überprüfen. Aber nicht nur in konzeptioneller und methodischer Hinsicht, sondern auch was die politische Relevanz für einige der prägenden Ereignisse des 20. Jahrhunderts, die beiden Weltkriege und den Holocaust angeht, stand der deutsche Fall im Vordergrund des Interesses. Für viele repräsentierte Deutschland eine Mischung aus „Jekyll und Hyde" (so der Untertitel von Sebastian Haffners früher Studie[5]) und blieb „rätselhaft" (so noch der Titel von Brigitte Sauzays Deutschlandbuch[6]) oder gar bedrohlich. Die deutsche Vereinigung seit 1989/90 setzt nun dieses „Experiment" erneut fort.

Wie in anderen Bereichen der Politikwissenschaft sind dieser Terminus und die hieran anknüpfenden Konzepte nicht unumstritten geblieben[7]. So wurde die „Vagheit" und Substanzlosigkeit des Begriffs *bemängelt,* der analytische Status („Handelt es sich bei kulturellen Faktoren um eigenständige,

2   Glenda M. Patrick, Political Culture, in: Giovanni Sartori (Hrsg.), Social Science Concepts: A Systematic Analysis, Beverly Hills 1984, S. 279 .
3   Zu letzteren vgl. z.B. David Rodnick, Post-War Germans, New Haven 1948; Bertrand Schaffner, Fatherland: A Study of Authoritarianism in the German Family, New York 1948; Willy Hellpach, Der deutsche Charakter, Bonn 1954.
4   Gabiel A. Almond, Politische Kulturforschung – Rückblick und Ausblick, in: Dirk Berg-Schlosser/Jakob Schissler (Hrsg.), Politische Kultur in Deutschland: Bilanz und Perspektiven der Forschung, Opladen 1987.
5   Sebastian Haffner/Wilfrid David, Germany: Jekyll and Hyde, New York 1941.
6   Brigitte Sauzay, Die rätselhaften Deutschen: Die Bundesrepublik von außen gesehen, Stuttgart 1986.
7   Max Kaase, Sinn oder Unsinn des Konzepts „Politische Kultur" für die vergleichende Politikforschung, oder auch: Der Versuch, einen Pudding an die Wand zu nageln, in: Max Kaase/Hans-Dieter Klingemann (Hrsg.), Wahlen und politisches System. Analysen aus Anlass der Bundestagswahl 1980, Opladen 1983, S. 144-171.

unabhängige Variablen, oder sind es nur abgeleitete Tatbestände?")[8] wurde in Frage gestellt und die häufig vorgenommene Reduktion auf quantitative Erhebungen der empirischen Umfrageforschung unter Vernachlässigung wesentlicher historischer, symbolischer, und anderer „qualitativer" Aspekte[9] kritisiert.

Im folgenden soll daher zunächst eine kurze Diskussion der aktuellen Forschungsansätze, ihres jeweiligen Stellenwerts und eine knappe Synthese für die Zwecke dieses Beitrags erfolgen. Hieran anschließend werden einige wichtige Dimensionen der Politischen Kultur Deutschlands und ihrer jüngeren Entwicklungen exemplarisch dargestellt. Dies liefert den Hintergrund für einige vergleichende Aspekte, insbesondere im europäischen Kontext, und eine abschließende Bewertung.

2. Konzeptionalisierung und Forschungsstand

Um die Darstellung stärker zu strukturieren und um auf die Komplexität der behandelten Materie aufmerksam zu machen, soll das in Anlehnung an die systemtheoretischen Konzepte von Parsons und Münch entwickelte Schema Franz Urban Pappis[10] den Rahmen für die nachstehenden Erörterungen abgeben. Die vier gesellschaftlichen Teilsysteme Politik, Ökonomie, Gemeinschaft und sozialkulturelles System werden auf diese Weise in einen stringenteren Zusammenhang gebracht. So reduziert Pappi den „Kernbereich" Politischer Kultur auf die Frage nach der Legitimität des politischen Systems. In Ergänzung hierzu sieht er die „spezifischen Unterstützungen" als Beitrag des ökonomischen Systems an. Beides wird durch konsensuelle Normen des sozialen Systems und die Loyalität zur politischen Gemeinschaft abgestützt. Der Beitrag des sozial-kulturellen Systems schließlich besteht in der diskursiven Begründung der in den politischen Institutionen jeweils konkret realisierten Normen im Hinblick auf allgemeinere Werte. Diese sind z.T. religiös verankert, aber auch Gegenstand von Parteiprogrammen und ideologisch-politischen Auseinandersetzungen. Ein zusätzliches Element in diesem Bereich stellt der sozial-kulturelle Diskurs von Intellektuellen und Wissenschaftlern dar. All dies ist jedoch in einem mehrfach rückgekoppelten dynamischen Gesamtzusammenhang zu sehen, der Spannungen, Krisen und Destabilisierungen, in letzter Konsequenz auch Systembrüche, nicht ausschließt (siehe Abbildung 1).

---

8   David J. Elkins/Richard Simeon, A Cause in Search of its Effects, or What Does Political Culture Explain?, in: Comparative Politics 11 (1979), S. 127-145.
9   Lowell Dittmer, Political Culture and Political Symbolism: Towards a Theoretical Synthesis, in: World Politics 29 (1977), S. 552-583.
10 Franz Urban Pappi, Politische Kultur, Forschungsparadigma, Fragestellungen, Untersuchungsmöglichkeiten, in: Max Kaase (Hrsg.), Politische Wissenschaft und politische Ordnung, Opladen 1986, S. 279-291.

Abbildung 1: Komponenten der Politischen Kultur

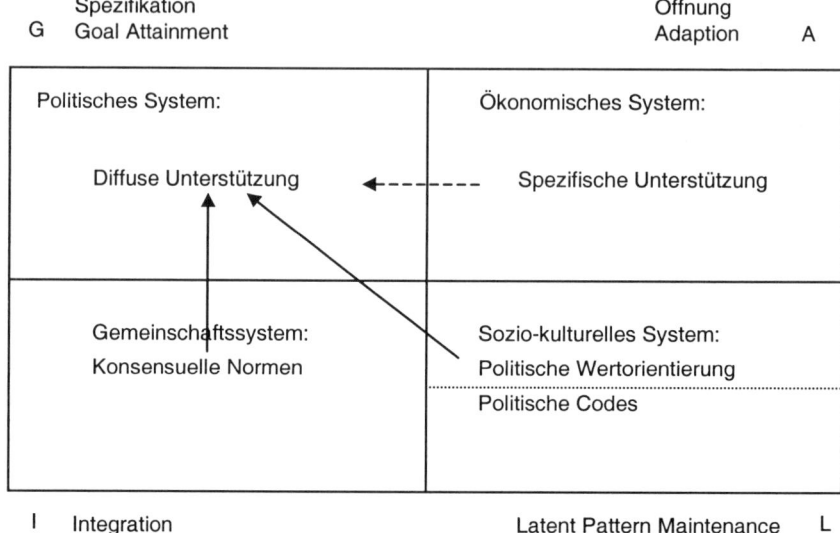

Quelle: Ergänzt nach Franz Urban Pappi, Politische Kultur, Forschungsparadigma, Fragestellungen, Untersuchungsmöglichkeiten, in: Kaase (Anm. 10), S. 283 und Richard Münch, Basale Soziologie. Soziologie der Politik, Opladen 1982, S. 20.

Dieser noch zwangsläufig abstrakte Rahmen soll im folgenden am Beispiel der konkreten Entwicklungen in der Bundesrepublik gefüllt werden. Sie betreffen zum einen Aspekte der nach wie vor umstrittenen „nationalen" Identität als der zugrunde zu legenden politischen Gemeinschaft, zum zweiten umfassendere sozio-kulturelle Aspekte charakteristischer Werthaltungen und politischer Orientierungen auch in ihren symbolischen Ausprägungen einschließlich der sie begründenden intellektuellen Diskurse, zum dritten Wechselwirkungen zum ökonomischen System und der hieraus resultierenden Befriedigung materieller Ansprüche und schließlich die Frage nach der Legitimität des politischen Systems selbst und die politisch-kulturelle „Verankerung" von parlamentarisch-demokratischen Verfassungsformen in Deutschland.

Während ein solcher Rahmen, der im Einzelfall durch konkrete historisch-geographische Grenzziehungen und durch die jeweils bestehenden politischen Institutionen geprägt wird, die wichtigsten inhaltlichen Aspekte und ihr Zusammenwirken in einem deskriptiven, jeweils empirisch zu füllenden Sinne abstecken kann, besagt dies zunächst noch nichts über den theoretischen Erklärungsgehalt des Konzepts und die jeweils anzuwendenden Methoden. Auch in dieser Hinsicht ziehe ich eine breit angelegte unterschiedliche Forschungsrichtungen zueinander in Beziehung setzende Konzeptionali-

sierung vor. Hierbei ist das allgemeine „sozialwissenschaftliche Erklärungsmodell" wie es von James Coleman[11] vorgelegt und u.a. von Hartmut Esser[12]
weiter entwickelt wurde, hilfreich (siehe Abbildung 2).

Abbildung 2: Ebenen der Analyse

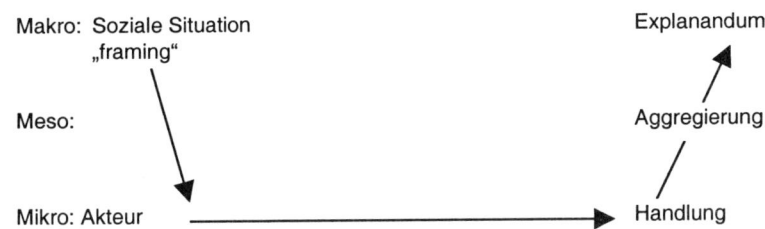

Quelle: Nach Coleman und Esser (Anm. 11 und 12).

Dieses Modell verknüpft die soziale Ausgangssituation auf der „Makro"-
Ebene (oben links), einschließlich ihrer historischen, sozialstrukturellen usw.
Prägungen, mit der „Mikro"-Ebene der jeweiligen subjektiven Wahrnehmungen, Erwartungen, Interessen, Präferenzen, Werthaltungen usw. (unten links),
die dann auch das jeweilige individuelle Handeln (unten rechts) prägen. Um
politisch wirksam zu werden, muss dieses Handeln wieder in unterschiedenen
Formen auf der „Meso"-Ebene (Mitte rechts) gebündelt und aggregiert werden, um, schließlich die Auswirkungen und Entscheidungen auf der politischen „Makro"-Ebene (oben rechts) zu beeinflussen. Das Ganze muss selbstverständlich in einem dynamischen, im Zeitablauf sich verändernden und sy-
stemisch „rückkoppelnden" sowie in internationale und heute globale Bezüge
eingebetteten Kontext gesehen werden[13].

Hieran lassen sich auch einige der wichtigen, die jüngere Politische Kulturforschung bestimmenden unterschiedlichen theoretischen Ansatzpunkte
verdeutlichen. Die traditionelle Kulturforschung, wie zunächst vor allem in
der Ethnologie und Sozialanthropologie betrieben, die sich vorwiegend mit
fremden, relativ isolierten und lange Zeit als „primitiv" bezeichneten Kulturen befasste, ging im wesentlichen von einer „ganzheitlichen" Erfassung dieser Tatbestände durch vorwiegend auf der Makro-Ebene ansetzende qualitative Methoden wie die „teilnehmende Beobachtung" und, später, psychologisch und biographisch ausgerichtete „Tiefeninterviews" oder *semiotische*

11 James S. Coleman, Foundations of Social Theory, Cambridge, Mass. 1990.
12 Hartmut Esser, Soziologie. Allgemeine Grundlagen, Frankfurt a.M. 1993; Soziologie
    – Spezielle Grundlagen, Band 6: Sinn und Kultur, Frankfurt a.M. 2001.
13 David Easton, The Political System. An Enquiry into the State of Political Science, New
    York 1953; David Easton, A Framework for Political Analysis, Englewood Cliffs 1965;
    Dirk Berg-Schlosser/Rainer Siegler, Politische Stabilität und Entwicklung, München
    1987; Dirk Berg-Schlosser/Hans-Joachim Giegel, Perspektiven der Demokratie. Pro-
    bleme und Chancen im Zeitalter der Globalisierung, Opladen 1999, S. 21.

Vorgehensweisen zur Untersuchung der vorherrschenden Symbole und Rituale aus. Es kam ihr im wesentlichen auf eine „thick description"[14] der lange Zeit als statisch und von externen Einflüssen relativ unabhängig angesehenen Gegebenheiten an[15]. Eine eigenständige *theoretische* Erklärung wurde meist nicht vorgenommen, wenn man von einigen frühen fragwürdigen, sich auf langfristige Faktoren wie Klima und „Rasse" oder andere biologisch-genetische Aspekte beziehenden oder im Freudschen Sinne psychoanalytisch inspirierten Ansätzen absieht.

Die in der Nachfolge von Almond/Verba betriebene „*behavioralistisch*" beeinflußte[16] Politische Kulturforschung setzte dagegen in erster Linie auf der Mikro-Ebene mit den Instrumenten der repräsentativen Umfrageforschung zur Erfassung der jeweiligen subjektiven Einstellungen und Werthaltungen an. Neu entwickelte Erhebungsmethoden, statistische Analyseverfahren und die enormen Fortschritte der modernen Datenverarbeitung erleichterten dies. So konnten ohne Zweifel wichtige Informationen über viele (zunächst meist westliche) Länder und Veränderungstendenzen im Zeitablauf[17], wie ich sie im Folgenden auch am Beispiel Deutschlands illustriere, gewonnen werden. Der Bezug zur Makro-Ebene wurde jedoch oft vernachlässigt oder als einseitig determinierter Wirkungszusammenhang mit „Kultur" und Verhalten als zentralen unabhängigen Variablen vorausgesetzt. Auch die Aggregationsprobleme auf der „Meso"-Ebene und ihre sozialstrukturellen Zusammenhänge blieben häufig unbeachtet oder wurden mit dem jeweiligen Gefüge von Parteien- und Interessenverbandsstrukturen gleichgesetzt.

Ein weiterer, noch enger ausgerichteter Ansatz, der in den 1990er Jahren in den USA zunehmend an Bedeutung gewann, setzte im Umfeld der „rational choice"-Schule ganz auf die individuelle materielle Nutzenmaximierung als zentralem Erklärungsfaktor für politisches Verhalten und blendete „kulturelle" Besonderheiten zunächst völlig aus[18].

---

14 Clifford Geertz, The Interpretation of Culture, New York 1973.
15 Dirk Berg-Schlosser, Globalization, Galton's Problem and the Comparative Method – Some Notes from an Interdisciplinary Perspective, Paper vorgelegt zum 15. Weltkongress der International Sociological Association (ISA), Brisbane 2002.
16 Jürgen W. Falter, Der "Positivismusstreit" in der amerikanischen Politikwissenschaft. Entstehung, Ablauf und Resultate der sogenannten Behavioralismus-Kontroverse in den Vereinigten Staaten 1945 – 1975, Opladen 1982.
17 Samuel Barnes/Max Kaase (Hrsg.), Political Action – Mass Participation in Five Western Democracies, Beverly Hills 1979; Jan W. van Deth u.a. (Hrsg.), Continuities in political action: longitudinal study of political orientations in three western democracies, Berlin 1989; Ronald Inglehart u.a., Modernisierung und Postmodernisierung. Kultureller, wirtschaftlicher und politischer Wandel in 43 Gesellschaften, Frankfurt a.M. 1998.
18 Robert W. Jackman, The Poverty of Political Culture, in: American Journal of Political Science 40 (1996), S. 697-716; David D. Laitin, The Civic Culture at Thirty, in: American Political Science Review 89 (1995), S. 168-173. Im Gegensatz hierzu vgl. z.B. Marc H. Ross, Culture and Identity in Comparative Political Analysis, in: Mark I. Lichbach/Alan S. Zuckerman (Hrsg.), Comparative Politics-Rationality, Culture and Structure, Cambridge 1997, S. 42-80.

Erst im Verlauf der Debatten ergab sich ein komplexeres und differenzierteres Bild. So schließt das Colemansche Modell, das nach wie vor von einem „methodologischen Individualismus" ausgeht, die Möglichkeit einer durch historische, kulturelle u.a. Einflüsse geprägten und begrenzten „bounded rationality"[19] ein. Im Anschluss an Lindenberg schlägt Esser statt eines einseitig ausgerichteten „homo oeconomicus" oder „homo sociologicus" die Konzeptionalisierung eines „restricted, resourceful, evaluating, expecting, maximizing man" (RREEMM) vor, der über eine umfassendere Orientierung in gewissen vorgegebenen Grenzen verfügt[20].

Über die bewertenden *(evaluating)* und erwartenden *(expecting)* Aspekte kommen aber spätestens auch wieder allgemeinere kulturelle Prägungen, die sich nicht nur auf die Mikro-Ebene beziehen, ins Spiel.

In der jüngsten Variante, die Erkenntnisse der biologischen und sozialpsychologischen Gehirn- und Kognitionsforschung[21] einbezieht, stellt Esser mit Hilfe des „framing"-Konzepts eine Verbindung zwischen der Makro-Ebene (oben links) und der Mikro-Ebene her[22]. Er geht von einer „Werterwartungs"-Theorie" aus, die als „Logik der Selektion" den jeweiligen Bezugsrahmen (auf der „Meso"-Ebene Mitte links) für individuelles Handeln bestimmt. Das Individuum bewegt sich so nicht im in ökonomischen Formeln abstrahierten oder ansonsten „luftleeren" Raum, sondern aktiviert gemäß seiner sozialen und von ihm und anderen so wahrgenommenen *Identität* das jeweilige Repertoire an zumindest latent vorhandenen „frames", um sich situationsgerecht zu verhalten. Dies schließt auch vielfach unbewusstes und angepasstes, nicht nur streng rational maximierendes Verhalten in der jeweiligen „Lebenswelt"[23] ein. Damit wird eine Verbindung zur allgemeineren Makro-Ebene, ihrem historischen Hintergrund und ihren symbolischen Ausprägungen hergestellt, die als Objekte (wie z.B. religiöse Symbole nur einen „Sinn" bekommen, wenn sie auch subjektiv so wahrgenommen und zugeordnet werden).

Eine solche umfassendere Konzeptionalisierung erlaubt Brückenschläge zwischen bisher konkurrierend gegenüberstehenden Ansätzen, z.B. „Struktur" oder „Kultur" als jeweils unabhängigen Variablen oder jeweils nur auf die Makro-(kollektive) oder Mikro-(individuelle) Ebene bezogenen Ansätzen und ihren jeweils vorherrschenden qualitativen oder quantitativen Untersuchungsmethoden. Ein solches Modell vermeidet theoretische „Kurzschlüsse" wie z.B. bei einer orthodox-marxistischen Betrachtungsweise, die die (zu erklärende) politische Makro-Ebene (oben rechts) als direkt von der sozialen „Makro"-Ebene (oben links) determiniert ansieht, ohne die jeweiligen sub-

---

19 Herbert A. Simon, Administrative Behaviour, New York 1951.
20 Esser (Anm. 12), S. 231.
21 Bradd Shore, Culture in Mind. Cognition, Culture and the Problem of Meaning, New York 1996.
22 Esser (Anm. 12), S. 259-334.
23 Zu diesem Begriff vgl. auch Alfred Schütz, Thomas Luckmann, Strukturen der Lebenswelt, Frankfurt a.M., 1979 oder Jürgen Habermas, Theorie des kommunikativen Handelns, 2 Bde., Frankfurt a.M. 1981.

jektiven Wahrnehmungen auf der Mikro-Ebene zu berücksichtigen oder diese allenfalls als „falsches Bewusstsein" zu brandmarken. Schließlich ist die Dynamisierung dieses Konzepts im Zeitablauf gegenüber allzu statisch angelegten oder sich auf sehr langfristig determinierende Faktoren konzentrierende Sichtweisen, wie z.b. genetische Betrachtungsweisen, von Bedeutung.

Im Hinblick auf (West-)Europa und den in vieler Hinsicht für die Entwicklung des Konzepts paradigmatischen deutschen Fall heißt dies z.b. konkret, dass Prozesse der Staatenwerdung[24] und der Ausbildung der wichtigsten internen cleavage-Strukturen[25] als Ausgangsvoraussetzungen auf der Makro-Ebene (oben links) in die Analyse einbezogen werden müssen. Die Herausbildung der jeweiligen nationalen und sub-nationalen (z.b. regionalen, konfessionellen etc.) „Identitäten" erfolgt dann im Bereich des „framing" der Meso-Ebene (Mitte links), die als jeweilige Bezugsrahmen individuelles Denken und Handeln beeinflussen. Dies betrifft auch oft erstaunlich dauerhaft wirksame und sich trotz vielfacher externer Einflüsse über Generationen hinweg reproduzierende „Submilieus"[26]. Auch die längerfristigen Bestimmungsfaktoren der jeweiligen Parteienlandschaften und anderen Aggregationsformen auf der Meso-Ebene (Mitte rechts)[27] können in diesem Kontext gesehen werden.

Ähnlich wie bei anderen „Henne-Ei"-Problemen wird die Abhängigkeit oder Unabhängigkeit des jeweiligen Faktors dann durch die jeweiligen historischen Abläufe bestimmt. So können willkürliche politische Grenzziehungen, z.b. in der Folge von Kriegen oder durch koloniale Unterwerfung, oder konkrete Herrschaftsformen und ihre Auferlegung „von oben", eine wichtige Ausgangsbedingung und in diesem Sinne zunächst eine „unabhängige" Variable darstellen. Ein Beispiel hierfür ist die politisch-konfessionelle Aufteilung Deutschlands nach dem Westfälischen Frieden 1648 nach dem Prinzip „cuius regio eius religio". So entstanden z.b. katholische Enklaven in ansonsten protestantisch dominierten und sozio-ökonomisch weitgehend ähnlichen Regionen wie die hessische Amöneburg oder der Katzenberg, die den Bistümern Mainz bzw. Fulda zugewiesen worden waren. Wie langfristig wahlgeographisch angelegte Untersuchungen zeigen, beeinflussen solche „Milieus" erhebliche Teile des Wählerverhaltens, trotz aller sozio-ökonomischen und politischen Veränderungen bis auf den heutigen Tag. Sie können also in die-

---

24 Charles Tilly (Hrsg.), The Formation of National States in Western Europe, Princeton 1975.

25 Peter Flora (Hrsg.), Staat, Nation und Demokratie in Europa. Die Theorie Stein Rokkans, Frankfurt a.M. 2000.

26 Rainer M. Lepsius, Parteiensystem und Sozialstruktur. Zum Problem der Demokratisierung der deutschen Gesellschaft, in: Wilhelm Abel u.a. (Hrsg.), Wirtschaft, Geschichte und Wirtschaftsgeschichte. Festschrift für Friedrich Lütge, Stuttgart 1966, S. 371-383.

27 Seymour M. Lipset/Stein Rokkan, Party Systems and Voter Alignments: Cross-National Perspectives, New York 1967.

sem Sinne als mittlerweile eigenständiger unabhängiger Faktor mit erheblichem prognostischen Potential angesehen werden[28].

Ähnliches gilt für die nach wie vor zu beobachtenden längerfristigen Wirkungen der Politischen Kultur der DDR[29]. An solchen Beispielen lassen sich auch die Wechselwirkungen der jeweiligen allgemeineren „Sozio-Kulturen" und der durch wichtige Interpreten, z.B. Geistliche, Intellektuelle usw., geprägten „Deutungskulturen"[30] und ihrer jeweiligen Symbolik verdeutlichen.

3. Entwicklungen in der Bundesrepublik Deutschland

3.1 Aspekte „nationaler" Identitäten

Im mitteleuropäischen „Städtegürtel"[31] gelegen, gehörte Deutschland im europäischen Vergleich zu den „verspäteten"[32] Nationen. Die lange anhaltende deutsche Kleinstaaterei prägt auch heute noch die regionale Vielfalt der politischen Kultur. Der staatliche Zusammenschluss unter preußisch-autoritären Vorzeichen nach 1871 trug zu den nationalistischen und später rassistischen Exzessen der beiden Weltkriege und des Holocaust bei. Die Kriegsniederlage, der Zusammenbruch des NS-Regimes, die Besetzung durch die Alliierten, die erneute staatliche Teilung, aber auch die „Last der Vergangenheit"[33] machten Deutschland, um mit den Greiffenhagens[34] zu sprechen, zu einem „schwierigen Vaterland".

Zunächst gilt es, den äußeren Rahmen der politischen Gemeinschaft näher zu bestimmen. Dieser ist zwar territorial und institutionell vorgegeben, in politisch-kultureller Hinsicht geht es aber gerade auch um die „innere" Identifikation der Bürger mit ihrem Staatswesen, sowohl was seine äußeren Gren-

---

28 Heinrich Nuhn, Wahlen und Parteien im ehemaligen Landkreis Hersfeld: Eine historisch-analytische Längsschnittstudie, Darmstadt 1989; Karl Rohe, Wahlen und Wählertraditionen in Deutschland: kulturelle Grundlagen deutscher Parteien und Parteiensysteme im 19. und 20. Jahrhundert, Frankfurt a.M. 1992; Robert D. Putnam, Making Democracy Work. Civic Traditions in Modern Italy, Princeton, New Jersey 1993.

29 Vgl. auch die Beiträge von Koch/Matthes und Neubert in Dirk Berg-Schlosser/Ralf Rytlewski (Hrsg.), The Political Culture of Germany, London 1993.

30 Karl Rohe, Politische Kultur und der kulturelle Aspekt von politischer Wirklichkeit – Fragestellung politischer Kultur-Forschung, in: Berg-Schlosser/Schissler (Anm. 4), S. 27-38.

31 Flora, (Anm. 25).

32 Helmuth Plessner, Die verspätete Nation, Stuttgart 1959.

33 Hans Mommsen, Die Last der Vergangenheit, in: Jürgen Habermas (Hrsg.). Stichworte zur geistigen Situation der Zeit, Frankfurt a.M. 1979, S. 164-184.

34 Martin Greiffenhagen/Sylvia Greiffenhagen, Ein schwieriges Vaterland: zur politischen Kultur Deutschlands, 2. Aufl., München 1993. Der Buchtitel geht auf eine Rede des früheren Bundespräsidenten Gustav W. Heinemann zurück.

zen als auch seinen inneren Gehalt betrifft[35]. Im Fall der Bundesrepublik und auch der DDR als nach dem Zweiten Weltkrieg künstlich geschaffenen Gebilden stellte sich dieses Problem in besonderer Weise. Darüber hinaus ist eine solche Identifikation durch die wechselvolle Geschichte der Deutschen in erheblichem Maße vorbelastet. Vielfältige regionale politisch-kulturelle Besonderheiten[36], gemeinsame traumatische Erfahrungen und eine „kollektive Scham", sowie über die derzeitigen Grenzen hinausreichende, supranational europäische Bezüge kennzeichnen das vielfältig gebrochene, teilweise „geläuterte" („post-konventionelle" in der Bezeichnung von Jürgen Habermas[37]) deutsche Bewusstsein.

Andererseits können solche Identifikationen, auch im Selbstverständnis des Einzelnen, nicht immer nur und ausschließlich im negativen Sinne begriffen werden. Sie stellen, ab einem gewissen Lebensalter, eine „soziale Haut" dar, die bestimmte sprachliche und mundartliche, im engeren Sinne politisch-kulturelle Prägungen umfasst, deren sich niemand mehr gänzlich und ohne Schwierigkeiten entledigen kann. Diese Prägungen als verschieden von anderen, damit aber nicht von vorneherein und in jedem Falle als besser oder schlechter zu empfinden, ist ebenfalls Merkmal einer „geläuterten" Identifikation. Häufig weisen allerdings Personen, die Probleme mit ihrer „Ego-Identität" in einem psychologischen Sinne haben, gerade auch Schwierigkeiten mit ihrer sozialen und „nationalen" Identität auf, die dann wieder Nährboden für entsprechende Exzesse sein können[38]. Diese zwiespältige „nationale" Identität in Deutschland trat in international vergleichenden repräsentativen Umfragen hervor. Auf die Standardfrage „Sind sie stolz, [Deutscher] zu sein?" bejahte dies nur eine relativ knappe Mehrheit, im Gegensatz z.B. zu den sehr „stolzen" Amerikanern, aber auch jeglichen Chauvinismus unverdächtigen Ländern wie Irland oder Island (siehe Tabelle 1).

In der Nachkriegszeit blieb die „deutsche Frage" zwar weiterhin „offen, solange das Brandenburger Tor zu" war (Richard von Weizsäcker); sie verlor aber zunehmend an aktueller politischer Relevanz. Spätestens nach der Bildung der sozial-liberalen Koalition 1969 und mit der neuen „Ostpolitik" Willy Brandts hatte eine mögliche „Wiedervereinigung" für eine deutliche Mehrheit der Bevölkerung nur noch eine relativ geringe Priorität[39]. Demgegenüber entwickelte sich verstärkt eine separate „bundesrepublikanische Identität", die ihr Selbstverständnis weniger aus vermeintlichen nationalen Eigen-

---

35 Vgl. z.B. Gerhard Wuthe. Probleme der nationalen Identität, in: Berg-Schlosser/ Schissler (Anm. 4), S. 197-204.
36 Vgl. Hans-Georg Wehling (Hrsg.), Regionale politische Kultur, 2, Aufl., Stuttgart 1986.
37 Jürgen Habermas, Eine Art Schadensabwicklung. Die apologetischen Tendenzen in der deutschen Geschichtsschreibung, in: Die Zeit vom 11. Juli 1986.
38 Vgl. Theodor W. Adorno u.a., The Authoritarian Personality, New York 1950; Erik Erikson, Identität und Lebenszyklus, Frankfurt a.M.1966; SINUS-Institut, „Wir sollten wieder einen Führer haben ...", Reinbek 1981.
39 Bettina Westle, Kollektive Identität im vereinten Deutschland. Nation und Demokratie in der Wahrnehmung der Deutschen, Opladen 1999.

schaften und Tugenden als aus ökonomischen Erfolgen, der Festigung des demokratischen politischen Systems und der Öffnung zum Westen bezog. In der DDR nahm eine gewisse „Systemidentität", wenn auch in abgeschwächter Form, ebenfalls zu. In der Gegenwart sind immer noch gewisse Unterschiede zu beobachten (siehe Abbildung 3).

Tabelle 1: Nationalstolz im internationalen Vergleich

Land	stolz	nicht stolz	weiß nicht
USA	96	2	2
Irland	91	6	3
Island	89	9	2
Mexiko	88	11	1
Großbritannien	86	13	3
Spanien	83	12	5
Finnland	81	17	2
Italien	80	17	2
Frankreich	76	17	7
Dänemark	71	22	7
Belgien	70	19	11
Schweden	69	25	6
Japan	62	31	7
Niederlande	60	32	8
Deutschland	59	29	12

Quelle: Dieter Fuchs, Die Unterstützung des politischen Systems der Bundesrepublik Deutschland, Opladen 1989, S. 127.

Abbildung 3: Fühlen Sie sich in erster Linie als Deutscher oder als West- beziehungsweise Ostdeutscher?

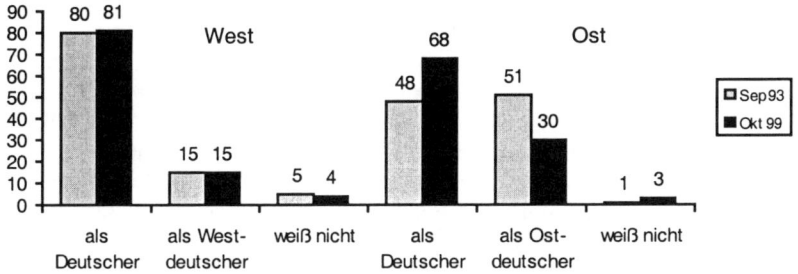

Quelle: Wilhelm P. Bürklin, Deutschland von innen und von außen. Die „Berliner Republik". Ergebnisse repräsentativer Meinungsumfragen in Deutschland, Frankreich, Polen und den Niederlanden. Bundesverband deutscher Banken, Köln 2000.

3.2 Sozio-kulturelles System

Das sozio-kulturelle Teilsystem spiegelt die Grundwerte einer Gesellschaft wider und reflektiert sie in ihrem Sinngehalt. In traditionalen Gesellschaften war die Vermittlung und Interpretation solcher Werte eng mit einer transzendental-religiösen Sphäre verbunden. In modernen Gesellschaften ist dagegen eine weitgehende Säkularisierung und rational-argumentative Begründung der jeweiligen Grundwerte anzutreffen. Dennoch haben solche Werte und vor allem ihre Verkörperung in bestimmten Symbolen und Ritualen einen erheblichen affektiven Gehalt. Die längerwährenden Traditionen z.B. der britischen, amerikanischen oder französischen Politischen Kultur mit ihren jeweiligen Ritualen, nationalen Feiertagen usw. machen dies deutlich. Einige Autoren sprechen daher von einer „Zivilreligion" im Hinblick auf solche Aspekte[40].

Zur argumentativen Begründung gehört aber auch die fortwährende Auseinandersetzung und kritische Befassung mit solchen Positionen in Kunst und Wissenschaft, die sich sozusagen auf einer Meta-Ebene als „Kultur von Kultur" oder „Deutungskultur" abspielen. Solche Diskurse tragen nicht zuletzt auch zur Anpassung und Weiterentwicklung gesellschaftlicher und politischer Verhältnisse bei. Diskurse dieser Art entwickeln nicht selten ihre eigene Sprache und „Codes" und spiegeln sich häufig innerhalb und zwischen bestimmten ideologisch-politischen Lagern ab, wie z.B. einem konservativen und einem progressiven[41]. In Deutschland hat die politische Aufsplitterung und konfessionelle Spaltung nach der Reformation und dem Dreißigjährigen Krieg zu besonderen Verwerfungen der sozio-kulturellen Landschaft geführt. In Preußen und später im Deutschen Reich nach 1871 wurde eine Politische Kultur dominant, die auf der Akzeptanz der weltlichen Obrigkeit im Luthertum gründete. Sie blieb konfessionell neutral („suum cuique") und ersetzte eine transzendentale Begründung durch die Idealisierung des Staates als solchem. Insbesondere Hegel hatte in seiner „Philosophie des Rechts", in der er den Staat als "die Wirklichkeit der sittlichen Idee" bezeichnete, zu einem solchen Staatsverständnis beigetragen[42]. Nur zu gern wurde dies auf die konkrete Realität des straff organisierten preußischen Staates bezogen. Der so idealisierte Staat sollte das Gemeinwohl gegenüber der Vielzahl von Partikularinteressen von Individuen und Gruppen sicherstellen. Dem Staat gegenüber war allerdings strikte Loyalität gefordert. Die oft karikierten „deutschen Sekundärtugenden" von absolutem Gehorsam gegenüber der Obrigkeit, Ordnungsliebe und Disziplin entfalteten sich so zu voller Blüte.

---

40   Vgl. Robert N. Bellah/Philip E. Hammond (Hrsg.), Varieties of Civil Religion, San Francisco 1980; Jürgen Gebhardt, Politische Kultur und Zivilreligion, in: Berg-Schlosser/Schissler (Anm. 4), S. 49-60.

41   Vgl. Niklas Luhmann, Der politische Code: ‚konservativ' und ‚progressiv' in systemtheoretischer Sicht, in: Zeitschrift für Politik 21 (1974), S. 253-271.

42   Georg W. F. Hegel, Grundlinien der Philosophie des Rechts, Darmstadt 1999.

Aus derselben Quelle speisten sich apolitische und formalistische Traditionen[43]. Partizipatorische Ansätze des „Vormärz" und Äußerungen sozialen Protestes[44], die eine demokratische Form moderner Legitimität begründen wollten, blieben demgegenüber in der Minderheit und scheiterten in der bürgerlichen Revolution von 1848. Zur Politischen Kultur dieser Epoche stellte kein geringerer als Max Weber 1918 fest: „Was war ... Bismarcks politisches Erbe? – Er hinterließ eine Nation ohne alle und jede politische Erziehung, tief unter dem Niveau, welches sie in dieser Hinsicht zwanzig Jahre vorher bereits erreicht hatte. Und vor allem eine Nation ohne allen und jeden politischen Willen, gewohnt, dass der große Staatsmann an ihrer Spitze für sie die Politik schon besorgen werde."[45]

Diese tradierten Elemente waren in Weimar nicht mehr zu einer dominanten Politischen Kultur geeint, vielmehr muss von tiefgreifenden Identitätsproblemen gesprochen werden. Unterschiedliche „Lager" und „Sozialmilieus", insbesondere ein kleinbäuerlich-katholisches, ein sozialistisch-proletarisches und ein protestantisch-kleinbürgerliches, die jeweils noch eigene regionale Schwerpunkte aufwiesen, standen einander weitgehend unverbunden gegenüber. Damit war die prekäre Politische Kultur des Kaiserreichs in Richtung auf eine dramatische Fragmentierung hin aufgelöst; die Kontinuität wurde zugunsten einer Systemdesintegration aufgegeben, die dann für den Nationalsozialismus offen war[46]. „Antidemokratisches Denken", wie Kurt Sontheimer[47] es geschildert hat, war insbesondere in den Oberschichten, im Militär, z.T. auch in den Kirchen, stark verbreitet. Die Weimarer „Demokratie ohne Demokraten" endete im nationalsozialistischen Führerstaat, im Weltkrieg und im Holocaust. Politisch-kulturell hinterließ diese Epoche einschließlich der vorangegangenen ökonomischen Krisen und der Erfahrungen beider Weltkriege eine tiefgreifende Diskontinuität deutscher politischer Entwicklungsmuster und Ausprägungen.

Die Nachkriegszeit war so zunächst von einer grundlegenden politischen Verunsicherung, Desillusionierung bis hin zu Zynismus und Apathie gekennzeichnet. Politisch Lied war mehr denn je ein garstig Lied, und die unmittelbaren ökonomischen Bedürfnisse standen eindeutig im Vordergrund. Die in dieser Zeit insbesondere vom *Office of the Military Government of the United States* (OMGUS) durchgeführten und mittlerweile für weitere Auswertungen zur Verfügung stehenden Umfragen belegen dies deutlich[48]. Die Betonung

---

43 Vgl. Martin Greiffenhagen, Von Potsdam nach Bonn. Zehn Kapitel zur politischen Kultur Deutschlands, München 1986.

44 Vgl. Heinrich Volkmann/Jürgen Bergmann (Hrsg.), Sozialer Protest, Opladen. 1984.

45 Max Weber, Gesammelte Politische Schriften, 3. Aufl., Tübingen 1971, S. 319.

46 Vgl. Detlef Lehnert/Klaus Megerle (Hrsg.), Politische Identität und Nationale Gedenktage. Zur Politischen Kultur in der Weimarer Republik, Opladen 1989; Jürgen W. Falter u.a., Wahlen und Abstimmungen in der Weimarer Republik, München 1986.

47 Kurt Sontheimer, Antidemokratisches Denken in der Weimarer Republik, 2. Aufl., München 1964.

48 Vgl. Anna/Richard Merritt, Public Opinion in Occupied Germany, Urbana/Ill. 1970; dies., Public Opinion in Semisovereign Germany, Urbana/Ill. 1980.

ökonomischer Sicherheiten gegenüber politischen Freiheiten von nahezu zwei Dritteln der Bevölkerung blieb ein durchgängiger Grundzug der ersten Jahre. Dennoch ist dieses Bild, wie mittlerweile differenziertere Studien zeigen[49], etwas zu relativieren. Zumindest auf der lokalen Ebene konnte vielfach an genuin-partizipatorische Verhaltensweisen und Organisationsformen, z.B. an ein reichhaltiges Vereinsleben, angeknüpft werden. Soweit dadurch Kommunalpolitik berührt wurde, wurde diese in erster Linie als eher neutrale „Sachpolitik" im Gegensatz zu parteipolitischen Auseinandersetzungen, demokratischer Mehrheitsbildung usw. verstanden.

Die westlichen Besatzungsmächte, vor allem die Amerikaner, sahen ihre politisch-kulturelle Aufgabe daher in erster Linie in einer Entnazifizierung und demokratischen Umerziehung des deutschen Volkes[50]. Gabriel Almond, der spätere „Vater" der Politischen Kulturforschung, kam in dieser Zeit zunächst als amerikanischer Offizier nach Deutschland und gab 1949 ein Buch über „The Struggle for Democracy in Germany" heraus, dessen Ziel es war, „die irreführende Geschichte der Kriegsperiode, die Deutschland gänzlich außerhalb der Grenzen westlicher historischer und politisch-moralischer Entwicklungen gestellt hatte, zu korrigieren. Wir sind der Auffassung, dass eine solche Politik auf der Übertreibung historischer Trends basierte und dass es nunmehr die Aufgabe der Verantwortlichen ist, den Teil des deutschen Erbes zu entdecken und zu stärken, der zu Liberalismus und Demokratie neigt."[51]

Aber auch die „Väter" und (wenigen) „Mütter" des Grundgesetzes für die 1949 gebildete Bundesrepublik zeichneten sich durch ein erhebliches Maß an Skepsis gegenüber direkteren Formen der Demokratie aus wie z.B. Referenden[52]. Die demokratische „Wertgebundenheit" der Verfassung, insbesondere des Grundrechtskatalogs und des föderativen Aufbaus, wurde als unveränderbar festgelegt (Art. 79, 3 GG). Die Gründung des neuen Staates hatte eine Umgewichtung der relativen Bedeutung der früheren politisch-kulturellen „Lager" zur Folge. Der katholische Bevölkerungsteil vor allem in Süddeutschland und im Rheinland, der im Deutschen Reich minoritär war und sich von einem preußisch geprägten Staatsverständnis lange Zeit weitgehend ausgegrenzt gesehen hatte, machte nun etwa die Hälfte der Bevölkerung der Bundesrepublik aus. Umgekehrt war die Bevölkerung der DDR, soweit sie sich überhaupt einer Konfession zugehörig fühlte, fast ausschließlich

---

49 Vgl. Jutta Beyer/Everhard Holtmann, „Sachpolitik", Partizipation und Apathie in der Nachkriegsgesellschaft, in: Berg-Schlosser/Schissler (Anm. 4), S. 144-154; Everhard Holtmann, Politik und Nichtpolitik. Lokale Erscheinungsformen Politischer Kultur im frühen Nachkriegsdeutschland, Opladen 1989.

50 Vgl. Karl E. Bungenstab, Umerziehung zur Demokratie, Düsseldorf 1970.

51 Gabriel A. Almond (Hrsg.), The Struggle for Democracy in Germany, Chapel Hill/N.C. 1949, S. VIIf.

52 Vgl. Karlheinz Niclauß, Demokratiegründung in Westdeutschland, München 1974; Theo Stammen/Gerold Maier, Der Prozess der Verfassungsgebung, in: Josef Becker u.a. (Hrsg.), Vorgeschichte der Bundesrepublik Deutschland, 2. Aufl., München 1987, S. 391-429.

protestantisch geprägt. Der Katholizismus sollte so zu einer wichtigen, sogar unter der Ägide Adenauers und der CDU/CSU in erheblichem Maße bestimmenden politischen Kraft werden[53]. Wie Untersuchungen belegen, war das Staats- und Gesellschaftsbild dieser Kreise – in eigener Akzentuierung – überwiegend konservativ und autoritär geprägt[54]. Auch in dieser Hinsicht war der Neuanfang also mit spezifischen Hypotheken belastet.

Das politisch-kulturelle Fazit der Almond/Verba-Studie blieb daher zwiespältig: „Das hohe Entwicklungsniveau im Kommunikations- und Erziehungswesen spiegelt sich in der Tatsache wider, dass die meisten Deutschen gut informiert über Politik und Regierung sind. Die Wahlbeteiligung ist hoch, wie auch die Auffassung, dass Wählen eine wichtige Aufgabe des Staatsbürgers darstellt. Ebenso ist der Anteil politischer Themen in den Massenmedien und die Teilnahme der Bevölkerung daran hoch. Darüber hinaus ist die Politische Kultur durch ein hohes Maß an Vertrauen in die Verwaltung und ein erhebliches Kompetenzgefühl im Umgang mit ihr gekennzeichnet. Dennoch spiegelt die gegenwärtige Politische Kultur auch Deutschlands traumatische politische Geschichte wider. Das Bewusstsein von Politik und politischer Aktivität, obwohl beträchtlich, tendiert eher dazu, passiv und formal zu sein .... Normen, die politische Partizipation begünstigen, sind nur gering entwickelt .... Deutschland ist das einzige unter den fünf untersuchten Ländern, in dem ein Gefühl für Verwaltungskompetenz stärker als politische Kompetenz entwickelt ist. Obwohl ein relativ hoher Informationsstand anzutreffen ist, bleibt die Orientierung gegenüber dem politischen System daher relativ passiv – die Orientierung von Untertanen eher als die von aktiv Teilnehmenden .... Obwohl die Zufriedenheit mit den Leistungen von Regierung und Verwaltung relativ weit verbreitet ist, entspricht dem nicht auch eine stärkere gefühlsmäßige Bindung an das System[55]."

Die sechziger Jahre leiteten dann bemerkenswerte Veränderungen ein. Hierzu trugen sowohl sozialstrukturelle Umschichtungen bei (Stichworte: „neuer Mittelstand", Entwicklung zur „Dienstleistungsgesellschaft") als auch vor allem der Generationenwandel – wie er nicht zuletzt in der „68er-Generation" sichtbar wurde, die ihre wesentlichen Prägungen in der Nachkriegszeit erfahren hatte – und die Einbindung in das westliche Kommunikationssystem. Der „Machtwechsel" in Bonn 1969 bekräftigte diese Tendenzen. „Mehr Demokratie wagen", gab Willy Brandt als Parole aus. Die aktive Beteiligung der Bürger, z.T. in „unkonventionellen" Formen, erstreckte sich zunehmend auch auf weitere Bereiche des sozialen und politischen Umfelds. Demonstrationen, Bürgerinitiativen, die „neuen sozialen Bewegungen", insbesondere die Ökologie-, Frauen- und Friedensbewegung, wurden mehr und mehr zu signifi-

53 Vgl. Herbert Kühr (Hrsg.), Kirche und Politik, Berlin 1983.
54 Vgl. Doris von der Brelie-Lewien. Katholische Zeitschriften in den Westzonen 1945-1949. Ein Beitrag zur politischen Kultur der Nachkriegszeit, Göttingen 1986; Cornelia Quink, Milieubedingungen des politischen Katholizismus in der Bundesrepublik, in: Berg-Schlosser/Schissler (Anm. 4), S. 309-321.
55 Almond/Verba (Anm. 1), Boston 1965, S. 312f.

kanten Bestandteilen der politischen Alltagskultur[56]. Ein wesentlicher Einfluss-faktor hierbei wurde von Ronald Inglehart in einer allgemeinen „stillen Revo-lution"[57] gesehen, die die Politische Kultur der westlichen Industriestaaten transformiere. Angesichts einer zunehmenden Befriedigung ökonomischer Be-dürfnisse käme es im Zuge des Generationenwandels zu einer Herausbildung „post-materialistischer" Orientierungsmuster und Verhaltensweisen. Ange-sichts dieser neuen sozialen Spaltung fänden ökologisch orientierte Parteien wie „Die Grünen" eine dauerhafte und im Zeitverlauf wachsende Basis.

David Conradt gelangte in einem kritischen Rückblick auf die ursprüng-liche Almond/Verba-Studie, zu dem er umfangreiche neuere Materialien her-anzog, zu dem neuen Schluss: „Ihr Porträt der deutschen Politischen Kultur hat sich in jeder wichtigen Beziehung gewandelt. Die Bonner Republik hat, anders als ihre Vorgängerin, ein Reservoir kultureller Unterstützung aufge-baut, die sie in die Lage versetzen sollte, mit den zukünftigen Problemen der Qualität und des Ausmaßes von Demokratie mindestens ebenso wirksam fer-tig zu werden wie andere ‚spätkapitalistische' westliche Demokratien."[58] Und im Klappentext der bis dahin gründlichsten Studie dieser Art hieß es gerade-zu euphorisch: „Ein neues Deutschland ist entstanden, so demokratisch, kul-tiviert, wohlhabend und modern wie jede andere westliche Nation."[59]

Trotz dieses durchgreifenden Wandels, der nicht ohne, aber „systemim-manent" bleibende Konflikte vonstatten ging, blieben gewisse Kontinuitäten der deutschen politischen Kultur erhalten. Dies zeigt sich in stärker staatsbe-zogenen, einschließlich wohlfahrtsstaatlichen Einstellungen und Traditionen, etwa im Vergleich zu den angelsächsischen Ländern[60], ebenso in nach wie vor deutlich ausgeprägten parteipolitischen Sub-Milieus, die trotz massiver demographischer und sozialstruktureller Veränderungen eine erhebliche prä-gende Kraft behalten haben[61]. Karl Rohe spricht in diesem Zusammenhang von einer heute relativ ausgewogenen „Teilhabe-" (im Sinne von wohlfahrts-staatlichen Einrichtungen) und „Teilnahme-" (im Sinne von aktiver politi-scher Partizipation) Kultur. Dieses Mischungsverhältnis findet in benachbar-ten west- und nordeuropäischen Staaten eine gewisse Entsprechung; es be-hielt aber bisher, trotz der fortschreitenden Europäisierung und Globalisie-rung, einige „deutsche" Besonderheiten.

---

56 Vgl. Karl-Werner Brand, Neue soziale Bewegungen. Opladen 1982; ders., Zur politi-schen Kultur der neuen sozialen Bewegungen, in: Berg-Schlosser/Schissler (Anm. 4), S. 331-343.
57 So auch der Titel seiner Studie: The Silent Revolution, Princeton 1977.
58 David Conradt, Changing German Political Culture, in: Gabriel A. Almond/Sidney Verba (Hrsg.), The Civic Culture Revisited, Boston 1980, S. 212-272, S. 272.
59 Kenneth L. Baker u.a., Germany Transformed-Culture and the New Politics, Cam-bridge/Mass. 1981. Vgl. ferner Russell J. Dalton, Politics and Culture in West Ger-many, Ann Arbor, Mich. 1988.
60 Kenneth H. Dyson, The state tradition in Western Europe: A study of an idea and in-stitution, Oxford 1980.
61 Rohe (Anm. 28).

Die Vereinigung führte 1990 zwei Staaten zusammen, deren Politische Kulturen trotz früherer Gemeinsamkeit über mehr als vierzig Jahre hinweg sich erheblich voneinander entfernt hatten. Die jeweilige Systemeinbindung in das westliche bzw. östliche Bündnissystem machte sich insbesondere in den mittleren und jüngeren Generationen stärker bemerkbar. Die Öffnung im Westen hatte zu mehr internationalem Austausch und Kontakten, aber auch den erwähnten „68er"- und „post-materialistischen" Veränderungen und einer zunehmenden Internalisierung demokratischer Normen und Verhaltensweisen geführt. Im Osten hingegen blieben internationale Kontakte und Reisemöglichkeiten beschränkt, das neue Regime setzte autoritäre Traditionen im neuen Gewande fort; hinzu kam eine gewisse Internalisierung „systemspezifischer", in diesem Falle sozialistischer, stärker an Gleichheits-postulaten ausgerichteter Normen und der eigenen „Errungenschaften". Der Umbruch 1989/90 erfolgte zwar unter günstigen internationalen Bedingungen, im wesentlichen „von unten" und bewirkte so die erste demokratische Revolution auf deutschem Boden („Wir sind das Volk"), im Hinblick auf die konkrete Form und Ausgestaltung der Demokratie weisen beide politische Kulturen jedoch erheblich unterschiedliche Vorstellungen auf, deren man sich in der ersten Vereinigungseuphorie nicht gleich bewusst war.

Abbildung 4: Demokratieverankerung und Wertewandel

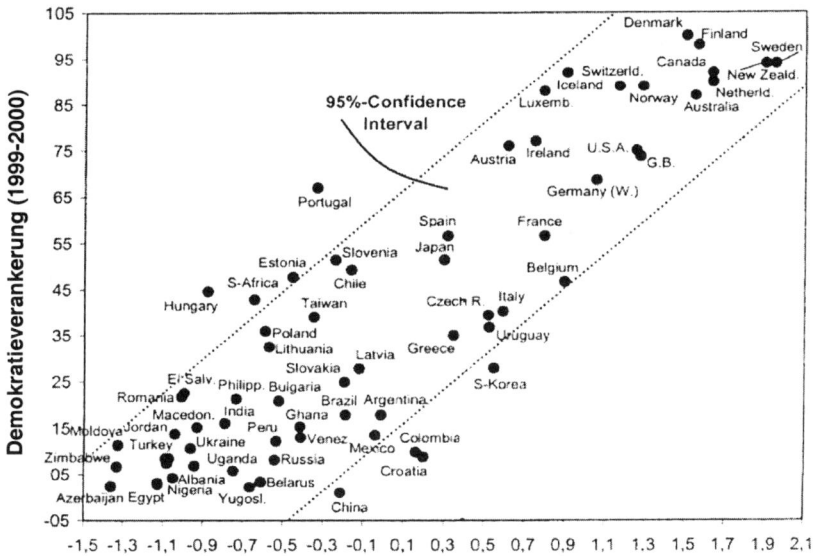

Quelle: Christian Welzel/Ronald Inglehart/Hans-Dieter Klingemann, The Theory of Human Development: A Cross-Cultural Analysis, erscheint in: European Journal for Political Research.

Für den *internationalen Vergleich* liefern die neueren „Weltwerte"-Studien wichtige Anhaltspunkte. Im Hinblick auf Demokratieverankerung und „Selbstverwirklichungswerte" befindet sich Deutschland mittlerweile im „mainstream" der westlichen Industriestaaten (siehe Abbildung 4), und weist sowohl im Hinblick auf die „Demokratieverankerung", gemessen an der Befürwortung von demokratischen Werten und Institutionen durch die Befragten als auch hinsichtlich der „Selbstverwirklichung" in einem „post-modernen", weniger materialistischen Sinne relativ hohe Werte auf. Diese Selbstverwirklichungswerte beziehen sich auf Toleranz kultureller Vielfalt, Bereitschaft zu staatsbürgerlichem Engagement, Freiheitswerte, soziales Vertrauen, Lebenszufriedenheit und eine relativ schwache religiöse Bindung.

In Westdeutschland wird die existierende liberale parlamentarische Demokratie weitgehend akzeptiert, während eine Mehrheit in den „neuen Bundesländern" eine stärker egalitäre Ausrichtung von Demokratie präferiert (siehe Abbildung 5). Hierbei spielen gewisse „etatistische" Traditionen der deutschen Politischen Kultur, die auch im „real existierenden Sozialismus" der DDR fortgesetzt wurden, in Hinblick auf eine stärker interventionistische und wohlfahrtsstaatliche Ausrichtung der ökonomischen und politischen Systeme nach wie vor eine Rolle.

Abbildung 5: Befürwortung der Demokratie in Deutschland

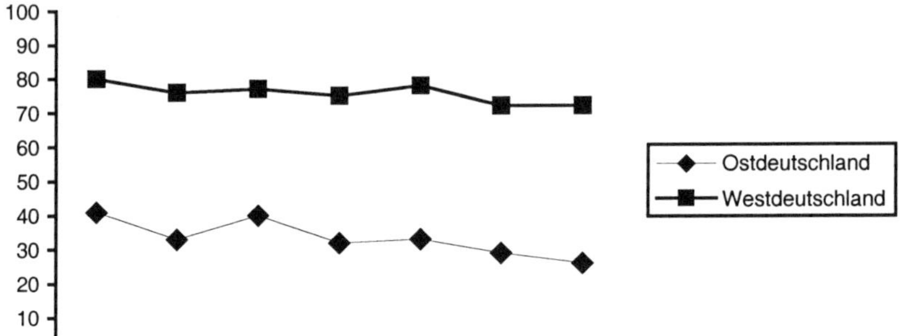

Quelle: Dieter Fuchs, The Political Culture of Unified Germany, Berlin 1998, S. 28.

3.3 Ökonomisches System

Auch das ökonomische System soll nur von seiner politisch-kulturellen Seite her betrachtet werden. „Objektive" Aspekte, wie Fragen der Wirtschaftsstruktur, der materiellen Produktionsleistungen usw., finden keine Berücksichtigung. Ökonomische Orientierungen im weiteren Sinne wie Leistungs-

motivationen, eine bestimmte „Wirtschaftsethik" u.ä. stehen nicht zur Debatte. Ein indirekter politisch-kultureller Effekt ergibt sich aber in bezug auf
die „spezifischen Unterstützungen" des politischen Systems wegen der Befriedigung materieller Bedürfnisse. Diese Form der Unterstützung ist jeweils
konkret leistungsbezogen und befristet und insofern vom allgemeineren Le-
gitimitätseinverständnis mit dem politischen System („diffuse support" im
Sinne Eastons) zu trennen. So war es ja gerade einer der Befunde der Al-
mond/Verba-Studie und anderer Erhebungen in den fünfziger und sechziger
Jahren, dass neben einer stärkeren „Untertanen"-Orientierung die bekundete
Akzeptanz des politischen Systems eher auf seiner unmittelbaren ökonomischen Leistungsfähigkeit in dieser Periode beruhte und man daher von einer
„Schönwetterdemokratie" sprechen musste.

Die erste leichtere Wirtschaftsrezession 1966/67 resultierte in einem erheblichen Anstieg des rechtsextremen Wählerpotentials und dem Einzug der
NPD in mehrere Länderparlamente. Eine Vertretung der Partei im Bundestag,
die andere Koalitionen notwendig gemacht hätte, ließ sich 1969 mit 4,3 Prozent nur knapp vermeiden. Die ungleich stärkeren ökonomischen Krisen der
siebziger und frühen achtziger Jahre, deren Ursachen in erster Linie weltwirt-
schaftlicher Art waren, wurden dagegen nicht mehr von ähnlichen Erscheinungsformen begleitet. Wenn auch weiterhin rechtsradikale Wählerpotentiale
vorhanden waren, so erschienen ihnen die Perspektiven auf der Ebene einer
parteipolitischen Artikulierung in dieser Phase offenbar doch wenig erfolgversprechend zu sein.

Der Vereinigungsprozess bewirkte erneute gravierende Diskrepanzen.
Willy Brandts eindringliches Postulat, dass nun wieder „zusammenwachsen
muss, was zusammen gehört", hat sich im Vollzug als erheblich schwieriger
herausgestellt als von vielen erwartet. In ökonomischer Hinsicht erwiesen
sich die meisten Industrie- und Landwirtschaftsbetriebe der DDR in ihren
hergebrachten Strukturen als unter den neuen Bedingungen nicht konkurrenz-
und lebensfähig. Viele Betriebe waren angesichts manchmal jahrzehntelang
vernachlässigter Investitionen und eines nur auf Planvorgaben ausgerichteten
Managements erheblich maroder und technologisch rückständiger als vielen
bewusst war. Hinzu kam mit den parallel erfolgenden Umbrüchen in den anderen osteuropäischen Staaten und der Sowjetunion ein weitgehender Verlust
der bisherigen Absatzmärkte und Bezugsquellen. Der für Industriebetriebe
unrealistische Wechselkurs von 2:1 im Verhältnis von DDR-Mark zur D-
Mark, der auch für ihre Verbindlichkeiten galt, tat ein Übriges[62]. Die weitgehende De-industrialisierung und Umstrukturierungen in den Dienstleistungs-
bereichen usw. trugen zu einer rasch steigenden Arbeitslosigkeit bei, die
durch teilweise Migration nach Westen, erhebliche Kapitaltransfers zum
Aufbau einer neuen Infrastruktur und gezielte Arbeitsbeschaffungs- und Um-
schulungsmaßnahmen nicht aufgefangen werden konnte. Auch in dieser Hin-

---

62 Vgl. auch Burkart Lutz u.a., Berichte zum sozialen und politischen Wandel in Ostdeutschland, Bd. 1, Arbeit, Arbeitsmarkt und Betriebe, Opladen 1996.

sicht verstärkte sich daher ein allgemeines Unbehagen und das Gefühl, doch
eher „Bundesbürger zweiter Klasse" zu sein[63].

Diese Entwicklungen führten zu einer plötzlichen „Entwertung" der Le-
bensleistungen der Betroffenen unter in vieler Hinsicht schwierigen Bedingungen, ferner zu gewissen Minderwertigkeitsgefühlen und einem Selbst-
mitleid gepaart mit Ressentiments und Trotzreaktionen den erfolgreichen,
nicht selten aber auch überhebliche Attitüden an den Tag legenden Lands-
leuten im Westen gegenüber. Die Charakterisierungen als „Jammer-Ossis"
und „Besser-Wessis" wurden zu gängigen Stereotypen. Während in der Vorkriegszeit z.B. Hessen und Thüringer noch sehr viele, auch historische Gemeinsamkeiten aufwiesen, waren jetzt die Betroffenheiten und politisch-
kulturellen Ähnlichkeiten z.b. zwischen Thüringern und Mecklenburgern erheblich größer geworden. Ein neuer, auch politisch-kulturell wirksamer Ost-
West-cleavage hatte Gestalt angenommen.

Dies wirkt sich im Alltagsleben nach wie vor in vielfältigen Formen aus
und reicht von einer gewissen „Ostalgie" für ehemalige DDR-Produkte und
ihre Markennachfolger bis hin zur gewichtigen Rolle der SED-Nachfolge-
partei PDS als im wesentlichen ostdeutsche Regionalpartei. Auch fremdenfeindliche und neue rechtsextremistische Erscheinungsformen sind in den
neuen Bundesländern stärker ausgeprägt als in den alten[64]. Hierzu trägt der
meist fehlende Umgang mit ausländischen Mitbürgern in der Vergangenheit
bei, ebenso hat die hohe Arbeitslosigkeit, insbesondere unter Jugendlichen
mit geringen schulischen Qualifikationen, diese Form des Protestverhaltens
verstärkt. Nicht zuletzt bieten hierfür westdeutsche Organisationen wie NPD
und DVU wichtige Kristallisationskerne, die ihre Bedeutung weit über ihr ursprüngliches, z.T. latentes Einzugspotenzial hinaus[65] vergrößert haben.

3.4 Politisches System

Der Kernbereich jeder Politischen Kultur betrifft die Legitimität des politischen Systems. Sie bezieht sich auf die grundlegende Akzeptanz der jeweiligen politischen Ordnung mit Blick sowohl auf die von ihr verkörperten
Werte und Normen als auch auf die zentralen institutionellen Regelungen.
Max Weber unterschied in dieser Hinsicht bekanntlich die drei Haupttypen
der „traditionalen", der „charismatischen" und der „rational-legalen" Legitimität[66]. Systemtheoretisch weiter differenziert lassen sich jeweils mehrere

---

63 Detlef Pollack/Gert Pickel, Die ostdeutsche Identität – Erbe des DDR-Sozialismus
    oder Produkt der Wiedervereinigung? Die Einstellung der Ostdeutschen zu sozialer
    Ungleichheit und Demokratie, in: Aus Politik und Zeitgeschichte, B 41-42/98, S. 9-
    23.
64 Uwe Backes, Rechtsextremismus in Deutschland. Ideologien, Organisationen und
    Strategien, in: Aus Politik und Zeitgeschichte, B 9-10/98, S. 27-35.
65 SINUS-Institut (Anm. 38).
66 Vgl. Max Weber, Wirtschaft und Gesellschaft, Tübingen 1922, S. 122ff.

Quellen und Objekte von Legitimität bzw. generalisierter politischer Unterstützung *(„diffuse support")* unterscheiden[67].

An dieser Stelle interessiert insbesondere die grundlegende Akzeptanz der parlamentarisch-demokratischen Ordnung in der Bundesrepublik insgesamt. Das schließt Kritik an der jeweiligen Regierung oder in einzelnen Punkten selbstverständlich nicht aus. In der Formulierung Franz Urban Pappis: „Die Nagelprobe der Politischen Kultur in einer Demokratie ist der Gehorsam oder die Duldung von politischen Entscheidungen, mit denen man *nicht* übereinstimmt."[68] Von politischer Stabilität kann man dann sprechen, wenn Politische Kultur und politische Strukturen weitgehend im Einklang stehen. Dies ist im Sinne eines dynamischen Gleichgewichts aufzufassen, bei dem die Regelungskapazitäten des Systems ausreichen, den Wandel in Teilbereichen zu verarbeiten, ohne seine Grundlagen zu gefährden[69].

Insofern verwiesen die in der Almond/Verba-Studie geäußerten Bedenken hinsichtlich der mangelnden inneren Akzeptanz und emotionalen Bindung an die neugeschaffenen politischen Strukturen auf einen zentralen Sachverhalt. Wie bereits angedeutet, bewegt sich mittlerweile jedoch die „allgemeine Demokratieunterstützung" relativ unbeeinflusst von momentanen ökonomischen Schwankungen auf einem hohen Niveau. Die Akzeptanz einer demokratischen Regierung und parlamentarischer Verfahrensweisen nahm erheblich zu. Die Befürwortung der Politik Bismarcks und der Monarchie, erst Recht Hitlers, ging auf unbedeutende Größenordnungen zurück. Die als „beste Epoche der deutschen Geschichte" empfundene Periode war nicht mehr das Kaiserreich oder die NS-Zeit bis zum Kriegsausbruch, sondern wurde in zunehmendem Maße die bundesrepublikanische Gegenwart. Dies gilt auch für konkrete Aspekte der politischen Institutionen. Parlament und Mehrparteiensystem sind mittlerweile zu selbstverständlichen Bestandteilen der politischen Ordnung geworden. Detaillierte Untersuchungen zu einzelnen Institutionen belegen im großen und ganzen ein hohes Maß an Akzeptanz[70].

Dieses insgesamt positive Bild bedarf einiger Differenzierungen. Wenn man sich die Zustimmung zu den „etablierten Parteien" – als immerhin den wichtigsten Transmissionsriemen politischer Willensbildung in einem parlamentarischen System – ansieht, so zeigt sich seit Mitte der siebziger Jahre eher eine sinkende Tendenz. Sowohl die Ablehnung von Parteien generell als auch die Unterstützung „anderer" nehmen dagegen zu. Hinter letzteren verbergen sich in erster Linie „Die Grünen", aber auch populistische und z.T.

---

67 Vgl. Easton (Anm. 13); für eine Operationalisierung und empirische Umsetzung siehe Dieter Fuchs, Die Unterstützung des politischen Systems der Bundesrepublik Deutschland, Opladen 1989.

68 Pappi (Anm. 10), S. 283 (Hervorhebung im Original).

69 Vgl. Berg-Schlosser/Siegler (Anm. 13), insbesondere S. 34.

70 Vgl. Elisabeth Noelle/Erich Peter Neumann (Hrsg.), Jahrbücher der öffentlichen Meinung, Allensbach 1951ff; ferner Suzanne Schüttemeyer, Der Bundestag im Urteil der Bürger, in: Berg-Schlosser/Schissler (Anm. 4), S. 409-421.

rechtsextreme Erscheinungsformen artikulieren ein erhebliches Maß an „Parteienverdrossenheit" und Protest gegen allzu „verfilzte" Verhältnisse, wie sie in einigen Skandalen und Affären und auch in der Parteiendominanz in anderen Bereichen des öffentlichen Lebens – z.b. den Rundfunkanstalten, den obersten Bundesgerichten, den Universitäten usw. – zum Ausdruck kamen. So blieb die allgemeine Akzeptanz von Demokratie als „bester Regierungsform" zwar relativ hoch, sie wies aber in den 1990er Jahren eine leicht abnehmende Tendenz auf.

Hinzu kam, dass der Vereinigungsprozess im Osten stark als eine „Vereinnahmung" durch den „Beitritt" gemäß Art. 23 GG empfunden wurde, anstatt durch eine gemeinsam ausgehandelte Verfassung gemäß Art. 146 GG legitimiert worden zu sein. Der plötzliche „Schleusenbruch" hatte weitere, vor allem ökonomische Probleme zur Folge, die zu andauernden politisch-kulturellen Unterschieden beitrugen. Die Vereinigung hat sich somit als ein sehr viel schwierigerer und langwierigerer Prozess herausgestellt als anfangs von den meisten erwartet worden war. Dies gilt für politisch-kulturelle Aspekte noch stärker als für die politisch-institutionellen und ökonomischen. So wie es in Westdeutschland die Zeitspanne einer Generation von etwa 25 bis 30 Jahren gebraucht hat, bis eine weitgehende Kongruenz zwischen der neuen politischen Ordnung und der politischen Kultur ihrer Bürgerinnen und Bürger hergestellt war, so ist dies auch für die „Berliner Republik" in beiden Teilen des Landes zu erwarten, wenngleich die Anpassungsprobleme im Osten eindeutig größer sind. So stellt Jens Reich, der diesen Prozess von Anfang an aktiv begleitet hat, resignativ fest. „Das erste Jahrzehnt war sehr schwierig und hat mentale und psychische Narben hinterlassen. Die innere Einheit als homogene Mentalität wird eine Illusion bleiben".[71]

Die Mehrzahl der Betroffenen hat sich mittlerweile auf realistische Zeithorizonte eingestellt. Dies zeigen neuere Umfragen (siehe Abbildung 6). Hierbei bleibt der Unterschied nach nahezu zehn Jahren in den Erwartungshaltungen zwischen West- und Ostdeutschen bemerkenswert.

Der politisch-kulturelle innerdeutsche cleavage wird also als vorrangiges Merkmal noch erhebliche Zeit Bestand haben, ehe er in der ohnehin regional differenzierten politisch-kulturellen Landschaft nur noch einen Aspekt von mehreren, z.b. zwischen Nord und Süd, katholischen und evangelischen Bevölkerungsteilen usw., darstellen wird. Demgegenüber steht die gleichzeitige Akzeptanz der neuen „gesamtdeutschen" Identität und ihrer demokratisch verfassten politischen Ordnung außer Zweifel. Die hierüber hinausgehenden Europäisierungs- und z.T. Globalisierungsprozesse stellen alle vor neue Herausforderungen und Probleme; sie bewirken freilich eine weitere Angleichung der Lebenslagen und Sichtweisen.

---

71 Jens Reich, Zehn Jahre Deutsche Einheit, in: Aus Politik und Zeitgeschichte, B 1/2000, S. 9-23.

Abbildung 6: Wie viele Jahre wird es dauern, bis es den Ostdeutschen im
Großen und Ganzen so gut geht wie den Westdeutschen?

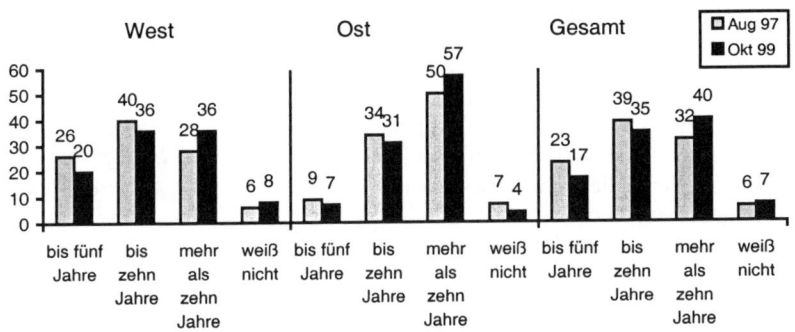

Quelle: Bürklin (wie Abbildung 3).

Dies gilt ebenso für Auseinandersetzungen mit neuen ethnisch-kulturellen
Minderheiten aufgrund grenzüberschreitender Migrationsprozesse. Auch in
dieser Hinsicht werden politisch-kulturell weitere Veränderungen eintreten,
die auf allen Seiten Anpassungsprozesse, Toleranz und gegenseitiges besseres Kennenlernen und Verstehen erfordern. Die zentrale Lage Deutschlands
in Europa zwischen Nord und Süd, Ost und West, sowie seine besondere Geschichte mit den weiter bestehenden und notwendigen Erinnerungen legen
allen Betroffenen eine besondere Verantwortung auf. Die Schaffung eines
nicht mehr auf tatsächlicher oder vermeintlicher „völkischer" Herkunft basierenden Staatsbürgerschaftsrechts ist ein wichtiger Schritt in diese Richtung.

Trotz aller inneren kulturellen Vielfalt und stärkeren Internationalisierung, die ja auch eine Bereicherung der Lebensformen und Denkweisen darstellen und jedem hierfür Freiräume eröffnen, werden gewisse Grundzüge
und Kontinuitäten der deutschen Politischen Kultur, gebunden an regionale
Herkunft, Sprache, ähnliche Lebensweisen und Geschichte in ihrer andauernden Dynamik weiter erkennbar bleiben. Eine intern vielfältige, nach außen
unterscheidbare Politische Kultur in Deutschland, die universale demokratische Werte und Verhaltensweisen einschließt, wird auch im 21. Jahrhundert
Bestand haben, für andere jedoch, so ist zu hoffen, weniger zwiespältig und
rätselhaft sein.

4. Vergleichende Schlussfolgerungen

Die Befunde unterstreichen deutliche Veränderungen wesentlicher Aspekte
der Politischen Kultur Deutschlands in den vergangenen mehr als 50 Jahren.
Die Betrachtung der einzelnen Sub-Systeme ergab wichtige Entsprechungen
zum politischen System, z.T. weiter bestehende Spannungen, die auch in Zukunft eine eigenständige Dynamik erwarten lassen. Dem Grad der „Interpe-
netration" der Sub-Systeme kommt ein eigener Stellenwert zu[72]. Gerade die
deutsche Politische Kultur war lange Zeit durch ein Überwiegen „selbst-
referentieller" Tendenzen in den Sub-Systemen[73] und einen Mangel an Übereinstimmung vor allem zwischen dem politischen und dem sozio-kulturellen
System gekennzeichnet.

Diesen wichtigen Wandlungen stehen einige Kontinuitäten gegenüber,
die dauerhaftere historische Wurzeln von Politischer Kultur beleuchten. Diese beziehen sich zum einen auf die nach wie vor zu beobachtende Vielfalt
spezifischer regionaler, lokaler usw. sub-kultureller Prägungen, zum anderen
auf einen zentralen Aspekt der allgemeineren Politischen Kultur selbst, nämlich ihren „etatistischen", staatsbezogenen Charakter. Diese „Staatskultur"
muß heute nicht mehr vorwiegend in einem „obrigkeits"-staatlichen Sinne
oder als „Untertanen"-Kultur interpretiert werden. Wie einige Autoren, z.B.
Karl Rohe[74], überzeugend argumentieren, ist eine solche Staatskultur unter
den gegenwärtigen Bedingungen mit einem höheren Maß an politischer Partizipation breiter Bevölkerungskreise vereinbar. Die mittlerweile anzutreffende „Mischkultur" kann im Sinne einer wohlfahrtsstaatlichen Ausrichtung
potentiell sowohl ein höheres Maß staatlicher Fürsorge und sozialer Leistungen („Teilhabe") als auch eine demokratische Gestaltung dieser Regelungen
(„Teilnahme") gewährleisten. Ein möglicher „sozial-demokratischer" (ohne
dies allein in einem parteipolitischen Sinne verstehen zu wollen) und (bislang
zumindest: west-) europäischer „eigener Weg" zwischen Staatsautoritarismus
und weitgehendem Laisser-faire zeichnet sich hier ab.

Im europäischen Vergleich hat so eine gewisse Angleichung an westliche
demokratische Normen und Standards, und in diesem Sinne „Normalisierung"
der Politischen Kultur Deutschlands stattgefunden, mit allerdings der nach wie
vor andauernden besonderen Problemlage der „neuen Bundesländer". Deutschland stellt, wie die anderen europäischen Staaten, eine besondere Gemengelage
der unterschiedlichen politisch-kulturellen Einflussfaktoren dar. Trotz der Veränderungen und zunehmenden Gemeinsamkeiten ist eine völlige Verschmelzung europäischer Politischer Kulturen nicht zu erwarten. Hierzu dürften die
historisch ausgebildeten Prozesse des „framing" und der relativ langfristigen
Reproduktion entsprechender Milieus und Submilieus beitragen.

---

72 Vgl. Richard Münch, Basale Soziologie. Soziologie der Politik, Opladen 1982, insbe-
      sondere S. 195.
73 Vgl. Niklas Luhmann, Soziale Systeme, Frankfurt a.M. 1984.
74 Vgl. Rohe (Anm. 30).

Einige vergleichende Befunde sollen hierzu noch vorgestellt werden. Eine Zusammenfassung einiger zentraler bereits angesprochener Aspekte enthält die Tabelle 2:

Tabelle 2: Nationalstolz und Unterstützung der EG-Mitgliedschaft (1985)

	„Very proud of their nation"	„Willing to fight for their country"	„Satisfied with democracy"	„Support for EC membership"
GR	72	76	60	47
SP	64	69	58	67
LU	62	67	74	85
GB	54	61	55	39
IR	53	45	50	57
IT	45	38	27	79
FR	42	57	46	70
DK	40	63	74	36
NL	34	52	61	85
PO	33	65	39	61
BE	26	36	59	68
GE	20	33	72	62

Quelle: Max Kaase/Kenneth Newton, Beliefs in Government, Oxford/New York 1998, S. 116.

Der National-„stolz" ist deutlich in Deutschland am geringsten, gefolgt von Belgien. Sehr ausgeprägt ist er dagegen in Griechenland und Spanien. Dies schließt in diesen Ländern, aber auch in Großbritannien, eine deutliche Mehrheit ein, die bereit ist „für ihr Land zu kämpfen". Die belastete deutsche Vergangenheit zeigt sich auch in dieser Hinsicht. Die Zufriedenheit mit der Demokratie weist dagegen in Dänemark, Luxemburg und Deutschland deutlich die höchsten Werte auf, die Unzufriedenheit ist hingegen in Italien, gefolgt von Portugal mit Abstand am stärksten. Dies ist in den Niederlanden und Luxemburg, aber auch in Italien, gepaart mit einer starken Unterstützung für die Europäische Gemeinschaft.

Wenn man sich die Zufriedenheit mit der Demokratie im Zeitverlauf anschaut, so ergeben sich je nach aktuellen Ereignissen schwankende, für die meisten westeuropäischen Staaten jedoch deutlich positive Werte. Deutschland, Dänemark und Luxemburg nehmen auch hier eine gewisse Spitzenstellung ein. Der Krisenfall Nordirland, aber auch Italien rangieren hier deutlich und relativ konstant im unteren Bereich (Schaubild 7).

Ein Vergleich mit osteuropäischen Staaten in der Umbruchphase noch Mitte der 1990er Jahre zeigt, daß die Demokratieverankerung und –konsolidierung noch wesentlich unterschiedlicher ausfällt. In der Tschechischen Republik und Polen, zum Beispiel, erscheint sie relativ gefestigt: Die Abkehr vom vorherigen kommunistischen Regime ist deutlich prononciert. Weißrußland und die Ukraine hingegen bleiben noch deutlich der Vergangenheit verhaftet. Generell ist aber in allen hier erfaßten Ländern ein klarer Optimismus hinsichtlich der Verbesserung der politischen Verhältnisse in der Zukunft festzustellen (Schaubild 8).

Dirk Berg-Schlosser

Schaubild 7: Entwicklung der Demokratiezufriedenheit

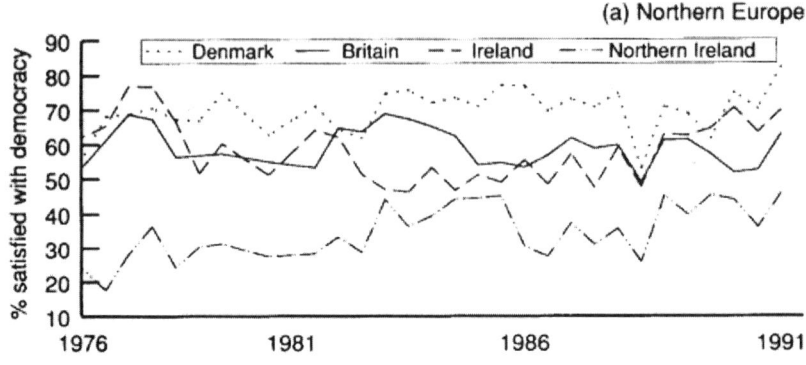

(a) Northern Europe

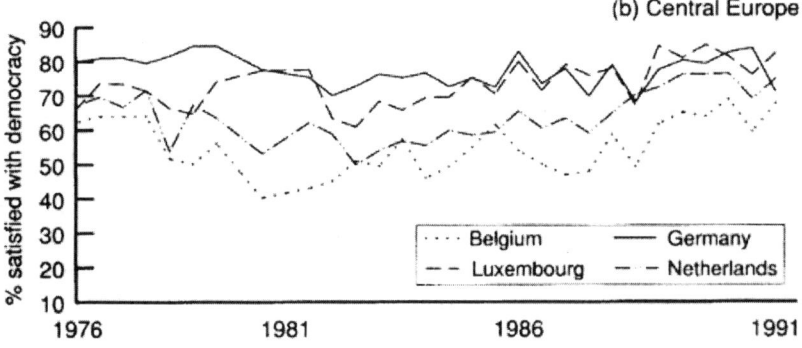

(b) Central Europe

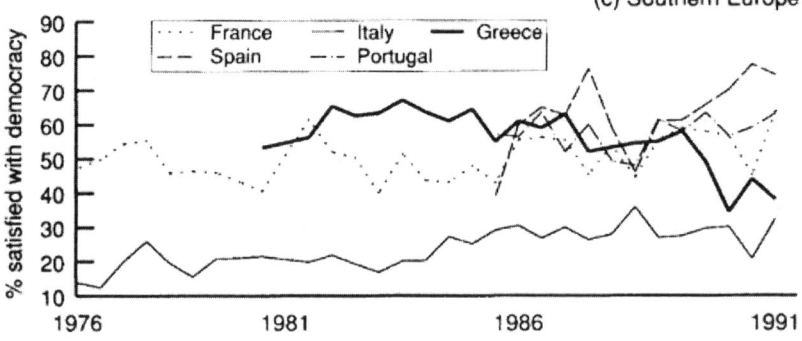

(c) Southern Europe

Quelle: Hans-Dieter Klingemann/Dieter Fuchs, Citizens and the State, Oxford/New York 1998, S. 338.

Schaubild 8: Bewertung der Regime in Vergangenheit,
Gegenwart und Zukunft

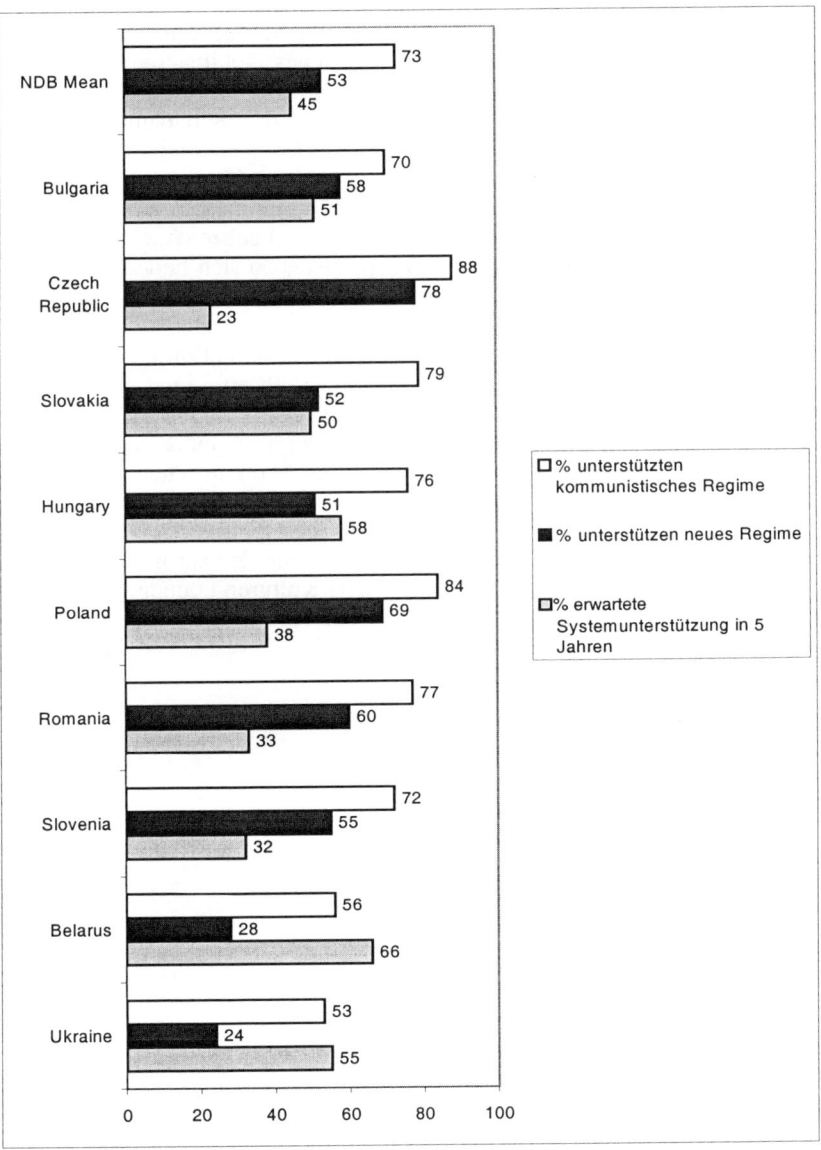

Quelle: Richard Rose/William Mishler/Christian Haerpfer, Democracy and its Alternatives,
Cambridge 1998, S. 108.

Dies sind, selbstverständlich, nur einige, aber doch aussagekräftige Ausschnitte aus der politisch-kulturellen Vielfalt. Gewisse Charakteristika der jeweiligen Politischen Kulturen werden auch in Zukunft zu beobachten sein. So wird es in Frankreich z.B. weiter stark national, zentralistisch und etatistisch geprägte Elemente, ebenso ein erhebliches mobilisierbares Protestpotential geben[75]. Großbritannien dürfte in wesentlichen Bereichen eine weniger staatlich orientierte, auf erheblichem Konsens und Pragmatismus basierende „Bürgerkultur" bleiben. In Italien werden starke Nord-Süd-Gegensätze mit unterschiedlichen politisch-kulturellen Erscheinungsformen andauern, die Niederlande und Belgien weiter durch „Versäulungserscheinungen" und teilweise konkordanzdemokratische Muster gekennzeichnet sein. Diese (selbstverständlich sehr verkürzten) Beispiele ließen sich beliebig fortsetzen. De Gaulles Ausspruch, dass sich „aus hart gekochten Eiern kein Omelette" machen ließe, hat eine gewisse Berechtigung.

Das heißt aber nicht, dass auf Dauer lediglich ein „Europa der Vaterländer" im de Gaulleschen Sinne oder ausschließlich ein „inter-gouvernementales" Regierungsmodell auf europäischer Ebene denkbar oder gar wünschenswert sei. Wichtige mittlerweile eingetretene Veränderungen durch den europäischen Integrationsprozess, nicht nur im ökonomischen Bereich, sind ebenso real und heute weitgehend irreversibel geworden. Die nach wie vor bestehenden Defizite einer gesamteuropäischen politischen Öffentlichkeit und einer stärkeren demokratischen Legitimierung der europäischen Institutionen sind nicht unaufhebbar, und Politische Kulturen können, wie die deutsche Geschichte mehrfach gezeigt hat, auch von „oben" und von „außen" wirksam beeinflusst werden. Nicht nur institutionell vermag so ein neues Gebilde „sui generis" zu entstehen.

---

75 Vgl. die Beiträge in Peter Reichel (Hrsg.), Politische Kultur in Westeuropa, Frankfurt a.M. 1984 und Roger Eatwell (Hrsg.), European Political Cultures-Conflict or Convergence?, London 1997.

Ursula Hoffmann-Lange

Eliten

1. Einleitung

Der Begriff *Elite* bzw. *Eliten* wird in der Vergleichenden Politikwissenschaft häufig bemüht und dabei meist in einem losen Sinne verwendet. Er verweist auf die kleine Gruppe derjenigen Personen, die aktiv an politischen Willensbildungsprozessen beteiligt sind und über großen politischen Einfluss verfügen. Demgegenüber beschränkt sich die politische Mitwirkung der Mehrheit der *Nicht-Eliten* auf die Teilnahme an Wahlen. Das bedeutet zwar nicht, dass einfache Bürger keinerlei Einfluss auf politische Willensbildungsprozesse haben, aber dieser ist im Vergleich zu dem, der durch die Eliten ausgeübt wird, relativ klein.

Die Elitenforschung befasst sich vor allem mit vier großen Themenkomplexen: erstens mit der *Elitenrekrutierung*, also mit der sozialen Herkunft und den Karrieremustern von Eliten, zweitens mit den *Konsens- und Konfliktpotentialen* zwischen Eliten, wie sie in den Wertorientierungen und Einstellungen zu aktuellen gesellschaftlich-politischen Themen zum Ausdruck kommen, drittens mit den Mustern der Kooperation zwischen ihnen (*Elitennetzwerke*) sowie schließlich viertens mit der Rolle von Eliten in Prozessen der Regimetransformation und dem damit verbundenen *Elitenwandel*.[1] Vor allem die letzte Fragestellung ist im Zuge der Demokratisierung in den Ländern des ehemaligen Ostblocks im letzten Jahrzehnt (wieder) stärker ins Blickfeld der Politikwissenschaft geraten.[2]

Die Bedeutung der genannten Themenkomplexe für das Verständnis der Struktur von Gesellschaften und für die Funktionsfähigkeit von Demokratien ist offenkundig. Die soziale Herkunft von Eliten gibt zunächst Auskunft dar-

---

1 An dieser Stelle sei auf die folgenden einführenden Werke verwiesen: Robert D. Putnam, The Comparative Study of Political Elites. Englewood Cliffs 1976; Dietrich Herzog, Politische Führungsgruppen, Darmstadt 1982; Moshe M. Czudnowski (Hrsg.), Does Who Governs Matter? Elite Circulation in Contemporary Societies, DeKalb 1982; ders. (Hrsg.), Political Elites and Social Change. Studies of Elite Roles and Attitudes, DeKalb 1983.
2 Vgl. Samuel P. Huntington, The Third Wave. Democratization in the Late Twentieth Century, Norman 1991, S.36; Ellen Bos, Die Rolle von Eliten und kollektiven Akteuren in Transitionsprozessen, in: Wolfgang Merkel (Hrsg.), Systemwechsel 1. Theorien, Ansätze, Konzeptionen, Opladen 1994, S. 81-109.

über, wie selektiv die Bildungsinstitutionen demokratischer Gesellschaften sind und wie die Chancen verteilt sind, in gesellschaftliche Spitzenpositionen aufzusteigen.

Die politischen Einstellungen der Eliten wiederum zeigen, inwieweit alle in einer Gesellschaft vorhandenen Interessen auch auf Elitenebene repräsentiert sind. Sie geben nicht nur Aufschluss über die wichtigsten soziopolitischen Konfliktlinien, sondern können auch dazu beitragen, eine Reihe weiterer Fragen zu beantworten: Was ist die organisatorische Basis solcher Konflikte? In welcher Weise spiegeln sie sich im Parteiensystem eines Landes wider? Wie stark sind die verschiedenen Lager?

Die Grundidee der liberalen Demokratie besteht in der Verbindung der Anerkennung der Unvermeidlichkeit von Interessenkonflikten und des Prinzips einer offenen Austragung solcher Konflikte einerseits mit der Existenz eines Grundkonsens' über die Regeln des Konfliktaustrags andererseits. Da die Eliten herausgehobene Teilnehmer politischer Willensbildungsprozesse sind, ist gerade bei ihnen die Frage von besonderem Interesse, ob es neben den Differenzen über konkrete Streitfragen einen Konsens über Grundwerte und über die politischen Institutionen gibt, oder ob die Verfassungsordnung selbst Gegenstand politischen Streits ist, wie dies für autoritäre und totalitäre Systeme, aber auch für instabile Demokratien charakteristisch ist.

Die numerische Stärke der verschiedenen Konfliktgruppen allein sagt allerdings nur bedingt etwas über deren politische Durchsetzungschancen aus. Auch wenn in Demokratien Wahlen über die Besetzung politischer Herrschaftspositionen entscheiden, gibt es gleichzeitig andere wichtige Organisationen (u.a. Unternehmen, Verbände, Medien), deren politischer Einfluss beträchtlich sein kann, ohne demokratisch legitimiert zu sein. Von daher ist die Frage nach deren Zugang zu politischen Willensbildungsprozessen und vor allem nach ihrer Verbindung zu den politischen Entscheidungsträgern zentral für die Analyse gesellschaftlicher Macht- und Einflussstrukturen. Netzwerkanalysen der Kooperationsmuster auf Elitenebene geben Aufschluss über die Bedeutung verschiedener Macht- und Einflussressourcen und können zeigen, in welchem Maß sich beispielsweise Verfügungsmacht über Kapital, Einfluss auf die öffentliche Meinung, die Fähigkeit zur Mobilisierung gesellschaftlicher Gruppen sowie fachliche Expertise in politischen Einfluss ummünzen lassen.

Während bei den genannten Strukturmerkmalen von Eliten die individuellen Handlungsspielräume von eher untergeordneter Bedeutung sind, da die Eliten dabei in erster Linie als Inhaber politischer Ämter bzw. als Repräsentanten der von ihnen vertretenen Organisationen betrachtet werden, geht es beim politischen Systemwandel um institutionelle Grundsatzentscheidungen, die nur wenig vorstrukturiert sind. Hierbei spielen Persönlichkeitsfaktoren und personelle Konstellationen eine sehr viel ausschlaggebendere Rolle. Kommt es zu tiefgreifenden politischen und gesellschaftlichen Reformen, so muss sich dies zudem zwangsläufig in einem beträchtlichen personellen und strukturellen Elitenwandel niederschlagen. Insofern kann das Ausmaß der

Elitentransformation als wichtiger Indikator für die Tragweite solcher Veränderungen dienen. Dabei erstreckt sich Elitentransformation jedoch nicht nur auf den Austausch des Spitzenpersonals, sondern auch auf Veränderungen in den Rekrutierungsmustern, auf die Schaffung neuer Institutionen bzw. Organisationen (politische Parteien, Verbände, Medien) sowie auf veränderte Machtverhältnissen zwischen ihnen. Es liegt daher auf der Hand, dass die Analyse von Eliten ein wichtiger Aspekt bei der Beschreibung und Erklärung von Demokratisierungsprozessen ist.

2. Begriffsgeschichte

Kaum ein anderes theoretisches Konzept ist so eng mit den ideologischen Auseinandersetzungen der Industrialisierungsepoche im ausgehenden 19. und frühen 20. Jahrhundert verbunden wie der Elitebegriff. Dieser wurde von seinen Protagonisten, zu denen vor allen *Vilfredo Pareto* und *Gaetano Mosca* zählen,[3] bewusst als Gegenkonzept zur Marxschen Klassentheorie entwickelt. Dem ökonomischen Determinismus setzten sie die *These von der prinzipiellen Eigenständigkeit der politischen Sphäre* und der Utopie einer klassenlosen Gesellschaft die *These der Universalität von Herrschaft* entgegen. Dabei gaben die beiden Väter der Elitetheorie durchaus unterschiedliche Begründungen für die Entstehung von Eliten. Während Pareto diese anthropologisch aus den verschiedenartigen Fähigkeiten der Menschen ableitete, hielt Mosca sie für eine notwendige Folge kollektiven Handelns, das immer durch aktive Minderheiten geprägt sei. Als dritter Begründer der Elitetheorie gilt *Robert Michels*,[4] der aus der 1911 veröffentlichten Analyse der Organisationsstruktur der SPD sein *ehernes Gesetz der Oligarchie* ableitete, und dabei ähnlich wie Mosca darauf verwies, dass die Herausbildung von Eliten eine unausweichliche Folge sozialer Organisation ist.

Vielfach wird der Elitenforschung von Seiten kritischer Sozialwissenschaftler vorgeworfen, ihre Perspektive sei auf Grund dieser Begriffsgeschichte einseitig, und sie gehe zwangsläufig von einem dichotomen Gesellschaftsbild aus, das die *Nicht-Eliten* und damit die breite gesellschaftliche Mehrheit lediglich als Residualkategorie sozialwissenschaftlicher Analyse betrachte.[5] Tatsächlich impliziert die Verwendung des Elitebegriffs durch heutige Sozialwissenschaftler lediglich einen Analysefokus, nämlich die Beschäftigung mit den Mächtigen in der Gesellschaft, und wird in der Regel

---

3   Vilfredo Pareto, The Mind and Society. A Treatise on General Sociology, New York 1935; Gaetano Mosca, The Ruling Class, New York 1939 (Nachdruck Westport 1980).

4   Robert Michels, Zur Soziologie des Parteiwesens in der modernen Demokratie, Neudruck der 2. Aufl., Stuttgart 1970.

5   So z.B. Beate Krais, Die Spitzen der Gesellschaft, in: Dies. (Hrsg.), An der Spitze. Von Eliten und herrschenden Klassen, Konstanz 2001, S. 7-62.

nicht mit der Annahme verbunden, nur Eliten seien für die gesellschaftliche und politische Entwicklung von Bedeutung. In neueren Elitetheorien werden die *Nicht-Eliten* zudem keineswegs nur als undifferenzierte Masse betrachtet; vielmehr erlaubt es das Elitenkonzept gerade, Einfluss auf gesamtgesellschaftlich bedeutsame Entscheidungen als graduell zu konzeptualisieren. So kann man beispielsweise nach dem Grad ihrer politischen Aktivität Passivbürger, Aktivbürger, politische Subeliten (Inhaber politischer Positionen auf unteren Hierarchieebenen) und politische Eliten unterscheiden und diese Gruppen im Hinblick auf ihre Rekrutierungsmuster oder ihre politischen Einstellungen vergleichen.

In den Sozialwissenschaften besteht heute Konsens darüber, dass Elitenstruktur und Elitenkultur als eigenständige Strukturmerkmale von Gesellschaften anzusehen sind. Das Elitenkonzept verweist daher auf den Aspekt der vertikalen Gliederung von Gesellschaften, die sich aus den unterschiedlichen Machtressourcen der Gesellschaftsmitglieder und deren unterschiedlichem Einfluss auf politische Willensbildungsprozesse ergibt.

Aus der gesellschaftlichen Arbeitsteilung und der Organisationsfreiheit als grundlegendem Merkmal von Demokratien ergibt sich die Existenz verschiedener gesellschaftlicher Organisationsbereiche (*Sektoren*), die über je weitgehende organisatorische Eigenständigkeit verfügen. Demokratische Gesellschaften sind daher pluralistisch organisiert und weisen neben ihrer vertikalen Gliederung auch eine horizontale Gliederung auf. Insofern wird in demokratischen Gesellschaften Einfluss auf gesamtgesellschaftlich bedeutsame Entscheidungen arbeitsteilig ausgeübt. Die Konstellation der relevanten Akteure sieht in verschiedenen gesellschaftlichen Sektoren und in verschiedenen Politikfeldern ganz unterschiedlich aus, d.h. es sind dort jeweils die Repräsentanten verschiedener Institutionen und Organisationen bedeutungsvoll. Zwischen diesen Organisationen existieren in der Regel keine Abhängigkeitsbeziehungen, sondern sie bilden ein horizontales Netzwerk prinzipiell gleichrangiger, wenn auch sicherlich nicht gleich bedeutsamer Akteure.

3. Forschungsstand

3.1 Fragestellungen der Elitenforschung

Die empirische Elitenforschung datiert bis in die Anfänge der sozialwissenschaftlichen Beschäftigung mit Eliten zurück. In ihrer Anfangszeit befasste sie sich hauptsächlich mit der Sammlung biographischer Informationen über politische Eliten (Regierungsmitglieder, Parlamentarier) und mit der *Elitenzirkulation*, d.h. mit dem personellen Austausch in politischen Führungspositionen. Schon früh wurden jedoch auch andere Elitegruppen untersucht, darunter vor allem wirtschaftliche Eliten, Verwaltungseliten und Militäreliten. Wolfgang Zapfs Studie über „Wandlungen der deutschen Elite" war die erste umfassende Analyse der Elitenentwicklung in Deutschland in der ersten Hälfte des 20. Jahrhunderts (1919-1961), die auf der Basis einer systematischen Informationssammlung über die Inhaber gesellschaftlicher Führungspositionen die demographischen Charakteristika und die Elitenzirkulation in Politik, Ministerialbürokratie, Militär, Justiz, Wirtschaftsunternehmen, Verbänden und Kirchen untersuchte.[6]

Mit der Entwicklung der Umfragemethodologie wurden vereinzelt schon in den Dreißigerjahren des 20. Jahrhunderts, und dann vermehrt ab den Fünfzigerjahren Eliteumfragen durchgeführt. Meist waren diese Umfragen auf überschaubare Gruppen beschränkt, z.b. auf sektorale Eliten (Politiker, Wirtschaftsmanager, Journalisten), auf die Eliten einzelner Gemeinden oder auf Eliten in Ländern der Dritten Welt. Umfassende Elitestudien in entwickelten demokratischen Gesellschaften, die größere Fallzahlen umfassen und Aussagen über einzelne Elitegruppen erlauben, sind wegen des damit verbundenen zeitlichen und finanziellen Aufwands bis heute eher rar geblieben. Elitenstruktur und Elitenentwicklung in Deutschland sind dabei mit der Studie Zapfs und vier nationalen Eliteumfragen (1968, 1972, 1981 und 1995) am besten dokumentiert. Daneben sind auch Untersuchungen in den USA[7], Australien[8], Norwegen[9] und Schweden[10] durchgeführt worden. Zudem hat sich das im Zuge der Demokratisierung der ehemaligen staatssozialistischen Ländern neu belebte Interesse an Eliten seit 1990 in einer Vielzahl von Elitestudien in diesen Transformationsländern niedergeschlagen, deren Datenbasis allerdings nicht für alle untersuchten Länder gleichermaßen breit und fundiert ist (vgl. 3.6).

Die Elitenforschung ist ein Forschungszweig, der gleichermaßen von Politikwissenschaftlern und Soziologen betrieben wird, wobei die Zugehörigkeit zu einer der beiden Disziplinen in der Regel kaum Einfluss auf die untersuchten Fragestellungen hat. Soweit sich überhaupt Unterschiede feststellen lassen, richtet sich das Interesse der Politikwissenschaftler etwas stärker auf politische Eliten im engeren Sinne, d.h. auf Parlamentarier und Mitglieder der Exekutive. Andere Eliten, z.B. Repräsentanten von Interessengruppen, Medieneliten, Wissenschaftseliten, werden vor allem im Hinblick auf ihren *Einfluss* auf *politische Willensbildungsprozesse* berücksichtigt. Da moderne Gesellschaften sich durch

---

6 Wolfgang Zapf, Wandlungen der deutschen Elite, München 1965.
7 Hier sind v.a. die verschiedenen Auflagen von Thomas Dye, Who's Running America? zu nennen (6. Aufl., Englewood Cliffs 1995) sowie: Robert Lerner/Althea K. Nagai/Stanley Rothman, American Elites, New Haven 1996; Allen Barton, Background, Attitudes, and Activities of American Elites, in: Gwen Moore (Hrsg.), Research in Politics and Society 1 (1985), S. 173-218.
8 John Higley/Desley Deacon/Don Smart, Elites in Australia, London 1979; Jan Pakulski, Elite Recruitment in Australia, Canberra 1982.
9 John Higley/G. Lowell Field/Knut Grøholt, Elite Structure and Ideology, New York 1976.
10 Olof Petersson u. a., Democracy and Leadership. Report from the Democratic Audit of Sweden 1996, Stockholm 1997.

eine enge gegenseitige Abhängigkeit politischer und gesellschaftlicher Entwicklungen auszeichnen, werden dabei jedoch meist auch Organisationen bzw. Elitegruppen berücksichtigt, deren Einfluss eher indirekter Art ist, z.b. Journalisten, Wissenschaftler oder Kultureliten.

In soziologischen Studien richtet sich das Forschungsinteresse teilweise auf allgemeine Aspekte vertikaler gesellschaftlicher Differenzierung, beispielsweise auf die Mechanismen der Zuteilung von Lebenschancen und die Reproduktion sozialer Ungleichheit. Es liegt auf der Hand, dass unter diesem Blickwinkel die *herrschende Klasse* bzw. die *soziale Oberschicht* breiter sind als die Gruppe der Teilnehmer an politischen Willensbildungsprozessen.[11]

Wichtiger als die Zugehörigkeit zu den beiden sozialwissenschaftlichen Disziplinen ist letztlich jedoch das theoretische Paradigma, dem der jeweilige Forscher verpflichtet ist. Das *Paradigma der herrschenden Klasse* geht von der Existenz einer einheitlichen Elite aus. Es betont vor allem den vertikalen Interessenkonflikt in der Gesellschaft zwischen einer im Hinblick auf ihre soziale Gestalt, ihre Wertorientierungen und ihre Interessen kohäsiven herrschenden Klasse und dem Rest der Gesellschaft. Demgegenüber geht das *Paradigma des Elitenpluralismus* davon aus, dass gesellschaftliche Konflikte nicht nur zwischen Unten und Oben existieren, sondern dass es auch Interessendivergenzen horizontaler Natur gibt, die sich aus der gesellschaftlichen Arbeitsteilung oder aus kulturellen Unterschieden ergeben, z.b. zwischen den Angehörigen verschiedener ethnischer oder religiöser Gruppen.

Aus der Annahme, dass in differenzierten demokratischen Gesellschaften sowohl vertikale als auch horizontale Interessendivergenzen existieren und demokratische Eliten dementsprechend sowohl *vertikale als auch horizontale Integrationsleistungen* zu erbringen haben, ergeben sich zwei grundsätzliche Fragestellungen für die Eliteforschung. Zum einen ist zu fragen, in welcher Weise die *Rückbindung der Eliten an die Nicht-Eliten* erfolgt, und zum anderen, welche strukturellen und aktuellen *Konflikte zwischen den verschiedenen Eliten* einer Gesellschaft bestehen. Da im Falle einer pluralistischen Elitenstruktur und der damit verbundenen Interessenheterogenität nicht mehr automatisch von einem hohen Maß an Elitekohäsion ausgegangen werden kann,

---

11 Unterschiede zwischen den beiden sozialwissenschaftlichen Disziplinen zeigen sich vor allem bei soziologischen Studien zu Sporteliten oder zur gesellschaftlichen Rolle von Intelligenz oder Prominenz, die jedoch bestenfalls am Rande als Beitrag zur Elitenforschung bezeichnet werden können. Vgl. hierzu beispielsweise Gunter Gebauer (unter Mitarbeit von Sebastian Braun), Die Besten und die Tüchtigsten. Nationale Repräsentation durch Sporteliten in Deutschland und Frankreich, in: Krais (Anm. 5), S. 63-111; Erika M. Hoerning, Der gesellschaftliche Ort der Intelligenz in der DDR, in: Krais (Anm. 5), S. 113-155; Birgit Peters, Prominenz, Opladen 1996. Dagegen hat der Soziologe Zapf Eliten ebenfalls über ihren Einfluss auf politische Entscheidungen definiert, nämlich als „Inhaber von Macht- und Einflußpositionen, die ‚Gesetze machen' und Einfluß auf Entscheidungen von gesamtgesellschaftlicher Tragweite nehmen können."

wird in der Theorie des Elitenpluralismus also auch die Frage der Kooperationsfähigkeit zwischen den verschiedenen Elitegruppen thematisiert.[12]

3.2 Operationale Definition und Identifikation von Eliten

Die unterschiedlichen Fragestellungen, die in der Forschungspraxis verfolgt werden, führen dazu, dass die Forscher mit unterschiedlichen operationalen Definitionen des Elitebegriffs arbeiten. Für Politikwissenschaftler liegt es nahe, die aktive Teilnahme an politischen Willensbildungsprozessen als vorrangiges Kriterium für die Elitenzugehörigkeit zu betrachten. Hieraus ergibt sich, dass vor allem die Repräsentanten politischer Institutionen und einflussreicher privater Organisationen zu berücksichtigen sind. Hierzu gehören neben den Angehörigen der politischen Elite im engeren Sinne (Parlamentarier, Mitglieder der Exekutive, Mitglieder der Parteiführungen) vor allem die Angehörigen der höheren Ministerialbürokratie, die an der Gesetzesvorbereitung beteiligt sind, aber auch die Vertreter wichtiger Verbände und Organisationen, die durch gesetzgeberische Entscheidungen direkt betroffen sind. Ferner werden in der Regel auch führende Vertreter der Massenmedien berücksichtigt, die in modernen Gesellschaften eine zentrale Vermittlerrolle zwischen Politik und den Bürgern wahrnehmen, auch wenn sie meist keinen direkten Einfluss auf politische Entscheidungen nehmen.

Für die Identifikation der Personen, die in einer empirischen Elitestudie berücksichtigt weden, existieren drei verschiedene Auswahlverfahren: Positionsmethode, Reputationsmethode und Entscheidungsmethode.[13] Die in der Praxis und vor allem bei der Untersuchung nationaler Eliten am häufigsten angewandte *Positionsmethode* geht davon aus, dass der Zugang zu politischen Willensbildungsprozessen in aller Regel auf die führenden Repräsentanten etablierter Institutionen und Organisationen beschränkt ist. Hieraus ergibt sich, dass die Inhaber formaler Spitzenpositionen in diesen Institutionen und Organisationen untersucht werden. Damit werden automatisch Organisationen ausgeblendet, deren politischer Einfluss normalerweise gering ist bzw. die nur in hochspezialisierten und politisch weniger bedeutsamen Politikfeldern aktiv sind (z.B. in der Kultur- oder Sportpolitik). Außerdem werden Personen, deren Einfluss sich primär auf ihr persönliches Prestige gründet und die keine formalen Führungspositionen innehaben, durch diesen Ansatz nicht erfasst.

Die *Reputationsmethode* verlässt sich auf die Urteile von Experten, die gebeten werden, die ihres Erachtens mächtigsten bzw. einflussreichsten Personen identifizieren. Es liegt auf der Hand, dass die Ergebnisse dieser Me-

---

12 Vgl. hierzu Suzanne Keller, Beyond the Ruling Class. Strategic Elites in Modern Society, New York 1963 (Neuausgabe New Brunswick 1991).
13 Vgl. hierzu auch Paul Drewe, Methoden zur Identifizierung von Eliten, in: Jürgen van Koolwijk/Maria Wieken-Mayser (Hrsg.), Techniken der empirischen Sozialforschung, Band 4: Erhebungsmethoden: Die Befragung, München 1974, S. 162-179.

thode sehr stark durch die Vorgaben an die Experten und durch deren Wahrnehmungen beeinflusst werden. Sie fallen sehr unterschiedlich aus, je nachdem, ob man nach den politisch Einflussreichsten oder nach den Personen
mit dem höchsten Sozialprestige fragt, und ob man als Auskunftspersonen
einfache Bürger, Journalisten, Vertreter von Wirtschaftsunternehmen, Gewerkschafter oder Wissenschaftler auswählt. Generell hat sich gezeigt, dass
die Reputationsmethode vor allem bei der Identifikation lokaler Eliten in
überschaubaren Gemeinden mittlerer Größe sinnvoll eingesetzt werden kann,
dass ihre Anwendung auf nationaler Ebene jedoch in der Regel zu einer
hochgradig verengten Auswahl führt, bei der fast zwangsläufig die in den
Medien präsentesten Politiker, Journalisten, Wissenschaftler und Vertreter
von Großunternehmen und Verbänden genannt werden. Damit reproduziert
diese Methode die vorherrschende Wahrnehmung gesellschaftlicher Machtstrukturen.

Die *Entscheidungsmethode* beruht schließlich auf der empirischen Untersuchung politischer Entscheidungsprozesse. Berücksichtigt werden nur solche Personen, die aktiv an solchen Entscheidungsprozessen teilnehmen. Die
Methode blendet damit andere Formen gesellschaftlicher Macht aus, nicht
zuletzt die antizipierte Vetomacht von Personen, deren Einfluss gar nicht
sichtbar wird, deren Wünsche und Interessen aber bei der Entscheidungsfindung berücksichtigt werden. Die Ergebnisse dieser Methode sind zudem
grundsätzlich auf die untersuchten Entscheidungsprozesse beschränkt und
nur bedingt generalisierbar, da politischer Einfluss bereichsspezifisch ausgeübt wird. Die Entscheidungsmethode ist daher vor allem für die Analyse einzelner Politikfelder oder aber für die Analyse kleinerer und mittlerer Gemeinden mit nur wenig differenzierter politischer Arbeitsteilung geeignet.

Die Wahl des Datenerhebungsverfahrens hängt wiederum von der Fragestellung und den verfügbaren Quellen ab. Häufig begnügt man sich mit der
Sammlung von Daten über die soziale Herkunft und die beruflichen Karrieren von Eliten, die in Form von Handbüchern, publizierten Lebensläufen
usw. vorliegen. Die Anwendung dieser Datenerhebungsmethode ist aber
weitgehend auf die Inhaber gesellschaftlicher Spitzenpositionen bzw. auf
Prominente beschränkt, über die öffentlich zugängliche Informationen vorhanden sind. Sie hat andererseits den Vorteil, dass sie auch für die Erforschung historischer Eliten eingesetzt werden kann. Allerdings ist der Infor-
mationswert dieser Datenquelle beschränkt, da sie keine Informationen über
Wertorientierungen bzw. Einstellungen enthält und damit keine Analyse von
Konflikt- und Konsenspotentialen erlaubt. Hierzu wiederum eignet sich die
Analyse von Texten, z.B. Reden oder Publikationen, die bisher nur selten als
Datenquelle genutzt worden sind. Der Einsatz der Befragungsmethode
schließlich ist zwar am teuersten, verspricht jedoch den breitesten Ertrag, da
diese Erhebungsmethode von der Fragestellung her nicht eingeschränkt ist.

3.3 Rekrutierungsmuster von Eliten

Die *soziale und berufliche Rekrutierung* von Eliten gibt Auskunft über das Ausmaß der Offenheit bzw. Geschlossenheit einer Elite. Hier wird die vertikale und horizontale Mobilität bei der Rekrutierung des Führungspersonals in verschiedenen gesellschaftlichen Sektoren bzw. Organisationen untersucht. Die meisten Elitestudien enthalten Informationen zur sozialen Herkunft und zu den Karrieremustern von Eliten.[14] Die heutigen deutschen Eliten unterscheiden sich in dieser Hinsicht nicht wesentlich von denen anderer hochindustrialisierter Demokratien. Im Vergleich zur Bevölkerung stammen sie überproportional aus der Höheren Dienstklasse[15] der größeren Selbstständigen, gehobenen Angestellten und höheren Beamten, woran sich in den letzten dreißig Jahren kaum etwas geändert hat. Die Hälfte der Eliten rekrutiert sich damit aus einem Bevölkerungssegment, das nur knapp 15 Prozent der Bevölkerung umfasst. Demgegenüber liegt der Anteil der Eliten aus Arbeiterhaushalten bei nur einem Zehntel, während er in der Gesamtbevölkerung fast die Hälfte beträgt (vgl. Tabelle 1).[16]

Allerdings verdeckt die globale Betrachtung beträchtliche Unterschiede zwischen den Teileliten. Die soziale Herkunft der Gewerkschaftseliten entspricht beispielsweise in etwa der der Gesamtbevölkerung, und von den führenden Politikern stammen nur 46 Prozent aus der Höheren Dienstklasse. Die Ergebnisse der Potsdamer Elitestudie 1995 legen damit einerseits den Schluss nahe, dass die soziale Rekrutierung der deutschen Eliten gehoben ist, sie rechtfertigen jedoch nicht die Annahme einer geschlossenen herrschenden Kaste. Dazu ist ihre soziale Rekrutierungsbasis zu heterogen.

---

14 In diesem Zusammenhang ist vor allem die große, vergleichend angelegte Untersuchung über parlamentarische Eliten zu nennen, die von Heinrich Best und Maurizio Cotta geleitet wird, und in der die Veränderungen in den demographischen Merkmalen von Parlamentariern über einen Zeitraum von 150 Jahren in zahlreichen europäischen Nationen analysiert werden. Vgl. Heinrich Best/Maurizio Cotta (Hrsg.), Parliamentary Representatives in Europe 1848-2000, Oxford 2000.

15 Der Begriff der „Dienstklasse" wurde in Deutschland durch Ralf Dahrendorf eingeführt. Er ist die Übersetzung des englischen Begriffs „Service Class" und basiert auf einer Klasseneinteilung, bei der die Marktlage und die Arbeitssituation als konstitutiv für die soziale Schichtung angesehen werden. Vgl. hierzu Rainer Geißler, der selbst den präziseren deutschen Begriff „Dienstleistungsschicht" verwendet; vgl. Rainer Geißler, Die Sozialstruktur Deutschlands, 3. Aufl., Wiesbaden 2002, S. 117-119.

16 Die in den Tabellen und im Schaubild enthaltenen empirischen Ergebnisse stammen aus eigenen Berechnungen mit den Daten der Potsdamer Elitestudie 1995, die sich im Zentralarchiv für empirische Sozialforschung, Köln, befinden (ZA-Nr 2881); vgl. dazu auch die detaillierte Darstellung der Ergebnisse bei Wilhelm Bürklin/Hilke Rebenstorf u.a., Eliten in Deutschland. Rekrutierung und Integration, Opladen 1997. Die Vergleichszahlen für die Bevölkerung stammen aus der im Rahmen der Potsdamer Elitestudie durchgeführten Allgemeinen Bevölkerungsumfrage (ZA-Nr. 2882) und der Allgemeinen Bevölkerungsumfrage der Sozialwissenschaften (ALLBUS) 1996 (ZA-Nr. 1795).

Tabelle 1: Klassenherkunft von Eliten und Bevölkerung in Deutschland 1995 (Prozentwerte)

Beruf des Vaters	Bevölkerung	Elite
Kleine Selbständige	18,2	15,1
Größere Selbstständige, Freie Berufe	2,7	14,1
Einfache Angestellte	17,1	22,3
Gehobene Angestellte/Höhere Beamte	12,2	35,5
Arbeiter	49,8	13,0
Fallzahl	2895	1870

Quelle: Potsdamer Elitestudie 1995; ALLBUS 1996; eigene Berechnungen.

Andere entwickelte Demokratien weisen vergleichbare Muster der sozialen Rekrutierung ihrer Eliten auf. Nach einer 1972 in den USA durchgeführten Elitestudie stammen zwischen 49 Prozent (Kongress) und 79 Prozent (Gruppe der „Superreichen") der Angehörigen der amerikanischen Eliten aus der Höheren Dienstklasse. Auch hier machen die Gewerkschaftseliten mit lediglich 19 Prozent eine deutliche Ausnahme.[17] Eine 1975 in Australien durchgeführte Studie erbrachte ebenfalls ähnliche Ergebnisse, daran dürfte sich in den vergangenen Jahrzehnten kaum etwas geändert haben.[18]

Alle Studien deuten darauf hin, dass die Wirtschaftseliten, zu denen neben den führenden Managern der wichtigsten Großunternehmen auch die führenden Repräsentanten von Wirtschaftsverbänden gehören, am häufigsten aus der Höheren Dienstklasse stammen. Nach einer vergleichenden Studie von Michael Hartmann trifft dies in Frankreich auf über vier Fünftel der Top-Manager, in Großbritannien auf knapp drei Viertel und in Deutschland auf knapp über 70 Prozent zu.[19] Die im Vergleich zu den Anteilswerten in der Potsdamer Elitestudie (54 Prozent) deutlich häufigere Rekrutierung der von Hartmann untersuchten Top-Manager aus der Höheren Dienstklasse dürfte vor allem darauf zurückzuführen sein, dass hier nur die Vorstandsvorsitzenden der 100 größten Unternehmen berücksichtigt wurden, in der Potsdamer Elitestudie dagegen ein deutlich größerer Kreis von Vorstands- und Aufsichtsratsmitgliedern, zu denen teilweise auch Gewerkschafter gehören.

Die unterschiedlichen Anteilswerte in beiden Studien bestätigen im übrigen eine empirische Regelmäßigkeit, nämlich das von Robert Putnam formulierte *Gesetz der zunehmenden Disproportionalität*. Dieses besagt, dass mit zunehmender Positionshöhe der Anteil von Personen aus Gruppen mit hohem sozialem Status zunimmt und damit auch die soziale Herkunft exklusiver wird.[20] Zugleich ergibt sich daraus, dass die empirisch gefundenen Anteils-

17 Vgl. Barton (Anm. 7), S. 179.
18 Vgl. Higley/Deacon/Smart (Anm. 8), S. 51.
19 Vgl. Michael Hartmann, Klassenspezifischer Habitus oder exklusive Bildungstitel als soziales Selektionskriterium? Die Besetzung von Spitzenpositionen in der Wirtschaft, in: Krais (Anm. 5), S. 157-208.
20 Putnam (Anm. 1), S. 33-36.

werte immer auch davon abhängen, wie breit bzw. wie eng die untersuchte Gruppe von Eliten in einer Erhebung definiert wird.

Ein abgeschlossenes Universitätsstudium ist heute eine fast universelle Voraussetzung für den Aufstieg in gesellschaftliche Spitzenpositionen. Zwar war der Akademikeranteil in den Eliten schon immer relativ hoch, aber im Zuge der Bildungsexpansion hat er in den letzten Jahrzehnten nochmals zugenommen. Dies zeigt sich am deutlichsten in den beiden Elitesektoren, die früher noch am ehesten Aufstiegsmöglichkeiten für Nicht-Akademiker boten, nämlich bei den Politikern der Arbeiterparteien und den Gewerkschaftseliten. Noch 1968 stammte in Deutschland über ein Drittel der SPD-Politiker aus der Arbeiterklasse, und nur 38 Prozent von ihnen verfügten über einen Universitätsabschluss. Diese Anteilswerte sind bis 1995 auf 18 Prozent gesunken bzw. auf drei Viertel gestiegen.[21] Bei den Gewerkschaftseliten ist die Akademisierung zwar (noch) nicht so ausgeprägt, aber der Akademikeranteil hat auch hier seit 1968 von 10 Prozent auf 26,5 Prozent zugenommen.

Der hohe Akademikeranteil erklärt wiederum zu einem Gutteil die disproportionale soziale Rekrutierung der Eliten aus der Höheren Dienstklasse, denn auch in demokratischen Gesellschaften existiert ein relativ enger Zusammenhang zwischen der sozialen Herkunft und den Bildungschancen. Dieser verweist darauf, dass Chancengleichheit nur unvollständig verwirklicht ist. Die soziale Rekrutierung der Eliten reflektiert damit die allgemeinen Mobilitätsbedingungen moderner Gesellschaften.

Zwar spricht der hohe Akademikeranteil dafür, dass für den Aufstieg in die Eliten v.a. *Leistungskriterien* maßgeblich sind. In Familien, die der Höheren Dienstklasse zugehören, werden darüber hinaus Startvorteile vermittelt, zu denen in erster Linie gutes Auftreten, Selbstsicherheit, eine gute Allgemeinbildung, Stilgefühl usw. gehören,[22] von ererbtem Vermögen und guten Beziehungen ganz zu schweigen. Diese Startvorteile dürften allerdings in den meisten Laufbahnen gegenüber der Fachqualifikation von Bewerbern eine eher untergeordnete Rolle spielen.

Vor allem im Vergleich zu Frankreich und den angelsächsischen Ländern ist das deutsche Bildungssystem insofern egalitärer, als hier kaum exklusive Bildungsinstitutionen existieren, die ihren Absolventen quasi automatisch den Weg in höhere Positionen ebnen. Demgegenüber hat ein großer Teil der französischen, amerikanischen und britischen Eliten solche Eliteausbildungsinstitutionen durchlaufen. In den USA verfügt über die Hälfte der Eliten über einen Abschluss an einer Handvoll von Eliteuniversitäten. Bei den Spitzenanwälten der Wall Street liegt der Anteilswert sogar bei über vier Fünfteln.[23] Für Frankreich ist die Bedeutung der ENA und vergleichbarer

---

21 Vgl. Ursula Hoffmann-Lange/Wilhelm Bürklin, 1999, Generationswandel in der (west)deutschen Elite, in: Wolfgang Glatzer/Ilona Ostner (Hrsg.), Deutschland im Wandel, Opladen 1999, S. 163-177.

22 Hierauf verweist insbesondere Hartmann (Anm. 19), dem die Wichtigkeit dieser Aspekte von Personalchefs und Personalberatern ausdrücklich bestätigt wurde.

23 Vgl. hierzu Dye (Anm. 7), S. 171.

214   Ursula Hoffmann-Lange

Ausbildungsinstitutionen allgemein bekannt, und in Großbritannien nehmen die elitären Public Schools (Eton, Harrow) sowie die Eliteuniversitäten Oxford und Cambridge dieselbe Funktion wahr. Auch für diese Institutionen gilt allerdings, dass sie ihre Auslese strikt an meritokratischen Kriterien (in Frankreich beispielsweise über die berühmten *concours*) ausrichten, dass sie gleichzeitig aber sozial extrem selektiv sind, da Kinder aus Familien der Höheren Dienstklasse weit überproportionale Chancen haben, die strengen Ausleseverfahren zu passieren. Daraus ergibt sich, dass in Deutschland der Wettbewerb auf den unteren Führungsebenen deutlich schärfer ist, da zunächst die Absolventen aller Universitäten auf gleicher Basis miteinander konkurrieren.

Auch im Hinblick auf die beruflichen Aufstiegswege stellt Deutschland einen Sonderfall dar, da hier nach wie vor Karrieren dominieren, die primär sektorspezifisch verlaufen. In der Regel muss man sich schon nach wenigen Berufsjahren für eine fachliche Spezialisierung entscheiden. Ein späterer Wechsel zwischen Sektoren war bislang weitgehend auf den Übergang von der Politik in die Verwaltung (z.B. als Leiter einer Bundesbehörde oder einer öffentlich-rechtlichen Körperschaft) sowie von anderen Sektoren in die Politik beschränkt, wohin es immer wieder bereits etablierte Spitzenkräfte aus den verschiedensten Bereichen gezogen hat. Es sei nur an Ralf Dahrendorf, Philipp Rosenthal, Rita Süssmuth oder Werner Müller erinnert.[24] Nach den Ergebnissen der Mannheimer Elitestudie von 1981 hatten die Eliten durchschnittlich über vier Fünftel ihrer Berufslaufbahn im gleichen Sektor verbracht, eine Ausnahme machte lediglich die Politik mit nur knapp über der Hälfte (51,6 Prozent).[25]

In den letzten beiden Jahrzehnten ist eine Reihe von Politikern allerdings auch den zuvor weitgehend verschlossenen Weg von der Politik in die Wirtschaft gegangen, und zwar nicht nur in Unternehmen, die sich weitgehend im Besitz der öffentlichen Hand befinden, sondern auch in rein privatwirtschaftliche. Dies deutet darauf hin, dass auch in Deutschland die Durchlässigkeit der Sektoren an der Spitze zunimmt, was darauf zurückzuführen sein dürfte, dass sich die Qualifikationsvoraussetzungen in verschiedenen gesellschaftlichen Bereichen annähern. Immer stärker sind Generalistenqualifikationen, also Managementerfahrung, Führungsfähigkeit, organisatorischer Weitblick und ein breiter, möglichst internationaler Erfahrungshorizont gefragt. Die Betonung fachspezifischer Fahigkeiten hat demgegenüber abgenommen. Damit werden sich voraussichtlich die Karrieremuster der deutschen Eliten denen Frankreichs, Großbritanniens und der USA angleichen, in denen schon immer größerer Wert auf Generalistentum als auf fachliches Spezialwissen gelegt wurde.

---

24 Dahrendorf und Süssmuth kamen aus der Wissenschaft, Rosenthal war Eigentümer und Chef der bekannten Porzellanmanufaktur und Müller war zuvor leitender Manager in einem Unternehmen der Energiewirtschaft gewesen.
25 Vgl. Ursula Hoffmann-Lange, Eliten, Macht und Konflikt in der Bundesrepublik, Opladen 1992, S. 147f.

3.4 Politische Konfliktlinien in den Eliten

Die Wertorientierungen und Einstellungen der Eliten zu gesellschaftlichen und politischen Streitfragen geben Auskunft darüber, welches Ausmaß an Unterstützung die demokratischen Spielregeln in den Eliten genießen, und welche bedeutsamen Konfliktlinien zwischen verschiedenen Eliten, also horizontal, aber auch zwischen den Eliten und ihrer jeweiligen Basis, also vertikal, bestehen. Die Frage des Verhältnisses von *Konsens und Konflikt* in demokratischen Gesellschaften ist damit ein wichtiges Thema der Eliteforschung.

Noch bis in die Sechzigerjahre des 20. Jahrhunderts hinein gab es in Bezug auf die alte Bundesrepublik skeptische Stimmen, die an der demokratischen Zuverlässigkeit nicht nur der Bürger, sondern auch der Eliten zweifelten.[26] Inzwischen sind solche Bedenken im Hinblick auf die alten Bundesländer praktisch verschwunden, aber es bestehen teilweise Zweifel an der Unterstützung liberaldemokratischer Normen durch die Politiker und Anhänger der PDS. Die große Mehrheit derjenigen Eliten, die die etablierten Parteien (also Union, SPD oder FDP) unterstützen, beurteilt die Funktiontüchtigkeit der Demokratie in Deutschland positiv, und zwar unabhängig davon, ob sie aus den neuen oder den alten Bundesländern stammen. Bei den Mitgliedern und Anhängern von Bündnis 90/Grüne liegt dieser Anteilswert etwas niedriger, und auch die Unterschiede zwischen den im Westen und den in der DDR Aufgewachsenen sind etwas größer. Am negativsten wird das politische System von den Politikern und Anhängern der PDS beurteilt, deren Zahl im Westen allerdings so gering war, dass sie nicht gesondert ausgewiesen werden konnten. Diese skeptische Haltung der PDS ist zwar nicht umstandslos mit einer antidemokratischen Grundhaltung gleichzusetzen, sie sprengt jedoch den Elitenkonsens, der sich in den fünfzig Jahren erfolgreicher Demokratie in den alten Bundesländern entwickelt hatte und von den aus den neuen Bundesländern stammenden Eliten überwiegend übernommen worden ist.

Die Unterstützung für eine zentrale demokratische Norm, nämlich die Bereitschaft, nach Kompromissen zu suchen, selbst wenn man von der Richtigkeit der eigenen Anschauungen überzeugt ist, bestätigt ebenfalls, dass diese wichtige Voraussetzung der gewaltfreien Regelung gesellschaftlicher und politischer Konflikte durchweg vorhanden ist. 85 Prozent der Eliten stimmen dem zu, mit nur minimalen Unterschieden zwischen den Elitesektoren und den Anhängern verschiedener Parteien. Auch PDS-Politiker teilen diese Meinung zu mehr als zwei Dritteln. Insofern hat die deutsche Vereinigung den Elitenkonsens über liberal-demokratische Normen kaum beeinträchtigt.

Ein im internationalen Vergleich besonderes Merkmal Deutschlands ist das hohe Ausmaß an Parteienstaatlichkeit. Zwar sind parlamentarische De-

---

26 Hier ist beispielsweise auf das einflussreiche Werk Ralf Dahrendorfs (Gesellschaft und Demokratie in Deutschland, München 1965) zu verweisen, in dem den (West-)Deutschen mangelnde Unterstützung für das Prinzip der liberalen Demokratie und die Sehnsucht nach einer konfliktfreien Gesellschaft, verbunden mit der Ablehnung von Kompromissen, unterstellt wurde.

mokratien immer auch Parteiendemokratien in dem Sinne, dass Regierungsbildung und -stabilität von den parteipolitischen Mehrheitsverhältnissen im
Parlament abhängen und der Konflikt zwischen Regierung und Opposition
das politische Leben prägt. In Deutschland kommt jedoch noch eine in der
Verfassung verankerte Privilegierung der politischen Parteien hinzu, die sich
beispielsweise in einer großzügigen öffentlichen Parteienfinanzierung und
weitgehenden Möglichkeiten zu parteipolitischer Patronage in der Verwaltung und den öffentlich-rechtlichen Körperschaften niederschlägt. Wegen der
verhängnisvollen Auswirkungen der Parteienaversion rechtsextremer und
kommunistischer, aber auch konservativer Kräfte in der Weimarer Republik
war zudem öffentliche Kritik an den politischen Parteien in den ersten Jahrzehnten der Bundesrepublik weitgehend als demokratiefeindlich tabuisiert.
Dies hat es den etablierten Parteien erlaubt, das öffentliche Leben stark zu
dominieren. In den Eliten macht sich dies einmal in einem hohen Anteil von
Parteimitgliedern bemerkbar, besonders in der Ministerialbürokratie, aber
auch in den öffentlich-rechtlichen Rundfunkanstalten (vgl. Tabelle 2). Hinzu
kommt, dass der öffentliche Diskurs stark durch die Positionen der Parteien
geprägt ist. Die Parteineigung der Eliten ist eine zentrale Determinante ihrer
politischen Einstellungen zu tagespolitischen Fragen und meist wichtiger als
die Sektor- oder Organisationszugehörigkeit. Hinzu kommt, wie auch in den
meisten anderen Demokratien, eine relativ enge Affinität der Wirtschaftseliten zu den bürgerlichen Parteien (Union und FDP) einerseits, und der Gewerkschaftseliten zur SPD andererseits. Diese parteipolitischen Koalitionen
mit den großen wirtschaftspolitischen Interessengruppen sind sehr stabil über
die Zeit und haben sich über die letzten Jahrzehnte kaum verändert.[27]

Tabelle 2: Parteipräferenz[1] und Parteimitgliedschaft der deutschen Eliten
1995 (ohne Politiker) (Zeilenprozent)

Sektor	CDU/CSU	SPD	FDP	Grüne	PDS	Parteimit- glieder (in %)
Verwaltung	47,9	34,0	11,9	5,7	0,4	71,5
Wirtschaft	59,2	18,3	18,8	3,3	0,4	27,7
Wirtschaftsverbän- de	69,8	7,7	20,1	2,4	0,0	39,9
Gewerkschaften	7,4	73,4	1,1	18,1	0,0	86,6
Medien	32,6	30,0	11,9	24,4	1,1	25,4
Wissenschaft	44,5	24,5	16,1	14,2	0,6	20,1
Andere Sektoren[2]	45,5	28,6	12,9	14,6	0,5	27,5
Gesamt	46,2	28,4	13,0	11,9	0,5	54,1

1   Präferenz auf dem Parteienskalometer (Sympathiewerte auf einer Skala von +5 bis -5)
2   Kultur, Justiz, kommunale Eliten, Kirchen, Neue Soziale Bewegungen, Berufsverbän-
de u.a.

Quelle: Potsdamer Elitestudie 1995.

---

27   Vgl. hierzu Hoffmann-Lange (Anm. 25), S. 165-178.

Die Einstellungsdifferenzen im Hinblick auf zentrale politische Konfliktmaterien sind in den Eliten relativ ausgeprägt. Am stärksten polarisierend wirkt sich dabei – wie praktisch überall – die sozioökonomische Konfliktlinie aus, die zudem durch die deutsche Vereinigung deutlich an Schärfe zugenommen hat. Während einerseits zwischen drei Viertel und 90 Prozent der Unions- und FDP-Politiker sowie der Wirtschaftseliten einen Abbau staatlicher Aufgaben befürworten, wird dies bei den Politikern von SPD und Bündnis 90/Grüne sowie von den Gewerkschaftseliten mehrheitlich abgelehnt. Am Ende des Spektrums befinden sich die PDS-Politiker, die fast geschlossen dagegen sind. Schaubild 1 weist auch die starke Prägung des öffentlichen Diskurses durch die Positionen der politischen Parteien aus, denn die Positionen der Parteianhänger in den nicht-politischen Elitesektoren unterscheiden sich kaum von denjenigen der jeweiligen Parteipolitiker. Im Hinblick auf Koalitionsoptionen zeigen die Daten die Außenseiterposition der PDS sowie die jeweils großen Übereinstimmungen zwischen Union und FDP einerseits sowie SPD und Bündnis 90/Grüne andererseits.

Schaubild 1: Befürwortung des Abbaus von Staatsaufgaben durch Parteipolitiker und Parteianhänger in den Eliten

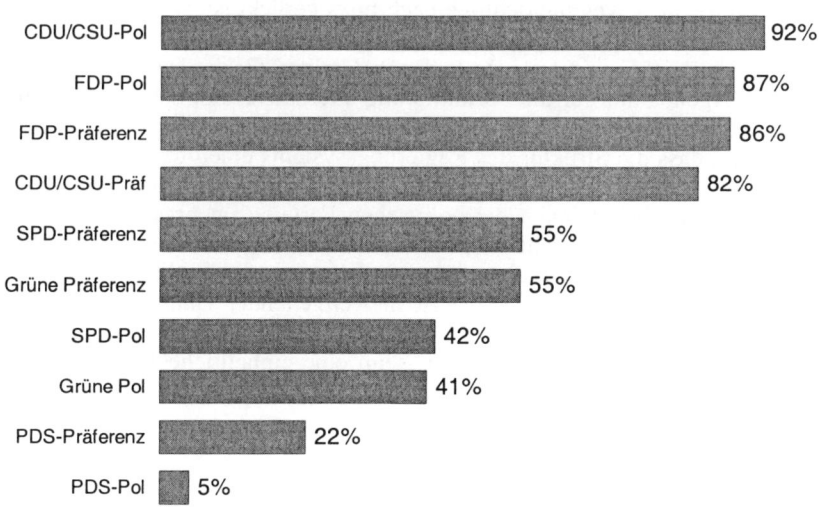

Quelle: Potsdamer Elitestudie 1995; eigene Berechnungen; Parteipräferenz der Nicht-Politiker: erster Sympathierung auf dem Parteienskalometer.

Ähnlich ausgeprägte Differenzen über sozioökonomische Fragen finden sich auch in anderen etablierten Demokratien, auch wenn es hierzu leider keine voll vergleichbaren Studien gibt. In Australien existiert, ähnlich wie in Deutschland, eine enge Koalition zwischen der Australian Labor Party und dem Gewerkschaftsbund einerseits sowie zwischen den bürgerlichen Parteien

(Liberal Party, National Country Party) und den Wirtschaftseliten andererseits. So lehnten in der australischen Elitestudie von 1975 89 Prozent der Labor-Politiker, aber nur 42 Prozent der Politiker der bürgerlichen Parteien einen Abbau von Staatsausgaben in einer Rezession ab, während umgekehrt 80
Prozent der bürgerlichen Politiker, aber nur 25 Prozent der Labor-Politiker
einen ausgeglichenen Staatshaushalt für wünschenswert hielten.

Demgegenüber wurden in den USA die Endpositionen des politischen
Spektrums lange Zeit nicht von den Repräsentanten der beiden großen Partei-
en, sondern von denen der wirtschaftlichen Interessengruppen eingenommen.
Das umstrittenste Thema in der amerikanischen Elitestudie von 1972 war die
Einführung einer effektiveren Erbschaftsteuer, die von 93 Prozent der Gewerkschaftseliten, aber nur von 21 Prozent der Wirtschaftseliten befürwortet
wurde. Damals vertraten die Politiker der Demokraten in den wirtschafts-
und sozialpolitischen Fragen eher gemäßigte Positionen, während die republikanischen Politiker weitgehend mit den Positionen der Wirtschaftseliten
übereinstimmten.[28] Die mittlere Position der Demokraten dürfte in erster Linie durch die früher weitaus konservativere Haltung des Südstaatenflügels
bedingt gewesen sein. Diese Konstellation hat sich in den vergangenen drei
Jahrzehnten jedoch verändert, in denen die Demokratische Partei im Gefolge
der Bürgerrechtsbewegung deutlich nach links gerückt ist, wodurch die Polarisierung im amerikanischen Parteiensystem beträchtlich zugenommen hat.[29]

Die vergleichbar zentrale Rolle der Parteieliten für die Definition der politischen Agenda und für die Formulierung alternativer politischer Positionen
in den parlamentarischen Demokratien Deutschlands und Australiens deutet
darauf hin, dass die Struktur des Regierungssystems einen bedeutsamen Einfluss auf die Form der Interessenaggregation bei politischen Konfliktmaterien
hat. Demgegenüber nehmen die politischen Parteien im präsidentiellen System der USA keine so zentrale Rolle ein. Stattdessen entwickeln die Eliten
der verschiedenen Interessenorganisationen ihre eigenen politischen Positionen und Lösungsvorschläge zunächst in weitgehender Unabhängigkeit von
den Parteien, die sich erst in der Phase der Entscheidungsfindung im Kongress – und selbst dann nicht immer – um eine einheitliche Position bemühen.

---

28 Vgl. Barton (Anm. 7), S. 191-200. Hinzu kommt, dass es in den USA starke Interes-
    senorganisationen der ethnischen Minderheiten (z.B. der Civil Rights-Bewegung)
    gibt, die in vielen sozioökonomischen Fragen noch radikalere Forderungen nach einer
    Umverteilung zu Gunsten der Armen vertreten als die Gewerkschaften und die in den
    europäischen Demokratien wie auch in Australien fehlen.
29 Vgl. Samuel J. Eldersveld/Hanes Walton Jr., Political Parties in American Society, 2.
    Aufl., Boston 2000, S. 393-396.

3.5 Elitennetzwerke

Die Analyse von *Elitenetzwerken* gibt Auskunft darüber, in welcher Weise und mit welchen Erfolgsaussichten die Repräsentanten verschiedener gesellschaftlicher Interessen in politische Willensbildungsprozesse eingebunden sind. Dabei erfordert die Durchsetzung der eigenen Organisationsinteressen von den Eliten ein hohes Maß an Interaktion mit den führenden Repräsentanten anderer Organisation. Da die formale Entscheidungskompetenz über die Gesetzgebung letztlich bei Regierungen und Parlamenten liegt, laufen im politischen Sektor die meisten Fäden zusammen. Dies gilt ungeachtet der Tatsache, dass es auch gesamtgesellschaftlich bedeutsame Entscheidungen gibt, die von privaten Organisationen autonom getroffen werden können, z.b. Investitionsentscheidungen, Massenentlassungen oder die Gründung bzw. Schließung von Zeitungen und Fernsehsendern. Diese Beispiele zeigen aber zugleich, dass solche Entscheidungen ab einer bestimmten Größenordnung immer auch die politischen Organe involvieren. So bedarf die Fusion von Großunternehmen der Zustimmung durch die zuständigen Kartellbehörden, und investitionswillige Unternehmen loten in der Regel zunächst aus, welche Subventionen sie für ein Investitionsvorhaben in Anspruch nehmen können. Umgekehrt wiederum versuchen Regierungen, Unternehmen von bestimmten Entscheidungen abzuhalten, beispielsweise von der Verlagerung großer Produktionsteile in eine andere Region oder ins Ausland.

Einerseits bringt die Beteiligung an politischen Willensbildungsprozessen eine intensive Interaktion zwischen den Eliten verschiedener Organisationen und Sektoren mit sich. Andererseits haben pluralistische Elitetheoretiker darauf hingewiesen, dass moderne Gesellschaften sich durch ein hohes Maß an Arbeitsteilung auszeichnen und daher fragmentierter sind als traditionale Gesellschaften. Hieraus ergibt sich die Frage, welche Sektoren und Organisationen enger und welche weniger eng in solche Interaktionsnetzwerke eingebunden sind. Dies ist zugleich auch ein Maß für ihre Chancen zur Durchsetzung der eigenen Organisationsinteressen.

Die empirische Untersuchung von Elitennetzwerken ist ein schwieriges Unterfangen, und zwar nicht nur deshalb, weil diese Beziehungen Externen normalerweise nicht zugänglich sind oder weil die Eliten diese vor der Öffentlichkeit verbergen wollen, um sich der öffentlichen Kontrolle zu entziehen. Der Hauptgrund ist vielmehr darin zu suchen, dass es angesichts der Breite des in solchen Netzwerken repräsentierten Organisationenspektrums und der Vielzahl der relevanten Willensbildungsprozesse unmöglich ist, die Gesamtstruktur des Netzwerks abzubilden. Daher ist man als Forscher gezwungen, sich auf einen Ausschnitt zu konzentrieren. Prinzipiell stehen dafür zwei Möglichkeiten zur Auswahl. Der eine Weg ist die Beschränkung auf ein *egozentriertes Netzwerk*, das von den Kontaktorganisationen bzw. Kontaktpersonen der einzelnen Elitemitglieder ausgeht. Es liegt auf der Hand, dass solche egozentrierten Netzwerke keinen gemeinsamen Nenner aufweisen. Die tatsächliche Dichte des Gesamtnetzwerks wird mit dieser Methode bestenfalls ansatzweise erfasst. Aber wenn man von einem hinreichend breiten Organisationenspektrum ausgeht, geben solche Daten aber dennoch Auskunft über die Zentralität einzelner Organisationen und Sektoren in politischen Willensbildungsprozessen.

Ein solcher Ansatz wurde 1981 in Deutschland (genauer: in der „alten" Bundesrepublik), 1975 in Australien und 1972 in den USA angewandt. Die in den drei nationalen Elitestudien befragten Inhaber von Elitepositionen wurden um die Benennung derjenigen Personen gebeten, mit denen sie im Rahmen des Themas, mit dem sie sich zum Zeitpunkt der Befragung am intensivsten beschäftigten, am meisten zu tun hatten. Die Ergebnisse offenbaren ein großes Maß an Übereinstimmung. In allen drei Ländern zeigte sich gleichermaßen, dass ungeachtet der breiten Palette von Themen ein überschaubarer Kreis von Personen genannt wurde, von denen die meisten wiederum zu den für die Studien ausgewählten Inhaber von Elitepositionen gehörten. Eine Netzwerkanalyse der Beziehungen zwischen all diesen Personen ergab in jedem der Länder einen zentralen Zirkel von einigen hundert Personen, die als Kern des Elitennetzwerks angesehen werden können, da sie offensichtlich in mehreren Themenfeldern aktiv waren und damit eine Verbindung zwischen diesen herstellten. In allen drei Ländern stellten Politiker in diesem zentralen Elitenzirkel die größte Gruppe, in den USA mit 50,2 Prozent, in der Bundesrepublik mit 37,6 Prozent und in Australien mit 27,2 Prozent. Auch Repräsentanten der Wirtschaft waren mit 16,3 Prozent, 20,8 Prozent und 25,0 Prozent recht stark vertreten. Demgegenüber fehlten Militäreliten und kulturelle Eliten fast vollständig, während Wissenschaftler weit stärker repräsentiert waren.[30]

Funktionierende Demokratien zeichnen sich durch ein hohes Maß an Elitenintegration aus. Die Elitennetzwerke sind einerseits inklusiv, was die Repräsentation der pluralistischen Interessenstruktur demokratischer Gesellschaften angeht, andererseits auch elitär, da der Zugang zu den wichtigen politischen Willensbildungsprozessen weitgehend auf die Inhaber gesellschaftlicher und politischer Führungspositionen beschränkt ist. Drittens reflektieren sie auch die institutionellen Regeln des jeweiligen Regierungssystems. So waren in den USA kaum Karrierebeamte aus der Ministerialbürokratie im Elitennetzwerk vertreten, die im präsidentiellen System eine untergeordnetere Rolle spielen als in Australien und Deutschland.

Ein zweiter Ansatz besteht in der Untersuchung *politikfeldbezogener Elitennetzwerke*. Beispiel hierfür ist eine in den 1980er Jahren in der alten Bundesrepublik, den USA und Japan durchgeführte Untersuchung im Politikfeld Arbeit.[31] Die Forscher gingen dabei vom Paradigma des Organisationen-

---

30 Vgl. hierzu John Higley u.a., Elite integration in stable democracies: a reconsideration, in: European Sociological Review 7 (1991), S. 35-53; eine ausführlichere Darstellung der Erhebungs- bzw. Analysemethoden und der deutschen Ergebnisse findet sich in Hoffmann-Lange (Anm. 25), Kap. 8.

31 David Knoke u.a., Comparing Policy Networks. Labor Politics in the U.S., Germany, and Japan, Cambridge 1996.

staates (*organizational state*) aus, demzufolge politische Willensbildungsprozesse in modernen Demokratien durch eine enge Verflechtung privater und staatlicher Akteure gekennzeichnet sind, wobei die spezifische Ausgestaltung dieses Netzwerks sowohl durch institutionelle Gegebenheiten als auch durch die Struktur der privaten Akteure beeinflusst wird und relativ dauerhafter Natur ist.[32]

Im Rahmen der Untersuchung wurden zunächst alle wichtigen, in diesem Politikfeld aktiven Institutionen und Organisationen identifiziert. Repräsentanten dieser Organisationen wurden dann nach den Zielsetzungen ihrer Organisation, ihrer Einschätzung des Einflusses der übrigen Organisationen und ihren Kontakten zu diesen Organisationen befragt. Auch diese Studie ergab eine relativ kleine Zahl zentraler kollektiver Akteure, die sich nach dem Kriterium der gegenseitigen Relevanz (*mutual relevance*) von den peripheren Akteuren abgrenzen ließen.

Das Politikfeld Arbeit ist in den drei Ländern jeweils sehr unterschiedlich strukturiert. In Deutschland zeigte sich eine relativ starke Polarisierung zwischen der damaligen christlich-liberalen Koalition unter Bundeskanzler Helmut Kohl und den Wirtschaftsverbänden einerseits sowie SPD und Gewerkschaften andererseits. Die öffentlich-rechtlichen Sozialversicherungen, die Grünen sowie weitere in diesem Politikfeld aktive Verbände bildeten zusätzliche, wenn auch sekundäre Machtzentren. Zwischen allen Gruppen existierten gleichzeitig Informationsbeziehungen. Dieses komplexe Netzwerk entspricht eher einem pluralistischen als einem neo-korporatistischen Modell der Interessenvermittlung.

Die Netzwerkstruktur in der amerikanischen Arbeitsmarktpolitik war ebenfalls stark parteipolitisch polarisiert, jedoch mit dem Unterschied, dass die eng mit den Gewerkschaften verbundenen Demokraten über eine Mehrheit im Kongress verfügten und damit die Reagan-Administration, die ihrerseits eng mit den Wirtschaftsverbänden kooperierte, zu gesetzgeberischen Konzessionen zwingen konnten. Anders als in Deutschland waren die beiden Lager auch nicht durch direkte Informationsaustauschbeziehungen verbunden. Insofern erlaubt es das amerikanische System der *checks and balances* der Oppositionspartei, sich auf ihre institutionell verankerten Vetorechte zu verlassen, während die Opposition im parlamentarischen System bei der Verfolgung ihrer politischen Ziele gezwungen ist, mit der Regierung zu kooperieren.

Das japanische Netzwerk entsprach schließlich eher dem korporatistischen Modell. Hier kooperierte die liberal-konservative Regierung sowohl mit den Wirtschaftsverbänden als auch mit den Gewerkschaften, und zudem war auch die sozialistische Oppositionspartei in den Informationsaustausch eingebunden.[33]

Die Ergebnisse dieser Studien demonstrieren die Nützlichkeit der empirischen Untersuchung von Elitennetzwerken, die für die Analyse von Interes-

---

32 Vgl. ebd., Kap. 1.
33 Vgl. ebd., Kap. 8 und 9.

senkonflikten und Koalitionsbildungen zwischen staatlichen und privaten Akteuren unabdingbar ist. Zugleich erlaubt es dieser Ansatz, die relativ dauerhaften Machtstrukturen aufzudecken, die neben den formalen Entscheidungsregeln die Durchsetzungschancen der verschiedenen Akteure determinieren. Allerdings sind die Netzwerke einerseits immer zeitgebunden, da die parteipolitischen Mehrheitsverhältnisse die Zentralität von Organisationen im Netzwerk und die Durchsetzungschancen der verschiedenen Akteure signifikant beeinflussen. Außerdem kann man bei der Untersuchung von politikfeldspezifischen Elitennetzwerken die Strukturen nicht ohne weiteres auf andere Politikfelder übertragen. So dürften die im Politikfeld Arbeit starke Polarisierung entlang der klassischen sozioökonomischen Konfliktlinie und das relativ ausgeglichene Kräfteverhältnis zwischen den beiden Lagern in kaum einem anderen Politikfeld in vergleichbarer Weise gegeben sein.

3.6 Die Rolle von Eliten in Demokratisierungsprozessen

Seit dem Zusammenbruch des Ostblocks sind zahlreiche theoretische und empirische Arbeiten erschienen, die dem *akteurstheoretischen Ansatz der Systemtransformationsforschung* verpflichtet sind und in denen die Rolle von Eliten in Demokratisierungsprozessen thematisiert worden ist. Dabei werden im allgemeinen zwei unterschiedliche Fragestellungen verfolgt. Einmal geht es darum, die konkreten Entscheidungsabläufe beim Übergang zur Demokratie und deren Gesetzmäßigkeiten zu untersuchen. Die Elitetheorie impliziert nämlich keineswegs zwingend die Annahme, Eliten stünden sozusagen außerhalb gesellschaftlicher Zwänge und ihr Verhalten sei grundsätzlich nicht prognostizierbar. Die elitetheoretischen Arbeiten *John Higleys* und seiner Koautoren,[34] aber auch andere Forscher[35] haben vielmehr eine Reihe gesellschaftlicher Voraussetzungen identifiziert, die die Einleitung eines Demokratisierungsprozesses begünstigen. Zu diesen gehören vor allem die wirtschaftliche Schwäche des vorangegangenen autokratischen Regimes, eine Pattsituation zwischen zwei annähernd gleich starken politischen Lagern, die Gefahr des Ausbruchs gewalttätiger Auseinandersetzungen sowie eine günstige außenpolitische Konstellation. Das Verhalten der Eliten ist in dieser Phase

---

34 An dieser Stelle seien lediglich zwei Arbeiten aus den 1990er Jahren genannt: Michael Burton/Richard Gunther/John Higley, Introduction: Elite transformations and democratic regimes, in: John Higley/Richard Gunther (Hrsg.), Elites and Democratic Consolidation in Latin America and Southern Europe, Cambridge 1992, S. 1-37; John Higley/Michael Burton, Élites, Mass Publics, and Democratic Prospects in Postindustrial Societies, in: International Review of Sociology 9 (1999), S. 221-237.

35 Vgl. hierzu die schon vor mehr als 30 Jahren erschienene Arbeit von Dankwart A. Rustow, Transitions to Democracy: Toward a Dynamic Model, in: Comparative Politics 2 (1970), S.337-364, sowie die folgenden neueren Werke: Huntington (Anm. 2); Adam Przeworski, Democracy and the market. Political and economic reforms in Eastern Europe and Latin America, Cambridge 1991.

des Übergangs zur Demokratie insbesondere deshalb bedeutungsvoll, da sie diejenigen sind, die die neuen Institutionen schaffen, von denen der weitere Verlauf des Demokratisierungsprozesses in nicht unerheblichem Maße abhängt.

Die zahlreichen Zusammenbrüche neuer Demokratien in der Zwischenkriegszeit und in der Zeit nach dem Zweiten Weltkrieg zeigen jedoch auch, dass die Schaffung einer demokratischen Verfassung für sich genommen die Funktionstüchtigkeit einer neuen Demokratie nicht sicherstellen kann, sondern dass diese in erheblichem Maße von der Bereitschaft der Eliten abhängt, sich nach dem Übergang zur Demokratie auch an die demokratischen Spielregeln zu halten. Ein wichtige Voraussetzung hierfür ist eine Elitenübereinkunft (*elite settlement*), die Vertreter aller wichtigen gesellschaftlichen Organisationen einschließt. Eine solche Übereinkunft stellt sicher, dass die Existenzberechtigung aller beteiligten Organisationen anerkannt wird, und diese die Möglichkeit erhalten, ihre Interessen in politischen Willensbildungsprozessen geltend zu machen.

Elitenübereinkünfte schaffen also die Voraussetzungen für eine Konsolidierung der Demokratie auch in Ländern, in denen die demokratischen Traditionen schwach und demokratische Werthaltungen in der Bevölkerung (noch) unzureichend verankert sind. Sie begünstigen die Entwicklung einer demokratischen Elitenkultur, die die Anerkennung der Unvermeidlichkeit von Interessenkonflikten sowie Kompromissbereitschaft einschließt, und die auch in Zeiten intensiver Wert- und Verteilungskonflikte die Erhaltung der demokratischen Institutionen über die Maximierung der eigenen Durchsetzungschancen stellt.

Typischerweise erfolgen Elitenübereinkünfte innerhalb eines sehr kurzen Zeitraums, involvieren nur eine kleine Zahl allgemein anerkannter nationaler Führungspersönlichkeiten und finden hinter den Kulissen statt – eine wesentliche Voraussetzung für die Einigung über politische Lagergrenzen hinweg. Die Teilnehmerrunde muss alle Gruppen einschließen, die über ein hinreichendes Vetopotential verfügen, um die Kompromisse zu torpedieren, und die Teilnehmer müssen ihre eigene Anhängerschaft so weit unter Kontrolle haben, dass sie deren Einhaltung glaubhaft zusichern können.[36] Dies impliziert, dass die beteiligten Eliten relativ autonom handeln können, aber nicht losgelöst von ihrer jeweiligen organisatorischen und sozialen Basis agieren, sondern gerade deren Einbeziehung sicherstellen. Beispiele für solche Elitenübereinkünfte sind die *Glorious Revolution* in England 1689 mit der Berufung Wilhelms von Oranien auf den englischen Thron, und der sog. *Moncloa-Pakt*, der 1977 Spaniens Übergang zur Demokratie einleitete.[37]

---

36 Vgl. hierzu Burton/Gunther/Higley (Anm. 34), S. 13-15.
37 Die Autoren diskutieren auch noch die Möglichkeit einer zunächst nur partiellen Elitenübereinkunft, die wichtige Oppositionskräfte ausschließt. Unter der Voraussetzung, dass es den an der Übereinkunft beteiligten Gruppen anschließend gelingt, eine demokratische Bestätigung in Wahlen zu erhalten, sind die Chancen gut, dass die Opposti-

Ein weiterer wichtiger Aspekt erfolgreicher Demokratisierungsprozesse ist die Elitentransformation, die sie in Gang setzen. Dabei lassen sich analytisch vier verschiedene Muster unterscheiden: Elitenkontinuität, horizontale Reproduktion, vertikale Reproduktion sowie Elitentransformation. Unter *horizontaler Reproduktion* ist zu verstehen, dass die ehemaligen politischen Machthaber die ihnen zur Verfügung stehenden Machtressourcen nutzen, um sich neue Elitepositionen in einem anderen Sektor zu sichern, z.b. als Manager eines Großunternehmens, als Chefredakteur einer großen Zeitung oder als Gewerkschaftsführer. *Vertikale Reproduktion* impliziert dagegen, dass zwar die alten Top-Eliten ihre Positionen verlieren, dass sie jedoch nicht durch einen neuen Elitentyp ersetzt werden, sondern durch Subeliten aus dem zweiten Glied, die ähnliche Karrieremuster durchlaufen haben und jetzt in die freigewordenen Elitepositionen einrücken. *Elitentransformation* schließlich impliziert, dass neue Personen in Elitepositionen berufen werden, die einen völlig anderen beruflichen Hintergrund aufweisen (z.B. ehemalige Pfarrer, Künstler oder Wissenschaftler).[38]

In den Transformationsländern des ehemaligen Ostblocks lassen sich alle vier Muster empirisch nachweisen, wobei im einzelnen deutliche Unterschiede existieren.[39] Aus den Ergebnissen lässt sich schließen, dass es offensichtlich möglich ist, eine neue Demokratie mit dem vorhandenen Führungspersonal der ersten und zweiten Ebene aufzubauen, das seine Sozialisation überwiegend unter autoritären oder totalitären Bedingungen erhielt, im Zuge des Transitionsprozesses aber bereit ist, sich den neuen, demokratischen Verhältnissen anzupassen. Ein gewisses Maß an Elitenkontinuität bzw. Elitenreproduktion kann paradoxerweise dem Demokratisierungsprozess sogar zuträglich sein, da erfahrenes Führungspersonal die politischen und sozialen Anpassungsprozesse besser bewältigen kann als unerfahrenes.

Andererseits setzt ein erfolgreicher Demokratisierungsprozess jedoch voraus, dass die alten Elitennetzwerke aufgebrochen werden und sich neue Netzwerke herausbilden, in denen die Durchsetzungschancen für die verschiedenen Organisationen primär von deren gesellschaftlicher Unterstützung unter den neuen Bedingungen abhängen und nicht durch die unter dem vorangegangen Regime aufgebauten Machtbeziehungen (Seilschaften) dominiert

---

onskräfte den institutionellen Kompromiss akzeptieren und es zu einem Prozess der Elitenkonvergenz kommt. Vgl. hierzu Burton/Gunther/Higley (Anm. 34), S. 24-26.

38 Vgl. hierzu Iván Szelény/Szonja Szelényi, Circulation or Reproduction of Elites During the Postcommunist Transformation of Eastern Europe, in: Theory and Society 24 (1995), S. 615-638.

39 Es würde an dieser Stelle zu weit führen, auf diese Unterschiede im einzelnen einzugehen. Von daher soll hierzu nur auf einige wichtige Sammelwerke verwiesen werden: John Higley/Jan Pakulski/Włodzimierz Wesołowksi, Postcommunist Elites and Democracy in Eastern Europe, Houndmills 1998; John Higley/György Lengyel (Hrsg.), Elites After State Socialism, Lanham 2000; Anton Steen, Between Past and Future: Elites, Democracy and the State in Post-Communist Countries. A Comparison of Estonia, Latvia and Lithuania, Aldershot 1997.

werden. Wichtig ist insbesondere die Herstellung der strukturellen Chance echter Parteienkonkurrenz, d.h. der Wettbewerbsfähigkeit neuer Parteien.

4. Elitenentwicklung in Deutschland

Deutschlands diskontinuierliche demokratische Entwicklung bietet besonders reichhaltige Möglichkeiten, Rückwirkungen von Regimewechseln auf die Elitenentwicklung zu untersuchen. Denn Deutschland hat im 20. Jahrhundert mehr Systembrüche mitgemacht als die anderen entwickelten Gesellschaften. Dabei zeichnete sich der Übergang vom Kaiserreich zur Weimarer Republik zunächst durch ein hohes Maß an organisatorischer Kontinuität und Elitenkontinuität aus. Er führte lediglich zu einer Reform der Verfassungsinstitutionen, ohne die etablierten Elitennetzwerke zu verändern. Eine Eliteübereinkunft über die Einführung der parlamentarischen Demokratie wurde nicht erzielt, sodass der Konflikt über die Verfassungsordnung, der schon die beiden letzten Jahrzehnte des Kaiserreichs geprägt hatte, nicht gelöst wurde. Angesichts des fehlenden Elitenkonsensus erwiesen sich die parlamentarischen Regierungen als zu schwach, um die Auswirkungen der Weltwirtschaftskrise durch ein entschlossenes Krisenmanagement abzumildern, was wiederum den Nationalsozialisten die Chance zur Machtergreifung eröffnete.

Nach 1933 setzte die nationalsozialistische Elite ihren Führungsanspruch in allen anderen Sektoren durch, und es gelang ihr nach und nach, alle wichtigen gesellschaftlichen Organisationen gleichzuschalten und ihr eigenes Führungspersonal dort unterzubringen. So wurde im Zuge der Demokratisierung in den westlichen Besatzungszonen nach 1945 die Forderung nach einem tiefgreifenden Elitenwandel erhoben und kurzzeitig mit der Entnazifizierung auch in die Wege geleitet. Allerdings zeigten sich sehr schnell die praktischen Grenzen eines durchgreifenden Austauschs des gesamten Führungspersonals. Denn der Verzicht auf erfahrene Verwaltungsbeamte, Wirtschaftsmanager und Juristen hätte den zügigen Wiederaufbau von Verwaltungs- und Unternehmensstrukturen beeinträchtigt. Insofern wurden in vielen Bereichen die Anforderungen an die politische Zuverlässigkeit des Führungspersonals herabgesetzt und teilweise auch hochrangige Mitläufer des nationalsozialistischen Regimes wieder in ihre alten Funktionen eingesetzt. Dem Demokratisierungsprozess hat dies nicht geschadet, da die Präsenz der Alliierten und der politische Führungsanspruch der neuen Parteiführungen, deren Mitglieder teils in Opposition zu den Nationalsozialisten gestanden hatten, teils 1945 noch ganz am Anfang ihrer Karriere waren, ein Wiederaufleben antidemokratischer Strömungen verhinderten.[40]

---

40 Ausführlichere Darstellungen zur Elitentransformation in der alten Bundesrepublik nach 1945 finden sich in Zapf (Anm. 6); sowie in: Lewis J. Edinger, Post-Totalitarian Leadership: Elites in the German Federal Republic, in: American Political Science

In der Sowjetischen Besatzungszone wurde dagegen nach 1945 durch die Besatzungsmacht und die aus dem Exil zurückgekehrte KPD-Führung ein fundamentaler Elitenwandel in die Wege geleitet, bei dem Effizienzerwägungen den politischen Zielsetzungen untergeordnet wurden. Dementsprechend verzögerte sich der Wiederaufbau, da das neue Führungspersonal erst Erfahrungen gewinnen musste. Es entstand eine für totalitäre Systeme typische ideokratische Eliteformation,[41] in der die Rekrutierung des Elitepersonals aller gesellschaftlichen Sektoren weitgehend der Kontrolle durch die SED-Führung unterlag.

Der Zusammenbruch der DDR und die deutsche Vereinigung brachten den neuen Bundesländern dann erneut einen Regimewechsel. Anders als in den anderen ehemaligen Ostblockländern bestand dabei jedoch die Option des *Institutionen- und Elitentransfers.* Die neuen Bundesländer traten dem Grundgesetz bei, politische Parteien und Verbände gründeten ostdeutsche Landesverbände bzw. fusionierten mit den bereits vorhandenen Organisationen, westdeutsche Unternehmen dehnten sich in die neuen Bundesländer aus. Das Führungspersonal wurde teilweise übernommen, konnte jedoch lediglich im Sektor Politik in den gesamtdeutschen Führungsgremien wichtige Positionen einnehmen. Meist musste es sich zunächst mit nachrangigen Führungspositionen zufrieden geben. Vor allem in den Sektoren, in denen die Personalrekrutierung der Kontrolle durch politische Organe unterliegt, also in Verwaltung, Justiz, Militär, öffentlich-rechtlichen Rundfunkanstalten und Wissenschaft, wurde eine weitaus tiefgreifendere Elitentransformation herbeigeführt als in den anderen Transformationsländern.

Aber auch in der Landespolitik, dem einzigen Bereich, in dem sich eine weitgehend autonome Elitenbildung vollzog, konnte sich das alte DDR-Personal nicht einmal in der PDS halten. Obwohl auch hier teilweise ein Elitentransfer stattfand, man denke nur an die Ministerpräsidenten Kurt Biedenkopf und Bernhard Vogel sowie zahlreiche aus dem Westen stammende Minister, gibt es in den Landesregierungen, vor allem aber in den Landtagen, Ansätze zur Herausbildung einer neuen ostdeutschen Politikerschicht.

Die Ergebnisse der Potsdamer Elitestudie von 1995 reflektieren diese Bedingungen fünf Jahre nach der Vereinigung. Lediglich in den politischen Führungspositionen waren Ostdeutsche, d.h. Personen, die vor 1990 in der DDR gelebt hatten, entsprechend ihrem Bevölkerungsanteil vertreten (mit 32 Prozent sogar etwas überrepräsentiert), in den anderen Sektoren spielten sie dagegen mit einem Anteil von lediglich sechs Prozent nur eine marginale Rolle. Ihre starke Konzentration in den Sektoren Politik, Medien und Kultur sowie ihre mangelnde Repräsentation in den Führungsetagen der Wirtschaft und der Mini-

---

Review 54 (1960), S. 58-82; Ursula Hoffmann-Lange, Demokratieentwicklung und Elitentransformation in Deutschland, in: Schweizerische Zeitschrift für Soziologie 23 (1997), S. 507-530; zur Kontinuität der Eliten nach 1945 vgl. auch Norbert Frei, Karrieren im Zwielicht. Hitlers Eliten nach 1945, Frankfurt a.M. 2001.

41   Zu diesem Elitetyp vgl. John Higley/György Lengyel, Introduction: Elite Configurations after State Socialism, in: Dies. (Anm. 39), S. 7.

sterialbürokratie verbieten es, sie als Gruppe gesondert zu analysieren und daraus auf die Ähnlichkeiten bzw. Unterschiede zwischen ost- und westdeutschen Eliten zu schließen. Insofern ist bislang wenig über die neuen ostdeutschen Eliten bekannt. Die Erkenntnisse beschränken sich auf wenige Untersuchungen über Landtagsabgeordnete und ostdeutsche Wirtschaftseliten.

Die Landtagsabgeordneten der ersten beiden Wahlperioden waren zu einem beträchtlichen Teil Mitglied einer der DDR-Parteien, nämlich 44 Prozent der Abgeordneten der ersten und immerhin noch 36 Prozent in der zweiten Legislaturperiode. Echte Altbindungen im Sinne legislativer oder administrativer Vorerfahrungen – selbst auf relativ untergeordneten Ebenen – hatten aber nur 22 Prozent bzw. 18 Prozent.[42] Nahezu alle 1990 gewählten Landtagsabgeordneten waren also Quereinsteiger in die Politik, während sich bereits in der zweiten Wahlperiode deutliche Ansätze für die Entstehung neuer politischer Karrieren zeigten. Gleichzeitig ergab eine Untersuchung Robert Rohrschneiders bei Berliner Parlamentariern deutliche Unterschiede in den Wertorientierungen von Personen mit Ost- und Westherkunft. Die 1992 und 1995 befragten ostdeutschen Parlamentarier wiesen ein geringeres Maß an Toleranz gegenüber politischem Extremismus, eine negativere Sicht pluralistischer Interessenkonflikte und ein geringeres Vertrauen in die politischen Institutionen auf, während sie zugleich egalitäre Werte und staatliche Interventionen in den Markt stärker befürworteten.[43]

Ein Studie über die Transformation ostdeutscher Betriebe nach der Vereinigung bestätigt, dass zwar kaum Ostdeutsche in den Spitzenrängen der deutschen Unternehmen zu finden sind, dass sie sich jedoch vielfach in Führungspositionen der zweiten Ebene halten konnten. So befindet sich einerseits ein hoher Anteil der Betriebe im Osten im Eigentum westdeutscher Konzerne. Andererseits stammt aber ein sehr großer Teil (87 Prozent) der Führungskräfte in den ostdeutschen Betrieben aus der früheren DDR. Von diesen wiederum hatte das Gros (70 Prozent) auch schon vor 1989 eine wirtschaftliche Führungsposition erreicht.[44] Da diese Studie sich mit strukturellen Transformationen und deren Effekten befasste, aber keine Einstellungen der ostdeutschen Manager erhob, verfügen wir hinsichtlich möglicher Einstellungsunterschiede zwischen west- und ostdeutschen Eliten lediglich über die von Rohrschneider gefundenen Ergebnisse. Diese entsprechen weitgehend denen, die sich auch in allgemeinen Bevölkerungsumfragen feststellen lassen. Insofern kann man trotz der zugegebenermaßen schwachen empirischen Fundierung folgern, dass die sozialisationsbedingten Unterschiede in den Wertorientierungen auch auf Elitenebene nachweisbar sind und damit voraussichtlich solange nachwirken, bis die älteren Kohorten durch nachgewachsene ersetzt werden.

---

42 Vgl. Stefan Lock, Ostdeutsche Landtagsabgeordnete 1990 – 1994 – Vom personellen Neubeginn zur politischen Professionalisierung?, Berlin 1998, S. 119-131.
43 Vgl. Robert Rohrschneider, Learning Democracy. Democratic and Economic Values in Unified Germany, Oxford 1999.
44 Paul Windolf/Ulrich Brinkmann/Dieter Kulke, Warum blüht der Osten nicht? Zur Transformation der ostdeutschen Betriebe, Berlin 1999, S. 79-81, 129-134, 161.

5. Aktuelle Entwicklungen und Probleme

Da der Aufstieg in Elitepositionen in der Regel geraume Zeit in Anspruch nimmt und Eliten vielfach lange in ihren Positionen verweilen, reflektieren die Rekrutierungsmuster und die Wertorientierungen von Eliten fast zwangsläufig die gesellschaftlichen Bedingungen, denen diese ihren Karriereerfolg verdanken. So könnte man vermuten, dass die Veränderungen auf Elitenebene in Zeiten schnellen gesellschaftlichen Wandels den gesellschaftlichen Entwicklungen hinterherhinken. Dies dürfte allerdings nur im Hinblick auf solche Entwicklungen gelten, die für das professionelle Handeln der Eliten von untergeordneter Bedeutung sind. Denn vor allem politische Eliten müssen sich ständig den Veränderungen in den Lebensgewohnheiten und Wertorientierungen der Bürger anpassen. Der Aufstieg der Grünen hat deutlich gezeigt, dass sich sonst schnell neue Parteien bilden, die sich vernachlässigter Themen annehmen und in Konkurrenz zu den etablierten Parteien treten. Vergleichbares gilt letztlich auch für andere Eliten, die ja zumeist ebenfalls in ständigem Kontakt mit der Öffentlichkeit stehen. Die These Paretos, wonach Eliten zwangsläufig erstarren und damit neuen Eliten Chancen bieten, ihnen die Macht zu entreißen, dürfte auf demokratische Eliten kaum zutreffen. Durch den Einbau der Chance institutionalisierten Machtwechsels wird ein kontinuierlicher, systemimmanenter *Kreislauf der Eliten* sichergestellt, der allerdings keine totale – wie bei Pareto unterstellt -, sondern lediglich eine partielle Elitentransformation mit sich bringt.

Allerdings ist das Verhältnis zwischen politischen Eliten und Bürgern in den letzten Jahrzehnten durch eine gesunkene politische Folgebereitschaft der Wähler gekennzeichnet. In dem Maße, in dem die traditionellen, relativ stabilen soziopolitischen Milieus an Bedeutung verloren haben, orientieren sich die Wähler vermehrt an kurzfristigen Themen. Ihre Kritikbereitschaft steigt ebenso wie ihre Bereitschaft zur Wechselwahl. Damit verschärfen sich die Interessendivergenzen zwischen Wählern und Gewählten. Die Wähler erwarten schnelle politische Lösungen für aktuelle Probleme, während die Gewählten Mühe haben, mit den kurzlebigen Aufmerksamkeitszyklen der Öffentlichkeit Schritt zu halten. Inglehart hat diese Entwicklung als eine von *elitengelenkter* (*elite-directed*) zu *elitenlenkender* (*elite-directing*) Politik bezeichnet, die er auf die Erosion institutioneller Autorität in modernen Gesellschaften zurückführt. Dabei betont er einerseits die positiven Aspekte dieser Entwicklung, die in größeren Freiheitsspielräumen der Bürger bestehen, andererseits auch die Gefahr einer Atrophie gesellschaftlicher Institutionen, denen dadurch möglicherweise die Autorität fehlt, wirklichen Krisen effektiv begegnen zu können.[45] Allerdings gehören solche Befürchtungen der *Unregierbarkeit* zum klassischen Repertoire von Kulturkritikern, während sich in der Praxis immer wieder gezeigt hat, dass

---

45   Ronald Inglehart, Modernization and Postmodernization, Princeton 1997, Kap. 10.

die Wähler in Krisenzeiten bereit sind, die ihnen von Regierungen zugemuteten Einschränkungen zu akzeptieren.

Eine weitere Herausforderung stellen die aktuellen gesellschaftlichen Veränderungen dar, die sich kurz mit den Stichworten alternde Gesellschaft, steigender Immigrationsdruck und Umstrukturierungen in der Wirtschaft durch neue technologische Entwicklungen umreißen lassen. Diese tragen zu einer Erhöhung innergesellschaftlicher Spannungen bei. Vielfach wird im Hinblick darauf die Sorge geäußert, die starke Rückbindung der Eliten an ihre Basis stelle deren Fähigkeit zur Durchsetzung notwendiger Reformen in Frage. Insbesondere den politischen Eliten wird nachgesagt, kurze Wahlzyklen beeinträchtigten ihre Bereitschaft zur Durchsetzung von Programmen, die mit Belastungen für ihre Wählerklientel verbunden sind. Dadurch werde es versäumt, die Bürger auf erforderliche Verzichtsleistungen einzustimmen. Andererseits ist eine solche Politik des *muddling through* aber ein typisches Merkmal demokratischer Politik, das sicherstellt, dass die Durchsetzung von Reformen die Herstellung eines breiten gesellschaftlichen Konsens' voraussetzt. Bisher haben sich demokratische Institutionen selbst in Zeiten tiefer gesellschaftlicher Krisen gerade dadurch als äußerst widerstandsfähig, zugleich aber auch als hinreichend reformfähig erwiesen.

Schließlich erfordert die zunehmende internationale Verflechtung von Wirtschaft und Politik nicht nur eine vermehrte Kooperation der nationalen Eliten mit ausländischen Partnern, sondern beschränkt auch deren autonome Handlungsspielräume. Denn nun genügt es nicht mehr, Kompromisse auf nationaler Ebene herzustellen, sondern politische Willensbildungsprozesse verlagern sich zunehmend auf die internationale Ebene. Dies bringt einerseits einen Bedeutungsverlust weniger zentraler nationaler Akteure mit sich, auf den diese mit hinhaltendem Widerstand reagieren. Solange noch keine klaren institutionellen Regelungen für solche Willensbildungsprozesse entwickelt worden sind und noch keine informellen Normen für Kooperationsbeziehungen im internationalen Umfeld existieren, nimmt ferner zumindest für eine Übergangszeit die Transparenz politischer Entscheidungsabläufe ab. Außerdem kommt es zu Disparitäten zwischen solchen Akteuren, die die Internationalisierung schneller vorantreiben, und solchen, die dabei eher nachhinken. Im wirtschaftlichen Bereich ist die internationale Vernetzung heute bereits viel weiter vorangeschritten als in der Politik. Dies ist in erster Linie darauf zurückzuführen, dass die Entscheidungsfindung in Unternehmen einem hierarchischen, vertikalen Muster folgt, die in der Politik jedoch eher einem horizontalen, konsensorientierten, bei dem vielen unterschiedlichen Interessen Rechnung getragen werden muss. Diese Disparitäten bei der Internationalisierung wirtschaftlicher und politischer Strukturen verleihen den wirtschaftlichen Eliten eine noch größere Vetomacht gegenüber nationalen politischen Regelungsversuchen als dies schon in weniger dynamischen Zeiten der Fall ist.

6. Zusammenfassung

Der deutsche Sonderweg einer verspäteten Nationalstaatsbildung und Demo-
kratisierung prägte lange Zeit auch die Elitenstruktur Deutschlands. Erst nach
dem verlorenen Zweiten Weltkrieg konnte die Demokratie in den westlichen
Besatzungszonen Fuß fassen, während die sowjetisch besetzte Zone in den
Ostblock eingegliedert wurde. Die politische Transformation in der alten
Bundesrepublik wurde in erster Linie durch die neuformierten politischen
Parteien sowie neue Führungsgruppen in den Medien getragen. In Verwaltung, Unternehmen und Verbänden dominierten dagegen in den Aufbaujah-
ren weiterhin die alten Eliten. In diesen Sektoren erfolgte erst im Zuge von
deren Ersetzung durch nachwachsende Kohorten ein gradueller Elitenwandel,
der zu einer zunehmenden Angleichung der Elitenstruktur an die in den übrigen westlichen Demokratien üblichen Muster führte.

Demgegenüber hatte der 1990 erfolgte Beitritt der neuen Bundesländer
nur geringfügige Auswirkungen auf die Elitenstruktur in Deutschland. Dies
war einmal auf die im Vergleich zu den alten Bundesländern wesentlich geringere Bevölkerungszahl der neuen Bundesländer und die Schwäche der
ostdeutschen Wirtschaft zurückzuführen, zum anderen jedoch auch auf den
fast vollständigen Elitenaustausch durch die Entmachtung der alten DDR-
Elite. Dieses Elitenvakuum in den neuen Bundesländern wurde teilweise
durch Elitentransfer aus dem Westen und teilweise durch die Rekrutierung
neuer Eliten aufgefüllt, was eine schnelle Angleichung der neuen ostdeutschen Eliten an die in der alten Bundesrepublik existierende Muster bewirkte.

Der Vergleich zu den westlichen Nachbarn zeigt heute mehr Ähnlichkeiten als Unterschiede in der Elitenstruktur. In allen etablierten Demokratien
stammen die Eliten zu einem überwiegenden Teil aus der Höheren Dienstklasse. Dies ist in erster Linie darauf zurückzuführen, dass die Bildungschancen nach wie vor ungleich verteilt sind, während gleichzeitig die Berufskar-
rieren zunehmend vom Erwerb höherer Bildungsqualifikationen abhängen.
Eine deutsche Besonderheit ist jedoch die nach wie vor starke Betonung von
Fachkenntnissen, die zu einer relativ frühen Spezialisierung der Karrieren in
verschiedenen Sektoren und dementsprechend zu relativ seltenem Sektor-
wechsel auf höheren Karriereebenen führt. Mit der zunehmenden Betonung
von Schlüsselqualifikationen und Generalistenfähigkeiten für die Einnahme
von Führungspositionen dürfte sich dieser Unterschied zu den anderen
hochindustrialisierten Demokratien aber zunehmend abschleifen.

Deutschland gehört zweifellos zu den parlamentarischen Demokratien, in
denen die Parteienstaatlichkeit besonders ausgeprägt ist. Die politischen Konfliktlinien werden dementsprechend durch die Positionen der politischen
Parteien dominiert. Dies wird dadurch unterstrichen, dass der Anteil der Par-
teimitglieder auch in den nicht-politischen Eliten mit über 40 Prozent außerordentlich hoch ist. Die Dominanz der politischen Parteien prägt auch in beträchtlichem Maße die Struktur des Elitennetzwerks, das durch den Gegen-

satz eines eher umverteilungsorientierten und eines eher marktwirtschaftlich-liberalen Lagers geprägt ist. Die Gefahr der Polarisierung wird aber durch konsensdemokratische Mechanismen abgemildert, die eine Einigung über politische Lagergrenzen hinweg begünstigen. Diese basieren einmal auf institutionellen Faktoren wie dem deutschen Föderalismus, v.a. der starken Vetoposition des Bundesrates, aber auch auf der zunehmenden Einbindung in europäische Entscheidungsstrukturen, in denen die Bedeutung innerstaatlicher Konflikte zurücktritt. Darüber hinaus sind sie auch in der politischen Kultur verankert, in der über die politischen Lagergrenzen hinweg der Suche nach Kompromissen Vorrang vor der rigorosen Durchsetzung der eigener Interessenpositionen gegeben wird.

Sabine Kropp

Verbände und Interessenpolitik

1. Einleitung

Verbände und Interessengruppen können heute als konstitutives Element von Demokratien gelten. Demgegenüber dulden totalitäre Systeme nur solche Organisationen, die von der alleinig herrschenden Partei lizenziert sind. Eine autonome gesellschaftliche Selbsttätigkeit verträgt sich nicht mit dem Herrschaftsmonopol einer einzigen politischen Kraft, weshalb es zu den wesentlichen Merkmalen der Systemwechsel in Mittel- und Osteuropa gehörte, dass dort im Zuge gesellschaftlicher Emanzipationsprozesse und im Laufe der wirtschaftlichen und politischen Transformation zivilgesellschaftliche Aktivitäten und miteinander konkurrierende Interessengruppen entstanden.

Gleichwohl sind die in europäischen Demokratien bestehenden nationalen „Verbändelandschaften" nur schwer systematisch miteinander vergleichbar. Es gibt in jedem Land eine Vielfalt von Organisationsformen, und verschiedene Arten von Interessengruppen nehmen in den politischen Systemen jeweils unterschiedliche Funktionen wahr. Die Beziehungen der Verbände untereinander sowie mit dem Staat sind zudem überwiegend nicht durch institutionelle Regelungen auf die Erfüllung bestimmter Funktionen festgelegt[1]. Es kann nur mit Einschränkungen davon gesprochen werden, dass es verallgemeinerbare Zusammenhänge zwischen der Struktur des politischen Systems und dem jeweiligen Verbändesystem gibt[2]. Ein systematisierender Vergleich der nationalen Verbändelandschaften in Europa ist auch deshalb ein schwieriges Unterfangen, weil diese in sich bereits ausgesprochen differenziert sind und sich deshalb kaum auf je einen Nenner bringen lassen. Anders als Parteiensystemen fehlt Verbändelandschaften weitgehend die systemische Qualität: So gibt es, abgesehen von den industriellen Beziehungen,

---

1   Ulrich von Alemann/Bernhard Weßels, Verbände in vergleichender Perspektive –
Königs- oder Dornenweg?, in: Dies. (Hrsg.), Verbände in vergleichender Perspektive.
Beiträge zu einem vernachlässigten Feld, Berlin 1997, S. 7-28.

2   Vgl. Werner Reutter, Einleitung: Korporatismus, Pluralismus und Demokratie, in:
Ders./Peter Rütters (Hrsg.), Verbände und Verbandssysteme in Westeuropa, Opladen
2001, S. 9-30.

kaum strukturierte Beziehungen zwischen Verbänden[3]. Somit sind im Folgenden nicht an allen Stellen explizite Vergleiche der deutschen Verbändelandschaft mit anderen nationalen Verbands-„Systemen" möglich.

Die Forschung über organisierte Interessen folgte bis heute unterschiedlichen theoretischen Konjunkturen, welche die Weitläufigkeit und Vielschichtigkeit verdeutlichen, die dieser Forschungszweig mittlerweile angenommen hat. Verbände und Interessengruppen wurden von der partizipatorischen Demokratietheorie als Organisationen angesehen, die die Beteiligungschancen der Bürger und damit die Input-Qualität von Demokratien verstärken. Die Entdeckung neokorporatistischer Arrangements sowie die Erkenntnis, dass organisierte Interessen in den unterschiedlichsten Politikfeldern in Policy-Netzwerke eingebunden sind, haben in den letzten dreißig Jahren dazu geführt, dass die einflusstheoretische Perspektive in der Verbändeforschung durch das steuerungstheoretische Paradigma teilweise abgelöst worden ist[4]. Im Vordergrund standen Fragen effizienter Politikgestaltung, Aspekte der Staatsentlastung und die verbesserte Implementation allgemeinverbindlicher Entscheidungen, an denen Interessengruppen unmittelbar mitwirken. In den letzten Jahren sind demokratietheoretische Fragestellungen jedoch im Zuge der Diskussion um Tendenzen der „Entparlamentarisierung" – gerade in Deutschland – wieder stärker in den Mittelpunkt des Interesses gerückt. So wurde immer wieder auf die legitimatorischen Probleme verwiesen, die sich durch die selektive Einbeziehung von organisierten Interessen in Prozesse der Politikformulierung ergeben.

Angestoßen durch die Demokratisierungsprozesse in Mittel- und Osteuropa, wurde zivilgesellschaftlichen Aktivitäten auch in der Forschung über westliche Demokratien eine hohe Aufmerksamkeit zuteil. Sowohl in der Politikwissenschaft als auch in der politischen Praxis werden bürgerschaftlichem Engagement[5] und dem „sozialen Kapital"[6] für die Funktionsfähigkeit demokratischer Gesellschaften eine hohe Bedeutung beigemessen. Auch dieser Forschungszweig überschneidet sich großflächig mit der klassischen theoriebezogenen und empirienahen Forschung zu organisierten Interessen.

Insgesamt kann man der Verbändeforschung eine gewisse Theorielastigkeit bescheinigen. Dabei lohnt sich ein Blick auf die verschiedenen Wellen der Theoriebildung aber auch deshalb, weil sich aus den – oft normativ ge-

---

3   Ders., Verbände, Staat und Demokratie. Zur Kritik der Korporatismustheorie, in: Zeitschrift für Parlamentsfragen 33 (2002), S. 501-511.

4   Vgl. Annette Zimmer/Bernhard Weßels, Interessenvermittlung und Demokratie: Eine zentrale Agenda!, in: Dies. (Hrsg.), Verbände und Demokratie in Deutschland, Opladen 2001, S. 10-25.

5   Vgl. Bericht der Enquete-Kommission „Zukunft des Bürgerschaftlichen Engagements", Bürgerschaftliches Engagement: auf dem Weg in eine zukunftsfähige Bürgergesellschaft, Bundestags-Drucksache 14/8900 vom 3. Juni 2002.

6   Vgl. Robert D. Putnam (Hrsg.), Gesellschaft und Gemeinsinn. Sozialkapital im internationalen Vergleich, Gütersloh 2001; ders., Bowling Alone. The Collapse and Revival of American Community, New York u.a. 2000.

wendeten – Begriffsverständnissen typisch „deutsche" Interpretationsmuster zum Stellenwert von Interessenvermittlung herausarbeiten lassen, die sich vom Verständnis anderer demokratischer Verfassungsstaaten unterscheiden. Deshalb widmet sich der folgende zweite Abschnitt der Begriffsentwicklung und den Forschungskonjunkturen in dem hier im Mittelpunkt stehenden Themenfeld. Anschließend folgen, drittens, eine knappe Darstellung der rechtlich-normativen Grundlagen von Verbandtätigkeit sowie, viertens, von Mustern organisationsinterner Willensbildung. Der fünfte Teil richtet den Blick auf Adressaten und Handlungsfelder von Interessengruppen. Die Abschnitte sechs und sieben beschäftigen sich mit bürgerschaftlichem Engagement und zivilgesellschaftlichen Aktivitäten sowie mit der Europäisierung nationaler Verbandssysteme. Ein Ausblick über die kommenden Herausforderungen an organisierte Interessen rundet den Beitrag ab.

2. Verbände und Interessenpolitik – Begriffsgeschichte und Forschungskonjunkturen

Pluralismus, Neopluralismus und Pluralismuskritik: Wenn in Deutschland heutzutage Verbände als störendes Element im politischen Prozess betrachtet werden, so handelt es sich nicht mehr um eine Mehrheitsmeinung. Verbände und Interessengruppen sind als kollektive Akteure im politischen Kräftefeld inzwischen akzeptiert. Gerade in Deutschland war dies jedoch lange Zeit keine Selbstverständlichkeit. So waren zumal die deutsche Staatsrechtslehre und die Verfassungsentwicklung geprägt von der Vorstellung, dass zwischen Staat und Gesellschaft ein Dualismus bestehe. Nach Hegel galt der Staat als eine eigenständige, von der Gesellschaft abgehobene Größe, die allein das Gemeinwohl kenne und insofern das Allgemeine gegenüber den widerstreitenden Partikularinteressen verkörpern könne. Wurde der Staat als Inkarnation der sittlichen Idee stilisiert, so die Gesellschaft demgegenüber als eine Ansammlung individueller Egoismen angesehen. Der „überparteiliche" Staat musste somit vor den Niederungen des gesellschaftlichen Kräftespiels geschützt werden; bürgerliche Selbsttätigkeit sollte, selbst wenn sie z.B. auf lokaler Ebene durchaus erwünscht war, nicht in den Bereich des Politischen hineinreichen. Mit dieser Betrachtungsweise, die noch nach dem Zweiten Weltkrieg nachwirkte[7], hat man in Deutschland nicht selten eine konservative Abschottung gegenüber gesellschaftlichen Teilhabebedürfnissen begründet. Hinzu trat ein weit verbreitetes rousseauistisches Politikverständnis, das gesellschaftliche Teilinteressen als potentielle Bedrohung des Gemeinwohls verstand und das – wie auch immer zu definierende – „allgemeine Interesse"

---

7 Vgl. hierzu Ernst Forsthoff, Der Staat der Industriegesellschaft, München 1971, insbesondere S. 119-146 und S. 158-168.

gegen die egoistischen Teilinteressen verteidigen wollte[8]. Carl Schmitt, Staatsrechtler der Weimarer Republik, etwa interpretierte – in Ablehnung der radikalen These des britischen Sozialisten Harold Laski, dass der Staat lediglich ein „Verband unter Verbänden" sei und deshalb keinen vorrangigen Loyalitätsanspruch für sich geltend machen könne – den Pluralismus als „Theorie der Auflösung des Staates". Solcherlei theoretische Positionen verdichteten sich zu einer antipluralistischen Grundeinstellung, die in der Weimarer Republik weit verbreitet war und die noch spürbar in die Geschichte der Bundesrepublik nach dem Zweiten Weltkrieg hineinreichte.

Der Frage, wie das Verhältnis von Staat und Verbänden ausgestaltet sein soll, wurde somit in Deutschland lange Zeit insofern der Charakter eines Nullsummenspiels beigemessen, als die erfolgreiche Einflussnahme von Interessengruppen als Verlust staatlicher Souveränität firmierte. In Frankreich lässt sich ebenfalls eine solche – wenngleich im Ergebnis verschiedene – Wechselbeziehung zwischen rousseauistischem Politikverständnis und der empirischen Struktur des Verbändesystems beobachten. Mit Rousseau galt der Staat als Träger des Gemeinwohls; intermediäre Organisationen wurden lange Zeit abgelehnt. Ergebnis dieser Sichtweise waren ein staatlicher Zentralismus, ein beträchtlicher Organisationspluralismus sowie eine starke organisatorische Dezentralisierung der Verbände. Noch heute stellen diese gewachsenen Merkmale in Frankreich ein Hindernis für einfach strukturierte, korporatistische Kooperationsbeziehungen dar[9].

In den angelsächsischen Ländern hat sich hingegen schon früh ein anderes Verständnis von gesellschaftlicher Einflussnahme entwickelt. In den USA wurden gesellschaftliche Differenzierung und divergierende Interessen schon in den „Federalist Papers" (1787/88) als unabweisbare Folge freier Selbstentfaltung der Individuen betrachtet. In Großbritannien wiederum bildeten sich anhand der Rechtsprechung zu einzelnen Streitfällen (und unter dem Einfluss der deutschen Genossenschaftstheorie Otto von Gierkes) seit der zweiten Hälfte des 19. Jahrhunderts allmählich pragmatische Rechtsfiguren zum Status von Verbänden heraus, die den Staat als Vereinigung von bereits in Gruppen zusammengeschlossenen Individuen betrachteten und zusehends seine Bedeutung als Regulierungs- und Schlichtungsinstanz hervorhoben[10]. In Schweden wiederum haben sich schon im ersten Drittel des 20. Jahrhunderts ausgesprochen kooperative Beziehungsmuster zwischen Staat und Verbänden entwickelt, die in vielfältiger Form institutionalisiert und als positives Element einer konsensorientierten politischen Kultur betrachtet wurden[11].

---

8   Vgl. Ernst Fraenkel, Deutschland und westlichen Demokratien, Frankfurt a.M. 1991, S. 185-203.
9   Vgl. Peter Jansen, Frankreich. Verbände – eine Rechnung mit vielen Unbekannten, in: Reutter/Rütters (Anm. 2), S. 127-129.
10 Vgl. hierzu Adolf Birke, Pluralismus und Gewerkschaftsautonomie in England. Entstehungsgeschichte einer politischen Theorie, Stuttgart 1978.
11 Norbert Götz, Schweden: Korporatismus und Netzwerkkultur, in: Reutter/Rütters (Anm. 2), S. 381-403.

Demgegenüber verlängerten die obrigkeitsstaatliche Tradition und die nationalsozialistische Herrschaft in Deutschland die zeitliche Vakanz, in der pluralistische Ideen nicht hinreichend wissenschaftlich popularisiert werden konnten. In Ernst Fraenkels deutlich antirousseauistischem Neo-Pluralismus-Konzept, das jener in den fünfziger Jahren in der Auseinandersetzung mit totalitären Systemen und aufgrund seiner Erfahrungen im amerikanischen Exil entwickelte, wurde die Vielfalt von Interessen – bei gleichzeitiger Anerkennung eines „nicht-kontroversen Sektors" an Grundrechten und demokratischen Spielregeln – wieder als legitim anerkannt. Nicht der objektive Staatswille, so Fraenkel, sondern allein der Pluralismus intermediärer Gruppen könne das Gemeinwohl verbürgen, das im „Kräfteparallelogramm" der organisierten Interessen entstehe. Der Staat habe die Aufgabe, als Schiedsrichter für einen gerechten Ausgleich zwischen den gesellschaftlichen Interessen zu sorgen.

An neo-pluralistischen Ansätzen wurde sowohl normativ als auch empirisch begründete Kritik geübt. Sie reicht von der sowohl von linker als auch von staatsrechtlich-konservativer Seite entdeckten vermeintlich schlechteren Organisationsfähigkeit allgemeiner Interessen, auf deren Kosten sich die schlagkräftiger organisierten speziellen Interessen verständigen könnten[12], bis hin zu der ökonomischen Theorien entlehnten Erkenntnis, dass sich kleine Gruppen besser organisieren können als große. Mit wachsender Gruppengröße und geringerer sozialer Kontrolle sähen „Trittbrettfahrer" keinen Anreiz, sich zu organisieren, wenn sie auch ohne die Kosten der Mitgliedschaft an den Erfolgen einer Organisation partizipieren könnten[13]. Damit aber stellte sich erneut die Frage, inwieweit der Staat als Wahrer allgemeiner Interessen auf den Plan treten müsse. Zudem wies Fritz W. Scharpf darauf hin, dass der Pluralismus als gesellschaftliches Organisationsprinzip aus strukturellen Gründen konservativ wirke, da er organisierte Gruppen befriedige, nicht aber Raum für die Austragung fundamentaler Konflikte bereitstelle[14]. Der Pluralismus erschwere es damit, umfassende Reformen durchzuführen. „Innovationsfeindlichkeit" und „Privilegierung organisierter Interessen" lauteten somit die wesentlichen Vorwürfe gegen den Pluralismus. Diese Kritik wurde zusätzlich durch empirische Befunde flankiert, welche die Existenz von Monopolverbänden belegten, denen im „Kräfteparallelogramm" der organisierten Interessen kein annähernd gleich starker Gegenverband gegenüber stand. Damit jedoch wurden erneut zentrale demokratietheoretische Fragen in der Verbändeforschung aufgeworfen.

Neokorporatismus und Netzwerktheorien: Pluralistische Theorien vermitteln ein Bild, nach dem der Einfluss der Verbände auf staatliche Institu-

---

12 Vgl. Forsthoff (Anm. 7); Claus Offe, Politische Herrschaft und Klassenstrukturen. Zur Analyse spätkapitalistischer Gesellschaften, in: Gisela Kress/Dieter Senghaas (Hrsg.), Politikwissenschaft – eine Einführung in ihre Probleme, Frankfurt a.M. 1969, S. 135-164.

13 Mancur Olson jr., Die Logik des kollektiven Handelns. Kollektivgüter und die Theorie der Gruppen, Tübingen 1968.

14 Fritz W. Scharpf, Demokratietheorie zwischen Utopie und Anpassung, Kronberg/Ts. 1975.

tionen gleichsam den Weg einer Einbahnstraße – auf den Kernbereich des politischen Systems hin – nehme. Die Entdeckung, dass Verbände nicht nur klassisches Lobbying und Pressure betreiben, sondern – entweder in Eigenregie oder im Zusammenwirken mit staatlichen Akteuren – auch an der Werteallokation, d.h. der autoritativen Herstellung von Entscheidungen und deren Durchsetzung teilhaben, hat seit den siebziger Jahren dem „Neokorporatismus-Konzept" in der Verbändeforschung einen anhaltenden Aufschwung beschert[15]. Verbände werden diesem Konzept zufolge in den Bereich öffentlicher Entscheidungen „inkorporiert". Im Tausch gegen die Anerkennung und Privilegierung durch den Staat erbringen Verbände in demokratischen Systemen „Ordnungsleistungen", d.h. sie liefern staatlichen Akteuren nicht nur Informationen und Sachkenntnis, sondern sie sorgen auch dafür, dass gemeinsam getroffene Entscheidungen die Akzeptanz der von ihnen vertretenen Mitgliedschaft finden. Damit würden, so die optimistische Aussage neokorporatistischer Theorien, die Effektivität und die Legitimität politischer Entscheidungen erhöht. Empirische Vergleiche zeigen indessen, dass selbst innerhalb der Gruppe der in Europa am stärksten korporatistisch geprägten skandinavischen Ländern sowie Österreich, den Niederlanden und Deutschland, aber auch innerhalb der Gruppe stark pluralistisch geprägter Länder (Griechenland, Spanien, Italien, Portugal, Großbritannien, Frankreich und Irland) beträchtliche Differenzen bei der Bekämpfung der Arbeitslosigkeit bzw. beim Arbeitskampfniveau bestehen[16]. Die von Korporatismustheorien angebotene Annahme, dass zwischen besonderen Strukturen der Interessenvermittlung und policy-outcomes ein generalisierbarer Zusammenhang existiere, sollte daher mit einem großen Fragezeichen versehen werden.

Neokorporatistische Arrangements bestehen auf unterschiedlichen Ebenen politischer Systeme; sie wirken sowohl sektoral, d.h. in einzelnen Politikfeldern (z.B. in der Gesundheitspolitik), als auch als tripartistische Arrangements von Staat, Gewerkschaften und Arbeitnehmerorganisationen zur Regulierung von Arbeitsbeziehungen.* Deutschland steht in Europa innerhalb der Gruppe der am stärksten korporatistisch geprägten Länder – je nachdem, welchen Index man zugrunde legt – an vierter bzw. siebter Stelle[17], also nicht an vorderster Position. Auch wenn man den Vorwurf an solche Interessenpluralismus- und Korporatismusskalen, sie seien pseudoexakt[18], im großen und ganzen teilen muss, so zeigen sie doch, dass Österreich sowie die Niederlande und die skandinavischen Länder korporatistische Vorreiter sind; ein ande-

---

15 Vgl. hierzu: Philippe Schmitter, Still the Century of Corporatism?, in: Review of Politics 36 (1974), S. 85-131.

16 Reutter (Anm. 3), S. 508f.

17 Vgl. Alan Siaroff, Corporatism in 24 Industrial Democracies: Meaning and Measurement, in: European Journal of Political Research 36 (1999), S. 175-205; Arend Lijphart, Patterns of Democracy. Government Forms and Performance in Thirty-Six Countries, New Haven 1999, hier S. 171-184.

18 Vgl. Manfred G. Schmidt, Demokratietheorien. Eine Einführung, 3. Aufl., Opladen 2000, S. 348.

* Das ist doch auch sektoral?!

rer – pluralistischer – Pol wird durch Frankreich, die südeuropäischen Länder sowie Großbritannien und – außerhalb Europas – der USA gebildet.

Systeme der Interessenvermittlung in Europa

Land	Korporatismus-Pluralismus-Index nach Lijphart1999 (a)	Korporatismus-Pluralismus-Index nach Siaroff (b)	Gewerkschaft-licher Organisa-tionsgrad (c)	Arbeitslosigkeit (1990-2000) (d)	Arbeitskämpfe (1990-1999) (e)
Österreich	0,62	5,000	41,2	3,9	2
Schweden	0,50	4,674	91,1	7,7	49
Niederlande	1,19	4,000	25,6	5,3	24
Dänemark	1,00	3,545	80,1	7,1	181
Deutschland	1,38	3,543	28,9	8,2	12
Finnland	1,31	3,295	79,3	12,5	186
Luxemburg	1,38	3,000	43,4	2,5	0
Belgien	1,25	2,841	51,9	8,9	31
Irland	2,94	2,000	48,9	11,1	114
Frankreich	2,84	1,674	9,1	11,3	37
Großbritannien	3,38	1,652	32,9	8,1	31
Portugal	3,00	1,500	25,6	5,6	32
Italien	3,12	1,477	44,1	10,7	169
Spanien	3,25	1,250	18,6	19,9	343
Griechenland	3,50	1,000	24,3	9,5	2046

(a) Lijphart (Anm. 17), S. 177. Je höher der Wert ist, desto stärker sind pluralistische Ausprägungen.

(b) Siaroff (Anm. 17), Je niedriger der Wert ist, desto stärker sind pluralistische Merkmale ausgeprägt.

(c) International Labour Office, World Labour Report. Industrial Relations, Democracy and Social Stability 1997-1998, Genf 1997, S. 238.

(d) Reutter (Anm. 3), S. 508. Arbeitslose in Prozent der Erwerbsbevölkerung im Jahresdurchschnitt.

(e) Ebd. Ausgefallene Arbeitstage pro 1000 zivile Arbeitnehmer und Jahr.

Auf den ersten Blick scheint zwar ein eindeutiger Zusammenhang zwischen dem Typus der Interessenvermittlung, dem Parteiensystem und der Kabinettsstruktur zu bestehen. Die naheliegende Hypothese wäre, dass Mehrparteiensysteme eher breite Koalitionen und korporatistische Strukturen hervorbringen als Einparteienkabinette, die dem pluralistischen Pol zugeordnet werden. Gerade die Spitzenreiter des Korporatismus, nämlich Österreich, Schweden und Norwegen, aber auch Italien und Portugal als pluralistische Systeme, fallen jedoch aus diesem Zusammenhang heraus. Arend Lijphart begründet dies damit, dass breite Koalitionen und Korporatismus als alternative Methoden betrachtet werden könnten, um Konsens herzustellen[19], und dass Verbandssysteme mit je spezifischen Techniken der Entscheidungsbildung korrespondierten. Insgesamt zeigt ein Vergleich der EU-Länder, dass Staatsstrukturen für die Systeme funktionaler Interessenvermittlung letztlich keine

---

19 Vgl. Lijphart (Anm. 17).

konstituierende Rolle spielen[20]. So muss auch bezweifelt werden, ob zwischen korporatistischen Strukturen und Konkordanzdemokratien[21] oder zwischen jenen und Konsensdemokratien eindeutige Beziehungsmuster konstruierbar sind.

Dagegen lassen sich zwischen Parteien- und Verbändesystemen durchaus symbiotische Verbindungen herstellen: In stark korporatistischen Ländern wie Norwegen, Österreich, Schweden oder in der lange Zeit „versäulten" Niederlande dienen Verbände z.B. als Vorfeldorganisationen[22]. Der deutsche „Fall" wiederum weist zwar deutliche korporatistische Züge auf; er kennt sowohl sektorale als auch tripartistische Arrangements. Daneben gibt es jedoch ebenso eine Vielzahl von pluralistischen Mustern gesellschaftlicher Einflussnahme, so dass sich beide Formen wechselseitig ergänzen. Die Formen des Verbandseinflusses wiederum variieren von Politikfeld zu Politikfeld erheblich, was generalisierende Annahmen zusätzlich erschwert.

Neokorporatistische Konzepte der Interessenvermittlung lenken den Blick auf organisationstheoretische Fragestellungen. Verhandeln Verbandsspitzen mit staatlichen Akteuren, so sind sie auf eine weitreichende Freiheit von basisdemokratischer Mitwirkung angewiesen. Die Mitgliedschaft darf die Verbandsführung nicht oder in nur begrenztem Umfang an Prämissen binden, wenn diese mit anderen Akteuren Tauschbeziehungen eingehen soll. Organisationstheoretisch bedeutet dies, dass der „Einflusslogik" Vorrang vor der „Mitgliedschaftslogik" zugewiesen wird. Als problematisch wird eine herausgehobene Stellung der Verbandsspitze vor allem dann bewertet, wenn man mit einem basisdemokratischen Demokratieverständnis davon ausgeht, dass bereits jede Delegation und Repräsentation die demokratische Substanz der Willensbildung verwässere: Die demokratietheoretische Einschätzung verbandsinterner und verhandlungsbasierter Willensbildung – und damit die Frage, wie das scheinbar „eherne Gesetz der Oligarchie" (Robert Michels) normativ bewertet wird – hängt entscheidend davon ab, welches Demokratiemodell der jeweilige Betrachter verficht. Außerdem kann die Mitgliedschaft auch nur dann erfolgreich an ihre Interessenorganisation gebunden werden, wenn die Verbandsführung gegenüber der Außenwelt handlungs- und leistungsfähig bleibt. Das Gewicht einer Organisation wiederum hängt davon ab, wie sehr es der Führung gelingt, die Mitgliedschaft zu integrieren. Damit stellen sich die Wechselbeziehungen zwischen Organisationsbasis und Führung keineswegs als Nullsummenspiel dar. Vielmehr muss der Verbandsführung daran gelegen sein, die Gratwanderung zwischen Außenvertretung des Interesses und sozialer Integration erfolgreich zu meistern.

---

20 Reutter (Anm. 3), S. 509.
21 Den Zusammenhang hat einst Gerhard Lehmbruch hergestellt. Vgl. Gerhard Lehmbruch, Consociational Democracy, Class Conflict, and the New Corporatism, in: Ders./Philippe C. Schmitter (Hrsg.), Patterns of Corporatist Policy-Making, London/Beverly Hills 1982, S. 1-28; skeptischer hingegen: Jan-Erik Lane/Svante Ersson, The New Institutional Politics. Performance and Outcomes, London 2000, S. 235ff.
22 Vgl. Reutter (Anm. 2), S. 20f.

Die zuweilen generell zugeordnete Leistungsfähigkeit neokorporatistischer Arrangements kann angesichts empirischer Befunde heute zumindest als fragwürdig gelten. Prominente Negativbeispiele sind derzeit in Deutschland die „Konzertierte Aktion im Gesundheitswesen" oder auch das „Bündnis für Arbeit". Oft gelingt es nicht, alle Beteiligten an übergeordneten Systemzielen auszurichten; vielmehr werden Konflikte nicht selten zu reinen Verteilungsproblemen umdefiniert. Die staatliche Handlungsfähigkeit wird somit durch korporatistische Arrangements nicht automatisch gesteigert, da die beteiligten Akteure sich nicht durchweg auf übergeordnete, von staatlichen Akteuren ausgegebene Ziele verpflichten lassen.

In allen Demokratien sind Verbände zunehmend in durch Politikfelder definierte und begrenzte Netzwerke eingebunden. Policy-Networks gelten in der Politikwissenschaft heute beinahe als ubiquitäres Phänomen. Verbände kooperieren in Netzwerken mit anderen Interessenorganisationen, gesellschaftlichen sowie staatlichen Akteuren, die unterschiedlichen Institutionen entstammen. Die Über- und Unterordnungsverhältnisse zwischen den Beteiligten können verschieden gestaltet sein, und auch die Einbeziehung von Akteuren in ein Netzwerk sowie der Grad an Formalität variieren[23]. Die staatlichen Akteure bzw. die Bürokratie können in unterschiedlichem Umfang von den Informationen der Interessengruppen abhängig sein. Dem jeweiligen Informations- und Abhängigkeitsgefälle entsprechend, findet man innerhalb der europäischen Staaten unterschiedliche, typisierbare Netzwerk-Konfigurationen in ein und demselben politischen System. Sofern nicht klientelistische Abhängigkeiten des Staates von Interessenvertretern dominieren, ist es grundsätzlich möglich, dass staatliche Akteure in Netzwerken auch allgemeine Interessen gegenüber den dort vertretenen Partikularinteressen in den politischen Prozess wirksam einbringen.

Politiknetzwerken wird zuweilen eine beachtliche Leistungsfähigkeit zugedacht, da sie sowohl Expertenwissen als auch gesellschaftliche Interessen in die Entscheidungsfindung einzubeziehen wüssten. Ihnen wird deshalb mitunter gegenüber rein mehrheitsdemokratischen Verfahren eine höhere Effizienz und Legitimität zugeschrieben[24]. Allerdings verweisen Netzwerk-Theorien darauf, dass Kompromisse nicht unbedingt identisch mit dem (ohnedies kaum definierbaren) Gemeinwohl seien. Auch die Theorien der Interessenvermittlung vermögen keinen Maßstab dafür bereitzustellen, welche materiellen Inhalte im Einzelfall mit gemeinwohlorientierten Entscheidungen

---

23 Vgl. für viele: Frans van Waarden, The Historical Institutionalization of Typical National Patterns in Policy Networks between State and Industry. A Comparison of the USA and the Netherlands, in: European Journal of Political Research 21 (1992), S. 131-162; Patrick Kenis/Volker Schneider (Hrsg.), Organisation und Netzwerk. Institutionelle Steuerung in Wirtschaft und Politik, Frankfurt a.M. 1996.

24 Vgl. Arthur Benz, Postparlamentarische Demokratie? Demokratische Legitimation im kooperativen Staat, in: Michael Th. Greven (Hrsg.), Demokratie – eine Kultur des Westens? 20. Wissenschaftlicher Kongreß der Deutschen Vereinigung für Politische Wissenschaft, Opladen 1999, S. 201-222.

gleichzusetzen sind. Es bleibt letztlich bei dem Appell, dass gesellschaftliche Interessen die externen Effekte ihrer Forderungen, die andere gesellschaftliche Akteure beeinträchtigen könnten, in ihre Erwägungen einbeziehen sollten. Diese Forderung haben inzwischen eine Vielzahl von Verbänden in ihre Selbstdarstellung aufgenommen. Interessengruppen versuchen heute mehr denn je, ihre Partikularinteressen im Gewand des Gemeinwohls gegenüber der Öffentlichkeit zu legitimieren[25].

Die beschriebenen verhandlungsbasierten Formen der Interessenvermittlung bleiben gleichwohl demokratietheoretisch umstritten. Der Verfassungsrechtler Dieter Grimm weist darauf hin, dass der Staat in Netzwerken vor allem mit den Inhabern von Veto-Positionen verhandle[26]. Damit würde eine Reihe weniger Interessen im politischen Entscheidungsprozess privilegiert und das Gleichheitsprinzip nachteilig berührt. Auch der parlamentarische Entscheidungsvorbehalt, so die Kritik, sei eingeschränkt, wenn die Mehrheit der Abgeordneten nurmehr bereits ausgehandelte Entscheidungen ratifizieren könne. Dieser Sichtweise stehen jedoch nicht nur die – wenngleich umstrittenen – Argumente der höheren Entscheidungseffektivität entgegen. Manche Autoren weisen zudem darauf hin, dass die geordneten Einflussbeziehungen im Korporatismus eher gemeinwohlorientierte Entscheidungen zu sichern vermögen als die ungeordnete und demgegenüber weniger transparente Vielfalt pluralistischer Einflussbeziehungen[27]. Als demokratietheoretische Probleme bleiben jedoch die mangelnde Transparenz sowie die Schwierigkeit für den Bürger, die Verantwortung für ausgehandelte Politikergebnisse eindeutig zuordnen zu können.

Zivilgesellschaft und bürgerschaftliches Engagement: In den letzten Jahren ist die „bottom-up"-Perspektive wieder stärker in den Mittelpunkt des wissenschaftlichen und öffentlichen Interesses getreten. Fragen der gesellschaftlichen Selbstorganisation und des ehrenamtlichen bürgerschaftlichen Engagements wurden an die theoretischen Konzepte der deliberativen Demokratie, des Kommunitarismus, an neo-aristotelische Konzepte und an das der Zivilgesellschaft gekoppelt[28]. Nicht selten handelt es sich dabei um normativ aufgeladene Diskussionen, deren empirisches Fundament erst seit den letzten Jahren systematisch verbreitert wird[29]. Mitunter erkennt man in den Diskussionen um zivil-

---

25 Vgl. hierzu: Renate Mayntz (Hrsg.), Verbände zwischen Mitgliederinteressen und Gemeinwohl, Gütersloh 1992.

26 Dieter Grimm, Die Verfassung und die Politik. Einsprüche in Störfällen, München 2001, S. 320ff.

27 Vgl. Roland Czada, Konjunkturen des Korporatismus: Zur Geschichte eines Paradigmenwechsels in der Verbändeforschung, in: Wolfgang Streeck (Hrsg.), Staat und Verbände, PVS-Sonderheft 25, Opladen 1994, S. 37-64.

28 Vgl. Roland Roth, Bürgerschaftliches Engagement – Formen, Bedingungen, Perspektiven, in: Annette Zimmer/Stefan Nährlich (Hrsg.), Engagierte Bürgerschaft. Traditionen und Perspektiven, Opladen 2000, S. 25-48.

29 Zu NGOs vgl. Annette Zimmer, NGOs – Verbände im globalen Zeitalter, in: Zimmer/Wessels (Anm. 4), S. 331-357.

gesellschaftliche Aktivitäten noch immer die in Deutschland historisch gewachsenen Interpretationslinien, die zwischen Staat und Gesellschaft trennen. Als Definitionsmerkmal von „Zivilgesellschaft" gilt, dass ihre Gruppen und Organisationen außerhalb der staatlichen Sphäre zu verorten sind. Nur wird diese Trennung heute weniger als konservative Abwehr gesellschaftlicher Teilhabeansprüche interpretiert, sondern in ein emanzipatorisches Gewand gekleidet: „Zivile" Organisationen sollen nun ein Gegengewicht zu den verbürokratisierten, abgehobenen staatlichen Institutionen darstellen[30]. Eine solche Blickrichtung, die „Zivilgesellschaft zu einem Gegenbegriff zur liberalen Demokratie" stilisiert[31], sollte repräsentativ-pluralistischen Demokratien fremd sein. Im angelsächsischen Denken sind solche Denkfiguren nicht prominent. Ihre Existenz ist eher in post-autoritären, z.B. osteuropäischen Systemen verständlich, in denen die Gesellschaft alle Gründe hat, den ehedem umfassenden Geltungsanspruch des Staates zurückzuweisen[32]. Letztlich lassen sich in Deutschland noch immer Rudimente einer „gespaltenen" Wahrnehmung ausmachen: Während ein Teil der Sozial- und Rechtswissenschaft die Trennung von Staat und Gesellschaft nicht nur aus analytischen, sondern auch aus unterschiedlichen normativen Gründen fordert, belegen die empirischen Befunde für moderne Demokratien vielfältige Verflechtungen beider Sphären, die über diese Trennung weit hinausweisen.

Die Motivlage all derjenigen, welche die Bedeutung einer autonomen zivilgesellschaftlichen Tätigkeit für funktionsfähige Demokratien hervorheben, ist heutzutage breit gefächert. Es ist gewiss kein Zufall, dass auch staatliche Akteure in westlichen Demokratien angesichts schrumpfender öffentlicher Haushalte und umfassender Staatsaufgaben gerade jetzt die entlastende Wirkung erkennen, die durch ehrenamtliches Engagement erzielt werden kann. Die Perspektive des Verhältnisses von Staat und Gesellschaft wird damit umgekehrt: Es geht heute darum, Staatsaufgaben wieder in die Gesellschaft zurückzuverlagern und staatliche Verantwortung auf eine „Gewährleistungsverantwortung" zu beschränken[33].

---

30 Vgl. hierzu: Arpad Sölter, Zivilgesellschaft als demokratietheoretisches Konzept, in: Jahrbuch für Politik 3 (1993), S. 145-180.

31 Edward Shils, Was ist eine Civil Society?, in: Krzystof Michalski (Hrsg.), Europa und die Civil Society, Stuttgart 1991, S. 13-51.

32 Vgl. hierzu Petra Bendel/Sabine Kropp, Zivilgesellschaft – ein geeignetes Konzept zur Untersuchung von Systemwechseln? Ergebnisse eines interregionalen Vergleichs Lateinamerika – Osteuropa, in: Zeitschrift für Politikwissenschaft 8 (1998), S. 39-67.

33 Helmut Klages, Engagement und Engagementpotential in Deutschland. Erkenntnisse der empirischen Forschung, in: Aus Politik und Zeitgeschichte, B 38/98, S. 29.

3. Rechtlich-normative Grundlagen des Verbandseinflusses

Anders als Parteien sind Verbände nicht durch einen eigenen Artikel im Grundgesetz als Organisationen erwähnt, die an der politischen Willensbildung teilhaben. Ernst Fraenkel hat deshalb einst von der „Interessenverbandsprüderie" des Grundgesetzes gesprochen[34]. Einigkeit besteht jedoch darüber, dass Interessengruppen in Demokratien schon deshalb unverzichtbar sind, weil sie Partizipationschancen auch außerhalb der Wahlen bereitstellen. Anders als Parteien haben Interessengruppen keinen Verfassungsrang. Deshalb ist ihre Gründung und ihre Existenz folgerichtig im Grundrechtsbereich (Art. 9 GG) angesiedelt. Diese klare Zuordnung gesellschaftlicher Selbstorganisation zu den individuellen Freiheitsrechten ist wiederum Ausdruck der historisch gewachsenen und auch im Grundgesetz nachwirkenden konzeptionellen Trennung von Staat und Gesellschaft. Vereinigungen, d.h. das gesellschaftliche Organisationsprinzip in Gruppenform, genießen einen Bestandsschutz, nicht aber eine Garantie, an Prozessen der politischen Willensbildung mitwirken zu können.

Dieses Grundrecht, eine gesellschaftliche Vereinigung zu gründen und sich auch einer Mitarbeit in einer Interessengruppe entziehen zu können („negative Vereinigungsfreiheit"), kann mit Blick auf die Substanz einer Demokratie nicht hoch genug geschätzt werden. Deshalb haben auch die neuen Demokratien in Mittel- und Osteuropa der Vereinigungsfreiheit einen verfassungsrechtlichen Rang verliehen. Bürger können nicht dazu gezwungen werden, sich in einer Organisation zu beteiligen, und umgekehrt können auch Interessengruppen nicht dazu verpflichtet werden, bestimmte Mitglieder aufzunehmen. Ein solcher Zwang schmälerte die Strategiefähigkeit organisierter Interessen erheblich. Die positive wie die negative Form der Vereinigungsfreiheit sind ebenfalls in den meisten europäischen Demokratien verfassungsrechtlich garantiert.

Ausnahmen von dieser Regel sind in Deutschland die öffentlich-rechtlichen Körperschaften (Kammern, Innungen, Kassenärztliche Vereinigungen). Diese werden durch einen staatlichen Hoheitsakt ins Leben gerufen und übernehmen teilweise staatliche Aufgaben (wie die Lehrlingsausbildung). Die Kammern sind verpflichtet, das regionale Gesamtinteresse der ihnen zugehörigen Gewerbetreibenden ihres Bezirks zu berücksichtigen und die Behörden durch Informationen und Gutachten zu unterstützen. Deshalb schreibt der Staat ihnen einerseits eine Zwangsmitgliedschaft vor; andererseits ist diesen Körperschaften auch, anders als den anderen Verbänden, eine demokratische Willensbildung von unten nach oben per Gesetz auferlegt. Mit dieser Ausnahmeregelung von der negativen Vereinigungsfreiheit steht Deutschland in Europa nicht alleine. So kennen etwa Dänemark, Frankreich und Öster-

---

34 Fraenkel (Anm. 8), S. 203.

reich Pflichtmitgliedschaften für einige Berufsorganisationen bzw. Kammern; auch in Finnland, wo sich das Vereinsrecht nur auf ideelle Vereine erstreckt, werden Kammern auf der Grundlage öffentlichen Rechts gegründet und entsprechend von den Behörden kontrolliert[35].

Weitere Regelungen enthalten das Bürgerliche Gesetzbuch und das Vereinsgesetz. Dieses unterscheidet nicht zwischen den verschiedenen Typen von Vereinen und Verbänden, sondern erlegt ihnen dieselben Anforderungen an die Bildung und die Funktionsweise auf (z.b. Satzung, Organe, Anforderungen an die Gemeinnützigkeit). Vereine können nur dann von den Innenministerien des Bundes oder der Länder verboten werden, wenn ihre Tätigkeit geltenden Gesetzen entgegensteht. Ein Verein muss mindestens sieben Personen umfassen, um die Rechtspersönlichkeit und eine Eintragung ins Vereinsregister zu erhalten.

Bedeutsame rechtliche Festlegungen zum Verbandseinfluss finden sich außerdem in den Geschäftsordnungen des Bundestages, der Bundesregierung und der Bundesministerien. Hierin sind Teile des Verbandseinflusses institutionalisiert – ursprünglich mit dem Ziel, diesen in überschaubare Bahnen zu lenken[36]. In § 24 der GGO II der Bundesministerien ist Verbänden, deren Wirkungsbereich sich über das gesamte Bundesgebiet erstrecken muss, die Möglichkeit eingeräumt, an Gesetzgebungsprozessen mitzuwirken. Da die überwiegende Anzahl aller Entwürfe – je nach Legislaturperiode bis zu 68 Prozent – von der Bundesregierung eingebracht werden, sind die Fachreferate der Ministerialbürokratie der bevorzugte Ansprechpartner von Verbänden. Je früher Interessenvereinigungen im Gesetzgebungsprozess auf den Inhalt einer Vorlage Einfluss zu nehmen vermögen, desto erfolgreicher können sie Veränderungen und Ergänzungen bewirken[37]. Um zu verhindern, dass zwischen beiden Seiten Entscheidungen ausgehandelt werden, die den Bundestag zur Ratifikationsinstanz abstufen, bestimmt § 27, dass gleichzeitig die Bundestagsfraktionen und interessierte Abgeordnete unterrichtet werden. § 10 der Geschäftsordnung der Bundesregierung legt zudem fest, dass Abordnungen von Verbänden durch den federführenden Fachminister empfangen werden. Damit soll die Ressortverantwortlichkeit der Minister geschützt und der Bundeskanzler vor direktem Verbandseinfluss abgeschirmt werden. Gleichwohl finden beim Bundeskanzler regelmäßig Spitzengespräche mit Verbänden statt, die darauf zielen, auf höchster Ebene eine Beeinflussung im Sinne des Verbandsinteresses zu erreichen.

---

35 Einzelheiten zu einzelnen Ländern finden sich in Reutter/Rütters (Anm. 2).

36 Werner Reutter, Deutschland: Verbände zwischen Pluralismus, Korporatismus und Lobbyismus, in: Ders./Rütters (Anm. 2), S. 80.

37 Vgl. Kurt Damaschke, Der Einfluß der Verbände auf die Gesetzgebung. Am Beispiel des Gesetzes zum Schutz vor gefährlichen Stoffen (Chemikaliengesetz), München 1986.

4.   Aspekte organisationsinterner Willensbildung

Wie die Verfahren innerverbandlicher Willensbildung ausgestaltet sind, ist in
Deutschland – mit Ausnahme der Kammern – allein Sache der (privatrechtli-
chen) Vereinigung. Solche Verfahren müssen nicht am Ziel umfassender
Partizipation orientiert sein, sondern können die Oligarchie als gewolltes
Prinzip durchaus einschließen. Ein prominentes Beispiel hierfür ist „Greenpeace", das nur etwa 150 feste und 2000 ehrenamtliche Mitglieder, dafür aber
eine Vielzahl von Fördermitgliedern kennt, die den Verein ideell und insbesondere finanziell unterstützen. Über die Abläufe verbandsinterner Willensbildung finden sich in Deutschland keine ausdifferenzierten rechtlichen Regelungen. Der Grund hierfür ist darin zu sehen, dass Verbänden eben, anders
als Parteien, kein Verfassungsrang zukommt und sie auch nicht wie Fraktionen an staatlichen Entscheidungen teilhaben. Deshalb ist die Substanz einer
Demokratie, so die Logik, auch nicht durch eine Struktur von gesellschaftlichen Vereinigungen gefährdet, die Partizipationsangebote nicht in den Vordergrund ihres Vereinszwecks stellt. Der Pluralismus als Strukturprinzip frei-
heitlich-demokratischer Ordnungen ist vielmehr dadurch gewahrt, dass die
Vielfalt gesellschaftlicher Gruppen grundgesetzlich gewährleistet ist[38]. Der
Grundrechtsschutz, der mit der Vereinigungsfreiheit nach Art. 9 GG gewährt
wird, schließt somit auch ein, dass eine Organisation ihren Aufbau mit Blick
auf ihre strategische Ausrichtung selbst bestimmen kann.

Die meisten großen Verbände (im Arbeitsbereich, aber auch z.B. der
Mieterbund oder der ADAC usw.) sind weniger darauf gerichtet, die gemeinschaftliche Tätigkeit zu pflegen, sondern wollen die politische Willensbildung beeinflussen. Dem Außenbezug ihrer Aktivitäten entsprechend, folgen
sie zumindest formal einem ähnlichen Organisationsprinzip. In den Satzun-
gen und Geschäftsordnungen stellen die Delegiertenversammlungen – und
damit die Basis – das formal höchste Organ dar. Die Kompetenzen der Exe-
kutivorgane (Vorstände, Beiräte, Ausschüsse) lassen sich wiederum formal
von der Basis ableiten. Diese tritt jedoch in aller Regel nur selten (oft alle
zwei Jahre) auf Verbandstagen zusammen; die Zahl der partizipierenden
Mitglieder ist dabei meist gering. Dazwischen wird die Macht an die haupt-
amtlichen Verbandsspitzen delegiert, welche die Politik der Organisation mit
Hilfe eines ausdifferenzierten Apparats und der verbandseigenen Bürokratie
prägen und auch die Außenvertretung – d.h. Kontakte mit der Umwelt, der
Ministerialverwaltung, den Medien und anderen Verbänden oder Parteien –
pflegen. Dabei ruht in aller Regel die direkte Teilhabe der Mitgliedschaft an
der Politikgestaltung.

Große Verbände, die durch einen starken Außenbezug geprägt sind, haben nur dann eine echte Chance, die Interessen ihrer Klientel durchzusetzen,

---

38   Vgl. Hermann von Mangoldt/Friedrich Klein, Das Bonner Grundgesetz, Ber-
     lin/Frankfurt a.M. 1966, S. 318.

wenn sie professionell arbeiten und sich dabei an Effizienzkriterien orientieren. Sie beschäftigen deshalb hauptberufliche Experten, um ihrem Konkurrenzverband ausreichend Sachverstand gegenüberstellen zu können, aber auch, um vom Hauptadressaten im politisch-administrativen System, der öffentlichen Verwaltung, als Gesprächspartner akzeptiert zu werden. In den Hauptverwaltungen der großen Interessenverbände (z.B. im Wirtschafts- und Arbeitsbereich) sind oft mehr als hundert Personen hauptamtlich beschäftigt. Ihre Organisationspläne ähneln denen von Ministerien, da man dort jedem für die Verbandspolitik bedeutsamen Referat oder zumindest jeder Abteilung einen oder mehrere kompetente Ansprechpartner zur Seite stellen will. Damit ein Verband seine Interessen wirksam durchsetzen kann, sind „personalisierte Dauerbeziehungen" unverzichtbar[39]. Solche verstetigten Beziehungsmuster beruhen auf wechselseitiger Wertschätzung und Vertrauen. Ist die Bürokratie gar von den Informationen und dem Wissen einer Interessengruppe abhängig, kann diese ihr Anliegen wirkungsvoll durchsetzen[40]. Insofern wundert es nicht, wenn nicht nur Verbandsvorsitzende Jahre und Jahrzehnte amtieren, sondern sich personelle Kontinuitäten auch auf der Arbeitsebene in Verbänden feststellen lassen.

Die Notwendigkeit, repräsentative Strukturen innerhalb von Interessenorganisationen auszubilden, ergibt sich zumal dann, wenn deren Führungen in Policy-Netzwerke oder in neokorporatistische Arrangements eingebunden sind. Konsens mit anderen Akteuren, Tauschbeziehungen und Kompromisse erfordern innerhalb der Organisation ein Verhandlungs-, nicht aber ein Vertretungsmandat. Auch NGOs, die häufig als Beispiel für eine zivilgesellschaftliche Partizipationskultur betrachtet werden, kennen Probleme der Elitenbildung, der selbstreferentiellen Strukturen und „closed-shop"-Mentalitäten. Damit komme es, so empirische Befunde, nicht zu einer zivilgesellschaftlichen Rückkopplung. Vielmehr knüpften die NGOs „geradezu nahtlos an die Schattenseiten der Verbändeforschung" an[41].

Entfernt sich eine Verbandsführung zu sehr vom Willen der Mitgliedschaft, so hat diese die Möglichkeit, entweder ihren Unmut zu artikulieren und eine Neuwahl der Verbandsführung durchzusetzen („voice"), oder aber ein unzufriedenes Mitglied muss die Organisation verlassen („exit"). Der Austritt aus einem Interessenverband fällt dann grundsätzlich leichter, wenn die Vereinigung in ihrem Handlungsfeld kein Repräsentationsmonopol besitzt. In diesem Falle können Mitglieder zu einem „benachbarten" Verband überwechseln. Organisationen versuchen heute mehr denn je, ihre Verbandsmitglieder nicht nur über Partizipationsangebote, sondern auch über zusätzliche Anreize wie Dienstleistungen oder Konsumangebote zu binden.

---

39 Vgl. hierzu die Fallstudie von: Siegfried Mann, Macht und Ohnmacht der Verbände: Das Beispiel des Bundesverbandes der Deutschen Industrie e.V. (BDI) aus empirisch-analytischer Sicht, Baden-Baden 1994.
40 Vgl. Damaschke (Anm. 37).
41 Zimmer (Anm. 29), S. 348.

5. Adressaten und Handlungsfelder von Interessengruppen

Es gibt unterschiedliche Möglichkeiten, die Tätigkeiten von gesellschaftlichen Organisationen zu typisieren. Die gebräuchlichste Methode, die darüber hinaus ansatzweise vergleichende Bezüge ermöglicht, ist die Einordnung von Interessengruppen nach ihrem jeweiligen Handlungsfeld. Da sich jedoch nur jeweils Organisationen, die ein ähnliches Interesse verfolgen, sinnvoll miteinander vergleichen lassen, beschränken sich die meisten komparatistischen Studien auf Gewerkschaften und Arbeitgeberverbände. Allerdings lassen sich Aussagen zu Interessengruppen in Deutschland in den jeweils dargestellten Handlungsfeldern durchaus in vergleichende Perspektiven einbetten.

Interessengruppen nehmen in unterschiedlicher Form und mit verschiedenen Instrumenten Einfluss auf ihre Adressaten. Dabei sind zwischen europäischen Staaten mit ihren sehr unterschiedlichen institutionellen Konfigurationen und korporatistischen bzw. pluralistischen Ausprägungen[42], von Politikfeld zu Politikfeld und auch zwischen den Verbänden, deutliche Unterschiede zu erkennen. Zu den wichtigsten Adressaten zählen die Verwaltung und die Exekutive schon deshalb, weil dort in den meisten europäischen Ländern der größte Teil der Gesetze ausgearbeitet wird; aber auch Parlament, Parteien und Öffentlichkeit sind Ziele von Interessengruppen[43]. Dabei zählen Informationen und Sachkompetenz zu den wichtigsten Ressourcen der Verbände. Je weniger es den Verbänden gelingt, Einflusskanäle zur Verwaltung aufzubauen, desto eher suchen sie den Zugang zu Parlament und Parteien. Die Öffentlichkeit wird als Druckmittel zumeist nur dann gesucht, wenn die anderen Methoden der Beeinflussung nicht zum Ergebnis führen. Wie erfolgreich Verbände sind, hängt u.a. von der Bedeutung des vertretenen Interesses, vom Organisationsgrad und der Organisationsstärke, der Finanzkraft der Vereinigung sowie von der Geschlossenheit des Verbandes ab. Auch die Nähe des Verbandes zu den in der Regierungsverantwortung stehenden Parteien sowie die Frage, ob organisierte Gegeninteressen vorhanden sind, bestimmen seine Durchsetzungskraft.

Organisierte Interessen im Wirtschaftsbereich und in der Arbeitswelt: Der mächtigste Akteur auf der Seite der Arbeitnehmerverbände ist in Deutschland der Deutsche Gewerkschaftsbund (DGB). In den vergangenen Jahren vollzogen die Gewerkschaften einen enormen Konzentrationsprozess; die Zahl der Einzelgewerkschaften nahm von 16 auf acht ab. Im Jahr 2000 umfasste der Dachverband noch elf Mitgliedsgewerkschaften mit insgesamt 7.772.795 Mitgliedern; davon waren 4.680.557 Arbeiter, 2.222.418 Ange-

---

42   Vgl. hierzu Reutter/Rütters (Anm. 2).
43   Ausführlich dokumentiert in: Martin Sebaldt, Organisierter Pluralismus. Kräftefeld, Selbstverständnis und politische Arbeit deutscher Interessengruppen, Opladen 1997, insbesondere S. 241-374.

stellte und 556.622 Beamte. Die IG Metall war im Jahr 2000 noch die größte Einzelgewerkschaft und stellte 35,6 Prozent der Mitgliedschaft. Der DGB ist nach dem Prinzip der Einheitsgewerkschaft organisiert, d.h. die Arbeitnehmer sind unabhängig von ihrem Beruf oder ihrem Status innerhalb einer der Wirtschaftsbranchen in einer Gewerkschaft integriert. Gleichwohl existieren auch außerhalb des DGB Vertretungen von Arbeitnehmern, die versuchen, die Interessen der jeweiligen Berufsgruppe zielgerechter zu vertreten. Die „Deutsche Angestelltengewerkschaft" (DAG) konnte z.B. bis zu ihrer Fusion mit der neuen Dienstleistungsgewerkschaft *Ver.di* auf 527.888 Mitglieder verweisen; das Spektrum wird ergänzt durch den „Christlichen Gewerkschaftsbund" (CGB) mit 304.708 und den Deutschen Beamtenbund (DBB) mit 1.205.22 Mitgliedschaften. Die „Union Leitender Angestellter" (ULA) wiederum vertritt etwa 50.000 – außertariflich bezahlte – Führungskräfte der Wirtschaft, die ihre Interessen im Tarifgefüge nicht repräsentiert sehen. Inzwischen sind die DAG, die IG Medien, die Gewerkschaft Handel, Banken und Versicherungen, die Deutsche Postgewerkschaft und die Gewerkschaft Öffentliche Dienste, Transport und Verkehr zur Vereinten Dienstleistungsgewerkschaft *Ver.di* fusioniert. *Ver.di* stellt heute damit die größte Einzelgewerkschaft dar.

Seit dem Vollzug der deutschen Einheit sind die Mitgliederzahlen des DGB kontinuierlich gesunken. Konnten die Gewerkschaften nach der „Wende" durch die Integration der reformbereiten FDGB-Gewerkschaften noch einen gewaltigen Zuwachs von 3,86 Mio Mitgliedern verbuchen, so sank deren Zahl allein zwischen 1994 und 2001 um mehr als 2,5 Mio. Wie in nahezu allen postsozialistischen Ländern Mittel- und Osteuropas, wurden in den neuen Bundesländern die neu errungenen bürgerlichen Freiheitsrechte dazu genutzt, um die Mitgliedschaft in den Gewerkschaften zu kündigen[44]. Zwischen 1990 und 1997 verließ insgesamt mehr als die Hälfte aller Mitglieder in den neuen Ländern die DGB-Gewerkschaften. Die Austrittswelle hat sich in Deutschland inzwischen zwar abgeflacht, gleichwohl vermögen die Gewerkschaften die Arbeitnehmer angesichts des schwindenden Arbeitermilieus, einer hohen Sockelarbeitslosigkeit und erodierender Flächentarifverträge, aber auch wegen der generell nachlassenden Bindekraft der großen gesellschaftlichen Organisationen heute nicht mehr umfassend an ihre Organisation zu binden. Hinzu kommt, dass die gewerkschaftlich organisierten Arbeitnehmer in Ostdeutschland, anders als in den alten Ländern, weder eine bedeutsame Orientierung an der Konfliktlinie Arbeit – Kapital noch eine eindeutige parteipolitische Bindung zeigen. Wie in den anderen Transitionsgesellschaften Mittel- und Osteuropas, sind die Gewerkschaften in Ostdeutschland mit Blick auf

---

44 International Labour Office, World Labour Report. Industrial Relations, Democracy and Social Stability 1997-1998, Genf 1997, S. 240; für vergleichende Probleme: Klaus Armingeon, Staat und Arbeitsbeziehungen. Ein internationaler Vergleich, Opladen 1994.

diese Konfliktlinie nicht die zentralen Organisationen. In den neuen Bundesländern stehen sie damit vor grundsätzlichen Organisationsproblemen. Weiterhin stellen sich den Gewerkschaften mit der wachsenden Anzahl von Angestellten neue Aufgaben. Deren Interessen sind schwer auf einen Nenner zu bringen, so dass Strategien, sich diese neue, stark differenzierte Klientel stärker zu erschließen, schnell auf Kosten anderer, traditioneller Teile der organisierten Arbeitnehmerschaft gehen können[45]. Damit stehen die Gewerkschaften vor der schwierigen Herausforderung, eine zusehends heterogener werdende Mitgliedschaft mit kaum vereinbaren Interessenlagen strategisch bedienen zu müssen. In den stark korporatistisch geprägten Ländern Dänemark, Schweden und Norwegen – mit Ausnahme Österreichs – gelang es den Gewerkschaften hingegen in den letzten Jahren, ihre Mitgliedschaft zu stabilisieren; die Arbeitnehmerorganisationen in den „pluralistischeren" Länder Frankreich und Großbritannien dagegen verloren zwischen 1985 und 1995 beträchtlich (vgl. auch Tabelle)[46].

Auch die Arbeitgeberorganisationen müssen eine Reihe von Problemen bewältigen, die mit dem wirtschaftlichen Strukturwandel zusammenhängen. Die Interessenlagen innerhalb der Spitzenverbände der Wirtschaft differenzieren sich aus. Zwischen dem DIHK, dem BDA und dem BDI bestehen unterschiedliche Haltungen zur Tarifpolitik. Innerhalb der Verbände kam es ebenso in der Vergangenheit zu vereinzelten Austritten[47]. Auf der Arbeitnehmer- wie auf der Arbeitgeberseite herrscht ein moderater Verbandspluralismus, d.h. die Kontrahenten sind in ihrem Feld zwar nicht vor Vertretungskonkurrenz geschützt, unterliegen aber auch nicht den Problemen der wesentlich größeren Vielfalt wie in Großbritannien oder in Frankreich, wo allein 85 Industrieverbände existieren. Da in Deutschland somit im Wirtschaftsbereich ein sehr begrenzter Interessenpluralismus vorherrscht, liegen – etwa im Gegensatz zu Frankreich – günstige organisatorische Voraussetzungen für tripartistische Strukturen vor. In Frankreich dagegen entscheidet die Regierung darüber, welche Interessen als Gesprächspartner anerkannt werden. Maßstab ist dabei nicht der Organisationsgrad, sondern das Wahlergebnis zu den Kammerwahlen[48].

Die beiden deutschen Versuche, Wirtschafts- und Arbeitsmarktprobleme über korporatistische Strukturen zu regeln, nämlich die „Konzertierte Aktion" des ehemaligen Wirtschaftsministers Karl Schiller von 1967 bzw. das von der rot-grünen Koalition nach dem Regierungswechsel 1998 initiierte

---

45 Ders., Zwei Organisationsprobleme der deutschen Gewerkschaften im internationalen Vergleich, in: Zimmer/Wessels (Anm. 4), S. 55-76.
46 International Labour Office (Anm. 44), S. 240.
47 Vgl. Werner Bührer/Edgar Grande (Hrsg.), Unternehmerverbände und Staat in Deutschland, Baden-Baden 2000.
48 Vgl. Jansen (Anm. 9), S. 131ff.

„Bündnis für Arbeit", können kaum als erfolgreich gelten[49]. Das hoch fragmentierte Institutionengefüge des deutschen Regierungssystems, in dem sich Verhandlungs- und Wettbewerbselemente wechselseitig überlagern, erschwert zusätzlich zu dem Interessenkonflikt zwischen Arbeitnehmern und Arbeitgebern den schnellen Erfolg tripartistischer Aushandlungsprozesse[50]. Letztlich mangelt es an einer umfassenden gesellschaftlichen Konsensbereitschaft, wie sie bis heute die skandinavischen Länder auszeichnet.

Auch in den Ländern, die in Europa zur korporatistischen Spitzengruppe gezählt werden können (skandinavische Länder, Österreich), beginnen sich die engen Verflechtungen zwischen Staat und Verbänden zu lockern. In Dänemark bekommt der administrative Korporatismus Risse; das traditionelle Konsensmodell, das Verbände in die Vorbereitung und in die Umsetzung von Gesetzen einbezieht, ist u.a. durch verschärfte internationale Konkurrenz und die Europäisierung des Arbeitsmarktes einem Anpassungsdruck unterworfen. Für Schweden spricht man von einer schleichenden „Entkorporatisierung" und zunehmenden Pluralisierung – im Sinne einer Lockerung der engen Symbiose zwischen Staat und Verbänden, auch wenn dort nach wie vor insbesondere die Organisationen des Arbeitsmarktes eng in das schwedische Kommissionswesen als dem Ort der Politikvorbereitung eingebunden sind. Selbst die fast beispiellose österreichische „Sozialpartnerschaft" mit ihrer engen Verflechtung von Parteien und Verbänden unterliegt Veränderungen. Als Gründe werden angegeben, den anderen Ländern ähnlich: die Kräfteverschiebungen zwischen Arbeit und Kapital, die Folgen der ökonomischen Globalisierung, die gesunkene individuelle Bereitschaft, sich in großen Verbänden zu engagieren[51], die gelockerten Verbindungen zwischen Gewerkschaften und Parteien sowie die Beteiligung der anti-sozialpartnerschaftlich eingestellten FPÖ an der Regierung. In Frankreich wiederum, das eher zur korporatistischen „Schlussgruppe" in Europa zählt, gibt es zwar tripartistische Gremien wie die „Hohe Kommission für Tarifverträge", an denen nicht nur Staat, Gewerkschaften und Arbeitgeberverbände, sondern z.B. auch Familienverbände beteiligt sind. Dort gelingt es zwar kaum, einen umfassenden gesellschaftlichen Konsens wie in den skandinavischen Ländern herzustellen. Staatliche Akteure versuchen jedoch in solchen Gremien, die Einflussbeziehungen auf die Verbände zu ihren Gunsten auszugestalten. Die stärkste Entmachtung haben in den vergangenen zwanzig Jahren wohl die britischen Gewerkschaften erfahren. Es bedurfte der Voraussetzungen einer Mehrheitsdemokratie, um die Vetomacht der Gewerkschaften in dieser Massivität zu brechen.

---

49 Vgl. Roland Sturm, Arbeit und Wirtschaft, in: Oscar W. Gabriel/Everhard Holtmann (Hrsg.), Handbuch Politisches System der Bundesrepublik Deutschland, 2. Aufl., München/Wien 1999, S. 659-680, hier S. 669.

50 Gerhard Lehmbruch, Institutionelle Schranken einer ausgehandelten Reform des Wohlfahrtsstaates. Das Bündnis für Arbeit und seine Erfolgsbedingungen, in: Roland Czada/Hellmut Wollmann (Hrsg.), Von der Bonner zur Berliner Republik. 10 Jahre Deutsche Einheit, Leviathan-Sonderheft 19, Wiesbaden 2000, S. 89-112.

51 Vgl. Lijphart (Anm. 17), S. 174f.

Organisierte Interessen im sozialen Bereich: Sozialstaat und Dritter Sektor sind eng aufeinander bezogen. In den Staaten Europas gibt es unterschiedliche Formen und Intensitäten der Kooperation zwischen beiden Bereichen, die jeweils historisch und politisch-kulturell erklärbar sind[52]. In Deutschland liegt der Anteil der öffentlichen Zuwendungen an der Einkommenstruktur des Nonprofit-Sektors bei 64 Prozent und damit im internationalen Vergleich im oberen Drittel. Rechnet man jedoch die ehrenamtlichen Tätigkeiten in Vollzeitäquivalente um, so erkennt man, dass der Anteil der Staatsfinanzierung in Deutschland von 64 Prozent auf 43 Prozent absinkt und sich dann im internationalen Mittelfeld bewegt[53]. An diesen Zahlen lässt sich die volkswirtschaftliche Bedeutung des Ehrenamtes ablesen: Angesichts knapper Kassen und durch die aufgrund demografischen Wandels steigenden Anforderungen gerade im Pflege- und Gesundheitsbereich ist das in den letzten Jahren erwachte Interesse des Staates an der Aktivierung ehrenamtlicher Tätigkeiten erklärbar.

Organisierte Interessen im Bereich der Freizeit und Erholung: Hierzu zählt das breite Spektrum von Freizeitvereinen, Sportvereinen, Gesangsvereinen usw. Zu den größten Vereinigungen gehören in Deutschland der „Deutsche Sportbund" (DSB) mit rund 27 Mio Mitgliedern, oder auch der „Deutsche Sängerbund" mit 1,8 Mio Mitgliedschaften. Ziele dieser Vereine sind überwiegend die gemeinschaftliche Tätigkeit der Mitglieder und gesellige Aktivitäten. Damit agieren sie vor allem innengerichtet; der Außenbezug des Vereinszwecks tritt demgegenüber zurück. Schwierig wird diese Klassifikation von Innen- und Außenbezug jedoch schon deshalb, weil auch Freizeit- und Sportvereine dezidiert politische Interessen wahrnehmen und – gerade auf der kommunalen Ebene – über Mandate ihrer Funktionsträger mit der „politischen Ebene" eng verschränkt sind. Insgesamt zeigt der internationale Vergleich von Freizeit- und Sportvereinen, dass sich Veränderungen von Lebensstilen, Individualisierungstendenzen etc. in der Struktur dieses Verbandssegments niederschlagen.

Organisierte Interessen im ideellen Bereich von Religion, Kultur und Wissenschaft: Ein Teil der vielfältigen Vereinigungen in diesem Bereich ist den allgemeinen Interessen zuzuordnen. Definiert wird dieses Handlungsfeld lediglich durch das Merkmal der ideellen Zielsetzungen und Wertorientierungen. Die inzwischen beträchtlichen Mitgliedschaftszahlen dieser Vereinigungen in den europäischen Ländern legen es nahe, die der ökonomischen Theorie entstammende Annahme der generell schwachen Organisationsfähigkeit allgemeiner Interessen zu überdenken: So binden Umweltschutzorganisationen wie „Greenpeace" oder Menschenrechtsgruppen wie „Amnesty

52 Vgl. Josef Schmid, Wohlfahrtsverbände in modernen Wohlfahrtsstaaten: Soziale Dienste in historisch-vergleichender Perspektive, Opladen 1996.
53 Helmut K. Anheier/Stefan Toepler, Bürgerschaftliches Engagement in Europa. Überblick und gesellschaftspolitische Einordnung, in: Aus Politik und Zeitgeschichte, B 9/02, S. 35.

International" inzwischen beträchtliche Mitgliederzahlen. Diese Gruppierungen spiegeln den Wertewandel wider, der seit den sechziger Jahren postmaterialistische Interessen mit einer gewissen Konfliktfähigkeit ausgestattet hat.

In den letzten Jahren hat die ökonomische Globalisierung neue Gruppierungen auf den Plan gerufen, die sich allgemeinen Zielen verschreiben und über die Grenzen nationaler politischer Systeme hinausweisen. Eine rasch wachsende Bewegung ist ATTAC, die sich selbst zwischen Netzwerk, NGO und Bewegung einordnet[54] und der gegenwärtigen Form der ökonomischen Globalisierung die Idee einer „Globalisierung sozialer Gerechtigkeit" entgegenstellt. ATTAC ist inzwischen in über 30 Ländern vertreten und koordiniert die Arbeiten der nationalen Organisationen netzwerkförmig; auf eine Zentrale verzichtet man bewusst. Es besteht aus individuellen wie kollektiven Mitgliedern (Gewerkschaften, Verbände, NGOs). Die unter dem Dach von ATTAC vorfindbaren Organisationsformen sollen dabei in ihrer Heterogenität für die Aktionen des Bündnisses fruchtbar gemacht werden. Ziel ist es, organisatorische Stärke durch die Bündnisfähigkeit mit anderen, ideell benachbarten Vereinigungen zu erzielen. ATTAC zielt auf eine Beeinflussung der „offiziellen politischen Systeme", lehnt jedoch dezidiert eine Kooptation durch staatliche oder zwischenstaatliche Institutionen ab. Eine Mitgliedschaft von politischen Parteien wird daher ausgeschlossen.

6. Zivilgesellschaft und bürgerschaftliches Engagement

In der demokratietheoretischen Diskussion, ebenso in der Tagespolitik, ist in den vergangenen Jahren das Interesse am bürgerschaftlichen Engagement neu erwacht. Mit ihm werden sowohl Vorstellungen von einer sich von unten her zivilgesellschaftlich verdichtenden Demokratie als auch die Erwartung verbunden, dass aktive Gesellschaften ökonomisch leistungsfähiger sind. Bürgerschaftliches Engagement soll zudem einen Beitrag zur Bewältigung der Finanzkrise der öffentlichen Haushalte leisten[55]. Strukturschwache Regionen sind neueren Forschungen zufolge durch das Fehlen einer „Kooperations- und Vertrauenskultur" („trust") gekennzeichnet[56]. Die Bürger misstrauen Politik, Wirtschaft und Verwaltung und fühlen sich ihnen gegenüber machtlos. Je höher umgekehrt das Potenzial bürgerschaftlichen Engagements in einer Region ist, desto erfolgreicher verlaufen Kommunikationsprozesse zwischen sozialen Gruppen, Wirtschaft sowie mit Politik und Verwaltung. Auf dieser Grundlage vermag eine Region besser auf neue ökonomische Herausforde-

---

54 ATTAC, Zwischen Netzwerk, NGO und Bewegung. Das Selbstverständnis von ATTAC, abzurufen unter: www.attac-netzwerk.de, 20. Juli 2002.

55 Vgl. Klages (Anm. 33).

56 Vgl. Putnam (Anm. 6); vgl. auch die starke Betonung des Konzepts in: Enquete-Kommission „Zukunft des Bürgerschaftlichen Engagements" (Anm. 5), S. 196ff.

rungen zu reagieren; die Bürger wiederum sind mit ihrer Verwaltung zufrieden, da diese sich jenen gegenüber responsiver verhält.

Unter „sozialem Kapital"[57] wiederum versteht man Netzwerke bürgerschaftlichen Engagements, Normen generalisierter Gegenseitigkeit und soziales Vertrauen, mit deren Hilfe die gesellschaftliche Koordination und die Kooperation erleichtert wird. Je stärker das soziale Kapital und je ausgeprägter insbesondere die Netzwerke, welche die Bürger unterschiedlicher Herkunft miteinander verbinden, desto leistungsfähiger sind auch Institutionen. Insbesondere das „bridging social capital", das verschiedene soziale Gruppen miteinander verbindet, fördert vertrauensbildende und kooperationsfördernde Grundmuster des gesellschaftlichen Miteinanders.

Das Niveau bürgerschaftlichen Engagements liegt in Deutschland mit 20 Prozent der erwachsenen Bevölkerung etwas unter dem europäischen Durchschnitt. Der Abstand Deutschlands zu den westeuropäischen Ländern vergrößert sich jedoch, wenn man zwischen den Ländern in Mittel- und Osteuropa und den EU-Mitgliedstaaten differenziert[58]. Nach Berechnungen des Freiwilligensurveys wiederum sind in Deutschland 34 Prozent der über 14-jährigen in irgendeiner Form freiwillig tätig, das entspricht 22 Mio. Bürgern. Die Vereinsstatistik kommt für das Jahr 2001 auf etwa 544.701 Vereine; dabei dürfte es sich um etwa 350.000 aktive Vereine handeln. Allein zwischen 1973 und 1988 hat sich die Zahl der Mitgliedschaften in Deutschland verdoppelt; Zulauf haben vor allem die Vereine im Bereich Kultur[59]. Von den Vereinen können etwa 40 Prozent dem Bereich des Sports zugerechnet werden, 17,4 Prozent sind im Freizeitbereich aktiv, 13,3 Prozent in der Wohlfahrt, 11,4 Prozent in der Kultur, 9,5 Prozent im Bereich Beruf, Wirtschaft, Politik, 7,8 Prozent im Interessenbereich und 1 Prozent im Umweltbereich[60]. Das gemessene Engagement kann somit nicht unbesehen mit politisch-sozialem Engagement gleichgesetzt werden. Die Tätigkeiten sind vielmehr allgemeinen Formen einer Gemeinschaftsaktivität im persönlichen Lebensumfeld zuzuordnen.

Zwischen den neuen und den alten Bundesländern bestehen deutliche Unterschiede im Aktivitätspotential. Der Anteil derjenigen, die freiwillige Tätigkeiten ausüben, liegt im Osten bei 28 Prozent, im Westen bei 35 Prozent. Bis heute wird kontrovers diskutiert, ob es in der DDR überhaupt ein ehrenamtliches Engagement gegeben hat oder ob es wegen des vormundschaftlichen, autoritären Charakters der DDR nicht an den wesentlichen Voraussetzungen für bürgerschaftliche Aktivitäten gemangelt habe. Die zentralistisch organisierten Massenorganisationen bescherten der DDR zwar einen hohen Organisationsgrad und prägten den Alltag der Menschen auf vielfältige Weise. Gleichwohl war auch dort die bloße Mitgliedschaft nicht immer

57 Vgl. Putnam (Anm. 6).
58 Vgl. Anheier/Toepler (Anm. 53), S. 33.
59 Vgl. Roth (Anm. 28), S. 27.
60 Enquete-Kommission „Zukunft des Bürgerschaftlichen Engagements" (Anm. 5), S. 30.

gleichbedeutend mit einer Anpassung an das SED-Regime. Es gab zudem eine Art „Nischenkultur" im Bereich der Kirche, wo sich unabhängige Friedens- und Umweltgruppen entwickeln konnten. Die Unterschiede zu den alten Ländern sind aufgrund der unterschiedlichen historischen Entwicklungspfade für bürgerschaftliches Engagement groß: Kirchliche und religiöse Vereinigungen binden mit 7 Prozent weniger als halb so viele freiwillige Aktivitäten. Daneben zeichnen sich Projekte und Vereine durch eine große Staatsnähe und die Hoffnung der Beteiligten aus, über ihr Engagement den Wiedereinstieg in das Berufsleben zu finden. Auch die Wohlfahrtsverbände konzentrieren sich in erster Linie darauf, professionelle Dienstleistungen zur Verfügung zu stellen[61]. Der zivilgesellschaftliche Charakter des Engagements, der durch Freiwilligkeit und Partizipation gekennzeichnet ist, droht dabei in den Hintergrund zu treten[62].

Die Forschung spricht von einem „Motivations- und Strukturwandel" bürgerschaftlichen Engagements, der in den letzten Jahren vorangeschritten sei[63]. Die Bürger engagierten sich immer weniger in großen Verbänden und Interessengruppen, ziehen den konventionellen Beteiligungsformen informelle Strukturen des Engagements vor, weil diese ein hohes Maß an Beweglichkeit und Gestaltungsmöglichkeit bieten. Daher sinkt die Bereitschaft, sich dauerhaft und kontinuierlich zu engagieren. Die Zahlen sprechen für sich: Waren 1985 in Deutschland nur ein Drittel aller ehrenamtlich Tätigen sporadisch organisiert, so sind es heute mehr als 50 Prozent. Diesem Trend entsprechend, nimmt die Zahl der NGOs und der Selbsthilfegruppen ständig zu.

Religiös-moralische Vorstellungen oder die gewohnheitsmäßige und regelmäßige Teilhabe an gesellschaftlichen Entscheidungsprozessen werden als Motivationsquellen immer weniger wichtig. Vielmehr stehen in allen Befragungen individualistische Motive, vor allem der Spaß am Engagement, an vorderster Stelle[64]. Leider wird in den Befragungen nicht erhoben, welche Tätigkeit warum Vergnügen bereitet. Auch betonen die Befragten zunehmend den Wunsch, ihren ehrenamtlichen Einsatz für die eigene berufliche Qualifikation verwerten zu wollen. Die Grenze zwischen Eigen- und Gemeinnutz einer Tätigkeit, dies zeigen solche Befunde, kann damit nicht eindeutig gezogen werden. Beide Motivlagen können sich vielmehr durchaus vermischen.

61   Vgl. ebd., S. 107f.
62   Roland Roth, Besonderheiten des bürgerschaftlichen Engagements in den neuen Bundesländern, in: Aus Politik und Zeitgeschichte, B 39-40/01, S. 15-22.
63   Vgl. Anne Hacket/Gerd Mutz, Empirische Befunde zum bürgerschaftlichen Engagement, in: Aus Politik und Zeitgeschichte, B 9/02, S. 39-46.
64   Klages (Anm. 33), S. 33.

7. Europäisierung des Verbandseinflusses

Die Europäische Integration stellt für die Interessengruppen eine der größten Herausforderungen dar. Je mehr Kompetenzen von der nationalen Entscheidungsebene auf die EU verlagert werden, desto stärker richten nationale Verbände ihr Wirken auf die europäischen Institutionen. Der wichtigste Adressat ist die Europäische Kommission[65], da diese über die Initiativ-, Exekutiv- und Kontrollkompetenz verfügt. Deshalb nehmen Verbände auch an den Ausschüssen teil, welche die für die Richtlinien- und Verordnungsentwürfe verantwortlichen Beamten unterstützen. Die EU förderte teilweise die Bildung von Euro-Verbänden, um nicht einer ungeordneten Vielzahl von vereinzelten nationalen Interessen gegenüber zu stehen. Seitdem mit der EEA qualifizierte Mehrheitsentscheidungen ausgebaut wurden, ist es für Verbände notwendiger denn je, Bündnisse mit gleichgerichteten Verbänden anderer Mitgliedstaaten einzugehen. Auf europäischer Ebene sind daher fachlich spezialisierte Euro-Verbände ebenso aktiv wie nationale Vereinigungen oder Großkonzerne. Nationale Organisationen werden von der Kommission teilweise gezielt kontaktiert, um strategische Koalitionen jenseits der Euro-Verbände einzugehen. Die Großkonzerne wiederum verfügen über die direkte Entscheidungsgewalt über Arbeitsplätze und Investitionen und sind daher unmittelbar reaktionsfähig. Die Euro-Verbände hingegen leiden unter heterogenen Interessenlagen und einer eingeschränkten Handlungs- und Verpflichtungsfähigkeit gegenüber ihren Mitgliedern[66]. Positionen werden oft nur auf kleinstem gemeinsamen Nenner und zur Abwehr von Maßnahmen formuliert, die alle nationalen Interessen in dem vertretenen Handlungsfeld betreffen[67]. Damit sind sie für die Kommission nur von eingeschränktem Wert.

Von Bedeutung sind zwei grundlegende Befunde: Zum einen verfügen die Verbände über ungleiche Ressourcen, um die Kommission beeinflussen zu können. Zum anderen sind die Interessenvereinigungen auf europäischer Ebene weniger in neo-korporatistische Arrangements eingebunden; es dominieren pluralistische Formen der Einflussnahme. Lobbying ist schon deshalb erfolgversprechend, weil die Kommissionsbeamten im Vergleich mit ihren Kollegen aus den nationalen Bürokratien über weniger ergiebige Informati-

---

65 Vgl. Rainer Eising, Interessenvermittlung in der Europäischen Union, in: Reutter/Rütters (Anm. 2), S. 453-476; Michael Nollert, Verbändelobbying in der Europäischen Union – Europäische Dachverbände im Vergleich, in: Alemann/Wessels (Anm. 1), S. 107-136; Roland Sturm/Heinrich Pehle, Das neue deutsche Regierungssystem. Die Europäisierung von Institutionen, Entscheidungsprozessen und Politikfeldern in der Bundesrepublik Deutschland, Opladen 2001, S.118-136.
66 Vgl. Volker Eichener, Das Entscheidungssystem der Europäischen Union. Institutionelle Analyse und demokratietheoretische Bewertung, Opladen 2000.
67 Vgl. Jürgen Hartmann, Organisierte Interessen und Außenpolitik, in: Wolf-Dieter Eberwein/Karl Kaiser (Hrsg.), Deutschlands neue Außenpolitik, Bd. 4: Institutionen und Ressourcen, München 1998, S. 239-252.

onsquellen verfügen. Hinzu kommt, dass der EU nur ein verhältnismäßig kleiner Beamtenapparat zur Verfügung steht. Deshalb ist das Interesse der EU-Institutionen größer als das der Regierungen in Deutschland oder Frankreich, organisierte Interessen in den politischen Prozess einzubinden. Die wirksamste Verbandsstrategie besteht darin, freundschaftliche Beziehungen zu der EU-Bürokratie aufzubauen und zu pflegen. Den Politikern und Beamten müssen daher Fachkompetenz und Information als bedeutsame Verbandsressourcen zuverlässig angeboten werden. Mit dieser Strategie gelingt es manchen Verbandsvertretern, die Beamten in ein klientelistisches Abhängigkeitsverhältnis einzubinden.

Besonders erfolgreich sind auf europäischer Ebene die Unternehmerverbände, ebenso die Interessen der Landwirtschaft[68]. Nicht-ökonomische und Arbeitsmarktinteressen sind gegenüber anderen Produktmarktinteressen in der EU im Nachteil. Während sich allein 13 Generaldirektionen mit ökonomischen Fragen beschäftigen, sind die „öffentlichen Anliegen" auf drei Direktionen verteilt. Die Wirtschaftsinteressen neigen, wie die Stahlindustrie, zu Kartellbildung und Zentralisierung und verfügen deshalb über ein beachtliches Durchsetzungspotential. Demgegenüber sind etwa Arbeitsmarktorganisationen, auch Umweltvereinigungen, wesentlich stärker fragmentiert. Dieses Dilemma dürfte sich durch die Osterweiterung der EU noch verschärfen. Die Spannweite der internen ideologischen Gegensätze ist schon jetzt gewaltig: Während die Gewerkschaften der finanzstärkeren Länder um den Erhalt ihres Tarifniveaus kämpfen, streben die der finanzschwächeren Länder eine sozialpolitische Angleichung an.

Gegenüber den Produktmarktinteressen wiederum sind die kulturellen, sozialpolitischen und ökologischen Interessen deutlich im Nachteil. Sie vertreten öffentliche Interessen und sind daher dem Problem einer schlechten Organisierbarkeit ausgesetzt[69]. Die EU fördert deshalb öffentliche Interessen, z.B. NGO's und Umweltverbände, im Rahmen von EU-Förderprogrammen[70]. Da die Vergabepraktiken lange Zeit völlig intransparent waren, wurden inzwischen eindeutige Regeln und Kriterien aufgestellt. Die Abnehmer dieser Fördermittel müssen jedoch fürchten, sich in die Abhängigkeit der zuteilenden Institutionen zu begeben.

Insgesamt prägen die nationalen historischen Entwicklungspfade nach wie vor die Gestalt der jeweiligen Verbandssysteme, obschon sich auf europäischer Ebene ein integriertes Interessenvermittlungssystem ausgebildet

---

68 Vgl. Nollert (Anm. 65), S. 122ff.

69 Beate Kohler-Koch, Die Gestaltungsmacht organisierter Interessen, in: Markus Jachtenfuchs/Beate Kohler-Koch (Hrsg.), Europäische Integration, Opladen 1996, S. 193-224.

70 Knut Dieckmann, Die Vertretung spezifischer deutscher Interessen in der Europäischen Union – Träger, Strategien, Erfolge, in: Werner Weidenfeld (Hrsg.), Deutsche Europapolitik. Optionen wirksamer Interessenvertretung, Bonn 1998, S. 209-265.

hat[71]. Konvergenzen in der Entwicklung nationaler europäischer Verbändelandschaften, die durch die Europäisierung ausgelöst sind, lassen sich bislang kaum erkennen.

8. Zusammenfassung und Ausblick

Die oben herausgearbeiteten empirischen Befunde – und auch die diese verarbeitenden Weiterentwicklungen von Theorien organisierter Interessen – zeigen, dass Verbände und organisierte Interessen in allen konsolidierten Demokratien Europas heute vor einer Vielzahl neuer Herausforderungen stehen. Sie müssen, erstens, den Motivationswandel grundsätzlich partizipationsbereiter Bürger organisatorisch übersetzen. Wenn der Wunsch nach informellen Strukturen und spontaner, nicht auf Dauer gestellter Beteiligung weiter zunimmt, sind mehr als bisher netzwerkartige und projektbezogene Angebote gefragt. Die Vielfalt der vertretenen Interessen und Organisationsformen wächst ständig, ohne dass die alten Großorganisationen obsolet geworden wären.

Zweitens sehen sich vor allem die Großorganisationen einer zunehmend heterogenen Mitgliedschaft gegenüber. Sie sind, wie die Gewerkschaften, gezwungen, unter ihrem Dach verschiedene je passfähige Strategien zu vereinen, um unterschiedlichen, sich zum Teil jedoch widersprechenden Interessenlagen zu genügen. Dies kann der Einflussstärke eines Verbandes abträglich sein.

Drittens stehen neue Themen auf der politischen Agenda. Globalisierung und Europäisierung müssen von Verbänden mit internationalen Organisationsstrukturen beantwortet werden. Dies stellt sowohl „alte" Interessenorganisationen als auch neue Vereinigungen vor die Frage, welche Organisationsform die geeignete ist, um diese Prozesse zu bewältigen: Während repräsentative Organisationsprinzipien bislang eher geeignet schienen, um die Schlagkraft von Verbänden zu sichern, plädieren manche Beobachter gerade mit Blick auf internationale Netzwerke eher für eine lose Kopplung verschiedener Organisationskerne, da mit dieser Struktur eine höhere Anpassungsfähigkeit gegenüber einer vielfältigen und sich rasch wandelnden Umwelt erreicht werden könne. Sollten netzwerkförmig organisierte Interessen jedoch stärker in Kooperationsbeziehungen mit dem Staat hineinwachsen, sind Veränderungen des organisatorischen Aufbaus wahrscheinlich.

Interessenorganisationen reagieren auf diese neuen Herausforderungen des Motivationswandels, der Ausdifferenzierung und der Internationalisierung auf unterschiedliche Weise. Sie bieten neue Partizipationsformen an; es kommt zur Umstrukturierung von Organisationen oder zur Ausweitung von

---

71   Vgl. für viele: Hans-Wolfgang Platzer, Interessenverbände und europäischer Lobbyismus, in: Werner Weidenfeld (Hrsg.), Europa-Handbuch, Bonn 1999, S. 410-423.

Dienstleistungsangeboten, mit denen die Mitglieder gehalten und geworben werden sollen. Welche Strategie eingeschlagen wird, hängt letztlich von der Mitgliederstruktur und auch von der Art des vertretenen Interesses ab. Ebenso wenig wie sich die Vielfalt von Interessengruppen auf den unscharfen Nenner einer nationalen Verbändelandschaft bringen lässt, können allgemein gültige Empfehlungen gegeben werden, wie sich organisierte Interessen strukturell reformieren ließen.

Mit der sich verändernden Gestalt von Interessengruppen und angesichts veränderter Partizipationsformen stehen staatliche Institutionen in Demokratien vor neuen Aufgaben. Angesichts enger finanzieller Spielräume wird es in Zukunft mehr denn je darauf ankommen, das gesellschaftliche Aktivitätspotential zu nutzen und zu fördern. Konzepte des „aktivierenden Staates" gehen nicht zufällig in diese Richtung. Würde ein Szenario Realität, in dem sich das Feld von Interessenvereinigungen weiterhin vergrößert und Großorganisationen an Rückhalt verlieren, müsste das Spektrum der in Konsultations- und Aushandlungsprozesse mit dem Staat einbezogenen Verbände eventuell erweitert werden. Dies wird Tauschgeschäfte und Kompromissbildungen – und damit die Formulierung und Implementation politischer Entscheidungen – nicht unbedingt erleichtern.

Oskar Niedermayer

Parteiensystem

1. Einleitung

1.1 Problemstellung

Die international vergleichende Perspektive hat in der Parteienforschung eine lange Tradition. Schon die heute als Klassiker angesehenen Autoren des frühen 20. Jahrhunderts – zu nennen sind hier vor allem Robert Michels, Moisey Ostrogorski und Max Weber[1] – hatten „eine komparative, auf systemübergreifend-allgemeine Regelhaftigkeiten abhebende, systematische Perspektive"[2]. Dies setzte sich in den wichtigen Werken der Fünfziger- und Sechzigerjahre fort. So konzipierte z.b. Maurice Duverger sein Werk „Les Partis Politiques" als Schritt auf eine allgemeine Parteientheorie hin, die in vergleichender Perspektive sowohl die einzelparteiliche Analyseebene als auch die Parteiensystemanalyse umfasste[3], und Sigmund Neumann formulierte die Forschungsparole „Towards a Comparative Study of Political Parties"[4]. In der Folgezeit entstand eine Reihe von vergleichenden Analysen, die sich nicht nur auf die westlichen bzw. westeuropäischen[5] Parteiensysteme bezogen, sondern auch Osteuropa berücksichtigten. Die Dritte Welt blieb jedoch weitgehend ausgeblendet. Dies änderte sich erst mit dem Aufkommen des struktur-funktionalen Ansatzes im Rahmen der Vergleichenden Systemfor-

---

1   Vgl. Robert Michels, Zur Soziologie des Parteiwesens in der modernen Demokratie, 4. Aufl., Stuttgart 1989 (1911); Moisey Ostrogorski, Democracy and the Organization of Political Parties, 2. Bde., New York/London 1922 (1902); Max Weber, Wirtschaft und Gesellschaft. Grundriss der verstehenden Soziologie, 2 Bde., 4. Aufl., Tübingen 1956 (1922).
2   Karlheinz Reif, Vergleichende Parteien- und Verbändeforschung, in: Dirk Berg-Schlosser/Ferdinand Müller-Rommel (Hrsg.), Vergleichende Politikwissenschaft, 3. Aufl., Opladen 1997, S. 175-190, hier S. 176.
3   Maurice Duverger, Die politischen Parteien, Tübingen 1959 (franz. Erstaufl. 1951).
4   Sigmund Neumann (Hrsg.), Modern Political Parties. Approaches to Comparative Politics, Chicago 1956.
5   Westeuropa bildete unübersehbar den Schwerpunkt der Analysen, wobei vor allem die Arbeiten von Seymour Martin Lipset und Stein Rokkan sowie von Otto Kirchheimer einen großen Einfluss auf die nachfolgende Forschung hatten. Vgl. Seymour Martin Lipset/Stein Rokkan (Hrsg.), Party Systems and Voter Alignments. Cross-National Perspectives, London/New York 1967; Otto Kirchheimer, Der Wandel des westeuropäischen Parteiensystems, in: Politische Vierteljahresschrift 6 (1965), S. 20-41.

schung[6]. In den Siebzigerjahren gewannen quantitativ-empirisch orientierte Ansätze verstärkt an Boden[7], sodass die international vergleichende Parteien- und Parteiensystemforschung des letzten Vierteljahrhunderts durch eine breite Palette von rein qualitativen, qualitative und quantitative Ansätze verbindenden und rein quantitativen Arbeiten[8] gekennzeichnet ist.

Die Beschäftigung mit den westeuropäischen Parteiensystemen blieb bis heute ein Schwerpunkt der international vergleichenden Arbeiten[9]. Eine nähere Betrachtung der Literatur macht allerdings deutlich, dass die Parteiensystemforschung noch nicht über einen allgemein akzeptierten Analyserahmen verfügt, der zur Strukturierung von Einzelsystemanalysen oder international vergleichenden Untersuchungen dienen könnte. Ein solcher Analyserahmen ist jedoch unbedingt notwendig, wenn man – wie es der Problemstellung dieses Kapitels entspricht – die Entwicklung des deutschen Parteiensystems systematisch untersuchen und durch einen westeuropäischen Vergleich die Frage beantworten will, ob das deutsche System eine Ausnahme darstellt oder sich im Mainstream der Entwicklung der Parteiensysteme Westeuropas bewegt.

1.2 Aufbau

Der erste Teil des Kapitels ist – ausgehend von Überlegungen aus dem Bereich der empirisch-quantitativen Parteiensystemforschung – der Vorstellung eines konzeptionellen Rahmens zur Analyse von Parteiensystemen und ihrer zeitlichen Entwicklung gewidmet. Dabei wird das Beziehungsgeflecht zwischen den einzelnen Parteien eines Systems in Form einer Reihe von struktu-

---

6   Als Beispiel für den Parteienvergleich in dieser Tradition vgl. Joseph LaPalombara/Myron Weiner (Hrsg.), Political Parties and Political Development. Princeton 1966.
7   Vgl. hierzu die Literaturübersicht bei Reif (Anm. 2), S. 168-172.
8   Übersichten der Entwicklung quantitativer Indikatoren zur Analyse von Parteiensystemen finden sich z.B. in Michael Gallagher/Michael Laver/Peter Mair, Representative Government in Modern Europe: Institutions, Parties and Governments, 3. Aufl., New York 2000, Jan-Erik Lane/Svante Ersson, Politics and Society in Western Europe, 3. Aufl., London 1994 und Oskar Niedermayer, Entwicklungstendenzen der westeuropäischen Parteiensysteme: eine quantitative Analyse, in: Michael Kreile (Hrsg.), Die Integration Europas, Opladen 1992, S. 143-159.
9   Aus der Fülle der Literatur seien nur einige wenige Beispiele genannt: David Broughton/Mark Donovan (Hrsg.), Changing Party Systems in Western Europe, London 1999; Hans Daalder/Peter Mair (Hrsg.), Western European Party Systems. Continuity and Change, London 1983; Winand Gellner/Hans-Joachim Veen (Hrsg.), Umbruch und Wandel in westeuropäischen Parteiensystemen, Frankfurt a.M. 1995; Peter Mair, Party System Change, Oxford 1997; Peter Mair/Gordon Smith (Hrsg.), Understanding Party System Change in Western Europe, London 1990; Peter H. Merkl (Hrsg.), Western European Party Systems, New York 1980; Paul Pennings/Jan-Erik Lane (Hrsg.), Comparing Party System Change, London 1998; Giovanni Sartori, Parties and Party Systems. A Framework for Analysis, Cambridge 1976; Alan Ware, Political Parties and Party Systems, Oxford 1996; Steven B. Wolinetz (Hrsg.), Party Systems, Aldershot 1997.

rellen und inhaltlichen Parteiensystemeigenschaften in den Mittelpunkt gestellt, und es werden verschiedene Intensitätsstufen der Veränderung von Parteiensystemen unterschieden. In einem zweiten Schritt geht es um die Entwicklung des deutschen Parteiensystems anhand des vorgestellten Analyserahmens, wobei vier Phasen unterschieden werden: die Konsolidierungsphase der Fünfzigerjahre, die Phase des relativ stabilen „Zweieinhalbparteiensystems" der Sechziger- und Siebzigerjahre, die Pluralisierungsphase der Achtzigerjahre und der Trend zu einem fluiden Fünfparteiensystem seit der Vereinigung. Den dritten Schritt der Analyse bildet die Beantwortung der Frage, ob die Entwicklung des deutschen Parteiensystems in Bezug auf seine zentralen Charakteristika in Westeuropa einen Sonderfall darstellt oder dem westeuropäischen Mainstream folgt, wobei der Verfasser zum einen die Entwicklung der Systemfragmentierung und -asymmetrie und zum anderen die Herausbildung einer neuen zentralen Konfliktlinie in den westeuropäischen Parteiensystemen analysiert.

2. Parteiensystemeigenschaften

In der empirisch-quantitativen Parteiensystemforschung gilt, dass für das Parteiensystem als Analyseebene die Beziehungsstrukturen zwischen den Parteien konstitutiv sind. Die einzelnen Dimensionen dieses Beziehungsgeflechts werden als Parteiensystemeigenschaften bezeichnet[10]. Über die Frage, welche Eigenschaften für die Analyse eines Parteiensystems heranzuziehen sind, besteht in der Literatur allerdings keine Einigkeit[11]. Folgt man einem umfassenden Ansatz, so lässt sich eine Typologie entwickeln, die die Gesamtheit der Parteiensystemeigenschaften einerseits nach den bei der Untersuchung politischer Parteien üblicherweise herangezogenen Analysedimensionen und andererseits nach den beiden zentralen Ebenen des Parteienwettbewerbs strukturiert. Unterschieden wird dabei eine strukturelle und inhaltliche Analysedimension[12] sowie die elektorale und die parlamentarisch-gouvernementale Wettbewerbsebene (vgl. Abbildung 1).

---

10 Vgl. Lane/Ersson (Anm. 8), S. 175.
11 Vgl. Oskar Niedermayer, Zur systematischen Analyse der Entwicklung von Parteiensystemen, in: Oscar W. Gabriel/Jürgen W. Falter (Hrsg.), Wahlen und politische Einstellungen in westlichen Demokratien, Frankfurt a.M. 1996, S. 19-49.
12 Eine weitere wichtige Dimension der Analyse von Parteiensystemen, die die System-Umwelt-Beziehung in den Blick nimmt und z.B. nach der dem Parteiensystem von der Bevölkerung zugemessenen Legitimität fragt, bleibt aus Platzgründen unberücksichtigt.

Abbildung 1: Parteiensystemeigenschaften

	Struktur	Inhalt
Elektorale Ebene	Format, Fragmentierung, Asymmetrie, Volatilität	Polarisierung
Parlamentarisch-gouvernementale Ebene	Format, Fragmentierung, Asymmetrie, Volatilität	Polarisierung, Segmentierung, Koalitionsstabilität

Zur Beschreibung der Struktur eines Parteiensystems bietet sich zunächst die Anzahl seiner Elemente an. Diese Systemeigenschaft, hier Format genannt, dominierte lange Zeit die Analyse von Parteiensystemen. Neuere Studien stellen jedoch neben der Anzahl der Parteien auch auf deren – durch die Stimmenanteile bei Wahlen gemessenen – Größenverhältnisse ab und verwenden daher die Fragmentierung, also den Grad an Zersplitterung, als zentrales Strukturmerkmal. Zur Operationalisierung dieser Eigenschaft wurde eine Reihe von Indizes vorgeschlagen, wobei die „effective number of parties"[13] die größte Verbreitung gefunden hat. Die effektive Anzahl der Parteien in einem Parteiensystem entspricht der realen Anzahl, wenn alle Parteien den gleichen Stimmenanteil aufweisen, also ein ausgeglichenes Machtverhältnis existiert. Je ungleicher das Machtverhältnis ist, desto geringer ist die effektive im Vergleich zur realen Anzahl, und bei Dominanz nur einer Partei nähert sich der Index dem Wert 1.

Fragmentierungsindizes berücksichtigen alle Parteien eines Parteiensystems. Unter bestimmten Analysegesichtspunkten erscheint es – gerade für Deutschland – jedoch sinnvoll, zusätzlich die Größenrelation nur der beiden größten Parteien zu betrachten: Wenn Parteiendemokratie als System potenziell alternierender Parteiregierungen gesehen wird, so kommt der prinzipiellen Chancengleichheit zum Machtgewinn überragende Bedeutung zu, und das Ausmaß, in dem diese Chancengleichheit durch längerfristige strukturelle Vorteile einer Partei im Machtwettbewerb gefährdet ist, wird durch den Grad an struktureller Asymmetrie eines Parteiensystems angezeigt. Mit den bisherigen Indizes wird der Status eines Parteiensystems zu einem bestimmten Zeitpunkt gemessen, und Aussagen über Entwicklungen werden im Rahmen komparativ-statischer Analysen durch den Vergleich zweier Systemzustände gewonnen. Folgt man jedoch Pedersen[14], so sollte das Studium des Wandels von Parteiensystemen mit Hilfe von Indikatoren erfolgen, die das Phänomen des Wandels selbst, nicht den aus dem Wandel resultierenden Systemstatus anzeigen. Indikatoren dieser Art wurden in den Siebzigerjahren unter verschiedenen Bezeichnungen entwickelt. Heute hat sich zur Kennzeichnung dieser Systemeigenschaft der Begriff der Volatilität, definiert als „net electo-

13 Vgl. Markku Laakso/Rein Taagepera, 'Effective' Number of Parties. A Measure with Application to West Europe, in: Comparative Political Studies 12 (1979), S. 3-27.
14 Vgl. z.B. Mogens N. Pedersen, The Dynamics of European Party Systems: Changing Patterns of Electoral Volatility, in: European Journal of Political Research 7 (1979), S. 1-26.

ral change between two consecutive elections"[15], durchgesetzt. Die Messung der Struktureigenschaften eines Parteiensystems erfolgt üblicherweise auf der elektoralen Wettbewerbsebene, d.h. es werden diejenigen Parteien gezählt, die an den Parlamentswahlen teilnehmen, und die Größe der Parteien wird über ihren Stimmenanteil operationalisiert. Alle Struktureigenschaften lassen sich jedoch ebenso auf der parlamentarisch-gouvernementalen Ebene messen, indem man auf die Anzahl der in den Parlamenten vertretenen Parteien abstellt und als Größenkriterium den Anteil an der Gesamtzahl der Parlamentssitze verwendet. Spätestens seit Sartoris[16] Rekurs auf die inhaltliche Distanz zwischen den Parteien als zusätzliches Kriterium der Parteiensystemtypologisierung werden die strukturellen Systemeigenschaften in der Parteiensystemanalyse durch eine inhaltlich bestimmte Eigenschaft, die Polarisierung, ergänzt. Bei der Analyse dieser Eigenschaft muss zwischen ihrer Dimensionalität und ihrer Stärke unterschieden werden, d.h. es ist zum einen danach zu fragen, welches die zentralen inhaltlichen Konfliktdimensionen sind, durch die sich der Parteienwettbewerb charakterisieren lässt und zum anderen bedarf es der Untersuchung, wie homogen oder heterogen das gesamte Parteiensystem in Bezug auf diese Dimensionen ist.

Wesentlichen Einfluss auf die Arbeiten zur Analyse der Dimensionalität der Polarisierung von Parteiensystemen hatte die Theorie politischer Konfliktstrukturen („cleavage-Theorie") von Lipset und Rokkan[17]. Danach entstanden die europäischen Parteiensysteme auf dem Hintergrund der gesellschaftlichen Umbrüche und Verwerfungen des neunzehnten Jahrhunderts als Widerspiegelung von vier zentralen gesellschaftlichen Konfliktlinien: Die Herausbildung von Nationalstaaten und die damit verbundenen Machtverschiebungen führten zu Konflikten zwischen den neuen nationalen Zentren und der Peripherie sowie zwischen – zumeist katholischer – Kirche und Staat um die politische und kulturelle Hegemonie, die industrielle Revolution zu sozio-ökonomischen Konflikten zwischen städtisch-handwerklichen und ländlich-agrarischen Interessen sowie zwischen Arbeitern und Unternehmern. Diese Interessenkonflikte zwischen verschiedenen sozialen Gruppen wurden als Begünstigungen und Benachteiligungen wahrgenommen, mit der notwendigen Sinnkomponente unterlegt und kulturell gedeutet. Die Deutungsleistung wurde durch parteipolitische Eliten erbracht, so dass enge Bindungen zwischen den jeweiligen sozialen Gruppen und den sie vertretenden politischen Parteien entstanden. In einigen Ländern wurden diese Bindungen noch verstärkt durch die frühe Herausbildung „sozialmoralischer Milieus"[18] im

---

15 Stefano Bartolini/Peter Mair, Identity, Competition, and Electoral Availability. The Stabilization of European Electorates 1885-1985, Cambridge 1990, S. 19.

16 Vgl. Sartori (Anm. 9).

17 Vgl. Seymour Martin Lipset/Stein Rokkan, Cleavage Structures, Party Systems, and Voter Alignments: An Introduction, in: Lipset/Rokkan (Anm. 5), S. 1-64.

18 Für Deutschland vgl. hierzu M. Rainer Lepsius, Parteiensystem und Sozialstruktur: zum Problem der Demokratisierung der deutschen Gesellschaft, in: Wilhelm

Sinne gemeinsamer Lebensweisen, die durch das gemeinschaftsbildende Zu-
sammentreffen bestimmter ökonomischer, kultureller und regionaler Faktoren gekennzeichnet waren.

In der Parteiensystemforschung besteht weitgehend Einigkeit darüber,
dass, in nationenspezifisch unterschiedlicher Ausformung, diese vier Konfliktlinien die westeuropäischen Parteiensysteme bis hin zu den Sechzigerjahren dieses Jahrhunderts geprägt haben[19], wobei „den Auseinandersetzungen
zwischen Kirche und Staat sowie insbesondere zwischen Kapital und Arbeit
die größte politische Wirkung"[20] zukam. In der Folgezeit setzte ein Wandel
ein, der zu Veränderungen in der Dimensionalität des Parteienwettbewerbs
führte. Wieviele und welche Konfliktlinien die westeuropäischen Parteiensysteme seither kennzeichnen, ist umstritten. Zumindest ein neuer gesellschaftlicher Konflikt wurde jedoch in vielen westeuropäischen Staaten von politischen Eliten aufgegriffen und – in Abhängigkeit von den jeweiligen spezifischen Rahmenbedingungen des Parteienwettbewerbs – parteipolitisch umgesetzt, so dass sich neue Parteifamilien herausbildeten. Da es sich bei dieser
neuen Konfliktlinie um einen Wertekonflikt zwischen libertären und autoritären Wertesystemen handelt, der in der Sozialstruktur nicht so eindeutig verankert ist wie die traditionellen Konflikte, war seine Einbeziehung in das
cleavage-Modell anfangs umstritten. Wie schon verdeutlicht wurde, waren
auch die traditionellen cleavages von Anfang an Wertekonflikte. Dies gilt
nicht nur für die politisch-kulturellen, sondern auch für die sozio-ökonomischen Konfliktlinien, weil ökonomische Verteilungsfragen unter Rekurs auf
gesellschaftliche Grundwerte ausgetragen werden, denn erst ihre kulturelle
Deutung macht Interessengegensätze politisch handlungsrelevant[21]. Zudem
sind „auch die traditionellen Wertorientierungen immer weniger an die Zugehörigkeit zu sozialen Klassen bzw. Schichten oder Milieus gebunden"[22], so
dass der Parteienwettbewerb heutzutage primär von Wertekonflikten dominiert wird: Der traditionelle Konfessionskonflikt mit den Katholiken als sozialstruktureller Trägergruppe hat sich in einen Religionskonflikt zwischen sä-
kularisierten und religiösen Wertesystemen transformiert, dessen Bedeutung

Abel/Knut Borchardt u.a. (Hrsg.), Wirtschaft, Geschichte und Wirtschaftsgeschichte,
Stuttgart 1966, S. 371-393.

19 Zur empirisch-quantitativen Bestätigung der Lipset-Rokkanschen These von den
     „eingefrorenen" Parteiensystemen vgl. z.B. Richard Rose/Derek W. Urwin, Persi-
     stence and Change in Western Party Systems since 1945, in: Political Studies 18
     (1970), S. 287-319.
20 Ulrich Eith, Gesellschaftliche Konflikte und Parteiensysteme: Möglichkeiten und
     Grenzen eines überregionalen Vergleichs, in: Ders./Gerd Mielke (Hrsg.), Gesell-
     schaftliche Konflikte und Parteiensysteme, Opladen 2001, S 322-335, hier S. 325.
21 Vgl. Franz U. Pappi/Edward O. Laumann, Gesellschaftliche Wertorientierungen und
     politisches Verhalten, in: Zeitschrift für Soziologie 3 (1974), S. 160.
22 Richard Stöss, Stabilität im Umbruch, Opladen 1997, S. 151. Vgl. auch Stefan Hradil,
     Postmoderne Sozialstruktur? Zur empirischen Relevanz einer ‚modernen' Theorie so-
     zialen Wandels, in: Peter A. Berger/Stefan Hradil (Hrsg.), Lebenslagen, Lebensläufe,
     Lebensstile, Göttingen 1990, S. 125-150.

in den letzten Jahrzehnten durch die europaweiten Säkularisierungsprozesse immer stärker zuückgegangen ist[23]. Der traditionelle sozio-ökonomische Klassenkonflikt stellt heute einen Konflikt zwischen den Grundwerten Marktfreiheit und Interventionismus dar, d.h. es geht um die Frage, ob die Produktion und Verteilung von Gütern und Dienstleistungen dem Markt überantwortet oder durch Interventionen gesteuert werden soll. Interventionistische Wertesysteme können in sehr unterschiedlicher Ausformung existieren: Der sozialstaatliche Interventionismus speist sich aus der Grundüberzeugung, das Marktgeschehen müsse im Interesse der Verlierer von Modernisierungsprozessen durch staatliche Maßnahmen sozialverträglich gesteuert und sozial abgefedert werden, der gesellschaftliche Interventionismus weist diese Aufgabe nicht dem Staat, sondern der Gesellschaft zu, der ökologische Interventionismus befürwortet staatliche Eingriffe in das Marktgeschehen, um den künftigen Generationen eine lebenswerte (Um-)Welt zu hinterlassen, und der protektionistische Interventionismus in Gestalt des Wohlstandschauvinismus beansprucht die Outputs des ökonomischen Systems ausschließlich für das eigene Volk.

Die sozio-ökonomische Konfliktlinie, die im Laufe des 20. Jahrhunderts „zum zentralen Merkmal der Links-Rechts-Polarisierung geworden"[24] ist, dominierte noch Anfang der Neunzigerjahre die Konfliktstruktur der westeuropäischen Parteiensysteme[25]. Sie wurde seit Ende der Siebzigerjahre zunehmend um die quer dazu verlaufende, politisch-kulturelle Konfliktlinie zwischen Libertarismus und Autoritarismus ergänzt, so dass die heutigen westeuropäischen Parteiensysteme im Wesentlichen durch eine – mindestens[26] – zweidimensionale Konfliktstruktur gekennzeichnet sind. In den Sozialwissenschaften wurde das Aufkommen eines neuen gesellschaftlichen Wertekonflikts zunächst durch die Arbeiten Ingleharts[27] thematisiert, der als Folge einer „stillen Revolution" in Gestalt eines tief greifenden Wertewandels in

---

23 Vgl z.B. Karel Dobbelaere/Wolfgang Jagodzinski, Religious Cognitions and Beliefs, in: Jan W. van Deth/Elinor Scarbrough (Hrsg.), The Impact of Values, Oxford 1995, S. 197-217.

24 Petra Bauer-Kaase, Politische Ideologie im Wandel? Eine Längsschnittanalyse der Inhalte der politischen Richtungsbegriffe ‚links' und ‚rechts', in: Hans-Dieter Klingemann/Max Kaase (Hrsg.), Wahlen und Wähler. Analysen aus Anlass der Bundestagswahl 1998, Opladen 2001, S. 207-243, hier S. 213.

25 Vgl. auch die Experteneinschätzungen in: John Huber/Ronald Inglehart, Expert Interpretations of Party Space and Party Locations in 42 Societies, in: Party Politics 1 (1995), S. 73-111.

26 In manchen Staaten – zu denken ist hier vor allem an Belgien, Großbritannien, Italien und Spanien sowie an Deutschland nach der Wiedervereinigung – wird der politische Wettbewerb auch wieder zunehmend von Zentrum-Peripherie-Konflikten bestimmt, die jedoch oft mit der libertär-autoritären Konfliktlinie verwoben sind.

27 Vgl. Ronald Inglehart, The Silent Revolution, Princeton 1977; ders., Wertwandel in westlichen Gesellschaften: Politische Konsequenzen von materialistischen und postmaterialistischen Prioritäten, in: Helmut Klages/Peter Kmieciak (Hrsg.), Wertewandel und gesellschaftlicher Wandel, Frankfurt a.M. 1979, S. 279-316.

den hoch entwickelten, ökonomisch prosperierenden westeuropäischen Gesellschaften von der Herausbildung eines dauerhaften Gegensatzes zwischen Personen mit „materialistischen" und solchen mit „postmaterialistischen" Wertprioritäen ausging. Flanagan[28] stimmte mit Inglehart darin überein, dass der soziale Wandel neue Wertorientierungen erzeugt, die er „libertär" nannte, spaltete den Gegenpol jedoch in zwei Komponenten auf, eine materialistische und eine autoritäre Wertorientierung, die sich als „stille Gegenrevolution"[29] zunehmend verbreite. Die Gründe für die Herausbildung libertärer und autoritärer Wertesysteme werden im sozio-ökonomischen Wandel von der klassischen Industriegesellschaft zur globalisierten postindustriellen Gesellschaft gesehen, deren zentrales Kennzeichen in der gleichzeitigen Zunahme von Chancen und Risiken besteht[30], die je nach konkreter Lebenswelt und mentalen Kapazitäten von den Individuen unterschiedlich erfahren und verarbeitet werden. Die Verarbeitung kann entweder „in Form einer ‚Öffnung' hin zu moralischer und kultureller Permissivität" oder in Form „einer schutzsuchenden ‚Schließung' mit Hilfe autoritärer Schemata"[31] erfolgen. Libertäre Wertesysteme sind daher gekennzeichnet durch die Betonung individueller Freiheit, Selbstverwirklichung, politischer Partizipation, Gleichheit, Eintreten für Frieden und Umweltschutz, Emanzipation, Toleranz gegenüber Minoritäten, Bejahung von Multikulturalität und Unterstützung nonkonformistischer Lebensstile, während autoritäre Wertesysteme durch kollektive Orientierungen, hierarchische Ordnungsvorstellungen, Antipluralismus, Paternalismus, Intoleranz gegenüber Minoritäten, kulturelle und soziale Abschottung, Ethnozentrismus, Fremdenfeindlichkeit und Unterstützung traditioneller, konformistischer Lebensstile geprägt sind. Bezogen auf die Grundwerte der liberaldemokratischen Regierungsweise lassen sich die in den libertären und autoritären Wertesystemen angelegten Vorstellungen daher prägnant zusammen-

---

28 Vgl. Scott C. Flanagan, Value Change and Partisan Change in Japan. The Silent Revolution Revisited, in: Comparative Politics 11 (1979), S. 253-278; ders., Value Change in Industrial Societies, in: American Political Science Review 81 (1987), S. 1303-1319.
29 Piero Ignazi, The Silent Counter-revolution: Hypotheses on the Emergence of Extreme Right-wing Parties in Europe, in: European Journal of Political Research 22 (1992), S. 3.
30 Joachim Raschke, Öffnung oder Schließung? Reaktionen des Parteien- und Sozialstaates auf Sozialstruktur- und Wertewandel, in: Udo Bermbach/Bernhard Blanke/Carl Böhret (Hrsg.), Spaltungen der Gesellschaft und die Zukunft des Sozialstaates, Opladen 1990, S. 51. Vgl. auch Ulrich Beck, Risikogesellschaft. Auf dem Weg in eine andere Moderne, Frankfurt a.M. 1986.
31 Sabine Ruß/Jochen Schmidt, Herausforderungen von links und rechts. Wertewandel und Veränderungen in den Parteiensystemen in Deutschland und Frankreich, in: Renate Köcher/Joachim Schild (Hrsg.), Wertewandel in Deutschland und Frankreich. Nationale Unterschiede und europäische Gemeinsamkeiten, Opladen 1998, S. 277.

fassen: „While for the former there is not enough democracy, for the latter there is too much"[32].

Flanagans Überlegungen aufgreifend, vertritt Kitschelt[33] die Auffassung, dass die klassische sozio-ökonomische Konfliktlinie in den westeuropäischen Parteiensystemen, die er als „socialist vs. capitalist politics" kennzeichnet, durch den Gegensatz zwischen Libertarismus und Autoritarismus ergänzt wird. Letztlich geht er jedoch von einer eindimensionalen Polarisierung des Parteienwettbwerbs aus, da für ihn die Hauptachse der Parteienkonkurrenz in der Dimension „links-libertär" versus „rechts-autoritär" besteht. Dies ist in unserer Konzeptualisierung der sozio-ökonomischen Konfliktlinie als Gegensatz zwischen Interventionismus und Marktfreiheit jedoch problematisch: Es mag zwar mehr oder minder gerechtfertigt sein, die neuen Parteien auf dem libertären Pol der interventionistischen Seite zuzuordnen, weil viele von ihnen einen ökologischen Interventionismus vertreten; Kitschelts These der Kombination von Marktwirtschaft und Autoritarismus auf der Gegenseite wird in der Literatur jedoch vehement widersprochen, denn eine wachsende Anzahl der auf dem autoritären Pol angesiedelten Parteien „advocate protectionist measures and the regulation of international financial markets"[34]. Es ist daher nicht sinnvoll, die beiden Dimensionen zu kombinieren.

Zur Kennzeichnung der beiden Parteifamilien, die die neue Konfliktlinie in den Parteiensystemen repräsentieren, bietet sich eine andere Überlegung an: Um in den oligopolistisch strukturierten Markt[35] der Parteiensysteme eindringen und dort bestehen zu können, müssen neue Parteien ein völlig neues „Produkt" anbieten, d.h. sie müssen ein gesellschaftlich relevantes, von den etablierten Parteien (noch) nicht aufgegriffenes Thema besetzen. Für den libertären Pol ist dieses „Katalysator-Thema" der Umweltschutz, der im Gefolge des Ölpreisschocks und der Diskussion um die „Grenzen des Wachs-

---

32 Piero Ignazi, New Challenges: Post-materialism and the Extreme Right, in: Martin Rhodes/Paul Heywood/Vincent T. Wright (Hrsg.), Developments in West European Politics, Basingstoke 1997, S. 312.

33 Vgl. Herbert Kitschelt, The Transformation of European Social Democracy, New York 1994; ders. (in Zusammenarbeit mit Anthony J. McGann), The Radical Right in Western Europe: A Comparative Analysis, Ann Arbor 1995; ders., European Party Systems: Continuity and Change, in: Martin Rhodes/Paul Heywood/Vincent Wright (Hrsg.), Developments in West European Politics, London 1997, S. 131-150.

34 Hans-Georg Betz, Introduction, in: Hans-Georg Betz/Stefan Immerfall (Hrsg.), The New Politics of the Right: Neo-populist Parties and Movements in Established Democracies, Basingstoke 1998, S. 5. Vgl. auch Michael Minkenberg, Die Front national (FN), in: Sabine Ruß u.a. (Hrsg.), Parteien in Frankreich, Opladen 2000, S. 272 und Roger Eatwell, The Extreme Right and British Exceptionalism: The Primacy of Politics, in: Paul Hainsworth (Hrsg.), The Politics of the Extreme Right, London 2000, S. 184.

35 Zum ökonomischen Modell des Parteienwettbewerbs vgl. Anthony Downs, An Economic Theory of Democracy. New York 1957.

tums" in den Siebzigerjahren zum wichtigen Thema wurde[36]. Für den autoritären Pol ist die in den Achtzigerjahren für eine wachsende Zahl von westeuropäischen Staaten immer relevanter gewordene Immigrationsfrage[37] das Thema „par excellence"[38], dem mit ethnozentristischen und nationalistischen Wertvorstellungen begegnet wird, d.h. das Eigeninteresse von Volk und Nation wird „zur obersten Richtschnur allen Handelns erklärt"[39]. Die beiden neuen Parteifamilien, deren Performanz in den anderen westeuropäischen Parteiensystemen im Vergleich zu Deutschland im fünften Abschnitt des Kapitels näher untersucht wird, sollen daher hier als ‚grün-libertäre' und ‚ethnozentristisch-autoritäre' Parteien gekennzeichnet werden.

Sind die relevanten Konfliktdimensionen eines Parteiensystems bestimmt, so müssen die einzelnen Parteien des Systems auf diesen Dimensionen verortet werden. Die Verortung kann auf der Basis von Literatur- bzw. Dokumentenanalysen, Expertenurteilen oder Bevölkerungsorientierungen erfolgen. Nach der Verortung der einzelnen Parteien lässt sich über die Abbildung von inhaltlichen Parteidistanzen der Grad an Polarisierung des gesamten Parteiensystems bestimmen.

Die Polarisierung kann auf beiden Wettbewerbsebenen gemessen werden, indem man entweder alle oder lediglich die im Parlament vertretenen Parteien einbezieht. Nur auf der parlamentarisch-gouvernementalen Ebene des Parteienwettbewerbs sind dagegen die letzten beiden Parteiensystemeigenschaften angesiedelt: die Segmentierung und die Koalitionsstabilität. Die Segmentierung bezieht sich auf die Möglichkeiten zur Bildung von Koalitionen. Extrem segmentierte Parteiensysteme sind durch eine deutliche Abschottung der im Parlament vertretenen Parteien gegeneinander gekennzeichnet, während in nicht segmentierten Systemen alle Parteien untereinander prinzipiell koalitionsfähig sind. Mit der Koalitionsstabilität wird erfasst, wie stabil oder instabil die gebildeten Regierungskoalitionen über die Zeit hinweg sind.

Geht man von der statischen zur dynamischen Analyse über – also von der Untersuchung eines Systemzustands zu einem bestimmten Zeitpunkt zur Analyse von Entwicklungen über die Zeit hinweg –, so stellt sich die Frage, bei welcher Art der zeitlichen Entwicklung der oben beschriebenen Systemeigenschaften von einem Wandel des jeweiligen Parteiensystems ge-

---

36 Vgl. Michael O'Neill, Green Parties and Political Change in Contemporary Europe, Aldershot 1997, S. 3.

37 Vgl. Hans-Georg Betz, Radical Right-Wing Populism in Western Europe, New York 1994, S. 69.

38 Paul Hainsworth, The Cutting Edge: The Extreme Right in Post-war Europe and the USA, in: Ders. (Hrsg.), The Extreme Right in Post-war Europe and the USA, London 1992, S. 7; vgl. auch Betz (Anm. 34), S. 6.

39 Richard Stöss, Zur Vernetzung der extremen Rechten in Europa. Arbeitshefte des Otto-Stammer-Zentrums, Nr. 5, Berlin 2001, S. 4; vgl. auch Christopher Husbands, The Other Face of 1992: The Extreme-Right Explosion in Western Europe, in: Parliamentary Affairs 45 (1992), S. 267-284.

sprochen werden kann. Im Rahmen der deutschen Parteienforschung werden – im Einklang mit der deutschen Tradition zur Verwendung wertgeladener Metaphern – Veränderungen im Parteien- und Parteiensystembereich meist nicht unter dem Stichwort „Wandel", sondern unter – zuweilen inflationärer – Verwendung des Begriffs der „Krise" diskutiert. Wir wollen beim Konzept des „Wandels" von Parteiensystemen bleiben und unterscheiden verschiedene Intensitätsstufen des Wandels: (1) temporäre Fluktuationen, d.h. kurzfristige Veränderungen von Systemeigenschaften ohne längerfristigen Trend, (2) partieller Wandel, d.h. Veränderung nur einer bzw. sehr weniger Eigenschaften, (3) genereller Wandel, d.h. gleichzeitige oder sukzessive Veränderung vieler Eigenschaften, und (4) Transformation, d.h. radikale Veränderung aller Eigenschaften, so dass ein vollkommen neuer Typ von Parteiensystem entsteht[40].

3. Die Entwicklung des deutschen Parteiensystems

Auf der Basis dieses Analyserahmens soll nun die Entwicklung des deutschen Parteiensystems untersucht werden. Wir beschränken unsere Analyse dabei auf diejenigen Eigenschaften, die für die Analyse des deutschen Parteiensystems von zentraler Bedeutung sind, nämlich die elektorale Fragmentierung und Asymmetrie, die Polarisierung und die Segmentierung[41].

Das sich in den ersten Jahren nach Kriegsende neu herausbildende Parteiensystem stand zum einen durchaus in der Kontinuität des relativ hoch fragmentierten, polarisierten und segmentierten Weimarer Systems, trug zum anderen aber auch wesentliche Züge des Neubeginns. Die SPD und die KPD knüpften programmatisch und organisatorisch zunächst an Weimar an, der Ost-West-Konflikt isolierte und marginalisierte die KPD in den Westzonen jedoch zunehmend, während die SPD in der sowjetischen Besatzungszone durch die Zwangsvereinigung mit der KPD zur SED aufhörte zu existieren. Die Liberalen überwanden durch die Gründung der FDP ihre traditionelle Spaltung in einen freisinnigen und einen nationalen Flügel. Die wichtigste Neugründung waren die CDU und in Bayern die CSU, die sich im Gegensatz zum Zentrum der Weimarer Republik als interkonfessionell-christliche Partei

---

40 Diese Unterscheidung geht zurück auf Gordon Smith, A System Perspective on Party System Change, in: Journal of Theoretical Politics 1 (1989), S. 353f.

41 Zum Folgenden vgl. Oskar Niedermayer, Die Entwicklung des deutschen Parteiensystems: eine quantitative Analyse, in: Markus Klein u.a. (Hrsg.), 50 Jahre Empirische Wahlforschung in Deutschland, Wiesbaden 2000, S. 106-125; ders., Nach der Vereinigung: Der Trend zum fluiden Fünfparteiensystem, in: Oscar W. Gabriel/Oskar Niedermayer/Richard Stöss (Hrsg.), Parteiendemokratie in Deutschland, 2. aktual. u. erweit. Aufl., Wiesbaden 2002, S. 107-127. Zur Entwicklung bis zur Vereinigung vgl. Eckhard Jesse, Die Parteien im westlichen Deutschland von 1945 bis zur deutschen Einheit 1990, in: Ebd., S. 59-83.

verstanden und so die Voraussetzungen für eine Bündelung der konfessio-
nellen und konservativen Strömungen schufen. Daneben bildete sich eine
Reihe rechtsextremer Splittergruppen, bürgerlicher Regionalparteien und
Vertriebenenparteien, so dass insgesamt ein komplexes Vielparteiensystem
entstand. Im Rahmen der weiteren Entwicklung in Westdeutschland bis zur
Vereinigung lassen sich drei Phasen unterscheiden: die Konsolidierungsphase
der Fünfzigerjahre, die Phase des stabilen „Zweieinhalbparteiensystems" der
Sechziger- und Siebzigerjahre und die Pluralisierungsphase der Achtzigerjah-
re, die sich in den Neunzigern nach der Wiedervereinigung fortsetzte.

Der Konsolidierungsprozess in den Fünfzigerjahren führte zu einem
deutlichen Rückgang der Fragmentierung des Parteiensystems, wofür eine
Reihe von Faktoren verantwortlich waren: die Änderung des Wahlrechts[42],
die polarisierende Wettbewerbsdynamik von CDU/CSU und SPD, die zu einer Konzentration auf die beiden großen Parteien beitrug, und der Wandel
der gesellschaftlichen Konfliktstruktur mit dem Bedeutungsverlust der Konfliktlinie Einheimische versus Vertriebene infolge der positiven ökonomischen Entwicklung, des Lastenausgleichs und der Erosion regionaler Schei-
delinien infolge großer Mobilität und dem von den Wählern insbesondere der
CDU/CSU zugeschriebenen ökonomischen Aufschwung in Gestalt des
„Wirtschaftwunders". Parallel zum Konzentrationsprozess vollzog sich zudem eine Abschwächung der inhaltlichen Polarisierung des Parteiensystems:
Zum einen schieden durch das Verbot der Sozialistischen Reichspartei 1952
und der Kommunistischen Partei Deutschlands 1956 die zwei wesentlichen
systemoppositionellen Parteien aus dem Wettbewerb aus, zum anderen vollzog die SPD einen ideologisch-programmatischen Wandel hin zu gemäßigte-
ren Positionen, der in der Annahme des Godesberger Grundsatzprogrammes
von 1959 seinen Ausdruck fand.

Die Konsolidierungsphase mündete in das relativ stabile „Zweieinhalb-
parteiensystem" der Sechziger- und Siebzigerjahre, dessen Grundstruktur
sich wie folgt beschreiben läßt: Erstes Kennzeichen war eine geringe Fragmentierung durch die Existenz zweier großer, von der Wählerstimmenver-
teilung her dominierender Parteien[43]. Zweitens erfolgte der Konzentrationsprozess der Fünfzigerjahre vor allem zugunsten der Union und führte daher
zu einer strukturellen Asymmetrie, in der die Integrationspartei CDU/CSU
einer SPD mit begrenztem Wählerpotenzial gegenüberstand. Diese Asym-

---

42 Zog vorher eine Partei in den Bundestag ein, wenn sie in einem Bundesland mehr als
    fünf Prozent der abgegebenen gültigen Stimmen erreichte, so galt ab 1953, dass diese
    Hürde im gesamten Bundesgebiet übersprungen werden musste, was einen Konzen-
    trationseffekt durch die negative Wirkung auf die Stimmabgabe für kleine Parteien
    bewirkte.
43 Der gemeinsame Stimmenanteil der beiden Großparteien CDU/CSU und SPD stei-
    gerte sich von über 80 Prozent Anfang der Sechziger- auf über 90 Prozent Mitte der
    Siebzigerjahre. Nimmt man die FDP hinzu, so vereinigten die drei traditionellen Par-
    teien in den Sechzigern etwa 95 Prozent, in den Siebzigern sogar über 99 Prozent der
    Wählerstimmen auf sich.

metrie konnte in den Sechzigern – vor allem durch den programmatischen Wandel der SPD – zwar verringert werden, stieg danach jedoch wieder an[44]. Drittens war das Parteiensystem durch eine asymmetrische Konfliktstruktur mit zwei Konfliktlinien – Kapital versus Arbeit und Konfessionskonflikt – gekennzeichnet[45]. Die beiden großen Parteien besetzten jeweils einen Pol der beiden cleavages und rekrutierten daraus ihre Kernwählerschaft[46], ihre ideologisch-programmatische Distanz und damit die Polarisierung im Parteiensystem hielt sich in Grenzen. Das vierte Charakteristikum der Grundstruktur stellte die Tatsache dar, dass in diesem Zeitraum keinerlei Segmentierung herrschte, da die relevanten – d.h. im Bundestag vertretenen – Parteien allseitig koalitionsfähig waren[47].

In den Achtzigerjahren zeigten sich Erosionserscheinungen dieser Grundstruktur. Es handelte sich jedoch nicht um eine Transformation des Parteiensystems, also einen grundlegenden Wandel seiner Strukturcharakteristika, sondern um relativ moderate Veränderungen in Form einer Pluralisierung, d.h. einer Erhöhung der durch die Anzahl und die Größenverhältnisse sowie die inhaltlichen Positionen der relevanten Parteien bestimmten Vielfalt im System. Die Erosionserscheinungen betrafen vor allem die beiden Großparteien, die zunehmende Mobilisierungs- und Integrationsschwächen zeigten[48]. Hierfür waren – neben dem politischen Verhalten der Parteiführungen in Gestalt von Affären, Skandalen, Vetternwirtschaft, Klüngel und Selbstbedienungsmentalität – auch längerfristige Strukturprobleme verantwortlich, da der rasche sozio-ökonomische und sozio-kulturelle Wandel schon von Ende der Sechzigerjahre an eine Verkleinerung der durch dauerhafte Allianzen mit einer der beiden Partei verbundenen sozialen Gruppen und eine Erosion der traditionellen Milieus bewirkte, was die traditionellen Kernwählerschaften immer mehr abschmelzen ließ. Die zunehmenden Mobilisierungsschwierigkeiten der beiden Großparteien führten zu einem Ansteigen der Fragmentie-

---

44 In der gesamten Geschichte der Bundesrepublik vor der Bundestagswahl von 1998 gelang es der SPD nur ein einziges Mal, die CDU/CSU aufgrund einer optimalen Konstellation der kurzfristigen Einflussfaktoren auf das Wahlverhalten knapp zu überflügeln: bei der vorgezogenen Bundestagswahl von 1972.

45 Vgl. hierzu Franz U. Pappi, Parteiensystem und Sozialstruktur in der Bundesrepublik, in: Politische Vierteljahresschrift 14 (1973), S. 191-213 und ders., Sozialstruktur, gesellschaftliche Wertorientierungen und Wahlabsicht, in: Politische Vierteljahresschrift 18 (1977), S. 195-229.

46 Bei der SPD ist dies die im sozialistischen Milieu verankerte gewerkschaftlich organisierte Industriearbeiterschaft, bei der CDU – trotz ihrer Gründung als überkonfessioneller Partei – die Gruppe der im katholischen Milieu verankerten kirchengebundenen Katholiken.

47 Mit den CDU/CSU-FDP-Koalitionen von 1961 bis 1966, der Großen Koalition von 1966 bis 1969 und den sozial-liberalen Koalitionen von 1969 bis 1982 wurden alle theoretisch möglichen Koalitionskonstellationen auch real praktiziert.

48 Der Anteil der Wahlberechtigten, den die Union und die SPD zusammen mobilisieren konnten, sank von 82 Prozent im Jahre 1976 auf 62 Prozent im Jahre 1990 (Wahlgebiet West).

rung des Parteiensystems. Zudem ging mit der Abschwächung der Bedeutung der traditionellen Konfliktlinien für das Parteisystem die Herausbildung des im letzten Abschnitt beschriebenen Konflikts zwischen libertären und autoritären Wertesystemen einher, dessen libertärer Pol in den Grünen, die sich 1980 erstmals an Bundestagswahlen beteiligten, seinen parteiorganisatorischen Ausdruck fand. Mitte der Achtzigerjahre wurde der autoritäre Pol, der bisher allein durch die NPD repräsentiert war, durch die Republikaner und die DVU verstärkt[49]. Das Hinzutreten dieser Parteien erhöhte somit nicht nur zusätzlich die Fragmentierung des Parteiensystems, sondern veränderte auch die Dimensionalität und Stärke seiner Polarisierung. Zudem war jetzt ein Segmentierungsprozess zu verzeichnen, da die seit 1983 im Bundestag vertretenen Grünen zunächst von keiner der traditionellen Parteien als koalitionsfähig angesehen wurden.

In dieser Pluralisierungsphase des westdeutschen Parteiensystems wurde die Bundesrepublik mit der „Wende" in der DDR konfrontiert. Dort hatte, wenn man überhaupt von einem Parteiensystem sprechen kann, über Jahrzehnte hinweg ein nichtkompetitives Hegemonialsystem bestanden, das sich 1989/90 in vier Schritten – Bipolarisierung, Ausdifferenzierung, Angleichung und Vereinigung[50] – zu einem pluralistisch-demokratischen Parteiensystem transformierte. Durch das Hinzukommen des DDR-Parteiensystems im Rahmen der Vereinigung erfolgte ein weiterer Pluralisierungsschub, da dort noch eine weitaus stärkere Fragmentierung herrschte und mit der PDS eine am interventionistischen Pol der sozio-ökonomischen Konfliktlinie angesiedelte und als nicht koalitionsfähig angesehene Partei die gesamtdeutsche Bühne betrat. Durch die Vereinigung gewannen daher Befürchtungen einer grundlegenden Transformation des gesamtdeutschen Parteiensystems in Form einer Wiederkehr „Weimarer Verhältnisse", also eines Übergangs vom moderaten zum extremen Pluralismus, an Bedeutung. Diese Befürchtungen waren jedoch unbegründet. Das gesamtdeutsche Parteiensystem hat sich nach 1990 zunächst zwar weiter fragmentiert, bei der Bundestagswahl 2002[51] kehrte sich dieser Trend jedoch um. Zudem ist der Stimmenanteil von Parteien, die an den Polen der beiden zentralen parteipolitischen Konfliktlinien der Neunzigerjahre – Interventionismus versus Marktfreiheit und Libertarismus versus Autoritarismus – angesiedelt sind, insgesamt nicht gestiegen, und gerade auch die autoritären Parteien konnten auf Bundesebene nicht Fuß fassen.

49 Die Partei der Republikaner wurde 1983 gegründet, 1987 die seit 1971 existierende, sich zunächst als überparteiliche Organisation verstehende DVU in die Partei „Deutsche Volksunion-Liste D (DVU)" umgewandelt.
50 Vgl. Oskar Niedermayer, Das intermediäre System, in: Max Kaase/Andreas Eisen/Oscar W. Gabriel/Oskar Niedermayer/Hellmut Wollmann, Politisches System. KSPW-Berichte zum sozialen und politischen Wandel in Ostdeutschland, Bd. 3, Opladen 1996, S. 167-175.
51 Die neuesten Entwicklungen im Umfeld der Bundestagswahl 2002 können nur gestreift werden. Vgl. Oskar Niedermayer (Hrsg.), Die Parteien nach der Bundestagswahl 2002, Opladen 2003.

Der den interventionistischen Pol der sozio-ökonomischen Konfliktlinie repräsentierenden PDS[52] ist es ab Mitte der Neunzigerjahre gelungen, sich in Ostdeutschland als eine von drei großen Parteien zu etablieren, wobei diese Entwicklung durch die institutionellen Rahmenbedingungen des Parteienwettbewerbs erleichtert, von der Herausbildung eines neuen Zentrum-Peripherie-Konflikts zwischen West und Ost wesentlich befördert und durch das Politikangebot sowie die gute Ressourcenausstattung der Partei begünstigt wurde[53]. Durch ihre starke Stellung in Ostdeutschland konnte sie ihren bundesweiten Stimmenanteil von 2,4 Prozent (1990) auf 5,1 Prozent (1998) steigern. Von den Wahlerfolgen verwöhnt, hat sie es jedoch in den letzten Jahren versäumt, die personellen, koalitionsstrategischen und inhaltlich-programmatischen Voraussetzungen für eine Verstetigung ihres Wählerpotenzials zu schaffen und ist daher bei der Bundestagswahl 2002 mit 4,0 Prozent an der Fünf-Prozent-Hürde gescheitert. Ihr Ziel, als gesamtdeutsche sozialistische Partei zur dritten Kraft im bundesdeutschen Parteiensystem zu werden, hat dadurch einen empfindlichen Dämpfer erhalten. Es bleibt abzuwarten, ob sie als ostdeutsche Regionalpartei in Zukunft noch eine relevante Rolle spielen kann, zumal sich gerade in denjenigen Bundesländern, wo sie Regierungsverantwortung trägt, die Wähler am stärksten von ihr abgewandt haben.

Die den Marktfreiheits-Pol repräsentierende FDP hatte sich 1990 klar als dritte Kraft im Parteiensystem behauptet, geriet kurze Zeit später jedoch aufgrund einer Reihe von strukturellen, inhaltlichen und personellen Problemen in eine tiefe Krise, die sie im Westen extrem schwächte und in Ostdeutschland zur marginalen Partei werden ließ. In der zweiten Hälfte der Neunzigerjahre versuchte die Partei, sich – zwischen Koalitionsloyalität und eigenständiger inhaltlicher Profilierung als Wirtschafts- und Steuersenkungspartei lavierend – zu regenerieren, was ihr jedoch nur begrenzt gelang. Erst in der Oppositionsrolle nach 1998 begann sie sich endgültig von der einseitigen Koalitionspräferenz für die Union zu lösen und die „Äquidistanz" zu den beiden Großparteien zu propagieren. Die Strategie der programmatischen und koalitionspolitischen Eigenständigkeit, flankiert durch eine Reihe von neuartigen Wahlkampfelementen, verschafft der FDP seit dem Jahr 2000 auf der Landesebene eine Reihe von zum Teil spektakulären Wahlerfolgen. Auch bei der Bundestagswahl 2002 konnte sie ihren Stimmenanteil steigern, ungleich bei Weitem nicht in dem erhofften Maße, was nicht nur an den populistisch-antiisraelischen Ausfällen des damaligen stellvertretenden Parteivorsitzenden Jürgen Möllemann lag, sondern auch an strategischen und wahlkampftaktischen Fehlern.

---

52 Die PDS trägt durchaus auch autoritäre Züge, ihr primäres Einordnungsmerkmal in die zweidimensionale Konfliktstruktur stellt jedoch ihre interventionistische Position auf der sozio-ökonomischen Konfliktlinie dar.

53 Vgl. Oskar Niedermayer, Die Stellung der PDS im ostdeutschen Parteiensystem, in: Peter Barker (Hrsg.), The Party of Democratic Socialism in Germany, Amsterdam 1998, S. 18-37.

Auf dem libertären Pol der politisch-kulturellen Konfliktlinie des westdeutschen Parteiensystems führte die Vereinigung 1990 zu einem unerwarte-
ten Einbruch: Die West-Grünen, die getrennt von dem ostdeutschen Bewe-
gungsspektrum nur im Wahlgebiet West kandidierten[54], scheiterten an der
Fünf-Prozent-Hürde. Der Schock der Wahlniederlage führte zu einem Prag-
matisierungskurs, in dessen Verlauf eine Annäherung von Linken und Real-
politikern neue Mehrheiten schuf. Mitte der Neunzigerjahre hatten die Grünen dann in Westdeutschland ihre Stellung im Parteiensystem gefestigt, was
vor allem auf die hohe Kompetenzzuschreibung beim Ökologiethema, die
Imageverbesserung durch die abgemilderten innerparteilichen Flügelkämpfe
und den partiellen Rückzug der SPD von der Konkurrenz um die sie unter-
stützenden Wählermilieus zurückzuführen war. In Ostdeutschland allerdings,
mit einer anderen Sozialstruktur, anderen kulturellen Verständigungsmustern
und einer von ökonomischen und sozialen Themen dominierten Problem-
struktur, waren diese Wählermilieus wesentlich schwächer ausgebildet, und
zudem wurden die Grünen von den ostdeutschen Bürgern schnell als reine
Westpartei wahrgenommen. Dies führte zu einer zunehmenden Marginalisie-
rung der Partei in den neuen Bundesländern, die bis heute nicht überwunden
ist. Auf der Bundesebene schienen die Grünen 1998 jedoch auf Erfolgskurs
zu sein. Schon vor der Bundestagswahl wendete sich allerdings das Blatt[55],
die Partei erreichte im Bund nur 6,7 Prozent und verlor vom Frühjahr 1998
bis zum Herbst 2002 alle 19 Landtagswahlen in Folge. Bei der Bundestagswahl 2002 gelang ihr zwar durch einen stark personalisierten, auf den Spit-
zenkandidaten Joschka Fischer abgestellten Wahlkampf, eine auf taktische
rot-grüne Koalitionswähler gezielte Zweitstimmenkampagne sowie vor allem
auch durch die Relevanz grüner Kernthemen in Gestalt des Umweltschutzes
(Flutkatastrophe) und der Friedenssicherung (Gefahr eines Krieges im Irak)
in der Wahlkampf-Schlussphase ein Wahlerfolg. In ihrer Rolle als Regierungspartei werden jedoch seit 1998 immer wieder die gravierenden strukturellen und inhaltlichen Probleme offensichtlich, die die Grünen als „blok-
kierte Partei"[56] erscheinen lassen, der das strategische Steuerungszentrum
weitgehend fehlt.

Auf dem autoritären Pol der politisch-kulturellen Konfliktlinie waren
Wellen zu- und abnehmender Mobilisierung zu verzeichnen. Durch die Entwicklung im Umfeld der staatlichen Vereinigung wurde der bedrohliche Anstieg der Republikaner[57] zunächst gestoppt, die Jahre 1991/92 brachten auf

---

54 Die Vereinigung mit dem ostdeutschen Bündnis 90 erfolgte erst Anfang 1993.
55 Dies war vor allem auf die Beschlüsse des Magdeburger Parteitages zur Anhebung
     des Benzinpreises und zur Ablehnung von Friedenseinsätzen der Bundeswehr zurück-
     zuführen.
56 Joachim Raschke, Sind die Grünen regierungsfähig? Die Selbstblockade einer Regie-
     rungspartei, in: Aus Politik und Zeitgeschichte, B 10/01, S. 20-28, hier S. 20; vgl. auch
     ders., Die Zukunft der Grünen. „So kann man nicht regieren", Frankfurt a.M. 2001.
57 Die Republikaner erzielten bei der Berliner Abgeordnetenhauswahl im Januar 1989
     7,5 Prozent und bei der Europawahl im Juni 1989 7,1 Prozent.

der Landesebene jedoch ein erneutes Zwischenhoch für die DVU und die Republikaner, im Superwahljahr 1994 spielten sie wiederum keine beachtenswerte Rolle, aber der Riesenerfolg der DVU bei der Landtagswahl in Sachsen-Anhalt 1998 (12,9 Prozent) weckte erneut Befürchtungen, einer Partei dieser Couleur könnte der Einzug in den Bundestag gelingen. Dies ist jedoch nicht geschehen, so dass der autoritäre Pol des deutschen Parteiensystems trotz einer leichten Steigerung des gemeinsamen Stimmenanteils von 2,4 Prozent (1990) auf 3,3 Prozent (1998) auch in den Neunzigerjahren von einer parlamentarischen Repräsentation weit entfernt blieb. Daran änderte in neuester Zeit auch das Hinzukommen der „Partei Rechtsstaatlicher Offensive" des Hamburger Richters Schill nichts, die zwar bei der Hamburger Bürgerschaftswahl 2001 einen spektakulären Wahlerfolg erzielte und mit der CDU und der FDP eine Regierungskoalition bildete, bei der Bundestagswahl 2002 jedoch nur magere 0,8 Prozent erreichte.

Zusammenfassend lässt sich feststellen, dass die drei parlamentarisch repräsentierten[58] kleinen Parteien – Grüne, FDP und PDS – Anfang des neuen Jahrtausends ihre Position im bundesdeutschen Parteiensystem noch nicht klar definiert und gefestigt haben. Die Grünen und die FDP befinden sich in einer Wettbewerbssituation, die es als relativ offen erscheinen lässt, ob sich eine von ihnen längerfristig klar als dritte Kraft im deutschen Parteiensystem von der anderen absetzen kann. Ob die PDS nach ihrer Wahlniederlage bei der Bundestagswahl 2002 in Zukunft auf Bundesebene in diesen Wettbewerb eingreifen kann, ist fraglich.

Eine offene Wettbewerbssituation besteht mittlerweile auch für die beiden Großparteien. Die jahrzehntelange strukturelle Asymmetrie zugunsten der Union – die vielbeschworene „bürgerliche Mehrheit" – ist in Auflösung begriffen: Aufgrund ihrer historischen Wurzeln in der konfessionellreligiösen Konfliktlinie besteht, trotz ihres Gründungsanspruchs als konfessionsübergreifender Partei, die traditionelle Kernwählerschaft der Union aus den kirchengebundenen Katholiken. Dieser Kern schmolz aufgrund der schon angesprochenen sozio-kulturellen Wandlungsprozesse in den letzten Jahrzehnten zusehends und ist durch das Hinzukommen der ostdeutschen katholischen Diaspora noch kleiner geworden. Neben der Erosion des Katholischen ist die Union dabei, durch die Entbürgerlichung der Partei und die Entstrukturierung des Bürgertums sowie durch den Verlust des kommunistischen Feindbilds und das Austrocknen ihrer demographischen Ressourcen eine Reihe von weiteren Machtressourcen zu verlieren, die ihr in der Vergangenheit erlaubt haben, bei Wahlen eine breite Koalition bürgerlicher Wählerschichten zu schmieden[59]: Die Parteireform der Siebzigerjahre und die der selbst erzeugten Besitzstandswahrungsmentalität zuwiderlaufenden Flexibi-

---

58 Die PDS ist bei der Bundestagswahl 2002 zwar an der Fünf-Prozent-Hürde gescheitert, jedoch mit zwei Direktmandaten aus Ost-Berlin im Bundestag vertreten.

59 Vgl. Franz Walter/Frank Bösch, Das Ende des christdemokratischen Zeitalters?, in: Tobias Dürr/Rüdiger Soldt (Hrsg.), Die CDU nach Kohl, Frankfurt a.M. 1998, S. 46-58.

litätszumutungen der Neunzigerjahre haben zur Entfremdung der Partei von ihren lokalen Honoratiorenschichten beigetragen, der forsche Wirtschaftsliberalismus eines Teils der nachwachsenden Generation teilt das christlich-bürgerliche Lager, mit dem Ende des Ost-West-Konfliktes und dem Ansteuern der politischen Mitte durch die SPD entfällt der Antisozialismus als integrative Klammer der verschiedenen bürgerlichen Milieus, und der Anteil der im goldenen christdemokratischen Zeitalter der Adenauer-Ära politisch sozialisierten Generation an der Wählerschaft schrumpft zusehends. Hinzu kommen spezifische Integrations-, Identitäts- und Organisationsprobleme der CDU in Ostdeutschland.

Auf diesem Hintergrund gelang es der SPD bei der Bundestagswahl 1998, die Union nach mehr als einem Vierteljahrhundert erstmals wieder zu überflügeln. Wesentlich zu diesem Sieg beigetragen hat die Tatsache, dass es der Partei mit dem „modernsten"[60] Wahlkampf ihrer Geschichte unter dem Motto „Innovation und soziale Gerechtigkeit" und dessen Personalisierung durch das Duo Gerhard Schröder und Oskar Lafontaine gelang, ihr heterogenes Wählerpotenzial optimal auszuschöpfen. Vier Jahre später brachte die schlechte Bilanz der rot-grünen Bundesregierung auf dem wirtschafts- und arbeitsmarktpolitischen Themenfeld die SPD zwar an den Rand einer Niederlage, doch das rasche und entschlossene Handeln bei der Bewältigung der Flutkatastrophe, die populistische Instrumentalisierung des Irak-Themas und Fehler in der Wahlkampfstrategie der Union führten dazu, dass beide Großparteien exakt den gleichen Stimmenanteil (38,5 Prozent) erhielten.

Dass der Regierungswechsel von 1998 zum Machtwechsel geriet, hat den Schlusspunkt unter eine Entwicklung gesetzt, die die Grünen vom Bürgerschreck zur auf Bundesebene koalitionsfähigen Partei werden ließ. Die Grünen selbst haben viel zu dieser Entwicklung beigetragen, befördert wurde sie jedoch auch wesentlich durch machtstrategische Überlegungen seitens der SPD: Die Segmentierung des Parteiensystems durch die parlamentarische Repräsentation der Grünen seit 1983 ging koalitionsarithmetisch einseitig zu Lasten der SPD[61], was einen wesentlichen machtstrategischen Anreiz zur Erweiterung der Koalitionsoptionen in Richtung Grüne darstellte. Die Landesebene diente dabei als Experimentierfeld, um die Funktionsfähigkeit von Koalitionen auszutesten. Nachdem die ersten Koalitionsversuche – 1985 in Hessen und 1989 in Berlin – noch gescheitert waren, bewiesen SPD und Grüne seit Beginn der Neunzigerjahre zunehmend ihre Koalitionsfähigkeit und bauten die Zusammenarbeit auf Landesebene kontinuierlich aus. Auf der Bundesebene bekannten sich die Grünen schon 1994 ausdrücklich zu einem

---

60 Vgl. hierzu Oskar Niedermayer, Modernisierung von Wahlkämpfen als Funktionsentleerung der Parteibasis, in: Ders./Bettina Westle (Hrsg.), Demokratie und Partizipation, Opladen 2000, S. 192-210.

61 In den beiden Jahrzehnten davor war – wenn keine Große Koalition angestrebt wurde – allein die Koalitionspräferenz der FDP für die Regierungsbildung entscheidend, ab 1983 konnte die SPD eine Mandatsmehrheit nur mit der FDP jedoch nicht mehr erreichen.

„Reformbündnis" mit der SPD. Diese zögerte jedoch und vermied auch noch 1998 eine klare Koalitionsaussage, machte aber deutlich, dass rot-grün die realistischste Option darstellte[62].

Der überraschend klare Sieg der SPD in jenem Jahr ließ die parteiinterne Diskussion um eine zusätzliche Erweiterung der bundespolitischen Koalitionsoptionen in Richtung PDS obsolet werden, und nach der Bundestagswahl 2002 stellte sich diese Frage wegen des PDS-Debakels gar nicht mehr. Auf der ostdeutschen Landesebene sieht die Situation anders aus, weil dort die PDS für Koalitionsbildungen oft eine Schlüsselrolle einnimmt, was seitens der SPD ab Mitte der Neunzigerjahre zu der Strategie geführt hat, die PDS schrittweise in die Regierungsverantwortung einzubeziehen[63].

Zusammenfassend lässt sich feststellen, dass der Wandel des deutschen Parteiensystems auch in der Phase nach der Vereinigung moderat bleibt; eine Systemtransformation ist nicht in Sicht. In den Neunzigerjahren hat sich ein fluides Fünfparteiensystem herausgebildet, das gekennzeichnet ist durch: (1) eine weiterhin relativ geringe Fragmentierung und Polarisierung, (2) eine offene Wettbewerbssituation zwischen den beiden Großparteien durch den Abbau der die Union begünstigenden strukturellen Asymmetrie, (3) eine offene Wettbewerbssituation zwischen den drei kleinen Parteien, da alle drei ihren Standort im Parteiensystem noch nicht klar definiert und gefestigt haben, wobei die PDS in neuester Zeit in bedrohliche Schwierigkeiten geraten ist, (4) eine Ost/West-Diskrepanz durch die Tatsache, dass die Grünen[64] im Osten und die PDS im Westen marginale Parteien darstellen, (4) die Existenz zweier zentraler Konfliktlinien, dem sozio-ökonomischen Konflikt zwischen Interventionismus und Marktfreiheit und dem politisch-kulturellen Konflikt zwischen Libertarismus und Autoritarismus, sowie (5) einen Rückgang der zwischenzeitlich angestiegenen Segmentierung durch die allmähliche Integration der Grünen, auf der Landesebene auch der PDS.

---

62 Da sich zudem in den letzten Jahren die Anzeichen dafür mehren, dass innerhalb der CDU die schwarz-grüne Koalitionsoption zumindest auf Landesebene systematisch in die strategischen Überlegungen einbezogen wird, scheint die durch die Grünen verursachte Segmentierung des Parteiensystems in absehbarer Zeit zu Ende zu gehen.

63 Den Anfang machte 1994 die Tolerierung einer rot-grünen Minderheitsregierung durch die PDS in Sachsen-Anhalt, 1998 wurde dieses Modell durch die PDS-Tolerierung einer SPD-Minderheitsregierung fortgeführt. Die erste formelle SPD/PDS-Koalition wurde 1998 in Mecklenburg-Vorpommern geschlossen, 2002 folgte Berlin.

64 Bis vor kurzem galt dies auch für die FDP. Bei der Bundestagswahl 2002 konnte die Partei jedoch in den ostdeutschen Bundesländern zwischen 5,4 und 7,6 Prozent der Stimmen erzielen, die Grünen erreichten nur zwischen 3,4 und 4,6 Prozent.

4. Fragmentierung und Asymmetrie der westeuropäischen Parteiensysteme

Die zunehmende Fragmentierung des deutschen Parteiensystems seit den Siebzigerjahren steht im Einklang mit der Entwicklung in der Mehrheit der westeuropäischen Staaten[65], wobei der Fragmentierungsprozess in manchen Fällen bei weitem nicht so moderat und kontinuierlich verlief wie in der Bundesrepublik: In Belgien gab es aufgrund der zunehmenden Verschärfung des Konflikts zwischen den verschiedenen Sprach- und Kulturgemeinschaften seit Mitte der Sechzigerjahre mehrere deutliche Fragmentierungsschübe durch den Erfolg verschiedener regionalistischer und ethnozentristisch-autoritärer Parteien sowie die Spaltung der traditionellen Parteien, was insgesamt dazu beitrug, dass das belgische Parteiensystem seit Ende der Siebzigerjahre in Westeuropa die mit Abstand größte Zersplitterung aufweist[66]. In Italien führte der Zusammenbruch des traditionellen Parteiensystems Anfang der Neunzigerjahre zu einer sprunghaften Erhöhung der Fragmentierung, die – vor allem durch die Wirkung des neuen Wahlrechts – erst allmählich wieder abgebaut wird. Die gleiche Entwicklungstendenz zeigt sich in Frankreich, wo die Wahl von 1993 einen Fragmentierungsschub durch die Halbierung des Stimmenanteils der in den Achtzigerjahren dominierenden Sozialisten und die Stärkung der libertär-autoritären Konfliktlinie brachte, der erst 2002 durch die Konzentration der Stimmen auf die neu gebildete Präsidentenpartei UMP wieder abgeklungen ist. In Dänemark markierte die so genannte „Erdrutschwahl" von 1973 mit einem drastischen Anstieg der Fragmentierung den Niedergang des klassischen Parteiensystems, wobei der gemeinsame Stimmenanteil der vier etablierten Parteien von den gewohnten 90 Prozent auf 65 Prozent fiel und die neugegründete Fortschrittspartei auf Anhieb zur zweitgrößten Fraktion im Parlament wurde. Danach folgte ein längerfristiger Rekonzentrationsprozess, so dass die Fragmentierung heute wieder in etwa auf dem Stand von Anfang der Siebzigerjahre ist.

In den Niederlanden ist eine umgekehrte Entwicklung zu verzeichnen. Dort geriet das festgefügte Parteiensystem auf der Grundlage der „Versäulung" in den Sechzigerjahren zunehmend unter Druck, und neue Parteien konnten große Erfolge erzielen, was zu einer zunehmenden Fragmentierung führte. In den hier interessierenden Siebzigerjahren führte die Blockbildungs- und Polarisierungsstrategie der progressiven Kräfte zu einer Neuformierung der drei konfessionellen Parteien, die ab der Wahl 1977 als CDA gemeinsam antraten und dadurch die Fragmentierung wesentlich verringerten. In den

---

65 Einbezogen werden alle 15 EU-Mitgliedsstaaten sowie Island, Norwegen und die Schweiz. Die auf den Wahlergebnissen basierenden empirischen Kennzahlen wurden unter Verwendung der offiziellen Wahlstatistiken berechnet.

66 Zur Entwicklung der verschiedenen Parteiensysteme vgl. z.B. die Beiträge in David Broughton/Mark Donovan (Hrsg.), Changing Party Systems in Western Europe, London 1999.

Neunzigerjahren ist ein erneutes deutliches Ansteigen der Fragmentierung des Parteiensystems zu beobachten. Ganz anders stellt sich die Entwicklung in den neuen südeuropäischen Demokratien Griechenland, Portugal und insbesondere Spanien dar, wo über den gesamten Beobachtungszeitraum hinweg ein negativer Trend der Fragmentierung festzustellen ist.

Der Abbau der die CDU/CSU begünstigenden strukturellen Asymmetrie im deutschen Parteiensystem holt Entwicklungen nach, die in anderen Staaten größtenteils schon früher eintraten. Die goldenen Jahre der westeuropäischen Christdemokratie in Belgien, den Niederlanden, Deutschland, Italien und Österreich lagen in den späten Vierziger- und in den Fünfzigerjahren, wo sie von ihrer Gründungs- und Aufbaurolle in der Nachkriegszeit und der Gegnerschaft zum Kommunismus profitierten[67]. Spätestens seit der zweiten Hälfte der Siebzigerjahre jedoch führte die Säkularisierung und Erosion der katholischen Milieus zur Schwächung dieser Parteien, die in den Achtziger- und Neunzigerjahren verstärkt wurde, da es den einstigen Sammlungsparteien zunehmend weniger gelang, die auseinanderstrebenden Kräfte des sich in seinen Interessen immer stärker diversifizierenden europäischen Bürgertums zusammenzuhalten. Mit „der Implosion des osteuropäischen Staatssozialismus fiel schließlich die letzte integrative Klammer, der einheitsstiftende Feind, des mitteleuropäischen Bürgertums weg"[68]. Diese längerfristigen Entwicklungen hatten gravierende Folgen: In Belgien erlitten die Christdemokraten bei der Parlamentswahl von 1999 eine schwere Niederlage und wurden zum ersten Mal seit 1958 in die Opposition verbannt, in Deutschland verloren sie 1998 nach 16 Jahren die Macht und in den Niederlanden, wo sie seit 1958 – mit Ausnahme der Jahre 1973-77 – den Regierungschef gestellt hatten, mussten sie 1994 in die Opposition und konnten im Jahre 2002 nur in einer Koalition mit der ethnozentristisch-autoritären LPF wieder die Regierung übernehmen. Ein ähnliches Muster zeigt sich in Österreich, wo die ÖVP bis Ende der Sechzigerjahre den Regierungschef stellte, danach erst Ende der Achtzigerjahre in Großen Koalitionen unter einem SPÖ-Bundeskanzler erneut an der politischen Macht partizipierte und 1999 eine Regierungskoalition mit der autoritären FPÖ bildete. Weitaus am stärksten getroffen hat der Niedergang die italienische DC, die 1947 bis 1992 durch eine erfolgreiche Mobilisierung der katholischen Subkultur, eine äußerst flexible Koalitionspolitik und vor allem ein weit reichendes klientelistisches Patronagesystem mit flächendeckender Korruption „ein in westlichen Demokratien einmaliges Machtmonopol"[69] etablierte, das Anfang der Neunzigerjahre wegen seiner Unfähigkeit, auf gravierende externe und interne Herausforderungen flexibel zu reagieren, gänzlich zerbrach, worauf sich die DC in untereinander zerstrittene, kleine Nachfolgeorganisationen auflöste.

---

67 Vgl. Walter/Bösch (Anm. 59), S. 46-58.
68 Dies., Verlust der Mitte. Die Erosion der christlichen Demokratie, in: Blätter für deutsche und internationale Politik 43 (1998) S. 1350.
69 Günter Trautmann, Das politische System Italiens, in: Wolfgang Ismayr (Hrsg.), Die politischen Systeme Westeuropas, 2. Aufl., Opladen 1999, S. 519-562, hier S. 534.

5. Grün-libertäre versus ethnozentristisch-autoritäre Parteien: Die neue Konfliktlinie in den westeuropäischen Parteiensystemen

Die Analyse der parteipolitischen Umsetzung der neuen libertär-autoritären Konfliktlinie in den Parteiensystemen Westeuropas soll systematisch durch die vergleichende Betrachtung der verschiedenen Hürden erfolgen, die die neuen Parteien auf ihrem Weg bis zur vollständigen Integration in das Parteiensystem überwinden müssen. Die erste Hürde besteht in der Teilnahme an nationalen Wahlen[70] (Inklusion), die zweite im Einzug in das nationale Parlament (Repräsentation) und die dritte in der Unterstützung von regierenden Parteien durch Tolerierung von Minderheitsregierungen oder der Beteiligung an Regierungskoalitionen (Machtteilhabe)[71].

Die erste Wahlteilnahme grün-libertärer Parteien erfolgte Ende der Siebzigerjahre; Ende der Achtziger waren sie in fast allen westeuropäischen Ländern vertreten, und auch die Jahrtausendwende ist dadurch gekennzeichnet, dass grün-libertäre Parteien – mit Ausnahme von Dänemark und Island – in ganz Westeuropa an Wahlen teilnehmen. Ethnozentristisch-autoritäre Parteien waren über den gesamten Betrachtungszeitraum hinweg in gut zwei Dritteln der westeuropäischen Staaten bei Wahlen vertreten. Nachdem 1979 in der Schweiz eine grün-libertäre Partei zum ersten Mal in ein nationales Parlament eingezogen war, wurde die Hürde der Repräsentation bis zur Mitte der Achtzigerjahre von diesen Parteien in einem Drittel der westeuropäischen Staaten genommen, und heute sind sie in zwei Dritteln repräsentiert, während die ethnozentristisch-autoritären Parteien in weniger als der Hälfte der Staaten in den nationalen Parlamenten sitzen (vgl. Abbildung 2).

---

70 Die Gründung von neuen Parteien ist für die Entwicklung der verschiedenen Parteiensystemeigenschaften auf der hier ausschließlich interessierenden nationalen Ebene solange unerheblich, wie die neue Partei nicht an nationalen Wahlen teilnimmt.

71 Eine Aufzählung der in die Analyse einbezogenen Parteien, eine Erörterung der Problemfälle und eine Literaturübersicht zu diesen beiden Parteifamilien findet sich in Oskar Niedermayer, Grün-libertäre versus ethnozentristisch-autoritäre Parteien: Die neue Konfliktlinie in den Parteiensystemen Westeuropas, Arbeitshefte des Otto-Stammer-Zentrums, Berlin 2002.

Abbildung 2: Wahlteilnahme und parlamentarische Repräsentation grün-libertärer und ethnozentristisch-autoritärer Parteien in Westeuropa

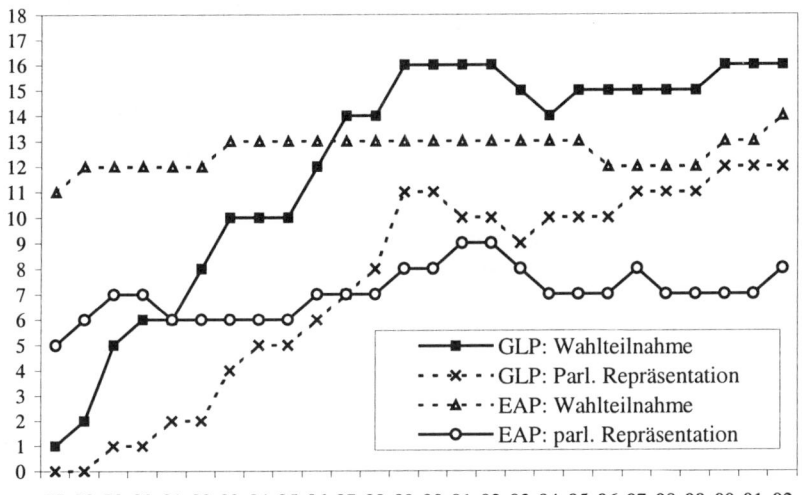

Quelle: Eigene Berechnungen auf der Basis der offiziellen Wahlstatistiken.

Dies scheint eine Erfolgsstory der grün-libertären Parteien zu belegen, die ihren Gegenpol deutlich hinter sich gelassen haben. Betrachtet man die Performanz der beiden Parteifamilien etwas genauer, indem man statt der bloßen Wahlteilnahme bzw. parlamentarischen Repräsentation die elektorale bzw. parlamentarische Stärke der Parteien in den Blick nimmt, so kehrt sich das Bild um: Die stürmische Aufwärtsbewegung des durchschnittlichen Anteils grün-libertärer Parteien an den Wählerstimmen und Parlamentssitzen seit Beginn der Achtzigerjahre hat sich spätestens seit Mitte der Neunzigerjahre abgeflacht, während die ethnozentristisch-autoritären Parteien zunächst bis Mitte der Achtzigerjahre einen leichten Rückgang erlebten, seither jedoch in einer rasanten Aufwärtsbewegung begriffen sind, ihren Gegenpol seit Anfang der Neunzigerjahre überholt haben und heutzutage weit stärker sind als die grün-libertären Parteien: Letztere konnten, mit Ausnahme von Belgien, nirgendwo zweistellige Wahlergebnisse erzielen, und im Herbst 2002 betrug der durchschnittliche Stimmenanteil der grün-libertären Parteien in Gesamt-Westeuropa 4,3 Prozent, ihr Anteil an den Parlamentssitzen 3,4 Prozent. Bezieht man nur die Staaten ein, in denen sie an Wahlen teilnehmen bzw. parlamentarisch vertreten sind, betragen die Anteile 4,8 bzw. 5,1 Prozent.

Die ethnozentristisch-autoritären Parteien hingegen sind heutzutage in fast der Hälfte der westeuropäischen Staaten mit zweistelligen Wahlergebnissen vertreten, konnten in den letzten Jahren in Italien, Österreich und der

Schweiz über ein Viertel der Wähler gewinnen und kommen im Herbst 2002 in ganz Westeuropa auf einen durchschnittlichen Stimmenanteil von 8,4 Prozent und einen Sitzanteil von 7,3 Prozent (vgl. Abbildung 3). In den Staaten, in denen sie an den Wahlen teilnehmen bzw. parlamentarisch repräsentiert sind, beträgt ihr durchschnittlicher Stimmenanteil sogar 10,8 Prozent und ihr Sitzanteil 16,5 Prozent.

Abbildung 3: Durchschnittlicher Stimmen- und Sitzanteil grün-libertärer und ethnozentristisch-autoritärer Parteien in Westeuropa

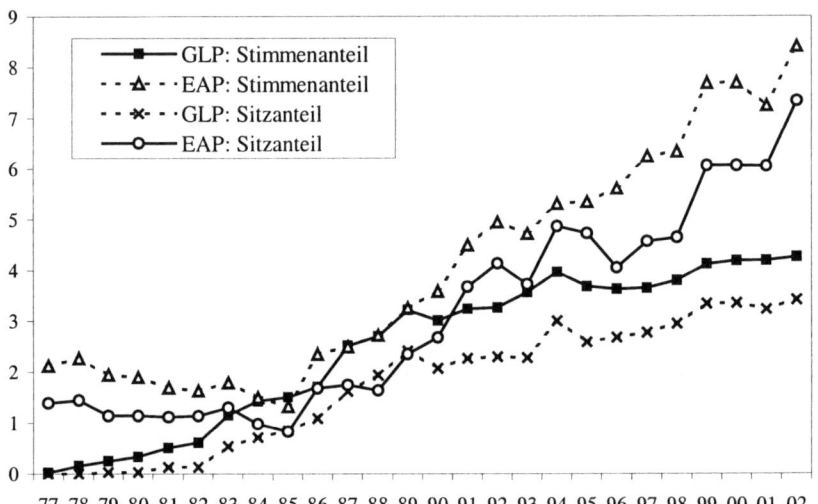

Quelle: Eigene Berechnungen auf der Basis der offiziellen Wahlstatistiken.

In Bezug auf die Machtteilhabe durch die Unterstützung einer Minderheitsregierung oder eine direkte Regierungsbeteiligung haben die autoritären mit den libertären Parteien im Jahre 2002 gleichgezogen. Die erste Regierungsbeteiligung einer grün-libertären Partei erfolgte 1995 in Finnland, wo die Grünen in der – nach den Wahlen von 1999 erneuerten – sozialdemokratisch geführten „Regenbogenkoalition" unter Paavo Lipponen das Umweltministerium erhielten. Nach dem Sieg des Wahlbündnisses der linken Mitte in Italien 1996 waren die italienischen Grünen an den Regierungen unter Romano Prodi und Massimo D'Alema beteiligt, der Sieg des konservativen Wahlbündnisses unter Führung von Silvio Berlusconi im Jahre 2001 beendete diese Phase jedoch. In Frankreich gehörten die Grünen seit 1997 der sozialistischen Regierung unter Lionel Jospin an, die durch den Sieg des rechten Lagers bei den Wahlen zur Nationalversammlung im Jahre 2002 abgelöst wurde, so dass die Machtteilhabe auch hier verloren ging. In Deutschland dagegen konnte die 1998 gebildete rot-grüne Regierungskoalition ihre Arbeit nach der Bundestagswahl 2002 fortsetzen, und in Belgien sind die Grünen seit 1999 – neben den Liberalen und Sozialisten – in der Regierung des liberalen Premierministers Guy Verhofstadt vertreten. Die Machtteilhabe grün-libertärer Parteien in Westeuropa war somit in den Jahren 1999 und 2000 am stärksten ausgeprägt, als sie in fünf Staaten an der Regierung beteiligt waren. Im Herbst 2002 noch an der Regierung sind die Grünen in Belgien, Deutschland und Finnland. Zudem unterstützen die schwedischen Grünen seit 1998 die sozialdemokratische Minderheitsregierung unter Göran Persson[72].

Die erste Machtteilhabe ethnozentristisch-autoritärer Parteien erfolgte 1994 in Italien unter dem Regierungschef Silvio Berlusconi, der Gianfranco Finis Alleanza Nazionale, die sich aus dem neofaschistischen MSI entwickelt hat, und Umberto Bossis Lega Nord in seine Koalitionsregierung holte. Die erste Berlusconi-Regierung hielt sich nur sieben Monate im Amt, so dass die direkte Machtteilhabe gleich wieder verloren ging[73]. Nach seinem triumphalen Wahlsieg im Jahre 2001 beteiligte Berlusconi beide Parteien wieder an der Regierung. Schon zwei Jahre vorher, nach der Nationalratswahl 1999, ging in Österreich – nachdem Koalitionsverhandlungen zwischen SPÖ und ÖVP und der Versuch der Bildung einer SPÖ-Minderheitsregierung gescheitert waren – die ÖVP eine Koalition mit Jörg Haiders FPÖ ein, was inner- und außerhalb Österreichs heftige Proteste auslöste. Nach einem von Haider[74] ausgelösten, turbulenten innerparteilichen Machtkampf, der mit dem Rücktritt der FPÖ-Vizekanzlerin Riess-Passer und zweier FPÖ-Minister endete, scheiterte die Koalition jedoch im September 2002. Die Neuwahlen Ende November endeten mit einem Desaster für die FPÖ. Noch sehr viel schneller ging die Machtteilhabe in den Niederlanden zu Ende. Dort bildete nach den Parlamentswahlen des Jahres 2002 der christdemokratische Wahlsieger Jan Peter Balkenende mit den Rechtsliberalen und der ethnozentristisch-autoritären LPF des während des Wahlkampfes ermordeten Pim Fortuyn, die aus dem Stand heraus zweitstärkste Partei geworden war, eine Koalitionsregierung. Aufgrund heftiger Machtkämpfe in der LPF wurde die Koalition von Balkenende nach nur drei Monaten jedoch wieder aufgekündigt, und bei den vorgezogenen Neuwahlen im Januar 2003 verlor die Partei des ermordeten Pim Fortuyn den größten Teil ihrer Wählerschaft. Noch an der Regierung ist eine autoritäre Partei in Portugal, wo nach der Parlamentswahl im Jahre 2002 die siegreiche PSD unter Führung von Durao Barroso zur Regierungsbildung auf die autoritäre Partido Popular angewiesen war. Darüber hinaus regiert seit 2001 die liberal-konservative Minderheitsregierung Dänemarks unter Anders Fogh Rasmussen mit parlamentarischer Unterstützung der Dansk Folkeparti unter Pia Kjaersgaard – beide Parteien haben Ende Mai 2002 gemeinsam eine deutliche Verschärfung des Ausländerrechts durchgesetzt –, und die Frems-

---

72 Dies hat sich nach der schwedischen Parlamentswahl des Jahres 2002 nicht geändert.

73 Wenn auch die Lega Nord 1995 die „technische" Regierung des parteilosen Lamberto Dini in der Vertrauensabstimmung unterstützte.

74 Der sich vom Parteivorsitz zurückgezogen hatte, um die Regierungsbildung zu ermöglichen.

krittspartiet von Carl I. Hagen stützt in Norwegen seit 2001 die bürgerliche Minderheitsregierung unter Kjell Magne Bondevik. Nachdem die ethnozentristisch-autoritären Parteien die grün-libertäre Parteifamilie in Bezug auf die Machtteilhabe zur Jahresmitte 2002 kurzzeitig überflügelt hatten, sind sie Ende 2002/Anfang 2003 wieder zurückgefallen.

Einen Sonderfall stellt die Schweiz dar. Hier nahm die Schweizerische Volkspartei unter dem Einfluss des SVP-Präsidenten des Kantons Zürich, Christoph Blocher, im Verlauf der Neunzigerjahre – begleitet von heftigen innerparteilichen Auseinandersetzungen – immer stärker ethnozentristisch-autoritäre Züge an, und seit Ende der Neunzigerjahre dominiert der Blocher-Flügel die Partei. Im Rahmen der schweizerischen Konkordanzdemokratie sind seit Ende der Fünfzigerjahre in einer freiwilligen Proporzregelung alle wichtigen politischen Kräfte an einer Kollegialregierung, dem Bundesrat, beteiligt: Nach der sogenannten „Zauberformel" stellen die Freisinnigen, die Christdemokraten und die Sozialdemokraten je zwei, die Schweizerische Volkspartei einen Bundesrat, die von der Vereinigten Bundesversammlung für vier Jahre gewählt werden. Der im Dezember 2000 mit den Stimmen der anderen Parteien gewählte SVP-Bundesrat Samuel Schmid ging „seit 1998 ostentativ auf Distanz zum parteiinternen ‚Mainstream'", so dass das Verhältnis des dominierenden Blocher-Flügels zum eigenen Bundesrat „von Misstrauen geprägt" ist, was durch dessen konkrete Politik auch bestätigt wird[75]. Daher kann von einer realen Machtteilhabe in der Schweiz nicht gesprochen werden.

Abbildung 4 fasst den gegenwärtigen Stand der Integration grün-libertärer und ethnozentristisch-autoritärer Parteien in die Parteiensysteme Westeuropas zusammen, wobei die erheblichen Unterschiede zwischen den einzelnen Staaten deutlich werden. Deutschland gehört – wie die überwiegende Mehrheit der westeuropäischen Staaten – zu derjenigen Gruppe, die durch die parlamentarische Repräsentation von mindestens einer der beiden neuen Parteifamilien gekennzeichnet ist. Warum dies so ist und warum der libertäre Pol der neuen Konfliktlinie in Deutschland deutlich stärker ausgebildet ist als der autoritäre Pol, lässt sich durch eine Reihe von Faktoren im Bereich der Rahmenbedingungen sowie der Nachfrage- und Angebotsseite des Parteienwettbewerbs erklären.

Die Rahmenbedingungen des Parteienwettbewerbs waren für die Etablierung der neuen Konfliktlinie insgesamt relativ günstig: Deutschland war und ist einem raschen sozio-ökonomischen Wandlungsprozess unterworfen, der zur Herausbildung des beschriebenen gesellschaftlichen Wertekonflikts zwischen libertären und autoritären Wertesystemen führte, und seit der zweiten Hälfte der Siebzigerjahre dienten eine Reihe von Entwicklungen und Ereignissen als Katalysator-Themen für die Umsetzung des libertär-autoritären Konflikts in das Parteiensystem: auf der grün-libertären Seite die Auseinandersetzungen um Atomkraftwerke, Atommülldeponien und Wiederaufberei-

---

75 Vgl. Neue Zürcher Zeitung vom 2. und 7. Dezember 2000 sowie vom 12. Juni 2001.

tungsanlagen seit 1977 in Norddeutschland und kurze Zeit später die vom SPD-Bundeskanzler Helmut Schmidt initiierte NATO-Nachrüstung, auf der ethnozentristisch-autoritären Seite die in der zweiten Hälfte der Achtzigerjahre steigenden Asylanten- und Umsiedlerzahlen. Die Umsetzung in das Parteiensystem wurde zudem generell durch den föderalistischen Staatsaufbau mit seinen Profilierungsmöglichkeiten auf der regionalen Ebene erleichtert. Das deutsche Wahlsystem der personalisierten Verhältniswahl mit Fünfprozent-Sperrklausel wirkt sich zwar als Hürde für die parlamentarische Repräsentation neuer Parteien aus, schon mit 0,5 Prozent der Stimmen bei einer Bundestagswahl oder 1,0 Prozent bei einer Landtagswahl erhalten die Parteien jedoch Finanzmittel im Rahmen der staatlichen Parteienfinanzierung, was ihnen die organisatorische Konsolidierung erleichtert.

Die Grünen profitierten zusätzlich von dem in Deutschland in den Siebziger- und Achtzigerjahren starken, als Mobilisierungshintergrund fungierenden Bewegungssektor, der Herausbildung eines grünen Milieus vor allem in den Universitätsstädten, einem relativ freundlichen Medienumfeld und der anfangs geringen Responsivität der SPD gegenüber grün-libertären Themen wegen ihrer Position in der Regierungsverantwortung und ihrer engen Verbindung zu den Gewerkschaften. Zudem konnten sie die Zersplitterung des grünen Lagers frühzeitig überwinden und eine einheitliche Organisation trotz zuweilen relativ heftiger innerparteilicher Auseinandersetzungen aufrecht erhalten. Der ethnozentristisch-autoritäre Pol der neuen Konfliktlinie hingegen ist in Deutschland durch die NS-Diktatur diskreditiert, erhält aus diesem Grund auch keine nennenswerte Medienunterstützung, vermochte seine organisatorische Zersplitterung in mehrere Parteien nie zu überwinden, verfügt über keine charismatische Führungspersönlichkeit, die eine breitere Wählerschicht ansprechen könnte, und krankt an der bleibenden Fähigkeit des bürgerlichen Parteienlagers zur Besetzung relevanter Themen und teilweisen Integration der potenziellen Wählerklientel.

Abbildung 4: Die Etablierung der libertär-autoritären Konfliktlinie in den Parteiensystemen Westeuropas (Herbst 2002)

	Grün-libertäre Parteien	Ethnozentristisch-autoritäre Parteien
Keine Wahlteilnahme	DK, IS	FI, IR, IS, LU,
Wahlteilnahme (irrelevant)	GR, GB, NO, PO	GR, GB, SW, SP
Wahlteilnahme (relevant)	BE, DE, FI, FR, IR, IT, LU, NL, ÖS, SW, SC, SP	BE, DK, DE, FR, IT, NL, NO, ÖS, PO, SC
Parlamentarische Repräsentation	BE, DE, FI, FR, IR, IT, LU, NL, ÖS, SW, SC, SP	BE, DK, IT, NL, NO, ÖS, PO, SC
Tolerierung einer Minderheitsregierung	SW	DK, NO
Regierungsbeteiligung	BE, DE, FI	IT, PO NL (Scheitern der Koalition im Oktober 2002) ÖS (Scheitern der Koalition im September 2002)

6. Schlussbetrachtung

Das Ergebnis der international vergleichenden Analyse ist somit eindeutig: Die Parteiensysteme Westeuropas zeichnen sich hinsichtlich ihrer zentralen Systemeigenschaften zwar durch eine relativ große Variationsbreite aus, gewisse mehrheitliche Entwicklungstendenzen sind jedoch durchaus zu erkennen. Dies betrifft sowohl die Fragmentierung, die in der Mehrheit der Parteiensysteme zunimmt, als auch den Abbau der die westeuropäischen Christdemokraten in der Vergangenheit begünstigenden strukturellen Asymmetrie. Zudem hat sich – mit wenigen Ausnahmen – in den Parteiensystemen Westeuropas eine neue Konfliktlinie etabliert, die in den grün-libertären und ethnozentristisch-autoritären Parteien ihren organisatorischen Ausdruck gefunden hat. Das Parteiensystem der Bundesrepublik stellt in Bezug auf diese Entwicklungen keinen Sonderfall dar, sondern bewegt sich im westeuropäischen Mainstream.

Die Wahlerfolge ethnozentristisch-autoritärer Parteien in den letzten Jahren haben in der öffentlichen Diskussion vielfach zu der Befürchtung geführt, in Westeuropa sei das „Ende einer politischen Epoche"[76] erreicht und die europäische Politik würde in Zukunft wesentlich stärkere autoritäre Züge tragen. Der Blick auf die elektorale und parlamentarische Stärke dieser Parteien im Vergleich zu ihrem Gegenpol auf der libertär-autoritären Konfliktlinie zeigt, dass diese Befürchtungen durchaus einen realen Hintergrund haben. Zugleich verdeutlichen die bisherigen Erfahrungen mit diesen Parteien in denjenigen Ländern, wo sie Regierungsverantwortung getragen haben, ihre Archillesferse in Gestalt der Politikunfähigkeit, wenn sie sich aus irgendwelchen Gründen nicht mehr hinter ihre charismatische Führungspersönlichkeit scharen können. Zudem machen die gestiegene Fragmentierung der westeuropäischen Parteiensysteme und der Abbau struktureller Asymmetrien auf dem Hintergrund einer zunehmenden mentalen Entkopplung von Wählern und Parteien die längerfristige Dominanz einer bestimmten Parteifamilie in Westeuropa immer unwahrscheinlicher.

---

76 Manfred Ertel u.a., Wind nach rechts, in: Der Spiegel, Nr. 14/2002, S. 122.

Kai Arzheimer/Jürgen W. Falter

Wahlen

1. Problemstellung und Aufbau

Wahlen sind nicht die einzige, aber die wichtigste Institution, durch die das Volk in demokratischen politischen Systemen Einfluss auf das Regierungshandeln und damit auf die Gestaltung des sozialen und politischen Wandels nimmt. Typische Muster des Wahlverhaltens entscheiden im Zusammenspiel mit dem Wahlsystem darüber, welches der von den politischen Parteien angebotenen Konzepte für die Zukunft eines Landes sich letztlich durchsetzen kann.

Ziel dieses Beitrages ist es, dem Leser zunächst einen knappen Überblick über die Bedeutung von Wahlen für die Demokratie sowie über einige der wichtigsten Ansätze in der Wahl- und Wahlsystemforschung zu geben (Kapitel 2). Darauf aufbauend stellen wir in Kapitel 3 das deutsche Wahlsystem vor und diskutieren die zentralen Ergebnisse der Wahlforschung für die Bundesrepublik. Im Anschluss daran gehen wir der Frage nach, ob Wahlsystem und Wahlverhalten in der Bundesrepublik substantiell vom „Normalfall" abweichen oder eher als typisch für die Demokratien des 21. Jahrhunderts gelten können (Kapitel 4). Kapitel 5 schließlich fasst die wichtigsten Ergebnisse kurz zusammen.

2. Wahlen, Wahlsysteme, Wählerverhalten

2.1 Bedeutung von Wahlen für die Demokratie

Wahlen und Demokratie sind keineswegs identisch. Vielmehr sind Wahlen zunächst nichts weiter als eine seit der Antike bekannte Technik[1], um die Mitglieder von Repräsentativkörperschaften und die Inhaber höchster Staatsämter durch Mehrheitsbeschluss zu bestimmen. Das aktive Wahlrecht war dabei jedoch lange Zeit auf relativ kleine Gruppen von Wahlberechtigten beschränkt, die durch soziale Merkmale wie Geschlecht, Besitz oder Abstammung definiert wurden. Erst im Laufe des 19. und des frühen 20. Jahrhun-

---

1 Dieter Nohlen, Wahlrecht und Parteiensystem, Opladen, 3. Aufl., 2000, S. 21f.

derts wurde das Wahlrecht auf immer größere Teile der Bevölkerung ausgedehnt.[2] Das Beispiel des Dritten Reiches – hier wurden bis 1938 noch dreimal Reichstagswahlen abgehalten – und der DDR zeigt jedoch, dass das allgemeine Wahlrecht allein kein Garant für demokratische Herrschaft ist. Über die Frage der Wahlberechtigung hinaus muss das Wahlverfahren nach modernem Verständnis einer Reihe von weiteren normativen Ansprüchen genügen, damit man von *demokratischen* Wahlen sprechen kann: die aktive Beteiligung an der Wahl muss frei sein, die Wahlbewerber sollen das Spektrum der relevanten Meinungen abdecken, ihnen müssen für ihren Wahlkampf gleiche Chancen eingeräumt werden, die Bürger müssen zwischen den Bewerbern entscheiden können und schließlich gleiche Chancen haben, das Wahlergebnis zu beeinflussen.[3] In der Bundesrepublik haben diese Wahlrechtsgrundsätze – ergänzt um das Prinzip der direkten Wahl – Verfassungsrang (Artikel 38 GG). Freie, allgemeine, gleiche und geheime Wahlen, an denen sich die überwiegende Mehrheit der Bevölkerung beteiligen kann, gelten deshalb vielen Bürgern geradezu als der Inbegriff der Demokratie.[4]

Die Gründe dieser besonderen Bedeutung von Wahlen für die Demokratie sind vielfältig. Zum ersten sind periodische Wahlen der zentrale Mechanismus zur Legitimation der Herrschaftsträger: Wenn man davon ausgeht, dass in einer Demokratie das Volk der eigentliche Souverän ist, können Regierung und Parlament nur dann politische Folgebereitschaft einfordern, wenn sie sich umgekehrt regelmäßig dem Votum der Bevölkerung unterwerfen.

Zweitens stellen Wahlen für die große Mehrheit der Bürger die wichtigste und häufig überhaupt die einzige Möglichkeit dar, auf nationaler Ebene den politischen Prozess in ihrem Sinne zu beeinflussen. Sachplebiszite, d.h. direkte Abstimmungen der Bevölkerung über inhaltliche Fragen, die als Alternative zur Wahl von Repräsentanten angesehen werden könnten, sind zwar in vielen Staaten auf kommunaler und regionaler Ebene eingeführt worden. Auch in der Bundesrepublik haben inzwischen alle Länder plebiszitäre Elemente in ihre Verfassungen aufgenommen; deren Reichweite ist allerdings recht unterschiedlich ausgestaltet.[5]

Auf zentralstaatlicher Ebene sind jedoch die Möglichkeiten der Volksgesetzgebung in fast allen westeuropäischen Staaten stark eingeschränkt.[6] Fak-

2   Ebd., S. 39-46.
3   Ebd., S. 22.
4   Oskar Niedermayer, Bürger und Politik. Politische Orientierungen und Verhaltensweisen der Deutschen. Eine Einführung, Wiesbaden 2000, S.85.
5   Sabine Kropp, Die Länder in der bundesstaatlichen Ordnung, in: Oscar W. Gabriel/Everhard Holtmann (Hrsg.), Handbuch Politisches System der Bundesrepublik Deutschland, München/Wien 1997, S. 245-288, hier S. 280-282.
6   Mit Ausnahme von Abstimmungen über die Neugliederung des Bundesgebietes, in denen das entsprechende Bundesgesetz durch einen Volksentscheid bestätigt werden muss (Artikel 29, Absatz 2), kennt das Grundgesetz bislang keinerlei plebiszitäre Elemente. Eine von SPD und Bündnis 90/Die Grünen eingebrachte Gesetzesvorlage

tisch werden Plebiszite auf nationaler Ebene vor allem von den Regierenden initiiert, um besonders weitreichende Entscheidungen zusätzlich zu legitimieren.[7] Direkt-demokratische Verfahren sind deshalb, von der bekannten Ausnahme der Schweizer Demokratie einmal abgesehen[8], bislang höchstens als eine Ergänzung, nicht aber als eine Konkurrenz zur Partizipation durch Wahlen anzusehen.

Dies gilt in ähnlicher Weise für die so genannten „unkonventionellen" Partizipationsformen (Unterschriftensammlungen, Boykotts, Mitgliedschaft in Initiativgruppen, Teilnahme an Demonstrationen etc.). Diese haben zwar seit den 60er Jahren des 20. Jahrhunderts in allen demokratischen Gesellschaften an Akzeptanz gewonnen.[9] Gemessen an der Wahlteilnahme sind diese Formen der politischen Partizipation ähnlich wie die „konventionelle" Mitarbeit in Parteien und Verbänden mit einem vergleichsweise hohen Aufwand verbunden, während ihre politische Wirksamkeit großen und kaum kalkulierbaren Schwankungen unterliegt. Ihre praktische Bedeutung ist deshalb immer noch weitaus geringer als die der Wahlbeteiligung.

Drittens schließlich hat in demokratischen Staaten das Wahlverhalten der Bürger im Zusammenspiel mit den institutionellen Regelungen des Wahlrechtes einen entscheidenden Einfluss auf die Bildung und den Fortbestand von Regierungen sowie auf deren Chancen, ihre politischen Ziele im Parlament durchzusetzen. In vielen Fällen gibt das Wahlergebnis allerdings nur den Rahmen für Kooperationsprozesse innerhalb der politischen Eliten vor, wie das Beispiel der Bundesrepublik zeigt, in der bis 1998 Regierungswechsel auf Bundesebene nicht unmittelbar von den Wählern, sondern von den Parteieliten herbeigeführt wurden.

2.2 Wahlrecht und Wahlsystem

Am Anfang der Wahlforschung stand die Frage, welche Auswirkungen die Entscheidung für ein bestimmtes Wahlsystem auf das Wahlergebnis und damit auf das politische System insgesamt hat und welches Wahlsystem vor diesem Hintergrund als das beste anzusehen ist. Als *Wahlsystem* bezeichnet

---

zur Einführung von Volksinitiative, Volksbegehren und Volksentscheid in das Grundgesetz verfehlte im Juni 2002 die für eine Verfassungsänderung notwendige Mehrheit von zwei Dritteln der Mitglieder des Bundestages. Vgl. Deutscher Bundestag, Stenographischer Bericht, Plenarprotokoll 14/240, S. 24032 (C).

7   Wolfgang Ismayr, Die politischen Systeme Westeuropas im Vergleich, in: Ders. (Hrsg.), Die politischen Systeme Westeuropas, Opladen 1999, S. 9-53, hier S. 35.

8   Wolf Linder, Das politische System der Schweiz, in: Ebd., S. 455-487, hier S. 463.

9   Vgl. Samuel H. Barnes/Max Kaase/Klaus Allerbeck u.a. (Hrsg.), Political Action. Mass Participation in Five Western Democracies, Beverly Hills 1979; Gabriel A. Almond/G. Bingham Powell, Interest Groups and Interest Articulation, in: Dies. (Hrsg.), Comparative Politics Today. A World View, New York 1996, S.70-85, hier S. 78; für die Bundesrepublik: Russel J. Dalton, Politics in Germany, in: Ebd., S. 265-325, hier S. 279.

man dabei im Unterschied zum weiter gefassten Begriff des *Wahlrechts* das technische Verfahren, nach dem Wähler ihre Stimme(n) abgeben und diese in Mandate umgesetzt werden.[10]

Selbst für Wahlsystemforscher ist die Vielzahl von institutionellen Regeln, nach denen in den Demokratien der Welt gewählt wird, kaum zu überschauen.[11] Die Forschung hat darauf mit der Entwicklung von immer differenzierteren Typologien zur Beschreibung von Wahlsystemen reagiert[12], die ihren eigentlichen Zweck, die Komplexität der Realität in geeigneter Weise zu reduzieren, aber häufig nicht erfüllen. Im Folgenden orientieren wir uns deshalb an der „traditionellen", aber didaktisch gelungenen Darstellung von Blais und Massicotte, die mit einer Diskussion der Entscheidungsregel beginnen und andere Aspekte von Wahlsystemen (Wahlkreisgröße, Struktur des Wahlvorschlages, Stimmenverrechnung) im Anschluss daran erörtern.

Grundsätzlich lassen sich zwei Typen von Entscheidungsregeln unterscheiden: Solche, die auf die Bildung politischer *Mehrheiten* zielen, und solche, die eine möglichst gerechte, d.h. *proportionale* Abbildung von Parteipräferenzen anstreben. Die älteste und einfachste Regel, nach der der Sieger einer Wahl ermittelt werden kann, ist dabei die *relative Mehrheitswahl*. Diese wird zumeist in Einer-Wahlkreisen durchgeführt und ist in dieser Form auch als angelsächsische Variante der Mehrheitswahl bekannt, weil u.a. die US-amerikanischen Kongressabgeordneten sowie die Mitglieder des britischen Unterhauses nach diesem System bestimmt werden. Die Anwendung der Mehrheitswahl ist keineswegs auf Einer-Wahlkreise beschränkt. Selbst in Großbritannien hat sich die Wahl in Einer-Wahlkreisen erst 1950 endgültig durchgesetzt.[13] In der Bundesrepublik wird die Hälfte der Bundestagsabgeordneten nach diesem System bestimmt.

Komplexere Regelungen sind erforderlich, wenn das Wahlsystem die *absolute Mehrheit* der Stimmen fordert, d.h. mindestens 50 Prozent der Stimmen für den Gewinn des Wahlkreises benötigt werden. Wenn keiner der Kandidaten diese absolute Mehrheit erreicht, kann entweder eine Stichwahl zwischen den beiden erstplazierten Bewerbern oder ein regulärer zweiter Wahlgang abgehalten werden, in dem aber nur noch die relative Mehrheit der Stimmen gefordert wird. An diesem zweiten Wahlgang dürfen meist nur solche Bewerber teilnehmen, die bereits im ersten Wahlgang kandidiert haben. Zudem wird häufig verlangt, dass die Kandidaten im ersten Wahlgang einen bestimmten Mindestanteil der Stimmen erreicht haben müssen. In der Bundesrepublik sind absolute Mehrheiten u.a. bei der Wahl des Bundeskanzlers

---

10   Nohlen (Anm. 1), S. 53.
11   André Blais/Louis Massicotte, Electoral Systems, in: Lawrence LeDuc/Richard G. Niemi/Pippa Norris (Hrsg.), Comparing Democracies. Elections and Voting in Global Perspective, Thousand Oaks u.a. 1996, S. 49-81, hier S. 50.
12   Nohlen (Anm. 1), S. 121.
13   Ebd., S. 265.

durch den Bundestag und bei der Wahl des Bundespräsidenten durch die Bundesversammlung erforderlich.[14]

Während das System der absoluten Mehrheitswahl – zumeist kombiniert mit der Möglichkeit einer Stichwahl zwischen den beiden erstplazierten Bewerbern – in zahlreichen Staaten Verwendung findet, in denen das Staatsoberhaupt direkt gewählt wird, spielt es bei Parlamentswahlen in Westeuropa nur noch eine untergeordnete Rolle. Die Wahl zur französischen Nationalversammlung dürfte das bekannteste Beispiel für diese Form des Mehrheitswahlrechtes sein, weshalb in der älteren Literatur auch vom „romanischen Mehrheitswahlsystem" gesprochen wird.[15]

Auch im Deutschen Kaiserreich (1870/71-1918) wurden die Mitglieder des Parlamentes nach dieser Entscheidungsregel bestimmt. Im Zusammenspiel mit der starren Wahlkreiseinteilung, die keine Rücksicht auf das starke Wachstum der städtischen Bevölkerung nahm, führte das absolute Mehrheitswahlsystem dazu, dass die Mehrheitsverhältnisse im Parlament erheblich von der tatsächlichen Stimmenverteilung abwichen. Unter dieser Verfälschung des Wählerwillens hatte vor allem die SPD zu leiden. Der Rat der Volksbeauftragten beschloss deshalb bereits am 12. November 1918 die Einführung des Verhältniswahlsystems für „alle Wahlen zu öffentlichen Körperschaften".[16] Auch in der Weimarer Nationalversammlung bestand weitgehende Einigkeit über dessen Anwendung für die Wahlen zum Reichstag.[17] Mit Artikel 22 der Weimarer Verfassung erhielt das Verhältniswahlsystem schließlich Verfassungsrang.

Im Unterschied zur Mehrheitswahl basiert das System der Verhältniswahl auf dem Prinzip, dass nicht einzelne Personen, sondern vielmehr Personengruppen, so genannte Listen, zur Wahl stehen und die Mandate entsprechend dem Stimmenanteil an die Listen vergeben werden. Je höher ein Kandidat auf der Liste platziert ist, desto besser sind dabei seine Chancen, tatsächlich ins Parlament einzuziehen (vgl. auch Punkt e) unten). Trotz dieses einfachen Grundprinzips kennt das System der Verhältniswahl eine große Zahl von institutionellen Varianten, von denen hier nur die wichtigsten angesprochen werden können:

a) Sperrklauseln: Um eine Zersplitterung des Parteiensystems zu verhindern, berücksichtigen die meisten Verhältniswahlsysteme bei der Man-

---

14 Artikel 63 und Artikel 54 GG. Das Grundgesetz fordert in beiden Fällen sogar die absolute Mehrheit der Mitglieder des betreffenden Gremiums, d.h. der Stimmberechtigten. Darüber hinaus wird das Erfordernis dieser Mehrheit der Mitglieder jeweils erst in einem dritten Wahlgang aufgegeben.

15 Tatsächlich wurde das französische Wahlsystem seit Mitte des 19. Jahrhunderts immer wieder im Sinne der jeweils Regierenden verändert. Für eine Übersicht vgl. Nohlen (Anm. 1), S. 284.

16 Aufruf des Rates der Volksbeauftragten an das deutsche Volk (12. November 1918), in: documentArchiv.de [Hrsg.], http://www.documentArchiv.de/wr/1918/rat-der-volksbeauftragten_ar.html (Stand 6. Januar 2003).

17 Nohlen (Anm. 1), S. 300.

datsvergabe nur solche Parteien, die auf regionaler oder nationaler Ebene einen Mindestanteil der Stimmen (typischerweise 3 bis 5 Prozent) erreicht haben.

b) Anzahl und Größe der Wahlkreise: Einige Staaten haben lediglich einen einzigen Wahlkreis eingerichtet, der das ganze Land umfasst. Andere Länder verfügen über mehrere Wahlkreise, die je nach Einwohnerzahl unterschiedlich viele Abgeordnete ins Parlament entsenden können. Die Existenz „kleiner" Wahlkreise, in denen zehn oder weniger Sitze zu vergeben sind, wirkt dabei faktisch wie eine Sperrklausel, weil Parteien, die nur wenige Prozent der Wähler für sich gewinnen können, unter diesen Umständen keine Mandate erhalten, sofern sie nicht über regionale Hochburgen verfügen. Die Einführung der Verhältniswahl in Dreier- oder Viererwahlkreisen, die vermutlich zum parlamentarischen Verschwinden der FDP geführt hätte, wurde in der Bundesrepublik u.a. von der Großen Koalition diskutiert.

Verfahren der Stimmverrechnung: Zur Umrechnung der gewonnenen Stimmen in Mandate existieren zwei Haupttypen von Verfahren. Bei den *Divisorverfahren* wird die Anzahl der Stimmen, die jede Partei erhalten hat, durch eine aufsteigende Zahlenreihe geteilt, so dass sich für jede Partei eine Quotientenreihe ergibt. Das erste zu vergebende Mandat geht nun an die Liste mit dem höchsten Quotienten, das zweite Mandat an die Liste mit dem zweithöchsten Quotienten usw., bis alle Mandate verteilt sind. Das bekannteste Divisorverfahren ist die Methode d'Hondt, die auf der Divisorenreihe 1,2,3... beruht und bei den Bundestagswahlen bis 1983 angewendet wurde.[18]

Bei den *Wahlzahlverfahren* wird hingegen zunächst die für einen Parlamentssitz benötigte Stimmenzahl (= Wahlzahl) ermittelt, indem die Anzahl der gültigen Stimmen durch einen vorab festgelegten Divisor geteilt wird. Durch diese Wahlzahl wird dann wiederum die Zahl der Stimmen, die jede Liste erhalten hat, dividiert. Der ganzzahlige Anteil des Ergebnisses entspricht der Zahl der Mandate, die die betreffende Liste in einer ersten Verteilungsrunde erhält. Verbleibende Mandate können dann entweder auf der Ebene des Wahlkreises an die Liste(n) mit dem größten Divisionsrest vergeben oder auf eine übergeordnete Ebene der Stimmverrechnung transferiert werden. Bei der Berechnung der Wahlzahl wird im einfachsten Fall die Zahl der zu vergebenden Mandate als Divisor benutzt (*Hare quota*).[19] In Deutschland wird seit 1987 eine Variante dieses Verfahrens zur Vergabe der Bundestagsmandate verwendet.

---

18 Die zwei Varianten der Methode Sainte-Laguë basieren auf dem gleichen Grundprinzip, verwenden aber andere Divisorenreihen.

19 Neben der Hare quota findet vor allem die Methode Hagenbach-Bischoff (auch Droop quota genannt) Verwendung, bei der die abgegebenen Stimmen durch die Zahl der Mandate +1 geteilt werden. Aus diesem größeren Divisor resultiert eine kleinere Wahlzahl, was häufig dazu führt, dass mehr Mandate bereits in der ersten Runde verteilt werden.

c) Ebenen der Stimmverrechnung: Wenn nicht alle Mandate im Wahlkreis vergeben werden, besteht die Möglichkeit, auf einer zweiten oder sogar dritten Ebene einen Ausgleich zwischen den Wahlkreisen herzustellen. Zumeist werden solche Regelungen getroffen, um die Nachteile zu kompensieren, die kleinen Parteien in kleinen Wahlkreisen entstehen, und somit die Proportionalität der Repräsentation zu verbessern. Die Möglichkeiten, zwei oder sogar drei Ebenen der Stimmverrechung miteinander zu verknüpfen, sind komplex und können unbeabsichtigte Konsequenzen nach sich ziehen.[20] Das Wahlsystem der Bundesrepublik beinhaltet drei Ebenen der Stimmverrechnung (Wahlkreis-, Länder- und Bundesebene).

d) Form der Liste und Stimmgebung: Schließlich lassen sich Wahlsysteme noch danach unterscheiden, in welcher Form sich die Listen präsentieren und welche Auswahlmöglichkeiten der Wähler hat. Beide Aspekte sind meist eng miteinander verknüpft.[21] Bei der starren Liste wird die Reihenfolge der Kandidaten von Parteigremien festgelegt. Der Wähler verfügt über eine einzige Listenstimme, mit der er einen Vorschlag als Ganzes akzeptieren kann. Bei der lose gebundenen Liste hingegen entscheidet sich der Wähler zwar ebenfalls für den Vorschlag einer Partei, kann aber die Reihenfolge der Kandidaten verändern, in dem er eine zusätzliche Kandidatenstimme abgibt oder einzelnen Kandidaten mehrere Stimmen zukommen lässt (Kumulieren). Bei der freien Liste schließlich verfügt der Wähler ebenfalls über mehrere Stimmen, die er nach Belieben auf die Kandidaten verschiedener Listen verteilen kann (Panaschieren). Freie Listen sind im Kommunalwahlrecht der meisten deutschen Bundesländer implementiert, die Listen für die Bundestagswahl und die meisten Landtagswahlen sind hingegen starr.

Gemischte Wahlsysteme kombinieren die Prinzipien von Mehrheits- und Verhältniswahl miteinander. Dabei lassen sich drei grundsätzliche Arrangements unterscheiden:[22] Im einfachsten Fall wird in einigen Teilen des Wahlgebietes, etwa in großen Wahlkreisen, nach dem Verhältnissystem gewählt, während in anderen Teilen eine Variante des Mehrheitswahlrechtes gilt. Jeder Wähler hat dabei nur eine Stimme.

Zweitens besteht die Möglichkeit, vorab festzulegen, dass im gesamten Wahlgebiet ein bestimmter Anteil der Abgeordneten nach dem Verhältnis-, der Rest aber unabhängig von diesen nach dem Mehrheitswahlsystem bestimmt wird, wobei jeder Wähler eine Stimme für eine Liste und eine weitere Stimme für einen Kandidaten abgeben kann. In diesem Fall spricht man von

---

20 Blais/Massicotte (Anm. 11), S. 60; Nohlen (Anm. 1), S. 115. Zur Stimmenverrechnung im Wahlsystem der Weimarer Republik vgl. Jürgen W. Falter/Thomas Lindenberger/Siegfried Schumann, Wahlen und Abstimmungen in der Weimarer Republik, München 1986, S. 23f.
21 Nohlen (Anm.1), S. 97.
22 Blais/Massicotte (Anm. 11), S. 65.

parallelen, segmentierten oder Grabenwahlsystemen. Solche Grabenwahlsysteme wurden während der 1990er Jahre im Zuge von Wahlrechtsreformen in einer Reihe von Ländern eingeführt (u.a. für die Wahl der nationalen Parlamente in Russland und Japan sowie für die Wahl der Regionalparlamente in Schottland und Wales). In der Bundesrepublik lancierte die Union bereits Mitte der 1950er Jahre einen Vorschlag zur Einführung eines derartigen Systems, das die FDP in ihrer parlamentarischen Existenz bedroht hätte, zog ihn dann aber wieder zurück.

Von diesen segmentierten Wahlsystemen sind schließlich drittens Systeme abzugrenzen, in denen bei der Verteilung der Listenmandate eine Verrechnung zwischen Listen- und Kandidatenstimmen stattfindet, so dass die Zusammensetzung des Parlamentes insgesamt (in etwa) dem Anteil der Parteien an den Listenstimmen entspricht. Verzerrungen im Kräfteverhältnis der Parteien, die sich aus dem Mehrheitswahlsystem ergeben, werden auf diese Weise weitgehend ausgeglichen. Diesem letztgenannten Typ sind das bei der Bundestagswahl angewandte System und die Wahlsysteme der meisten Bundesländer zuzuordnen.

2.3 Wählerverhalten

Obwohl beide logisch eng miteinander verbunden sind, ist die moderne Wahl- bzw. Wählerverhaltensforschung weitgehend unabhängig von der Wahlsystemforschung entstanden.[23] Sie beschäftigt sich in erster Linie mit drei Grundfragen:

–   Welche Bürger beteiligen sich aus welchen Gründen überhaupt an einer Wahl?
–   Wie lässt sich deren Wahlentscheidung im Nachhinein erklären?
–   Welche Prognosen sind für den Ausgang zukünftiger Wahlen möglich?

Die empirisch arbeitende Wahlforschung stützt sich dabei in erster Linie auf die klassischen soziologischen und sozialpsychologischen Theorien des Wählerverhaltens. Für konkurrierende Ansätze, die in den letzten Jahren an Bedeutung gewonnen haben, verweisen wir den interessierten Leser auf die einschlägigen Lehrbücher zur Wahlforschung.[24]

Der so genannte *mikrosoziologische* (d.h. auf das unmittelbare soziale Umfeld der Wähler bezogene) Ansatz des Wählerverhaltens wurde Anfang der 1940er Jahre von Paul F. Lazarsfeld und seinen Mitarbeitern an der Co-

---

23   Samuel J. Eldersveld, Theory and Method in Voting Behavior Research, in: The Journal of Politics 13 (1951), S. 70-87; Nils Diederich, Empirische Wahlforschung. Konzeptionen und Methoden im internationalen Vergleich, Köln/Opladen 1965, S. 4f.

24   Wilhelm Bürklin/Markus Klein, Wahlen und Wählerverhalten. Eine Einführung, Opladen 1998; Dieter Roth, Empirische Wahlforschung. Ursprung, Theorien, Instrumente und Methoden, Opladen 1998.

lumbia University entwickelt.[25] Ausgangspunkt ihrer Studien war die Frage, wie sich bei den Wählern im Verlaufe des Wahlkampfes eine konkrete Wahlabsicht herausbildet. Zu diesem Zweck führten Lazarsfeld u.a. eine sehr aufwendige Untersuchung durch, bei der eine repräsentative Stichprobe von Wahlberechtigten über die gesamte Dauer eines Wahlkampfes hinweg mehrfach bezüglich ihrer Wahlabsicht, ihrer Bewertung der Kandidaten und ihrer Einschätzung der wichtigsten politischen Themen befragt wurde.

Dabei stellten Lazarsfeld u.a. rasch fest, dass sozialstrukturelle Variablen, vor allem der sozioökonomische Status und die Konfessionszugehörigkeit, in einem engen Zusammenhang mit der Wahlabsicht standen. Gemeinsam mit dem Umfeld, in dem ein Wähler lebt (Land versus Stadt), bildeten sie den so genannten „Index of Political Predisposition"[26], mit dessen Hilfe sich die Wahlabsicht erstaunlich gut vorhersagen ließ. Mit leicht resigniertem Unterton kamen die Autoren deshalb zu dem Schluss, dass – anders als eigentlich erwartet – die politischen Präferenzen ihrer Befragten in hohem Maße sozial determiniert waren.[27] Für viele Wähler stand deshalb schon mehrere Monate vor dem Wahltag fest, für welche Partei sie stimmen würden. Informationen über den Wahlkampf und die Kandidaten wurden von dieser Personengruppe nur sehr selektiv wahrgenommen und dienten nicht mehr der Meinungsbildung, sondern vielmehr der Bestätigung einer bereits getroffenen Entscheidung.[28] Vom demokratischen Idealbild eines mündigen Bürgers, der sich sorgfältig über die zur Wahl stehenden Parteien bzw. Kandidaten informiert und dann auf Grund sachlicher Überlegungen zu einer abgewogenen Entscheidung kommt, waren Lazarsfelds Befragte also weit entfernt.

Warum aber gerade sozialstrukturelle Variablen, die sich auf die Zugehörigkeit zu anonymen Großgruppen beziehen, einen so großen Einfluss auf die Wahlentscheidung haben, konnten Lazarsfeld/Berelson/Gaudet nur schlecht erklären. Eher implizit argumentierten sie damit, dass sozialstrukturelle Variablen als Indikator für die Zugehörigkeit zu einem meist homogenen[29] sozialen Umfeld von Freunden, Familienangehörigen, Nachbarn und Kollegen betrachtet werden können, die ähnliche politische Ansichten vertreten und im Sinne einer Wahlnorm sozialen „Druck"[30] auf das Individuum ausübt. Überlegungen zu den gesamtgesellschaftlichen Prozessen, die dazu führen, dass beispielsweise die amerikanischen Katholiken tendenziell den Demokraten zuneigen, finden sich bei Lazarsfeld u.a. nur in Ansätzen.

---

25 Paul F. Lazarsfeld/Bernard Berelson/Hazel Gaudet, The People's Choice. How the Voter Makes up His Mind in a Presidential Campaign, Chicago 1968 (zuerst 1944); Bernard Berelson/Paul F. Lazarsfeld/William N. McPhee, Voting. A Study of Opinion Formation in a Presidential Campaign, Chicago 1954.

26 Lazarsfeld/Berelson/Gaudet (Anm. 25), S. 25.

27 Ebd., S. 27.

28 Ebd., S. 87.

29 Ebd., S. 137.

30 Ebd., S. 56.

Makrosoziologisch ausgerichtete Erklärungsversuche setzen hingegen gerade an diesem Punkt an. In Deutschland wurden entsprechende Überlegungen zunächst von M. Rainer Lepsius[31] entwickelt, der sich intensiv mit den „sozial-moralischen Milieus" (Arbeitermilieu, katholisches Milieu u.a.) beschäftigte, die für die deutsche Gesellschaft bis in die 1950er Jahre hinein prägend waren. Unter einem Milieu versteht Lepsius ein weitgehend autarkes Netzwerk sozialer Zusammenhänge, das die Angehörigen des Milieus von der „Wiege bis zur Bahre" begleitet und sie an die Werte und Normen des Milieus bindet.

Außerhalb des deutschen Sprachraumes wurde Lepsius aber kaum rezipiert. Auch in der deutschsprachigen Diskussion wurde sein Ansatz bald von einem konkurrierenden Modell verdrängt, das von vornherein auf ein größeres Anwendungsgebiet, nämlich auf (West-)Europa zugeschnitten war und zudem mit abstrakteren Kategorien argumentierte, die leicht auf andere Kontexte zu übertragen waren. Bei diesem Modell handelt es sich um die so genannte Cleavage-Theorie, entwickelt von Seymour Martin Lipset und Stein Rokkan[32] in dem umfangreichen Einleitungskapitel des von ihnen herausgegebenen Sammelbandes „Party Systems and Voter Alignments".[33]

Unter einem Cleavage verstehen Lipset und Rokkan einen dauerhaften sozialen Konflikt, in dem sich (mindestens) zwei durch soziale Merkmale definierte Großgruppen mit unterschiedlichen Interessen gegenüberstehen. Solche Cleavages gehen letztlich auf Modernisierungsprozesse zurück, die sich in allen europäischen Gesellschaften seit der frühen Neuzeit vollzogen haben. Lipset und Rokkan zufolge lassen sich die zahlreichen sozialen Konflikte Europas in vier große Gruppen einteilen[34]: 1. Konflikte zwischen dem Zentrum eines Landes und der unterworfenen Peripherie; 2. Konflikte zwischen städtischen und ländlichen Gebieten; 3. Konflikte zwischen Staat und (katholischer) Kirche; 4. Konflikte zwischen Arbeiter- und Kapitalinteressen. Politisch relevant werden diese Konflikte jedoch erst dann, wenn eine Reihe von Bedingungen erfüllt ist: 1. Der Konflikt bleibt über einen längeren Zeitraum virulent und spielt im Leben der von ihm betroffenen Personen eine zentrale

---

31 M. Rainer Lepsius, Parteiensystem und Sozialstruktur: Zum Problem der Demokratisierung der deutschen Gesellschaft (zuerst 1966), in: Gerhard A. Ritter (Hrsg.), Deutsche Parteien vor 1918, Köln 1973, S. 56-80.

32 Seymour Martin Lipset/Stein Rokkan, Cleavage Structures, Party Systems, and Voter Alignments: An Introduction, in: Dies. (Hrsg.), Party Systems and Voter Alignments: Cross-National Perspectives, New York/London 1967, S. 1-64.

33 Ausgangspunkt der Überlegungen von Lipset und Rokkan war die strukturfunktionalistische Theorie von Talcott Parsons, die auf einem sehr hohen Abstraktionsniveau das Zustandekommen und die Entwicklung gesellschaftlicher Strukturen zu erklären versucht. In der Rezeption der Cleavage-Theorie geriet diese systemtheoretische Grundlegung jedoch rasch in Vergessenheit. Da Parsons' Systemtheorie wenig zum Verständnis der Cleavage-Theorie beiträgt und für deren praktische Anwendung irrelevant ist, beschränken wir uns hier auf eine vereinfachte Darstellung des Cleavage-Ansatzes.

34 Lipset/Rokkan (Anm. 32), S. 13f.

Rolle; 2. die gesellschaftliche Mobilität ist gering, d.h. die Mitglieder der von einem Konflikt betroffenen sozialen Gruppen gehören diesen typischerweise ein Leben lang an; 3. die Gruppenmitglieder haben die Motivation und die Möglichkeit, sich zur Wahrung ihrer Interessen zusammenzuschließen; 4. die Führer dieser Interessenverbände gründen entweder selbst eine Partei oder verbünden sich mit einer bereits existierenden Partei; 5. diese Partei hat die Chance, die Schwelle der parlamentarischen Repräsentation zu überschreiten.

Sind diese Voraussetzungen gegeben, kommt es zu einer „Politisierung der Sozialstruktur".[35] Es entstehen Parteien, die sich als politische Agenten sozialer Gruppen begreifen und von diesen Gruppen auch als solche wahrgenommen und entsprechend intensiv unterstützt werden.

Lipset und Rokkans Hypothesen zum Zusammenhang zwischen Sozialstruktur, Parteiensystem und Wahlverhalten sind in sich höchst schlüssig und stellen einen leistungsfähigen theoretischen Rahmen für vergleichende Untersuchungen dar, in den sich auch ältere Befunde problemlos einfügen lassen. Ein offensichtlicher Mangel der Cleavage-Theorie besteht aber darin, dass sie der Ebene des Individuums kaum Beachtung schenken. Auf die nur scheinbar triviale Frage, wie es denn zu erklären ist, dass sich der einzelne Wähler tatsächlich meistens so verhält, wie es die Eliten von ihm erwarten, geben sie keine Antwort.

Es liegt nahe, die Lücke auf der Individualebene zu schließen, indem man das makrosoziologische Modell von Lipset und Rokkan mit den komplementären mikrosoziologischen Erkenntnissen der Lazarsfeld-Gruppe und Lepsius' Überlegungen zur Rolle sozialer Netzwerke verbindet. Auch ein solcher kombinierter Erklärungsansatz bleibt jedoch letztlich unbefriedigend, weil er politischen Wandel nur schlecht erklären kann. Machtverschiebungen zwischen den Parteien müssten nach einem strikt soziologischen Verständnis immer auf Veränderungen in der Sozialstruktur zurückgehen. Solche Effekte lassen sich zwar nachweisen, wirken sich jedoch nur langfristig aus. Für kurzfristige Schwankungen im Kräfteverhältnis der Parteien, die bei knappen Mehrheitsverhältnissen durchaus zu Regierungswechseln führen können, gibt der soziologische Ansatz hingegen keine befriedigende Erklärung.

Eine Lösung für dieses Problem stellt das *sozialpsychologische* Modell dar, das zeitlich vor dem makrosoziologischen entstanden ist, aber die Ergebnisse der beiden soziologischen Modelle zu integrieren und ergänzen vermag. Zehn Jahre nach „The People's Choice" veröffentlichten Angus Campbell, Gerald Gurin und Warren E. Miller von der University of Michigan ihre erste große Wählerstudie[36], deren Argumentationslinie sich radikal von den Arbeiten der Columbia-Schule unterschied: Campbell u.a. erklärten das Wahlverhalten ihrer Respondenten ausschließlich durch so genannte *psychologische* Einstellungsvariablen, nämlich durch die Bewertung der Kandidaten, die Po-

---

35 Franz Urban Pappi, Parteiensystem und Sozialstruktur in der Bundesrepublik, in Politische Vierteljahresschrift 14 (1973), S. 191-213.

36 Angus Campbell/Gerald Gurin/Warren E. Miller, The Voter Decides, Evanston 1954.

sition zu den wichtigsten politischen Streitfragen und durch die so genannte Parteiidentifikation, unter der das Gefühl der Zugehörigkeit zu einer Partei („psychologische Mitgliedschaft") zu verstehen ist. Alle drei psychologischen Variablen standen dabei zunächst gleichberechtigt nebeneinander. Soziale Einflüsse galten als exogen und blieben unberücksichtigt.

Für diesen „Psychologismus" wurden Campbell u.a. heftig kritisiert. Zu Recht wurde ihnen vorgeworfen, dass ihr Modell den gesellschaftlichen Kontext der Wahlentscheidung fast vollständig ignorierte und Wahlverhalten auf Variablen zurückführte, die selbst so eng mit dem Wahlakt verbunden sind, dass die Erklärung tautologische Züge anzunehmen drohte. Campbell und seine Mitarbeiter reagierten auf diese Einwände, indem sie ihr ursprüngliches Konzept zu einem *sozialpsychologischen* Modell erweiterten, das nach dem Sitz ihrer Heimatuniversität auch als Ann-Arbor-Modell bezeichnet wird. Mit dem „American Voter[37]" stellten sie dieses neue Modell der wissenschaftlichen Öffentlichkeit vor. Die Resonanz war überwältigend: „The American Voter" wurde zu einer der einflussreichsten Monographien in der Geschichte der Wahlforschung. Bis heute dominiert das Ann-Arbor-Modell die wissenschaftliche Auseinandersetzung mit dem Wahlverhalten in den westlichen Demokratien.

Von den älteren Arbeiten der Michigan-Gruppe unterscheidet sich „The American Voter" in zweierlei Hinsicht: Zum einen gilt die Parteiidentifikation nun als eine längerfristig stabile Variable, die den eher tagespolitisch geprägten Orientierungen an Kandidaten und Sachfragen kausal vorgelagert ist. Zum zweiten werden die drei psychologischen Variablen nicht mehr als gegeben angesehen, sondern ihrerseits auf weiter in der Vergangenheit liegende Faktoren zurückgeführt. Unter diesen spielen die historischen Erfahrungen der eigenen Bezugsgruppe mit den verschiedenen Parteien und die Verstärkung bzw. Abschwächung entsprechender Wahlnormen durch das unmittelbare soziale Umfeld eine wesentliche Rolle.[38] Somit kann das Ann-Arbor-Modell als Verallgemeinerung der soziologischen Theorien des Wahlverhaltens betrachtet werden, an die es anknüpft. Die Erklärungsleistungen der älteren Ansätze beinhaltet das Modell gleichsam als Spezialfälle. Für die empirisch arbeitende Wahlforschung in der Bundesrepublik und den anderen westlichen Demokratien stellt das Ann-Arbor-Modell in Verbindung mit den soziologischen Ansätzen deshalb bis heute den wichtigsten Bezugspunkt dar.

---

37   Angus Campbell/Philip E. Converse/Warren E. Miller u.a., The American Voter, New York 1960.

38   Ebd. S. 146, 295; Russell J. Dalton/Paul Allen Beck/Scott C. Flanagan, Electoral Change in Advanced Industrial Democracies, in: Russell J. Dalton/Scott C. Flanagan/Paul Allen Beck (Hrsg.), Electoral Change in Advanced Industrial Democracies: Realignment or Dealignment, Princeton 1984, S. 3-22, hier S. 12.

3. Wahlen in der Bundesrepublik

3.1 Wahlsystem

Das in Deutschland seit 1953 im Wesentlichen unverändert gültige Wahlsystem ist als „personalisierte Verhältniswahl" bekannt. Diese Bezeichnung macht deutlich, dass es sich im Kern um ein System der proportionalen Repräsentation handelt: Entscheidend für das Kräfteverhältnis der Parteien im Bundestag ist der Anteil an den gültigen Listenstimmen („Zweitstimmen"), den sie bundesweit erringen können, da die derzeit 598 Bundestagsmandate nach dem Hare-Niemeyer-Verfahren[39] entsprechend diesem Anteil an die Parteien vergeben werden. Auf dieser obersten Ebene der Stimmenverrechnung wird also das ganze Bundesgebiet als ein einziger Wahlkreis betrachtet. Um an der Mandatsverteilung beteiligt zu werden, benötigt eine Partei auf Bundesebene[40] einen Mindestanteil von fünf Prozent der gültigen Stimmen (Sperrklausel).[41]

Eine dem föderalen Aufbau der Bundesrepublik geschuldete Eigentümlichkeit der Ausgestaltung des Wahlrechtes besteht darin, dass zur Wahl ausschließlich Landeslisten zugelassen sind. Da diese im Normalfall eine Listenverbindung eingehen[42], muss nach der Vergabe der Mandate an die Parteien eine zweite Verteilungsrunde stattfinden, in der die einer Partei insgesamt zustehenden Mandate entsprechend deren Anteil am Gesamtergebnis der Partei auf die Landeslisten aufgeteilt werden. Infolgedessen spiegeln sich in der Zusammensetzung der Fraktionen und des Bundestages neben der Bevölkerungsverteilung auch die regionalen Stärken und Schwächen der Parteien sowie entsprechende Unterschiede in der Wahlbeteiligung[43] wider.

Eine weitere Besonderheit des deutschen Wahlsystems ist die Personenstimme („Erststimme") durch die das Verhältniswahlsystem ergänzt wird.

---

39 Als Hare-Niemeyer-Verfahren wird in Deutschland eine Variante des im Abschnitt 2.2 vorgestellten Wahlzahlverfahrens nach Hare bezeichnet, das durch eine Zusatzbedingung sicherstellt, dass einer Partei, die mehr als 50 Prozent der Zweitstimmen erhält, in jedem Fall die absolute Mehrheit der Sitze zugewiesen wird (§6, Absatz 3 Bundeswahlgesetz).

40 Bis zur Wahlrechtsreform von 1953 genügte ein Zweitstimmenanteil von fünf Prozent in einem Bundesland für die Teilnahme an der Mandatsverteilung. Bei der „Vereinigungswahl" von 1990 wurde nach einem Urteil des Bundesverfassungsgerichtes die Fünfprozenthürde in beiden Wahlgebieten getrennt angewendet.

41 Alternativ dazu berechtigt auch der Gewinn von drei Direktmandaten zur Teilnahme an der Mandatsverteilung (Grundmandatsklausel).

42 Seit der Neufassung des Bundeswahlgesetzes von 1975 gelten die Landeslisten einer Partei als verbunden, sofern die Partei dem nicht widerspricht (§ 7, Absatz 1 BWG), was in der Praxis niemals geschieht. Parteiübergreifende Listenverbindungen sind unzulässig.

43 Dieser letztgenannte Effekt wird allerdings dadurch abgemildert, dass jedem Land unabhängig von der Wahlbeteiligung eine fixe Zahl von Direktmandaten zusteht (vgl. dazu das nächste Kapitel).

Mit ihr entscheiden die Wähler darüber, welcher Wahlkreisbewerber („Direktkandidat") in den Bundestag einziehen kann. Abgestimmt wird in diesem Fall nach dem relativen Mehrheitswahlrecht in derzeit 299 Einerwahlkreisen. Die Aufteilung dieser Wahlkreise auf die Bundesländer richtet sich nach deren Anteil an der Gesamtbevölkerung der Bundesrepublik – so verfügt das Land Bremen über zwei, das Land Nordrhein-Westfalen hingegen über 64 Bundestagswahlkreise. Der Zuschnitt der Wahlkreise soll dabei den Grenzen der Gemeinden und Landkreise entsprechen. Weicht die Bevölkerungszahl eines Wahlkreises um mehr als 25 Prozent vom Durchschnitt aller Wahlkreise ab, muss eine Neueinteilung erfolgen.[44] Üblicherweise fallen alle Direktmandate an die beiden großen Parteien. Vertreter der kleinen Parteien und unabhängige Bewerber sind in der Regel chancenlos.[45]

Unter normalen Umständen hat das Erststimmenergebnis keine Bedeutung für die Zusammensetzung des Bundestages, weil zwischen Direkt- und Listenmandaten eine Verrechnung stattfindet: Von den Bundestagsmandaten, die dem Landesverband einer Partei nach dem Zweitstimmenanteil zustehen, werden die in dem betreffenden Bundesland direkt gewonnenen Sitze abgezogen, so dass entsprechend weniger Mandate mit Listenbewerbern besetzt werden können. Zudem ist es üblich, dass die Wahlkreisbewerber einen aussichtsreichen Platz auf der Landesliste erhalten. Deshalb können sie häufig auch dann in den Bundestag einziehen, wenn sie ihren Mitbewerbern im Wahlkreis unterliegen. Da die Landeslisten bei der Bundestagwahl überdies „starr", also von den Bürgern in ihrer Reihenfolge und Zusammensetzung nicht beeinflussbar sind, kann von einer Personalisierung des Verhältniswahlrechtes nur mit großen Einschränkungen die Rede sein.

Zwei Sonderregelungen im Bundeswahlgesetz[46] sind dafür verantwortlich, dass das Erststimmenergebnis bei den Bundestagswahlen von 1994, 1998 und 2002 dennoch einen erheblichen Einfluss auf den Wahlausgang hatte: die Grundmandatsklausel und die Bestimmungen zu den so genannten Überhangmandaten. Erstere besagt, dass eine Partei, die mindestens drei Di-

---

44 Vgl. § 3 BWG.
45 Bei der ersten Bundestagswahl gewannen vier parteilose Bewerber ein Direktmandat, die sich aber nach ihrer Wahl den Fraktionen der Union, der FDP bzw. des BHE anschlossen (Peter Schindler, Datenhandbuch zur Geschichte des Deutschen Bundestages 1949 bis 1999, Bd. 1. Baden-Baden 1999, S. 284-286). Seitdem gab es keine erfolgreichen parteilosen Wahlkreisbewerber mehr. Vertretern der Bayernpartei, der Deutsche Partei, der FDP, des Zentrums sowie einer Reihe von Wählergruppen gelang es in einzelnen Wahlkreisen noch bis 1957, sich gegen die Kandidaten von Union und SPD durchzusetzen. Danach wurden die Direktmandate stets von den großen Parteien besetzt (vgl. ebd., S. 240). Erst nach der Wiedervereinigung fielen aufgrund lokaler Besonderheiten wieder einige wenige Wahlkreise an die Kandidaten kleinerer Parteien (FDP 1990, Grüne 2002, PDS 1990, 1994, 1998 und 2002).
46 Zur Entstehung dieser Regelungen vgl. Eckhard Jesse, Ist das Wahlsystem zum Deutschen Bundestag reformbedürftig? Eine politikwissenschaftliche Analyse, in: Hans-Dieter Klingemann/Max Kaase (Hrsg.), Wahlen und Wähler. Analysen aus Anlass der Bundestagswahl 1998, Wiesbaden 2001, S. 503-527.

rektmandate gewinnt, an der regulären Mandatsverteilung teilnimmt, auch wenn sie einen Zweitstimmenanteil von weniger als fünf Prozent erreicht. Seit dem Verschwinden der vor allem in Niedersachsen erfolgreichen Deutschen Partei (DP) in den 1950er Jahren war diese Regel nicht mehr zur Anwendung gekommen. In den 1990er Jahren wurde sie jedoch zu einer Option für das elektorale Überleben der PDS auf Bundesebene: Nach einem eigens auf diese Sonderregel abgestellten Wahlkampf erreichte die PDS 1994 in vier Ostberliner Wahlkreisen die relative Mehrheit der Erststimmen und durfte daraufhin entsprechend ihrem Zweitstimmenanteil insgesamt 30 Vertreter in den Bundestag entsenden, obwohl sie auf Bundesebene nur 4,4 Prozent der Zweitstimmen erhielt.[47] Ohne die Grundmandatsklausel wäre sie lediglich mit den vier Direktkandidaten im Bundestag vertreten gewesen, deren Mandat unabhängig vom Zweitstimmenergebnis ihrer Partei durch das Bundeswahlgesetz garantiert ist.

Die Regel, dass einem erfolgreichen Direktkandidaten sein Mandat nicht entzogen werden darf,[48] ist indirekt auch für die Entstehung von Überhangmandaten verantwortlich. Solche zusätzlichen Mandate fallen immer dann an, wenn eine Partei in einem Bundesland mehr Direktmandate gewinnt, als ihr nach dem Zweitstimmenanteil für dieses Land überhaupt zustehen. In diesem Fall vergrößert sich der Bundestag über die gesetzlich vorgesehene Zahl von Mitgliedern hinaus. Während die Existenz von Überhangmandaten in der alten Bundesrepublik von geringer Bedeutung war, fiel bei den Wahlen von 1994, 1998 und 2002 vor allem in den neuen Ländern eine große Zahl solcher zusätzlicher Mandate an, was in erster Linie auf ostdeutsche Besonderheiten wie die überproportional große Zahl von Wahlkreisen, die vergleichsweise niedrige Wahlbeteiligung und die relative Schwäche der beiden großen Parteien zurückzuführen war.[49]

Da das Bundeswahlgesetz anders als die Wahlordnungen mancher Bundesländer, deren Landtage ebenfalls nach einem Zwei-Stimmen-System gewählt werden, keine Ausgleichsmandate vorsieht, ist eine Partei, die Überhangmandate erhält, gemessen an ihrem Listenstimmenanteil überrepräsen-

---

47 Bei der Bundestagswahl von 1990 genügte ein Zweitstimmenanteil von fünf Prozent in den neuen oder in den alten Ländern für den Einzug in den Bundestag; 1998 gewann die PDS vier Direktmandate, konnte aber ohnehin knapp die Fünfprozenthürde überwinden. Bei der Bundestagswahl 2002 blieb die Partei unter fünf Prozent und gewann in lediglich zwei Wahlkreisen ein Direktmandat.

48 Ein Verbot der Partei des Bewerbers führt allerdings zum Mandatsverlust (§ 46, Absatz 1 BWG).

49 1994 gab es insgesamt 16 Überhangmandate, davon 13 in den neuen Ländern, 1998 fielen 13 Überhangmandate an (davon 12 in Ostdeutschland). Bei der Bundestagswahl von 2002 ergaben sich vier Überhangmandate in den neuen und eines in den alten Ländern. Zu den Ursachen für das häufige Auftreten von Überhangmandaten nach der Wiedervereinigung vgl. u.a. Florian Grotz, Die personalisierte Verhältniswahl unter den Bedingungen des gesamtdeutschen Parteiensystems. Eine Analyse der Entstehungsursachen von Überhangmandaten seit der Wiedervereinigung, in: Politische Vierteljahresschrift 41 (2000), S. 707-729.

tiert. 1994, 1998 und 2002 ermöglichte dieser Effekt des Wahlsystems den Regierungsparteien den Ausbau einer ansonsten knappen Mehrheit, was als willkommener Beitrag zur Stabilisierung der Demokratie angesehen werden mag. Denkbar ist aber auch ohne weiteres, dass durch Überhangmandate eine Regierung ins Amt gelangt, die nach dem Zweitstimmenergebnis als Wahlverlierer gelten müsste.

In jedem Fall tangieren Überhangmandate den Grundsatz der *gleichen* Wahl und der Chancengleichheit der Parteien, weil die Wahlentscheidungen mancher Wähler einen überproportionalen Einfluss auf das Gesamtergebnis haben bzw. manche Parteien weniger Stimmen für einen Sitz im Bundestag benötigen als andere. Auch wenn das Bundesverfassungsgericht in seinem letzten einschlägigen Urteil von 1997 keinen Widerspruch des derzeitigen Wahlrechts zum Grundgesetz festgestellt hat, besteht hier Reformbedarf, etwa durch die Einrichtung von Ausgleichsmandaten, eine Verrechnung von Direkt- und Listenmandaten auf Bundesebene oder die gänzliche Abschaffung des für viele Wähler verwirrenden[50] Systems der doppelten Stimmgebung.

Von dieser Kritik einmal abgesehen, hat sich das deutsche Wahlsystem bewährt.[51] Die Sperrklausel hat bislang im Zusammenspiel mit der Integrationsleistung der großen Parteien einer Zersplitterung des Parteiensystems entgegengewirkt. Zugleich zeigt der Aufstieg der Grünen, dass die Fünfprozenthürde dem Erfolg neuer Parteien nicht entgegenstehen muss.[52]

3.2 Grundmuster des Wahlverhaltens

Über Jahrzehnte hinweg waren in der alten Bundesrepublik sehr stabile Zusammenhänge zwischen der Zugehörigkeit zu sozialen Großgruppen und dem individuellen Wahlverhalten zu beobachten: Arbeiter unterstützten überdurchschnittlich häufig die SPD, Katholiken entschieden sich überproportional häufig für die Unionsparteien.[53] Diese beiden Grundmuster lassen sich unter Rückgriff auf die von Lipset und Rokkan entwickelte Theorie als Langzeitfolge der großen sozio-politischen Konflikte des 19. Jahrhunderts erklären und bestimmten bereits das Wählerverhalten im Kaiserreich und in der Weimarer Republik, was die Cleavage-Theorie eindrucksvoll bestätigt.

Sowohl in der Zentrumspartei (der wichtigsten Vorgängerin der heutigen Unionsparteien) als auch in der SPD gab es aber schon zur Zeit der ersten Republik Bestrebungen, über das jeweilige Milieu hinaus Wählerstimmen zu

---

50 Rüdiger Schmitt-Beck, Denn sie wissen nicht, was sie tun ... Zum Verständnis des Verfahrens der Bundestagswahl bei westdeutschen und ostdeutschen Wählern, in: Zeitschrift für Parlamentsfragen 24 (1993), S. 393-415.

51 Jesse (Anm. 46).

52 Zum Erfolg der Grünen dürfte allerdings auch das föderale System erheblich beigetragen haben, das es den Wählern ermöglicht, zunächst einmal auf Landesebene mit der Wahl neuer Parteien zu experimentieren.

53 Pappi (Anm. 35).

gewinnen und auf diese Weise zu für alle sozialen Gruppen wählbaren „Volksparteien" zu werden. Mit dem demokratischen Neubeginn setzte sich diese Linie in beiden Parteien durch. Die strategische Neuorientierung der Parteien vollzog sich innerhalb einer Gesellschaft, deren politische Kultur sich rasch wandelte.[54] In Folge von Prozessen, die mit den Schlagworten Bildungsexpansion, Massenwohlstand, Zunahme der Mobilität und Wertewandel beschrieben werden können, mussten die von Lepsius beschriebenen Milieus an Bedeutung für das politische Denken und Verhalten der Westdeutschen verlieren.

Wie Gluchowski und Wilamowitz-Moellendorff[55] in einer Längsschnittanalyse zeigen konnten, gibt es in der Tat empirische Belege für einen schwindenden Einfluss sozialstruktureller Merkmale auf das Wahlverhalten. Zum einen sind die sozialen Kerngruppen, auf die sich SPD und Unionsparteien stützen konnten, seit der Nachkriegszeit deutlich geschrumpft, während der politisch schwächer gebundene „Neue Mittelstand" entsprechend gewachsen ist. So sank der Anteil der Arbeiter an allen Erwerbstätigen bis in die 1990er Jahre von mehr als 50 auf rund 35 Prozent. Zugleich ging auch die Zahl der (aktiven) Kirchenmitglieder stark zurück.[56] Zum anderen gibt es Hinweise darauf, dass sich *innerhalb* der sozialen Großgruppen, die als Stammklientel von SPD und Union galten, die Unterstützung für diese Parteien[57] abgeschwächt hat.

Dieser letztgenannte Befund ist jedoch keineswegs unstrittig. So konnten die methodisch sehr aufwändigen Analysen von Jagodzinsiki und Quandt[58] sowie Müller[59] keine substantiellen Belege für einen nachlassenden Einfluss der Gruppenzugehörigkeit auf das Wahlverhalten finden. Festzuhalten bleibt deshalb, dass die bekannten Verbindungen zwischen Gruppenzugehörigkeit und Wahlentscheidung offensichtlich nur langsam verschwinden – die Sozialstruktur der alten Bundesrepublik ist keineswegs völlig entpolitisiert.

Dies zeigt sich übrigens nicht nur im Wahlverhalten, sondern auch auf der Ebene der politischen Eliten: So gehörten noch im 11. Deutschen Bundestag (1987-1990) nach eigener Auskunft rund zwei Drittel der Unions-Abgeordneten der katholischen Konfession an,[60] obwohl der Bevölkerungs-

---

54 David P. Conradt, Changing German Political Culture, in: Gabriel A. Almond/Sidney Verba (Hrsg.), The Civic Culture Revisited, Boston/Toronto 1980, S. 212-272.

55 Peter Gluchowski/Ulrich von Wilamowitz-Moellendorff, Sozialstrukturelle Grundlagen des Parteienwettbewerbs in der Bundesrepublik Deutschland, in: Oscar W. Gabriel/Oskar Niedermayer/Richard Stöss (Hrsg.), Parteiendemokratie in Deutschland, Opladen 1997, S. 179-208.

56 Ebd., S.186f.

57 Ebd., S.191-197.

58 Wolfgang Jagodzinski/Markus Quandt, Wahlverhalten und Religion im Lichte der Individualisierungsthese. Anmerkungen zu dem Beitrag von Schnell und Kohler, in: Kölner Zeitschrift für Soziologie und Sozialpsychologie 49 (1997), S. 761-782.

59 Walter Müller, Klassenstruktur und Parteiensystem, in: Kölner Zeitschrift für Soziologie und Sozialpsychologie 50 (1998), S. 3-46.

60 Schindler (Anm. 45), S. 665ff.

anteil der Katholiken in der alten Bundesrepublik bei lediglich etwa 50 Prozent lag. Unter den Abgeordneten der anderen Fraktionen gaben hingegen jeweils weniger als 15 Prozent an, dieser Konfession anzugehören; die große Mehrheit machte überhaupt keine Aussagen zu ihrer Kirchenmitgliedschaft. Umgekehrt waren im 11. Bundestag 97 Prozent der SPD-Abgeordneten, aber nur acht Prozent der Mandatsträger der Union Mitglied einer DGB-Gewerkschaft.[61] Auf diese Weise beeinflussen die großen Auseinandersetzungen des 19. Jahrhunderts noch mehr als hundert Jahre nach ihrem Aufbrechen das politische Geschehen in der alten Bundesrepublik, auch wenn dies den meisten Akteuren kaum bewusst sein dürfte.

Unabhängig von der Frage nach dem Einfluss der Gruppenzugehörigkeit auf das Wahlverhalten war der Anteil der langfristigen Parteianhänger in der alten Bundesrepublik über Jahrzehnte hinweg relativ hoch. In den späten 1970er und frühen 1980er Jahren besaßen rund 80 Prozent der Erwachsenen eine (häufig durch die soziale Gruppenzugehörigkeit abgestützte) Parteiidentifikation im Sinne des Ann-Arbor-Modells. Seitdem ist dieser Anteil kontinuierlich, aber sehr langsam gesunken und liegt heute immer noch bei knapp 65 Prozent. Nach dem sozial-psychologischen Modell werden diese Menschen unter normalen politischen Umständen für „ihre" Partei stimmen, da die Parteiidentifikation trotz der gestiegenen Bedeutung von Themen und Kandidaten noch immer einen großen Einfluss auf die Wahlentscheidung hat.[62] Nur dann, wenn ein Parteianhänger mit Personal und Programmatik der eigenen Partei besonders unzufrieden ist, wird er sich für eine andere Partei entscheiden oder sich der Stimme enthalten.

Die weite Verbreitung von stabilen Parteiloyalitäten trägt deshalb wesentlich zur Erklärung zweier weiterer Grundmuster des Wahlverhaltens in der alten Bundesrepublik bei: Die Wahlbeteiligungsraten bei Bundestagswahlen sind seit Mitte der 1970er Jahre mit Werten zwischen etwa 75 und knapp unter 90 Prozent recht hoch, während die zwischen zwei Urnengängen zu beobachtenden Nettoveränderungen im Kräfteverhältnis der Parteien relativ niedrig ausfallen. Erdrutschartige Gewinne und Verluste der Parteien waren in der Bundesrepublik bislang ausgesprochen selten. Im politischen Prozess wirkt die große Gruppe der Parteianhänger somit wie ein Puffer, der allzu starke Veränderungsbewegungen abfedert. Die Ergebnisse der jüngsten Landtagswahlen in Hamburg, Berlin[63] und Sachsen-Anhalt deuten allerdings darauf hin, dass sich zumindest bei den häufig als „Nebenwahlen" bezeichneten Landtagswahlen diese stabilisierende Wirkung der Parteibindungen abschwächt.

---

61 Ebd., S. 723.
62 Jürgen W. Falter/Harald Schoen, Wahlen und Wählerverhalten, in: Thomas Ellwein/Everhard Holtmann (Hrsg.), 50 Jahre Bundesrepublik Deutschland. Rahmenbedingungen – Entwicklungen – Perspektiven, Opladen/Wiesbaden 1999, S. 454-470, hier S. 467.
63 Kai Arzheimer, Die Wahlen zur Hamburger Bürgerschaft und zum Berliner Abgeordnetenhaus 2001, in: Gegenwartskunde 50 (2001), S. 471-481.

Eine deutsche Besonderheit stellen *prima facie* die erstaunlichen Unterschiede im Wahlverhalten der alten und der neuen Bundesbürger dar[64]: Die Anteile der Nicht- und Wechselwähler sind im Osten höher und die Machtverhältnisse ändern sich rascher als in den alten Ländern. Zudem haben im Gebiet der früheren DDR nicht nur FDP und Grüne, die zeitweilig in den ostdeutschen Landtagen überhaupt nicht mehr vertreten waren, sondern auch die beiden großen Parteien mit der unerwartet starken Konkurrenz der PDS zu kämpfen, die dafür im Westen nach wie vor politisch völlig bedeutungslos ist.

Zum Zeitpunkt der Wiedervereinigung waren die meisten Wahlforscher von einem anderen Szenario ausgegangen: Auf dem Gebiet der neuen Länder hatten die Kirchen bereits in den 1920er Jahren deutlich an Unterstützung verloren; unter dem offen religionsfeindlichen Regime der SED sank der Anteil der Kirchenmitglieder, bei denen es sich zumeist um Protestanten handelte, auf weniger als ein Drittel der Gesamtbevölkerung. Umgekehrt betrug der Anteil der Arbeiter an der ostdeutschen Erwerbsbevölkerung in den 1990er Jahren noch über 40 Prozent. Etliche politische Beobachter hatten deshalb geglaubt, die neuen Länder würden sich nach der Wiedervereinigung rasch zu einer Hochburg der SPD entwickeln.

Tatsächlich zeigte sich aber, dass sich die ostdeutschen Arbeiter bei den Bundestagswahlen von 1990 und 1994 in großem Umfang der CDU zuwandten. Offensichtlich hatte die 40 Jahre während Diktatur der SED die traditionellen Bindungen der Arbeiterschaft an die linken Parteien zerstört. Einige Wahlforscher glaubten darüber hinaus, Anzeichen für eine neu entstandene dauerhafte Bindung der ostdeutschen Arbeiter an die Union zu erkennen.[65] Bei der Bundestagswahl von 1998 kehrte sich das bisherige Muster jedoch um, und die ostdeutschen Arbeiter wählten nun – wie auch 2002 – mehrheitlich die SPD.[66]

Die Ursache für dieses auf den ersten Blick rätselhafte Verhalten liegt auf der Hand: In den neuen Ländern gaben zu Beginn der 1990er Jahre fast die Hälfte aller Befragten an, dass sie sich *keiner* Partei besonders verbunden fühlen. Seitdem ist dieser Anteil gesunken, liegt aber immer noch deutlich über dem westlichen Niveau.[67] Das Wahlverhalten in Ostdeutschland wird deshalb in erheblichem Umfang von kurzfristigen Faktoren, d.h. von den Kandidaten und den aktuellen Themen beherrscht, und unterliegt infolgedessen weitaus größeren Schwankungen als im Westen Deutschlands. Von einer „Normalisie-

---

64 Kai Arzheimer/Jürgen W. Falter, „Annäherung durch Wandel?" Das Ergebnis der Bundestagswahl 1998 in Ost-West-Perspektive, in: Aus Politik und Zeitgeschichte, B 52/98, S. 33-43; dies., Ist der Osten wirklich rot? Das Wahlverhalten bei der Bundestagswahl 2002 in Ost-West-Perspektive, in: Aus Politik und Zeitgeschichte, B 49-50/02, S. 27-35.

65 Russell J. Dalton/Wilhelm P. Bürklin, The Two German Electorates: The Social Base of the Vote in 1990 and 1994, in: German Politics and Society 13 (1995), S. 79-99.

66 Forschungsgruppe Wahlen, Bundestagswahl. Eine Analyse der Wahl vom 22. September 2002, Mannheim 2002, S. 55.

67 Arzheimer/Falter (Anm. 64); dies., (Anm. 64).

rung" im Sinne einer Angleichung an die aus dem Westen bekannten Muster kann also trotz der Unterstützung, die die SPD in den letzten Jahren von den Arbeitern erhalten hat, keine Rede sein. In gewisser Weise bilden die Ostdeutschen vielmehr den moderneren Teil des gesamtdeutschen Elektorats.

4. Vergleich mit anderen Demokratien

4.1 Wahlsystem

Wie oben dargelegt, hat sich das bundesdeutsche Wahlsystem bislang überaus gut bewährt. Als Verhältniswahlsystem mit einer substantiellen Prozenthürde stellt es im westeuropäischen Ländervergleich inzwischen eher einen Normal- als einen Sonderfall dar: In dieser Region hat sich das häufig mit einer expliziten Sperrklausel[68] kombinierte Verhältniswahlrecht flächendeckend durchgesetzt und wird selbst im Vereinigten Königreich auf sub-nationaler Ebene angewendet.[69] Varianten des Mehrheitswahlrechtes sind derzeit nur in Frankreich, dem Vereinigten Königreich und Italien in Gebrauch.[70]

Im weltweiten Vergleich spielt das Verhältniswahlrecht eine etwas weniger wichtige Rolle, da viele ehemalige europäische Kolonien sowie einige der neu entstandenen Demokratien in Ost- und Mitteleuropa Formen des Mehrheitswahlrechtes präferieren: Die relative Mehrheitswahl in Einerwahlkreisen wird u.a. in Kanada, den Vereinigten Staaten, Indien, einer Reihe afrikanischer Staaten sowie in etlichen der kleineren Staaten in der Karibik und im Südpazifik präferiert. Das System der absoluten Mehrheitswahl praktizieren u.a. zahlreiche der frankophonen oder von Frankreich beeinflussten Staaten Afrikas sowie Albanien, Kirgistan, Litauen, Mazedonien, Moldawien, Tadschikistan, die Ukraine, Ungarn, Weißrussland und Usbekistan.[71] Von den etablierten Demokratien, d.h. jenen Staaten, die seit mehr als zwanzig

---

68 Verhältniswahlsysteme beinhalten immer eine Art „natürlicher" Sperrklausel, die aus der Wahlkreisgröße resultiert. Künstliche Sperrklauseln haben demgegenüber den Vorteil, dass sie landesweit einheitlich gelten und in ihrer Wirkung für Parteien und Wähler leichter einzuschätzen sind.

69 Die Mitglieder der parlamentarischen Versammlung für Nordirland werden ausschließlich per Verhältniswahl in 18 relativ kleinen Wahlkreisen bestimmt. Bei der Wahl zum schottischen Parlament und zur parlamentarischen Versammlung für Wales gelangen zwei Fünftel bzw. ein Drittel der Parlamentarier ebenfalls durch Verhältniswahl in kleinen Wahlkreisen in ihr Amt, während sich die Mehrzahl der Abgeordneten der traditionellen relativen Mehrheitswahl in Einerwahlkreisen stellt.

70 Ismayr (Anm. 7), S. 37.

71 Albanien, Litauen und Ungarn kombinieren Elemente des absoluten Mehrheitswahlrechtes mit dem System der Verhältniswahl.

Jahren demokratisch regiert werden, wendeten 1997 etwa vierzig Prozent eine Form des Verhältniswahlrechtes an.[72]

Auch das Element der doppelten Stimmgebung zum Zwecke einer Personalisierung stellt inzwischen keine deutsche Besonderheit mehr dar. Auf die Einführung von Grabenwahlsystemen in Russland, Japan und anderen Staaten während der 1990er Jahre wurde bereits hingewiesen. Selbst die lange Zeit nur in der Bundesrepublik übliche Verrechnung zwischen Listen- und Personenstimmen findet sich mittlerweile in den Wahlgesetzen anderer Länder wieder. So wurde mit der Wahlrechtsreform von 1993 in Neuseeland ein Wahlsystem eingeführt, das sich bis in die Gestaltung der Stimmzettel hinein erklärtermaßen am deutschen Vorbild orientiert. Ähnliche Systeme existieren in Bolivien und Venezuela.

4.2 Wahlverhalten

Auch beim Wahlverhalten zeigt der internationale Vergleich, dass die Bundesrepublik keineswegs eine Sonderstellung einnimmt: Religions- und Klassenzugehörigkeit prägten im 20. Jahrhundert in *allen* westlichen Demokratien das Wahlverhalten, wobei die absolute Stärke ebenso wie die relative Bedeutung dieser Effekte teils größer, teils geringer war als in Deutschland. Bereits Lipset und Rokkan haben darauf hingewiesen, dass derartige Unterschiede in erster Linie durch die je unterschiedliche historische Entwicklung der europäischen Staaten zu erklären sind. Eine in der Nachkriegszeit einsetzende mögliche Abschwächung dieser Cleavages wird ebenfalls für alle westlichen Industrieländer diskutiert, ohne dass die Wissenschaft bislang zu einem abschließenden Ergebnis gekommen wäre.[73]

Zu ähnlichen Resultaten gelangt, wer die Betrachtungsweise nicht auf das tatsächliche Wahlverhalten der sozialen Gruppen beschränkt, sondern darüber hinausgehend die *psychologische Verankerung* der Parteien im Elektorat, d.h. die oben angesprochenen langfristigen *Parteiidentifikationen* im Sinne des Ann-Arbor-Modells, untersucht. Dabei zeigt sich, dass in Deutschland wie in den anderen westlichen Demokratien der Anteil derjenigen, die sich selbst als Anhänger einer Partei betrachten, deutlichen Schwankungen unterliegt und im Zeitverlauf erkennbar abnimmt. Diese Erosion be-

---

72 ACE Project, http://www.aceproject.org/main/english/es/esh.htm (Stand: 26. September 2002).

73 David Broughton/Hans-Martien ten Napel, Conclusion: European Exceptionalism, in: David Broughton/Hans-Martien ten Napel (Hrsg.), Religion and Mass Electoral Behaviour in Europe, London/New York 2000, S. 198-209; Brian Girvin, The Political Culture of Secularisation: European Trends and Comparative Perspectives, in: Ebd., S. 7-27; Geoffrey Evans, Class and Vote: Disrupting the Orthodoxy, in: Ders. (Hrsg.), The End of Class Politics? Class Voting in Comparative Context, Oxford 2001, S. 323-334; Paul Nieuwbeerta/Nan Dirk De Graaf, Traditional Class Voting in Twenty Postwar Societies, in: Ebd., S. 23-56.

gann in der alten Bundesrepublik auf einem Ausgangsniveau[74], das fast exakt dem westeuropäischen Durchschnitt entsprach und sich, wie bereits erwähnt, sehr langsam vollzog: Von 1977 bis 2000 ging in den alten Ländern der Anteil der selbsterklärten Parteianhänger jährlich um etwas weniger als 0,7 Prozentpunkte zurück, während er im Osten auf niedrigerem Niveau stagniert.[75] Auch in dieser Hinsicht ist Deutschland alles andere als ein Sonderfall.

Nicht einmal die angesprochenen dramatischen Unterschiede im Wahlverhalten von Ost- und Westdeutschen können als Beleg für eine Sonderstellung Deutschlands unter den Demokratien des 21. Jahrhunderts dienen: Vergleichbar große regionale Disparitäten in Umfang und Modus der Politisierung der Sozialstruktur lassen sich beispielsweise auch in Großbritannien nachweisen.[76] Desgleichen finden sich dort, ebenso etwa in Spanien,[77] Parallelen zu der regionalen Ausdifferenzierung des Parteiensystems, die sich in Deutschland seit der Wiedervereinigung vollzogen hat.[78]

So fielen bei den Unterhauswahlen des Jahres 2001 vier bzw. fünf Sitze an die Regionalparteien Plaid Cymru (PC, Wales) und Scottish National Party (SNP, Schottland). Darüber hinaus gehören dem Parlament in Westminster noch 18 Vertreter diverser nordirischer Parteien sowie ein Abgeordneter einer lokalen Wählerinitiative[79] an, was einem Mandatsanteil von insgesamt rund vier Prozent entspricht. Bei den 1999 abgehaltenen Wahlen zur Welsh National Assembly und zum Scottish Parliament avancierten PC und SNP mit jeweils knapp 30 Prozent der Stimmen sogar zur zweitstärksten Kraft in diesen beiden Regionalparlamenten.[80]

Noch ausgeprägter ist die Tendenz zur Regionalisierung des Parteiensystems in Spanien: Dort entfallen nach den Wahlen vom März 2000 in beiden Kammern des nationalen Parlamentes knapp zehn Prozent der Mandate auf eine Vielzahl kleinerer Parteien, die in den verschiedenen Landesteilen verwurzelt sind.[81] In den Parlamenten einiger „autonomer Gemeinschaften" bilden regionale Parteien wie die CC (Kanaren), CiU (Katalonien) oder die

---

74 Hermann Schmitt/Sören Holmberg, Political Parties in Decline?, in: Hans-Dieter Klingemann/Dieter Fuchs (Hrsg.), Citizens and the State, Oxford u.a. 1995, S. 95-133.

75 Kai Arzheimer, Politikverdrossenheit. Bedeutung, Verwendung und empirische Relevanz eines politikwissenschaftlichen Begriffes, Wiesbaden 2002, S. 285.

76 Evans (Anm. 73), S. 323, Fußnote 1.

77 Harald Barrios, Das politische System Spaniens, in: Ismayr (Anm. 7), S. 585f.

78 Arzheimer/Falter (Anm. 64).

79 Electionworld.org, http://www.electionworld.org/election/unitedkingdom.htm (Stand: 28. Januar 2003).

80 Philip Cowley, David Denver, Andrew Russell u.a. (Hrsg.), British Elections & Parties Review, London/Portland, S. 274f.

81 Electionworld.org, http://www.electionworld.org/election/spain.htm (Stand: 28. Januar 2003)

EAJ-PNV (Baskenland) sogar vor Volkspartei (PP) und Sozialisten (PSOE) die größte Fraktion.[82]

6. Schluss

Ziel dieses Kapitels war es, dem Leser einen knappen Überblick über die wichtigsten Konzepte der internationalen Wahl- und Wahlsystemforschung zu geben und diese auf Deutschland und die westlichen Demokratien anzuwenden. Dabei zeigte sich, dass sich in diesem Bereich keine Hinweise auf eine etwaige Sonderstellung der Bundesrepublik finden lassen. Das seit rund 50 Jahren prinzipiell unveränderte *Wahlsystem* entspricht, von der Besonderheit der doppelten Stimmgebung einmal abgesehen, dem Typus des Verhältniswahlrechts mit substantieller Sperrklausel, der sich vor allem in Westeuropa durchgesetzt hat, aber auch in anderen Regionen der Welt verbreitet ist. Die von uns für den deutschen Fall skizzierten Grundmuster des *Wahlverhaltens* – dominierende Rolle der Parteien und Fortwirken der großen Konflikte des 19. Jahrhunderts, deren Einfluss auf die Politik sich nur langsam abschwächt – lassen sich in dieser Form ebenfalls in fast allen westeuropäischen und in vielen außereuropäischen Gesellschaften nachweisen.

Die bisherigen Ergebnisse der Forschung deuten darauf hin, dass die Unterschiede zwischen den Demokratien der Welt in erster Linie als Folge historischer Ereignisse und Entscheidungen, nicht aber als Ausdruck eines etwaigen „Auseinanderdriftens" der Demokratien betrachtet werden sollten, da die Gemeinsamkeiten bei weitem überwiegen. Präzisere Aussagen über die Entwicklungstendenzen des Wahlverhaltens in den demokratischen Ländern sind derzeit nur schwer zu treffen, da sich die Wählerforschung seit den 1950er Jahren in erster Linie auf die nationalen Elektorate konzentriert hat. Vergleichende Analysen des Wahlverhaltens beschränkten sich zumeist auf die Untersuchung regionaler Unterschiede innerhalb eines Landes.

Erst in den letzten Jahren hat sich diese Situation zum besseren gewendet. So wurde Mitte der 1990er Jahre mit der Comparative Study of Electoral Systems (CSES)[83] eine internationale Wahlstudie ins Leben gerufen, die schon durch ihren Namen deutlich macht, dass sie in bislang einzigartiger Weise individuelle Daten mit Informationen über das Wahlsystem und andere Eigenschaften der betreffenden politischen Systeme zu kombinieren versucht. Ähnliches gilt für die European Election Studies, die sich mit den Wahlen zum Europäischen Parlament beschäftigen.[84] Für die Zukunft ist des-

---

82 Psephos, http://psephos.adam-carr.net/spain/basque2001.txt, http://psephos.adam-carr. net/spain/canarias1.txt, http://psephos.adam-carr.net/spain/catalonia1.txt (Stand: 28. Januar 2003)

83 CSES, http://www.umich.edu/~cses/ (Stand: 28. Januar 2003).

84 European Election Studies, http://shakti.trincoll.edu/~mfrankli/EES.html (Stand: 28. Januar 2003); http://www.gesis.org/en/data_service/eurobarometer/ees/index.htm

halb zu erwarten, dass der unfruchtbare Dualismus zwischen Wahlsystem-
und Wählerforschung überwunden wird und international vergleichende
Aspekte generell eine viel größere Rolle spielen werden.

(Stand: 28. Januar 2003); Cees van der Eijk/ Mark N. Franklin (Hrsg.), Choosing Europe? The European Electorate and National Politics in the Face of Union, Ann Arbor
1996.

Alexander Gallus

Medien, öffentliche Meinung und Demoskopie

1. Einleitung

Hypothetische oder gar kontrafaktische Fragestellungen sind unter Historikern wenig beliebt. Und dennoch mag es in manchem Fall lohnend erscheinen, über die Frage „Was wäre gewesen, wenn …?" nachzudenken. So hat erst jüngst der Intendant des Westdeutschen Rundfunks, Fritz Pleitgen, anlässlich des fünfzigjährigen Jubiläums der „Tagesschau" darüber sinniert, welchen Verlauf wohl der Aufstand vom 17. Juni 1953 genommen hätte, wäre er live im Fernsehen übertragen worden und wären damals nicht nur knapp zehntausend Empfangsgeräte registriert gewesen, sondern hätte das Medium eine Allgegenwart wie heutzutage besessen. Man stelle sich vor, die Bilder von der Stalinallee, der Leipziger Straße und vom Alexanderplatz, aber auch aus den anderen Bezirken der DDR wären weltweit übertragen worden: „Wie groß wäre die Widerstandsbereitschaft der Menschen von Suhl bis Stralsund gewesen, wenn sie das Ausmaß staatlicher Brutalität gesehen hätten? Aber auch: Wie groß wäre das Blutbad dann gewesen?" Vielleicht hätte ein omnipräsentes Fernsehen den Machthabern in Berlin und im Kreml genützt, hätten Bilder von ebenso blutigen wie brutalen Panzereinsätzen die gerade erst aufbegehrenden Massen eingeschüchtert. Vielleicht aber hätte eine Übertragung durch dieses visuelle, glaubwürdige und Emotionen schürende Medium zu einem derart heftigen internationalen Protest geführt, dass sich selbst die Sowjetführung dem Druck der Weltöffentlichkeit nicht hätte entziehen können. Möglicherweise hätten die Aufständischen vom 17. Juni dann schon zu Beginn der fünfziger Jahre die deutsche Einheit erzwungen. Dies alles sind nur Gedankenspiele, doch sie helfen zu verdeutlichen, wie Macht und Einfluss der Medien mit der Expansion des Fernsehens angestiegen sind.

Ein solcher Bedeutungszuwachs lässt sich freilich nicht nur in Revolutions- oder Krisenzeiten erkennen, sondern er wird seit einigen Jahren auch in den gefestigten westlichen Demokratien, in denen kaum noch jemand die Bürger auf die Barrikaden ruft, mit zunehmender Intensität erörtert. Mit den Herausforderungen des Staates in der Informationsgesellschaft in Deutsch-

---

1   Fritz Pleitgen, Zuerst waren wir eine Fernsehnation. Was wäre gewesen, wenn – der Aufstand vom 17. Juni 1953 live von unserem Medium übertragen worden wäre?, in: Frankfurter Allgemeine Zeitung vom 7. Dezember 2002.

land hat sich aus diesem Grund die Enquete-Kommission „Zukunft der Medien in Wirtschaft und Gesellschaft" während der 13. Legislaturperiode im Deutschen Bundestag auseinandergesetzt.[2] Sie widmete ihre Aufmerksamkeit den Veränderungen im Bereich der elektronischen Medien (Stichworte: Globalisierung, Konzentration, Digitalisierung, Kommerzialisierung), die sich vor allem seit der Einführung des Kabel- und Satellitenrundfunks zu Beginn der achtziger Jahre und mit der Etablierung neuer Technologien vollziehen. Die Kommission bekam vom Parlament die Aufgabe gestellt, die Risiken und Chancen der im Wandel begriffenen Informationsgesellschaft zu bilanzieren und insbesondere die politischen Folgen der neuen Kommunikationsmittel abzuschätzen. Ihr Vorsitzender Siegmar Mosdorf bezeichnete es im Abschlussbericht der Enquete-Kommission sogar als die „wichtigste Zukunftsaufgabe der Politik [...], Deutschland ins Informationszeitalter zu führen".[3]

Nicht zuletzt müssen die Politik und ihre Repräsentanten selbst ihr Verhältnis zu den Medien stets von neuem definieren, gegebenenfalls hinterfragen, ändern oder anpassen. Gerade in Wahljahren ist allenthalben der argwöhnische Ruf zu vernehmen, dass sich die Politik in unzulässigem Maße medialisieren lasse, ihre Amerikanisierung, Entertainisierung, Personalisierung und Skandalisierung in vollem Gange sei und verantwortungsvolle Entscheidungspolitik hinter eine reine Darstellungs- oder symbolische Politik zurücktrete. Seit dem professionalisierten und medialisierten Wahlkampf der SPD im Jahr 1998, gesteuert von der „Kampa"[4], ist die Diskussion darüber nicht abgerissen. Im Umfeld der Bundestagswahlen 2002 hat sie einen neuen Höhepunkt erreicht. Auch wenn die Fernsehduelle zwischen „Medienkanzler"[5] Gerhard Schröder und Herausforderer Edmund Stoiber im Vorfeld der Wahlen in ihrer Bedeutung nicht überschätzt werden sollten, so verliehen sie doch Wandlungen im Zusammenspiel von Medien und Politik deutlich Ausdruck und unterstützten die Auffassung jener, die behaupten, dass sich unser politisches System grundsätzlich hin zu einer Fernseh- und Mediendemokratie oder auch Mediokratie entwickle. Intermediäre Instanzen wie Parteien und Parlamente dagegen würden in den Hintergrund gedrängt. Bernd Greiner ist

---

2   Vgl. Christoph H. Werth, Die Herausforderungen des Staates in der Informationsgesellschaft, in: Aus Politik und Zeitgeschichte, B 40/98, S. 22-29.

3   Siegmar Mosdorf, Vorwort, in: Schlußbericht der Enquete-Kommission „Zukunft der Medien in Wirtschaft und Gesellschaft – Deutschlands Weg in die Informationsgesellschaft" zum Thema Deutschlands Weg in die Informationsgesellschaft, Drucksache 13/11004 vom 22. Juni 1998 des Deutschen Bundestages, S. 2.

4   Vgl. Elisabeth Noelle-Neumann/Hans Mathias Kepplinger/Wolfgang Donsbach (Hrsg.), Kampa. Meinungsklima und Medienwirkung im Bundestagswahlkampf 1998, Freiburg/München 1999; Uwe Jun, Der Wahlkampf der SPD zur Bundestagswahl 1998: Der Kampf um die „Neue Mitte" als Medieninszenierung, in: Gerhard Hirscher/Roland Sturm (Hrsg.), Die Strategie des „Dritten Weges". Legitimation und Praxis sozialdemokratischer Regierungspolitik, München 2001, S. 51-95; Knut Bergmann, Der Bundestagswahlkampf 1998. Vorgeschichte, Strategien, Ergebnis, Wiesbaden 2002.

5   Richard Meng, Der Medienkanzler. Was bleibt vom System Schröder?, Frankfurt a.M. 2002.

sogar davon überzeugt, Medien und Politik seien „in einem Teufelskreis gefangen, der an das Wettrüsten vergangener Tage erinnert: Keine Seite glaubt
nachgeben zu dürfen, jeder sucht unter Aufbietung des ewig Gleichen sein
Heil in der Flucht nach vorne."[6] Zwischen der Medialisierung der Politik und
der Politisierung der Medien verläuft ein schmaler Grat.

Gerade angesichts vielfältiger Warnungen vor derartigen Vorgängen und
Tendenzen sollte indes nicht vergessen werden, dass die Politik in der Demokratie eine „kommunikative Bringschuld" zu erfüllen hat und daher folgendes
außer Frage steht: „Politik bedarf der öffentlichen Darstellung, Begründung
und Rechtfertigung, braucht also die Legitimation durch Kommunikation.
Volkssouveränität und freie Kommunikation bedingen einander. Demokratische Politik und Medien stehen deshalb in einem wechselseitigen Abhängigkeitsverhältnis."[7] Wenn es auch selbstverständlich sein müsste, so gilt es
doch an die Grundtatsache zu erinnern, dass demokratische Politik ohne ein
hochentwickeltes Mediensystem in modernen Massengesellschaften nicht
funktionieren kann und den Medien wichtige politische Funktionen wie Sozialisation, Information und Bildung, Meinungsbildung sowie Kritik und
Kontrolle zukommen. „Immer schwingt das Kommunikative in der Politik
mit. Das Publikmachen oder das Publikwerden konstituiert die *Res Publica.*"[8]
Wirkung und Einfluss von Massenmedien sind demnach unabdingbar für den
demokratischen Prozess, schließlich haben sie sich an der Bildung und Vermittlung der öffentlichen Meinung zu beteiligen. Zugleich bleibt an jeder
Form der Medien-Macht allerdings ihre fehlende unmittelbare demokratische
Legitimation problematisch.

Öffentliche und veröffentlichte Meinung können zwar übereinstimmen,
aber sind meistens nicht deckungsgleich oder weichen sogar stark voneinander ab. Ein Grundproblem besteht bereits darin, den Begriff der öffentlichen
Meinung eindeutig zu definieren. Was der Berliner Historiker Hermann
Oncken vor fast hundert Jahren dazu bemerkte, gilt bis in unsere Tage: Wer
den Begriff der öffentlichen Meinung fassen und bestimmen wolle, bemerke
rasch, „daß er es mit einem zugleich tausendfältig sichtbaren und schemen-

---

6   Bernd Greiner, Neue Liaisonen. Kursverfall der Öffentlichkeit: Das Verhältnis von
    Medien und Politik in den Vereinigten Staaten, in: Frankfurter Rundschau vom 18.
    September 2002.
7   Ulrich Sarcinelli, Politikvermittlung und Wahlen – Sonderfall oder Normalität des
    politischen Prozesses? Essayistische Anmerkungen und Anregungen für die For-
    schung, in: Hans Bohrmann u.a. (Hrsg.), Wahlen und Politikvermittlung durch Mas-
    senmedien, Wiesbaden 2000, S. 26; siehe zu diesem grundlegenden Sachverhalt auch
    Andreas Beierwaltes, Demokratie und Medien. Der Begriff der Öffentlichkeit und
    seine Bedeutung für die Demokratie in Europa, Baden-Baden 2000; zu den rechtli-
    chen Grundlagen siehe Michael Kloepfer, Öffentliche Meinung, Massenmedien, in:
    Josef Isensee/Paul Kirchhof (Hrsg.), Handbuch des Staatsrechts der Bundesrepublik
    Deutschland, Band II, 2. Aufl., Heidelberg 1998, S. 171-205.
8   Ulrich von Alemann/Stefan Marschall, Parteien in der Mediendemokratie – Medien in
    der Parteiendemokratie, in: Dies. (Hrsg.), Parteien in der Mediendemokratie, Wiesba-
    den 2002, S. 17 (Hervorhebung im Original).

haften, zugleich ohnmächtigen und überraschend wirksamen Wesen, einem Proteus zu tun hat, der sich in unzähligen Verwandlungen darstellt und uns immer wieder entschlüpft, wenn wir ihn zu halten glauben"[9]. Vor mehreren Jahrzehnten präsentierte der amerikanische Politikwissenschaftler Harwood L. Childs über fünfzig unterschiedliche Definitionen des Begriffs.[10] Aufgrund dieser verwirrenden Vielzahl an Deutungen und Interpretationen wurde schon die Abschaffung des Begriffs oder zumindest dessen Rückzug „aus der vorderen Schußlinie der wissenschaftlichen Diskussion"[11] gefordert. Da es sich bei öffentlicher Meinung jedoch um einen Schlüsselbegriff zur Erörterung der Legitimität demokratischer Herrschaftssysteme handelt, erscheint es zweifelhaft, ob dies eine sinnvolle und umsetzbare Forderung ist. Einen Ausweg aus dem Dilemma bietet die pragmatisch ausgerichtete amerikanische Politikwissenschaft, die mehrheitlich dazu übergegangen ist, öffentliche Meinung als Manifestation dessen zu betrachten, was sich aus den Reaktionen auf die vorformulierten und strukturierten Aussagen wie Fragen im repräsentativen demoskopischen Interview ergibt. Trotz der vielfältigen und nicht selten berechtigten Kritik an diesem positivistischen Verständnis der öffentlichen Meinung soll es dieser Studie zugrundegelegt werden.

Der Aufsatz beabsichtigt, die Rolle der Medien, der öffentlichen Meinung und – verbunden mit deren empirisch ausgerichteten Definition – der Demoskopie in westlichen Demokratien am Beginn des 21. Jahrhunderts zu bilanzieren, wobei der Schwerpunkt auf der Bundesrepublik Deutschland liegt. Es gilt im wesentlichen, drei Fragenkomplexe zu bearbeiten. Erstens: Wandelt sich das politische System der Bundesrepublik Deutschland (und anderer westlicher Demokratien) von einer Parteien- hin zu einer Mediendemokratie? Findet erneut ein Strukturwandel der Öffentlichkeit statt? Welche Erklärungsmodelle sind in der Diskussion? Welche empirischen Befunde lassen sich für den Wandel – oder auch für Kontinuität – ins Feld führen? Zweitens: Wie ist ein solcher Wandel, wenn er denn besteht, aus demokratietheoretischer Perspektive zu bewerten? Drittens: Stellt Deutschland mit Blick auf das Verhältnis von Medien und öffentlicher Meinung zur Politik verglichen mit anderen westlichen Demokratien einen Normal- oder Sonderfall dar?

Damit ist die Struktur des Beitrags im Groben bereits festgelegt: Am Beginn der Erörterungen steht eine knappe Skizze des Forschungsstandes. Es folgt eine Darstellung und Bewertung der aktuellen Situation in der Bundesrepublik Deutschland – beginnend mit einer Erörterung von zentralen Modellen, die zur Erklärung des Beziehungsgeflechts zwischen Medien und Politik dienen. Um einer Antwort auf die Frage näherzukommen, ob es sich bei

9   Hermann Oncken, Politik, Geschichtsschreibung und öffentliche Meinung [1904], in: Ders., Historisch-politische Aufsätze und Reden, Bd. 1, München/Berlin 1914, S. 236.

10 Zur Begriffsgeschichte und Rolle der öffentlichen Meinung in der Demokratie siehe zusammenfassend Alexander Gallus/Marion Lühe, Öffentliche Meinung und Demoskopie, Opladen 1998, S. 10-49.

11 So Hans J. Kleinsteuber, Artikel „Öffentliche Meinung", in: Dieter Nohlen (Hrsg.), Wörterbuch Staat und Politik, 3. Aufl., München 1991, S. 467-469, hier S. 469.

der deutschen Entwicklung um einen Normal- oder Sonderfall handelt, werden dabei in einem kursorischen Vergleich andere westliche Demokratien einbezogen. Der Schlussteil besteht aus einer Zusammenfassung und einem Ausblick, der offene Fragen benennt und künftige Herausforderungen der Demokratie durch den Wandel der politischen Kommunikation diskutiert.

2. Forschungsstand

Lange Zeit belegte die politische Kommunikation innerhalb der Politikwissenschaft einen abseitigen Platz. Von Desinteresse an dieser Thematik kann heute aber nicht mehr die Rede sein. Nimmt man die Zahl der Publikationen als Maßstab, ist dieser einst unterbelichtete Bereich in der Politikwissenschaft „außerordentlich in Mode gekommen"[12]. Zahlreich sind die Veröffentlichungen zu der Frage, wie die Medien die Welt verändern, die liberale Demokratie in Deutschland und anderen Ländern ernsthaft gefährden oder zumindest – neutral gesprochen – Teile des politischen Systems transformieren. Für Ulrich Sarcinelli befindet sich die „politische Kommunikationsforschung in der deutschen Politikwissenschaft am Scheideweg" und hat derzeit eine Richtung „vom Nischendasein zur Forschungsperspektive in politikwissenschaftlichen Kernbereichen"[13] eingeschlagen. Mancher Autor geht inzwischen sogar soweit, die „klassische" politikwissenschaftliche Trias aus polity, politics und policy um ein viertes Element zu erweitern, eben jenes der „politischen Kommunikation".[14] Zudem lässt sich die fortschreitende Institutionalisierung dieses Wissen-

---

12 Max Kaase, Demokratisches System und die Mediatisierung von Politik, in: Ulrich Sarcinelli (Hrsg.), Politikvermittlung und Demokratie in der Mediengesellschaft. Beiträge zur politischen Kommunikationskultur, Bonn 1998, S. 24; vgl. auch die älteren Forschungsbilanzen von Max Kaase, Massenkommunikation und politischer Prozeß, in: Ders. (Hrsg.), Politische Wissenschaft und politische Ordnung – Analysen zu Theorie und Empirie demokratischer Regierungsweise, Opladen 1986, S. 357-374; ders., Fernsehen, gesellschaftlicher Wandel und politischer Prozeß, in: Ders./Winfried Schulz (Hrsg.), Massenkommunikation. Theorien, Methoden, Befunde, Opladen 1989, S. 97-117.

13 Ulrich Sarcinelli, Die politische Kommunikationsforschung in der deutschen Politikwissenschaft am Scheideweg. Vom Nischendasein zur Forschungsperspektive in politikwissenschaftlichen Kernbereichen, in: Heribert Schatz/Patrick Rössler/Jörg-Uwe Nieland (Hrsg.), Politische Akteure in der Mediendemokratie. Politiker in den Fesseln der Medien?, Wiesbaden 2002, S. 327-337; siehe auch Winand Gellner, Politikwissenschaft und Medien: Defizite in der Forschung und Überlegungen zu ihrer Beseitigung, in: Ebd., S. 339-355 sowie Frank Marcinkowski, Was kann die politikwissenschaftliche Kommunikationsforschung zu einer modernen Regierungslehre beitragen? Zwei Hinweise zu einer notwendigen Diskussion, in: Ebd., S. 357-367.

14 So etwa Karl-Rudolf Korte, Das politische System der Bundesrepublik Deutschland, in: Manfred Mols/Hans-Joachim Lauth/Christian Wagner (Hrsg.), Politikwissenschaft: Eine Einführung, 2. Aufl., Paderborn 1996, S. 79; zum „state of the art" des gesamten Teilbereichs vgl. Winfried Schulz, Politische Kommunikation. Theoretische Ansätze und Ergebnisse empirischer Forschung, Opladen/Wiesbaden 1997 sowie Otfried Jar-

schaftsbereichs an der Einrichtung von entsprechenden Sektionen in den großen Fachverbänden und der Gründung eigener Periodika beobachten.[15]
     Gleichwohl leidet das Forschungsfeld weiterhin unter gravierenden Defi-
ziten. Insgesamt müsse man „von einem theoretisch unübersichtlichen und empirisch oft widersprüchlichen Forschungsstand sprechen"[16]. Begriffliche Unge-
nauigkeiten, von einer gewissen Beliebigkeit geprägte Hypothesen und Ansätze
– selbst in der Medienwirkungsforschung, die mittlerweile auf eine beachtliche,
aber eigentümlich diskontinuierliche Forschungstradition zurückblicken kann[17]
– sowie ein Mangel an gleich systematischen wie internationalen Vergleichs-
studien zählen zu den zentralen Missständen. So werden etwa Konzepte und
Ergebnisse der amerikanischen Kommunikationsforschung wiederholt und allzu rasch auf deutsche und europäische Verhältnisse übertragen, ohne dass
schwerwiegende strukturelle Unterschiede, beispielsweise zwischen parlamentarischen und präsidentiellen Systemen, genügend Berücksichtigung finden.[18]
Vielfach will es so scheinen, als dominiere ein geradezu naiver Universalis-
mus.[19] Vergleichende Studien (zumal in monographischer Form), die sich den
unterschiedlichen Rahmenbedingungen und länderspezifischen Strukturen in
gleich kompetenter Weise widmen, befinden sich weiter in der Minderheit.[20]
Hinzu kommt ein weiteres Problem, das eng damit verbunden ist: Konkrete
Aussagen zu einzelnen Ländern und politischen Systemen sind Mangelware[21],
allgemein gehaltene Feststellungen zur Medienentwicklung dagegen in der
Mehrheit. Die Diagnosen scheinen beliebig übertragbar.

ren/Ulrich Sarcinelli/Ulrich Saxer (Hrsg.), Politische Kommunikation in der demo-
     kratischen Gesellschaft. Ein Handbuch mit Lexikonteil, Opladen/Wiesbaden 1998.
15   Vgl. Schulz (Anm. 14), S. 13.
16   Jochen Hoffmann/Ulrich Sarcinelli, Politische Wirkungen der Medien, in: Jürgen Wilke
     (Hrsg.), Mediengeschichte der Bundesrepublik Deutschland, Köln 1999, S. 720.
17   Siehe hierzu die Überblicksdarstellungen von Michael Schenk, Medienwirkungsfor-
     schung, 2. Aufl., Tübingen 2002; Michael Jäckel, Medienwirkungen. Ein Studienbuch
     zur Einführung, 2. Aufl., Wiesbaden 2002.
18   Dies beklagen und belegen mit Beispielen Kaase, Demokratisches System (Anm. 12),
     S. 34 f. sowie Barbara Pfetsch, „Amerikanisierung" der politischen Kommunikation?
     Politik und Medien in Deutschland und den USA, in: Aus Politik und Zeitgeschichte,
     B 41-42/01, S. 27-36.
19   Vgl. Max Kaase, Politische Kommunikation – Politikwissenschaftliche Perspektiven,
     in: Jarren u.a. (Anm. 14), S. 102.
20   Siehe aber Wolfgang Jäger, Fernsehen und Demokratie. Scheinplebiszitäre Tendenzen
     und Repräsentation in den USA, Großbritannien, Frankreich und Deutschland, Mün-
     chen 1992; David L. Swanson/Paolo Mancini (Hrsg.), Politics, Media, and Modern
     Democracy. An International Study of Innovations in Electoral Campaigning and
     Their Consequences, Westport/London 1996; Richard Gunther/Anthony Mughan
     (Hrsg.), Democracy and the Media. A Comparative Perspective, Cambridge 2000;
     siehe auch die Beiträge in dem Abschnitt „Auslandserfahrungen" bei von Ale-
     mann/Marschall (Anm. 8).
21   Darstellungen zur deutschen Entwicklung bieten u.a. Max Kaase, Germany: A Society
     and a Media System in Transition, in: Gunther/Mughan (Anm. 20), S. 375-401; Hans J.
     Kleinsteuber, Medien und Politik in der Bonner Demokratie, in: Ulrich Willems (Hrsg.),
     Demokratie und Politik in der Bundesrepublik 1949-1999, Opladen 2001, S. 117-135.

3. Medien und Politik – Erklärungsansätze und das Beispiel Deutschland

3.1 Auf dem Weg zur „Mediokratie"?

Angesichts des – knapp skizzierten – Forschungsstandes nimmt es kaum Wunder, dass zumal in Deutschland – so die Worte Ulrich Saxers – noch immer „eine erhebliche Unsicherheit über den tatsächlichen Stellenwert politischer Kommunikation bei der Realisierung von Politik überhaupt"[22] herrscht. Dies genauer auszuloten, ist indes eine um so dringlichere Aufgabe, als das bundesdeutsche Mediensystem über die Jahre hinweg und insbesondere ab Einführung der dualen Rundfunkordnung im Verlauf der Achtziger eine Angebotsexpansion erlebte und das omnipräsente Fernsehen einen erheblichen Bedeutungszuwachs erfahren hat. Zudem machen Beobachter der aktuellen Medienentwicklung einen bedenklichen Stilwandel des Journalismus hin zu Skandalisierung und Negativismus aus, wodurch die Politikverdrossenheit bei den Bürgern steige. Auch tritt die Informationsfunktion bei diesem visuellen Medium, das eine zunehmende Zielgruppenorientierung aufweist, hinter den Zweck reiner Unterhaltung zurück.

Tabelle 1: Die Entwicklung des Mediensystems seit dem Zweiten Weltkrieg

Dekade/Periode	Medienwandel	relevant für Wahlen zum Bundestag
Unmittelbare Nachkriegszeit	Lizenzzeit, begrenzte Zahl von Zeitungen und Radiosendern	1949
Fünfziger Jahre	Viele Lokal- und Regionalzeitungen erscheinen wieder, BILD-Zeitung neu auf dem Markt	1953 1957 1961
Sechziger Jahre	Ausbreitung des Fernsehens	1965 1969 1972
Siebziger Jahre	Neue Programme wie Servicewellen steigern die Verbreitung öffentlich-rechtlicher Radios	1976 1980 1983
Achtziger Jahre	Aufkommen privater Radio- und Fernsehsender	1987 1990
Neunziger Jahre	Expansion von Privatrundfunk und Publikumszeitschriften, Aufkommen von Internet und Online-Diensten	1994 1998

Quelle: Winfried Schulz/Reimar Zeh/Oliver Quiring, Wählerverhalten in der Mediendemokratie, in: Markus Klein u.a. (Hrsg.), 50 Jahre empirische Wahlforschung in Deutschland. Entwicklung, Befunde, Perspektiven, Daten, Wiesbaden 2000, S. 416.

---

22   Ulrich Saxer, Mediengesellschaft: Verständnisse und Mißverständnisse, in: Sarcinelli (Anm. 12), S. 57.

Betrachtet man die empirischen Daten zur Mediennutzung für die vergangenen zwanzig Jahre, so lässt sich im Durchschnitt erstens eine quantitative Zunahme im Ganzen feststellen und zweitens im Bereich von Hörfunk und Fernsehen, wobei die Werte für die Nutzungsdauer im Osten Deutschlands regelmäßig höher sind als die für den Westen des Landes. So betrug die durchschnittliche tägliche Sehdauer im Jahr 2000 in Westdeutschland 185 Minuten und im Osten 211 Minuten. 2001 standen 186 Minuten im Westen 213 Minuten im Osten gegenüber.[23] Der Nutzungszuwachs fällt in alten wie neuen Bundesländern dabei ganz überwiegend zugunsten der privaten Anbieter aus. Der Grad der Segmentierung hat zugenommen, so dass die etablierten öffentlich-rechtlichen wie privaten Anbieter während der letzten zehn Jahre geringere Nutzungsanteile hinnehmen mussten, von denen neue kleinere Sender profitierten. Darüber hinaus erzielen im Osten Deutschlands die kommerziellen Anbieter – verglichen mit den für den Westen des Landes zu messenden Werten – regelmäßig höhere Marktanteile als die öffentlich-rechtlichen Fernsehsender.

Tabelle 2: Entwicklung der Mediennutzung 1980 bis 2000 Bundesrepublik gesamt (bis einschließlich 1990 nur alte Bundesländer), Montag-Sonntag (der Sonntag wurde erst ab 1990 in die Erhebung aufgenommen), in Minuten/Tag (brutto)

	1980	1985	1990	1995	2000
Gesamt	346	351	380	404	502
Fernsehen	125	121	135	158	185
Hörfunk	135	154	170	162	206
Tageszeitung	38	33	28	29	30
Zeitschriften	11	10	11	11	10
Bücher	22	17	18	15	18
CDs/Schallplatten/Kassetten	15	14	14	13	36
Video	–	2	4	3	4
Videotext/PC-Nutzung	–	–	–	13	–
Internet	–	–	–	–	13

Quelle: Media Perspektiven, Basisdaten. Daten zur Mediensituation in Deutschland 2001, S. 68.

Wirft man einen Blick auf die Nutzung der Printmedien, so nimmt die Zeitungslektüre in Ost und West einen ähnlichen Rang ein, wobei die Zahlen in beiden Fällen rückläufig sind. Überregionale Tageszeitungen erzielen ebenso wie die wöchentlich erscheinenden Zeitungen und Politikmagazine im Westen höhere Werte als im Osten. Dort erfreuen sich regionale Tageszeitungen dagegen einer größeren Verbreitung. Ganz Deutschland nimmt – im groben europäischen Vergleich – eine mittlere Position ein. Märkte, auf denen über-

---

23 Vgl. hierzu und zu den weiteren Ausführungen Gerlinde Frey-Vor/Heinz Gerhard/Annette Mende, Daten der Mediennutzung in Ost- und Westdeutschland. Ergebnisse von 1992 bis 2001 im Vergleich, in: Media Perspektiven 2/2002, S. 54-69 sowie dies., Mehr Unterschiede als Annäherung. Informationsnutzung von Ost- und Westdeutschen: Erwartungen und Einstellungen, in: Ebd., S. 70-77.

regionale Qualitätszeitungen wie etwa in Großbritannien dominieren, stehen solche gegenüber, auf denen die regionale Presse wie zum Beispiel in Frankreich größere Bedeutung zukommt.[24]

Tabelle 3: Nutzung von Printmedien in Deutschland West und Ost 2001
Erwachsene ab 14 J., Reichweiten in Prozent

Printmedium	Deutschland West 2001/II	Deutschland Ost 2001/II
Focus	10,9	4,6
Der Spiegel	9,8	4,1
Stern	13,8	3,8
Die Zeit	1,9	0,6
Frankfurter Allgemeine Zeitung	1,7	0,3
Frankfurter Rundschau	0,8	0,1
Handelsblatt	0,9	0,4
Neues Deutschland	0,1	1,4
Süddeutsche Zeitung	2,2	0,3
die tageszeitung	0,2	0,3
Die Welt	0,9	0,4
Bild	19,4	12,5
Bild am Sonntag	17,0	12,0
Bunte	7,2	2,5
Gala	2,4	0,9
Neue Revue	4,0	1,2
Super Illu	0,7	17,2
Berliner Kurier	0,1	2,2
B.Z.	0,8	1,4
Berliner Morgenpost	0,6	1,0
Berliner Zeitung	0,2	3,3
Der Tagesspiegel gesamt mit Potsdamer Neueste Nachrichten	0,5	0,5

Quelle: Media Analyse, zitiert nach: Gerlinde Frey-Vor/Heinz Gerhard/Annette Mende, Daten der Mediennutzung. Ergebnisse von 1992 bis 2001 im Vergleich, in: Media Perspektiven, 2/2002, S. 66.

Vor allem die expandierenden Funkmedien aber, die sich zunehmend „pluralisiert, fragmentiert und ökonomisiert"[25] präsentieren, fordern die Politik her-

---

24 Vgl. Winand Gellner, Massenmedien, in: Oscar W. Gabriel/Frank Brettschneider (Hrsg.), Die EU-Staaten im Vergleich, 2. Aufl., Bonn 1996, S. 279-304; zu Großbritannien vgl. ders., Medien im Wandel, in: Hans Kastendiek/Karl Rohe/Angelika Volle (Hrsg.), Länderbericht Großbritannien. Geschichte, Politik, Wirtschaft, Gesellschaft, 2. Aufl., Bonn 1998, S. 543-561; zu Frankreich Isabelle Bourgeois, Frankreichs Medien zwischen Staat und Markt, in: Marieluise Christadler/Henrik Uterwedde (Hrsg.), Länderbericht Frankreich, Opladen 1999, S. 423-440.
25 Matthias Machnig, Politische Kommunikation in der Mediengesellschaft, in: Ders. (Hrsg.), Politik – Medien – Wähler. Wahlkampf im Medienzeitalter, Opladen 2002, S. 148.

aus. Unter diesen Bedingungen benötigen Parteien, um strategiefähig zu bleiben, in den Augen des sozialdemokratischen Wahlkampfmanagers Matthias Machnig ein

> „– Gesicht (Personifizierung), denn Personen stehen für Kontinuität, Orientierung, Werthaltungen und vermitteln Vertrauen über Lösungs- und Zukunftskompetenz.
> – ein Etikett (Botschaften), denn wegen der enormen Komplexität von Sachthemen und konkurrierenden Akteuren kann Politik einem breiten Publikum nur über eine symbolische Kasuistik Themen vermitteln.
> – ein Aroma (Stilistik), denn Parteien brauchen in der differenzierten Mediengesellschaft Wiedererkennungsmuster.
> – einen Markenkern (Leitbilder), denn Werte und Leitbilder sind für die Orientierung, das Vertrauen und die Zustimmung der Menschen wichtiger als einzelne Instrumente, die häufig die politische Debatte beherrschen."[26]

Eine solche – wohl realistische – Sichtweise deutet darauf hin, dass zwischen Medien und Politik ein kompliziertes Wechselspiel besteht und beide Bereiche vielfach miteinander verwoben sind. Es existieren unterschiedliche Thesen und Erklärungsansätze zum Verhältnis von Medien und Politik sowie bei der Beantwortung der Frage, ob seit einiger Zeit ein grundlegender Wandel von der Parteien- hin zur Mediendemokratie stattfindet. Thomas Leif betrachtet das Beziehungsgeflecht aus Politik und Medien mit Sorge und hält es für gerechtfertigt, von einer Mediendemokratie zu sprechen, „welche die alte parlamentarische Demokratie verdrängt hat".[27] Nur die in den Medien behandelten Themen hätten eine Chance zum Gegenstand öffentlicher Debatten und damit der Politik zu werden. Was und wer bei Bevölkerung und Wählern auf Gegenliebe stoße, würden die Medien festlegen. Ihnen käme die zentrale Filterfunktion zu. Dies sei umso kritikwürdiger, als sich die Politik dieser Logik nicht widersetze, sondern sich auf sie einlasse: „Die Politik, die für die Medien inszeniert, und die Medien, die die Politik auf Inszenierung trimmen", pointiert Leif diesen Sachverhalt, „das ist die Dialektik der Mediendemokratie."[28] Die Politik laufe Gefahr, sich zentralen Entwicklungstendenzen der Medien anzuschließen, die durch verschiedene Trends gekennzeichnet seien: zum Unwichtigen, zur Informationsverdünnung, zur Personalisierung, zum Unernsten, Nebensächlichen und „agenda cutting", zur Inszenierung sowie Dauer-Unterhaltung. „Der Politiker, der gute Laune zum bösen Spiel verbreiten kann, steht ganz vorne. Die Wohlfühlbilder überstrahlen die Mängelliste der verdrängten oder ungelösten Probleme."[29] Die Realität werde so bedenklich verkürzt. Wichtige Probleme und Themen sehen sich an den

---

26   Ebd., S. 149.
27   Thomas Leif, Verkürzte Realität, verflachter Sinn, stillgelegter Diskurs. Das Wechselspiel zwischen Politik und Medien – und warum abgesprochene Strategien bisweilen aus dem Ruder geraten, in: Frankfurter Rundschau vom 22. Juli 2002.
28   Ebd.
29   Ders., Macht ohne Verantwortung. Der wuchernde Einfluss der Medien und das Desinteresse der Gesellschaft, in: Aus Politik und Zeitgeschichte, B 41-42/01, S. 6-9, hier S. 9.

Rand gedrängt, geraten erst gar nicht in das Zentrum der öffentlichen Debatte, so dass ein notwendiger demokratischer Diskurs oft ausbleibt. Hans Mathias Kepplinger spricht von einer „Demontage der Politik"[30] in der bundesdeutschen Informationsgesellschaft. Für Ulrich Sarcinelli befinden wir uns zumindest „in langfristiger Perspektive gesehen [...] auf dem Weg von einer parlamentarisch-repräsentativen Demokratie hin zu einer medial-präsentativen Demokratie"[31]. Und Karl-Rudolf Korte vermutet einen „Wechsel von einer parlamentarischen Demokratie zu einer populistischen Polyarchie"[32].

Tabelle 4: Parteien und ihr Verhältnis zu den Massenmedien

dominanter Parteientyp	Zeitraum	Gesellschaftliche Leitmedien	Verhältnis der Parteien zu den Massenmedien
Eliteparteien	Bis 1918	Zeitung	Cliquenkontakte oder Medienbesitz einzelner Elitegruppen
Massenparteien	Ca. 1918 bis Ende der 50er Jahre	Zeitung/Hörfunk	Medien als parteieigene Instrumente der politischen Kommunikation
Volksparteien	Anfang der 60er bis Ende der 70er Jahre	Fernsehen/Hörfunk	Penetration des öffentlich-rechtlichen Rundfunks durch die Parteien
Berufspolitiker-parteien	Seit Anfang der 80er Jahre	Fernsehen	Kommerzialisierung der politischen Kommunikation: Kauf von Öffentlichkeitssegmenten plus privilegierter Zugang zum verbliebenen öffentlich-rechtlichen Rundfunk

Quelle: Klaus von Beyme/Hartmut Weßler, Politische Kommunikation als Entscheidungskommunikation, in: Otfried Jarren u.a. (Hrsg.), Politische Kommunikation in der demokratischen Gesellschaft. Ein Handbuch mit Lexikonteil, Opladen/Wiesbaden 1998, S. 313.

Ähnliche Thesen vertritt Thomas Meyer. Seines Erachtens sind wir Zeugen einer kopernikanischen Wende, während derer sich die Parteien- in eine Mediendemokratie verwandelt und sich die Politik durch die Medien kolonisieren lässt. Dieser Prozess sei umso bedenklicher, als er sich nicht nur auf den Bereich der Darstellungspolitik, sondern auch den der Entscheidungspolitik erstrecke. Für Meyer finden „tektonische Verschiebungen in den Fundamenten der Politik selbst" statt, die Parteien werden marginalisiert und vollständig den Gesetzen der Medien- und Demoskopiedemokratie unterworfen: „Die schnelle Umfrage, der die passende Inszenierung auf dem Fuße folgt, ersetzt den abwägenden Diskurs – obgleich doch alle wissen, dass die rasch geäu-

---

30 Hans Mathias Kepplinger, Die Demontage der Politik in der Informationsgesellschaft, Freiburg/München 1998.
31 Sarcinelli (Anm. 7), S. 23.
32 Karl-Rudolf Korte, Regieren in der Ära Schröder oder die Frage nach der Substanz in der Mediendemokratie, in: Tilman Mayer/Reinhard C. Meier-Walser (Hrsg.), Der Kampf um die politische Mitte. Politische Kultur und Parteiensystem seit 1998, München 2002, S. 236-249, hier S. 249.

ßerte Meinung der Befragten vor dem gründlicheren öffentlichen Gespräch ihrerseits oft nicht viel mehr sein kann als das Echo der Medieninszenierung bei ihren flüchtigen Konsumenten."[33] Die langsame politische Prozesszeit werde immer wieder mit der raschen medialen Produktions-, Reaktions- und Inszenierungzeit konfrontiert, und meist gelinge es letzterer, die erstere ihren Regeln erfolgreich zu unterwerfen. Die Logik der Medienkommunikation greife die Funktionsweise von Institutionen wie Parlament oder Parteien massiv an, die stark an Bedeutung verlören und sich medial inszenierten Scheinplebisziten beugen müssten. Eine derartige Herabsetzung der repräsentativen Demokratie hält Meyer nicht nur empirisch für eindeutig belegbar, sondern auch aus demokratietheoretischer Perspektive für äußerst bedenklich.

An diesem „Mediokratie"-Modell oder -Befund ist scharfe Kritik geübt worden, unter anderem von Gianpietro Mazzoleni, der die These vom unaufhaltsamen Niedergang parteigestützten politischen Handelns für eine Chimäre hält: „In keinem europäischen Kontext gibt es einen Beweis, daß die Politik die alte parteizentrierte Ebene zugunsten anderer, parteifreier Räume aufgegeben hat: ob sich das System in altem oder neuem Gewand darstellt, die politischen Kräfte (mag man sie ›Parteien‹ nennen oder nicht) monopolisieren weiterhin das politische Spiel, ganz ähnlich wie in früheren Zeiten."[34] Wohl existieren Risiken einer Medialisierung oder Mediatisierung politischer Strukturen und Handlungen, doch wird nach Mazzoleni in dieser Hinsicht häufig stark dramatisiert und rasch das Ende oder zumindest die Abschaffung von bis heute zentralen politischen Akteuren wie Parteien und Parlament beschworen. Ebenso warnen Ulrich von Alemann und Stefan Marschall davor, „angesichts einer ubiquitär notorischen ›Medialisierung‹ diese zu über- und die Parteien sowie ihre zukünftige Rolle zu unterschätzen"[35].

Auch unter Politikern herrschen Zweifel an der Macht der Medien. Bundestagspräsident Wolfgang Thierse zum Beispiel formulierte in der ersten Sitzung des 15. Deutschen Bundestages am 17. Oktober 2002 ohne Umschweife: „Der Bundestag bleibt der eigentliche Ort der demokratischen Auseinandersetzung. Hier findet der Ernstfall der Entscheidung statt. Das hat gerade die vergangene Wahlperiode gezeigt. Es sind eben keine unterhaltsamen Mediendiskussionen und Talkshows, die die Verantwortung für Kampf-

33 Thomas Meyer, Mediokratie – Auf dem Weg in eine andere Demokratie?, in: Aus Politik und Zeitgeschichte, B 15-16/02, S. 13; vgl. ausführlich ders., Mediokratie. Die Kolonisierung der Politik durch das Mediensystem, Frankfurt a.M. 2001; siehe zur Diskussion auch Edgar Grande, Charisma oder Komplexität. Verhandlungsdemokratie, Mediendemokratie und der Funktionswandel politischer Eliten, in: Raymond Werle/Uwe Schimank (Hrsg.), Gesellschaftliche Komplexität und kollektive Handlungsfähigkeit, Frankfurt a.M. 2000, S. 297-319.
34 Gianpietro Mazzoleni, Medienpolitik oder Politik mittels Medien? Die Unzulänglichkeit des Begriffs ›Mediokratie‹, in: Christina Holtz-Bacha/Helmut Scherer/Norbert Waldmann (Hrsg.), Wie die Medien die Welt erschaffen und wie die Menschen darin leben. Für Winfried Schulz, Opladen/Wiesbaden 1998, S. 120.
35 von Alemann/Marschall, Editorial, in: Dies. (Anm. 8), S. 8.

einsätze unserer Soldaten übernehmen oder die in tief gehenden ethischen Fragen wie dem Umgang mit Gentechnik, Stammzellenimport oder Organtransplantationen die Entscheidungen treffen."[36] Und der Politikwissenschaftler Karl-Rudolf Korte formulierte zur gegenwärtigen Rolle der Parteien pointiert: „Noch ersetzt die Talkshow nicht den Ortsverein."[37]

Wenn dies zum Teil auch eine verkürzte Sichtweise ist, so verweist sie doch auf eine notwendige Differenzierung. Es gilt nämlich, die Rolle der Medien einerseits im Bereich der Darstellungs- und andererseits im Bereich der Entscheidungspolitik voneinander abzugrenzen, wobei im letzten Falle noch zwischen ihrem Einfluss zum einen auf Routine- und zum anderen auf Innovations-Politik zu unterscheiden ist. Darauf hat für den deutschen Fall wiederholt insbesondere Klaus von Beyme hingewiesen. Für ihn hat die gestiegene Bedeutung der Medien bei Formen der symbolischen Politik dazu geführt, dass ihr Einfluss im anders gelagerten Falle der Entscheidungspolitik überschätzt wird. Dabei gelte hier, überspitzt formuliert: „Medien entscheiden nichts."[38] Für Max Kaase steht ebenfalls fest, dass die Massenmedien „im riesigen Feld der Routinepolitik [...] lediglich eine marginale Rolle spielen"[39], schließlich sei der Nachrichtenwert der dort behandelten Probleme gering, gleichwohl deren tatsächliche Bedeutung für den politischen Prozess sehr wichtig.

Die Medien würden angesichts der überaus knappen „Ressource Aufmerksamkeit" zumeist von der „Komplexität des politischen Prozesses und der differenzierten Arbeitsteilung der Akteure"[40] überfordert. Hinzu kommt die geringe Medienwirksamkeit der Entscheidungspolitik: „Bei großen *Innovationen*", schreibt von Beyme, „spielen die Medien eine gewisse Rolle. In der *Routinepolitik* des Alltags zeigen sie sich desinteressiert. Bei Spitzengesprächen, Koalitionsrunden und Verhandlungen mit der Opposition sind die Medien nicht zugegen. Diese Arrangements sind umso erfolgreicher, je weniger davon in die Medien dringt. Dort wo die Medien dabei sein können, zeigen sie wenig Interesse. Die Berichterstattung über Plenarsitzungen des Deutschen Bundestages ist unterentwickelt. Öffentlich tagende Ausschüsse sind medienwirksam nur, wenn ein spannender Issue behandelt wird, wie einst das ›Pornohearing‹ oder die Anhörungen zum Paragraphen 218."[41]

---

36 Wolfgang Thierse, „Der Bundestag bleibt der eigentliche Ort der demokratischen Auseinandersetzung", Text dokumentiert in: Das Parlament vom 21./28. Oktober 2002.
37 Korte (Anm. 32), S. 241.
38 Klaus von Beyme, Die Massenmedien und die politische Agenda des parlamentarischen Systems, in: Friedhelm Neidhardt (Hrsg.), Öffentlichkeit, öffentliche Meinung, soziale Bewegungen, Opladen 1994, S. 326; vgl. auch Klaus von Beyme/Hartmut Weßler, Politische Kommunikation als Entscheidungskommunikation, in: Jarren u.a. (Anm. 14), S. 312-323.
39 Kaase, Demokratisches System (Anm. 12), S. 36.
40 von Beyme (Anm. 38), S. 334.
41 Ebd., S. 332 (Hervorhebungen im Original).

Das Mediokratie-Modell, in dem die Medien zumindest als „vierte Gewalt", wenn nicht sogar als eine Art Übermacht erscheinen und die Politik(er) wie das Publikum beherrschen, ist somit alles andere als unumstritten. Ohnehin lassen sich noch verschiedene andere Modelle zum Verständnis des Beziehungsgeflechts aus Politik und Parteien sowie Medien formulieren. Zur Erklärung dieses Abhängigkeitsverhältnisses sind Instrumentalisierungs-, Dependenz- und Symbiosetheorien im Schwange.[42] In Beantwortung der Frage danach, wer die politische Agenda letztlich bestimme – die Parteien, die Medien oder das Publikum –, unterscheidet Ulrich von Alemann neben dem Mediokratie- das Top-down- sowie das Bottom-up-Modell voneinander.[43] Das Top-down-Modell nimmt eine souveräne Position von Regierung und Parteien an: Sie würden die Agenda setzen und den Medien vorgeben. Diese hätten sie schließlich dem Publikum zu vermitteln. Die herausragende Rolle von Parteien und der Politik insgesamt im Kommunikationsprozess erkläre sich damit, dass sie die Akteure seien: „Sie veranstalten Parteitage; sie geben Interviews; sie entscheiden im Parlament und in der Regierung. Das Interesse aller Parteien liegt darin, Themen von hervorragender Relevanz und Brisanz zu finden, um öffentliche Aufmerksamkeit und umfassende Akzeptanz zu erzielen. Dazu beschäftigen sie eigene Stäbe, beauftragen Demoskopen und beobachten die öffentliche Meinung."[44] Entgegengesetzt dazu geht das Bottom-up-Modell davon aus, dass die politische Kommunikation von unten nach oben strukturiert sei, die Bürger oder Wähler über das Sprachrohr der Medien die Agenda vorgeben würden und diese Politiker, Parteien und Regierungen so erreichen und beeinflussen dürfte.

Mithilfe dieser Modelle sind Eckpfeiler gesetzt, die den Zweck erfüllen, Orientierung zu bieten und Komplexität zu reduzieren. Doch verweisen sie in ihrer unterschiedlichen Ausrichtung zugleich und vor allem darauf, wie ungeklärt die Frage weiterhin ist, auf welche Weise und wie stark die öffentliche Meinung – meist mittels Medien – auf politische Entscheidungen innerhalb des politischen Gefüges der Bundesrepublik und anderer westlicher Demokratien einwirkt. Betrachtet man den komplizierten Aufbau gegenwärtiger demokratischer Systeme, wird indes fast schlagartig deutlich, dass einfache Modellvorstellungen nicht überzeugen können. Die Zahl und die Komplexität politischer Fragen und Prozesse haben in raschem Tempo zugenommen. Wer die Politik und wer die öffentliche Meinung bestimmt, wird immer schwerer zu beantworten sein. Jedenfalls entspricht die einfache Vorstellung einer frei gebildeten, den Entscheidungsträgern direkt vermittelten oder zu-

---

42 Überblicke zu den diversen Ansätzen bieten Otfried Jarren, Politik und Medien im Wandel: Autonomie, Interdependenz oder Symbiose? Anmerkungen zur Theoriedebatte in der politischen Kommunikation, in: Publizistik 33 (1988), S. 619-632; Schulz (Anm. 14), S. 24-46; Meyer, Mediokratie. Die Kolonisierung (Anm. 33), S. 75-84.

43 Vgl. Ulrich von Alemann, Parteien und Medien, in: Oscar W. Gabriel/Oskar Niedermayer/Richard Stöss (Hrsg.), Parteiendemokratie in Deutschland, 2. Aufl., Bonn 2001, S. 467-483.

44 Ebd., S. 471.

mindest von den Medien unverfälscht weitergegebenen öffentlichen Meinung keineswegs der Wirklichkeit.

3.2 Auf dem Weg zur „Demoskopiedemokratie"?

Nicht nur die Rolle der Medien wird – zumal in Zeiten des Wahlkampfs – argwöhnisch beäugt, sondern auch die der Auguren der öffentlichen Meinung, der Demoskopen, die, wenn man so will, der Bevölkerung regelmäßig den Puls messen und deren Branche sich zu einem expandierenden Dienstleistungssektor entwickelt hat. Nach Auskunft des internen Branchendienstes „Context" haben sich die Umsätze der Meinungsforschungsinstitute in Deutschland in den vergangenen fünfzehn Jahren etwa vervierfacht.[45] Obgleich bislang kein Nachweis dafür erbracht werden konnte, dass Umfragen einen eindeutigen Einfluss auf das Wahlverhalten haben und somit den Wahlausgang mitbestimmen, haftet der Meinungsforschung bis heute der „Geruch des Unerlaubten"[46] an. Wiederholt ist daher die Forderung nach einem gesetzlich geregelten Veröffentlichungsverbot von Umfragedaten in einem genau festgelegten Zeitabschnitt vor Wahlen zu vernehmen, wie es zum Beispiel in Frankreich, Portugal, Spanien, Ungarn und der Schweiz gilt.[47] Vor den Bundestagswahlen im Jahr 2002 hoffte Bundestagspräsident Wolfgang Thierse, dass auf diesem Wege die hektische Atmosphäre innerhalb der Stimmungsdemokratie ein wenig abgemildert würde.[48] Mit seinen Überlegungen zum Verbotsbegehren konnte er sich freilich nicht durchsetzen, doch steht er mit seiner Kritik nicht allein da. So entsprechen Umfragen für Winand Gellner „den Erfordernissen von Stimmungsdemokratien, deren öffentli-

---

45 Vgl. Frank Decker, Politische Meinungsforschung in der Bundesrepublik Deutschland. Eine Bilanz nach fünfzig Jahren, in: Zeitschrift für Politikwissenschaft 11 (2001), S. 31-69.

46 Wolfgang Hartenstein, Mit Prognosen leben: Der Einfluß von Wahlvoraussagen auf das Wählerverhalten, in: Carl Böhret/Dieter Grosser (Hrsg.), Interdependenz von Politik und Wirtschaft. Festschrift für Gert von Eynern, Berlin 1967, S. 285.

47 Vgl. zum gesamten Problemfeld Harald Schoen, Wirkungen von Wahlprognosen auf Wahlen, in: Thomas Berg (Hrsg.), Moderner Wahlkampf. Blick hinter die Kulissen, Opladen 2002, S. 171-191; Frank Brettschneider, Demoskopie im Wahlkampf – Leitstern oder Irrlicht?, in: Markus Klein u.a. (Hrsg.), 50 Jahre empirische Wahlforschung in Deutschland. Entwicklung, Befunde, Perspektiven, Daten, Wiesbaden 2000, S. 477-505; Alexander Gallus, Demoskopie in Zeiten des Wahlkampfs. „Wirkliche Macht" oder „Faktor ohne politische Bedeutung"?, in: Aus Politik und Zeitgeschichte, B 15-16/02, S. 29-36.

48 Vgl. „Vieles erfahre ich erst aus der Zeitung". Bundestagspräsident Wolfgang Thierse über die Affären-Anfälligkeit seiner Kollegen und Meinungsumfragen, in: Die Welt vom 16. August 2002.

cher Raum durch eine zunehmende kritiklose Umfragehörigkeit beherrscht wird, die ihrerseits verantwortliche Politik erschwert und gefährdet"[49].

Tabelle 5: Die Marktführer der politischen Meinungsforschung in der Bundesrepublik

Institut	Gründungsjahr	Mitarbeiter 1999 (hauptamt- liche/freie)	Umsatz 1999 (in Mio. DM)	Anteil der Wahl- und Politik- forschung (in Prozent)	Wichtigste regelmäßige Auftraggeber
EMNID	1945	213/1600	61	10-15	Der Spiegel n-tv
IfD Allensbach	1947	97/2095	15	12	Bundesreg. CDU FAZ
Ipos	1973	5/300*	1,7**	70	Bundesreg. Landesreg. (diverse)
Forschungs- gruppe Wahlen	1974	16/300*	5,6	100	ZDF
Forsa	1984	46/900	13,6	15	Bundesreg. Die Woche Stern RTL
Polis	1990	11/90	4,7	60	SPD Landesreg. (diverse)
Infratest dimap	1996	20/3000	10	90	ARD Bundesreg. Medien (diver- se)

*   Als Forschungsgruppe Wahlen Feld GmbH organisatorisch ausgegliedert.
** Angabe für 1998.
Quelle: Decker (Anm. 45), S. 40.

Die Sorge, die Politik könne zur Magd von demoskopisch vermittelten Volkslaunen werden, äußerte die Publizistin Marion Gräfin Dönhoff schon vor vielen Jahren: „Die Regierung soll führen, also nach bestem Wissen und Gewissen entscheiden und nicht auf Grund von Umfragen. Wir haben die Regierung gewählt, nicht die Demoskopen."[50] Anfang der neunziger Jahre warnte der damalige Bundespräsident Richard von Weizsäcker vor den Auswüchsen einer „Demoskopiedemokratie", bei der die „politische Aufgabe der Führung und Konzeption zu kurz kommt".[51] Dem Vorwurf, Meinungsum-

---

49 Winand Gellner, Individualisierung und Globalisierung. Die Privatisierung der Öffentlichkeit?, in: Karl Rohe (Hrsg.), Politik und Demokratie in der Informationsgesellschaft, Baden-Baden 1997, S. 25-44, hier S. 37.
50 Marion Gräfin Dönhoff, Demokratie oder Demoskopie? Staatsmänner sollen führen, nicht folgen, in: Die Zeit vom 26. Juni 1970.
51 Richard von Weizsäcker, Im Gespräch mit Gunter Hofmann und Werner A. Perger, Frankfurt a.M. 1992, S. 165.

fragen würden Sachverstand und Führungskraft der Politik tangieren, ist schon früh entgegengehalten worden: „Nachrichten über die Lebensweise, die Mentalität oder den latenten politischen Willen des Volkes treten nicht an die Stelle, sie dienen der sachlichen Vorbereitung einer politischen Entscheidung."[52] Schließlich tragen Umfragen dazu bei, das Maß an Responsivität – die Rückkopplung zwischen den Wünschen der Bürger und der Agenda der Politik – zu erhöhen. Hinter der Problematik der „responsiveness" steht die Frage, ob öffentliche Meinungen oder das, was dafür gehalten wird, im Parteienspektrum Resonanz finden; ob sie dort berücksichtigt, weiterverarbeitet und im politischen System vertreten werden.[53] Diesen Faktor im Blickfeld und aus demokratietheoretischer Sicht strich Sidney Verba in einer Grundsatzrede vor der amerikanischen Politologenvereinigung Mitte der Neunziger die begrüßenswerten Effekte einer „survey democracy" heraus, ohne freilich ein „government by survey" zu fordern.[54] Zur Begründung hieß es: „Surveys produce just what democracy is supposed to produce – equal representation of all citizens. The sample survey is rigorously egalitarian; it is designed so that each citizen has an equal chance to participate and an equal voice when participating. Here is where science and political representation meet."[55]

Unabhängig davon, wie man die Risiken und Chancen der Umfrageforschung für den demokratischen Prozess einschätzt, hat in den letzten Jahrzehnten die Bedeutung der Demoskopie zugenommen. Meinungsforscher können zu Meinungsmachern werden. In Deutschland zeigt sich dies etwa daran, dass die unterschiedlichen Regierungen und ihre Öffentlichkeitsabteilungen sich seit langem bemühen, die öffentliche Meinung möglichst systematisch zu erfassen. Das entsprechende Budget der Bundesregierung weist beträchtliche Zuwachsraten auf: Zwischen Anfang der siebziger und Ende der achtziger Jahre hat sich der Etat verdoppelt – von rund einer auf zwei Millionen Mark – und bis in die Neunziger hinein nochmals verdreifacht – auf etwa sechs Millionen Mark.[56] Es entspricht nur der Rationalität, dass Re-

52   Gerhard Schmidtchen/Elisabeth Noelle-Neumann, Die Bedeutung repräsentativer Bevölkerungsumfragen für die offene Gesellschaft, in: Politische Vierteljahresschrift 4 (1963), S. 171.

53   Vgl. Jürgen Gerhards/Friedhelm Neidhardt, Strukturen und Funktionen moderner Öffentlichkeit: Fragestellungen und Ansätze, in: Stefan Müller-Dohm/Klaus Neumann-Braun (Hrsg.), Öffentlichkeit, Kultur, Massenkommunikation. Beiträge zur Medien- und Kommunikationssoziologie, Oldenburg 1991, S. 80.

54   Sidney Verba, The Citizen as Respondent: Sample Surveys and American Democracy. Presidential Address, American Political Science Association, 1995, in: American Political Science Review 90 (1996), S. 6.

55   Ebd., S. 3; zur Frage, inwieweit Umfragen die Demokratie stärken können, vgl. auch Daniel Yankelovich, A New Direction for Survey Research, in: International Journal of Public Opinion Research 8 (1996), S. 1-9.

56   Vgl. zu den Angaben Max Kaase/Barbara Pfetsch, Umfrageforschung und Demokratie. Analysen in einem schwierigen Verhältnis, in: Hans-Dieter Klingemann/Friedhelm Neidhardt (Hrsg.), Zur Zukunft der Demokratie. Herausforderungen im Zeitalter der Globalisierung, Berlin 2000, S. 167 f.; Winand Gellner, Demoskopie, Politik, Me-

gierungen und Parteien die öffentliche Meinung zu jeweils aktuellen politischen Themen und Problemen möglichst kontinuierlich und genau beobachten möchten, um die daraus gewonnenen Erkenntnisse bei Entscheidungen zu berücksichtigen oder sie durch entsprechende PR-Strategien zu beeinflussen.[57] Politische Führungsaufgaben lassen sich unter Berücksichtigung von Umfrageergebnissen, die keineswegs stets durch eine opportunistische Grundhaltung motiviert sein muss, in manchem Falle besser meistern als ohne deren Kenntnis.

Über die Höhe der Summen, die die Parteien jedes Jahr in die Erstellung von Umfrageanalysen investieren, existieren kaum exakte Daten, doch lässt sich die Beratung von Politikern im Wahlkampf durch Demoskopen und andere Experten der politischen Kommunikation und der Public Relations bis in die frühen fünfziger Jahre zurückverfolgen. Seit dieser Zeit leistet sich keine Partei einen Verzicht auf derartige Daten und Studien, die in zunehmendem Maße zur personellen, stilistischen und inhaltlichen Ausgestaltung der Kampagnen beitragen.[58] Wie eine Analyse der Wahlkampfarbeit der sozialdemokratischen „Kampa" ergab, wurde dort „keine Strategie und kein Instrument dem Zufall überlassen, sondern alles durch Meinungsforschung abgesichert".[59] Tendenzen einer ausgeprägten Demoskopiefixierung der Politik sind mithin nicht von der Hand zu weisen. Der Publizist Konrad Adam hat dies schon vor einiger Zeit scharf kritisiert und mit einer Interessenharmonie zwischen Politikern und Meinungsforschern erklärt: „Demoskopie macht durchsetzungsfähig, und sich mit ihrer Ansicht durchzusetzen ist das, wonach Politiker verlangen. Sie wollen nicht erkennen, sondern lenken. Genau das wollen viele Demoskopen auch [...]."[60] Damit verbunden ist die Gefahr eines Politikmarketing, das Politik zur Ware und den Staatsbürger zum reinen Politikkonsumenten degradiert. In den Augen von Andreas Dörner und Ludgera Vogt ist die gegenwärtige Politik bereits zu einer „Art Dauerwerbesendung" verkommen: „Politische ›Produkte‹ werden fast rund um die Uhr angeboten

---

dien. Anmerkungen zu einem problematischen Verhältnis, in: Otfried Jarren/Heribert Schatz/Hartmut Weßler (Hrsg.), Medien und politischer Prozeß. Politische Öffentlichkeit und massenmediale Politikvermittlung im Wandel, Opladen 1996, S. 176.

57 Vgl. Dieter Fuchs/Barbara Pfetsch, Die Beobachtung der öffentlichen Meinung durch das Regierungssystem, in: Wolfgang van den Daele/Friedhelm Neidhardt (Hrsg.), Kommunikation und Entscheidung. Politische Funktionen öffentlicher Meinungsbildung und diskursiver Verfahren, Berlin 1996, S. 103-135; Barbara Pfetsch, Zur Beobachtung und Beeinflussung öffentlicher Meinung in der Mediendemokratie. Bausteine einer politikwissenschaftlichen Kommunikationsforschung, in: Rohe (Anm. 49), S. 45-54.

58 Vgl. den historischen Längsschnitt von Volker Hetterich, Von Adenauer zu Schröder – Der Kampf um Stimmen. Eine Längsschnittanalyse der Wahlkampagnen von CDU und SPD bei den Bundestagswahlen 1949 bis 1998, Opladen 2000.

59 Diana von Webel, Der Wahlkampf der SPD, in: Noelle-Neumann u.a. (Anm. 4), S. 17.

60 Konrad Adam, Wahre Freundschaft, in: Frankfurter Allgemeine Zeitung vom 10. Januar 1992.

[…]. ›Politainment‹ ist das Gebot der Stunde."[61] Es liegt indes nicht so sehr in der Macht der Demoskopen als vielmehr in den Händen der Politiker und ihrer *Spin doctors*, ob sie auf der Grundlage eines besseren Wissens über die Bedürfnisse und Ängste der Bevölkerung einen populistischen Politikstil verfolgen wollen und so – das ist die andere Seite der Medaille – rascher als erwartet zu Abhängigen öffentlicher Tageslaunen werden.

Nicht nur Politiker, Parteien und Regierung sind Nutzer von Umfragen und geben solche in Auftrag, sondern auch die Medien. Deren Berichterstattung über demoskopische Daten hat ab Mitte der siebziger Jahre deutlich zugenommen. Max Kaase und Barbara Pfetsch haben für die Jahre 1996 bis 1999 annähernd dreitausend Beiträge in der überregionalen Tagespresse, den großen wöchentlich erscheinenden Zeitungen und Magazinen sowie in den Nachrichtensendungen des öffentlich-rechtlichen wie privaten Rundfunks gezählt.[62] Umfrageergebnisse sind für die Medien aufgrund ihres hohen Nachrichtenwertes attraktiv. Häufig lässt die Art der Vermittlung allerdings zu wünschen übrig und missachtet Qualitätsstandards, wie sie etwa in den Richtlinien der „American Association of Public Opinion Research" (AAPOR) oder in einer entsprechenden Denkschrift der „Deutschen Forschungsgemeinschaft" (DFG) festgeschrieben sind. Es entspricht den Zwecken eines „Horse-Race"-Journalismus, der nach Schnappschüssen der öffentlichen Meinung verlangt und vorrangig an medialer Inszenierung interessiert ist, seine Veröffentlichungen möglichst dramatisch zu gestalten. Zu diesem Zweck gilt es, das Publikum mit einfachen Zahlen und Darstellungen zu bedienen, aber nicht mit Angaben zur Stichprobengröße der Umfrage, zu statistischen Fehlertoleranzen, Zeitraum und Modus der Befragung (ob telefonisch, persönlich oder schriftlich) und – das ist eine unabdingbare Information – zum genauen Fragenwortlaut zu konfrontieren.

Das Verhältnis zwischen Medien und Demoskopie[63] ist ein ambivalentes: Daten der Meinungsforschung können einerseits von der veröffentlichten Meinung vermittelte Bilder und Stereotypen korrigieren und dadurch bewirkte sozial-optische Täuschungen, wenn beispielsweise Mehrheits- für Minderheitsmeinungen gehalten werden, ausgleichen helfen. Andererseits können Umfragen als bloßer Widerhall die Wirkung der Medienberichterstattung noch verstärken („Echo-Demoskopie"). In welche Richtung die Umfrageforschung auch ausschlägt, sie befindet sich gegenüber den Medien doch stets im Nachteil: „Da die Meinungsforscher bei der Bekanntmachung

---

61 Andreas Dörner/Ludgera Vogt, Der Wahlkampf als Ritual. Zur Inszenierung der Demokratie in der Multioptionsgesellschaft, in: Aus Politik und Zeitgeschichte, B 15-16/02, S. 22; vgl. ders., Politainment – Politik in der medialen Erlebnisgesellschaft, Frankfurt a.M. 2001.

62 Vgl. Kaase/Pfetsch (Anm. 56), S. 171f.

63 Vgl. dazu allgemein Sibylle Hardmeier, Meinungsumfragen im Journalismus: Nachrichtenwert, Präzision und Publikum, in: Medien & Kommunikationswissenschaft, 48 (2000), S. 371-395; Frank Donovitz, Journalismus und Demoskopie. Wahlumfragen in den Medien, Berlin 1999.

ihrer Ergebnisse auf die Medien angewiesen bleiben", unterstreicht Frank
Decker diesen Umstand, „sollte man die selbständige Rolle der Demoskopie
[...] nicht überschätzen."[64] Bereits im Wahljahr 1994 war für Ursula Feist
und Klaus Liepelt „eine ›Demoskopisierung‹ der politischen Eliten, ihrer Ka-
der und Consultants" auf der einen Seite sowie „die ›Mediatisierung‹ der
Demoskopie"[65] auf der anderen Seite zu beobachten. Es dürfte außer Frage
stehen, dass sich diese Trends in den Wahljahren 1998 und 2002 noch verstärkt haben.

4. Auf dem Weg in die Neue Welt – Normalfall oder Sonderfall?

Hat man den viel beschworenen deutschen Sonderweg vor allem an vom Mu-
sterfall Großbritannien abweichenden Tendenzen festmachen wollen[66], so
will es im Bereich der Medien und öffentlichen Meinung heute vielfach so
scheinen, als sei Amerika das Land, an dem sich die anderen zu messen haben – die Norm. Viel ist von Amerikanisierung der politischen Kommunikation im Speziellen und der Politik im Allgemeinen die Rede. Unterschiede
werden dabei häufig nicht genügend berücksichtigt. Eine den deutschen und
europäischen Verhältnissen vergleichbare öffentlich-rechtliche Rundfunk-
struktur fehlt in den Vereinigten Staaten, wo fast alle Medien privatwirt-
schaftlich organisiert sind. Auch ist Amerika weiterhin „das erste Fern-
sehland der Welt".[67] Die durchschnittliche Einschaltzeit liegt hier besonders
hoch. Zudem nehmen die Medien in den Vereinigten Staaten allein aufgrund
der Funktionslogik des präsidentiellen politischen Systems einen höheren
Rang ein als innerhalb der parlamentarischen Parteiendemokratie der Bundesrepublik und der Mehrzahl der europäischen Staaten. Der US-Präsident
wird zum Beispiel immer dann die (Medien-)Öffentlichkeit zu mobilisieren
suchen, sobald er mit einer entgegengesetzten Haltung des Kongresses rechnen muss. Eine Fraktionsdisziplin wie in den parlamentarischen Systemen
Europas ist der präsidentiellen amerikanischen Demokratie schließlich fremd.
Die direkte Mobilisierung der Bevölkerung oder auch der öffentlichen Mei-

---

64 Decker (Anm. 45), S. 57.
65 Ursula Feist/Klaus Liepelt, Demokratie nach Quoten? Zur kommunikationsstrategi-
    schen Instrumentalisierung der Wählerforschung im Wahljahr 1994, in: Max Kaa-
    se/Hans-Dieter Klingemann (Hrsg.), Wahlen und Wähler. Analysen aus Anlaß der
    Bundestagswahl 1994, Opladen/Wiesbaden 1998, S. 625-643, hier S. 627.
66 Grundlegend hierzu siehe David Blackbourn/Geoff Eley, The Peculiarities of German
    History. Bourgeois Society and Politics in Nineteenth-Century Germany, Oxford/New
    York 1984.
67 Hans J. Kleinsteuber, Medien und öffentliche Meinung, in: Willi Paul Adams/Peter
    Lösche (Hrsg.), Länderbericht USA. Geschichte, Politik, Geographie, Wirtschaft, Ge-
    sellschaft, Kultur, 3. Aufl., Bonn 1998, S. 381.

nung zur Durchsetzung eines politischen Vorhabens ist dem präsidentiellen System Amerikas immanent. Das Kommunikationsziel des „going public" kann sich freilich rasch zu einem „Campaigning to Govern"[68] wandeln, wodurch Regieren zu einem permanenten Wahlkampf zu werden droht.

Tabelle 6: Strukturbedingungen der politischen Kommunikation im Vergleich

	USA	Deutschland
Politisches System	Präsidentielles Regierungssystem	Parlamentarisches Regierungssystem
	Schwache Parteien	Starke Parteien
	Fragmentierte Interessenvermittlung	Quasi-korporatistische Interessendurchsetzung
Mediensystem	Kommerzielles Mediensystem	Gemischtes Mediensystem
	Politisch nicht profilierte Presse	Politisch profilierte Qualitätspresse
Kommunikationsziel	Going public	Symbolische Legitimation

Quelle: Barbara Pfetsch, Politische Kommunikation in den USA und Deutschland, Bonn 2000, S. 14.

In den Vereinigten Staaten herrscht ein im Kern anderes Verständnis von öffentlicher Meinung als in den meisten europäischen Ländern vor. Grob gesprochen ist die Tradition einer öffentlichen Willensbildung von unten in Amerika stärker ausgeprägt und reicht weiter zurück als in Europa, wo öffentliche Meinung häufig und bis in die Gegenwart hinein als Elitenkonsens – des liberalen Bürgertums oder von besonders verantwortungsbewussten Bürgern – definiert wurde. Dem gegenüber steht dann die bloß „gemeine Meinung" der Massen.[69] Dieses zumindest tendenziell unterschiedliche Verständnis dürfte dafür verantwortlich sein, dass Meinungsumfragen – als „Pulse of Democracy"[70] – in der amerikanischen Politik schon länger eine unbestrittene und größere Rolle spielen als in Deutschland und Europa. So kann sich Wilhelm Hennis' Kritik an der Meinungsforschung aus dem Jahr 1957 hierzulande bis heute einiger Zustimmung erfreuen. Er bestreitet, dass die Demoskopie überhaupt in der Lage sei, die öffentliche Meinung zu erfassen: „Aus 40% Ja's, 35% Nein's und einem Rest ›Ich weiß nicht‹ besteht keine öffentliche Meinung." Hennis hält die Meinungsforschung aber nicht nur für überflüssig, sondern auch für schädlich, weil sie mittels scheinplebiszitärer Argumente das Prinzip der repräsentativen Demokratie aushöhle. Es bestehe

---

68   Charles O. Jones, zitiert nach: Karl-Rudolf Korte, Regieren in Mediendemokratien: Regierungssteuerung der Staats- und Regierungschefs im Vergleich, in: Schatz u.a. (Anm. 13), S. 33.

69   Vgl. Kleinsteuber (Anm. 67), S. 390.

70   So Titel und Duktus des „klassischen" Werks von George Gallup/Saul Forbes, The Pulse of Democracy. The Public Opinion Poll and How It Works, New York 1968 (zuerst 1940).

sogar die „Gefahr des Umschlagens der Demoskopie in ein demokratiefeind-
liches Instrument".[71]

Ungeachtet solch demokratietheoretisch motivierter und begründeter
Warnungen ist für Deutschland und Europa insgesamt nicht zu leugnen, dass
das über die Medien vermittelte Wechselspiel zwischen Politikern und Bürgern – insbesondere Wählern – zunehmend ins Zentrum des Geschehens
rückt, Parlamente und Parteien dagegen tendenziell in die zweite Reihe zu-
rücktreten. Medienkompetente Kandidaten gewinnen an Spielraum gegenüber ihren Parteien, *images* an Bedeutung gegenüber *issues*, wobei diese
Trennung ein wenig künstlich erscheint und Themen- wie Kandidatenorien-
tierung enger verknüpft sind als vielfach angenommen.[72] Allemal die Wahlkampfkommunikation folgt längst nicht nur noch in den Vereinigten Staaten
der Handlungslogik der Medien, wodurch das Risiko von Kontrollverlusten
bei der Bestimmung von Kommunikationsinhalten auf seiten der politischen
Akteure wächst.[73] Zum Leitmedium ist diesseits und jenseits des Atlantiks bereits seit vielen Jahren das Fernsehen avanciert. 1996 stellte der Wahlkamp-
fexperte Peter Radunski dazu fest: „Wahlkämpfe können im Fernsehen gewonnen oder verloren werden. Wer keinen Fernsehwahlkampf führen kann,
ist chancenlos."[74]

Angesichts dieser Entwicklungen mag es kaum verwundern, dass die
Bedeutung von professionellen Politikberatern zugenommen hat. Die Branche der „Political Consultants", ja der *Spin Doctors* oder „Hexenmeister"
boomt in den Vereinigten Staaten bereits seit vielen Jahren. Der 1969 gegründete überparteiliche Berufsverband „American Association of Political
Consultants" ist rasch angewachsen und zählt mittlerweile rund 600 Mitglieder. Politikmanagement hat in Amerika inzwischen einen beachtlichen Grad
der Akademisierung erreicht. Eine Reihe von Universitäten bietet entsprechende Studiengänge an, an der University of Florida lässt sich sogar ein
„Political Campaigning Certificate" erwerben. In Europa und speziell in
Deutschland hinkt die Entwicklung ein wenig hinterher. Allerdings sind in

---

71 Wilhelm Hennis, Meinungsforschung und repräsentative Demokratie. Zur Kritik poli-
    tischer Umfragen [zuerst 1957], in: Ders., Regieren im modernen Staat. Politikwissen-
    schaftliche Abhandlungen I, Tübingen 2000, S. 59 f., 63; zur bis heute anhaltenden
    Kritik an der Demoskopie siehe zusammenfassend Gallus/Lühe (Anm. 10), S. 145-154.
72 Darauf verweist Frank Brettschneider, Candidate-Voting. Die Bedeutung von Spit-
    zenkandidaten für das Wählerverhalten in Deutschland, Großbritannien und den USA
    von 1960 bis 1998", in: Hans-Dieter Klingemann/Max Kaase (Hrsg.), Wahlen und
    Wähler. Analysen aus Anlass der Bundestagswahl 1998, Wiesbaden 2001, S. 351-
    400; ders., Spitzenkandidaten und Wahlerfolg. Personalisierung – Kompetenz – Par-
    teien. Ein internationaler Vergleich, Wiesbaden 2002.
73 Vgl. Hans-Dieter Klingemann/Katrin Voltmer, Politische Kommunikation als Wahl-
    kampfkommunikation, in: Jarren u.a. (Anm. 14), S. 396-405.
74 Peter Radunski, Politisches Kommunikationsmanagement. Die Amerikanisierung der
    Wahlkämpfe, in: Bertelsmann Stiftung (Hrsg.), Politik überzeugend vermitteln. Wahl-
    kampfstrategien in Deutschland und den USA. Analysen und Bewertungen von Poli-
    tikern, Journalisten und Experten, Gütersloh 1996, S. 37.

den letzten Jahren klare Signale für die Herausbildung einer ganzen Fachdis-
ziplin nach amerikanischem Vorbild zu erkennen: „Berlin ist definitiv reif für
ein ›West Point for Politics‹. Alles, was fehlt, ist der Gründungsimpuls."[75]
Gleichwohl ist schon heute „eine neue Generation von hochqualifizierten
Experten für politische Kommunikation und Beratung"[76] auch hierzulande
auszumachen.

Zumal für den Bereich des Wahlkampfs lässt sich ein „Wissenstransfer"
vom Neuen zum Alten Kontinent nachvollziehen, gerade wenn man Tony
Blairs New Labour-Wahlkampf und eine Reihe von Nachahmereffekten in
den Reihen der deutschen Sozialdemokratie betrachet. Hatte sich die britische
Labour-Partei bei der Einrichtung ihrer Wahlkampfzentrale „Millbank
Tower" an Bill Clintons „War Room" orientiert, so zeigte sich die SPD bei
der Etablierung der „Kampa" als „begeisterter Lehrling und Nachahmer"[77]
der britischen und amerikanischen Vorbilder. Innerhalb Europas sind die beiden britischen Großparteien, die Labour Party und die Conservatives, auf
dem Weg zu „professionalisierten Medienkommunikationsparteien" besonders weit fortgeschritten. Bei Uwe Jun heißt es über die Labour-Partei: „Sie
kann aufgrund des hohen Grads der Professionalisierung ihres Kommunikationsmanagements, ihrer sehr weitgehenden Anpassung von Personal und Politik an die Logik der Massenmedien und der Dominanz des strategischen
Zentrums bei innerparteilichen Entscheidungsprozessen den Anspruch erhe-
ben, unter den etablierten Großparteien Westeuropas am weitesten dem Modell der professionalisierten Medienkommunikationspartei zu entsprechen."[78]
Labour und die britischen Parteien insgesamt haben damit auf einen Öffent-
lichkeits- und Strukturwandel in einem Land reagiert, das einst für seinen in-
vestigativen Journalismus bekannt war. Einige Trends sind unübersehbar, so
die herausragende Stellung des Fernsehens im Alltagsleben der Briten, eine
zunehmende Boulevardisierung und parteipolitische Färbung der Tagespresse. Überhaupt hat die Unterhaltungsorientierung zugenommen und erscheint
Politik als Ware.[79]

Indes ist zu bezweifeln, ob es sich bei der beschriebenen, über den Um-
weg Großbritannien vorangetriebenen „Amerikanisierung" um ein wirklich
neuartiges Phänomen handelt. „Versteht man Professionalisierung als permanenten Prozeß", darauf verweist Volker Hetterich, „dann gab es so schon

---

75 Marco Althaus, West Point for Politics. Die Akademisierung des politischen Mana-
    gements, in: Ders. (Hrsg.), Kampagne! Neue Strategien für Wahlkampf, PR und Lob-
    bying, Münster 2001, S. 246.
76 Ders., Kampagne!, in: Ebd., S. 6.
77 Bernd Becker, New Labour auf dritten Wegen. Tony Blairs Politikvermarktung – und
    was die SPD daraus lernte, in: Ebd., S. 259.
78 Uwe Jun, Politische Parteien und Kommunikation in Großbritannien. Labour Party
    und Konservative als professionalisierte Medienkommunikationsparteien?, in: von
    Alemann/Marschall (Anm. 8), S. 304 f.
79 Vgl. Roland Sturm, Politik als Ware – wahre Politik, in: Gegenwartskunde 48 (1999),
    S. 7-10.

immer mehr oder weniger amerikanisierte Wahlkämpfe: 1953 holte sich die
CDU für Meinungsforschung und Öffentlichkeitsarbeit methodisches Know-
how aus den USA, die SPD tat dies erstmals vor der Bundestagswahl 1961.
Vor vielen der folgenden Wahlkämpfe beobachteten die Verantwortlichen
von CDU und SPD vor Ort amerikanische Kampagnen. Die Ergebnisse dieser Beobachtungen reichten unterschiedlich weit: von der Kopie einzelner
werblicher Maßnahmen bis hin zur inhaltlichen Imitation ganzer Kampagnen,
wie dies 1994 bei der SPD der Fall war."[80]

Tabelle 7: Vergleich zwischen amerikanischen und westeuropäischen
Kampagnen

Amerikanischer Stil	Westeuropäischer Stil
kandidatenzentriert	parteienzentriert
kapitalintensiv	organisationsorientiert
exzessives Fundraising	staatliche Parteien- und Wahlkampffinanzierung
bezahlte TV-Werbung	kostenlose Sendezeiten im TV
von externen Beratern geplant	von Parteimanagern geplant
hochprofessionell und spezialisiert	parteilicher Professionalismus
hochgradig individualisiert	zentral koordiniert
regionale Wahlkampfakzente	bundesweite Wahlkampfakzente
exklusive (nur auf registrierte Wählergruppen fokussierte) Wahlkampfstrategien	intensive (auf nennenswerte Teile der Wahlberechtigten ausgerichtete) Wahlkampfstrategien
zielgruppenorientierte Mikrobotschaften	an nennenswerte Wählergruppen adressierte Makrobotschaften

Quelle: Fritz Plasser (mit Gunda Plasser), Globalisierung der Wahlkämpfe. Praktiken der
Campaign Professionals im weltweiten Vergleich, Wien 2003, S. 114.

Manches wirkt aus einer historisierenden Perspektive weniger dramatisch,
verliert angesichts der Nachvollziehbarkeit einer Entwicklung über einen
längeren Zeitraum an Brisanz. Wenn sich also Tendenzen einer „Amerikanisierung" schon einige Zeit zurückverfolgen lassen, so heißt dies nicht, die
Parteien hätten in Deutschland bereits gänzlich abgewirtschaftet. Bei der
Kandidatenrekrutierung und Programmformulierung spielen sie weiterhin die
entscheidende Rolle. Zwar ist die Anzahl der auswärtigen Politikberater gewachsen, doch kann bis heute nicht von einer vollkommen am Kandidaten
ausgerichteten Projekt-, Politik- und Wahlkampforganisation die Rede sein.
Die Nominierung eines Kanzlerkandidaten ohne langjährige parteipolitische
Karriere („Ochsentour") ist weiterhin höchst unwahrscheinlich. Die Personalisierung der Politik ist vorangeschritten, gelangt aber doch noch an Grenzen.
So konnte Gerhard Schröder die Wahl 1998 nur gewinnen, weil ihm der sozialdemokratische Parteivorsitzende Oskar Lafontaine – trotz vielfältiger Mei-
nungsunterschiede – den Rücken gestärkt und für Geschlossenheit in den eigenen Reihen gesorgt hat. Nach der Übernahme des Parteivorsitzes durch den

---

80 Hetterich (Anm. 58), S. 380.

Bundeskanzler im Jahr 1999 hat sich die Schröder-SPD indes für manchen Beobachter zu einem profillosen „Kanzlerwahlverein"[81] entwickelt. Ungeachtet gleichgerichteter transnationaler Trends (etwa Inszenierung, Personalisierung, Emotionalisierung, Professionalisierung, Entideologisierung von Politik, gewachsene Bedeutung des Medien- und Kommunikationsmanagements der Parteien) in medienzentrierten Demokratien, ja, einer Globalisierung der Wahlkämpfe bleiben signifikante Unterschiede bestehen – nicht zuletzt zwischen Amerika und Westeuropa – und lässt sich nicht einfach von einer Standardisierung sprechen. Eine aktuelle Vergleichsstudie zur Globalisierung der Wahlkämpfe führte unter anderem zu dem Ergebnis, dass die Praktiken von Wahlkampfexperten „zu einem beträchtlichen Ausmaß durch nicht medienbezogene, institutionelle und kulturelle Faktoren sowie länderspezifische gesetzliche Rahmenbedingungen determiniert"[82] werden.

Gleichwohl wird die enge nationalstaatliche Perspektive einer zunehmend von *global players* geprägten Medienentwicklung nur noch bedingt gerecht. Viel ist in letzter Zeit von der Globalisierung der Medienlandschaft die Rede. Die weltweit agierenden Medienkonzerne[83] folgen einer einheitlichen wirtschaftlichen Logik und unterwerfen sich den Gesetzen der Kommerzialisierung. Sie sehen sich dadurch permanent unter Druck gesetzt, „die produktive und allokative Effizienz ihrer Produktion zu steigern, also billiger zu produzieren und nur exakt das zu produzieren, was den Wünschen der Kunden – vor allem denen der werbetreibenden Wirtschaft – entspricht [...]"[84]. Global aktive Medienunternehmen zeitigen Internationalisierungseffekte, die die Gefahr einer unkontrollierten und demokratisch nicht abgesicherten Medienmacht mit sich bringen. Solche über nationale Grenzen sich erstreckende oligopolistische oder monopolistische Medienstrukturen fordern Staat und Gesellschaft, insbesondere auch die nationale Souveränität heraus, da eine nationalstaatlich ausgerichtete Medienpolitik in diesem Fall nur begrenzte

---

81 So Franz Walter, An der Macht und in der Sinnkrise: die Schröder-SPD, in: Frankfurter Rundschau vom 22. April 2002; siehe auch ausführlich ders., Die SPD – Vom Proletariat zur Neuen Mitte, Berlin 2002.

82 Fritz Plasser (mit Gunda Plasser), Globalisierung der Wahlkämpfe. Praktiken der Campaign Professionals im weltweiten Vergleich, Wien 2003, S. 422; vgl. auch Andrea Römmele, Konvergenzen durch professionalisierte Wahlkampfkommunikation? Parteien auf dem Prüfstand, in: von Alemann/Marschall (Anm. 8), S. 328-346.

83 Zu den deutschen Großunternehmen der Medienbranche vgl. Horst Röper, Formationen deutscher Medienmultis 2002. Entwicklungen und Strategien der größten deutschen Medienunternehmen, in: Media Perspektiven 9/2002, S. 406-432.

84 Otfried Jarren/Werner A. Meier, Globalisierung der Medienlandschaft und ihre medienpolitische Bewältigung: Ende der Medienpolitik oder neue Gestaltungsformen auf regionaler und nationaler Ebene?, in: Patrick Donges/Otfried Jarren/Heribert Schatz (Hrsg.), Globalisierung der Medien? Medienpolitik in der Informationsgesellschaft, Opladen/Wiesbaden 1999, S. S. 237; vgl. auch Werner A. Meier/Otfried Jarren, Ökonomisierung und Kommerzialisierung von Medien und Mediensystem. Einleitende Bemerkungen zu einer (notwendigen) Debatte, in: Medien & Kommunikationswissenschaft 49 (2001), S. 145-158.

Wirkung entfaltet. Noch problematischer freilich ist der Sonderfall Italien, wo mit Silvio Berlusconi ein Medienmogul an der Regierungsspitze steht. Ludger Helms spricht von „einer demokratietheoretisch höchst bedenklichen Konstellation, die geprägt ist durch eine beispiellose Verschränkung von direkter politischer Macht und praktisch uneingeschränkter Verfügungsgewalt über einen signifikanten Teil der Medienlandschaft".[85]

Von einer Verflechtung zwischen Medien oder ganzen Medienimperien und politischen Akteuren wie im Sonderfall Italien („Berlusconi-Effekt") ist Deutschland weit entfernt. Ebenso unterscheiden sich das Medien- wie politische System der Bundesrepublik von der „Norm" der Vereinigten Staaten durch vielfältige strukturelle Gegebenheiten, wobei auch zahlreiche Angleichungsprozesse festzustellen sind. Man denke beispielsweise an die zunehmende Personalisierung von Politik, die gewachsene Unterhaltungorientierung der Medien und ihre Neigung zu Skandalisierung und Negativismus. Überhaupt stellen sich die deutschen Großparteien am Beginn des 21. Jahrhunderts zunehmend medialisiert dar.[86] Gerhard Schröder etwa trieb die Parteigremien der Sozialdemokratie wiederholt von außen „mittels telegenem Schwung"[87] an. Im Verhältnis von Medien und Politik entspricht Deutschland dem allgemeinen Trend der Medialisierung, der in den westeuropäischen parlamentarischen Demokratien mehr oder weniger ausgeprägt vorherrscht. Fast ist man geneigt zu sagen, Deutschland befindet sich gemeinsam mit Großbritannien einmal mehr auf dem „dritten Weg" – irgendwo angesiedelt zwischen Parteien- und Mediendemokratie.

5. Schlussbetrachtung

5.1 Zusammenfassung

Ohne Zweifel lässt sich in den vergangenen fünfzig Jahren eine gewachsene Kommunikationsabhängigkeit der Politik in der Bundesrepublik Deutschland wie in anderen westeuropäischen Demokratien diagnostizieren. Die Medien haben dabei an Eigenständigkeit innerhalb des intermediären Systems gewonnen. Von einer von Regierung und Parteien ausgehenden und überwiegend einseitig verlaufenden Medienpolitik kann keine Rede mehr sein. Die Medien sind omnipräsent, wobei elektronische Medien dominieren. Die Medialisierung politischer Kommunikation ist schwerlich zu leugnen. Politik wird ganz überwiegend medienvermittelt wahrgenommen, politisches Han-

---

85 Ludger Helms, Parteien, Medien und der Wandel politischer Kommunikation in Italien, in: von Alemann/Marschall (Anm. 8), S. 274.
86 Vgl. auch Uwe Jun, Professionalisiert, medialisiert und etatisiert. Zur Lage der deutschen Großparteien am Beginn des 21. Jahrhunderts, in: Zeitschrift für Parlamentsfragen 33 (2002), S. 770-789.
87 Korte (Anm. 68), S. 33.

deln und Verhalten richtet sich an den Gesetzmäßigkeiten des Mediensystems aus, und die Medienwirklichkeit verschmilzt mehr und mehr mit der
politischen wie gesellschaftlichen Realität. Einerseits tragen die Medien wie
auch die Meinungsforschung zur Erhöhung des Grades an Responsivität zwischen Bürgern und Politik bei, andererseits verstärken sie aber den Trend zu
einer wankelmütigen und politisch führungslosen „Stimmungsdemokratie".

Sind wir bereits in der Mediendemokratie angelangt, und muss die Parteiendemokratie als ein Phänomen von gestern gelten? Die Antwort lautet: ja,
aber. Dass Medienkommunikation im Bereich der symbolischen und Darstellungspolitik an Bedeutung gewonnen hat, steht außer Frage. Ihre tatsächliche Entscheidungsrelevanz im politischen Prozess dürfte dagegen geringer
ausfallen, wenn es auch übertrieben wäre zu behaupten, mit der großen „Dar-
stellungsmacht" gehe eine ausgeprägte „Herstellungsohnmacht" (Ulrich Saxer) einher. Kernbereiche im politischen Entscheidungssystem – das weite
Feld der Routinepolitik – erweisen sich als weitgehend medienresistent. Ver-
handlungs- und parteiendemokratische Strukturen wie Netzwerke widerset-
zen sich zum Teil mediendemokratischen Wandlungstendenzen. Es bedarf
freilich weiterer eingehender Forschung darüber, inwieweit die Medien die
Binnenstrukturen des politischen Willensbildungs- und Entscheidungssystems verändern oder zumindest auf dem Weg sind, dies zu tun. Das dürfte
dazu beitragen, nicht aus jedem Wandel eine Medienrevolution abzuleiten,
welche die Grundfesten des etablierten politischen Systems erschüttert.

Mit Blick auf Deutschland und die meisten parlamentarischen Demokratien Westeuropas lassen sich Tendenzen einer „Amerikanisierung" verzeichnen, doch bleiben zahlreiche systemische und strukturelle Unterschiede zwischen Alter und Neuer Welt bestehen. Ein Systemwechsel hat bisher nicht
stattgefunden, und die Auflösung der Parteienstaatlichkeit zugunsten einer
Medienherrschaft ist in absehbarer Zeit nicht zu erwarten. Noch halten in der
Bundesrepublik die Parteien – selbst im Wahlkampf – das Heft in der Hand.
Es ist überhaupt fraglich, ob die Medien in der Lage wären, die Rekrutie-
rungs-, Repräsentations-, Verhandlungs- und Entscheidungsfunktionen von
den Parteien zu übernehmen. Betrachtet man das Verhältnis von Medien und
Politik im westeuropäischen Vergleich, so dürfte Deutschland als Normalfall
gelten. Eine Sonderrolle spielt vielmehr Italien, wo mediale mit politischer
Macht unmittelbar verknüpft ist.

5.2 Ausblick

Seit einiger Zeit bilden sich neue Medienformen wie das Internet heraus, die
Chancen und Risiken für das politische System bereithalten. Es stellt eine
bislang nicht klar beantwortbare Frage dar, ob das Internet die Machtverhältnisse innerhalb der Parteien zugunsten der Mitglieder verschiebt. Verfechter
der digitalen Demokratie hoffen über dieses neue, sich ausbreitende Medium
den Wandel von der Zuschauer- zur Beteiligungsdemokratie vollziehen zu

können.[88] Sie träumen von der Wiederbelebung des antiken Stadtstaates und wollen die Agora der Polis durch die E-gora des World Wide Web, gleichsam als Global Village, ersetzen. Solche Wünsche und Vorstellungen muten utopisch an. Außerdem stellen sie nur eine von im wesentlichen zwei Vermutungen darüber dar, „wie sich das Internet in erster Linie auf die politische Mitwirkung der Bürgerschaft auswirkt: zum einen die Vision des Internets als herrschaftsfreier Raum, in dem sich die Bürgerschaft selbst organisieren kann; zum anderen die Sorge vor einem auf Informationsdominanz und einseitige Information gestützten elektronischen Populismus, der die freiheitliche demokratische Grundordnung gefährden kann"[89].

Gleich welche Wirkungshypothese stärker der künftigen Realität entsprechen mag, ob sich eher demokratieförderliche oder demokratieschädigende Konsequenzen einstellen sollten, reduziert die Entwicklung von On-line-Medien und Multi-Media die Möglichkeiten einer staatlich gelenkten Medienpolitik. Da ihr Handlungsspielraum eng begrenzt ist und in den vergangenen zehn Jahren eher ab- als zugenommen hat, bedarf es in der Mediengesellschaft neuer Akteure und (Selbst-)Kontrolleinrichtungen. Otfried Jarren plädiert beispielsweise für die Etablierung von gesellschaftlichen Reflexionsinstanzen – in Form einer „Stiftung Medientest" oder eines Medienrates.[90] „Die orientierungs- und besinnungslosen Jäger und Sammler des Informationszeitalters müssen an die Hand genommen, dürfen jedenfalls nicht mit dem Joystick alleingelassen werden. Sonst werden es die Barden, Gaukler und Orakel der Freizeit- und Erlebnisgesellschaft tun. Vom Gelingen dieses Unterfangens hängt die Zukunft der repräsentativen Demokratie entscheidend ab."[91] Weniger dramatisch ausgedrückt: Politik und Parteien müssen kommunikationstechnologische Neuerungen und Strukturveränderungen in einem Mediensystem, das an Autonomie gewonnen hat, aufmerksam verfolgen und darauf angemessen reagieren, damit Medien- nicht in Systemwandel umschlagen kann. Es gilt dabei, sich in einem zunehmend internationalisierten Bereich von rein nationalstaatlichen Lösungen zu verabschieden, um politische Gestaltungshoheit zu behalten.

---

88 Vgl. Claus Leggewie/Christa Maar (Hrsg.), Internet & Politik. Von der Zuschauer- zur Beteiligungsdemokratie?, Köln 1998; auch Winand Gellner/Fritz von Korff (Hrsg.), Demokratie und Internet, Baden-Baden 1998; Hans-Georg Welz, Politische Öffentlichkeit und Kommunikation im Internet, in: Aus Politik und Zeitgeschichte, B 39-40/02, S. 3-11; Beate Hoecker, Mehr Demokratie via Internet? Die Potenziale der digitalen Technik auf dem empirischen Prüfstand, in: Ebd., S. 37-45.

89 Alexander Siedschlag/Arne Rogg/Carolin Welzel, Digitale Demokratie. Willensbildung und Partizipation per Internet, Opladen 2002, S. 13 f.

90 Vgl. Otfried Jarren, „Mediengesellschaft" - Risiken für die politische Kommunikation, in: Aus Politik und Zeitgeschichte, B 41-42/01, S. 19.

91 Gellner (Anm. 49), S. 44.

Uwe Backes

Extremismus und politisch motivierte Gewalt

1. Einleitung

1.1 Problemstellung

Als politischer Extremismus lassen sich all jene Gesinnungen und Bestrebungen bezeichnen, die für den Bestand demokratischer Verfassungsstaaten unverzichtbaren Werten (vor allem die Idee der Menschenrechte) und institutionellen Verfahrensregeln (wie die Gewaltenkontrolle, den politischen Pluralismus, Wahlen und Mehrheitsregel) zuwiderlaufen.[1] Die Abwehrhaltung gegen Grundprinzipien freiheitlicher Demokratie beruht auf allen Extremismen gemeinsamen Denkformen und Mentalitätsbeständen (wie exklusiver Wahrheits- und Gestaltungsanspruch, Intoleranz, Dogmatismus). Dessen ungeachtet liegen ihnen unterschiedliche, ja zum Teil gegensätzliche Ideologien zugrunde. Kommunismus und Anarchismus auf der extremen Linken, (Ultra-)-Nationalismus und Rassismus auf der extremen Rechten spielen bis in die Gegenwart die bedeutendste Rolle. Diese Strömungen haben sich im Laufe des 20. Jahrhunderts wechselseitig befruchtet und immer wieder neue Ideen (z.B. extremer Ökologismus und Feminismus) verarbeitet. Seit dem letzten Drittel des 20. Jahrhunderts hat überdies der Islamismus als eine Form des politisch-religiösen Fundamentalismus weltweit an politischer Bedeutung gewonnen.[2] Politische Extremismen treten in verschiedenen Organisationsformen auf und verfolgen unterschiedliche Strategien. Sie können offen oder verdeckt agieren, sich legal im Kräftefeld offener Gesellschaften bewegen, ebenso aber auch systematisch Gewalt anwenden. Weder ist Extremismus im soeben umrissenen Sinne also per se gewaltorientiert noch jede Form politisch motivierter Gewalt extremistisch – man denke nur an den Widerstand in totalitären Diktaturen.

---

1 Vgl. zur Definition Uwe Backes, Politischer Extremismus in demokratischen Verfassungsstaaten. Elemente einer normativen Rahmentheorie, Opladen 1989; ders./Eckhard Jesse, Politischer Extremismus in der Bundesrepublik Deutschland, Neuausgabe, Berlin 1996; Carmen Everts, Politischer Extremismus. Theorie und Analyse am Beispiel der Parteien REP und PDS, Berlin 2000.

2 Einen aktuellen Überblick über die Extremismen in Europa und den USA vermittelt: Cas Mudde, Extremist Movements, in: Paul Heywood/Erik Jones/Martin Rhodes (Hrsg.), Developments in West European Politics 2, Houndmills/New York 2002, S. 135-148.

Der folgende Beitrag behandelt Entwicklung und aktuelle Bedeutung des organisierten Rechts- und Linksextremismus in Deutschland. Die „doppelte deutsche Diktaturerfahrung"[3] erklärt wesentlich die hohe Aufmerksamkeit, die dem Problemkreis bis in die Gegenwart gewidmet wird. Folgende Fragen stehen im Mittelpunkt der Darstellung: Welche Formen des politischen Extremismus sind in stärkerem Maße hervorgetreten? Wie groß war ihr Einfluß auf das politische System? Welche Faktoren bestimm(t)en Erfolg und Mißerfolg wesentlich? Welche Besonderheiten treten im Vergleich mit anderen demokratischen Verfassungsstaaten hervor?

1.2 Aufbau

Angestrebt wird ein differenziertes Bild der gegenwärtigen Lage unter Berücksichtigung der historischen Entwicklungen seit dem Ende des Zweiten Weltkrieges. Das jeweilige politische Gewicht (meßbar etwa anhand von Wahlergebnissen, Mitgliederzahlen oder Handlungsintensität) bestimmt die Ausführlichkeit der Darstellung. Der religiös-politische Fundamentalismus bleibt aus Platzgründen ausgespart.[4] Im Mittelpunkt stehen die wichtigsten organisierten Formen des – legal operierenden wie gewaltorientierten – Links- und Rechtsextremismus. Nach einer Skizze zur bisherigen Forschung wird die noch weithin unerforschte Begriffsgeschichte nachgezeichnet. Die anschließende Darstellung zur Entwicklung und Bedeutung der Extremismen wendet sich nacheinander dem Links- und Rechtsextremismus zu. Den Abschluß bildet ein kurzer Ausblick auf der Grundlage aktueller Trends.

2. Forschungsstand

Die Last der verbrecherischen NS-Vergangenheit, die unmittelbaren Auswirkungen des Ost-West-Gegensatzes an der Demarkationslinie zum kommunistischen Sowjetimperium, die Teilung des Landes und die unübersehbare Präsenz der SED-Diktatur trugen maßgeblich dazu bei, daß die kritische Auseinandersetzung mit dem Rechts- und Linksextremismus in der deutschen Wissenschaft und Publizistik insgesamt intensiver geführt worden ist als in anderen westeuropäischen Ländern. Dies gilt trotz aller Akzentverschiebungen aufgrund sich wandelnder Aktualitäten und Aufmerksamkeitsschwer-

---

3   So Ludger Kühnhardt u.a. (Hrsg.), Die doppelte deutsche Diktaturerfahrung. Drittes Reich und DDR – ein historisch-politikwissenschaftlicher Vergleich, Frankfurt a.M. u.a. 1994.

4   Zur Frage, ob dieser als eine dritte Form des politischen Extremismus anzusehen ist, vgl. Uwe Backes/Eckhard Jesse, Islamismus – Djihadismus – Totalitarismus – Extremismus, in: Dies. (Hrsg.), Jahrbuch Extremismus & Demokratie, Bd. 14, Baden-Baden 2002, S. 13-26.

punkte auch für das wieder vereinte Deutschland. Allerdings ist oft und zurecht mangelnde Forschungskontinuität beklagt worden. Die politisch brisante Thematik löste nicht selten hitzige Debatten aus, die rasch wieder abklangen, sobald der Gegenstand des Anstoßes an Bedeutung eingebüßt hatte.[5]

Die wissenschaftliche Forschung folgte mit der sie kennzeichnenden Zeitverzögerung den entsprechenden Konjunkturen.[6] Dies ließe sich beim Rechtsextremismus für das SRP-Verbot 1952, die antisemitische Schmierwelle 1960, die Erfolgsjahre der NPD 1966 bis 1969, das Treiben neonationalsozialistischer Gruppierungen in den siebziger und achtziger Jahren, die „dritte Welle" von Wahlerfolgen verschiedener Rechtsaußenparteien in den späten achtziger und den neunziger Jahren sowie für den markanten Anstieg fremdenfeindlicher Gewalttaten nach der deutschen Vereinigung zeigen. Ähnliches gilt beim Linksextremismus für das KPD-Verbot, die DKP-Gründung und ihre Folgen, den studentischen Protest und die linksextremen Ränder seiner Folgebewegungen, den Linksterrorismus der siebziger und achtziger Jahre und das von vielen Beobachtern zunächst unterschätzte Fortwirken der in PDS umbenannten SED nach 1989/90. Die normative Eingrenzung der Untersuchungsgegenstände (unter dem Aspekt der Demokratiegefährdung oder Menschenrechtsverletzung, als Antithese zum demokratischen Verfassungsstaat) erschwerte – angesichts unterschiedlicher gesellschaftspolitischer Grundauffassungen – einen definitorischen Konsens. Fundamentalkritik am Extremismusbegriff[7], mitunter ohne Konzilianz vorgetragen, beeinträchtigt manche Kontroversen. Dies betrifft vor allem den Rechts- und Linksextremismus vergleichenden, Wechselwirkungen und Interaktionen nachspürenden Ansatz. Dessen Untersuchungsprogramm blieb in höherem Maße umstritten als die zeithistorische, politik- oder sozialwissenschaftliche Einzelforschung. Immerhin besteht mit dem Jahrbuch Extremismus & Demokratie seit 1989 ein Periodikum, an dem zahlreiche Fachvertreter mitarbeiten, die sich mit Geschichte und Gegenwart politischer Extremismen in Deutschland und anderswo beschäftigen.[8]

---

5   Vgl. zuletzt Jürgen Winkler, Bausteine einer allgemeinen Theorie des Rechtsextremismus. Zur Stellung und Integration von Persönlichkeits- und Umweltfaktoren, in: Jürgen W. Falter/Hans-Gerd Jaschke/Jürgen R. Winkler (Hrsg.), Rechtsextremismus. Ergebnisse und Perspektiven der Forschung, (= PVS-Sonderheft 27), Opladen 1996, S. 25-48.

6   Siehe für eine Bilanz der Forschung: Uwe Backes/Eckhard Jesse, Totalitarismus – Extremismus – Terrorismus. Ein Literaturführer und Wegweiser im Lichte deutscher Erfahrung, 2. Aufl., Opladen 1985; dies. (Anm. 1).

7   Vgl. in besonders ungeschützter und gebündelter Form: Christian Kopke/Lars Rensmann, Die Extremismus-Formel. Zur politischen Karriere einer wissenschaftlichen Ideologie, in: Blätter für deutsche und internationale Politik 45 (2000), S. 1451-1462. Zur Kritik der Kritik: Uwe Backes/Eckhard Jesse, Die „Extremismus-Formel" – Zur Fundamentalkritik an einem historisch-politischen Konzept, in: Dies. (Hrsg.), Jahrbuch Extremismus & Demokratie, Bd. 13, Baden-Baden 2001, S. 13-29 (mit weiterführender Literatur).

8   Vgl. Uwe Backes/Eckhard Jesse (Hrsg.), Jahrbuch Extremismus & Demokratie, Bde. 1-6, Bonn 1989-1994, Bde. 7ff., Baden-Baden 1995ff.

Wichtige Anstöße zu einer vergleichenden Erforschung der Extremismen
auf europäischer und internationaler Ebene sind in den letzten Jahren von
Roger Eatwell (Bath University) und Cas Mudde (Universität Antwerpen)
ausgegangen, die innerhalb des European Consortium for Political Research
eine Standing Group „Extremism and Democracy" ins Leben gerufen haben
und einen entsprechenden Newsletter herausgeben.[9] Sie wollen damit der
auch auf europäischer Ebene feststellbaren Absonderung der Forschungslager
(Rechtsextremismusforscher, Kommunismusforscher, Terrorismusforscher
usw.) entgegenwirken. Die von breitem öffentlichen Interesse getragene und
von Initiativen unterstützte Rechtsextremismusforschung hat seit den neunziger Jahren weiteren Aufschwung genommen. Dies zeigt sich nicht zuletzt in
einer Vielzahl von Länderstudien, der Zunahme von Ländervergleichen[10] und
der Publikation einschlägiger Kompendien, die für alle europäischen Ländern
eine Fülle an Informationen ausbreiten.[11] Dies scheint – verstärkt seit dem 11.
September 2001 – in ähnlicher Weise für den Islamismus zu gelten. Dagegen
ist die Zahl der Forscher, die sich mit dem Linksextremismus beschäftigen,
nicht erst seit dem Umbruch von 1989/90 weitaus geringer. Diesem vernachlässigten Feld sollte mehr Aufmerksamkeit geschenkt werden.

3. Begriffsgeschichte

Die begriffsgeschichtliche Hauptwurzel der Extremismusformel reicht – wie
die vieler Schlüsselwörter der politischen Sprache – bis ins antike Griechenland zurück.[12] In Ethik und Politik des Aristoteles spielte die Unterscheidung
zwischen einem empfehlenswerten Mittleren und den abzulehnenden extremen Ausartungen eine zentrale Rolle. Die Ideale der Mitte, Mischung und
Mäßigung flossen im verfassungspolitischen Leitbild der „Politie" als einer
aus oligarchischen und demokratischen Elementen gemischten, Stabilität und
Bürgerfreiheit am besten gewährleistenden Verfassung zusammen.[13] Auf-

---

9   http://www.bath.ac.uk/esml/ecpr/index.htm.
10   Siehe nur Hans-Georg Betz, Radical Right-wing Populism in Europe, New York
     1994; Piero Ignazi, L'estrema destra in Europa, Bologna 1994; Herbert Kitschelt/
     Anthony McGann, The Radical Right in Western Europe. A Comparative Analysis,
     Ann Arbor 1995; Michael Minkenberg, Die neue radikale Rechte im Vergleich. USA,
     Frankreich, Deutschland, Opladen 1998; Cas Mudde, The Ideology of the Extreme
     Right, Manchester/New York 2000; José Luis Rodríguez Jiménez, Nuevos fascismos?
     Extrema derecha y neofascismo en Europa y Estados Unidos, Barcelona 1998.
11   Siehe nur Jean-Yves Camus (Hrsg.), Les extrémismes en Europe. État des lieux 1998,
     Paris 1998; Paul Hainsworth (Hrsg.), The Politics of the Extreme Right. From the
     Margins to the Mainstream, London 2000.
12   Der Verfasser bereitet eine Monographie zur „Begriffsgeschichte der politischen Ex-
     treme" vor.
13   Aristoteles, Politik, besonders Buch IV 1294b-1297a, Buch VIII 1342b; ders., Niko-
     machische Ethik, Buch II 1106a-1108b, Buch 1131a-1132a. Siehe dazu mit zahlrei-

grund der herausragenden Bedeutung des Aristotelismus für das politische Denken der Neuzeit, auch und nicht zuletzt für die Ideenüberlieferungen des modernen Verfassungsstaates, fanden damit verknüpfte Vorstellungsmuster Eingang in die liberalen, konstitutionellen und demokratischen Strömungen und wirken auf diese Weise bis in die Gegenwart in einem der „offenen Gesellschaft" verpflichteten politischen Denken fort.

Die sich im Zuge der Französischen Revolution auf dem europäischen Kontinent herausbildende politische Landschaft mit ihren verschiedenen Strömungen lud liberale Autoren dazu ein, charakteristische Gemeinsamkeiten in ihren Zielen entgegengesetzter extremer Strömungen herauszuarbeiten. Im Rückblick auf die Terrorjahre der Jakobinerherrschaft schrieb Madame de Staël 1796: „Man hat oft im Lauf der Revolution Frankreichs gesagt, Aristokraten und Jakobiner führten dasselbe Wort, seien ebenso absolut in ihren Meinungen und befleißigten sich je nach Situation einer ebenso intoleranten Führungsstils. Diese Bemerkung muß als die einfache Konsequenz ein und desselben Prinzips gelten. Die Leidenschaften lassen die Menschen einander ähnlich werden, wie das Fieber unterschiedliche Temperamente in den gleichen Zustand wirft."[14] Die traditionelle Unterscheidung zwischen „extrem" und „gemäßigt" wurde bald mit den neuen Richtungsbegriffen der Parlamentsgeographie „rechts" und „links" verknüpft. Man sprach nun von „extrémité gauche" und „extrémité droite".[15] In den 1830er Jahren fanden die Flügelbezeichnungen „extrême droite" und „extrême gauche" Eingang in französische Lexika.[16] Auch wenn französische – wie deutsche – Liberale Kritik an dem vom Bürgerkönigtum proklamierten „juste milieu" übten, hielten sie an der Äquidistanz zu den „Extremen" fest. Dem „Ultraismus" wurde eine entschiedene Absage erteilt.

---

chen weiterführenden Hinweisen: Martin Gralher, Mitte – Mischung – Mäßigung. Strukturen, Figuren, Bilder und Metaphern in der Politik und im politischen Denken, in: Peter Haungs (Hrsg.), Res Publica. Studien zum Verfassungswesen. Dolf Sternberger zum 70. Geburtstag, München 1977, S. 82-114.

14 Madame de Staël-Holstein, De l'influence des passions sur le bonheur des individus et des nations (1796), in: Œuvres complètes, Slatkine Reprints, Genève 1967, Bd. I, S. 143 (Kap. VII: De l'esprit de parti).

15 Vgl. Patrick Brasart, Paroles de la Révolution. Les Assemblées parlementaires 1789-1794, Paris 1988, p. 102-104; Fernand Brunot, Histoire de la langue française des origines à nos jours, Bd. IX: La Révolution et l'Empire, deuxième partie: Les événements, les institutions et la langue, Paris 1967, S. 769 passim; Max Frey, Les transformations du vocabulaire français à l'époche de la Révolution (1789-1800), Paris 1925, S. 46; Marcel Gauchet, La droite et la gauche, in: Pierre Nora (Hrsg.), Les lieux de mémoire, vol. III: Les France. 1. Conflits et partages, Paris 1993, p. 395-467; Pierre Retat, Partis et factions en 1789: émergence des désignants politiques, in: Mots 1988, Nr. 16, S. 69-89, hier S. 82f.

16 Vgl. P.C.F. Boiste, Dictionnaire universel de la langue française, avec le latin et les étymologies, 8e éd., Paris 1834, S. 244f., 302, 340; Dictionnaire Politique. Encyclopédie du Langage et de la Science Politiques, rédigé par une réunion de députés, de publicistes et de journalistes, avec une introduction par Louis Antoine Garnier-Pagès, publié par E. Duclerc et Paguerre, Paris 1842, S. 394.

Der liberale Leipziger Philosoph, Schüler Immanuel Kants, Wilhelm Traugott Krug, scheint als erster die Formel „Extremismus" verwendet zu haben. In
einem Supplement seines weitverbreiteten, mehrbändigen „Allgemeinen Handwörterbuchs der philosophischen Wissenschaften" schrieb er 1838: „Extremisten heißen die, welche keine richtige Mitte anerkennen wollen, sondern sich
nur im Extremen gefallen. Gewöhnlicher sagt man aber Ultraisten."[17] Doch
ging diese akademische Wortprägung lange Zeit nicht in die deutsche politische Sprache ein. Sie gelangte auf vielen Umwegen dorthin. In den Vereinigten
Staaten von Amerika war sie seit dem Bürgerkrieg gebräuchlich, in Großbritannien seit der Wende zum 20. Jahrhundert. In Frankreich und Italien verbreitete sie sich unter dem Einfluß der angelsächsischen Presseagenturen nach dem
Ausbruch der russischen Februarrevolution – als Bezeichnung zur Qualifizierung der revolutionären, die provisorische Regierung kompromißlos bekämpfenden und zur sofortigen Beendigung des Krieges neigenden „Maximalisten"
und „Bolschewiki", deren Anführer Wladimir Iljitsch Uljanow, genannt Lenin,
im April nach Rußland zurückkehrte und wenige Monate später in einem
Putsch an die Macht gelangte. In den Augen vieler prowestlicher Beobachter
hatten in Moskau die „Extremisten" die Macht übernommen.[18]

Die Frage nach dem Verhältnis zu dem erklärten „Zentrum der Weltrevolution" und zu der im April 1919 gegründeten Kommunistischen Internationale
polarisierte die Arbeiterbewegungen Europas. Selbst entschiedene Sozialisten
wie der französische Metallgewerkschafter Alphonse Merrheim griffen auf die
Extremismusformel zurück, um die skrupellosen Infiltrationsbemühungen der
Bolschewiki zu brandmarken. Dabei wurden Vergleiche zu den Praktiken der
extremen Rechten, insbesondere des Boulangismus, gezogen.[19] Der Jurist und
Ideenhistoriker Maxime Leroy entfaltete in seinem Buch über die neuen Entwicklungen des Syndikalismus den Extremismusbegriff als erster systematisch.[20] Im Zentrum stand Lenins Politik mit ihrem religionsähnlichen Absolutheitsanspruch und der daraus entspringenden, pluralitätszerstörenden Intoleranz gegenüber allem politisch Abweichenden. Als Vergleichsobjekt am anderen Ende des politischen Spektrums dienten die Legitimisten und „Ultramonarchisten". Wenige Jahre später, nach dem „Marsch auf Rom" (Oktober 1922),
wurden die italienischen Faschisten als neuartige „Gefahr von rechts" zum Gegenpol der bis dahin als Inkarnation des „Extremismus" geltenden Bolschewi

17 Wilhelm Traugott Krug, Allgemeines Handwörterbuch der philosophischen Wissenschaften nebst ihrer Literatur und Geschichte. Nach dem heutigen Standpunkte der
    Wissenschaft bearb. und hrsg., 2. verbesserte u. vermehrte Aufl., Bd. 5 als Supplement. Erste Abtheilung, Leipzig 1838, S. 394.
18 Vgl. z.B. Claude Anet, La Révolution russe, Bd. 2: Grandeur et décadence d'Alexandre Feodorovitch Kerenski, l'affaire Kornilof – le grand jour et le coup d'État maximaliste (juin – novembre 1917), Paris 1919, S. 216, 277f.; George Buchanan, My
    Mission to Russia and Other Diplomatic Memories, Bd. 2, London u.a. 1923, S. 218.
19 Alphonse Merrheim, Préface, in: Max Hoschiller, Le mirage du soviétisme, Paris
    1921, S. 7-24, hier S. 21.
20 Maxime Leroy, Les techniques nouvelles du syndicalisme, Paris 1921.

sten. Nicht zufällig zog ein italienischer Antifaschist der ersten Stunde, der –
im weitesten Sinne – liberale, papstkritische katholische Priester Don Luigi
Sturzo, Anführer der christlich-demokratischen Volkspartei, im August 1923
mit Hilfe des Begriffs „estremismo" eingehende Vergleiche zwischen revolu-
tionärem Sozialismus/Bolschewismus und Faschismus. Beiden Bewegungen
sei gemeinsam, daß sie die ganze Gesellschaft nach dem eigenen, mit Absolutheitsanspruch verfochtenen politischen Entwurf gestalten wollten und anderen politischen Strömungen jegliche Existenzberechtigung bestritten.[21]

Beim Vergleich der Diktaturen in Rußland und Italien, später auch in
Deutschland, spielte indes der 1923 in Italien geprägte Totalitarismusbegriff
eine größere Rolle. Viele Vertreter der sich in den dreißiger Jahren unter diesem Feldzeichen formierenden Forschungsrichtung, darunter nicht wenige
deutsche Emigranten, griffen dabei auch auf die Extremismusformel zurück.[22]
Dies entsprach allerdings weit eher dem vorherrschenden angelsächsischen und
französischen als dem deutschen politischen Wortgebrauch, hatte sich der Extremismusbegriff in der Weimarer Republik doch nicht gegen die weitverbreitete Radikalismusformel durchsetzen können. So erscheint es wenig überraschend, daß die Innenministerien und Verfassungsschutzämter des neugegründeten deutschen Weststaates in ihrem Sprachgebrauch an die Weimarer Diktion
anknüpften, Beobachtungs- und Sanktionspraxis der „streitbaren Demokratie"
auf „links- und rechtsradikale Bestrebungen und Organisationen"[23] bezogen.
Diese Wortwahl überwog auch in der westdeutschen wissenschaftlichen Literatur bis in die sechziger Jahre.[24] Nicht zuletzt unter dem Einfluß der amerikanischen Sozialwissenschaften, wo „Extremismus" seit langem als Gegenbegriff
zur „liberalen Demokratie" eingeführt war, gewann der Extremismusbegriff in

---

21 Luigi Sturzo, Il nostro „centrismo", in: Il Popolo Nuovo (Rom) vom 26. Aug. 1923.
    Wiederabdruck in: ders., Il Partito Popolare Italiano, Bd. 2: Popolarismo e Fascismo,
    Turin 1924, S. 241-248.

22 Karl Loewenstein, Contrôle législatif de l'extrémisme politique dans les démocraties
    européennes, Paris 1939; Franz Borkenau, The Totalitarian Enemy, London 1940, S.
    22; Otto Rühle, Brauner und Roter Faschismus (1939), in: Ders., Schriften. Perspekti-
    ven einer Revolution in hochindustrialisierten Ländern, hrsg. von Gottfried Mergner,
    Hamburg 1971, S. 7-71, hier S. 20; Theodor W. Adorno, Studien zum autoritären
    Charakter (1950), 4. Aufl., Frankfurt a.M. 1982 (1973), S. 150; Hannah Arendt,
    Ideologie und Terror, in: Bruno Seidel/Siegfried Jenkner (Hrsg.), Wege der Totalita-
    rismus-Forschung, 3. Aufl., Darmstadt 1974 (1968), S. 133-167, hier S. 166.

23 Erlaß des Bundesministers des Innern vom 19. September 1950, Politische Betätigung
    der Angehörigen des öffentlichen Dienstes gegen die demokratische Grundordnung,
    abgedruckt in: Erhard Denninger (Hrsg.), Freiheitliche demokratische Grundordnung.
    Materialien zum Staatsverständnis und zur Verfassungswirklichkeit in der Bundesre-
    publik, 2. Teil, Frankfurt a.M. 1977, S. 509.

24 Einige Beispiele: Otto Büsch/Peter Furth, Rechtsradikalismus im Nachkriegsdeutsch-
    land. Studien über die „Sozialistische Reichspartei" (SRP), Berlin/Frankfurt a.M.
    1957; Manfred Jenke, Verschwörung von rechts? Ein Bericht über den Rechtsradika-
    lismus in Deutschland nach 1945, Berlin 1961; Hans-Helmuth Knütter, Ideologien des
    Rechtsradikalismus im Nachkriegsdeutschland. Eine Studie über die Nachwirkungen
    des Nationalsozialismus, Bonn 1961.

den publizistischen und wissenschaftlichen Auseinandersetzungen um den Aufstieg der „Neuen Linken" und die Wahlerfolge der NPD in der zweiten Hälfte der sechziger Jahre gegenüber der Radikalismusvokabel merklich an Bedeutung.[25] Der behördliche Verfassungsschutz paßte sich Mitte der siebziger Jahre der neuen Diktion an, zumal sich auf diese Weise im Rahmen des Grundgesetzes legitime Radikalität von verfassungsfeindlichem Extremismus unterscheiden ließ. Seit dem Verfassungsschutzbericht für das Jahr 1974 firmieren antidemokratische Bestrebungen nicht mehr als „radikal", sondern als „extremistisch". Der Extremismusbegriff ist auf diese Weise Bestandteil der deutschen Amtssprache geworden, was wiederum manche Autoren veranlaßt hat, von ihm Abstand zu nehmen.

4. Entwicklung und Bedeutung der Extremismen

4.1 Linksextremismus

In den meisten europäischen Demokratien wurde der politische Raum linksaußen in den ersten drei Jahrzehnten nach dem Zweiten Weltkrieg von einer mehr oder minder moskautreuen *Kommunistischen Partei* (KP) beherrscht. Dies war eine Folge des Sieges der Roten Armee, der Ausdehnung der sowjetischen Einflußsphäre auf weite Teile Mittel- und Osteuropas und des antifaschistischen Mythos vom heldenhaften Kampf gegen den „Hitlerismus".[26] Auch die *Kommunistische Partei Deutschlands* (KPD) profitierte zunächst von dieser Ausgangslage. Sie zog mit beachtlichen Stimmenergebnissen in die ersten westdeutschen Landtage ein und gehörte zunächst den neugebildeten Regierungen an („Allparteienregierungen"). Noch bei der ersten Bundestagswahl von 1949 erzielte sie 5,7 Prozent der Stimmen.[27] Wenn sie be-

---

25 Der Soziologe Erwin K. Scheuch, der die Extremismusdiskussion der späten sechziger und siebziger Jahre mit wegweisenden Beiträgen prägte, entwickelte 1967 eine „Theorie des Rechtsradikalismus" (ders./Klaus D. Klingemann, Theorie des Rechtsradikalismus in westlichen Industriegesellschaften, in: Hamburger Jahrbuch für Wirtschafts- und Gesellschaftspolitik 12 [1967], S. 292-301), beschrieb die NPD 1970 als eine „rechtsextreme Partei" (ders., Die NPD als rechtsextreme Partei, in: Hamburger Jahrbuch für Wirtschafts- und Gesellschaftspolitik 15 [1970], S. 321-333) und betitelte seinen Beitrag zur Jubiläumsschrift anläßlich des 25jährigen Bestehens der Bundesrepublik Deutschland mit „Politischer Extremismus in der Bundesrepublik" (ders., Politischer Extremismus in der Bundesrepublik, in: Richard Löwenthal/Hans-Peter Schwarz [Hrsg.], Die zweite Republik. 25 Jahre Bundesrepublik Deutschland – eine Bilanz, Stuttgart 1974, S. 433-469).
26 Siehe zur Geschichte der KPen die Beiträge in folgenden Bänden: Claus D. Kernig (Hrsg.), Die kommunistischen Parteien der Welt, Freiburg im Brsg. u.a. 1969; Dieter Oberndörfer (Hrsg.), Sozialistische und kommunistische Parteien in Westeuropa, Bd. 1: Südländer, Bd. 2: Nordländer, Opladen 1978/79.
27 Vgl. Jens Ulrich Klocksin, Kommunisten im Parlament. Die KPD in Regierungen und Parlamenten der westdeutschen Besatzungszonen und der Bundesrepublik Deutschland, 1945-1956, 2. Aufl., Bonn 1994; Hans Kluth, Die KPD in der Bundesrepublik.

reits zu diesem Zeitpunkt stark an Einfluß eingebüßt hatte, lag dies an der Entwicklung in der Sowjetischen Besatzungszone. Dort hatte sich die KPD im April 1946 unter Anwendung von Zwang und Gewalt mit der Sozialdemokratie zur *Sozialistischen Einheitspartei Deutschlands* (SED) vereinigt, bis zur Gründung des sowjetisch beherrschten Satellitenstaates DDR 1949 alle anderen Parteien gleichgeschaltet und sich im Inneren weithin zu einer leninistischen Kaderpartei entwickelt. Die totalitäre Wirklichkeit im östlichen Teil Deutschlands, wo die Menschen wesentlicher Grundrechte beraubt blieben und eine Flucht in den Westen nach dem Bau der Mauer 1961 an der scharf gesicherten Grenze oftmals tödlich endete, schmälerte die Erfolgsaussichten der Kommunisten wesentlich.

Auch wenn die KPD 1956 nicht verboten worden wäre, hätte sie wohl kaum mehr als eine politische Randexistenz gefristet. Jedenfalls gelang es der 1968 „neu konstituierten", von der SED abhängigen *Deutschen Kommunistischen Partei* (DKP) zu keiner Zeit, an die kurze Erfolgsphase der KPD nach 1945 anzuknüpfen.[28] Von der Mobilisationswirkung der „68er"-Bewegung vermochte sie nur in bescheidenem Maße zu profitieren. Die enge Anbindung an Ostberlin blieb ein entscheidender Wettbewerbsnachteil, obwohl die Partei von der massiven organisatorischen und finanziellen Unterstützung (noch für das Jahr 1990 waren Transferleistungen in Höhe von 67,9 Mio. DM vorgesehen[29]) durch die SED profitierte, einen angesichts ihrer wahlpolitischen Erfolglosigkeit enormen Parteiapparat unterhielt und mit dessen Hilfe beträchtlichen Einfluß auf gesellschaftliche Teilbereiche (Verlagswesen, Bücher und Zeitschriften, Universitäten, Einzelgewerkschaften wie die GEW, „Friedensbewegung") auszuüben vermochte. In der Industriearbeiterschaft erreichte sie selbst in ihren wenigen lokalen Hochburgen zu keinem Zeitpunkt ein Ausmaß sozialer Verankerung, wie dies für die KPen Frankreichs und Italiens mit ihrer stattlichen Zahl von Bürgermeistern in kleinen und mittleren Städten (etwa im „roten Gürtel" um Paris oder den Industriezentren der Emilia Romagna und der

---

Ihre politische Tätigkeit und Organisation 1945-1956, Köln/Opladen 1959; Dietrich Staritz, Kommunistische Partei Deutschlands, in: Richard Stöss (Hrsg.), Parteien-Handbuch. Die Parteien der Bundesrepublik Deutschland 1945-1980, Bd. 1, Opladen 1983, S. 1663-1809.

28 Siehe zur Geschichte der DKP vor allem: Wilhelm Mensing, Wir wollen unsere Kommunisten wieder haben ... . Demokratische Starthilfen für die Gründung der DKP, Zürich/Osnabrück 1989; Siegfried Heimann, Die Deutsche Kommunistische Partei, in: Richard Stöss (Hrsg.), Parteien-Handbuch. Die Parteien der Bundesrepublik Deutschland 1945-1980, Bd. 1: AUD bis EFP, Opladen 1983, S. 901-981; Manfred Wilke/Hans-Peter Müller/Marion Brabant, Die Deutsche Kommunistische Partei (DKP). Geschichte – Organisation – Politik, Köln 1990.

29 Vgl. detailliert Patrick Moreau, Der westdeutsche Kommunismus in der Krise, in: Uwe Backes/Eckhard Jesse (Hrsg.), Jahrbuch Extremismus & Demokratie, Bd. 2, Bonn 1990, S. 170-206.

Toskana[30]) galt. Zudem setzte die ideologische Starrheit der Anpassungsfähigkeit an soziale Entwicklungen enge Grenzen. Die als „Eurokommunismus" bezeichnete Phase beschränkter ideologischer Lockerung bei einigen westlichen KPen (vor allem in Italien und Spanien) ging spurlos an der DKP vorüber. Erst die Reformen Gorbatschows stellten den „demokratischen Zentralismus" vor eine Bewährungsprobe, da nun eine „Erneuerer"-Strömung zunehmend scharfe Kritik an der mit unverbrüchlicher Treue an Ostberlin festhaltenden Parteiführung übte. Als das Ende des SED-Regimes 1989 das ganze Ausmaß der Abhängigkeit von Ostberlin offenbarte und der Parteiapparat kollabierte, behielten die Hardliner die Zügel in der Hand. So schrumpfte die DKP im vereinten Deutschland auf das Format einer ultraorthodoxen Sekte.

Ihre Rolle als dominierende Kraft im politischen Raum links von SPD und Bündnisgrünen übernahm unterdessen die SED, die sich 1989/90 in zwei Stufen in *Partei des Demokratischen Sozialismus* (PDS) umbenannte. Zwar verlor die ehemalige Diktaturpartei einen Großteil ihrer Mitglieder (von 2,3 Mio. im Sommer 1989 waren zum Zeitpunkt der deutschen Vereinigung im Oktober 1990 nur noch rund 300.000 übrig), blieb aber wahlpolitisch in den neuen Ländern ein bedeutender Faktor. Bei der ersten und einzigen demokratischen Volkskammerwahl am 18. März 1990 erhielt sie 16,4 Prozent der Stimmen, und bei den ersten Landtagswahlen in den neuen Ländern zog sie mit Stimmenanteilen zwischen 15,7 (Mecklenburg-Vorpommern) und 9,7 Prozent (Thüringen) in alle Parlamente ein.[31]

Die von ehemaligen SED-Kadern der mittleren Ränge mit minderer politischer Belastung geprägte PDS-Führung wahrte die vereinsrechtliche Kontinuität zur SED, um deren Parteivermögen zu retten, brach aber frühzeitig mit den leninistischen Organisationsprinzipien. Mit einer Vielfalt innerparteilicher „Arbeitsgemeinschaften" und „Plattformen" verstand sie es, einen bei SPD und Bündnisgrünen nicht integrierbaren Mikrokosmos radikaler linker Gruppierungen (DKP-„Erneuerer", Trotzkisten, Ökofundamentalisten, „Autonome" usw.) an sich zu binden. In ihrer ideologisch-programmatischen Orientierung vollzog sie Wandlungen, wie sie die italienische KP in der Phase des „Eurokommunismus" durchlaufen hatte. Sie rechnete heftig mit dem „Stalinismus" ab, propagierte einen „dritten Weg", entdeckte den sanften Weg des Gramscismus zur „kulturellen Hegemonie", berief sich u.a. auf sozialdemokratische Vordenker wie Eduard Bernstein und Karl Kautsky, hielt aber zugleich Rosa Luxemburg und Lenin die Treue. Die Vereinigung des Unvereinbaren programmierte einen innerparteilichen Dauerkonflikt, wie er die wandlungsfreudigeren KPen Westeuropas schon in den siebziger und achtziger Jahren gekennzeichnet hatte. Reformistische Weiterentwicklung der „bürgerlichen Demokratie" oder revolutionärer Bruch mit dem Status quo, Priorität der parlamentarischen oder der au-

---

30 Siehe etwa die Lokalstudie von: Mario Caciagli, Une analyse comparative de trois municipalités communistes en Italie, en France et en Espagne, in: Communisme 1990, Nr. 22/23, S. 73-93.

31 Vgl. Backes/ Jesse (Anm. 1), S. 189.

ßerparlamentarischen Aktivitäten, Eingehen von Koalitionen oder strikte Fundamentalopposition – so lauteten die wichtigsten Alternativen, an denen sich der Streit immer wieder neu entzündete.

Die historische Erblast, der ideologische Grundsatzkonflikt, die damit verbundene geringe Problemlösungskompetenz, die rasche Ostausdehnung des westdeutschen Parteiensystems und das sich früh abzeichnende Scheitern der Westausdehnung der PDS veranlaßten viele der professionellen Beobachter zu Beginn der neunziger Jahren, der Partei eine negative Entwicklungsprognose auszustellen. Das Gegenteil trat in der Folgezeit ein: Bei den Bundestagswahlen von 1994 und 1998 weitete sie ihren Stimmenanteil stufenweise aus, überwand 1998 erstmals die Fünfprozenthürde und erlangte Fraktionsstatus. 1999 gelang ihr der Einzug ins Europaparlament (5,8 Prozent), nachdem sie 1994 noch an der Fünfprozenthürde (4,7 Prozent) gescheitert war. Bei den Landtagswahlen in den östlichen Ländern konnte sie ihren Stimmenanteil fast überall – zum Teil erheblich – ausweiten. Ihr Bemühen um Akzeptanz und Bündnisfähigkeit gegenüber der gemäßigten Linken war in Sachsen-Anhalt (1994 und 1998 Tolerierung einer von der SPD geführten Minderheitsregierung), Mecklenburg-Vorpommern (1998 und 2002 Bildung einer SPD-PDS-Koalition) und Berlin (2002 Bildung einer SPD-PDS-Koalition) erfolgreich. Der Ausbau der parlamentarischen Repräsentanz ging mit einem erheblichen Ressourcenzufluß einher und stärkte die organisatorische Basis der Partei. Vom Herbst 1999 an erhielt die Rosa Luxemburg Stiftung für „Gesellschaftsanalyse und Politische Bildung" Mittel aus dem Bundeshaushalt.

Der für viele unerwartete Etablierungsprozeß hatte viele Ursachen: Mit den funktionsfähigen Restbeständen des SED-Parteiapparats verfügte die PDS im östlichen Deutschland über einen Wettbewerbsvorteil, der in nichtkonsolidierten Demokratien Mitteleuropas wie Polen und Ungarn zur Rückkehr reformierter ehemaliger kommunistischer Staatsparteien in die nationale Regierungsverantwortung beitrug.[32] Die PDS konnte sich auf Bevölkerungsgruppen (wie die früheren Partei- und Staatsfunktionäre, Teile der kulturellen Eliten der DDR) stützen, die ihrer Privilegien beraubt worden und/oder dem System aus ideologischen Gründen verbunden gewesen waren.[33] Über diese sozialen Segmente hinaus wuchs generell die Neigung, das SED-Regime in einem eher milden Licht zu betrachten und seine „positiven Seiten" (wie Ar-

---

32 Vgl. Daniel F. Ziblatt, The Adaptation of Ex-Communist Parties to Post-Communist East Central Europe: a Comparative Study of the East German and Hungarian Ex-Communist Parties, in: Communist and Post-Communist Studies 31 (1998), S. 119-137, hier S. 124. Siehe auch: John Ishiyama/András Bozóki, Adaptation and Change: Characterizing the Survival Strategies of the Communist Successor Parties, in: Journal of Communist Studies and Transition Politics 17 (2001), Nr. 3, S. 32-51.

33 Vgl. nur Jürgen W. Falter/Markus Klein, Die Wähler der PDS bei der Bundestagswahl 1994. Zwischen Ideologie, Nostalgie und Protest, in: Aus Politik und Zeitgeschichte, B 51-57/94, S. 22-34; Markus Klein/Claudio Caballero, Rückwärtsgewandt in die Zukunft. Die Wähler der PDS bei der Bundestagswahl 1994, in: Politische Vierteljahresschrift 37 (1996), S. 229-247.

beitsplatzsicherheit) hervorzukehren. Trotz großer Fortschritte im Transformationsprozeß blieb das östliche Deutschland auch nach zehn Jahren ein sozial-ökonomisches Problemgebiet (geringere Produktivität, hohe Arbeitslosenquote). Je weiter das Ende der DDR in die Ferne rückte, desto überzeugender konnte die PDS den regierenden Parteien die Verantwortung für Mißstände anlasten. Die gemäßigte Linke hatte sich mit westlicher Unterstützung zwar rasch im Osten etabliert, sich aber organisatorisch, personell und sozial nur schwach verankert; sie verstand es nicht, der PDS mit ihrem weit größeren personellen und organisatorischen Apparat in der täglichen politischen Kleinarbeit auf kommunaler Ebene Paroli zu bieten. So trat die PDS als eigentliche Interessenvertretung „der Ostdeutschen" auf. Zudem verfügte sie mit ihrem Medientalent Gregor Gysi über eine charismatische, populäre Führungsgestalt, die es mit populistischem Gespür verstand, das Image der Partei anläßlich unzähliger Talk Show-Runden aufzuhellen.

Tabelle 1: Ergebnisse von DKP und PDS bei den Bundestagswahlen von
              1972 bis 2002

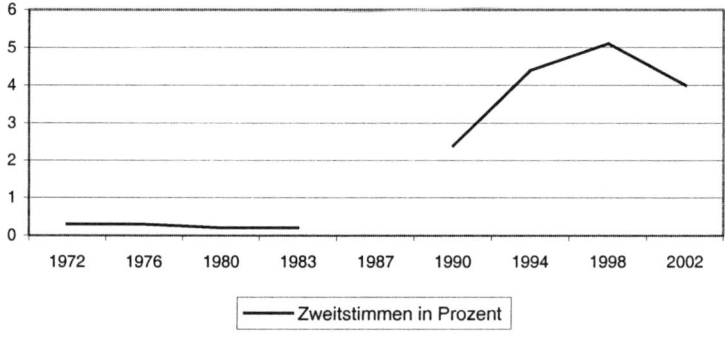

Quelle: Amtliche Wahlstatistik.

Trotz aller Fortschritte stieß die Partei bei ihren Etablierungsbemühungen auf Grenzen. Das Projekt der „Westausdehnung" mißlang weithin, und die von ehemaligen DKPlern, Aktivisten erloschener kommunistischer Sekten und Ökofundamentalisten dominierten Westverbände lieferten dem behördlichen Verfassungsschutz Stoff für seine Berichte.[34] Gleiches galt für die „Kommunistische Plattform" und das „Marxistische Forum", die den Bemühungen der

---

34 Siehe zuletzt Bundesministerium des Innern, Verfassungsschutzbericht 2001, Berlin
    2002. Zur Frage des extremistischen Charakters der PDS siehe auch: Patrick Moreau,
    PDS. Anatomie einer postkommunistischen Partei, Bonn/Berlin 1992; ders./Rita
    Schorpp-Grabiak, „Man muß so radikal sein wie die Wirklichkeit" – Die PDS: eine
    Bilanz, Baden-Baden 2002. Diese Frage bleibt in folgender, empirisch soliden Untersuchung ausgespart: Gero Neugebauer/Richard Stöss, Die PDS. Geschichte – Organisation – Wähler – Konkurrenten, Opladen 1996.

„Reformer" in der Parteiführung hartnäckigen Widerstand entgegensetzten. Zudem betrieb die Partei eine halbherzige Vergangenheitsbewältigung[35], versuchte gegenüber der von der Bundesregierung eingesetzten Unabhängigen Kommission mit nahezu allen Mitteln, ihr von der SED stammendes „Alt-Vermögen dauerhaft zu verschleiern und zu sichern"[36], hofierte frühere Inoffizielle Mitarbeiter des MfS, trat als Interessenvertretung ehemaliger DDR-Spione auf, setzte sich für eine allgemeine Amnestierung von SED-Verbrechen ein, wandte den Opfern des SED Regimes hingegen wenig Aufmerksamkeit zu und arbeitete auf internationaler Ebene gerade mit den weniger wandlungsfähigen KPen und deren Nachfolgeorganisationen zusammen (wie der französischen KP und der italienischen „Rifondazione Comunista").[37] Die mangelnde programmatische Innovationskraft war zum Teil strukturell bedingt. Die Jahr für Jahr schrumpfende PDS-Mitgliedschaft (Ende 2001: rund 81.000) stammte ganz überwiegend aus der SED, war hochgradig überaltert (im Herbst 2000 gehörten über 80 Prozent der PDS-Mitglieder im Osten der Altersgruppe der über 60jährigen an[38]) und stand den Bemühungen der „Reformer" skeptisch bis ablehnend gegenüber.

Das Jahr 2002 brachte deutliche Signale, daß die PDS ihren Höhepunkt überschritten haben könnte. Die von der PDS tolerierte SPD-Regierung in Magdeburg wurde im April 2002 abgewählt, obgleich der PDS-Stimmenanteil von 19,6 auf 20,4 Prozent leicht anstieg. In Mecklenburg-Vorpommern dagegen konnte die SPD-PDS-Koalition nach der Landtagswahl vom 22. September 2002 zwar fortgesetzt werden, doch mußte die PDS schwere Stimmenverluste (von 24,4 auf 16,4 Prozent) hinnehmen. Wichtiger war das Ergebnis der Bundestagswahl am gleichen Tag: Die PDS konnte die Fünfprozenthürde nicht überwinden und unterschritt mit 4,0 Prozent der Zweitstimmen sogar ihr Ergebnis von 1994. Gewiß waren situative Faktoren entscheidend: Ihr Medienstar Gregor Gysi hatte im Vorfeld der Wahl eine finanzielle Regelwidrigkeit zum Anlaß genommen, vom Amt des Berliner Wirtschaftssenators zurückzutreten. Die Themen, die in der letzten Phase des Wahlkampfes den Ausschlag zugunsten der amtierenden Bundesregierung gegeben hatten: die Flutkatastrophe im Osten und Bundeskanzler Schröders Brüskierung der US-Regierung mit Stellungnahmen gegen eine Beteiligung

---

35 Vgl. Rudolf van Hüllen, „Geschichtsarbeit" unter Postkommunisten, in: Uwe Bakkes/Eckhard Jesse (Hrsg.), Jahrbuch Extremismus & Demokratie, Bd. 7, Baden-Baden 1995, S. 27-41; Mike Schmeitzner, Postkommunistische Geschichtsinterpretation. Die PDS und die Liquidierung der Ost-SPD, in: Zeitschrift des Forschungsverbundes SED-Staat 2002, Nr. 11, S. 82-101.

36 Bericht der Unabhängigen Kommission zur Überprüfung des Vermögens der Parteien und Massenorganisationen der DDR vom 24. August 1998, Deutscher Bundestag, 13. Wahlperiode, Drucksache 13/11353, S. 67.

37 Vgl. die detaillierte Analyse bei Patrick Moreau/Marc Lazar/Gerhard Hirscher (Hrsg.), Der Kommunismus in Westeuropa. Niedergang oder Mutation?, Landsberg am Lech 1998, S. 242-332, 621-654.

38 Vgl. folgende parteiinterne Untersuchung: Michael Chrapa/Dietmar Wittich, Die Mitgliedschaft, der große Lümmel ..., Berlin 2001.

an einem Krieg gegen den Irak wirkten sich für die PDS ungünstig aus. Angesichts des Jahrhundert-Hochwassers zeigte sich die Regierung handlungsfähig; die Ost-West-Spannung wurde durch die Solidarität der Westdeutschen überdeckt und mit der Kritik des Kanzlers an den amerikanischen Kriegsplänen kam der PDS das Friedensthema abhanden. Der Verlust der parlamentarischen Vertretung im Bundestag könnte jedoch die strukturellen Schwächen der Partei verfestigen und eine dauerhafte Einflußminderung bewirken.

Die Frage, welche Formationen des linksextremen Spektrums von einer PDS-Dauerkrise profitieren dürften, läßt sich nur spekulativ beantworten, ist aber dazu geeignet, Licht auf die weniger bedeutsamen Kräfte zu werfen, die sich dem hegemonialen Streben der ehemaligen SED am linken Rand entzogen haben. Der ideologische Auflockerungstrend der achtziger und neunziger Jahre bestrafte jene Organisationen, die wie die DKP (Ende 2001: 4.500 Mitglieder) einer Orthodoxie „unverbrüchliche Treue" hielten. Dies gilt auch für die noch kleinere *Marxistisch-Leninistische Partei Deutschlands* (MLPD; Ende 2001: 2000 Mitglieder), ein Relikt jener maoistischen Zirkel, die in den siebziger Jahren wie Pilze aus dem Boden geschossen waren. Sie dürfte ebenso wenig aus ihrem Nischendasein heraustreten wie die zersplitterte Szene trotzkistischer Grüppchen (inner- und außerhalb der PDS). Daß ideologische Dogmatik die Mobilisationskraft nicht notwendigerweise schwächt, zeigt indes der Blick auf das Nachbarland Frankreich, wo zwei trotzkistische Parteien von der Krise der KPF profitierten und in den letzten Jahren respektable Wahlergebnisse erzielen konnten. Allerdings wäre dieses Phänomen ohne den medialen Unterhaltungswert von Sympathieträgern wie Arlette Laguiller (die Vorsitzende von *Lutte ouvrière* erreichte im ersten Wahlgang der Präsidentschaftswahl vom Juli 2002 5,7 Prozent der Stimmen) undenkbar. Daran mangelt es den entsprechenden Gruppierungen in Deutschland bislang völlig.

Ein Frankreichimport mit pfiffiger Organisation und „Performance", das globalisierungskritische Netzwerk *Attac Deutschland*, dürfte über ein höheres Mobilisationspotential verfügen. Die Anfang 2000 gegründete deutsche Sektion meldete im April 2002 bereits einen Mitgliederstand von 5.700 und konnte eine stattliche Zahl von lokalen und regionalen Mitgliedsvereinigungen (u.a. Hochschulgruppen, PDS-Substrukturen, Arbeitsgemeinschaften) an sich binden, die gemeinsam das Ziel verfolgten, „gewaltfreie wie spektakuläre, provokative und konfrontative Aktionen durchzuführen".[39] Angesichts der jugendlichen Dynamik der neugegründeten Vereinigung ist noch schwer absehbar, ob sie sich in eine extreme oder eine eher gemäßigte Richtung entwickelt. Für die erste Möglichkeit spricht nicht nur die auf marxistische Ideologeme zurückgreifende Fundamentalkritik an den Globalisierungsprozessen, sondern zum Teil auch das Agieren in der Öffentlichkeit. Von

---

39 www.attac-netzwerk.de/interna/index.php. Siehe zur Entwicklung von Attac ausführlich: Patrick Moreau, „Die Welt ist keine Ware" – Aspekte der Bewegung der Globalisierungskritiker am Beispiel von „Attac" Frankreich und Deutschland, in: Uwe Backes/Eckhard Jesse (Hrsg.), Jahrbuch Extremismus & Demokratie, Bd. 14, Baden-Baden 2002, S. 134-154.

ATTAC mitorganisierte Protestveranstaltungen anläßlich internationaler Gipfeltreffen und Konferenzen (etwa in Seattle, Göteborg, Genua, Davos, Prag) waren von gewaltsamen Ausschreitungen begleitet. An die 500 deutsche *Autonome* beteiligten sich in Genua maßgeblich am Straßenkampf.[40] Die „Szene" trat in den achtziger Jahren das Erbe der „Spontis" an, griff in ihrem Weltbild auf anarchistische wie marxistisch-antiimperialistische Deutungsmuster zurück und trat in der Öffentlichkeit vor allem durch das Agieren des „schwarzen Blocks" am Rande von Demonstrationen in Erscheinung. Sie ist bundesweit verbreitet, vor allem in Groß- und Universitätsstädten präsent. Die über 200 lokalen Gruppen weisen keine zentrale Organisation auf.[41] Versuche organisatorischer Bündelung wie die 1992 gegründete, 2001 wieder aufgelöste *Antifaschistische Aktion/Bundesweite Organisation* (AA/BO) erwiesen sich als wenig erfolgreich. Doch profitierte die Szene insgesamt von der Auflösung der Kadergruppen und Orthodoxien. So stieg der in autonomen Gruppierungen aktive Personenkreis auf beinahe 7.000 (Ende 2001). Neben dem Kampf gegen das „repressive System" und die Kernkraft spielt der Einsatz gegen „Rassismus" und „Faschismus" eine unverändert große Rolle. Die auch gewaltsame Auseinandersetzung mit Gruppierungen der Neo-NS- und Skinhead-Szene wird gesucht. Zudem hat das Antiglobalisierungsthema an Bedeutung gewonnen. Diese Entwicklung läßt sich in ähnlicher Weise für Österreich (z.B. von zahlreichen Gewalttaten begleitete Demonstrationen gegen die im Februar 2000 gebildete ÖVP/FPÖ-Regierung) und die Schweiz (z.B. Demonstrationen gegen die Gipfeltreffen des World Economic Forum in Davos) konstatieren.[42]

Tabelle 2: Linksextreme Gewalttaten, 1990-2001

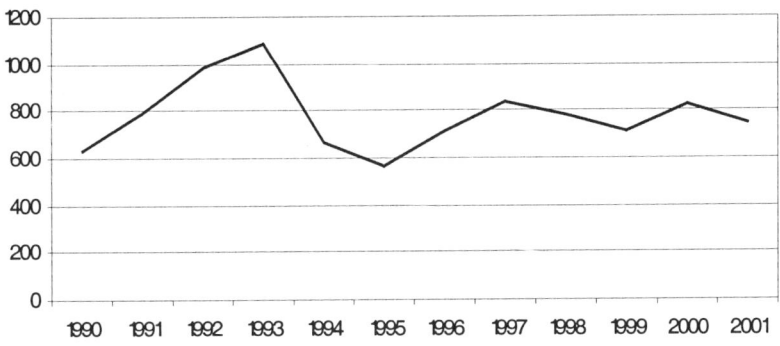

Quelle: Verfassungsschutzbericht der Bundes.

---

40 Bundesministerium des Innern (Anm. 34), S. 190.
41 Vgl. ebd., S. 152f.
42 Bundesministerium für Inneres, Verfassungsschutzbericht 2000, Wien 2001, S. 43-45; Eidgenössisches Justiz- und Polizeidepartement (Hrsg.), Staatsschutz-Bericht 2000, Bern 2001, S. 43-54.

Seit Jahren wird das Gros linksextrem motivierter Gewalttaten von Aktivisten der Autonomen-Szene verübt. In quantitativer Hinsicht ging das Ausagieren in Form der Straßenmilitanz (zumeist am Rande von Demonstrationen) in den neunziger Jahren im Vergleich zum vorhergehenden Jahrzehnt zurück (wichtige Ausnahme: „Revolutionäre 1. Mai-Demo"). Kleingruppenorientiertes Handeln wurde dagegen häufiger.[43] Im Untergrund bildeten sich immer wieder linksterroristische Zellen, die Anschläge zumeist unter ständig wechselnden Gruppenbezeichnungen verübten. Zu den Formationen, die über längere Zeit unter gleichem Namen auftraten, zählte die *autonome miliz*. Die Gewalt richtet sich fast ausschließlich gegen Sachen. Z.B. steckten unbekannte Täter anläßlich eines geplanten Castor-Transports mit abgebrannten Brennstäben nach Gorleben am 4. März 2001 in Berlin-Friedrichshain einen Wagen der Firma Siemens in Brand.[44] Solche Gewaltakte lösten trotz ihrer bedeutsamen Größenordnung und des alljährlich beträchtlichen materiellen Schadens weit weniger öffentliche Resonanz aus als die Gewalt gegen Personen, wie sie früher die 1992 formell aufgelöste *Rote Armee Fraktion* (RAF) praktizierte. Dieser marxistisch-leninistische, Vertreter des „Schweinesystems" gezielt liquidierende Linksterrorismus ist in Deutschland – anders als in Italien, wo eine neue Gruppe der *Brigate Rosse* noch im März 2002 den Arbeitsrechtler und Regierungsberater Marco Biagi ermordete[45] – seit einigen Jahren zum Erliegen gekommen.

4.2 Rechtsextremismus

Politikwissenschaftler wie Klaus von Beyme haben für das westliche Nachkriegseuropa drei wahlpolitische Erfolgswellen rechtsextremer Parteien unterschieden. Einer ersten unmittelbar nach dem Zweiten Weltkrieg, bei der sozial entwurzelte frühere Anhänger faschistischer Parteien den Ton angaben, sei eine zweite des „poujadistischen" Typs gefolgt. Spielte hier der Protest gegen hohe Steuern und Sozialabgaben – vor dem Hintergrund des Wandels von der Industrie- zur Dienstleistungsgesellschaft – eine wesentliche Rolle, war die dritte Welle von den Protestthemen Einwanderung und Arbeitslosigkeit bestimmt.[46] Wie auch immer diese Wellen genauer zu charakterisieren sind: Das westliche Deutschland hatte daran – entgegen den Erwar-

43 Vgl. Matthias Mletzko, Merkmale politisch motivierter Gewalttaten von militanten autonomen Gruppen, Magisterarbeit, Johannes Gutenberg-Universität Mainz, November 1999, S. 103.
44 Vgl. ebd., S. 157f.
45 Siehe zur neuerlichen Attentatsserie u.a. Amedeo Benedetti, Il linguaggio delle nuove Brigate Rosse. Frasario, scelte stilistiche e analisi comparativa delle rivendicazioni dei delitti D'Antona e Biagi, Genua 2002.
46 Klaus von Beyme, Right-wing Extremism in Post-war Europe, in: Ders. (Hrsg.), Right-wing Extremism in Western Europe, (= Special Issue West European Politics), 11 (1988), S. 1-18.

tungen besorgter Beobachter, die angesichts der NS-Vergangenheit eine Renaissance befürchteten – keinen herausragenden Anteil, und im vereinten Deutschland sind die Rechtsaußenparteien bis in die Gegenwart vergleichsweise schwach geblieben.

Deutsch-nationalistische Wahllisten waren in einigen der ersten Landtage und im ersten Deutschen Bundestag vertreten.[47] Mehr Aufsehen erregte die offen an den Nationalsozialismus anknüpfende *Sozialistische Reichspartei* (SRP), die 1951 in Niedersachsen (11,0 Prozent) und Bremen (7,7 Prozent) ihre höchsten Stimmenergebnisse erzielen konnte. Sie wurde 1952 durch das Bundesverfassungsgericht verboten.[48] Von 1953 an, der zweiten Bundestagswahl, gelang es keiner rechtsextremen Partei mehr, Abgeordnete in den Bundestag zu entsenden. Im Mutterland des Faschismus, in Italien, hingegen zogen die Neofaschisten des *Movimento Sociale Italiano* (MSI) bereits 1948 erstmals in die Abgeordnetenkammer ein und blieben dort – bis zur Umbenennung und Neugründung der Partei als *Alleanza Nazionale* (AN) 1994 – ununterbrochen präsent.[49] Der unterschiedliche Umgang mit den Nachfolgebewegungen in Deutschland und Italien dürfte sich vor allem mit dem ungleich höheren historischen Schuldkonto des Nationalsozialismus erklären lassen.

Im Zuge der zweiten wahlpolitischen Welle gelang der 1964 – unter der Regie führender Vertreter der in den fünfziger und frühen sechziger Jahren erfolglosen *Deutschen Reichspartei* (DRP) – gegründeten *Nationaldemokratischen Partei Deutschlands* (NPD) der Einzug in die meisten Landesparlamente. Nachdem die auf ihrem Höhepunkt bis zu 28.000 Mitglieder aufweisende Partei bei der Bundestagswahl von 1969 (mit 4,3 Prozent) an der Fünfprozenthürde gescheitert war, setzte indes ein rascher Niedergang ein. Obwohl die NPD der sechziger Jahre in ihrem ideologisch-programmatischen Profil gemäßigter war als die SRP und sich um eine breitere Sammlung der deutsch-nationalen Potentiale bemühte, blieb sie hinter den Erfolgen der Protestformationen Pierre Poujades in Frankreich (Parlamentswahl 1956: 12,3 Prozent) oder Mogens Glistrups in Dänemark (Parlamentswahl 1973: 15,9 Prozent) weit zurück.

Was die „dritte Welle" von Mitte der achtziger Jahre an betrifft, so hatten deutsche Formationen daran einen noch geringeren Anteil. Stetigkeit und Intensität der Mobilisierungserfolge verringerten sich selbst im Vergleich zu den deutschen Vorläufern. Zwei Parteien erzielten insbesondere auf regionaler Ebene zeitweilig Wahlerfolge: die *Republikaner* (REP) und die *Deutsche Volksunion* (DVU).

---

47 Vgl. Horst W. Schmollinger, Die Deutsche Konservative Partei – Deutsche Rechtspartei, in: Stöss (Anm. 27), S. 982-1024.

48 Vgl. BVerfGE 2, 1-87. Zur SRP: Otto Büsch/Peter Furth, Rechtsradikalismus im Nachkriegsdeutschland. Studien über die „Sozialistische Reichspartei" (SRP), Berlin/Frankfurt a.M. 1957.

49 Vgl. Piero Ignazi, Il polo escluso. Profilo storico del Movimento Sociale Italiano, Bologna 1998.

Tabelle 3: Ergebnisse von NPD, DVU und REP bei den Bundestagswahlen
1969-2002 (Addition)

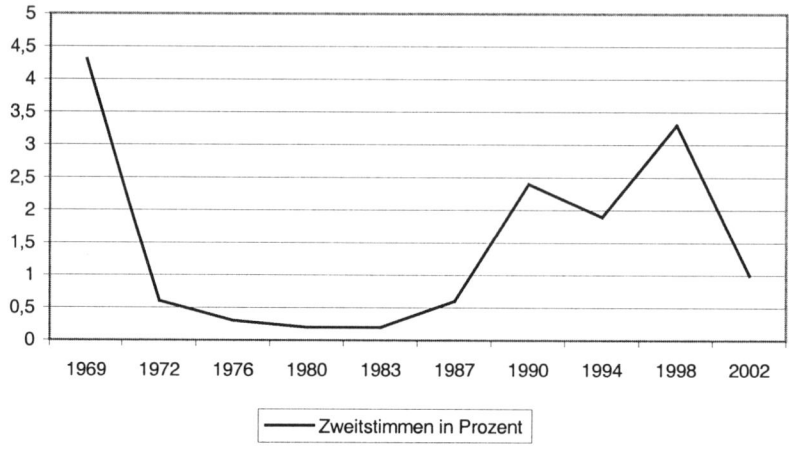

Quelle: Amtliche Wahlstatistik.

Die REP entstanden 1983 nicht etwa aus den Trümmern der NPD, sondern
als Abspaltung von der Union. Die CSU-Abgeordneten Franz Handlos und
Ekkehard Voigt reagierten damit auf den vom bayerischen Ministerpräsidenten Franz-Josef Strauß eingefädelten Milliardenkredit an die DDR und das
Ausbleiben der von der unionsgeführten neuen Bundesregierung angekün-
digten „moralisch-geistigen Wende".[50] An ihre Seite trat der in Bayern prominente Fernsehmoderator Franz Schönhuber, der wegen eines offenherzigen
Erinnerungsbuches an seine Zeit bei der Waffen-SS („Ich war dabei") bei
seinem Sender und der ihn protegierenden CSU in Ungnade gefallen war.[51]
Nach der Entmachtung seiner Mitgründer brachte Schönhuber die Partei auf
einen stärker nationalistischen Kurs. Nach dem Vorbild des in Frankreich erfolgreichen *Front national* (FN; Europawahl 1984: 11,0 Prozent[52]) wurden

50 Vgl. zu den REP vor allem: Richard Stöss, Die „Republikaner". Woher sie kommen –
Was sie wollen – Wer sie wählt – Was zu tun ist, Köln 1990; Hans-Gerd Jaschke, Die
„Republikaner". Profile einer Rechtsaußen-Partei, Bonn 1990; Uwe Backes/Patrick
Moreau, Die extreme Rechte in Deutschland. Geschichte – gegenwärtige Gefahren –
Ursachen – Gegenmaßnahmen, 2. erw. Aufl., München 1994, S. 77-103.
51 Vgl. Uwe Backes, Biographisches Porträt: Franz Schönhuber, in: Ders./Eckhard Jesse
(Hrsg.), Jahrbuch Extremismus & Demokratie, Bd. 12, Baden-Baden 2000, S. 268-
282.
52 Die besten, umfassenden Werke zur Wahlgeschichte des FN stammen von: Nonna
Mayer, Ces Français qui votent FN, Paris 1999; Pascal Perrineau, Le symptôme Le
Pen. Radiographie des électeurs du Front national, Paris 1997. Siehe zur Organisati-
onsgeschichte vor allem: Jean-Yves Camus, Front national. Eine Gefahr für die fran-

die Themen Ausländer und Kriminalität akzentuiert. Einen sensationellen Wahlerfolg erzielte die Partei bei der Wahl zum Westberliner Abgeordnetenhaus im Januar 1989 (7,5 Prozent). Er war nicht das Ergebnis besonderer Anstrengungen der vor Ort nur schwach verankerten Partei, sondern Folge des öffentlichen Entsetzens über einen Wahlwerbespot, in dem spielende türkische Kinder – unterlegt mit der Melodie „Spiel mir das Lied vom Tod" – neben einem Drogentoten und Müll zu sehen waren.[53] Die plötzliche Publizität verhalf der Partei zum Durchbruch und verschaffte ihr für die Europawahl im Juni 1989 eine günstige Startposition. Mit 7,1 Prozent der Stimmen gelang ihr der Einzug ins Europaparlament, wo sie zusammen mit dem französischen FN und dem belgischen *Vlaams Blok* (VB) die „Technische Fraktion der Europäischen Rechten" bildete. Die Partei war auf dem Höhepunkt ihres Erfolgs, erreichte Ende 1989 – nach eigenen Angaben – eine Mitgliederzahl von 25.000.

Wenn diese Dynamik in den folgenden Jahren gebrochen wurde, hatte das mehrere Gründe: Der im November 1989 unverhofft beginnende und sich beschleunigende Vereinigungsprozeß ließ die Protestthemen der REP zeitweilig in den Hintergrund treten und erlaubte es der Bundesregierung, nationale Emotionen zu kanalisieren. Ein kraß negatives Medienecho und die drohende, ab Dezember 1992 einsetzende Beobachtung durch die Verfassungsschutzbehörden konterkarierte die Bemühungen der Partei, sich als verfassungstreue Kraft zu präsentieren. Innerparteiliche Konflikte um die strategische Ausrichtung führten zu einer Serie von Abspaltungen und Ausschlußverfahren, die 1994 mit der Ablösung Schönhubers vom Parteivorsitz endete. Unter dem wenig charismatischen Nachfolger Rolf Schlierer sank die wahlpolitische Mobilisationskraft weiter. Nachdem die Partei bereits 1994 ihre Repräsentation im Europaparlament eingebüßt hatte, verlor sie im April 2001 die letzte parlamentarische Vertretung im Landtag von Baden-Württemberg, in den sie 1992 (10,9 Prozent) und 1996 (9,1 Prozent) zweimal in Folge hatte einziehen können. Auf Bundesebene war die organisatorisch vor allem in Süddeutschland verankerte Kraft schon lange kein politischer Faktor mehr. Bei der Bundestagswahl im September 2002 sank ihr Stimmenanteil nochmals – von 1,8 Prozent auf 0,6 Prozent der Zweitstimmen. Die Zahl ihrer Mitglieder ging bis Ende 2001 auf rund 11.500 zurück.[54]

Ihren Rang als bei Wahlen aussichtsreichste Formation rechts von der Union war den REP zeitweilig von der DVU des Münchener Verlegers nationalistischer Wochenzeitungen, Gerhard Frey, abgelaufen worden. Die 1971 gegründete, 1987 auch als Partei konstituierte Organisation mit ihren

---

zösische Demokratie?, Bonn 1998; Nonna Mayer/Pascal Perrineau, Le Front national à découvert, nouvelle éd. mise à jour, Paris 1996.

53 Vgl. Claus Leggewie, Die Republikaner. Phantombild der Neuen Rechten, Berlin 1989, S. 13.

54 Vgl. zur aktuellen Entwickung: Uwe Backes, Organisationen 2001, in: Ders./Eckhard Jesse (Hrsg.), Jahrbuch Extremismus & Demokratie, Bd. 14, Baden-Baden 2002, S. 96-115.

diversen „Aktionsgemeinschaften" sorgte trotz mangelnder sozialer Veranke-
rung, knapper Personaldecke und schwacher organisatorischer Strukturen von
Zeit zu Zeit auf regionaler Ebene für Überraschungen bei Wahlen. Die finan-
ziellen Ressourcen des vermögenden Parteivorsitzenden machten es möglich:
Durch üppige Plakatierung und die Verbreitung massenhafter Wahlwerbung
in Gestalt von Postwurfsendungen mit zum Teil aggressiven Parolen (gegen
Ausländer, Kriminalität, „die Etablierten") konnte sie mehrfach spektakuläre
Durchbrüche bei Wahlen auf Landesebene erzielen und in mehrere norddeutsche Landesparlamente (Bremen, Schleswig-Holstein, Sachsen-Anhalt,
Brandenburg) einziehen. Wegen der organisatorisch-personellen Schwäche
der „Phantompartei", deren vergleichsweise stattliche Mitgliederzahl (Ende
2001: 15.000) sich vor allem mit der geschickten Werbung ansonsten weithin
inaktiver Leser der Frey-Presse erklärt, fanden die Fraktionen jedoch nicht zu
geregelter parlamentarischer Arbeit, fielen durch finanzielle Unregelmäßig-
keiten auf und hielten auch aufgrund der ständigen Gängelung durch die
Münchener Parteizentrale nicht zusammen.[55] Das jüngste Beispiel dafür bot
der Landtag von Sachsen-Anhalt, in den die DVU 1998 aufgrund eines
spektakulären Wahlergebnisses von 12,9 Prozent – der höchste Stimmenanteil einer rechtsextremen Partei auf Landesebene seit 1949 – 16 Abgeordnete
hatte entsenden können. Der Auflösungsprozeß der Fraktion begann schon
kurz nach ihrer Konstituierung. Bei der Neuwahl des Landtags von Sachsen-
Anhalt im April 2002 bewarb sich die DVU nicht mehr. Aufgrund kostspieli-
ger Wahlkampfführung ist die Partei hoch verschuldet. Bundesvorsitzender
Frey fungiert als Hauptfinanzier; alljährlich vergibt er zu marktüblichen Bedingungen Kredite in mehrfacher Millionenhöhe. Die DVU ist somit nicht
nur seine Schöpfung, sondern hängt auch materiell „an seinem Tropf".[56]

Aus dieser kurzen Betrachtung zu den erfolgreichsten Formationen der
„dritten Welle" rechtsextremer und rechtspopulistischer Wahlmobilisierung
ergeben sich bereits wichtige Gründe für die Schwäche der deutschen
Rechtsaußenparteien im Vergleich zu einigen anderen westeuropäischen
Ländern: Keiner von ihnen ist es – wie Jean-Marie Le Pen in Frankreich zu
Beginn der achtziger Jahre – gelungen, das organisatorische Potential des
„nationalen Lagers" zu bündeln und in eine geschlossenen Sammlungsbewe-
gung zu überführen. Das ihnen zur Verfügung stehende politische Personal
ist weit weniger geschult und erfahren als das des französischen FN, vor allem fehlt es an charismatischen Persönlichkeiten wie Le Pen, Umberto Bossi
in Italien, Jörg Haider in Österreich oder Pim Fortuyn in den Niederlanden,
die als rechtspopulistische/rechtsextreme Volkstribunen zumindest zeitweilig

---

55 Vgl. etwa Jürgen Hoffmann/Norbert Lepszy, Die DVU in den Landesparlamenten: in-
    kompetent, zerstritten, politikunfähig. Eine Bilanz rechtsextremer Politik nach zehn
    Jahren (= Interne Studie Nr. 163, hrsg. von der Konrad-Adenauer-Stiftung), Sankt
    Augustin 1998.
56 Stefan Mayer, Biographisches Porträt: Gerhard Michael Frey, in: Uwe Backes/Eck-
    hard Jesse (Hrsg.), Jahrbuch Extremismus & Demokratie, Bd. 14, Baden-Baden 2002,
    S. 169-181, hier S. 178.

in der Lage waren, Protest und rechtsextreme Einstellungspotentiale gegen die etablierten Parteien zu mobilisieren.

Mit Blick auf „Politikverdrossenheit", Demokratieunzufriedenheit und rechtsextreme Einstellungspotentiale ist Deutschland weder europäischer „Spitzenreiter" noch „Schlußlicht".[57] Doch scheint selbst bei vorsichtiger Schätzung offenkundig, daß es den Rechtsaußenparteien bundesweit bislang nicht gelungen ist, diese Potentiale auch nur annähernd zu mobilisieren. Dies dürfte in noch höherem Maße für das östliche Deutschland gelten, wo die für Transitionsgesellschaften typische stärkere Diktaturneigung und Output-Abhängigkeit der Demokratiezufriedenheit[58] – bei insgesamt bereits beträcht-licher Demokratieakzeptanz – die Chancen von Antisystemparteien (rechter wie linker Couleur) verbessert.

Wenn rechtsextreme und rechtspopulistische Formationen[59] bislang weit hinter den Resultaten verwandter Parteien in anderen EU-Staaten zurückblie-ben[60], hatte dies – neben ihren eigenen Unzulänglichkeiten – viele Ursachen: Durch den Fall des eisernen Vorhangs und die deutsche Vereinigung büßten die Reizthemen Antikommunismus und deutsche Teilung ihre propagandisti-sche Bedeutung (weitgehend) ein. Die großen demokratischen Parteien ver-ständigten sich 1994 auf eine restriktivere Asylpraxis und entschärften damit ein Thema, von dem Rechtsaußenparteien hätten profitieren können. Eine behutsame Immigrationspolitik (quantitative Begrenzung und qualitative Steuerung der Einwanderung, integrationsfördernde Maßnahmen) dürfte auch künftig eine wichtige Voraussetzung für die Begrenzung der Mobilisations-kraft rechtsextremer/rechtspopulistischer Parteien sein.[61]

---

57 Vgl. European Monitoring Centre on Racism and Xenophobia (Hrsg.), Attitudes To-wards Minority Groups in the European Union. A Special Analysis of the Euro-barometer 2000 Survey, Wien 2001, S. 25.

58 Vgl. Oscar W. Gabriel, Demokratische Einstellungen in einem Land ohne demokrati-sche Transitionen? Die Unterstützung der Demokratie in den neuen Bundesländern im Ost-West-Vergleich, in: Jürgen Falter/ders./Hans Rattinger (Hrsg.), Wirklich ein Volk? Die politischen Orientierungen von Ost- und Westdeutschen im Vergleich, Opladen 2000, S. 41-77.

59 Rechtsextreme Parteien können zugleich populistisch, rechtspopulistische Parteien müssen nicht notwendigerweise rechtsextrem sein. Vgl. zur Terminologie: Uwe Bak-kes, Rechtsextremismus: Definitionen und Konzeptionen, in: Ders. (Hrsg.), Rechts-extreme Ideologien in Geschichte und Gegenwart, Köln/Weimar 2003, S. 15-52.

60 Einige aktuelle Wahlergebnisse bei Parlamentswahlen auf nationaler Ebene: Vlaams Blok/Belgien 1999: 9,9 Prozent; Alleanza Nazionale/Italien 2001: 12,0 Prozent; Front National/Frankreich 2002: 11,1 Prozent; Lijst Pim Fortuyn/Niederlande 2002: 17,0 Prozent; Freiheitliche Partei Österreichs/Österreich 1999: 26,9 Prozent; Frems-krittspartiet/Norwegen 2001: 14,7 Prozent; Dansk Folkeparti/Dänemark 2001: 12,0 Prozent, Partidul Romania Mare/Rumänien 2000: 19,5 Prozent.

61 Diese Zusammenhänge erhellt folgende Studie: Ruud Koopmans/Hanspeter Kriesi, Citoyenneté, identité nationale et mobilisation de l'extrême droite. Une comparaison entre la France, l'Allemagne, les Pays-Bas et la Suisse, in: Pierre Birnbaum (Hrsg.), Sociologie des nationalismes, Paris 1997, S. 295-324.

Der Konkurrenzmechanismus des deutschen Parteiensystems war in der Vergangenheit wirksamer als etwa in Österreich, wo die Proporzdemokratie der beiden demokratischen Großparteien zu jener Politikblockade führte, die den Aufstieg der FPÖ ermöglichte. Die Fünfprozenthürde des deutschen Wahlrechts förderte den Konzentrationsprozeß des Parteiensystems, blieb aber in ihrer Sperrwirkung weit hinter der des französischen und besonders des britischen Mehrheitswahlrechts zurück, beeinträchtigte die Wettbewerbschancen politischer Neulinge also nicht dramatisch.

Ein entscheidender Grund für die Mißerfolge von Rechtsaußenparteien dürfte in der traumatischen Erfahrung der NS-Diktatur mit ihren Massenverbrechen bestehen. Sie wirkt in der deutschen Gesellschaft bis in die Gegenwart als wirksamer Impfstoff gegen jegliche Formen des Rechtsextremismus. Die besondere Sensibilität gegenüber nationalistischen und fremdenfeindlichen Regungen schießt – wie etwa der Fall Sebnitz gezeigt hat[62] – bisweilen über das Ziel hinaus und wird in politischen Auseinandersetzungen nicht selten instrumentalisiert. Wie auch immer die Motivlage beim „Kampf gegen rechts" sein mag: Rechtsaußenparteien erhalten von den Medien – im Unterschied etwa zum Fall Le Pen in Frankreich[63] – keinerlei Starthilfen. Im Gegenteil: Sie lösen überwiegend Negativberichterstattung aus und treffen auf eine von breiteren Bevölkerungskreisen getragene Gegenmobilisierung. Gewiß ist dies in Frankreich oder Österreich nicht völlig anders. Doch wird der Effekt in Deutschland durch die besondere Intensität und Emotionalität der Auseinandersetzung mit der NS-Vergangenheit – man denke nur an den Historikerstreit oder an die Walser-Bubis-Kontroverse – noch erhöht.[64] Die Einrichtungen und Instrumente der „streitbaren Demokratie" – eine deutsche Besonderheit – verstärken diese öffentlichen Reaktionsmuster.[65]

Die durch ein – bis heute unaufgeklärtes – Attentat gegen Immigranten teils jüdischer Herkunft in Düsseldorf ausgelöste erregte öffentliche Rechtsextremismus-Debatte mündete in Verbotsanträge der Bundesregierung, des Bundestages und des Bundesrates gegen die NPD, der vor allem wegen ihrer Verbindungen zu den militanten Szenen der Neonationalsozialisten und Skinheads eine Mitverantwortung an der Gewaltwelle zugesprochen wurde.

Trotz organisatorischer Kontinuität unterschied sich die NPD von 2002 wesentlich von der des Jahres 1969.[66] Unter dem 1996 neugewählten Parteivorsitzenden Udo Voigt waren die völkisch-rassistischen und antikapitalistischen Programmelemente akzentuiert worden. Die Partei hatte sich gegen-

62 Vgl. Rainer Jogschies, Emotainment. Journalismus am Scheideweg. Der Fall Sebnitz und die Folgen, Münster 2001.
63 Vgl. Harald Bergsdorf, Ungleiche Geschwister. Die deutschen Republikaner (REP) im Vergleich zum französischen Front National (FN), Frankfurt a.M. u.a. 2000, S. 303-309.
64 Vgl. etwa Steffen Kailitz, Die politische Deutungskultur im Spiegel des „Historikerstreits". What's right? What's left?, Wiesbaden 2001.
65 Vgl. den Beitrag von Eckhard Jesse in diesem Band.
66 Vgl. Armin Pfahl-Traughber, Rechtsextremismus in der Bundesrepublik, München 2001.

über jener „Szene" militanter Neonationalsozialisten geöffnet, die als Abfall-
produkt ihres Auflösungsprozesses nach der verlorenen Bundestagswahl von
1969 entstanden war. Prominente Beitritte gewandelter früherer Linksextre-
misten wie des ehemaligen RAF-Aktivisten Horst Mahler, Rechtsvertreter
der Partei im Karlsruher Verbotsprozeß[67], trugen zur weiteren programmatischen Radikalisierung bei. Trotz des von der NPD ausgerufenen „Kampfes
um die Straße" (im „Drei-Säulen-Konzept" neben dem „Kampf um die Köp-
fe" und dem „Kampf um die Parlamente"[68]) wurde indes an der legalistischen
Strategie festgehalten. Die im Verbotsantrag der Bundesregierung dokumen-
tierten Fälle einer Beteiligung von NPD-Mitgliedern an politisch motivierten
Gewalthandlungen[69] waren nicht als Folge eines gezielten, zentral gesteuerten
Vorgehens zu deuten.

Der starke Anstieg zumeist fremdenfeindlich motivierter Gewalttaten zu
Beginn der neunziger Jahre und das – trotz eines beträchtlichen Rückgangs –
im Vergleich zu den siebziger und achtziger Jahren anhaltend hohe Gewalt-
niveau ließ sich nur in einer Minderzahl der Fälle dem vom Verfassungsschutz beobachteten Feld des organisierten Rechtsextremismus zuordnen.[70]
Daher dürfte die – im Vergleich zu den Erfolgsjahren des französischen FN
ins Auge springende[71] – geringe Integrationskraft der wahlpolitisch weithin
erfolglosen Rechtsaußenparteien dafür kein entscheidender Erklärungsfaktor
sein. Die „Szene" der Neonationalsozialisten war an der Gewaltwelle nur
marginal, die der Skinheads hingegen in beträchtlichem Maße beteiligt. Mehr
als die Hälfte der fast ausschließlich männlichen, unterdurchschnittlich gebildeten Täter war unter 21 Jahre alt. Sie gehörten meist nur locker strukturierten Gruppen an, handelten überwiegend ohne Planung, oft unter Alkoholein-
fluß. Vorurteile gegen Fremde, demütigende Erfahrungen, die Suche nach
Anerkennung bei Gleichaltrigen und eine offene oder verdeckte Gewaltnei-
gung kennzeichneten den Motivationshintergrund.

---

67 Siehe zur Person: Eckhard Jesse, Biographisches Porträt: Horst Mahler, in: Uwe Bak-
    kes/ders. (Hrsg.), Jahrbuch Extremismus & Demokratie, Bd. 13, Baden-Baden 2001,
    S. 183-199.
68 Vgl. NPD-Parteivorstand, Das strategische Konzept der NPD, in: Holger Apfel
    (Hrsg.), „Alles Große steht im Sturm". Tradition und Zukunft einer nationalen Partei,
    Stuttgart 1999, S. 356-360.
69 Antrag der Bundesregierung, vertreten durch das Bundesministerium des Innern, auf
    Feststellung der Verfassungswidrigkeit der Nationaldemokratischen Partei Deutsch-
    lands vom 29. Januar 2001, S. 80-89.
70 Vgl. vor allem: Frank Neubacher, Fremdenfeindliche Brandanschläge. Eine krimino-
    logisch-empirische Untersuchung von Tätern, Tathintergründen und gerichtlicher
    Verarbeitung in Jugendstrafverfahren, Godesberg 1998, S. 178-185; Helmut Wil-
    lems/Stefanie Würtz/Roland Eckert, Forschungsprojekt: Analyse fremdenfeindlicher
    Straftäter, hrsg. vom Bundesministerium des Innern, Bonn 1994, S. 45.
71 Vgl. für diesen Zusammenhang: Minkenberg (Anm. 10).

Tabelle 4: Rechtsextreme Gewalttaten, 1990-2001

Quelle: Verfassungsschutzberichte des Bundes.

Im Unterschied zu den westeuropäischen Staaten ist Deutschland in seinen östlichen Landesteilen mit den Problemen von Transitionsgesellschaften konfrontiert, in denen Verfassungsstaat, Marktwirtschaft und Zivilität noch keine tiefen Wurzeln schlagen konnten. Die physischen wie psychischen Folgen des Umbruchs bilden den Humus, auf dem eine militant-fremdenfeindliche jugendliche Subkultur gedeiht. Der erhöhte Verbreitungsgrad xenophober Einstellungen in der Bevölkerung, ausgeprägt vor allem bei den jüngeren Bürgern[72], die mangelnde Einübung im Umgang mit Fremden (auf dem Territorium der Ex-DDR war Immigration eine neue Erfahrung) und die unvorbereitete Konfrontation mit der zu Beginn der neunziger Jahre zeitweilig akuten Asylproblematik (1992 stieg die Zahl der Asylsuchenden vorübergehend auf eine halbe Million) wirkten zusätzlich begünstigend.[73]

Eine quantitative Einordnung des rechtsextrem, fremdenfeindlich oder antisemitisch motivierten Gewaltniveaus auf europäischer Ebene ist wegen der unterschiedlichen Datenlage in den EU-Mitgliedsländern schwierig. Einen gewissen Eindruck vermitteln die Informationen der Europäischen Stelle zur Beobachtung von Rassismus und Fremdenfeindlichkeit in Wien für den Zeitraum von 1995 bis 2000. Die Zahl der „rassistisch motivierten" Morde/Körperverletzungen mit Todesfolge belief sich nach Behördenangaben in Deutschland auf 18, in Frankreich auf zehn, in den Niederlanden auf sieben

---

72 Vgl. Jürgen W. Winkler, Ausländerfeindlichkeit im vereinigten Deutschland, in: Falter/Gabriel/Rattinger (Anm. 58), S. 435-476, hier S. 452.
73 Vgl. die Erörterung der Ursachen in folgendem Bericht: Bundesministerium des Innern/Bundesministerium der Justiz (Hrsg.), Erster Periodischer Sicherheitsbericht, Berlin 2001, S. 292f.

und im Vereinigten Königreich auf 16. Die Statistiken über „rassistische Bedrohungen" wiesen für Deutschland in demselben Zeitraum 1.736 Fälle, für Frankreich 984 Fälle, für Österreich 1.185 Fälle, für Schweden 3.380 Fälle und für das Vereinigte Königreich 15.738 Fälle aus.[74] Diese Daten legen den Schluß nahe, daß Deutschland in dieser Hinsicht kein Sonderfall ist.

5. Schlußbetrachtung

5.1 Zusammenfassung

Was Fritz René Allemann Mitte der fünfziger Jahre für die Bonner Republik konstatierte[75], läßt sich mehr als zehn Jahre nach der friedlichen Revolution von 1989/90 auf das vereinte Deutschland übertragen: Berlin ist nicht Weimar! Weder vor noch nach der „Wende" ist die zweite deutsche Demokratie durch extremistische Kräfte ernsthaft in ihrem Bestand gefährdet worden. Auch von Magdeburg, wo im April 1998 zwei Parteien mit zweifelhafter Systemloyalität, DVU und PDS, zusammen 32,5 Prozent der Stimmen erzielen und 116 Landtagsmandate erobern konnten, ist kein neuer „Sonderweg nach Weimar"[76] ausgegangen. Vier Jahre später fand ein Regierungswechsel statt, war die Rechtsaußenpartei so weit abgewirtschaftet, daß sie gar nicht mehr antrat. Die Linksaußenpartei wiederum vermochte von der Tolerierungspolitik nicht nachhaltig zu profitieren.

Die wahlpolitischen Mobilisierungswellen der extremen Rechten erreichten in der Geschichte der zweiten deutschen Demokratie zu keinem Zeitpunkt systemgefährdende Ausmaße und schwächten sich zudem im Laufe der Jahrzehnte ab. Die extreme Linke vermochte – mit Ausnahme der unmittelbaren Nachkriegsjahre – erst nach dem Untergang des SED-Regimes im östlichen Deutschland eine bei Wahlen bedeutsame Rolle zu spielen, verharrte jedoch im Stadium einer im westlichen Deutschland weitgehend erfolglosen Regionalpartei. Sie steht heute vor dem Dilemma, sich entweder ganz in das System zu integrieren und beachtliche Teile ihrer Alt-SED-„Basis" zu verprellen oder konsequente Systemopposition zu betreiben und sich von der gemäßigten Linken zu isolieren. Von deren Verhalten und dem der übrigen demokratischen Parteien wird es abhängen, ob sich dies positiv auf den Prozeß demokratischer Konsolidierung auswirken kann.

Mit Blick auf die Stärke des politischen Extremismus fällt Deutschland trotz der gravierenden Folgelasten des Vereinigungsprozesses und der beson-

---

74 Europäische Stelle zur Beobachtung von Rassismus und Fremdenfeindlichkeit, Vielfalt und Gleichheit für Europa. Jahresbericht 2000, Wien 2001, S. 23f.
75 Vgl. Fritz René Allemann, Bonn ist nicht Weimar, Köln 1956.
76 So die seinerzeitige Befürchtung von: Heinrich August Winkler, Sonderweg nach Weimar. Der neue Kurs der SPD, in: Frankfurter Allgemeine Zeitung vom 16. Mai 1998, S. 33.

deren Situation in den östlichen Ländern nicht aus dem westeuropäischen Rahmen.[77] Die öffentliche Sensibilität für totalitäre Gefahren ist aufgrund leidvoller historischer Erfahrungen stärker ausgeprägt als in vielen anderen europäischen Ländern. Dies gilt vor allem für den Rechtsextremismus.

Die Stabilität des Verfassungsstaates in Deutschland beruht wesentlich auf seiner internationalen Einbindung, seinen im großen und ganzen erprobten politischen Institutionen, der gewachsenen Bürgerkultur, dem hohen Wohlstandsniveau, dem noch immer sehr dicht geknüpften sozialen Netz und der von bitteren historischen Erfahrungen geprägten besonderen Wachsamkeit der „streitbaren Demokratie" mit ihren präventiven wie repressiven Instrumenten. Von der weiteren Sicherung außenpolitischer Stabilität, der Bewahrung der Leistungsfähigkeit des politischen Systems, der Erhaltung ökonomischer Besitzstände, der Beachtung des sozialen Gleichgewichts und der Befestigung des antiextremistischen Konsenses als eines Kerngehaltes demokratischer Bürgerkultur werden (über deren eigene Fähigkeiten hinaus) wesentlich die Wettbewerbschancen von Antisystemparteien bestimmt.

5.2 Ausblick

Führt man sich das interdependente Wirkungsgefüge des politischen Systems und der sie tragenden Kräfte einerseits und des Spektrums politischer Extremismen in ihren gewaltorientierten wie gewaltlosen Formen vor Augen, so wird klar, daß ein Zustand relativer Balance schon durch die schwerwiegende Veränderung eines einzigen bedeutenden Faktors erheblich gestört werden kann. Wenn – beispielsweise – die von vielen beklagte „Politikblockade" weiter anhält, dürften sich die Gelegenheitsstrukturen politischer Extremismen dramatisch verbessern. Neben der Neigung zu konkordanzdemokratischen Praktiken („Konzertierte Aktionen", „Runde Tische", „Konsensgespräche") könnte die „Politikverflechtungsfalle"[78] des „kooperativen Föderalismus" im Zusammenklang mit der dadurch gestiegenen Rolle des Bundesrates und dort wirkenden oppositionellen Mehrheiten den Problemlösungsstau weiter verstärken und politischen Neulingen ungeahnte Aufstiegschancen bieten. Die Fünfprozenthürde des deutschen Wahlrechts (auf Bundes- wie Länderebene) böte dabei ein weit geringeres Hindernis als die etwa in Frankreich und Großbritannien verankerten Mehrheitswahlsysteme.

Aber auch bei gleichbleibenden Gelegenheitsstrukturen könnte sich das Kräftegleichgewicht in eine extremistische Richtung verschieben, wenn neue systemfeindliche Akteure mit attraktiven Angeboten auf den Plan treten. Die

---

77 Vgl. zur jüngsten Entwicklung: Eckhard Jesse, Das Abschneiden der PDS und der Rechtsparteien bei der Bundestagswahl 2002, in: Zeitschrift für Politik 50 (2003), S. 17-36.
78 So Fritz W. Scharpf, Die „Politikverflechtungsfalle": Europäische Integration und deutscher Föderalismus im Vergleich, in: Politische Vierteljahresschrift 26 (1985), S. 323-356.

Erfolge von Rechtspopulisten in verschiedenen europäischen Demokratien führen vor Augen, daß gewachsene, relativ stabile Parteiensysteme in kurzer Zeit aus den Fugen geraten können. Solche Vorgänge werden durch den Rückgang der Parteibindung und die erhöhte Flexibilität der Wähler begünstigt. Auch wenn dies bislang in keinem Land des westlichen Europa (etwa in Österreich, Italien oder den Niederlanden) zu einer Existenzgefährdung für die bestehenden politischen Systeme geführt hat, ist dieser Fall für die Zukunft doch nicht auszuschließen. Einer solchen Entwicklung entgegenzuarbeiten erscheint als wichtigste Aufgabe all jener politischen Kräfte, die sich Frieden und Freiheit nur auf der Grundlage des demokratischen Verfassungsstaates vorzustellen vermögen.

Kapitel IV:
Die Leistungsprofile und
Leistungsfähigkeit moderner Demokratien

Markus M. Müller

Wirtschaftsordnung

1. Einführung

Die Wirtschaftsordnung der Bundesrepublik Deutschland hat sich in ihren marktwirtschaftlichen Grundzügen in über fünfzig Jahren nur wenig verändert. Das ist bemerkenswert, wenn wir diese Robustheit einmal mit dem ständigen und tiefgreifenden Wechsel von wirtschafts- und auch ordnungspolitischen Vorstellungen in Großbritannien vergleichen. Die relativ stark ausgeprägte Robustheit der deutschen Wirtschaftsordnung, verstanden als die grundlegenden Rahmenbedingungen wirtschaftlicher Betätigung sowie des Verhältnisses von Staat und Wirtschaft in Deutschland, mag man unter Hinweis auf die Reformfeindlichkeit einer hochgradigen Politikverflechtung unseres Regierungssystems oder vielleicht auch als Ausdruck einer spezifisch deutschen politischen Kultur des Festhaltens an einmal gesetzten Regeln erklären. Sie bleibt als Erkenntnis jedenfalls wichtig, zumal der nicht zu leugnende Erfolg dieser Wirtschaftsordnung ihre Legitimation weiter erhöht hat.

Die Bundesrepublik hat Phasen unterschiedlicher wirtschaftspolitischer Ausrichtungen zu verzeichnen. Und diese hatten durchaus Rückkopplungseffekte auf das Verhältnis von Staat und Wirtschaft. Mit dem Einzug des Keynesianismus in Deutschland, in der Form der sogenannten „Globalsteuerung" unter dem Wirtschaftsminister der Großen Koalition Karl Schiller, veränderte sich das Selbstverständnis des Staates hin zu dem eines Stabilisators in der Wirtschaft. Damit verbunden war nicht nur ein neues finanzpolitisches Gebaren, sondern auch ein Institutionenwandel: Die Haushaltspolitiken von Bund, Ländern und Gemeinden mussten abgestimmt werden (im Finanzplanungsrat); Arbeitgeber und Arbeitnehmer sollten im Rahmen der ihnen grundgesetzlich zugebilligten Tarifautonomie die Lohnpolitik unter Berücksichtigung des Konjunkturzykluses gestalten (im Rahmen der Konzertierten Aktion) usw. Nicht alles war (völlig) neu, aber auch Altbekanntem kam mitunter eine neue institutionelle Qualität zu.

Die Ölkrisen der siebziger Jahre waren mit dem Instrumentarium einer auf antizyklische makroökonomische „Gegensteuerung" ausgelegten Wirtschafts- und Finanzpolitik nicht zu bewältigen. Auch zeigte sich, dass es der Politik wesentlich leichter fällt, ausgabewirksame Programme in Zeiten der Rezession zu beschließen, als Rückführung der Staatsausgaben in Zeiten einer relativ prosperierenden Konjunktur. Verbunden mit dem im Rahmen einer nachfrageorientierten Wirtschaftspolitik kompatiblen Ausbau des Wohlfahrtsstaates war der schleichende Ruin der öffentlichen Finanzen und Sozialsysteme ebenso programmiert, wie der Misserfolg bei der Bekämpfung der Massenarbeitslosigkeit. Und dennoch: Die von Teilen der politischen Linken geäußerte Vermutung, nun habe der Kapitalismus endlich doch sein Ende gefunden[1], bestätigte sich nicht. Die marktwirtschaftliche Ordnung erwies sich, in Deutschland ebenso wie in anderen westlichen Industriestaaten, als beharrlich.

Im Gegenteil: Nach dem Scheitern des Paradigmas eines keynesianischen Wohlfahrtsstaats schien zunächst die Rückkehr des Neoliberalismus zu drohen: Rückzug des Staates auf fast allen Gebieten durch Rückbau auf die vermeintlichen Kernfunktionen eines Nachtwächterstaates. Die konservative Wende, die Ende der siebziger bzw. Anfang der achtziger Jahre nicht nur Deutschland, sondern vor allem auch Großbritannien und die USA ergriff, schien Ausdruck einer internationalen Rückbesinnung auf die Kräfte des Marktes zu sein. Doch so einfach kam es freilich nun auch wieder nicht.

Der Staat baute sich seit dem Ende der siebziger bzw. Anfang der achtziger Jahre in der Bundesrepublik ebenso wie in den anderen westlichen Industriestaaten um. Besonders sichtbar wurde dieser Umbau in Großbritannien, wo eine vormals stark verstaatlichte Industriestruktur nicht nur privatisiert, sondern um neue, regulatorische Aufsichtsbehörden ergänzt wurde. Aber dieser Umbau erfolgte weder synchron noch eindimensional. In diese Zeit fallen die ersten Beiträge[2], die später unter dem Stichwort *capitalist diversity* zusammen gefasst werden sollten. Der Grundtenor ist: Marktwirtschaftlich verfasste Wirtschaftsordnungen sind keineswegs „gleich"; vielmehr sind Marktwirtschaften entsprechend ihrem jeweiligen politischen, gesellschaftlichen und kulturellen Umfeld sehr unterschiedlich ausgestaltet und bringen spezifische Institutionen, Problem-Bearbeitungsmechanismen und ergo (Wirtschafts-)Politiken hervor[3]. Albert[4] lieferte mit seiner These von einer paradigmatischen Zweiteilung westlicher Marktwirtschaften in einen *angelsächsischen Kapitalismus* und einen *rheinländischen Kapitalismus* einen umstrittenen Beitrag, der in dieser Schlagworthaftigkeit aber nicht zu halten ist.

Die vergleichende Forschung der neunziger Jahre widerlegte die Voraussagen der Globalisierungskritiker, wonach es zu einem mehr oder weniger schleichenden Verlust von staatlicher Funktionsfähigkeit und letztlich zu einem Rückbau des Staates kommen werde. Zwar erweist sich die Globalisierung als ein markt- und politikfeldspezifisch wichtiges Moment für den Umbau des Verhältnisses von Staat und Markt; sie konkurriert dabei jedoch mit

---

1   James R. O'Connor, The fiscal crisis of the state, New York 1973.
2   Vgl. z.B. Peter J. Katzenstein, Between Power and Plenty: Foreign Economic Policies of Advanced Industrial States, Madison 1978.
3   Peter Gourevitch, Politics in Hard Times, Ithaca 1986; Peter Hall, Governing the Economy, Oxford 1986; Jeffrey Hart, Rival Capitalists, Ithaca 1992.
4   Michel Albert, Capitalism against Capitalism, London 1994.

anderen Kräften und vor allem unterschiedlichen Marktgegebenheiten. Die Vorstellung, der Staat verkomme zu einem „Wettbewerbsstaat", dem es nur noch um die Bereitstellung vorteilhafter Investitionsbedingungen für Unternehmen gehe, verfängt in der Bundesrepublik ebenso wie in allen anderen Industriestaaten jedenfalls nicht.

Sinnvoller erscheint das Konzept des *regulatorischen Staates*[5]. Es unterstellt prima facie weder einen Aufgabenabbau, noch eine inhaltliche Neuausrichtung auf ein dezidiertes und allgemein gültiges Ziel (z.B. Standortansiedlungen, Verbesserung der Wettbewerbsfähigkeit). Vielmehr wird auf den Umbau des staatlichen Instrumentariums, mit dem wirtschaftliche Prozesse oder Strukturen beeinflusst werden, abgehoben. Hierzu liegen Arbeiten vor allem aus Großbritannien, USA oder Australien vor. Für die Bundesrepublik Deutschland gibt es hingegen erst eine umfassende Studie sowie eine Reihe von Teilstudien. Die vergleichende Forschung liegt ebenfalls noch hinter der anglo-amerikanischen Avantgarde zeitlich um einige Jahre zurück.

Ein jeder Überblick über die deutsche Wirtschaftsordnung wäre unvollständig, enthielte er keinen Verweis auf die Bedeutung der europäischen Integration, vor allem seit Errichtung des gemeinsamen Binnenmarktes sowie der Währungsunion. Während wir über die Auswirkungen der gemeinsamen Währung auf die nationalen Wirtschaftsordnungen bis dato nur Vermutungen anstellen können, zeigen etwa zehn Jahre Erfahrung seit Vollendung des Binnenmarktes, dass die EU-Kommission das Konzept des „Binnenmarktes" extensiv nutzte, um sich ordnungspolitischen Zugriff auf vormals mitgliedstaatlich vorbehaltene Wirtschaftsbereiche zu verschaffen. Die Beispiele reichen vom Umbau ehemaliger, so genannter „wettbewerblicher Ausnahmebereiche" wie der Telekommunikation über die wesentliche Mitbestimmung beim Zuschnitt der so genannten „Daseinsvorsorge" bis hin zur Beihilfe-Kontrolle, mit der dem staatlichen Interventionismus zur Förderung oder Stützung einzelner Branchen und Industrien durch Subventionen in durchaus zunehmendem Maße Einhalt geboten wird.

Die Kommission scheint dabei in einem Paradox gefangen zu sein: Einerseits verfolgt sie das Ziel der Kohäsion der wirtschaftlich zum Teil sehr unterschiedlich weit entwickelten Regionen in Europa durch eine eigenständige Wettbewerbspolitik mittels Subventionsbekämpfung. Andererseits nimmt sie, mit genau derselben Zielsetzung, am Subventionswettlauf teil, sei es durch eigene Vergabe von Fördermitteln, sei es durch eine regional variierende Zulassung von mitgliedstaatlicher Subventionspolitik. Offensichtlich vertraut Brüssel ebenso wenig wie praktisch alle Industrieländer dem Wettbewerb als letztlich einzig tauglichem Mittel, um optimale Wirtschafts- und Lebensbedingungen für die Menschen in Europa zu schaffen.

---

5   Markus M. Müller, The new regulatory state in Germany, Birmingham 2002; Markus M. Müller/Roland Sturm, Ein neuer regulativer Staat in Deutschland? Die neuere Theory of the Regulatory State und ihre Anwendbarkeit in der deutschen Staatswissenschaft, in: Staatswissenschaften und Staatspraxis 3 (1998), S. 385-412.

2. Begriffsgeschichte

Am Anfang der modernen Wirtschaftswissenschaften stand die „Politische Ökonomie". Gemeint war damit nicht weniger als eine Wissenschaft von der „Wirtschaftsordnung". Im Zentrum ihrer Betrachtung liegt die Organisation wirtschaftlicher Betätigung innerhalb der Grenzen des Gemeinwesens, also des Staates, einschließlich der Rolle staatlicher Akteure in ordnungspolitischer wie operativer Hinsicht. Innerhalb der deutschen Nationalökonomie waren Fragen der genannten Art noch bis zu den Vätern der deutschen Wirtschaftsordnung, von Alfred Müller-Armack bis Walter Eucken, dominierend. Von Ausnahmeerscheinungen wie Friedrich Alexander von Hayek abgesehen, wurden sie in der Folgezeit zu Gunsten anderer, oftmals eher ökonometrischer Betrachtungsweisen in den Hintergrund gedrängt. Wichtige Bereiche der klassischen „Politischen Ökonomie" wanderten zum einen in die Politikwissenschaft (zum Beispiel Gert von Eynern), zum anderen in die Rechtswissenschaft, die gerade für die Wettbewerbspolitik eine zunehmend wichtige Rolle annahm. Dieser legalistische Bias verleiht Deutschland unter den Industriestaaten eine Sonderrolle.

In einem engeren Sinne erklärt sich die deutsche Wirtschaftsordnung aus den wissenschaftlichen und politischen Debatten in der Zeit ihres Entstehens nach dem Ende des Zweiten Weltkriegs. Fast alle wesentlichen Begriffe, von „Ordnungspolitik" über „Wettbewerbsordnung" bis hin zur „Sozialen Marktwirtschaft", stammen entweder aus dieser Zeit oder sind in ihrem auch heute noch gültigen Bedeutungskern damals geprägt worden. Die aufgeführten Begriffe unserer Wirtschaftsordnung, vor allem Ordnungspolitik und Soziale Marktwirtschaft, sind ausgesprochen spezifisch für den deutschen Fall. Wie an anderer Stelle ausgeführt, beschreiben sie zwar keine ausschließlich „deutschen" Elemente. Ihr normativer Gehalt, der im Folgenden näher erläutert wird, ist hingegen außergewöhnlich.

Doch will man wichtige *institutionelle* Konstanten der deutschen Wirtschaftsordnung verstehen, so lohnt der Blick auf die Zeit davor. Während etwa die Gewerkschaften ein Kind der industriellen Revolution sind, verweisen Kammern und Innungen auf einen Ordnungsgedanken, der bis in das Zunftwesen des Mittelalters hinein reicht. Das gilt übrigens für Deutschland ebenso wie für andere europäische Länder. Dieser Ordnungsgedanke beinhaltet im Kern die Vorstellung, dass einzelne Gewerbe(bereiche) die sie betreffenden Angelegenheiten am besten selbst regeln. Das hat mit Subsidiarität mehr zu tun als mit Wettbewerb, denn zu diesen Angelegenheiten zählte durchaus auch die Bemessung des Angebots oder des angemessenen Preises. Heute nehmen etwa die Industrie- und Handelskammern sowie die Handwerkskammern wesentliche Aufgaben im Bereich der Berufsausbildung wahr; die verschiedenen Kammern der freien Berufe, wie etwa Ärzte-, Apotheker-, Steuerberater-, Wirtschaftsprüfer- oder Anwaltskammern, regeln darüber hinaus standesrechtliche Fragen ihrer Mitglieder. Positiv formuliert, übernehmen Kammern eine Art „Hygienefunktion", in dem sie über die entweder selbst definierten Standards oder die vom Gesetzgeber vorgegebenen Maßgaben wachen und so letztlich das Renommee der durch sie vertretenen Berufsgruppen und Branchen bewahren. Kritisch betrachtet, ist eine solchermaßen durch Pflichtmitgliedschaft[6] staatlich sanktionierte selbstregulierende Einrichtung nicht gerade als Ausdruck einer besonders marktoptimistischen Haltung zu werten.

Nicht nur sind wichtige Organisationen, wie die erwähnten Kammern oder Gewerkschaften, ebenso wie viele wichtige Wirtschaftsverbände lange vor der Gründung der Bundesrepublik Deutschland und der Errichtung ihrer Wirtschaftsordnung entstanden. Auch zentrale Ordnungsprinzipien, wie etwa die Gewerbefreiheit oder der Schutz des Privateigentums, waren in Deutschland schon im 19. Jahrhundert Bestandteil der allgemeinen Rechtsordnung geworden. Ob Deutschland auch in wirtschaftlicher Hinsicht als „verspätete Nation" zu gelten hat, sei hier dahingestellt; jedenfalls holte die Nation nach der Reichsgründung 1871 es nach, wichtige Grundelemente einer marktwirtschaftlich geprägten Ordnung für alle Gebiete des Reiches auszubilden. Damit war der Anschluss an die damals führenden Industrienationen, vor allem die USA, Großbritannien und Frankreich, erreicht.

Sucht man nach der Innovation, welche die Väter unserer heutigen Wirtschaftsordnung nach dem Ende des Zweiten Weltkrieges eingebracht haben, so wird man nur wenige absolute Neuerungen im Detail finden. Der große Verdienst liegt wohl eher darin, die vorhandenen Teileelemente bewertet, aussortiert und unter einer sich als sehr nützlich erweisenden normativen Doktrin der *Ordnungspolitik*[7] zusammengefasst zu haben. Man versteht wohl schon den deutschen Begriff der „Wirtschaftsordnung", der nur annäherungsweise in das Englische als „economic order" übersetzbar ist, nicht wirklich, wenn man die folgenden Überlegungen von Walter Eucken außer Acht lässt: „Wir wissen, dass sowohl die Wirtschaftspolitik im Zeitalter des Laissez-faire als auch in der folgenden Epoche der Experimente die Bedeutung und die Schwierigkeit des Problems, dem Wirtschaftsprozeß eine zureichende Lenkung zu geben – ein Problem, das mit der Industrialisierung in ein ganz neues Stadium eintrat – unterschätzte oder nicht sah. [...] [Diese] Kernfrage der modernen Wirtschaftspolitik sollte auch als Kernfrage behandelt werden. Es geschieht, indem die Herstellung eines funktionsfähigen Preissystems vollständiger Konkurrenz zum wesentlichen Kriterium jeder wirtschaftspolitischen Maßnahme gemacht wird. *Dies ist das wirtschaftsverfassungsrechtliche Grundprinzip.* [...]. Das Grundprinzip verlangt nicht nur, dass gewisse wirtschaftspolitische Akte vermieden werden: so etwa staatliche Subventionen, Herstellung staatlicher Zwangsmonopole, allgemeiner Preisstop, Ein-

---

6 In jüngster Zeit erst wieder durch höchstrichterlichen Beschluss als mit Verfassungsrecht vereinbar erklärt, siehe hierzu BVerfG, 1 BvR 1806/98 vom 7. Dezember 2001, 1-52.

7 Eucken sprach auch von einer „Wirtschaftsverfassungspolitik". Siehe Walter Eucken, Grundsätze der Wirtschaftspolitik, herausgegeben von Edith Eucken und K. Peter Hensel, Tübingen 1990.

fuhrverbote usw. Es genügt auch nicht etwa Kartelle zu verbieten. Das Prinzip ist nicht in erster Linie negativ. – Vielmehr ist eine positive Wirtschaftsverfassungspolitik notwendig, die darauf abzielt, die Marktform der vollständigen Konkurrenz zur Entwicklung zu bringen und so das Grundprinzip zu erfüllen. Auch hierin unterscheidet sich die Politik der Wettbewerbsordnung vollständig von der Politik des Laissez-faire, die nach ihrem Grundgedanken eine positive, wirtschaftliche Ordnungspolitik nicht kannte." [8]

Eucken beschreibt hier eine Vorstellung, die in Deutschland völlig selbstverständlich klingt, hingegen etwa in angelsächsischen Ländern immer wieder auf großes Erstaunen trifft. „Marktwirtschaft" gibt es nicht aus dem Grund, dass Märkte „spontan" durch die Produktions- und Austauschprozesse der Anbieter und Nachfrager entstehen[9]. Vielmehr entscheidet der Staat über ein Regelwerk und erschafft auf diese Weise den Markt. Der Wettbewerb, und damit der Markt selbst, sind eine Veranstaltung des Staates. Die Marktwirtschaft ist daher auch nur insoweit eine „natürliche" Wirtschaftsordnung, als sie die Handlungsweisen der Menschen, also in einem gewissen Sinne die natürliche Logik des menschlichen Wirtschaftens, sehr weitgehend berücksichtigt und deren „Störung" (durch den Staat) auf solche Bereiche beschränkt, die die oben genannte Logik entweder aus Selbsterhaltungsgründen nicht vertragen (das betrifft nach klassischer Lesart zum Beispiel die Wettbewerbspolitik) oder aber aus im weitesten Sinne humanitär-sozialen Gründen eine Überlagerung dieser Logik nahelegen. Marktwirtschaft ist also nicht „natürlich", aber durchaus „naturgemäß".

Euckens Grundprinzipien einer Politik der Wettbewerbsordnung haben in ihrer Bedeutung als ordnungspolitischer Kanon nichts eingebüßt. Auch wenn sich viele dieser Elemente in einzelnen Varianten des amerikanischen, britischen oder französischen Wirtschaftsliberalismus wiederfinden, ist Euckens „Ordoliberalismus" spezifisch für die Bundesrepublik. Er benennt zunächst die sogenannten „konstituierenden Prinzipien", zu denen neben der Garantie eines wettbewerbskonformen Instituts des Privateigentums, der Vertragsfreiheit, einer Haftungsregelung, auch die Gewährleistung „offener Märkte", die „Konstanz der Wirtschaftspolitik" sowie das „Primat der Währungspolitik" gehören. Gerade die drei letztgenannten Prinzipien enthalten für die Politik oftmals als eher schmerzlich empfundene Erkenntnisse, nämlich dass erstens eine Politik der Marktabschottung oder des Ausschlusses von Anbietern und/oder Nachfragern von einzelnen Märkten, egal durch welche Mittel, zu unterbleiben habe, dass zweitens die Wirtschaftspolitik (z.B. Steuer- oder Außenhandelspolitik) langfristig und für die Marktakteure berechenbar auszugestalten sei, und dass drittens der Geld- und Währungspolitik ein Primat zukomme. Damit ist freilich nicht der mittlerweile auch praktisch als ge-

---

8   Ebd., S. 254f.
9   Vgl. auch Karl Polanyi, Aristotle Discovers the Economy, in: Ders./Conrad M. Arensberg/Harry W. Pearson (Hrsg.): Trade and Market in the Early Empires. Economies in History and Theory, Glencoe 1957, S. 64-94.

scheitert anzusehende Versuch gemeint, mit Hilfe von Geldpolitik der Konjunktur auf die Sprünge zu helfen. Vielmehr hat die Sicherstellung eines nachhaltig funktionsfähigen Geld- und Kreditwesens für eine moderne Volkswirtschaft eine so herausragende, grundlegende Bedeutung, dass dieser systemischen Nachhaltigkeit unbedingter Vorrang vor anderen, gegebenenfalls kurzfristigen wirtschaftlichen oder politischen Kalkülen einzuräumen ist.

In einem zweiten Teil nennt Eucken die sogenannten „regulierenden Prinzipien", zu welchen zu allererst die Wettbewerbspolitik im engeren Sinne, also die Monopol- und Kartellaufsicht gehört. Daneben führt er eine investitionsfreundliche Einkommenspolitik auf (die den sozialen Bedürfnissen der Menschen eben nur insoweit entgegen kommt, als sie die wirtschaftliche Grundlage nicht selbst etwa durch rigorose Steuerprogression zerstört), die Internalisierung externer Kosten (bei Eucken genannt „Wirtschaftsrechnung") sowie die Bekämpfung ruinöser Konkurrenz auf bestimmten Märkten (vor allem dem Arbeitsmarkt), bei ihm genannt „Anomalie des Angebots".

In einem dritten Teil gibt Eucken uns noch folgendes mit auf den Weg. Erstens: Die genannten Prinzipien haben die gesamte Wirtschafts- und Rechtsordnung zu durchdringen, um erfolgreich zu sein. Zweitens: Die beste Konjunkturpolitik betreibt man, indem man die genannten Prinzipien konsequent befolgt; darüber hinaus sind Maßnahmen zur Bekämpfung von Konjunkturschwankungen eher abzulehnen. Und drittens: Wirtschaftsordnungspolitik ist die beste Sozialpolitik. „Soziale Gerechtigkeit sollte man also durch Schaffung einer funktionsfähigen Gesamtordnung und insbesondere dadurch herzustellen suchen, dass man die Einkommensbildung den strengen Regeln des Wettbewerbs, des Risikos und der Haftung unterwirft."[10] Gleichwohl schließt Eucken bestimmte sozialpolitische Maßnahmen, zu denen er im Speziellen auch Betriebsverfassungs- und Arbeitsmarktpolitik zählt, als Intervention nicht aus[11].

Eucken hat erkannt, dass Akteure in marktwirtschaftlichen Ordnungen dazu tendieren, den Wettbewerb als zentrales Ordnungsprinzip, als Motor der Marktwirtschaft, auszuschalten. Wettbewerb ist für die Gesamtheit aller Teilnehmer vorteilhaft; für den Einzelnen ist Wettbewerb aber unangenehm. Vor allem für denjenigen, der als eingesessener Anbieter Marktanteile an einen Neuling abgeben muss. Anbieter werden daher immer versuchen, durch inneres (z.B. Umsatzsteigerung) oder äußeres (z.B. Unternehmenszukäufe) Wachstum die eigene Marktstellung, und damit ihre relative Macht im Vergleich zu ihren Wettbewerbern, zu verbessern. Zu dieser „Wettbewerbsvermeidungsstrategie" gesellt sich ein zweites Problem, das nicht im Akteursverhalten, sondern vielmehr in der Natur bestimmter Produkte bzw. Dienstleistungen begründet ist. Die Effizienz bei ihrer Bereitstellung steigt mit der Betriebsgröße; bei einigen ist die größte Effizienz nur zu erreichen, wenn es einen einzigen Anbieter gibt. Hier haben wir es mit einem sogenannten „natürlichen Monopol" zu tun. Es lässt sich zeigen, dass diese „economies of

10 Eucken (Anm. 7), S. 317.
11 Ebd., S. 291-324.

scale" vor allem dort anzutreffen sind, wo ein hoher Fixkostenblock als „versunkene Kosten" (etwa in Form einer hohen Investition in ein Leitungsnetz) einen bzw. den entscheidenden Kostenfaktor darstellen. Eucken hat erkannt, dass, wo eine Wettbewerbssituation aufgrund etwa eines „natürlichen Monopols" unmöglich bzw. wirtschaftlich widersinnig ist, eine Monopolaufsicht greifen muss, die für den monopolistischen Anbieter einen „als-ob"-Wettbewerb schafft. Diese Monopolaufsicht hat Anreize zu schaffen, die ein Ausnutzen seiner Machtposition unterbinden.

Der ordnungspolitische Ansatz ist als eine spezifisch deutsche Variante des Umgangs mit der Nachkriegssituation und der Suche nach einem nicht nur wirtschaftspolitischen, sondern auch gesellschaftspolitischen Neuanfang zu sehen. In der vielleicht radikalsten Form hat Wilhelm Röpke der Vorstellung Ausdruck verliehen, dass die Wirtschaftsordnung nicht nur kompatibel mit der gesellschaftlichen Gesamtordnung zu sein habe, sondern sich vielmehr auch aus einem gesamtgesellschaftlichen Norm- und Wertegefüge ergibt[12].

Ordnungspolitik ist Gesellschaftspolitik; sie zielt auf ein breiteres Aufgabenspektrum als wirtschaftlichen Erfolg und gesamtwirtschaftliche Wohlfahrt. Dies wird schließlich besonders deutlich bei dem eigentlichen Vordenker des Konzepts der *Sozialen Marktwirtschaft*, Alfred Müller-Armack, welcher dem ersten Wirtschaftsminister der Bundesrepublik Deutschland, Ludwig Erhard, als Staatssekretär im Bundeswirtschaftsministerium diente. Dieses Konzept hat wie nur wenige andere in der politischen Debatte der vergangenen fünf Jahrzehnte in Deutschland Karriere gemacht. Es wurde nicht nur inhaltlich immer wieder neu verstanden, sondern auch umgestaltet und erweitert[13]. Dabei wurde der Begriff bereits in den Fünfziger Jahren im sogenannten Investitionshilfeurteil des Bundesverfassungsgerichts Gegenstand verfassungsgerichtlicher Überlegungen zu der Frage, inwieweit das Grundgesetz eine Wirtschaftsordnung für die Bundesrepublik vorgebe[14].

Müller-Armack betont zunächst die schon erwähnte Einbettung der Wirtschaftsordnung in die Gesellschaftsordnung[15]. „Die Konzeption der Sozialen Marktwirtschaft umfaßt einen weiteren gesellschaftspolitischen und einen engeren wirtschaftspolitischen Bereich von Maßnahmen, die sinnvoll aufeinander abgestimmt sein müssen. Die Zielsetzung der Sozialen Marktwirtschaft

---

12 Vgl. Wilhelm Röpke, Kernfragen der Wirtschaftsordnung, in: ORDO 48 (1997), S. 28-65.

13 In den achtziger Jahren etwa zur „Ökologisch-sozialen Marktwirtschaft". Es erreichte mit seiner Aufnahme in den Text des Vertrages über die Schaffung einer Währungs-, Wirtschafts- und Sozialunion zwischen der Bundesrepublik und der DDR (BGBl. II, 537) vom Mai 1990 sogar einen quasi-gesetzlichen Rang.

14 Vergleiche hierzu beispielsweise Hans Carl Nipperdey, Bundesverfassungsgericht und Wirtschaftsverfassung, in: Aktionsgemeinschaft Soziale Marktwirtschaft (Hrsg.), Wirtschaftsordnung und Menschenbild. Geburtstagsgabe für Alexander Rüstow, o.O. 1960, S. 39-59.

15 Alfred Müller-Armack, Wirtschaftsordnung und Wirtschaftspolitik, Freiburg i.B. 1996, S. 237.

reicht über eine Modifikation oder klarere Herausbildung des wettbewerbli-chen Prinzips wesentlich hinaus. [...] Es handelt sich nicht nur um die Ge-staltung einer ökonomischen Ordnung, vielmehr bedarf es der Eingliederung dieser Ordnung in einen ganzheitlichen *Lebensstil*."

Müller-Armack hat mit der Addition des Attributs „sozial" zur Markt-wirtschaft, welche von Ludwig Erhard übernommen wurde und bereits 1948 Eingang in ein Parteiprogramm der CDU fand, ein gegenüber Eucken als „umfassender, offener, dynamischer" (Starbatty) beschriebenes Konzept ge-schaffen[16]. Müller-Armacks Erweiterung der Marktwirtschaft sorgte dafür, dass sie zu einem Teil des gesellschaftlichen Grundkonsenses wurde. Ein je-der kann sie offenbar so interpretieren, dass seine persönliche Vorstellung von dem richtigen Mischungsverhältnis von „Marktorientierung" und „So-zialorientierung" getroffen ist.

3. Entwicklung der Wirtschaftsordnung in der Bundesrepublik Deutschland

3.1 Überblick

Das „Experiment" Marktwirtschaft, und damit die eigentliche Geburtsstunde unserer Nachkriegswirtschaftsordnung, lag bei Gründung der Bundesrepublik schon ein Jahr zurück. 1948 hob Ludwig Erhard, damals Wirtschaftsdirektor im Vereinigten Wirtschaftsgebiet, gleichzeitig mit der Einführung der neuen deutschen Währung durch das sogenannte „Leitsätzegesetz" einen großen Teil der Preis- und Bewirtschaftsvorschriften auf. Gleichsam über Nacht füllten sich die Regale; der Schwarzmarkt wurde verdrängt.

Ein bis heute bestimmendes Wesensmerkmal der deutschen Wirtschafts-ordnung erhielt durch die Aufnahme in den Grundrechtskatalog Verfassungs-rang: die Tarifautonomie. Seit 1949 ist die Bundesrepublik von einer äußerst zurückhaltenden Tarifpolitik sowohl im Bund als auch in den Ländern ge-prägt. Zwar wurde der Rahmen durch das Tarifvertragsgesetz von 1949 so-wie das Betriebsverfassungsgesetz von 1952 zügig in gesetzlicher Form ab-gesteckt[17]; im Übrigen gehört es seither aber zum weitgehenden, parteiüber-greifenden Konsens, die Tarifpolitik den Tarifpartner zu überlassen. Zum Teil wurde darin ein entscheidender Faktor für den wirtschaftlichen Wieder-

---

16 Joachim Starbatty, Alfred Müller-Armacks Beitrag zur Theorie und Politik der So-zialen Marktwirtschaft, in: Ludwig-Erhard-Stiftung (Hrsg.), Symposion VII: Soziale Marktwirtschaft im vierten Jahrzehnt ihrer Bewährung, Stuttgart/New York 1982, S. 7-26, hier S. 16.

17 Die Tarifvertragsfreiheit wurde durch das Gesetz zur Aufhebung des Lohnstops vom 3. November1948 wieder eingeführt. Siehe hierzu den Beitrag Arbeitsmarktpolitik 1945 bis 1949. Wiederkehr des kooperativen Rahmens, in den WZB Mitteilungen, Heft 96, Juni 2002, S. 20-23, hier insbesondere S. 21f.

aufstieg in der Bundesrepublik gesehen. Jedoch tat sich der Staat in der Folgezeit schwer damit, von der Tarifautonomie berührte, andere Politikfelder souverän zu bearbeiten. Das führte einerseits dazu, dass etwa das Arbeitsrecht in ganz wesentlichen Zügen heute Richterrecht ist (in Ermangelung hinreichend ausgearbeiteter gesetzlicher Grundlagen). Andererseits wurden in der Ära nach Erhard Wege gesucht, unter strikter Einbindung der Tarifpartner und anderer Interessengruppen, dem Staat doch noch neue Gestaltungsoptionen zu erschließen. Denn in Krisenzeiten wurde schnell deutlich, dass die Lohnentwicklung erhebliche Auswirkungen auf die übrigen volkswirtschaftlichen Indikatoren hat.

Die Diskussion um die „richtige" Wirtschaftsordnung war allerdings zu diesem Zeitpunkt keineswegs entschieden. Noch 1947 sprach sich etwa ein Landesverband der CDU in seinem bekannt gewordenen „Ahlener Programm" gegen Kapitalismus und für eine zentralverwaltungswirtschaftliche Ordnung aus. Und während in der Gesamt-CDU bereits 1948 der Umschwung zu dem beschriebenen Konzept der Sozialen Marktwirtschaft einsetzte, schloss sich die SPD erst 1959 in ihrem „Godesberger Programm" auch programmatisch einer marktwirtschaftlichen Linie an.

3.2 Phase I: Die „soziale" Marktwirtschaft (1949-1966)

Exemplarisch können diese formativen Jahre der deutschen Wirtschaftsordnung nach dem Zweiten Weltkrieg mit fünf Thesen umrissen werden.

(1) Die Formationsphase war geprägt von einer restriktiven Haushaltspolitik der öffentlichen Hand. Eine fiskalpolitische Konjunkturpolitik war nicht vorgesehen; es gab lediglich eine „Konjunkturpolitik der leichten Hand", basierend vornehmlich auf geldpolitischen und außenwirtschaftlichen Instrumenten. Der Schwerpunkt der Wirtschaftspolitik des Bundes lag auf der Ordnungspolitik.

(2) Der Staat, das heißt Bund, Länder und Kommunen, hielt in nennenswertem Umfange Beteiligungen an Unternehmen. Öffentliche Unternehmen spielten in dieser Zeit eine gewichtige Rolle. Jedoch fallen in diese Periode erste Privatisierungsanstrengungen. Diese waren vor allem motiviert von einer Politik zur Förderung der Vermögensbildung.

(3) Es wurden die großen sozialen Sicherungssysteme aus der Vorkriegszeit übernommen. Der nun beginnende Reform- bzw. Modernisierungsprozess, das heißt insbesondere die Rentendynamisierung von 1957, zeichnet maßgeblich verantwortlich für die heutige Finanzsituation öffentlicher Haushalte, vor allem der Sozialversicherung.

(4) Die Geld- und Währungspolitik war konservativ und geprägt vom Ziel der Normalisierung und Wiedereingliederung Westdeutschlands in die internationale Staatenwelt. Jedoch gab es zwischen dem Hauptanliegen der Notenbank, nämlich Inflationsbekämpfung, und dem außenhandels-

politischen Anliegen der Bundesregierung, nämlich Exportsteigerung, angesichts eines unflexiblen internationalen Währungsgefüges einen erheblichen Zielkonflikt. Hier lassen sich erste Zeichen der sich etablierenden Unabhängigkeit der deutschen Notenbank, im Zweifel auch gegen die Bundesregierung, erkennen.

(5) Der Bundeswirtschaftsminister stellte zumindest in den ersten, entscheidenden Jahren einen gewichtigen Gegenpol zu den Parikularinteressen von Wirtschaft und Gesellschaft dar. Ohne dieses Gegengewicht, gepaart mit dem Druck der Alliierten wäre die Verankerung des wesentlichen Eckpfeilers deutscher Wettbewerbspolitik, nämlich die Verabschiedung des Gesetzes gegen Wettbewerbsbeschränkungen (GWB) im Jahr 1957, in dieser Form nicht denkbar gewesen. Gerade die Wettbewerbspolitik verdeutlicht das Verständnis des Staates in der Wirtschaft als eines „starken Staates", der ordnungspolitisch wachsam und gestalterisch tätig sein müsse.

Aus ordoliberaler Sicht – und das ist Bestandteil des Konsenses unter allen geistigen Vätern der deutschen Wirtschaftsordnung nach 1945 – sollte die öffentliche Hand gegenüber dem Markt als „starker Staat" auftreten und nicht etwa im Sinne eines „Laissez-faire" auf reine Nachtwächterfunktionen beschränkt sein. Seine Eingriffe sollen marktkonform sein, doch seine Wirtschaftspolitik darf sich keinesfalls in einem politischen Widerhall auf die Positionen und Forderungen der Wirtschaft ergehen. Gerade für die Wirtschaftspolitik Erhards, der sich in diesem Punkt keineswegs mit Adenauer auf einer Linie befand, ist dieses Credo maßgeblich gewesen.

Zur Illustration sei auf zwei Beispiele hingewiesen: den Umgang mit den inflationären und außenwirtschaftlichen Folgen der „Korea-Krise" im Jahr 1951 sowie die Verabschiedung des Gesetzes gegen Wettbewerbsbeschränkungen 1957.

In der Folge der sogenannten „Korea-Krise" kam es 1951 zu Preissteigerungen und Handelsbilanzdefiziten. Es war nicht das erste Mal, dass seit dem Leitsätzegesetz und der allgemeinen Preisfreigabe aus Anlass der Währungsreform 1948 Preissteigerungen zu verzeichnen waren und eine politische Krise drohte. Schon einmal Ende 1948, im November, fand ein 24-stündiger Generalstreik mit fast zehn Millionen streikenden Arbeitnehmern in der damaligen Bizone statt. Damals konnte noch binnen Jahresfrist mit kurzfristigen Maßnahmen, darunter das sogenannte „Jedermann-Programm", eine Stabilisierung erreicht werden. 1951 fand sich Erhard nun allerdings den Forderungen der Alliierten gegenüber, direkte staatliche Bewirtschaftungs- und Lenkungsmaßnahmen, Preis- und Devisenkontrollen einzuführen. Für Erhard war es als Bundeswirtschaftsminister eine erste Bewährungsprobe, in welcher er sich, mit geringen Zugeständnissen, letztlich erfolgreich durchsetzen konnte. Die „planwirtschaftliche Versuchung", die auch bei deutschen Politikern der noch sehr jungen Demokratie auf Wohlwollen stieß, wurde abgewehrt[18].

---

18 Vgl. Otto Schlecht, Das Bundesministerium für Wirtschaft und die deutsche Ordnungspolitik der Nachkriegszeit, in: ORDO 48 (1997), S. 99-117, hier S. 102.

Das Gesetz gegen Wettbewerbsbeschränkungen hätte eigentlich schon wesentlich früher verabschiedet werden können. Aber seit Vorlage des ersten Entwurfs 1949, mit Unterstützung und nach dem materiellen Vorbild der Amerikaner, hatte Erhard für diesen Meilenstein der deutschen Wirtschaftsgeschichte zu kämpfen. Letztlich setzte er sich immerhin mit dem grundsätzlichen Kartellverbot gegen den erbitterten Widerstand insbesondere des Bundesverbandes der deutschen Industrie sowie eine namhafte Antipathie des Bundeskanzlers durch[19]. Mit dem GWB war das „Grundgesetz der Sozialen Marktwirtschaft" geschaffen, das, wenngleich 1957 noch nicht voll ausgebildet, dennoch ein ordnungspolitisches Signal setzte. In sechs Gesetzesnovellen, wovon insbesondere die Zweite Kartellgesetznovelle von 1973 noch zu beleuchten sein wird, wurde dieser Kern des deutschen Wettbewerbsrechts weiterentwickelt und zum Teil erheblich verschärft. Die Entwicklung der Wettbewerbsgesetzgebung ist äußerst landesspezifisch. Während in den USA bereits zum Ende des 19. Jahrhunderts mit dem Sherman Act eine Rechtsgrundlage geschaffen wurde, ist der britische Competition Act als erste wettbewerbsrechtliche Kodifizierung erst über 100 Jahre später verabschiedet worden. Der Zeitpunkt der jeweiligen Kodifizierung lässt gewisse Rückschlüsse darauf zu, ob und wann industriepolitische (und nicht ordnungspolitische) Ziele dominierten. Wo ein Wettbewerbsgesetz nicht im Wege steht, lässt sich Industriepolitik leichter betreiben.

Die Formationsphase war die Phase der Ordnungspolitik. Das Denken in den Kategorien der Konjunktursteuerung, insbesondere die Zielgröße „Wirtschaftswachstum", waren ihr, so erstaunlich das aus heutiger Sicht sein mag, eher fremd. Dies wird beispielhaft deutlich im Gutachten des Wissenschaftlichen Beirats beim Bundeswirtschaftsministerium des Jahres 1956: „stetiges Wachstum der Volkswirtschaft werde am besten sichergestellt, wenn es der Wirtschaftspolitik gelingt, die Kaufkraft der Währungseinheit [...] tunlichst stabil, die Beschäftigung der Produktionskräfte möglichst hoch und die Zahlungsbilanz auf der Grundlage eines freien internationalen Leistungsaustausches ausgeglichen zu halten. Maßnahmen, die dieser dreifachen Zielsetzung dienen, sollen hier unter dem Worte ‚Konjunkturpolitik' verstanden werden"[20]. Das Wirtschaftswachstum war zu dieser Zeit keine eigenständige, primäre Zielgröße der Wirtschaftspolitik, und „Konjunkturpolitik" ergab sich letztlich aus der Beeinflussung anderer Indikatoren.

Statt der später etablierten Konjunktursteuerung wurde eine „Konjunkturpolitik der leichten Hand" praktiziert, die sich im Wesentlichen nicht auf die Fiskalpolitik (mit der damit verbundenen Gefahr defizitärer Staatshaushalte), sondern auf geldpolitische Mittel und außenwirtschaftliche Instrumente wie Zollsenkungen stützte. Tatsächlich war beides, Geldpolitik und

---

19   Vgl. Edmund Ortwein, Das Bundeskartellamt, Baden-Baden 1998; Schlecht (Anm. 18), S. 104f.
20   Ebd., S. 34f.

Außenwirtschaftspolitik, in dieser Zeit starrer Wechselkurse noch eng miteinander verbunden.

Die außenwirtschaftliche Wiedereingliederung Westdeutschlands, insbesondere die Liberalisierung des Außenhandels sowie die freie Konvertierbarkeit der Deutschen Mark, waren wesentliche Ziele der Wirtschaftspolitik Erhards[21]. Nachdem die freie Konvertierbarkeit der Währung bis Dezember 1958 erreicht war, führte die Hochkonjunktur 1959 zu einem hohen Zufluß ausländischer Liquidität. Es drohte Inflation. Erhard plädierte für die Aufwertung der DM, die dann allerdings erst nach intensiver Diskussion 1961 erfolgte. In dieser Zeit ressortierten sowohl die Außenwirtschaftspolitik als auch die Geldpolitik noch im Wirtschaftsministerium[22]. Zwar war die Notenbank, nach 1957 die Deutsche Bundesbank, auch damals eine unabhängige Einrichtung. Geldpolitik war in einer Zeit fixer Wechselkurse und der in einer stark exportorientierten Volkswirtschaft gegebenen Gefahr der importierten Inflation nicht von der Außenwirtschaftspolitik losgelöst zu betrachten. Erhard nahm 1959 mit seinem Plädoyer für die Aufwertung der Währung die Position der Notenbank ein, obgleich eine Aufwertung gleichzeitig eine Verteuerung der heimischen Güter im Ausland und damit ein Hemmnis für den Export bedeutet. Das Für und Wider einer Aufwertung der DM sollte nochmals eine Dekade später im Wahlkampf 1969 zwischen dem Wirtschaftsminister Karl Schiller und dem Finanzminister Franz Josef Strauß von Bedeutung werden, eine Auseinandersetzung, in der wiederum die Bundesbank eine wichtige Rolle spielte. Auch wenn sich die Art des Konfliktaustrags zwischen Bundesbank und (Teilen) der Bundesregierung um die „richtige" Wirtschafts- bzw. Geld- und Währungspolitik mit den veränderten Rahmenbedingungen, vor allem nach dem Zusammenbruch des Währungsregimes von Bretton Woods im Jahre 1973, wandeln sollte, so blieb die Spannungslage als Konstante der deutschen Wirtschaftsordnung zumindest bis zur Europäischen Währungsunion und dem faktischen Übergang der geldpolitischen Kompetenzen auf die Europäische Zentralbank erhalten. Ihre Grundlegung fällt in die Ära der Formationsphase.

Ordnungspolitisch wichtig war die Etablierung der Bundesbank als einer selbstbewußten und starken Einrichtung. In dieser Eigenschaft ähnelte sie bald der Federal Reserve in den USA, wenngleich Struktur und Funktionsweisen der Notenbanken unterschiedlich sind. Ganz anders hingegen verhielt es sich mit der französischen und der britischen Notenbank. Ungeachtet der unterschiedlichen historischen Wurzeln und institutionellen Ausprägungen, blieben diese bis zur Europäischen Währungsunion am Gängelband der Regierungen.

---

21 Ludwig Erhard, Zu Fragen der Europäischen Zahlungsunion (1953), in: Karl Hohmann (Hrsg.), Ludwig Erhard, Gedanken aus fünf Jahrzehnten, Düsseldorf u.a. 1988, S. 347-392, hier S. 390.

22 Die Abteilung Geld und Kredit verlor das Bundeswirtschaftsministerium 1972 an das Finanzministerium. Helmut Schmidt nahm den Bereich damals mit in sein neues Ressort.

Eine Reihe von Maßnahmen der fünfziger und frühen sechziger Jahre illustrieren, dass sich die Wirtschaftspolitik des Bundes nicht im Setzen der
aller grundlegendsten Regeln (z.b. Wettbewerbsrecht) erschöpfte, sondern
dass „Wohlstand für alle" vor allem über eine Politik der Vermögensbildung
erreicht werden sollte. Dazu zählen etwa das Investitionshilfe- und Kapital-
marktförderungsgesetz von 1952, welches Investitionen aktivieren und privates Sparen anregen sollte; die private Vermögensbildung sowie der Erwerb
von Wohneigentum wurden zur staatlichen Förderaufgabe; dem erstgenann-
ten Ziel diente auch die Privatisierung von Preussag 1959 sowie die Teilpri-
vatisierungen von VW und Veba 1961 und 1965.

Auch wenn die Haushaltspolitik im Wesentlichen konservativ angelegt
war, so fallen doch in die Zeit der Regierung Adenauer grundlegende Entscheidungen über maßgebliche Randbedingungen für die wirtschaftliche
Entwicklung des Landes, namentlich der sozialen Sicherung, die sich als fol-
genschwer erwiesen. Das Rentenreformgesetz 1957 führte die dynamische
und lohnbezogene Rente ein; damit ging ein Systemwechsel vom Anwart-
schaftsdeckungsverfahren zum Umlageverfahren einher. Seither finanziert
die Generation der (aktiven) Beitragszahler die Generation der (passiven)
Rentenempfänger. Aus ordnungspolitischer Sicht war dies ein klarer Verstoß
gegen das Gebot der Marktkonformität; das Gebot der Selbstvorsorge wurde
vernachlässigt. Dem Kanzler und seiner Partei sicherte die Rentenreform,
zum ersten und einzigen Mal in ihrer Geschichte, die absolute Mehrheit bei
der Bundestagswahl 1957. Doch angesichts der demografischen Entwicklung
erwies sich diese als Wahlhilfe genutzte sozialpolitische Maßnahme für die
breite Masse als haushaltspolitische Zeitbombe in der Gegenwart. Die aus
dieser grundlegenden Weichenstellung sowie nachfolgenden kostentreibenden Entscheidungen bis in die neunziger Jahre resultierenden Finanzierungs-
zwänge haben sich aber vor allem für die Entwicklung der Arbeitskosten als
verheerend erwiesen. Mit ständig steigenden Sozialversicherungsbeiträgen
von Arbeitnehmern und Arbeitgebern wuchsen die Lohnnebenkosten und
damit der Preis für Arbeit.

3.3 Phase II: Die „aufgeklärte" Marktwirtschaft (1966 – 1982)

Die christlich-liberale Koalition brach 1966 an der Auseinandersetzung über
Steuererhöhungen zur Haushaltskonsolidierung auseinander; eine große
Koalition von CDU/CSU und SPD folgte bis 1969. Ihr Wirtschaftsminister,
Karl Schiller, fügte der „Marktwirtschaft" das Adjektiv „aufgeklärte" bei[23]
und leitete so einen paradigmatischen Wandel ein.

Die große Koalition brachte eine Reihe von tiefgreifenden und mit Verfassungsänderungen verbundenen Reformen auf den Weg, die auch für die

---

23   Hans-Otto Lenel, Ordnungspolitische Kursänderungen, in: ORDO 48 (1997), S. 85-
      99, hier S. 91.

Wirtschaftsordnung der Bundesrepublik weitreichende Folgen hatten. Das Instrument der sogenannten Gemeinschaftsaufgabe (GA) wurde dem Aufgabenkatalog des Grundgesetzes hinzugefügt und verschaffte so dem Bund Einfluss- und Gestaltungsoptionen wie einen neuen Finanzierungstatbestand. Diese Form der finanzpolitischen „Politikverflechtung" von Bund und Ländern fand freilich auch schon zuvor statt; mit der GA wurde sie jedoch auf eine systematische und bundesweit greifende Grundlage gestellt. Das Gebot des ausgeglichenen Haushalts wurde durch die Hinzunahme eines wesentlichen neuen Ausnahmetatbestands, nämlich der Wiederherstellung des wirtschaftlichen Gleichgewichts, faktisch bedeutungslos. So fand nicht nur eine keynesianische Denkkategorie, das wirtschaftliche Gleichgewicht, Einzug in unsere Verfassung; es war die Grundlage für die seither beständig wachsende Staatsverschuldung gelegt. Bis 1980 sollte die Schuldenquote auf über 30 Prozent steigen und die Budgetdefizite erreichten 1980/82, zum Ende der sozial-liberalen Koalition, vier Prozent Anteil am Bruttosozialprodukt. Das Aufblähen der Staatshaushalte ist ein verbindendes Element westlicher Industriestaaten in den 70er Jahren[24]. Die daraus resultierenden Defizite sind Spätwirkungen des aus den USA verspätet importierten Konzeptes des keynesianischen Wohlfahrtsstaates.

Man kann das Zwischenspiel der Großen Koalition gemeinsam mit den ersten Jahren der ihr nachfolgenden sozial-liberalen Koalition nach 1969 im Hinblick auf ihre Wirtschaftspolitik auch als eine Phase des „Keynesianischen Experiments" bezeichnen. Ihr folgte nach dem Rücktritt Schillers 1972 eine Pragmatisierung: Die umfassende Steuerungseuphorie war geschwunden, und die Eingriffsversuche der Bundesregierung wurden bescheidener. Aus der Vorstellung, man könne einen gesamtwirtschaftlichen Ausgleich erreichen, wurde die Einsicht, dass man über eine Anpassungsförderung an die Marktentwicklung, einschließlich Krisenmanagement, nicht hinauskommt. Einige Thesen zu dieser Gesamtphase sollen einer ersten Charakterisierung dienen.

(1) Mit der Globalsteuerung holt die Bundesrepublik das nach, was in den USA und anderen Ländern bereits in früheren Dekaden seit den 30er Jahren als Keynesianismus praktiziert wurde. Sie ist geprägt von einer Schwerpunktverlagerung von der Ordnungspolitik zur fiskalischen Konjunkturpolitik. Die Globalsteuerung wurde nach ihrem Scheitern angesichts der ersten Ölpreiskrise 1973 zunehmend von strukturpolitischen und technologiepolitischen Einzelprogrammen abgelöst.

(2) Die finanzpolitische Globalsteuerung wurde aber nicht nur als Konjunkturpolitik genutzt, mit unterschiedlichem Erfolg; sie diente schnell auch der sozial-liberalen Koalition als Vehikel für den Ausbau der Staatstätigkeit, insbesondere die Ausweitung des Sozial- und Wohlfahrtsstaates, im Laufe der siebziger Jahre.

---

24 Roland Sturm/Markus Müller, Public Deficits, Harlow 1999.

(3) Mit der „Konzertierten Aktion" hielt der Korporatismus Einzug in die deutsche Konjunkturpolitik. Dies war unter anderem Ausdruck der Einsicht darin, dass das Paradox staatlicher Verantwortung für Beschäftigung und Wachstum einerseits und staatlicher Enthaltsamkeit in der Lohnpolitik andererseits durch eine sanfte Form staatlicher Koordinierung entschärft werden könne. Gleichzeitig sind die siebziger Jahre von einer Ausweitung des Kündigungsschutzes, der Einführung der Sozialpläne sowie einer für die Arbeitnehmer erheblich verbesserten Mitbestimmung in den Unternehmen geprägt gewesen.

(4) Mit dem Zusammenbruch des Währungsregimes von Bretton Woods im Jahre 1973 gewann die Bundesbank neues Gewicht. Die vormalig diskretionäre Geldpolitik war angesichts des erstmaligen Auftretens von Inflation und wirtschaftlicher Stagnation, genannt Stagflation, nicht mehr zielführend. Im Zuge dieser neuartigen Problemlage, die eine scheinbare Wahlnotwendigkeit zwischen Vollbeschäftigung bzw. Wachstum einerseits und Preisniveaustabilität andererseits nahelegte, adaptierte die Bundesbank als neue Strategie die Rezepte von Milton Friedmans Monetarismus in pragmatischer Form und entschied sich so deutlich für die Inflationsbekämpfung. Damit war der Grundstein für einen Dauerdissens mit den seitherigen Bundesregierungen gelegt, der immer wieder in Zeiten relativ geringen Wachstums und hoher Kapitalmarktkosten aufflammen sollte.

(5) Trotz des Primats der Konjunktursteuerung gelang mit der Zweiten Kartellrechtsnovelle 1973 die wesentliche Verbesserung des GWB durch die Aufnahme der sogenannten Fusionskontrolle in den Aufgabenkatalog des Gesetzes und damit des Bundeskartellamtes.

Im Jahr 1966 erlebte die Bundesrepublik erstmals eine Wachstumsschwäche. Das Bruttosozialprodukt wuchs nur noch um 2,8 Prozent. 1967 kam eine echte Rezession: ein Rückgang des Bruttosozialprodukts um 0,2 Prozent. Die Arbeitslosigkeit stieg von 100.000 Personen im Juli 1966 auf über 600.000 Arbeitslose Anfang 1967. In dieser Situation suchte die Politik nach Handlungsinstrumenten und fand sie im Arsenal der keynesianischen Lehre. Mit dem Gesetz zur Förderung der Stabilität und des Wachstums der Wirtschaft, dem sogenannten „Stabilitätsgesetz", trat am 14. Juni 1967 eine rechtliche Grundlage für die makroökonomische Steuerung des Staates in Kraft. Seither sind die wirtschaftspolitischen Ziele, nämlich angemessenes und stetiges Wirtschaftswachstum, hoher Beschäftigungsstand, Preisniveaustabilität und außenwirtschaftliches Gleichgewicht, gesetzlich normiert. Dieses oft als „magisches Viereck" bezeichnete Zielgrößengefüge beschreibt Leitgrößen, die im Gesetzestext nie quantifiziert wurden. Die einzelnen Ziele stehen dabei im Konflikt, denn ein hohes Wirtschaftswachstum ist für gewöhnlich mit Inflationsgefahren verbunden. Auch wenn der schon erwähnte, vermeintliche Gegensatz von Vollbeschäftigung und Preisniveaustabilität, basierend auf älteren Untersuchungen des englischen Wirtschaftsforschers Phillips, mittlerweile wohl als Mythos angesehen werden kann, so war er doch gerade für die politische Auseinandersetzung von Bundesregierung und Bundesbank ebenso prägend wie in den meisten westlichen Industriestaaten in den siebziger Jahren.

Die gesetzliche Normierung eines wirtschaftspolitischen Zielkatalogs mag man nach der reinen Lehre des Ordoliberalismus vielleicht als wenig zielführend kritisieren; man wird sie in dieser relativen Unverbindlichkeit bzw. Unmessbarkeit aber akzeptieren können. Ganz anders sieht die Sache im Hinblick auf Schillers Konzept der Globalsteuerung aus. Sein Credo lautete: so viel Wettbewerb wie möglich, so viel Planung wie nötig[25]. Planung bedeutete für Schiller zunächst einmal Rahmenplanung zur Beeinflussung der makroökonomischen Kreislaufgrößen samt abgestimmten Verhaltensweisen der wesentlichen Akteure. Letzterem sollte unter anderem eine Reihe von Koordinierungsforen dienen, vom „Finanzplanungsrat", dessen Aufgabe ein aufeinander abgestimmtes investitionspolitisches und finanzpolitisches Gebaren der Gebietskörperschaften war, über den Konjunkturrat bis hin zur „Konzertierten Aktion", welche im Kern Gewerkschaften und Arbeitgeberorganisationen an einen Tisch bringen sollte, um im Bereich der Lohnpolitik für eine weitgehend konfliktfreie und stetige Entwicklung zu sorgen. Zugleich sollte über die Einbindung der Tarifpartner (wobei die Zahl der Teilnehmer über die Jahre hinweg stetig anstieg) in die wirtschaftspolitischen Entscheidungsprozesse für Unterstützung gesorgt werden[26].

Das Experiment „Konzertierte Aktion" scheiterte 1976 durch die Aufkündigung der Teilnahme seitens der Gewerkschaften. Anlass war die Verfassungsklage der Arbeitgeber gegen das neue „Mitbestimmungsgesetz", das den Arbeitnehmern in Unternehmen einer bestimmten Größenordnung eine weitgehend paritätische Mitbestimmung in den Aufsichtsgremien zubilligte. Dieser Schritt der Arbeitgeber, der sich im Übrigen später als nicht erfolgreich erweisen sollte, wurde von den Gewerkschaften als Aufkündigung der Kooperation in der Konzertierten Aktion angesehen.

Für einen föderal gegliederten Staat, das heißt alle Gebietskörperschaften, bedeutete Globalsteuerung den Einsatz fiskalpolitischer Instrumente, also der Ausgaben- und Einnahmepolitik von Bund, Ländern und Kommunen, in antizyklischer Weise. Das Abstimmungsproblem zwischen den Gebietskörperschaften teilte die Bundesrepublik etwa mit den USA oder Kanada, nicht hingegen mit (damals) zentralistischen Ländern wie Großbritannien oder Frankreich. Entsprechend der keynesianischen Logik sind in Zeiten des wirtschaftlichen Abschwungs verstärkt ausgabewirksame Programme zu fahren und insbesondere staatliche Investitionen (z.B. in die Verkehrsinfrastruktur) zu tätigen, gegebenenfalls unter Inkaufnahme zeitlich befristeter Kreditaufnahme. Diese Staatsausgaben sind in der Phase des wirtschaftlichen Auf-

---

25 Karl Schiller, Preisstabilität durch globale Steuerung der Marktwirtschaft, Tübingen 1966, hier S. 21.
26 Vgl. Lenel (Anm. 21), S. 93.

schwungs durch eine zurückhaltende Ausgabenpolitik zurückzufahren, Schulden sind abzutragen. Das Verfahren nennt sich „deficit spending" und kam im Rezessionsjahr 1967 so auch erfolgreich zur Anwendung. In den Folgejahren erwies es sich in Deutschland ebenso wie in den übrigen Industrieländern allerdings politisch leichter zu kommunizieren, fehlende private Nachfrage müsse durch staatliche ausgeglichen werden (gegebenenfalls unter Inkaufnahme von höherer Neuverschuldung), als in Zeiten des Aufschwungs die wirtschaftspolitischen (und oft genug auch sozialpolitischen) Wohltaten wieder einzusammeln. Die erfolgreiche Umsetzung einer antizyklischen Globalsteuerung im Falle 1967/68 konnte so jedenfalls in der Bundesrepublik nicht wiederholt werden.

Wie erwähnt, wurden die Instrumente der Globalsteuerung gleichzeitig auch als Vehikel für ein anderes, originär politisches Vorhaben der sozialliberalen Koalition nach 1969 genutzt: die Ausweitung der Staattätigkeit durch den Ausbau des Sozialstaates. Abstrakt lässt sich dieser Befund an der in den siebziger Jahren stark ansteigenden Staatsquote von 39,5 Prozent auf bis zu 49,5 Prozent sowie der Erhöhung des Personalbestandes im Öffentlichen Dienst um fast eine Million ablesen. Programmatisch fallen in diese Jahre eine Reihe von wohlfahrtsstaatlichen Verbesserungen[27] im Bereich der Sozialleistungen, einschließlich einer weiteren, kostenträchtigen Rentenreform, der Ausbau des Öffentlichen Dienstes sowie Unternehmenssubventionen[28].

Glaubt man dem früheren Amtschef im Bundeswirtschaftsministerium, Otto Schlecht, so war die sozialreformerische Umdeutung seines Globalsteuerungskonzepts ein wesentlicher Grund für Karl Schiller, 1972 von seinem Ministeramt zurückzutreten[29]. Für Schiller repräsentierte die Globalsteuerung die „Synthese von Freiburger Imperativ und Keynesianischer Bot-

---

27 Zu den wohlfahrtsstaatlichen Weichenstellungen gehörten der Fortfall des zweiprozentigen Krankenversicherungsbeitrages für Rentner; der Beschluss über ein Aktionsprogramm zur Förderung der Rehabilitation Behinderter (1970); das Gesetz zur verbesserten Förderung der Vermögensbildung der Arbeitnehmer (1970); das Zweite Wohngeldgesetz (1971): Erhöhung des Wohngeldes und Erweiterung des Empfängerkreises; die Reform des Betriebsverfassungsgesetzes (1972): Erweiterung der Mitbestimmungs- und Mitwirkungsrechte des Betriebsrates; Ausbau der Vertretung der Jugendlichen, Anerkennung und Absicherung der Stellung der Gewerkschaften in der Betriebsverfassung; das Wohnungsbauänderungsgesetz (1972): Anhebung der Einkommensgrenzen für die Wohnberechtigung in Sozialwohnungen und die Mietpreisbindungen; das Wohnraumkündigungsgesetz (1971): Stärkung der Rechte der Mieter; das Krankenhausfinanzierungsgesetz (1972): Verbesserung der Krankenhausversorgung sowie die Rentenreform (1972) mit massiven Rentenerhöhungen und der Öffnung der Rentenversicherung für Hausfrauen und Selbständige. Vgl. Roland Sturm, Politische Wirtschaftslehre, Opladen 1995, S. 98f.
28 Otto Graf Lambsdorff, Auszüge des Memorandums des Bundeswirtschaftsministers Graf Lambsdorff aus dem Jahr 1982, in: Thomas Ellwein (Hrsg.), Krisen und Reformen, München 1989, Anhang, S. 176-89, hier S. 177f.
29 Schlecht (Anm. 18), S. 108.

schaft", wie sein oft zitierter Leitsatz lautete. Schiller machte sich insoweit die ordoliberalen Vorstellungen Walter Euckens zu eigen und wollte sie lediglich – gewissermaßen in Reaktion auf die Erfahrung konjktureller Instabilität – um ein makroökonomisches, staatliches Instrumentarium zur Beeinflussung gesamtwirtschaftlicher Ziele ergänzt wissen (ohne die mikroökonomischen Einzelentscheidungen der Marktteilnehmer, für deren Ordnung nur die Wettbewerbspolitik zuständig ist, zu stören).

Es verwundert angesichts des obigen Zitats nicht, dass die entscheidende Erweiterung des GWB im Jahre 1973 durch die Fusionskontrolle in diese Zeit fällt. Die Zweite Kartellgesetznovelle wurde unter Karl Schiller im Bundeswirtschaftsministerium vorbereitet und bezeugt insoweit auch ein erhebliches Stück Kontinuität auf dem Feld der Wettbewerbspolitik von Erhard zu Schiller. Seit 1973 obliegt dem Bundeskartellamt die Genehmigung von Unternehmenszusammenschlüssen einer bestimmten Größenordnung; eine Untersagung seitens des Amtes kann lediglich durch Ministerentscheid (sogenannte Ministererlaubnis) aufgehoben werden. Über Für und Wider ist an verschiedenen Stellen debattiert worden. Man hat der Ministererlaubnis nachgesagt, sie mache die Unabhängigkeit der kartellrechtlichen Prüfung durch das Bundeskartellamt wieder zunichte. Das ist angesichts einer eher bescheidenen Praxis von weniger als zehn Fällen so nicht haltbar. Als wesentlich gehaltvoller und für das Amt disziplinierender hat sich die gerichtliche Überprüfung seiner Entscheidungspraxis erwiesen – und dies gilt im Übrigen für das gesamte Aufgabenspektrum der Behörde.

Zur Mitte des Jahrzehnts erlebte die Wirtschaftspolitik – als wirtschaftspolitisch motivierte Fiskalpolitik – den Übergang von der (konjunkturpolitischen) Globalsteuerung zur (struktur- und technologiepolitisch geprägten) Modernisierungspolitik. Noch in den Jahren 1974/75 suchte der Staat mit Sonderprogrammen nach den Grundsätzen der Globalsteuerung Rezessionsbekämpfung zu betreiben. Zusammen mit den wachsenden Ausgaben für Verteidigung und Rüstung war der Bund finanzpolitisch schlechthin überfordert[30]. Nun sollte der Rezession mit einer „aktiven Strukturpolitik" begegnet werden, um zunächst die Konjunkturpolitik zu ergänzen. Technologie wurde gewissermaßen als vierter Produktionsfaktor (neben Boden, Kapital und Arbeit) erkannt und mit Hilfe von Maßnahmen der Technologieförderung (zur Entwicklung neuer Produkte) zum entscheidenden Transmissionsriemen für eine Modernisierung der Wirtschaft. Denn 1973 hatte sich nicht nur die Finanzwelt durch den Zusammenbruch von Bretton Woods verändert; das für im Wesentlichen selbständige, das heißt für sich allein beherrschbare, Volkswirtschaften geschaffene keynesianische Instrumentarium erwies sich zunehmend als anachronistisch, und eine neue Welle der Globalisierung im Sinne einer verstärkten weltweiten Vernetzung der Volkswirtschaften und Verflechtung wirtschaftlicher Beziehungen begann.

---

30 Ellwein (Anm. 28), S. 54.

In der zweiten Hälfte der siebziger Jahre, nach 1974, wurden unter
Kanzler Helmut Schmidt verschiedene Ausgabenprogramme durchgeführt,
die sachlich wie rhetorisch zwischen Globalsteuerung und Strukturpolitik
schwanken. Das Spektrum umfasste sowohl Investitions- und Beschäfti-
gungsprogramme, wie etwa das „Programm zur Förderung von Beschäftigung und Wachstum bei Stabilität", mit einem Gesamtvolumen im zweistelligen Milliarden DM-Bereich, als auch die Technologiepolitik flankierende
Maßnahmen, wie das Programm zur „Humanisierung der Arbeitswelt" (HdA)
mit einem Zehnjahres-Zeitraum (1974-1983) und Ausgaben von ca. 800 Mio
DM[31]. Allein 1975 nahm die öffentliche Hand zur Rezessionsbekämpfung 66
Mrd DM Neukredite auf, um 1976 mit dem Haushaltsstrukturgesetz finanzpolitisch wieder gegenzusteuern.

1977 ging es mit dem „Zukunftsinvestitionsprogramm" (ZIP) in einem
Volumen von zunächst 13,8 Mrd DM (bis 1981) weiter, und 1978 kam die
Bundesregierung der an sie herangetragenen Forderung nach, „Konjunkturlo-
komotive" für die westlichen Industrieländer zu spielen, indem sie nachfrage-
steigernde Maßnahmen in der Größenordnung von 1 Prozent des Bruttosozialprodukts zusagte. Noch 1982 wurde eine keynesianisch inspirierte „Ge-
meinschaftsinitiative für Arbeitsplätze, Wachstum und Stabilität" von der sozialliberalen Koalition in Angriff genommen[32]. Die Bundesregierung hatte
sich in ihrer Wirtschafts- und Finanzpolitik nicht nur von den ordnungspolitischen Prinzipien Euckens oder Müller-Armacks entfernt; auch der planeri-
sche Gehalt der Globalsteuerung ging, durch die Vermengung von konjunk-
turpolitischem, strukturpolitischem und ad hoc-sparpolitischem Aktionismus,
zunehmend verloren.

Noch im Wahlkampf 1969 spielte die Auseinandersetzung zwischen Befürwortern und Gegnern einer DM-Aufwertung eine wichtige Rolle. Schiller,
ebenso wie zehn Jahre zuvor sein Amtsvorgänger Erhard, stand aus wohl-
überlegten, wirtschaftlichen Erwägungen für die Aufwertung, sein Kollege
im Finanzministerium, Strauß, war dagegen. Zwar setzte sich Schiller nach
gewonnener Wahl und Bildung einer sozial-liberalen Koalition durch, und es
folgte eine Aufwertung im Oktober 1969 um 9,3 Prozent. Doch für eine vollständige Vermeidung importierter Inflation war es schon zu spät. Es zeigte
sich wieder einmal, dass das Verbleiben der Außenwert-Zuständigkeit bei der
Politik – im Unterschied zur Binnenwert-Zuständigkeit bei der Bundesbank –
die große Gefahr zeitlicher Verzögerung mit sich bringt. Das Problem war
erst entschärft, als mit dem Zusammenbruch des Währungsregimes von
Bretton Woods im Jahre 1973 eine politische Entscheidung über die jeweilige
Währungsparität nicht mehr notwendig war. Seither regeln die internationalen Devisenmärkte das Währungsverhältnis, und die Inflationsbekämpfung
wurde in der Bundesrepublik damit primär zu einer Angelegenheit der Bin-
nenwertstabilität. Im Hinblick auf den Außenwert wurde mit dem 1979 ein-

---

31 Sturm (Anm. 27), S. 102-105.
32 Ebd., S. 109f.

gerichteten Europäischen Währungssystem eine weitgehende Stabilisierung der westeuropäischen Währungen untereinander erreicht[33].

Das Umbruchjahr 1973 nahm die Bundesbank zum Anlass, von ihrer bislang praktizierten diskretionären zu einer regelgebunden, oft als „monetaristisch" bezeichneten Geldpolitik überzugehen. Seither bestimmt, vereinfacht gesagt, das Wachstum der Wertschöpfung auch das Wachstum der Geldmenge. Damit bleibt für konjunktur- oder gar beschäftigungspolitisch motivierte Impulse kein Raum. Entsprechend der monetaristischen Botschaft gehört es seither zum Credo der Bundesbank, dass Wachstum und Beschäftigung nur dann gedeihen, wenn der Markt auf eine verlässliche, kalkulierbare Geldpolitik vertrauen kann. Die Politik tat sich mit dieser Haltung nicht immer leicht. Wie in fast allen Industriestaaten, ist die Verlockung groß, über eine expansive Politik des „billigen Geldes" Wachstumsanreize zu setzen. Die Bundesbank hat sich allen diesbezüglichen Wünschen gerade in der Öffentlichkeit vehement widersetzt und wurde dafür mit hoher Akzeptanz in der Bevölkerung belohnt.

3.4 Phase III: Die „ernüchterte" Marktwirtschaft (1982-1990)

Im März 1977 wurde das „Programm für Zukunftsinvestitionen" (ZIP) beschlossen, welches zusätzliche Ausgaben der Gebietskörperschaften für einen Zeitraum von vier Jahren einerseits und Steuererleichterungen andererseits vorsah. Insofern markiert das ZIP bereits den Übergang zu einer „angebotsorientierten" Wirtschaftspolitik, wie sie die neue Bundesregierung, getragen von einer CDU/CSU-FDP-Mehrheit im Deutschen Bundestag, nach dem Auseinanderbrechen der Regierung Schmidt/Genscher verfolgte. Einer der Auslöser des Endes der sozial-liberalen Koalition war das sogenannte „Lambsdorff-Papier", entstanden 1982 im Bundesministerium für Wirtschaft, das die Kritikpunkte des liberalen Koalitionspartners vor allem an der Wirtschafts- und Finanzpolitik der SPD zusammentrug. Wiederum seien einige Thesen zu dieser Phase der Entwicklung der Wirtschaftsordnung in der Bundesrepublik den weiteren Ausführungen vorangestellt.

(1) Die „Ernüchterung" dieser Phase lag weniger in einem substanziellen Paradigmenwechsel, wie er etwa von der britischen Premierministerin Margaret Thatcher vollzogen wurde, begründet und beschreibt insofern auch gerade *nicht* eine Hinwendung zum „Neoliberalismus", sondern war vielmehr von finanzpolitischen und „instrumentenpolitischen" Überlegungen geprägt. Es wurde ein Wechsel von der Nachfrageorientierung hin zur Angebotsorientierung vorgenommen, der aber keineswegs einer allgemeinen Abkehr von der Modernisierungsabsicht gleichkam. In finanzpolitischer Hinsicht löste die „Sparpolitik" vormalige Vorstellungen von antizyklischer Fiskalpolitik ab.

---

33 Ellwein (Anm. 28), S. 56.

(2) Die Phase ist von der sich beschleunigenden Globalisierung geprägt. Diese sollte Zug um Zug immer weitere Bereiche, beispielsweise Finanzwirtschaft und Telekommunikation, bis weit über 1990 hinaus erfassen. Sie führte ordnungspolitisch betrachtet zu zwei verschiedenen Reformen: einerseits beförderte sie Privatisierungsbemühungen vor allem des Bundes, namentlich der Deutschen Bundespost, um den daraus entstehenden Unternehmen bessere Chancen auf dem Weltmarkt und eine bessere Konkurrenzfähigkeit zu Hause zu verschaffen. Andererseits erhielt nun die Verbesserung des „Standorts" Bundesrepublik besonderes Augenmerk, in deren Umsetzung die Deregulierungspolitik zunehmend eine Rolle spielte.

(3) Neben einer zum Teil erfolgreichen Privatisierungs- und Deregulierungspolitik prägt die Begrenzung des sich bis dato ausweitenden Sozialstaats die Jahre nach 1982. Der im Wesentlichen demografisch bedingten Kostenexplosion in der Sozialversicherung wurde hingegen bis in die neunziger Jahre nur wenig entgegen gesetzt.

Weder kommen Neuausrichtungen der Wirtschaftspolitik in der Regel ad hoc und ohne Vorwarnung zustande, noch löst ein neues Paradigma ein altes einfach ab. Übergänge sind vielmehr fließend. Es überlagern sich zum Teil auch widersprüchliche, verschiedene Politiken.

Eine OECD-Arbeitsgruppe unter dem Vorsitz von Hans Tietmeyer tagte von 1979 und 1982 und veröffentliche 1983 in Paris einen Bericht unter dem Titel „Positive Adjustment Policies"[34]. Die Vorschläge dieser Arbeitsgruppen dienten der neuen Bundesregierung ab 1982 unter anderem als Basis für die von ihr propagierte „Renaissance der Wirtschaftsordnungspolitik"[35]. Gegenstand dieses Ansatzes war die Rückführung der Staatsaufgaben auf die Kernbereiche, Sicherung der Geldwertstabilität, Öffnung der Märkte und Stärkung des Wettbewerbs sowie eine Privatisierungs- und Deregulierungspolitik, Förderung des Mittelstands durch Abbau von Investitionshemmnissen, die Konsolidierung der öffentlichen Haushalte samt Subventionsabbau sowie eine stufenweise Steuerreform zur Investitionsförderung im Sinne einer angebotsorientierten Wirtschaftspolitik.

Anspruch und Wirklichkeit klaffen im Rückblick betrachtet auseinander. Die „Sparpolitik", welche an die Schmidt-Regierung anknüpfte, war bis 1987 wirkungsvoll. Vor allem durch Einsparungen im Sozialbereich konnte die Neuverschuldung bis zu diesem Jahr zurückgeführt werden – ein ausgeglichener Haushalt oder gar ein Schuldenabbau war damit freilich nicht verbunden. Nach der Bundestagswahl 1987 stieg die Nettoneuverschuldung aller-

---

34 Vgl. Bernhard Molitor: Ist Marktwirtschaft noch gefragt? Eine ordnungspolitische
    Bilanz der Jahre 1982 bis 1992, Tübingen 1993, S. 10f.; Otto Schlecht: Grundlagen
    und Perspektiven der Sozialen Marktwirtschaft, Tübingen 1990, S. 29f.
35 Vgl. Ortwein (Anm. 19), S. 158f.

dings wieder an[36]. Edmund Ortwein charakterisiert die achtziger Jahre in finanz- bzw. konjunkturpolitischer Hinsicht wie folgt:

„Steuerpolitische Maßnahmen zur Freisetzung von Investitionskapital begünstigten vor allem Bezieher höherer Einkommen. Die Entlastung der Unternehmen durch Sonderabschreibungen und niedrigere Steuersätze zwischen 1982 und 1986 trug zur Verbesserung der Angebotsbedingungen bei; das damit einhergehende Wirtschaftswachstum konnte die ständig steigende Arbeitslosigkeit aber nicht kompensieren. Dasselbe gilt für weitere Steuerreformen seit 1988, die zur Konjunkturbelebung beitragen sollten. Für diese Entlastungen mußten aber zahlreiche Verbrauchssteuern erhöht werden, was wiederum zu einem Rückgang des Massenkonsums führte. Die Staatsquote, die im Jahr 1982 noch etwa 50 Prozent betragen hatte, wurde bis zum Jahr 1989 auf etwa 46 Prozent zurückgeführt."[37]

Zur Beschäftigungsförderung nahm die Bundesregierung nach 1983 nicht wie zuvor in Form groß angelegter Ausgabenprogramme neues Geld in die Hand, sondern versuchte regulativ durch eine aus heutiger Sicht eher vorsichtige Liberalisierung Hemmnisse auf der Arbeitsplatzangebotsseite zu verringern. Dazu zählen Lockerungen im Jugendarbeitsschutzgesetz, bei befristeten Arbeitsverhältnissen und Teilzeit, sowie im Streikrecht[38].

Nicht nur der Wohlfahrtsstaat hatte seine Grenzen erreicht und bedurfte der Korrektur, auch die Steuerungseuphorie der Siebziger (konjunkturpolitisch wie modernisierungspolitisch) hatte sich als Illusion erwiesen. Der Versuch, den Marktteilnehmern Ressourcen zu entziehen, um sie über den Staat wieder neu allokativ zu verteilen, war gescheitert. Zu dieser Einsicht passte eine angebotsorientierte Wirtschaftspolitik besser als eine nachfrageorientierte. Folgerichtig wurden die Unternehmen mit dem Steuerentlastungsgesetz 1984 bis 1986 um 19,754 Mrd DM finanziell entlastet. 1985 einigte sich die Regierungskoalition auf eine dreistufige Steuerreform für die Jahre 1986, 1988 und 1990, welche eine Entlastung von über 50 Mrd DM erbringen sollte. Dabei war die Steuerpolitik des Bundes weder an den neueren „Steuerphilosophien" etwa von Arthur Laffer oder George Gilder[39] orientiert, die für die steuerpolitischen Konzeptionen des amerikanischen Präsidenten Ronald Reagan maßgeblich waren, noch basierten sie auf den althergebrachten ordnungspolitischen Vorstellungen. Denn zum erheblichen Teil war diese Steuerreform kreditfinanziert[40]. Auch wurde sie eingebunden in die internationale Vereinbarung zur Konjunkturbelebung (sogenanntes Louvre-Abkommen 1987) – durch ein teilweises Vorziehen auf das Jahr 1988, sowie teilkompensiert durch die Verlagerung der Steuerbelastung hin zu den indirekten Steuern (z.B. durch Erhöhung der Verbrauchsteuern). Eine grundlegende Auseinan-

---

36 Vgl. Ellwein (Anm. 28), S. 132.
37 Ortwein (Anm. 19), S. 159.
38 Vgl. Sturm (Anm. 27) S. 114f.
39 George Gilder, Reichtum und Armut, Berlin 1981.
40 Vgl. auch Werner Ehrlicher, Deutsche Finanzpolitik seit 1945, in: Vierteljahrsschrift für Sozial- und Wirtschaftsgeschichte 81 (1994), S. 1-32.

Markus M. Müller

dersetzung mit dem umfangreichen Bestand an Subventionen blieb auch in dieser Phase aus[41]. Nimmt man noch die Tatsache hinzu, dass die Regierung Kohl nicht ganz von konjunkturpolitisch motivierten Programmen lassen wollte (so etwa 1987 mit einem zehnjährigen Zinssubventionsprogramm zur Investitionsförderung in Höhe von 2,6 Mrd DM für Gemeinden und kleine und mittelständische Unternehmen), dann muss, freundlich formuliert, von einem „Instrumentenmix" gesprochen werden[42]. Jedenfalls betrieb die Regierung Kohl alles andere als eine Steuerpolitik aus dem ordoliberalen Lehrbuch.

Ordnungspolitisch sauberer, wenngleich finanzpolitisch motiviert, waren die Privatisierungsbemühungen[43]. Zwar erreichten sie nie den ideologisch aufgeladenen Status, den die radikale Privatisierungspolitik in Großbritannien unter Margaret Thatcher hatte. Dazu war das Bundesvermögen zu gering. Aber einige spektakuläre Verkäufe, wie etwa im Falle von VEBA, Viag, VW, Salzgitter und mehreren Banken[44], sowie ein Gesamterlös im Zeitraum 1984 bis 1989 in Höhe von 9,7 Mrd DM belegen ihre Ernsthaftigkeit eindrucksvoll. Vor der Wiedervereinigung hatte sich die Zahl der Unternehmen mit Bundesbeteiligung von 808 auf 132 verringert[45].

3.5 Phase IV: Die „regulierte" Marktwirtschaft (1990-2003)

Der Zusammenbruch der DDR 1989 und die Wiedervereinigung Deutschlands 1990 markieren auch für die Wirtschaftsordnung einen Einschnitt. Der Beitritt eines Gebietes mit über 16 Millionen Menschen, einer qualitativ und quantitativ unzureichend entwickelten Infrastruktur, weitgehend weltmarktuntauglichen Großindustrien sowie einer von heute auf morgen praktisch obsoleten Exportorientierung nach Osten, ist bis heute ein äußerst ressourcenintensives Unternehmen. Angesichts gravierender Unterschiede in den Lebensverhältnissen in Ost und West setzte ein massiver Exodus in die alte Bundesrepublik ein, den auch die Währungsunion nicht vollständig stoppen konnte.

Mit der Vereinigung des Wirtschaftsgebietes im Rahmen der Wirtschafts- und Währungsunion 1990 war die Wirtschaft der neuen Länder von heute auf morgen vollständig dem Weltmarkt ausgesetzt. Nun war Strukturpolitik, Beschäftigungspolitik und Privatisierungspolitik in vorher unvorstellbaren Dimensionen gefragt. Eine komplette Industriestruktur galt es zu modernisieren, die bis dahin verstaatlichten Unternehmen mussten in private Hände gelangen; und die mit beidem verbundenen Umbrüche bei den Be-

41 OECD: Deutschland. Wirtschaftsberichte 1988/89, Paris 1989, S. 79; Gisela Färber: Subventionen vor dem EG-Binnenmarkt, Speyer 1993 (Habilitationsschrift).
42 Sturm (Anm. 27), S. 119.
43 Vgl. Fritz Knauss (Hrsg.), Privatisierungs- und Beteiligungspolitik in der Bundesrepublik Deutschland, Baden-Baden 1993; Hartmut Tofante, Der große Ausverkauf. Die Privatisierung von Bundesunternehmen durch die Regierung Kohl, Köln 1994.
44 Vgl. Molitor (Anm. 34), S. 22f.
45 OECD: Länderbericht Deutschland, Paris 1990, S. 43.

schäftigungsverhältnissen sollten mit flankierenden Maßnahmen etwas abgemildert werden.

Zum Einsatz kam folgerichtig ein Mix aus allem, egal, ob konzeptionell zusammenpassend oder nicht: Investitionszulagen und Steuererleichterungen, Arbeitsbeschaffungsmaßnahmen und Erhaltungssubventionen. Die Bewältigung der Lasten aus der Wiedervereinigung war und ist ein Experiment, aber mit den Versatzstücken westdeutscher Wirtschaftspolitik der Nachkriegszeit. Diese Phase soll wiederum mit einigen Thesen charakterisiert werden:

(1) Die finanzpolitischen Folgen der Wiedervereinigung sowie eine im Bereich der Daseinsvorsorge zunehmend aktive EU-Kommission sorgten für den ordnungspolitischen Umbau wesentlicher Versorgungsbereiche wie Telekommunikation und Energie. Damit kamen schon länger wirksame exogene Entwicklungstendenzen, nämlich technologische Neuentwicklungen und die wachsende Bedeutung der zunehmend globalisierten Märkte, voll zum Tragen. Der Staat öffnete nun diese Bereiche für den Wettbewerb und zieht sich Stück für Stück auch als Eigentümer, zumindest in wichtigen Teilbereichen, zurück. Aufgrund der besonderen Marktverhältnisse in diesen Bereichen nimmt er dort erstmals bzw. verstärkt „regulatorische" Funktionen wahr.

(2) Wirtschaftspolitik findet zunehmend „entideologisiert" statt. Die Zugehörigkeit zu einer wirtschaftspolitischen Schule wird praktisch unsichtbar. Die Belastbarkeit von Wirtschaft und Bürgern einerseits und die Attraktivität des Standortes Deutschland in immer mehr Bereiche erfassenden globalisierten Wirtschaftsbeziehungen andererseits wird zur entscheidenden Grenze für staatliche Aktivität.

(3) Die Leistungsfähigkeit der Sozialversicherungssysteme ist zur alles entscheidenden Zukunftsfrage für die Wirtschaft Deutschlands geworden. Die demografische Entwicklung hat die deutsche Gesellschaft eingeholt. Der Umgang mit ihr ist für die Ordnung von Wirtschaft und Gesellschaft von entscheidender Bedeutung. Die inkrementalistischen Reparaturversuche der neunziger Jahre haben bis zur Reform der sogenannten „Riester-Rente" 2002 noch keinen Systemwechsel gebracht.

Mit der Wirtschafts- und Währungsunion 1990 und dem Beitritt der neuen Länder zum 3. Oktober 1990 wurde die Ordnung der westdeutschen Wirtschaft vollständig auf den ostdeutschen Landesteil übertragen. Zur Privatisierung der ehemaligen DDR-Staatsbetriebe wurde die Treuhandanstalt errichtet, deren Tätigkeit in finanzieller Hinsicht ein dreistelliges Milliarden-Defizit hinterließ. Im Laufe ihrer Tätigkeit in der ersten Hälfte der neunziger Jahre entwickelte sie sich von einer Privatisierungsagentur hin zu einer multifunktionalen Staatsholding, die nicht nur Unternehmen verkaufte, sondern auch umstrukturieren und sanieren, sowie das Ganze sozial-, arbeitsmarkt- und umweltpolitisch abfedern sollte[46].

---

46 Sturm (Anm. 27), S. 141-145.

Auch wenn sich vieles bei der wirtschaftspolitischen Bewältigung der Wiedervereinigung als „muddling-through" bezeichnen lässt, so bewirkte sie doch paradoxerweise gerade im Westen ein Umdenken in bis dahin sakrosankten Bereichen wie der Daseinsvorsorge. So hatte die Reform der Deutschen Bundespost zwar schon aufgrund der Ergebnisse der sogenannten Witte-Kommission im Jahre 1989 mit der Trennung der Sparten Telekommunikation, Post und Bank einen ersten Schritt getan. Vor der Wiedervereinigung war aber an weitergehende Maßnahmen, gar die Freigabe des Telekommunikationsmarktes für den Wettbewerb und die Teilprivatisierung der Deutschen Bundespost Telekom nicht ernsthaft zu denken. Die Umwandlung in eine AG mit nachfolgender Platzierung eines Teils des Aktienkapitals an der Börse 1994 ergab sich unter anderem aus dem unerhörten Investitionsbedarf von etwa 60 Milliarden DM in das ostdeutsche Telefonnetz. Das war weder aus der Substanz noch aus zusätzlichen Staatsmitteln zu finanzieren. Dazu kam der technologische Wandel und die Ausdifferenzierung unterschiedlicher Telekommunikationsdienstleistungen, welche aus nationalen Telefonmonopolisten alsbald Wettstreiter auf einem weltweiten Markt machen sollten. Da wollte die Deutsche Telekom AG nicht fehlen. Voraussetzung für den Zugang zu den Märkten anderer Länder war und ist aber die Offenheit des heimischen Marktes. Deshalb war die Liberalisierung des deutschen Telekommunikationsmarktes, wenngleich nicht unbedingt in seiner Radikalität, folgerichtig – auch übrigens im Interesse der Deutschen Telekom.

Die Liberalisierung brachte mit der Regulierungsbehörde für Telekommunikation und Post (RegTP) auch einen neuen Akteur in die Wirtschaftsordnung: eine sektorale Regulierungsbehörde, deren Aufgabe die Herstellung und Überwachung eines funktionstüchtigen Wettbewerbs auf einem Markt ist, der nach wie vor von einem mächtigen Ex-Monopolisten beherrscht wird.

Auch die Energiemärkte erlebten mit der Novelle des Energiewirtschaftsgesetzes 1998 einen Liberalisierungsschub, wenngleich unter unterschiedlichen marktstrukturellen sowie aufsichtsorganisatorischen Voraussetzungen. Die genannten Bereiche stehen prototypisch für eine Entwicklung, die gerade in Großbritannien mit dem Ausdruck des „neuen regulatorischen Staates" beschrieben wurde. Der Staat geht nicht länger davon aus, dass die sogenannten wettbewerblichen Ausnahmebereiche nur aufgrund ihrer besonderen marktlichen bzw. wettbewerblichen Voraussetzungen sowie ihrer besonderen gesellschaftlichen Bedeutung für die Versorgung der Bürger in öffentlicher Hand bleiben müssen. Vielmehr wird das jeweilige Wettbewerbspotenzial sektor-spezifisch bestimmt, die politisch gewollten sozialen Einschränkungen vorgegeben, und dann, zum Teil von einer speziellen Aufsichtsbehörde, per Regulierung umgesetzt. Dieser Ansatz, der in den neunziger Jahren auch, wenngleich mit eher moderatem Erfolg, den Schienenverkehr erfasst hat, bringt einen qualitativen Wandel im ordnungspolitischen Gefüge Deutschlands mit sich.

Der Regierungswechsel 1998 änderte wenig bis nichts an den beschriebenen Entwicklungen. Im Energiebereich wurde nun über die Einrichtung einer Regulierungsbehörde diskutiert, ein Vorschlag, der zwar vom grünen Koalitionspartner in Berlin eingebracht bzw. unterstützt wurde, sich letztlich aber auf entsprechende europarechtliche Überlegungen in Brüssel stützt. Die neue Bundesregierung führte in wesentlichen Teilen eine Steuerreform durch, die die alte Koalition noch unter dem Stichwort „Petersberger Beschlüsse" kurz vor der Bundestagswahl debattierte. Damals scheiterte das Reformpaket der christlich-liberalen Bundesregierung am Widerstand der SPD-geführten Länder im Bundesrat. Ähnliches gilt für den Rentenbereich, wo nun mit der sogenannten „Riester-Rente" ein erster Schritt aus der Solidargemeinschaft heraus und in die private Eigenverantwortung, wenn auch mit bescheidenen staatlichen Förderanreizen, getan wurde.

Einen wirtschaftspolitischen Kurswechsel, gar einen Paradigmenwechsel wie noch Mitte der Sechziger Jahre unter Karl Schiller, hat es 1998 nicht gegeben. Punktuell ist die Regierung Schröder auf die Gewerkschaften zugegangen, etwa bei der Reform des Betriebsverfassungsgesetzes[47]; insgesamt hat aber auch sie erkannt, dass zumal seit Inkrafttreten der Währungsunion und den damit verbundenen Stabilitätserfordernissen an die Finanzpolitik der Mitgliedstaaten, kein Weg an einer Haushaltskonsolidierung vorbeiführt. *Ausgabenseitig* bedeutet das nichts anderes, als dass der förderpolitische Spielraum, sofern er nicht sowieso durch den Aufbau Ost blockiert ist, gegen Null tendiert. Und *einnahmenseitig* macht die im internationalen Vergleich sowieso schon zu hohe Kostenbelastung des Standortes Deutschland, vor allem bei den Lohnnebenkosten, deutliche Steuer- und Abgabensteigerungen problematisch.

Mit der *Ökosteuer* versuchte die neue Regierung gleichwohl Einnahmen in einem gewissen Umfange für die Rentenversicherung zu schaffen und zugleich das Instrument einer verhaltenssteuernden Abgabe auszuprobieren. Über den systemischen Mangel der Konstruktion einer Steuer, deren Zielerreichung (nämlich Verhaltenssteuerung: weniger oder nicht mehr Auto fahren) auch gleichzeitig ihre faktische Abschaffung (nämlich kein Aufkommen mehr) bedeutet, ist in der steuerwissenschaftlichen Literatur schon hinreichend berichtet worden. Da die vermeintliche Stoßrichtung (Verhaltenssteuerung) nicht die tatsächliche ist (neues Steueraufkommen generieren), war und ist die Ökosteuer folgerichtig nicht zum Untergang verdammt. Vielmehr hatte zu Beginn 2002 auch die größte Oppositionspartei Abstand von ihrer einstmaligen Ablehnung der Ökosteuer genommen und im Falle ihres Wahlsieges lediglich die Fortsetzung der anstehenden jährlichen Erhöhung in Frage gestellt.

Die Entideologisierung der Wirtschaftspolitik soll nicht bedeuten, dass in den vorgeschlagenen oder umgesetzten Maßnahmen nicht erhebliche normative Wertungen liegen. Aber in der Identifizierung des jeweiligen wirtschaftspolitischen Problems herrschen heute nur noch graduell unterschiedliche Auffassungen. Vor allem ist klar, dass der Staat seine finanziellen Ver-

---

47 Markus M. Müller, Die Reform der Betriebsverfassung, in: Gegenwartskunde 50 (2001), S. 93-102.

hältnisse ordnen muss und die Arbeitskosten am Standort Deutschland zu hoch sind. Und letzteres rührt in ganz erheblichem Umfange von der Misere der Sozialversicherungssysteme.

Die demografische Entwicklung holt die Wirtschaftspolitik ein. Zwar ist der Trend der Bevölkerungsentwicklung, vor allem die Überalterung der Gesellschaft bei gleichzeitiger Abnahme der Gesamtbevölkerung, schon seit Jahrzehnten absehbar – und wird mit jedem Jahr auch weniger umkehrbar. Doch sind die Folgen dieses Trends in der Entwicklung der Beiträge zu den Sozialversicherungskassen, insbesondere der gesetzlichen Renten- und Gesundheitsversicherung, immer deutlicher zu spüren. Beim Rentensystem konfrontiert der Bund dabei ein doppeltes Problem. Einerseits steigen die Beiträge (und damit die Lohnnebenkosten) beständig – was dem Standort Deutschland schadet –, und andererseits hat sich der Bundeszuschuss aus dem Haushalt an die Rentenkassen mittlerweile zum größten Einzelposten entwickelt.

Es zeigt sich immer deutlicher, dass die grundlegende Reform der Rentenversicherung zur entscheidenden Zukunftsfrage geworden ist. Sowohl der Wirtschaftsstandort als auch die fiskalische Handlungsfähigkeit des Staates hängen von einer Lösung dieser Problematik ab. Da jede Lösung mit höchst unpopulären Folgen, die nicht schnell vergessen werden, verbunden ist, liegen die Hürden politisch sehr hoch. Die Reform durch Arbeitsminister Walter Riester (sogenanntes Altersvermögensaufbaugesetz), welche ein Absenken des Rentenniveaus mit ersten Schritten hin zum Aufbau einer selbstfinanzierten Privatversicherung verbindet, greift immer noch zu kurz und wird in den nächsten Jahren Korrekturbedarf haben.

4. Die deutsche Wirtschaftsordnung – Normalfall oder Ausnahme?

Um die Frage zu beantworten, wie typisch der deutsche Fall für die Wirtschaftsordnungen der Staaten dieser Welt ist, wird man um eine Bestimmung des „Normalfalls" nicht umhinkommen. Doch genau an diesem Punkt stößt man auf erhebliche Schwierigkeiten. Nicht erst seit Albert[48] wissen wir, dass es *den* kapitalistischen Staat nicht gibt. Vielmehr haben wir es mit einer Vielfalt von unterschiedlichen Ausprägungen von marktwirtschaftlicher Ordnung – zumindest in den Industriestaaten – zu tun, die unter dem Schlagwort der *capitalist diversity* Eingang in die polit-ökonomische Debatte gefunden hat.

Eine Lehre, die aus den erwähnten Arbeiten von Katzenstein, Gourevitch, Hall und Hart gezogen werden kann, bestätigt die neuere Forschung zum sogenannten „regulatorischen Staat". Auch wenn es staatenübergreifende Muster ähnlicher institutioneller oder sonstiger Entwicklungen gibt, so

---

48   Albert (Anm. 4).

sind doch Verallgemeinerungen und monokausale Begründungen unzulässig. Es finden sich Beispiele für Parallelen, für Parallelentwicklungen; ebenso finden sich nur äußere Ähnlichkeiten (z.T. sogar ohne funktionale Äquivalenz) sowie gegenläufige oder auch einfach völlig kontingente Entwicklungen. In jedem Falle gilt: Das Analyseergebnis ist extrem politikfeldabhängig.

Parallelentwicklungen zu anderen Industriestaaten, mit unterschiedlich großem Zeitfester, sind für die Bundesrepublik meistens nachläufig. So übernahm die Bundesrepublik, wie zuvor dargestellt, das keynesianische Konzept erst Mitte der Sechziger Jahre, nachdem das Gedankengebäude in Großbritannien und vor allem in den USA bereits Jahre bzw. Jahrzehnte zuvor implementiert wurde[49]. Nach dem Zusammenbruch von Bretton Woods war dann allerdings die Deutsche Bundesbank Pionier bei der praktischen Anwendung monetaristischer Geldpolitik. Ähnlich wie der Keynesianismus erorberte Clarkes Konzept des „funktionsfähigen Wettbewerbs" aus den vierziger Jahren erst mit Kantzenbach die deutsche Wettbewerbspolitik in den Sechzigern.

Auf institutioneller Ebene übernahm die junge Bundesrepublik von den USA das Modell einer unabhängigen Notenbank sowie einer unabhängigen Kartellbehörde (jeweils aber nicht als perfekte Kopie). In den neunziger Jahren folgte mit der Regulierungsbehörde für Telekommunikation und Post ein Beispiel für eine sektorspezifische, unabhängige Regulierungsbehörde. Diesmal lag das eigentliche Vorbild nicht in den USA, sondern in Großbritannien, wo in den Jahren zuvor eine Reihe von solchen Sonderbehörden zur Regulierung ehemals verstaatlichter Wirtschaftsbereiche geschaffen wurde. Gerade im Bereich der Anfang der neunziger Jahre durchstartenden Telekommunikationsbranche lassen sich materiell und formal eine Reihe von Imitationen des britischen Vorbildes nachweisen[50].

Für Majone[51] stellte sich im Hinblick auf die Deregulierungs- und Liberalisierungtendenzen der späten achtziger und frühen neunziger Jahre die Frage, ob nicht die EU die Rolle eines regulatorischen Staates annehmen werde und damit letztlich auch bei den Mitgliedstaaten eine gleichgerichteten Entwicklung provoziert würde. Tatsächlich spricht einiges dafür, dass die Harmonisierungs- *und* Liberalisierungsbemühungen von Kommission und Rat gerade zu Beginn der Neunziger einen solchen Schub in verschiedenen Bereichen auslösten, so zum Beispiel in der Telekommunikations-, der Energie-, der Finanzdienstleistungsbranche oder beim Schienenverkehr. Neben der schon erwähnten Regulierungsbehörde im Telekommunikationsbereich haben seit Mai 2002 nun Deutschland wie Großbritannien eine umfassende Finanzdienstleistungsaufsicht sowie grundsätzlich wettbewerblich verfasste Marktordnungen in allen genannten Branchen. Unterschiedlich hingegen ist

---

49 Peter Hall, The Political Power of Economic Ideas, Princeton 1989.
50 Roland Sturm/Markus M. Müller, Die Reform der Daseinsvorsorge im deutsch-britischen Vergleich, in: Rudolf Hrbek/Martin Nettesheim (Hrsg.), Europäische Union und mitgliedstaatliche Daseinsvorsorge, Baden-Baden 2002, S. 174-198.
51 Giandomenico Majone, Regulating Europe, London 1996.

etwa die *institutionelle* Ausprägung der Marktaufsicht über die Energiemärkte, nämlich eine sektorspezifische Regulierungsbehörde im Vereinten
Königreich, keine hingegen in Deutschland. Hier nimmt das Bundeskartellamt im Rahmen der wettbewerbsrechtlichen Mißbrauchsaufsicht diese Funktion zumindest teilweise wahr. Auch zeigt der Liberalisierungsansatz in beiden Ländern, dass man „freie Märkte" auf beinahe konträre Weise errichten
kann: einerseits durch schlagartige, völlige Freigabe aller Marktparameter
und nachträglicher Mißbrauchsaufsicht (in Deutschland), andererseits durch
schrittweise Annäherung an die freie Gestaltung von Preisen etc. durch markt-
imitierende, bzw. effizienzanreizsetzende Verfahren (in Großbritannien).

Die These, wonach sich Belege für Parallelen ebenso finden lassen wie
Beispiele für unterschiedliche Entwicklungen, kann an den Institutionen der
Wirtschaftsordnung (z.b. Bundesbank, Wettbewerbsbehörden, Regulierungs-
behörden, Verbände, Gewerkschaften, Kammern etc.), an der Bedeutung und
Verwirklichung von politischen Handlungskonzepten (z.b. Keynesianismus,
Ordoliberalismus, Monetarismus, Supply-Side Economics etc.) sowie an den
jeweils zum Einsatz kommenden Problembearbeitungsmechanismen (z.b.
Korporatismus, Pluralismus, Etatismus etc.) nachgewiesen werden. Und zumindest ein Ergebnis scheint damit klar: Ein kapitalistisches Entwicklungs-
gesetz, das den geschichtlichen Aufstieg und vermeintlichen Fall dieses Ord-
nungstypus sicher für alle Länder beschreibt, existiert nicht. Jede entsprechende These hierzu basiert auf grobschlächtigen Verallgemeinerungen, die
die Fakten vergewaltigen und Spekulationen anstellen.

Vielmehr sind marktwirtschaftliche Ordnungen anpassungsfähig, und
zwar nicht nur zeitlich, sondern auch strukturell. Sie passen sich in den sie
umgebenden politischen und gesellschaftlichen Kontext ein. Dies führt mitunter zu für Außenstehende exotisch anmutenden Strukturen. Ein Beispiel
hierfür ist das schon erwähnte deutsche Kammerwesen. Auch wenn die Bundesrepublik mit dieser Form der „Verkammerung" nicht ganz alleine steht
(Österreich hat eine ähnliche, allerdings zur Zeit im Wandel befindliche Ordnung), so beweist sie doch, dass man in vielen Bereichen liberalisieren und
deregulieren kann, ohne dazu anarchisch wirkende Überbleibsel des 19. Jahrhunderts über Bord werfen zu müssen.

Nicht unerwähnt kann hier ein Meilenstein der europäischen Integration
bleiben: die Errichtung der Europäischen Währungsunion. Mit der Einführung des Euro 2002 hat die Bundesbank ihre Sonderstellung in der wirtschaftspolitischen Ordnung in hohem Maße eingebüßt. Zugleich machen sich
die Konvergenzkriterien, mit einer Neuverschuldungsgrenze von drei Prozent
des Bruttoinlandsprodukts ausgerechnet in Deutschland als unangenehme
Randbedingung der Finanzpolitik bemerkbar. Die Vergemeinschaftung der
Geldpolitik in Europa lässt erahnen, dass vermeintlich bekannte Stärken und
Schwächen der Mitgliedstaaten keineswegs ewige Wahrheiten darstellen.

5. Schlussbetrachtung

Es ist auch in der Politischen Ökonomie populär geworden, die Globalisierung für einen Wettlauf der Staaten um die Sicherung oder Ansiedlung neuer Industrien verantwortlich zu machen, an dessen Ende so etwas wie der „Wettbewerbsstaat" steht, der mit allen anderen um die geringsten Arbeitskosten, Umweltauflagen oder Sozialstandards wetteifert. Da angesichts von Internet und freien Märkten die Wahl des Standortes in gewisser Weise in das freie Belieben des Unternehmens gestellt ist, bleibt den Staaten nichts anderes übrig, als die „Anpassung nach unten" (*race to the bottom*-These).

Demgegenüber wird gerade der Bundesrepublik Deutschland seit Mitte der neunziger Jahre nachgesagt, sie sei im Grunde wandlungsunfähig, könne ihre verkrusteten Strukturen nicht aufbrechen und einen radikalen Schritt nach vorne wagen (*German Disease*). Das Argument ist nicht neu, sondern wurde schon von Gerhard Lehmbruch Ende der siebziger Jahre unter dem Stichwort der „Unregierbarkeit" in die Debatte geworfen, wenngleich weniger unter ökonomischen Vorzeichen.

Beide Hypothesen werden von der Wirklichkeit widerlegt. Gerade die neunziger Jahre haben einen enormen Strukturwandel mit sich gebracht, ungeachtet der noch vor uns liegenden Reformnotwendigkeiten vor allem auf den Gebieten Sozialversicherung und Arbeitsmarkt. Doch besteht schon längst kein inhaltlicher Streit mehr über die beste Therapie, sondern es ist nur noch eine Frage der Überwindung politischer Hürden. Die Ausbildung regulatorischer Marktaufsichtsverfahren, um in vormals wettbewerbsuntauglichen Bereichen Raum für Konkurrenz zu schaffen, belegt hingegen, dass sich die Bundesrepublik einerseits ihre Regierbarkeit erhalten hat, und andererseits statt eines „Wettbewerbsstaates" eher ein „regulatorischer Staat" entstanden ist, der politikfeldspezifisch (und damit auch marktspezifisch) in unterschiedlicher Weise sein Verhältnis gegenüber den Marktteilnehmern definiert. Es bewahrheitet sich einmal mehr, dass den Marktteilnehmern keineswegs unbedingt an einem Minimalstaat mit einem entsprechenden Leistungsangebot gelegen ist. Vielmehr brauchen sie Verlässlichkeit und Planbarkeit für ihre Investitionen, ein vernünftiges Kaufkraftpotenzial vor Ort, gut ausgebildete und motivierte Mitarbeiter sowie eine brauchbare Infrastruktur.

Die „Europäisierung des deutschen Regierungssystems" (Sturm/Pehle) bleibt ebenfalls nicht ohne Wirkung auf Wirtschaftsordnung und Wirtschaftspolitik. Unabhängig von Geld- und Wettbewerbspolitik, welche beide in erheblichen Teilen schon heute institutionell europäisiert sind, werden die Politikbereiche mit autonomer, nationaler Entscheidungshoheit immer kleiner. Und wir haben keinen Grund anzunehmen, dass sich diese Entwicklung in Zukunft entscheidend verändern wird, selbst wenn nach Abschluss des Verfassungskonvents eine Neufassung der europäischen Zuständigkeiten stehen sollte.

Gleichzeitig sehen wir etwa in Großbritannien schon wieder erste Anzeichen einer „Deprivatisierung", etwa im Bereich der Wasserversorgung (unter dem Schlagwort der *mutualization*) oder im Bereich des Schienenverkehrs (gerade nach dem Zusammenbruch der privatisierten Gleisgesellschaft *Railtrack*). Das sind deutliche Belege dafür, dass der „Entstaatlichungspfad" der vergangenen beiden Jahrzehnte keineswegs ein „Ende der Geschichte" markiert. Möglicherweise werden wir in Zukunft die Relativierung vieler jüngster Entwicklungen erleben.

Manfred G. Schmidt

Sozialpolitik

1. Einleitung

Wodurch unterscheidet sich die Sozialpolitik der Bundesrepublik Deutschland zu Beginn des 21. Jahrhunderts von der Sozialpolitik anderer Länder, insbesondere Staaten mit einer der Bundesrepublik ähnlichen Staats- und Wirtschaftsverfassung? Über welche Stationen kam die Sozialpolitik zu ihrem heutigen Stand? Wie kann man die Position erklären, die Deutschlands Sozialpolitik im internationalen Vergleich einnimmt? Und welches sind ihre Stärken und Schwächen? Diese Fragen leiten den Beitrag.

Gegliedert ist er wie folgt: Zunächst wird die sehr weit ausgebaute Sozialpolitik in der Bundesrepublik Deutschland gezeigt. Warum die einen hierin einen „Sozialstaat", andere hingegen einen „Wohlfahrtsstaat" sehen und welches die Gemeinsamkeiten und Unterschiede beider Begriffe sind, wird im zweiten Abschnitt erörtert. Stationen der Sozialpolitik vom Deutschen Reich von 1871 bis zum wiedervereinigten Deutschland im 21. Jahrhundert sind Gegenstand der dritten Sektion. Im vierten Abschnitt wird Deutschlands Sozialpolitik aus der Perspektive des internationalen Vergleichs beleuchtet und erklärt – und zwar am Beispiel der Höhe der Sozialleistungsquote, dem Prozentanteil der öffentlichen Sozialausgaben am Bruttoinlandsprodukt. Der fünfte Abschnitt bilanziert die Stärken und die Schwächen der Sozialpolitik hierzulande und im sechsten wird erörtert, ob Deutschlands Sozialpolitik reformfähig ist. Abschließend geht es um die Frage, ob die Bundesrepublik mit ihrer Sozialpolitik einen „Sonderfall" oder einen „Normalfall" verkörpert.

2. „Sozialstaat" oder „Wohlfahrtsstaat"?

Die Bundesrepublik Deutschland gehört zu den Staaten, in denen die Sozialpolitik weit ausgebaut wurde. Davon legt unter anderem die Sozialleistungsquote Zeugnis ab, der Anteil öffentlicher Sozialausgaben an der Wirtschaftsleistung eines Landes, die üblicherweise durch das Bruttoinlandsprodukt erfasst wird. Deutschlands Sozialleistungsquote liegt mittlerweile – je nach Definition – zwischen 33,8 Prozent im Jahre 2001, so die Daten des bundesdeutschen Sozialbudgets einschließlich der Beiträge des Staates[1], und 27,4 Prozent bzw. 27,7 Prozent, so die Schätzungen der Brutto- und der Nettosozialleistungsquote durch die OECD[2] für das Jahr 1997[3]. Weltrekordniveau hat die Sozialleistungsquote in den neuen Bundesländern erreicht, wo sie mit 52,7 Prozent, so der Stand von 2000, die der alten Bundesländer um 21,7 Prozentpunkte übertraf[4]. Mit der hohen Sozialleistungsquote zählt Deutschland zur Spitzengruppe der „Wohlfahrtsstaaten", so die in der internationalen fachwissenschaftlichen und politischen Diskussion gängige Bezeichnung für Länder mit weit ausgebauter Sozialpolitik. Diese Bezeichnung entspricht dem – teils wertneutral, teils positiv-zustimmend verwendeten Begriff „welfare state" der angloamerikanischen Theorie und Praxis der Sozialpolitik. In Deutschland hat „Wohlfahrtsstaat" hingegen neben einer neutral-beschreibenden Funktion eine abschätzige, kritisch-distanzierte Bedeutungsvariante. Ihr gilt der „Wohlfahrtsstaat" als überreglementierter, gängelnder, obrigkeitsstaatlicher Schützer von der Wiege bis zur Bahre. In der deutschen Sozialpolitik ist deshalb bis heute der Begriff „Sozialstaat" gängigere Münze geblieben.[5]

Die Begriffswahl spiegelt nicht nur Bewertungsunterschiede wider, sondern auch länderspezifische sozialpolitische Profile. So zeichnet sich der Sozialstaat, der in der Bundesrepublik Deutschland zur Blüte gelangte, neben Gemeinsamkeiten mit den anderen Wohlfahrtsstaaten, beispielsweise die weit ausgebaute Alters- und Gesundheitssicherung, durch spezifische Schwerpunkte aus. Fünf Hauptbestandteile hat Deutschlands Sozialstaat:

(1) weit ausgebaute Sozialversicherungen gegen Risiken, die aus dem Einkommensausfall insbesondere infolge von Alter, Arbeitslosigkeit, Krankheit, Invalidität, Pflegeabhängigkeit und Mutterschaft erwachsen;

(2) zahlreiche ergänzende Schutzsysteme, die – im Unterschied zur Sozialversicherung – nach dem Prinzip der Fürsorge organisiert sind (wie in der Sozialhilfe) oder dem der Alimentation (beispielsweise in der Alterssicherung der Beamten, Richter und Soldaten), der Entschädigung (wie im Fall des Lastenausgleichs für die Flüchtlinge und Vertriebenen des Zweiten Weltkrieges), der Versorgung (wie in der Kriegsopferversorgung) und der sozialen Hilfen (so in der Jugendhilfe).

(3) hinzu kommen weitere Felder, die vor allem in den Wohlfahrtsstaaten der englischsprachigen Demokratien meist geringere Bedeutung haben,

1   Bundesministerium für Arbeit und Sozialordnung (Hrsg.), Sozialbudget 2000, Bonn 2001, S.501.
2   Organisation for Economic Co-operation and Development, Social Expenditure Data Base 2001, CD-ROM. Paris: OECD.
3   Vgl. Tabelle 1 im Anhang.
4   Bundesministerium für Arbeit und Sozialordnung (Anm. 1), S. 5.
5   Franz-Xaver Kaufmann, Der Begriff Sozialpolitik und seine wissenschaftliche Deutung, in: Bundesministerium für Arbeit und Sozialordnung/Bundesarchiv (Hrsg.), Grundlagen der Sozialpolitik. Geschichte der Sozialpolitik in Deutschland seit 1945, Band 1, Baden-Baden 2001, S. 3-102.

nämlich ein weit ausgebauter Arbeitsschutz sowie die Arbeitnehmermit-
bestimmung im Betrieb und in Aufsichtsräten von Unternehmen;

(4) ferner sozialpolitische Funktionen der Wohlfahrtsverbände, die vom
Staat finanziell unterstützt werden und darauf einen Rechtsanspruch haben;

(5) und eine indirekte, delegierende Sozialpolitik, welche die Aushandlung
von Löhnen und Arbeitsbedingungen den Sozialpartnern überträgt, also
den – durch verfassungspolitisch verbürgte Koalitionsfreiheit geschützten – freiwilligen Interessenvertretungen von Arbeitnehmern und Arbeitgebern.

Im Unterschied zum Wohlfahrtsstaatsverständnis in Skandinavien und in den
ehemaligen sozialistischen Staaten in Mittel- und Osteuropa sieht aber der
Sozialstaat der Bundesrepublik das Streben nach Vollbeschäftigung oder gar
ein garantiertes Recht auf Arbeit nicht als Hauptaufgabe der Sozialpolitik.

3. Stationen der Sozialpolitik von 1871 bis zum wiedervereinigten Deutschland im 21. Jahrhundert

Deutschland ist ein Pionier der Sozialgesetzgebung. Im Deutschen Reich von
1871 entstanden früher als anderswo die weltweit ersten landesweiten Sozialversicherungssysteme: 1883 die Krankenversicherung, 1884 die Unfallver-
sicherung und 1889 die Alters- und Invalidenversicherung. Das ist für sich
bemerkenswert. Nicht weniger bemerkenswert ist dies: Der Marsch in den
Sozialstaat begann in Deutschland auf einem niedrigeren Niveau wirtschaftlicher Entwicklung als in England, den Niederlanden und den USA. Überdies
vollzog er sich in einem Staat, in dem das autokratische Element das demokratische überwog. Es waren konservative Politiker, die mit der Sozialgesetzgebung zugleich nach „Daseinsvorsorge und Gefahrenabwehr"[6] strebten.
Die Sozialpolitik sollte Dämme gegen gesellschaftliche und politische Folge-
probleme von Industrialisierung und Verstädterung errichten, die Grundlagen
der inneren Reichseinheit stärken und die Arbeiterschaft an den monarchischen Staat binden.

Noch im Kaiserreich wurde die Sozialpolitik ausgebaut, wenngleich verhalten und zunächst überwiegend nur durch Absicherung gegen Risiken infolge von Alter, Invalidität und Krankheit. Arbeitslosigkeit, Mutterschaft und
Pflegebedürftigkeit wurden erst später bedacht. Die wichtigste Station nach
der Einführung der Sozialgesetzgebung in den 80er Jahren des 19. Jahrhunderts war die Errichtung einer separaten privilegierten Alters- und Invaliden-
pflichtversicherung für Angestellte (1911). Der Übergang zur sozialpoliti-

---

6 Hans-Ulrich Wehler, Deutsche Gesellschaftsgeschichte, Band 3: Von der „deutschen
Doppelrevolution" bis zum ersten Weltkrieg 1849-1914, München 1995, S. 1255.

schen Gestaltung der Arbeitsordnung und anderer gesellschaftlicher Felder erfolgte auf großer Stufenleiter erst gegen Ende des Kaiserreichs. Vor allem zwischen 1916 und 1918 entstanden – nunmehr im Zeichen „militärischer Sozialpolitik"[7] – die meisten „sozialen Errungenschaften" der Weimarer Republik und erlangten in den Jahren von 1918 bis 1920 Gesetzeskraft. Die Koalitionsfreiheit gehört hierzu, die Anerkennung der Gewerkschaften als berufene Vertreter der Arbeitnehmer, die Einführung von Mitbestimmungsrechten, die Anerkennung des Tarifvertrages als zentrales Institut der Lohnpolitik, neue Formen der Erwerbslosenunterstützung und des Arbeitsschutzes, Verbesserungen im Mietrecht und die Bewirtschaftung des Wohnraums. Aber auch ein eigenständiger Republik-Effekt kam in der Sozialpolitik nach 1918 zum Tragen: Vor allem zwischen 1924 und 1927 wurde die Sozialpolitik weiter ausgebaut. Und mit der Reichsanstalt für Arbeitsvermittlung und Arbeitslosenversicherung erhielt sie 1927 die vierte Sozialversicherungssäule.

Dass die Jahre des nationalsozialistischen Staates auch in der Sozialpolitik tiefe Spuren hinterließen, überrascht nicht. Allerdings gab es auch erstaunlich große Kontinuität, so die Beibehaltung der Sozialversicherung als strukturbestimmende Größe der Sozialpolitik, trotz anderweitiger Bestrebungen der Deutschen Arbeitsfront, die auf eine wesentlich steuerfinanzierte Volksversicherung zielten. Von Diskontinuität aber zeugten die Auflösung der Selbstverwaltung in der Sozialversicherung, die Zerschlagung der Gewerkschaften, die Einführung des Führerprinzips in der Arbeitsordnung und vor allem die „rassenbiologische Ausdeutung der ‚sozialen Frage'"[8], die in der Diskriminierung und Ausgrenzung ganzer Bevölkerungsgruppen gipfelte. Zu den Opfern der rassenbiologischen Wendung der Sozialpolitik gehörte vor allem die jüdische Bevölkerung Deutschlands und der von der Wehrmacht besetzten Gebiete. Von der rassenbiologischen Wendung der Sozialpolitik zeugte zudem der Wandel vom freiheitlichen zum „völkischen Wohlfahrtsstaat"[9], der sich am deutlichsten in der Wohlfahrtspflege abzeichnete, aber auch in der Familienpolitik und Geburtenregulierung erkennbar war. Dort gesellte sich zum Pronatalismus der „Antinatalismus"[10], die Zwangs- und Massensterilisation.

Sozialpolitisch von größter Bedeutung war auch der Regimewechsel, den der Übergang von den Jahren der Besatzung – 1945 bis 1949 – zur Bundesrepublik Deutschland verkörperte: Er leitete einen beispiellosen Siegeszug der Sozialpolitik ein. Dieser begann mit dem Wiederaufbau des freiheitlichen

---

7   Werner Abelshauser, Einleitung: Die Weimarer Republik – ein Wohlfahrtsstaat?, in: Ders. (Hrsg.), Die Weimarer Republik als Wohlfahrtsstaat. Zum Verhältnis von Wirtschafts- und Sozialpolitik in der Industriegesellschaft, Stuttgart 1987, S. 9-32, hier S. 15.

8   Hans Günter Hockerts, Einleitung, in: Ders. (Hrsg.), Drei Wege deutscher Sozialstaatlichkeit: NS-Diktatur, Bundesrepublik und DDR im Vergleich, München 1998, S. 7-26, hier S. 16.

9   Christoph Sachße/Florian Tennstedt, Der Wohlfahrtsstaat im Nationalsozialismus, Stuttgart u.a. 1992.

10 Hockerts (Anm. 8), S. 16.

Sozialstaats in den früheren 50er Jahren und wurde zum Bau eines hoch entwickelten Wohlfahrtsstaates weitergeführt. Der Auf- und Ausbau der Sozialpolitik stehen hierzulande bis heute im Zeichen des Wettbewerbs zweier großer Sozialstaatsparteien um die Stimmen der Wählerschaft, der CDU/CSU und der SPD. Zunächst kam der Sozialpolitik das hohe Wirtschaftswachstum zugute. Mit ihm sank die Arbeitslosenquote von über 11,0 Prozent 1950 auf 0,8 Prozent 1961[11]. Allerdings währte der Traum immerwährender Prosperität nicht ewig[12]. Abgelöst wurde er Mitte der 70er Jahre des 20. Jahrhunderts von vermindertem Wirtschaftswachstum und Arbeitslosigkeit. Zudem alterte die Bevölkerung. Alle drei Vorgänge – reduziertes Wirtschaftswachstum, Massenarbeitslosigkeit und Alterung der Gesellschaft – stellen die Sozialpolitik bis heute vor große und bislang nur teilweise gelöste Aufgaben. Zu den Herausforderungen gesellten sich obendrein die Internationalisierung der Finanz- und Produktmärkte, sodann die Spannung zwischen hohem Finanzierungsaufwand der Sozialpolitik und stagnierender oder abnehmender Abgabenbereitschaft, sowie das – die Beschäftigung hemmende – Zusammenwirken von anspruchsvollen Sozialleistungen, überwiegender Finanzierung aus Sozialbeiträgen der Arbeitnehmer und ihrer Arbeitgeber, weit ausgebautem arbeitsrechtlichen Schutz der Beschäftigten und relativer geringer Lohnspreizung. Hinzu kommen Sonderlasten der deutschen Einheit, mit der die westdeutschen sozialpolitischen Institutionen und das westdeutsche Sozialrecht auf die wirtschaftlich neuen Bundesländer übertragen wurden, obwohl diese wirtschaftlich weit weniger produktiv sind.

Zwischen 1949 und 1989 hatte sich die Sozialpolitik in der Bundesrepublik und in der DDR infolge der höchst unterschiedlichen politischen und sozialökonomischen Ordnungen in verschiedene Richtungen entwickelt. Im Westen Deutschlands – und im wiedervereinigten Deutschland – wurde die Tradition des freiheitlichen Sozialstaates nach Art der Weimarer Republik wieder aufgegriffen, weitergeführt und ergänzt, beispielsweise durch umfangreiche Frühverrentung von Arbeitnehmern und andere Anleihen bei den nordeuropäischen Wohlfahrtsstaaten, wie der „aktiven Arbeitsmarktpolitik", also der über die bloße Arbeitsvermittlung und Arbeitslosengeldzahlung hinaus gehenden Arbeitsförderung durch Weiterqualifizierung oder Umschulung von Arbeitskräften, Lohnsubventionen und anderem mehr.

Zum Kennzeichen der Sozialpolitik in der DDR hingegen wurde der radikale Umbau zum autoritären, zentralistischen, „planwirtschaftliche(n) Versorgungsstaat"[13]. Die Sozialpolitik der DDR[14] basierte auf einer verstaatlich-

---

11 Bundesministerium für Arbeit und Sozialordnung (Hrsg.), Bundesarbeitsblatt 7-8/1997, Bonn 1997, S. 111. Die Arbeitslosenquote ist hier in Prozent der abhängig Beschäftigten gemessen.

12 Burkart Lutz, Der kurze Traum immerwährender Prosperität: Eine Neuinterpretation der industriell-kapitalistischen Entwicklung im Europa des 20. Jahrhunderts, Frankfurt a.M. 1984.

13 Hockerts (Anm. 8), S. 7.

ten, hochgradig politisierten Staatsbürgerversorgung mit Grundsicherung auf
niedrigem Sozialleistungsniveau, das durch das Recht auf Arbeit und betrieb-
liche Sozialpolitik untermauert und durch Zusatz- und Sonderversorgungs-
systeme für politisch besonders wichtige Gruppen ergänzt wurde, unter ihnen
die Mitarbeiter des Ministeriums für Staatssicherheit, Offiziere der Nationalen
Volksarmee und Führungskräfte in Wissenschaft, Kultur, Pädagogik und Me-
dizin. Im Unterschied zur regelgebundenen Anpassung der Sozialleistungen
der Bundesrepublik an die Wirtschafts- und Lohnentwicklung, der so genannten "Dynamisierung" der Sozialrenten, wurden in der DDR die Sozialleistungen fallweise angepasst, häufig im Umfeld von Parteitagen der SED. Die
Sozialpolitik erfasste nahezu die gesamte Bevölkerung der DDR. Sie bevorzugte Personen im erwerbsfähigen Alter, vor allem die Erwerbstätigen, sowie
die (arbeitsmarkt- und bevölkerungspolitisch ausgerichtete) Familienförde-
rung und benachteiligte Altersrentner ohne Zusatz- oder Sonderversorgungs-
systeme. Die DDR-Sozialpolitik schuf ein vielfach geschichtetes System der
sozialen Sicherung mit Mindestsicherungsstandard auf niedrigem Niveau, das
durch umfangreiche Preissubventionen für Güter und Dienstleistungen des
Grundbedarfs aufgestockt und – was die Erwerbstätigen angeht – von der
faktischen Garantie eines Arbeitsplatzes für alle „Werktätigen" flankiert
wurde, beides allerdings um den Preis schwerster Effizienzmängel und um
den weiteren Preis der Überlastung der Wirtschaft. Von der DDR-Sozialpolitik im engeren Sinn ging ein starker Anreiz zur Erzielung von Einkommen durch Arbeit aus – ein weiterer Gegensatz zur Sozialpolitik der Bundesrepublik, die auch den zeitweiligen oder dauerhaften Rückzug aus der
Erwerbstätigkeit honoriert.

4.   Internationaler Vergleich der Sozialpolitik in der Bundesrepublik Deutschland

Folgt man G. Esping-Andersens einflussreicher Unterscheidung zwischen
„sozialdemokratischen", „konservativen" und „liberalen Wohlfahrtsstaatsre-
gimes", so ist die Bundesrepublik Deutschland das Paradebeispiel des „konservativen Wohlfahrtsstaates"[15]. Vom „liberalen Wohlfahrtsstaat", der die
Hilfe auf das Nötigste und die am meisten gefährdeten Gruppen beschränkt,
unterscheidet sich Deutschlands Sozialpolitik durch ihren fast flächendek-
kenden Schutz des Großteils der Bevölkerung. Und vom Typus des „sozial-

---

14   Zum Folgenden insbesondere Manfred G. Schmidt, Grundlagen der Sozialpolitik in
     der Deutschen Demokratischen Republik, in: Bundesministerium für Arbeit und So-
     ziales/Bundesarchiv (Anm. 5), S. 685-798.
15   Gøsta Esping-Andersen, The Three Worlds of Welfare Capitalism, Cambridge 1990;
     ders., Social Foundations of Post-Industrial Economies, Oxford 1999; Evelyne
     Huber/John D. Stephens, Development and Crisis of the Welfare State: Parties and
     Policies in Global Markets, Chicago/London 2001.

demokratischen Wohlfahrtsstaates" nordeuropäischer Prägung grenzt sich Deutschlands Sozialpolitik vor allem dadurch ab, dass sie ihren Schwerpunkt nicht in der Staatsbürgerversorgung hat, sondern in einer Fülle von Sicherungssystemen, die nach Berufsgruppen geschichtet sind, beispielsweise separate Alterssicherungssysteme für Arbeiter, für Angestellte, für Bergleute, für Beamte und für Landwirte.

Allerdings umfasst Deutschlands Sozialpolitik auch „sozialdemokratische" Komponenten im Sinne von Esping-Andersens Typologie, z.B. die einer Volksversicherung nahe kommende Kranken- und die Pflegeversicherung. Und mit der Sozialhilfe, die einen Rechtsanspruch auf existenzsichernde Hilfen für jedermann im Lande vorsieht, auch für Nichtstaatsangehörige, hat die deutsche Sozialpolitik sogar einen besonders weit reichenden, ja: universalistischen Schutz gegen Marktabhängigkeit aufgebaut. Weil er diesen Schutz nicht erfasst, unterschätzt der von Esping-Andersen ermittelte „Dekommodifizierungsgrad"[16], ein Indikator des sozialpolitischen Schutzes gegen Marktabhängigkeit, die Reichweite der deutschen Sozialpolitik. Unterschätzt wird der Dekommodifizierungsgrad der deutschen Sozialpolitik auch dadurch, dass Esping-Andersens Messlatten nicht den teils gesetzlich, teils tarifvertraglich geregelten sehr hohen arbeitsrechtlichen Schutz der Beschäftigten berücksichtigt. Auch bei dieser Messlatte gehört Deutschland zur Spitzengruppe, und zwar zusammen mit den südeuropäischen Mitgliedstaaten der EU, wohingegen der arbeitsrechtliche Schutz für Job-Besitzer in den USA, ebenso in Japan, viel geringer ist.[17]

Gewiss: Zu den Merkmalen der Sozialpolitik in Deutschland zählt seit ihren Gründungstagen im ausgehenden 19. Jahrhundert die große Bedeutung der Sozialversicherungen. Auf diese Weichenstellung hebt die Lehre vom „konservativen Wohlfahrtsstaat" ab, ebenso die mit ihr verwandte Lehre vom „Sozialversicherungsstaat"[18]. Tatsächlich gehören die Sozialversicherungen zum Kern des deutschen Sozialstaates. Sie sind Pflichtversicherungen für Arbeiter und Angestellte und in der Regel auch für deren Familienmitglieder. Alle anderen Bevölkerungsgruppen sind von den Sozialversicherungen ausgeschlossen: die Beamten und Selbständigen sowie deren Angehörige; die Nichterwerbspersonen, die keinen Zugang zu den Sozialversicherungen als Familienmitglieder haben, zudem die Flüchtlinge und Asylanten. Sozialpolitik in der Bundesrepublik geht demnach nicht in Sozialversicherungspolitik auf. Viele Sicherungssysteme auf der Basis von Versorgungs-, Fürsorge- und Entschädigungsprinzipien kommen hinzu, ebenso Einrichtungen der sozialen Hilfe und Dienste, ferner Privatversicherung und Eigenvorsorge.

---

16 Vgl. Tabelle 1 im Anhang.
17 Vgl. Tabelle 1, Spalte 7 im Anhang.
18 Thomas Olk/Barbara Riedmüller (Hrsg.), Grenzen des Sozialversicherungsstaates (= Leviathan Sonderheft 14), Opladen 1994; Sven Jochem, Reformpolitik im deutschen Sozialversicherungsstaat, in: Manfred G. Schmidt (Hrsg.), Wohlfahrtsstaatliche Politik: Institutionen, politischer Prozess und Leistungsprofil, Opladen 2001, S. 193-226.

Deutschlands Sozialpolitik wird Neigung zur Statusaufrechterhaltung und ein geringerer Umverteilungsgrad nachgesagt. Doch das gilt nur für einen Teil der Sozialpolitik und auch dort nur eingeschränkt. Tatsächlich reproduzieren vor allem die Alters- und die Arbeitslosenversicherung Statusunterschiede des Erwerbslebens, weil die Altersrenten und die Leistungen der Arbeitslosenversicherung bis zu einer bestimmten Grenze von der Beitragshöhe und der Versicherungsdauer abhängen. Die Sozialleistungen spiegeln meist auch die vorrangige Ausrichtung der deutschen Sozialpolitik an abhängiger Erwerbsarbeit wider. Die Sozialpolitik ist hierzulande weiterhin vorrangig auf die Fiktion zugeschnitten, der eigentlich Schutzbedürftige sei der – möglichst vollzeitbeschäftigte – Arbeiter oder Angestellte. Abhängige Erwerbsarbeit erbringt deshalb nach wie vor die höchste Sozialleistungsrendite, Kindererziehung und Familienarbeit hingegen eine niedrige oder eine vom Haupternährer einer Familie abgeleitete Rendite. Allerdings hat die Aufwertung der Familienpolitik, nicht zuletzt infolge von Vorgaben des Bundesverfassungsgerichtes an den Gesetzgeber, die steuer- und ausgabenpolitische Versorgung von Familien mittlerweile verbessert.[19] Zugang zu und Ausschluss von betrieblichen Altersversorgungssystemen befestigen weiterhin die Statusaufrechterhaltung der Sozialpolitik und ihre Zentrierung auf abhängige Erwerbstätige. Doch darin erschöpfen sich ihre Verteilungswirkungen nicht. Vielmehr ist die Sozialpolitik der Bundesrepublik auch eine gewaltige Verteilungs- und Umverteilungsmaschinerie, die soziale Ungleichheit in großem Umfang vermindert und relative Armut weit zurückdrängt[20]. Eine entscheidende Rolle spielen dabei die Steuerpolitik, die einen bestimmten Teil des Einkommens steuerfrei stellt, sowie die Sozialhilfe. Die Sozialhilfe nimmt faktisch die Stelle eines garantierten Grundeinkommens ein, obendrein mit Zuschlägen für besondere Bedarfslagen. Zudem wirkt sie mittelbar wie ein gesetzlicher Mindestlohn, und zwar ein Mindestlohn, der nahe an die untersten Lohngruppen heranreicht und deshalb den Übergang von der Sozialhilfe in die Erwerbsarbeit ebenso wenig attraktiv macht wie das Verbleiben in geringer bezahlter Erwerbsarbeit.

Die Kennziffern der Sozialpolitik weisen die Bundesrepublik Deutschland als einen weit ausgebauten Wohlfahrtsstaat aus. Selbst wenn man nur die wohlhabenden Staaten berücksichtigt (und somit die ärmeren und armen Länder außer Acht lässt), nimmt die deutsche Sozialpolitik vordere Plätze ein. Hierüber informieren im Einzelnen die Kennziffern in der Tabelle 1 im Anhang dieses Kapitels. Der Bruttosozialleistungsquote nach zu urteilen, nimmt die Bundesrepublik den 6. Platz ein – dicht hinter Finnland, Belgien,

---

19 Deutsche Bundesbank, Staatliche Leistungen für die Förderung von Familien, in: Monatsbericht 54 (2002) 4, S. 15-32.

20 Wenngleich in einem gegenüber den frühen 80er Jahren leicht abnehmendem Ausmaß, vgl. OECD (Organization for Economic Co-Operation and Development), Income Distribution in OECD Countries, Paris 1995 und Michael Förster/Mark Pearson, Income Distribution and Poverty in the OECD Area: Trends and Driving Forces, in: OECD Economic Studies 34 (2002) 1, S. 7-40, insbes. S. 33.

Frankreich, Dänemark und Schweden. Bei der Nettosozialleistungsquote, die unter anderem auch die Effekte der Steuerpolitik auf die Sozialleistungen erfasst, liegt die Bundesrepublik sogar auf dem vierten Platz (Tabelle 1, Spalte 3) und beim arbeitsrechtlichen Schutz der Beschäftigten auf Platz 7 unter insgesamt 26 Staaten (Tabelle 1, Spalte 7). Dass der Finanzierungsanteil der Sozialversicherungsbeiträge in Deutschland überdurchschnittlich hoch ist, wurde schon erwähnt. Der internationale Vergleich unterstreicht diesen Befund (Tabelle 1, Spalte 6) und zeigt zudem, dass die Steuerfinanzierung der Sozialpolitik vor allem in den englischsprachigen Ländern sowie in Dänemark erheblich höher als in Deutschland ist (Tabelle 1, Spalte 5).

Warum wurde die Sozialpolitik in der Bundesrepublik Deutschland so weit ausgebaut? Zu den Ursachen gehören, die Entwicklungsgeschichte der Sozialpolitik zeigt es, zahllose Wirkfaktoren politischer, gesellschaftlicher und wirtschaftlicher Art.[21] Besonderes Interesse verdienen die Ursachen, die sich zur Erklärung der Sozialpolitik in anderen Demokratien eignen, einschließlich der Unterschiede im Sozialpolitikengagement der Demokratien. So zeigt beispielsweise ein internationaler Vergleich der öffentlichen Pro-Kopf-Sozialausgaben in 21 OECD-Mitgliedstaaten im Zeitraum von 1960 bis 1995, dass sich das Niveau der Sozialausgaben am besten durch neun Faktoren erklären lässt.[22] Die preisbereinigten Pro-Kopf-Sozialausgaben erreichen um so höhere Werte,[23]

1. je höher sie schon in der Vorperiode waren, was einen eigendynamischen Prozess, institutionelle Trägheit und inkrementale Politikänderung anzeigt;
2. je höher entwickelt die Wirtschaft eines Landes ist, was als Stütze des Wagner'schen Gesetzes von den wachsenden Staatsausgaben gewertet werden kann[24];
3. je mehr die Arbeitslosenquote gegenüber dem Vorjahr zunimmt, wodurch ein krisenbedingter Funktionszuwachs des Sozialstaates, insbesondere für die Arbeitslosenversicherung und den Sozialhilfebedarf, angezeigt wird;
4. je größer die „Kostenkrankheit des öffentlichen Sektors" (gemessen an der relativen Größe des Staatsdienerheeres) ist,[25] was unter anderem die

---

21 Vgl. nur Bundesministerium für Arbeit und Sozialordnung/Bundesarchiv (Anm. 1).
22 Weitgehend übereinstimmende Befunde fördert der Vergleich der Sozialleistungsquote zutage – mit der Einschränkung, dass der Effekt der Variable 'Stand wirtschaftlicher Entwicklung' erwartungsgemäß insignifikant wird und die Veränderung des Bruttoinlandsproduktes mit den Sozialausgaben korreliert. Zudem ist der 'Maastricht-Faktor' nur noch auf dem 0,10-Niveau signifikant. Vgl. Manfred G. Schmidt, Ursachen und Folgen wohlfahrtsstaatlicher Politik: ein internationaler Vergleich, in: Ders. (Anm. 18), S. 33-54, insbesondere S. 40-43.
23 Ebd., insbesondere S. 40-43.
24 Adolf Wagner, Grundlegung der Politischen Ökonomie, Teil I: Grundlagen der Volkswirtschaft, 3. Aufl., Leipzig 1893; ders., Staat (in nationalökonomischer Hinsicht), in: Handwörterbuch der Staatswissenschaften, Bd. 7, 1911, S. 727-739.

Ausrichtung der Entlohnung von Staatsbediensteten an den Vergütungen im produktivitätsstärkeren privatwirtschaftlichen Sektor widerspiegelt;

5. wenn eine Koalitionsregierung amtiert, was die These stützt, dass Alleinregierungen geringere Konsensbildungskosten erzeugen als Koalitionsregierungen, in denen die Kompromisssuche häufig Aufschläge auf die Sozialpolitik verlangt;

6. je schwächer die Zahl und das Gewicht der „Vetospieler" im Staate sind, was für die Lehre von der Bremsung der Staatstätigkeit durch Barrieren wie Föderalismus und autonome Zentralbank spricht;[26]

7. je stärker Linksparteien an der Führung der Regierungsgeschäfte beteiligt waren, was für die Theorie des sozialdemokratischen „Wohlfahrtskapitalismus"[27] zu verbuchen ist;

8. je stärker religiöse Mitteparteien, insbesondere christdemokratische Parteien, an der Regierung beteiligt sind, was ebenfalls für die Parteiendifferenzthese und für die Theorie des christdemokratischen „Sozialen Kapitalismus" („social capitalism") zu werten ist.[28]

9. Zudem hängen die Sozialausgaben mit einem „Maastricht-Effekt" zusammen: Die Haushaltsdisziplin, die der Maastrichter Vertrag den Beitrittskandidaten zur Europäischen Währungs- und Wirtschaftsunion auferlegte, prägte seit 1992 die Finanzpolitik in den meisten EU-Staaten insgesamt und drosselte im besonderen auch die Sozialfinanzen.

Das Erklärungsmodell verdeutlicht, warum die Sozialpolitik in manchen Ländern am kürzeren Zügel und in anderen am langen Zügel geführt wird. Das Erklärungsmodell vermag ferner die insgesamt hohen sozialpolitischen Anstrengungen der Bundesrepublik gut zu erklären. Besonders wichtig hierfür ist die folgende Konstellation:

1. die institutionelle Trägheit eines schon seit langem ausgebauten Sozialstaats,

2. eine vergleichsweise hoch entwickelte Wirtschaft, somit ein hoher Bedarf an öffentlichen Leistungen und zugleich das Vermögen, diesem Bedarf nachzukommen,

---

25 William J. Baumol, Macroeconomics of Unbalanced Growth: The Anatomy of Urban Crisis, in: American Economic Review 57 (1967), S. 415-426; William J. Baumol, Health Care, Education and the Cost Disease: A Looming Crisis for Public Choice, in: Public Choice 77 (1993), S. 17-28.

26 George Tsebelis, Decision Making in Political Systems: Veto players in Presidentialism, Parlamentarism, Multi-Cameralism and Multi-Partyism, in: British Journal of Political Science 25 (1995), S. 289-325; ders., Veto Players. How Political Institutions Work., Princeton 2002.

27 Walter Korpi, The Working Class and Welfare Capitalism, London 1978; ders., Un Etat-providence contesté et fragmenté. Le développement de la citoyenneté sociale en France. Comparaisons avec la Belgique, l'Allemagne, l'Italie et la Suède, in: Revue Française de Science Politique 45 (1995), S. 632-667.

28 Kees van Kersbergen, Social Capitalism, London 1995.

3. eine Arbeitslosenquote, die insgesamt seit der zweiten Hälfte der 70er Jahre meist auf hohem Niveau bleibt oder in wirtschaftlich ungünstigen Jahren zunimmt,
4. ein mittlerer Kostendruck im öffentlichen Sektor aufgrund einer mittleren Staatsbeschäftigtenquote,
5. die Existenz von Koalitionsregierungen,
6. als Bremseffekt die Existenz vieler Vetospieler im politischen Prozess,
7. die Führung der Regierungsgeschäfte durch mindestens eine von zwei großen Sozialstaatsparteien, nämlich der SPD und der CDU/CSU,
8. sowie erneut ein Bremseffekt, nämlich der „Maastricht-Effekt".

5. Stärken und Schwächen der Sozialpolitik in der Bundesrepublik Deutschland

Deutschlands Sozialpolitik sind Stärken und Schwächen eigen[29]. Zu den besonderen Stärken der Sozialpolitik hierzulande gehören 1. ihr weitreichender Schutz für die Anspruchsberechtigten, von dem in besonderem Maße abhängig Erwerbstätige und Altersrentner mit einer 40-45jährigen Erwerbsarbeitskarriere und überdurchschnittlicher Entlohnung im Erwerbsleben profitieren, 2. die Dämpfung sozialer und politischer Erschütterungen, die von Konjunktur- und Strukturkrisen hervorgerufen werden, 3. ihr Beitrag zur Einbindung und Befriedung der Gewerkschaften, 4. die Entlastung der Unternehmen von schweren Konflikten um Sozialleistungen, 5. die Akzeptanz der Sozialpolitik in der großen Masse der Bevölkerung, auch in den Mittelschichten, die im Unterschied zum „liberalen Wohlfahrtsstaat" ebenfalls von der Sozialpolitik profitieren, 6. der Beitrag antizyklisch wirkender Sozialausgaben zur Stabilisierung wirtschaftlicher Nachfrage und 7. der Anreiz zum arbeitsparenden technischen Fortschritt, der vor allem von den Sozialabgaben ausgeht, erhöhen doch diese die Arbeitskosten unmittelbar.

Allerdings hat die Sozialpolitik in der Bundesrepublik Deutschland auch gewichtige Nachteile. Im Vergleich zu seiner Wirtschaftskraft, die mit der deutschen Einheit einen beträchtlichen Dämpfer erhielt, leistet sich Deutschland seit 1990 eine überdurchschnittlich hohe Sozialleistungsquote. Die zu ihrer Finanzierung erforderlichen Sozialabgaben und Steuerzahlungen werden mittlerweile allenthalben als drückend empfunden. Auch die Finanzierungsquellen stufen viele Beobachter als problematisch ein. Im Gegensatz zum vornehmlich steuerfinanzierten Sozialstaat – zum Beispiel Australien, Dänemark, Großbritannien, Irland, Kanada und Neuseeland – wird der größte Teil des Sozialbudgets der Bundesrepublik aus den Sozialbeiträgen der Versicherten und ihrer Arbeitgeber finanziert (vgl. Tabelle 1, Spalte 5). Doch diese Finanzie-

---

29 Stephan Leibfried/Rainer Müller/Winfried Schmähl/Manfred G. Schmidt, Thesen zur Sozialpolitik in Deutschland, in: Zeitschrift für Sozialreform 44 (1998), S. 525-569.

rungsweise erhöht direkt die Arbeitskosten und wirkt als Beschäftigungsbremse sowie als Einnahmebremse der Sozialversicherungskassen. Hinzu kommt die sozialpolitische Überregulierung von Wirtschaft und Gesellschaft. Überdies hat die Sozialpolitik einen Schutzwall um die Hochlohnpolitik der Sozialpartner und die Frühverrentung in den Unternehmen errichtet und damit Sozialpartner, Personalleitungen und Betriebsräte dazu verleitet, die Kosten der Hochlohnpolitik und der Frühverrentung auf die Sozialversicherungen und die Steuerzahler abzuwälzen. Als Mangel der weit ausgebauten Sozialpolitik gilt sodann, dass sie die Eigeninitiative lähmt und staatsfixierte Erwartungen hervorbringt und aufrechterhält. Schließlich wird ein härter werdender Konflikt zwischen aufwändiger (und tendenziell weiter expandierender) Sozialpolitikfinanzierung und knapper werdender Finanzmittel für öffentliche Daseinsvorsorge außerhalb der Sozialpolitik notiert – ein Konflikt, der bei konstanter oder abnehmender Abgabenbereitschaft und bei mäßigem oder stagnierendem Wirtschaftswachstum noch größer wird.

6.   Ist Deutschlands Sozialpolitik reformfähig?

Einer verbreiteten Sichtweise zufolge laboriert Deutschlands Sozialpolitik außerdem an unzureichender Reformfähigkeit. Dieser Auffassung zufolge ist Deutschlands Sozialpolitik im 20. und im beginnenden 21. Jahrhundert der Inbegriff von unbeweglicher Politik[30]. Verfechter dieser Meinung sehen im „Widerstreben gegen Veränderungen und in misslungenen Reformen" die Markenzeichen der deutschen Sozialpolitik[31]. Reformstau und „welfare without work" im Sinne einer Sozialpolitik, die ihre beschäftigungspolitische Grundlage unterhöhlt oder schon zerstört hat, sind dieser Lehre zufolge besonders dornige Probleme[32]. Das „welfare without work"-Problem geißele vor allem Wohlfahrtsstaaten mit starker Sozialversicherungstradition wie die Bundesrepublik: Dort verdrängten die Finanzierungsquellen des Sozialbudgets die Beschäftigung vor allem im Niedriglohnsektor, erzeugten ein schwaches Beschäftigungswachstum, bestenfalls nur durchschnittliche Beschäftigungsquoten und hohe Arbeitslosigkeit. So lautet eine Variante der Kritik. Eine weitere sieht allein schon in der Höhe des sozialpolitisch bedingten Teils der Arbeitskosten eine Hauptursache der schwachen Beschäftigung in Deutschland.

---

30   Wolfram Lamping/Noël P. Vergunst, Corporatism, Veto Points and Welfare State Reform in Germany and the Netherlands. Institutions, Interests and Policies, IPSA World Congress, Quebec, August 1-5, 2000, S. 21.

31   Anton Hemerijck/Philip Manow/Kees van Kersbergen, Welfare without Work? Divergent experiences of reform in Germany and the Netherlands, in: Stein Kuhnle (Hrsg.), Survival of the European Welfare State, London 2001, S. 106-127, hier S. 120.

32   Philip Manow/Eric Seils, Adjusting Badly: The German Welfare State, Structural Change, and the Open Economy, in: Fritz W. Scharpf/Vivien A. Schmidt (Hrsg.), Welfare and work in the open economy, Oxford 2000, Band 2, S. 106-127, hier S. 106.

Die These vom Reformstau und die These vom Zielkonflikt zwischen Sozialpolitik und Beschäftigung in Deutschland sind allerdings umstritten.[33] Gegen die Zielkonflikt-These wird eingewendet, dass im internationalen Vergleich Indikatoren der Beschäftigungsentwicklung nicht signifikant mit den Wohlfahrtsstaatstypen korrelierten[34]. Doch dieses Argument tröstet kaum über die seit Jahren schwache Beschäftigung in Deutschland hinweg. Der Gegenthese zum Reformstau zufolge kann die deutsche Sozialpolitik prinzipiell relativ flexibel auf interne und externe Herausforderungen reagieren. Für diese These gibt es Belege, doch bedürfen Sie der Qualifizierung. So ist beispielsweise die Bundesregierung früher als die Regierungen anderer Länder zur Kosteneindämmung in der Sozialpolitik übergegangen – vorsichtig tastend noch in der Ära Schmidt, kräftiger sodann zu Beginn der Ära Kohl. Zudem hat der „Umbau der Sozialpolitik"[35], nach dem vor allem die Regierungen Kohl strebten, sichtbare Spuren hinterlassen[36]. Das zeigen die Aufwertung der Familien- und der Kindererziehungsarbeit in den Sozialversicherungen und die Ansätze zur Liberalisierung der Arbeitsmärkte insbesondere in den 80er und 90er Jahren[37], die allerdings von der rot-grünen Regierung Schröder wieder rückgängig gemacht wurden. Zu den Beispielen gehört auch der von der Regierung Schröder eingeleitete Paradigmenwechsel in der Finanzierung der Alterssicherung, der ergänzend zu Leistungskürzungen erstmals eine steuerlich geförderte Eigenvorsorge für die Alterssicherung gegen die absehbar unzureichenden Leistungen der gesetzlichen Rentenversicherung vorschreibt, die nach dem Bundesarbeitsminister benannte „Riester-Rente".[38]

---

33 Manfred G. Schmidt, Sozialpolitik in Deutschland. Historische Entwicklung und internationaler Vergleich, Opladen 1998; ders., Reformen der Sozialpolitik in Deutschland: Lehren des historischen und internationalen Vergleichs, in: Stephan Leibfried/Uwe Wagschal (Hrsg.), Der deutsche Sozialstaat. Bilanzen – Reformen – Perspektiven, Frankfurt a.M. 2000, S. 153-170; Paul Pierson, Coping with Permanent Austerity: Welfare State Restructuring in Affluent Democracies, in: Ders. (Hrsg.), The New Politics of the Welfare State, Oxford 2001, S. 410-457; Hans F. Zacher, Grundlagen der Sozialpolitik in der Bundesrepublik Deutschland, in: Bundesministerium für Arbeit und Sozialordnung/Bundesarchiv (Anm. 14), S. 333-684; Nico A. Siegel, Baustelle Sozialpolitik. Konsolidierung und Rückbau im internationalen Vergleich, Frankfurt a.M. 2002.
34 Jens Alber/Jürgen Kohl (Hrsg.), Arbeitsmarkt und Sozialstaat, Wiesbaden 2002.
35 Bundesministerium für Arbeit und Sozialordnung (Hrsg.), Sozialbericht 1990, Bonn 1990, S. 6ff.
36 Manfred G. Schmidt, Sozialpolitik in der Ära Kohl: Die Jahre von 1982 bis 1989/1990 (Geschichte der Sozialpolitik in Deutschland seit 1945. Hrsg. v. Bundesministerium für Arbeit und Sozialordnung und Bundesarchiv, Bd. 7, Teile I, II und III), Bremen/Heidelberg, März 2001, S. 394 (unveröff. Manuskript).
37 Antonia Gohr, Was tun, wenn man die Regierungsmacht verloren hat? Die Sozialpolitik der SPD-Opposition in den 80er Jahren, Universität Bremen Diss. 2001; Siegel (Anm. 33); Jens Alber, Der deutsche Sozialstaat in der Ära Kohl. Diagnosen und Daten, in: Leibfried/Wagschal (Anm. 33), S. 153-170.
38 Zu der – in vielen Farben schillernden – Sozialpolitik von Rot-Grün: Manfred G. Schmidt, Rot-grüne Sozialpolitik (1998-2002), in: Christoph Egle/Tobias Ost-

Dass die insgesamt beträchtliche Kosteneindämmung in der deutschen Sozialpolitik seit Mitte der 70er Jahre vor allem in der Alterssicherung und im Gesundheitswesen nicht von dauerhaftem Erfolg gekrönt war, hängt mit der Stärke der kostentreibenden Kräfte zusammen. Die Leistungen der Alterssicherung waren infolge einer ehrgeizigen Sozialgesetzgebung in den 50er, 60er und 70er Jahren auf ein sehr hohes Niveau gehoben worden, so dass selbst beherzte Einschnitte nur einen Teil der Kostendynamik in den Griff bekamen. Noch dynamischer wachsen die Gesundheitsausgaben. Sie werden vorangetrieben vom raschen medizinisch-technischen Fortschritt, der zunehmenden Ärztedichte, der wachsenden Kräfte der Verteilungskoalitionen im Gesundheitswesen und der versicherungstechnisch kaum gebremsten Nachfrage nach medizinischen Leistungen, so dass politisch erzwungene Kosteneinsparungen nicht zur Eindämmung der Wachstumskräfte ausreichten.[39] Negativ zu Buche schlagen zudem die Zielkonflikte zwischen ambitionierter Sozialpolitik und Beschäftigung und der dort zu verortenden Bremse des Wirtschaftswachstums. Deutschland leistet sich den Luxus einer mittlerweile nur noch langsam wachsenden Wirtschaft, sehr hoher Sozialleistungsstandards, obendrein einer Lohnpolitik mit geringer Lohnspreizung und einer nur durchschnittlichen Erwerbsquote mit schwacher Beschäftigung[40]. All dies geschieht vor dem Hintergrund einer alternden Gesellschaft, hoher Lasten der Finanzierung der deutschen Einheit, auf der Grundlage eines Mindestlohnniveaus, das infolge der Sozialhilfe hoch ist, und auf der Basis eines weit ausgebauten arbeitsrechtlichen Schutzes der Arbeitsplatzbesitzer, der die Beschäftigung nicht fördert, sondern bremst[41].

Aus all dem ergibt sich für Sozialpolitikreformer eine besonders schwierige Lage. Sie sehen sich einer besonders hohen Reformaufgabe konfrontiert. Zudem handeln sie in einem politischen System, das für seine hohen Hürden gegen elastische Politik und gegen große Kursänderungen bekannt ist. Überdies riskieren Sozialpolitikreformer im Falle weit reichender Einschnitte in sozialpolitische Wohltaten den Zorn großer Wählergruppen und negative Reaktionen zumindest von einer der zwei großen Sozialstaatsparteien – CDU/CSU und SPD -, die sich beim Kampf um Sozialetat und Wählerstimmen eifersüchtig beäugen und wechselseitig in Schach zu halten suchen. Der Dauerwahlkampf, der in Deutschland herrscht – zwischen den Bundestagswahlen finden in den meisten Bundesländern Landtagswahlen mit beträchtli-

---

heim/Reimut Zohlnhöfer (Hrsg.), Das rot-grüne Projekt. Bilanz der Bundesregierung Schröder 1998-2002, Wiesbaden 2003, S. 239-258.

39   Manfred G. Schmidt, Warum die Gesundheitsausgaben wachsen. Befunde des Vergleichs demokratisch verfasster Länder, in: Politische Vierteljahresschrift 40 (1999), S. 229-245.

40   Nico A. Siegel/Sven Jochem, Sozialstaat als Beschäftigungsbremse? Deutschlands steiniger Weg in die Dienstleistungsgesellschaft, in: Roland Czada/Hellmut Wollmann (Hrsg.), Von der Bonner zur Berliner Republik, Opladen 2000, S. 539-566.

41   OECD (Organization for Economic Co-Operation and Development), OECD Employment Outlook, Paris 1999, S. 67, vgl. Tabelle 1 im Anhang, Spalte 7.

cher bundespolitischer Bedeutung statt -, verengt den Reformspielraum noch weiter. All dies erschwert die Planung und Durchführung von Reformen, die in sachlicher, zeitlicher und sozialer Hinsicht anspruchsvoll sind, aber es macht sie nicht unmöglich. Davon legt die Überwindung von Reformsperren in anderen Feldern Zeugnis ab[42], von der Wiedervereinigung über die Gesetzgebung zur europäischen Integration und zur Privatisierung von Telekommunikation, Bahn und Post, um nur einige Beispiele in Erinnerung zu rufen. Allerdings – und das ist entscheidend – setzt eine ambitionierte Reformpolitik in Deutschland in der Regel, vor allem bei zustimmungspflichtigen Gesetzen, die Mehrheit im Bundestag und im Bundesrat voraus. Kann aber die Bundesregierung nicht auf die Mehrheit der Stimmen im Bundesrat zählen, weil dort die gegnerische Partei die Mehrheit hält (wie z.b. die SPD am Ende der Ära Kohl oder die Union seit der Landtagswahl in Sachsen-Anhalt 2002), so muss die Bundesregierung die Zustimmung der Opposition gewinnen, wenn sie ein Gesetz durch den Bundesrat bringen will. Man hat in diesem eingebauten Zwang zur Kooperation von Bundestags- und Bundesratsmehrheit die Strukturen des „Staates der Großen Koalition"[43] gesehen: Größere Gesetzgebungsvorhaben in Deutschland erfordern in der Regel die Unterstützung einer (informellen oder formellen) Koalition zwischen Bundestags- und Bundesratsmehrheit und faktisch zwischen Regierungspartei und der größten Oppositionspartei. Nur wenn diese Hürden überwunden werden, sind größere Reformen durchsetzbar, sofern nicht die Kompromissbildung zwischen den Parteiblöcken den größten Reformgehalt abgeschliffen hat.

7. Ein „Sonderfall" oder ein „Normalfall"?

Ist die Bundesrepublik mit ihrer Sozialpolitik ein Normalfall? Ein Normalfall wäre gegeben, wenn die deutsche Sozialpolitik in allen wesentlichen Belangen von anderen wirtschaftlich und politisch gut vergleichbaren Ländern nur unwesentlich abwiche. Das aber trifft nicht zu. Messbar ist die Nähe oder Ferne zur Normalität anhand der Durchschnittswerte von Indikatoren der Sozialpolitik, beispielsweise anhand der Durchschnittswerte der Daten in der Tabelle 1 im Anhang zu diesem Kapitel. Diesen Daten nach zu urteilen, entspricht Deutschlands Sozialpolitik nur bei einer Messlatte der Normalität: beim Grad der Dekommodifizierung nach Esping-Andersen (Tabelle 1, Spalte 4). Doch dieser Indikator zeichnet, wie erläutert, ein schiefes Bild der deutschen Sozialpolitik. Bei anderen Messlatten allerdings weicht Deutschlands Sozialpolitik deutlich vom Durchschnitt ab. So liegt die Soziallei-

---

42 Vgl. Ute Wachendorfer-Schmidt, Politikverflechtung im vereinigten Deutschland, Wiesbaden 2002.
43 Manfred G. Schmidt, Germany: The Grand Coalition State, in: Josep M. Colomer (Hrsg.), Political Institutions in Europe, 2. Aufl., London 2002, S. 55-93.

stungsquote in Deutschland beträchtlich über dem Durchschnitt der Industrieländer. Ebenso weicht der sehr hohe arbeitsrechtliche Schutz für Beschäftigte in Deutschland von der Durchschnittsnorm ab. Das ist besonders bemerkenswert, als sich Deutschland hierbei im Verhältnis zu dem im OECD-Bereich beobachtbaren Trend zwischen sozialpolitischem Engagement und Pro-Kopf-Wirtschaftskraft (gemessen am Bruttoinlandsprodukt pro Kopf der Bevölkerung) sich ein Übermaß an Sozialpolitik und an arbeitsrechtlichem Schutz der Beschäftigten leistet.[44] Diese Disproportionen zeigen an, dass die Sozialpolitik in Deutschland sich erheblich von dem entfernt hat, was wirtschaftspolitisch – dem internationalen Trend in der OECD-Welt zufolge – üblich ist. Die oft beschworene Einheit von Wirtschafts- und Sozialpolitik, also die Balancierung von Sozialpolitik und Wirtschaftskraft, ist in der Bundesrepublik jedenfalls zu Beginn des 21. Jahrhunderts nicht länger gegeben.[45]

Für den Verlust der Einheit von Wirtschafts- und Sozialpolitik ist Vielerlei verantwortlich. Folgt man den Sozialpolitikern aller großen Parteien und den Gewerkschaften, dann ist die Schwäche der Wirtschaft verantwortlich. Folgt man den Wirtschaftspolitikern, dann ist die Stärke der Sozialpolitik verantwortlich. Tatsächlich spielen beide Größen und ihr Zusammenwirken eine Rolle. Das im Trend von Wirtschaftszyklus zu Wirtschaftszyklus abnehmende Wirtschaftswachstum in der Bundesrepublik Deutschland (und in manchen anderen weit ausgebauten Wohlfahrtsstaaten) spiegelt auch die wirtschaftsdämpfenden Effekte einer ehrgeizigen Sozialschutzpolitik und den arbeitssparenden Anreiz von Sozialpolitik wider. Die Wirkungszusammenhänge sind unschwer zu erkennen: Zurückdrängung von Investitionsförderung durch primäre Förderung des Sozialschutzgedankens, die primäre Ausrichtung der staatlichen Haushaltspolitik auf Konsum anstelle von Investitionen, das Überhandnehmen des Sozialschutzes im Vergleich zu den Aufwendungen für Bildung und Ausbildung, das Zurückbleiben der Haushalte für Forschung und Entwicklung im Vergleich zu dem aufwändigen und weiter wachsenden Sozialetat, und der wirtschaftsdämpfende Faktor, der entsteht, wenn das unentwegte Verlangen nach „mehr soziale Gerechtigkeit" die Investitionsneigung dämpft, die Arbeitskosten verteuert und die Abwanderung von Kapital und Arbeit in die Schattenwirtschaft oder ins Ausland stärkt.

---

44 Vgl. Spalte 8 und 2 in der Tabelle 1. So auch das Ergebnis von Auswertungen der neuesten Daten über öffentliche Sozialleistungsquoten in OECD-Ländern (Organisation for Economic Co-operation and Development, Social Expenditure Data Base 2001, CD-ROM. Paris: OECD.) und der Pro-Kopf-Wirtschaftskraft im selben Jahr (OECD in Figures 2000 edition, Paris 2000, S. 12f.).

45 Die Bundesrepublik gerät mit diesem Verlust an einem Gleichgewicht zwischen – und wechselseitiger Befruchtung von – Sozial- und Wirtschaftspolitik in ein gefährliches Fahrwasser, das in der politischen Geschichte Deutschlands schon zweimal die Wirtschaftskraft des Landes und die Finanzpolitik in größte Probleme gebracht hatte: in der Weimarer Republik und später in der DDR. Vgl. hierzu die Materialien in Abelshauser (Anm. 7); Schmidt (Anm. 14).

Zeichnet sich hier doch ein Sonderfall der deutschen Sozialpolitik ab? Nein! Denn die Bundesrepublik Deutschland steht mit dem Problem eines großen Sozialstaates, der im Vergleich zur Wirtschaftsbasis mittlerweile überdimensioniert ist, nicht alleine. Tatsächlich laborieren an diesem Problem auch andere Staaten mit weit ausgebauter Sozialpolitik, so Belgien, Frankreich, Italien und Schweden, aber nicht die großen Konkurrenten Japan und USA.[46] In der Bundesrepublik Deutschland ist die Spannung zwischen dem weit ausgebauten Sozialschutz und der hinterher hinkenden wirtschaftlichen Leistungskraft besonders problematisch, weil das Land zusätzliche Lasten zu schultern hat: die Folgekosten der deutschen Einheit, die weit vorangeschrittene Alterung der Gesellschaft und ein ebenfalls weit vorangeschrittenes Missverhältnis zwischen aufwändiger Sozialstaatsfinanzierung und mäßiger oder unterdurchschnittlicher Finanzausstattung von Politikfeldern jenseits der Sozialpolitik, z.B. die mittelmäßige Finanzierung des Bildungswesens. Insoweit ist der große Erfolg, den die deutsche Sozialpolitik bei ihren ureigenen sozialpolitischen Zielsetzungen erreicht hat – Bekämpfung von Not, Vermeidung von materieller Verelendung und Eindämmung krasser sozialer Ungleichheit – um einen hohen, insgesamt zunehmenden Preis erkauft worden.

Diese Schieflage zwischen Sozial- und Wirtschaftspolitik hat Folgen für den Weg der bundesrepublikanischen Wirtschafts- und Sozialpolitik und dessen Reputation. Die Bundesrepublik gilt gemeinhin als das Paradebeispiel der „Politik des mittleren Weges"[47]. Damit ist ein Mittelweg gemeint, ein mittlerer Weg zwischen dem marktdominierten US-amerikanischen Kapitalismus auf der einen Seite und dem wohlfahrtsstaatlichen nordeuropäischen Kapitalismus auf primär sozialdemokratischer Grundlage andererseits. Zu der Politik des mittleren Weges gehören vier Hauptkomponenten: 1. Streben nach wirtschaftlicher Effizienz und nach starkem Sozialstaat, 2. in der Wirtschaftspolitik Vorrang für Preisstabilität, erforderlichenfalls um den Preis größerer Beschäftigungsprobleme, 3. eine überdurchschnittlich hohe Staatsquote, die überwiegend zur Finanzierung eines transferintensiven Interventionsstaates verwendet wurde, im Unterschied zu einem dienstleistungs- und beschäftigungsintensiven Interventionsstaat, und 4. die Delegation vieler gemeinschaftlicher Aufgaben an die Verbände der Gesellschaft.

So wie der US-amerikanische Weg seine spezielle parteipolitische Basis in dem Wettbewerb zwischen zwei großen liberalkapitalistischen Parteien hat[48] und der schwedische Weg zum Wohlfahrtskapitalismus auf der Domi-

---

46 Diese Aussagen basieren unter anderem auf den Auswertungen der Daten in der Tabelle 1 und den Kennziffern der Pro-Kopf-Wirtschaftskraft der OECD-Staaten (OECD, Economic Outlook, Paris (verschiedene Ausgaben).

47 Manfred G. Schmidt, West Germany: The Policy of the Middle Way, in: Journal of Public Policy 7 (1987), S. 139-177; ders., Immer noch auf dem "mittleren Weg"? Deutschlands Politische Ökonomie am Ende des 20. Jahrhunderts, in: Czada/Wollmann (Anm. 40), S. 491-513.

48 Seymour Martin Lipset/Gary Marks, It didn't happen here. Why Socialism Failed in the United States, New York/London 2000.

nanz der sozialdemokratischen Arbeiterbewegung und ihrer Partei basiert, so hat auch der mittlere Weg der Bundesrepublik Deutschland eine charakteristische politische Grundlage: Er ist in der politischen Mitte verankert, und dies aus drei Gründen. Erstens aufgrund der politischen Institutionenordnung, die den Bundestag und den Bundesrat – und bei wichtigen Gesetzesvorhaben oft auch Regierung und auch Opposition – zur Kooperation zwingen, bei Strafe der Blockierung des Entscheidungsprozesses. Wichtig für die Verankerung in der Mitte ist – zweitens – die zentristische parteipolitische Färbung der Regierungen in Bund und Ländern und im Vermittlungsausschuss von Bundestag und Bundesrat: Die dominanten Regierungsparteien sind bis heute die CDU/CSU und die SPD. Für die Verankerung der Bundesrepublik in der Mitte sprechen drittens die sozialpartnerschaftlichen Arbeitsbeziehungen zwischen den Verbänden der Arbeitgeber und der Arbeitnehmer.

Im Großen und Ganzen wandelt auch die Bundesrepublik zu Beginn des 21. Jahrhunderts noch auf dem mittleren Weg. Allerdings sind die Spannungen zwischen und in den Pfeilern dieses Mittelweges größer geworden. Für das hier erörterte Thema ist dies besonders wichtig: Das Streben nach wirtschaftlicher Effizienz und starkem Sozialstaat hat mittlerweile zu der oben erwähnten Schieflage geführt. Das sozialpolitische Staatsziel hat an Gewicht gewonnen und geht mehr als zuvor zu Lasten wirtschaftlicher Effizienz. Das erzeugt schwere Spannungen zwischen Sozialpolitikzielen und beschäftigungspolitischen Zielen. Ein Warnzeichen unter vielen ist dies: die inverse Beziehung zwischen der Veränderung der Beschäftigung gegenüber dem Vorjahr und der Höhe der Sozialleistungsquote im Vorjahr oder auch in längeren Vorperioden: je höher die Sozialleistungsquote in der Vorperiode, desto größer die Wahrscheinlichkeit, dass die Beschäftigung bestenfalls nur schwach wächst, wenn sie nicht stagniert oder schrumpft. Würde sich dieser Trend ungebremst fortsetzen, verhieße dies weiter zunehmende Ungleichgewichtigkeit von Sozial-, Wirtschafts- und Beschäftigungspolitik. Diesen Trend zu stoppen und nach einer neuen Balance von Sozial- und Wirtschaftspolitik zu suchen, das ist eine der besonders schwierigen Aufgaben für die politisch Verantwortlichen in Staat, Wirtschaft und Gesellschaft – und für die Wähler.

Anhang

Tabelle 1: Kennziffern der Sozialpolitik in der Bundesrepublik Deutschland im internationalen Vergleich

Staat	Bruttosozialleistungsquote 1997	Nettosozialleistungsquote 1997	Dekommodifizierungsindex	Finanzierungsanteil des Staates an der Bruttosozialleistungsquote	Finanzierungsanteil der Sozialversicherungsbeiträge an der Bruttosozialleistungsquote	Arbeitsrechtlicher Schutz für Beschäftigte (Ende der 90er Jahre)	Pro-Kopf-Wirtschaftskraft 1997 (BIP p.c.)
Australien	19,3	21,9	13,0	100,0	0,0	6	21949
Belgien	30,4	28,5	32,4	41,5	52,8	16	23242
Dänemark	30,9	27,5	38,1	91,0	4,9	8	25514
Deutschland	27,8	27,2	27,7	42,6	52,0	20	22049
Finnland	29,5	25,6	29,2	60,0	39,5	11	20488
Frankreich	29,6		27,5	35,8	64,2	21	21293
Griechenland	22,2			17,2	82,8	24	13912
Großbritannien	21,9	24,6	23,4	71,2	27,6	2	20483
Irland	17,9	18,4	23,3	74,7	25,3	5	20634
Island	19,2			81,1	12,6		24836
Italien	26,9	25,3	24,1	44,8	55,3	23	21265
Japan	14,8		22,3	24,2	74,0	14	24574
Kanada	17,0	21,8	22,0	67,7	32,4	4	23761
Luxemburg	23,9			53,3	46,8		33119
Mexiko	7,9						7697
Neuseeland	20,7		17,1	100,0	0,0	3	17846
Niederlande	25,9	24,0	32,4	33,5	65,7	13	22142
Norwegen	26,5	25,1	38,3	62,5	34,4	19	26771
Österreich	26,3	24,6	31,1	39,7	56,8	15	23077
Polen	25,9					10	7487
Portugal	19,1			49,1	48,8	26	14562
Schweden	33,7	30,6	39,1	55,7	43,4	18	20439
Schweiz	27,2		29,8	32,8	50,4	7	25902
Spanien	20,9			42,8	57,2	22	15990
Südkorea	7,4	8,6				17	14477
Tschechische Republik	19,8	19,3				12	13086
Türkei	10,0					25	6463
Ungarn						9	9875
USA	16,5	23,4	14,2	53,9	43,1	1	29326
Mittelwert	*22,1*	*23,5*	*26,9*	*55,4*	*42,2*	*13,5*	*19733*

Spalte 1: Ländername. Die aufgeführten Länder sind allesamt Mitglied der OECD (Organisation of Economic Co-operation and Development).

Spalte 2: Öffentliche und private Pflichtsozialleistungen in Prozent des Bruttoinlandsproduktes. Quelle: OECD (Anm. 2). Korrektur des fehlerhaften Wertes für Belgien anhand von Willem Adema, Net social expenditure. OECD Discussion Paper, Paris 2001, S. 38.

Spalte 3: Nettosozialleistungsquote (net total social expenditure) in Prozent des Bruttoinlandsproduktes zu Faktorkosten. Quelle: Adema, Net social expenditure, Tabellen A 2.1- A.2.4, Zeile 12, S. 38-41.

Spalte 4: Hohe (niedrige) Werte indizieren einen weit (gering) ausgebauten Schutz gegen Abhängigkeit der Lebensführung von Marktkräften. Berechnet auf der Basis von Esping-Andersen, The Three Worlds (Anm. 15), S. 50. Die Daten gelten für den Stand etwa Anfang der 80er Jahre des 20. Jahrhunderts.

Spalte 5: Finanzierungsanteil des Staates an der Gesamtheit der öffentlichen Sozialausgaben 1995. Quelle: Berechnet aus OECD, The Tax/Benefit Position of Employees 1995-1996, Paris 1997; OECD, The Tax/Benefit Position of Employees 1997, Paris: OECD, 1998.

Spalte 6: Finanzierungsanteil der Sozialbeiträge an den gesamten Sozialausgaben 1995. Quelle: Siehe Spalte 5. Die Summe aus Spalte 5 und 6 ergibt – aufgrund der Nichtberücksichtigung sonstiger Finanzierungsquellen – nicht notwendig 100.

Spalte 7: Beschäftigungsschutz am Ende des 20. Jahrhunderts (*OECD*, Employment Outlook. Paris: 1999, S. 66). Niedrige Rangplätze indizieren schwachen, hohe Ränge starken Beschäftigungsschutz. Letzterer wird anhand eines Indexes ermittelt, der auf Indikatoren regulärer Arbeitsverträge, befristeter Verträge und Regelungen von Kollektiventlassungen beruht. Für Details *OECD*, Employment Outlook, S. 50-68.

Spalte 8: In US Dollars zu laufenden Preisen (nach Kaufkraftparitäten) 1997. Quelle: OECD, OECD Economic Surveys 1998-1999 Germany. Paris 1999, Anhang.

Heinrich Pehle

Umweltschutz

1. Einleitung

Der vergleichenden Policy-Forschung geht es um die Beschreibung und Erklärung von Inhalten politischer Entscheidungsprozesse; sie fragt, wann, wie, warum und mit welchen Effekten politische Entscheidungen gefällt werden. Um zu validen Aussagen hinsichtlich politischer Handlungs- und Erfolgsbedingungen zu gelangen, konzentrieren sich die „[...] meisten Policy-Forscher [...] auf die Staaten und die Politikbereiche, für die zahlreiche, einigermaßen verlässliche und relativ leicht quantifizierbare vergleichbare Daten vorhanden sind."[1] Eben dies ist für das hier diskutierte Politikfeld nicht gegeben. Der internationale Vergleich von Umweltpolitiken steht vor dem Problem, dass es trotz einer kontinuierlich verbesserten Umweltberichterstattung in den meisten entwickelten Demokratien vergleichbare quantitative Daten über den Zustand der verschiedenen Umweltmedien – also die Belastung von Luft, Gewässern und Böden – nur in Ausnahmefällen gibt. Die Gründe hierfür sind mannigfaltig: So werden bestimmte Daten in einzelnen Ländern überhaupt nicht erhoben und wenn doch, dann häufig auf der Grundlage verschiedener Definitionen und mit unterschiedlichen Methoden, was ihre Vergleichbarkeit erschwert oder gar verunmöglicht. Bestimmte Umweltprobleme bzw. Maßnahmen zum Umweltschutz entziehen sich zudem von vornherein der Quantifizierbarkeit. Dies gilt insbesondere für den Naturschutz. So kann man zwar den Anteil geschützter Flächen an den jeweiligen Staatsgebieten vergleichend darstellen, doch sagt dies angesichts höchst unterschiedlicher natürlicher Ausgangsbedingungen und divergierender Schutzstandards inhaltlich faktisch nichts aus.

Ein weiteres Problem kommt hinzu: „Die Unterschiede zwischen den Ländern müssen sich als beabsichtigte Konsequenz politischen Handelns erklären lassen, d.h. kein Gratiseffekt anders motivierter Entscheidungen oder gar natürlicher Gegebenheiten sein."[2]

---

1   Manfred G. Schmidt, Vergleichende Policy-Forschung, in: Dirk Berg-Schlosser/Ferdinand Müller-Rommel (Hrsg.), Vergleichende Politikwissenschaft, 3. Aufl., Opladen 1997, S. 207-221, hier S. 219.
2   Manfred Binder, Die Operationalisierung umweltpolitischen Erfolges: Probleme und Lösungsansätze, in: Martin Jänicke (Hrsg.), Umweltpolitik der Industrieländer. Entwicklung – Bilanz – Erfolgsbedingungen, Berlin 1996, S. 133-152, hier S. 133.

Gern zitiertes Beispiel für derartige Gratiseffekte sind die sogenannten *wallfall-profits*, die sich in Folge des wirtschaftlichen Strukturwandels in den Neuen Ländern der Bundesrepublik für den Klimaschutz in Form einer spürbaren Reduzierung der Kohlendioxid-Emissionen einstellten: Ein Zusammenhang mit umweltpolitischen Maßnahmen bestand dabei nicht.[3]

Für die vergleichende Umweltpolitik-Forschung, die versucht, sich aus dem skizzierten Dilemma zu befreien, hat es sich als wichtig erwiesen, plausible Indikatoren für „Umweltqualitätsveränderungen" zu bilden. Dies hat Martin Jänicke getan, indem er die durchschnittlichen Veränderungsraten bestimmter Schadstoffemissionen, den biochemischen Sauerstoffbedarf ausgewählter Fließgewässer und die Einwohneranschlussraten an Kläranlagen über einen Zeitraum von 15 Jahren (1970-1985) ermittelte und sie zu jeweils einem Umweltqualitätsindikator für die von ihm untersuchten Staaten miteinander verband. Die Bundesrepublik Deutschland landete im Feld der 22 untersuchten westlichen Industrienationen mit dem zehnten Rangplatz im Mittelfeld. Die Spitzenpositionen nahmen Japan, die Niederlande, Luxemburg und Schweden ein; das Schlusslicht bildete Griechenland.[4] Gratiseffekte, die sich etwa auf Grund eines wirtschaftlichen Strukturwandels in einzelnen Untersuchungsländern eingestellt haben mögen, lassen sich durch das von Jänicke gewählte Vorgehen zwar nicht vollständig eliminieren, gleichwohl dürfte auf Grund der Indikatorenkombination und des 15-jährigen Untersuchungszeitraums davon auszugehen sein, dass die jeweilige ökologische Bilanz der einzelnen Staaten zumindest zu einem Großteil tatsächlich ursächlich mit genuin umweltpolitischen Bemühungen bzw. deren Ausbleiben in Zusammenhang stand.

An diesen Befund knüpfen unmittelbar zwei Fragen an, welche die vergleichende Forschung zur Umweltpolitik bis heute beschäftigen: Wie ist es, erstens, zu erklären, dass in bestimmten Staaten zu einem bestimmten Zeitpunkt umweltpolitische Maßnahmen ergriffen werden und in anderen nicht, und was sind, zweitens, die Bedingungen, die über den Erfolg dieser Maßnahmen entscheiden? Auf beide Fragen versucht der „Kapazitätsbildungsansatz" Antworten zu geben.[5] Den Vertretern dieses Ansatzes geht es darum, eindimensional-funktionalistischen Erklärungsversuchen entgegenzutreten, die häufig nur einen bestimmten Aspekt – zum Beispiel das Umweltbewusstsein der Bevölkerung oder das eingesetzte Steuerungsinstrumentarium – als

---

3   Vgl. etwa Helmut Weidner/Martin Jänicke, Vom Aufstieg und Niedergang eines umweltpolitischen Vorreiters. Eine umweltpolitische Bilanz der Ära Kohl, in: Göttrik Wewer (Hrsg.), Bilanz der Ära Kohl. Christlich-liberale Politik in Deutschland 1982-1998, Opladen 1999, S. 201-228, hier S. 219.

4   Vgl. Martin Jänicke, Erfolgsbedingungen von Umweltpolitik im Internationalen Vergleich, in: Zeitschrift für Umweltrecht und Umweltpolitik 13 (1990), S. 213-222, hier S. 219.

5   Vgl. hierzu Martin Jänicke/Helmut Weidner (Hrsg.), National Environmental Policies. A Comparative Study of Capacity-Building, Berlin u.a. 1997.

Erklärungsfaktor heranziehen.[6] Die Suche nach erklärenden Variablen für umweltpolitische Erfolge oder Misserfolge darf nicht mehr oder weniger willkürlichen Vorentscheidungen folgen. Deshalb müssen der „[...] gesamte Handlungskontext, die Mobilisierung verschiedener Ressourcen sowie politisches Lernen und sich wandelnde Akteurskonstellationen (Netzwerke etc.) vor der Hintergrundfolie des ökologischen Problemlösungspensums und der systemischen Grundbedingungen" in den Blick genommen werden.[7] Angesprochen sind damit unter anderem der Zuschnitt und die Kompetenzen staatlicher Institutionen, die eingesetzten Steuerungsinstrumente, die Handlungs- und Durchsetzungsfähigkeit nicht-staatlicher Akteure und die sozioökonomischen Rahmenbedingungen umweltpolitischen Handelns. Die wichtigsten dieser Faktoren werden im Folgenden im Anschluss an einen begriffsgeschichtlichen Exkurs thematisiert.

2. Die Begriffsgeschichte: Was bedeuten „Umwelt" und „Umweltschutz"?

Als Geburtsjahr (bundes)deutscher Umweltpolitik gilt das Jahr 1969. Zu diesem Zeitpunkt wussten noch 95 Prozent der Bundesbürger mit dem Begriff „Umwelt" nichts anzufangen.[8] Auch im Folgejahr, dem ersten, in dem beispielsweise das Register des „SPIEGEL" den Begriff „Umweltverschmutzung" auswies, hatten noch immer knapp 60 Prozent der Bundesbürger kein entsprechendes Begriffsverständnis entwickelt. Die im selben Jahr einsetzende, engagierte Berichterstattung in den verschiedenen Medien über ökologische Probleme – etwa über das Fischsterben im Rhein – zeigte jedoch Wirkung, denn eine dritte repräsentative Umfrage ergab ein völlig anderes Bild: Über 90 Prozent der Befragten gaben nunmehr an, die Bezeichnung „Umweltpolitik" zu kennen.[9]

Wer die deutschen Begriffe „Umwelt", „Umweltschutz" und „Umweltpolitik" letztlich geprägt hat, ist umstritten. Edda Müller zufolge war es ein Beamter des seinerzeit für die Umweltpolitik verantwortlichen Bundesinnenministeriums, der sie mit der Übersetzung von „environmental protec-

---

6 Vgl. Helmut Weidner, Umweltpolitik: Entwicklungslinien, Kapazitäten und Effekte, in: Max Kaase/Günther Schmid (Hrsg.), Eine lernende Demokratie: 50 Jahre Bundesrepublik Deutschland. WZB-Jahrbuch, Berlin 1999, S. 425-460, hier S. 426.
7 Ebd.
8 Vgl. Norbert F. Pötzl, Riesenhaft dimensioniertes Stückwerk. Die Umweltpolitik der sozialliberalen Koalition, in: Wolfram Bickerich (Hrsg.), Die dreizehn Jahre. Bilanz der sozialliberalen Koalition, Reinbeck bei Hamburg 1982, S. 103-117, hier S. 104.
9 Vgl. Manfred G. Schmidt, Regieren in der Bundesrepublik Deutschland, Opladen 1992, S. 157.

tion" und „environmental policy" aus der Taufe hob.[10] Nun mag es zwar richtig sein, dass sich die Durchsetzung dieser Begriffe letztlich der Öffentlichkeitsarbeit der Bundesregierung verdankte, und es scheint auch plausibel, dass der Terminus Umweltschutz tatsächlich dem „National Environmental Protection Act", der in den Vereinigten Staaten von Amerika bereits im Jahr 1969 in Kraft gesetzt wurde, entlehnt worden ist. „Umwelt" im heutigen Verständnis wurde öffentlich gleichwohl wesentlich früher gebraucht, und zwar erstmals in der „Grünen Charta von der Mainau", einem Dokument, das von verschiedenen Naturschutzorganisationen im Jahr 1961 verabschiedet wurde. In Paragraph II der Charta hieß es wörtlich: „Die Würde des Menschen ist dort bedroht, wo seine natürliche Umwelt beeinträchtigt wird."[11]

Auch wenn es heute selbstverständlich ist, von „Umwelt" und „Umweltpolitik" zu sprechen, ist die Begrifflichkeit noch immer mehrdeutig. Beispielsweise ist nicht nur von einer natürlichen Umwelt die Rede, sondern auch von einer sozialen, psychischen und wirtschaftlichen; in anderen Zusammenhängen werden z.B. städtische und ländliche Umwelten thematisiert. Zur Sicherung eines klaren Begriffsgehalts empfiehlt es sich deshalb, auf den von Jakob von Uexküll bereits im Jahr 1909 geprägten, biologischen Umweltbegriff zurückzugreifen, der unter „Umwelt" die für den Lebensablauf eines Lebewesens relevanten Bestandteile seiner Umgebung versteht. Die Trennlinie zwischen Umgebung und Umwelt ist allerdings fließend, abhängig vom jeweiligen (natur)wissenschaftlichen Erkenntnisstand und von einer Werteentscheidung, die zwischen einem anthropozentrischen und einem ökozentrischen Umweltverständnis zu treffen ist.

Politisch hat sich weltweit bislang die anthropozentrische Sichtweise durchgesetzt. Wenn Umweltpolitik allgemein definiert wird als die Gesamtheit der Bestrebungen und Maßnahmen, welche auf die Erhaltung der natürlichen Lebensgrundlagen abzielen, schlagen letztlich die menschlichen Umweltansprüche durch. Dies schließt die Berücksichtigung pflanzlicher und tierischer Umwelten als Schutzgüter nicht aus, doch wird ihre Einbeziehung im Allgemeinen nicht durch die Konzedierung von Eigenrechten der Natur, sondern durch ihre Bedeutung für die menschliche Umwelt gerechtfertigt. Dem entspricht die von der Bundesregierung in ihrem ersten Umweltprogramm von 1971 vertretene Definition von Umweltpolitik als „Gesamtheit aller Maßnahmen, die notwendig sind, um dem Menschen eine Umwelt zu sichern, wie er sie für seine Gesundheit und für ein menschenwürdiges Dasein braucht, und um Boden, Luft und Wasser, Pflanzen-und Tierwelt vor nachteiligen Wirkungen menschlicher Eingriffe zu schützen."

---

10 Vgl. Edda Müller, Innenwelt der Umweltpolitik. Sozial-liberale Umweltpolitik – (Ohn)macht durch Organisation?, Opladen 1986, S. 55. Der Spiegel (Nr. 39/1995, S. 57) datiert die erstmalige Verwendung des Wortes „Umweltschutz" in einem behördeninternen Entwurf des Bundesinnenministeriums auf den 7. November 1969.

11 Der Text der Charta kann im Internet nachgelesen werden unter http://www. landespflege.de/texte/chartadt/html.

Nimmt man diese Begriffsbestimmung ernst, ist die „amtliche" Unterscheidung zwischen Umwelt- und Naturschutz, die in Deutschland bis heute etwa in der Bezeichnung des zuständigen Bundesministeriums (für Umwelt, Naturschutz und Reaktorsicherheit) aufrechterhalten wird, im Grunde nicht nachvollziehbar. Zu rechtfertigen ist sie allenfalls dadurch, dass es dem Bund in der Etablierungsphase der Umweltpolitik nicht gelungen ist, dem Bundesrat die volle – präziser: die konkurrierende – Gesetzgebungskompetenz in allen einschlägigen Rechtsgebieten abzuringen. Noch immer ist der Bund in den Bereichen Wasserhaushalt sowie eben Naturschutz und Landschaftspflege auf die Rahmengesetzgebung verwiesen. In allen vergleichbar entwickelten Demokratien, die eine solche Aufsplitterung der legislativen Kompetenzen durchweg nicht kennen, ist der Sprachgebrauch entsprechend unkomplizierter: Naturschutz geht begrifflich gleichsam im Umweltschutz auf.[12]

3. Entwicklungslinien und Charakteristika des Politikfelds

3.1 Die Etablierung und Institutionalisierung der Umweltpolitik

Wenn in diesem Beitrag in Übereinstimmung mit der einschlägigen Literatur davon die Rede war, dass die Umweltpolitik in der Bundesrepublik Deutschland erst im Jahr 1969 auf die politische Agenda gelangte, so bedeutet dies nicht, dass es nicht schon früher staatliche Maßnahmen gegeben hätte, die man heute dem Politikfeld „Umweltschutz" zurechnen würde. Schon die Gewerbeordnung von 1867 lieferte den zuständigen Behörden Rechtsgrundlagen zum Eingreifen, wobei insbesondere die Genehmigungspflicht für die Errichtung und den Betrieb bestimmter Gewerbebetriebe wichtig war. Ihr unterlagen alle Anlagen, „welche durch die örtliche Lage oder die Beschaffenheit der Betriebsstätte für die Besitzer oder Bewohner der benachbarten Grundstücke oder für das Publikum überhaupt erhebliche Nachteile, Gefahren oder Belästigungen" herbeiführen konnten.[13] Die Gewerbeordnung wie auch die im Jahr 1895 erlassene „Technische Anleitung Luft", deren Regelungsgehalt sich in „unverbindlichen Ratschlägen" zur Vermeidung überzo-

---

12 Vgl. hierzu etwa die Beiträge in Michael Skou Andersen/Duncan Liefferink (Hrsg.), European Environmental Policy. The Pioneers, Manchester/New York 1997; und in Kenneth Hanf/Alf-Inge Jansen (Hrsg.), Governance and Environment in Western Europe. Politics, Policy and Administration, Essex 1998. Eine kleine Ausnahme macht Schweden. Dort hat man ein Umweltministerium eingerichtet, dem eine Naturschutzbehörde („naturvårdsverk") zugeordnet ist. Diese begriffliche Diskrepanz hat jedoch nur historische Gründe. Inhaltlich fallen Umwelt- und Naturschutz auch dort zusammen. Naturvårdsverket erfüllt die Aufgaben, die in Deutschland auf das Umweltbundesamt und das Bundesamt für Naturschutz verteilt sind, im Verbund.

13 Vgl. Klaus-Georg Wey, Umweltpolitik in Deutschland. Kurze Geschichte des Umweltschutzes in Deutschland seit 1900, Opladen 1982, S. 31.

gener Rauchentwicklung erschöpfte,[14] sind frühe Beispiele für eine bis in die sechziger Jahre des 20. Jahrhunderts andauernde Praxis, in der von einem systematisch angelegten Schutz der natürlichen Lebensgrundlagen noch keine Rede sein konnte. Es ging lediglich um einen im Wesentlichen auf das Nachbarschaftsrecht eingeschränkten Schutz von Gesundheit und Eigentum der Bevölkerung.

Der ökologische Preis der anhaltenden Passivität des Gesetzgebers ist bekannt: Schaumbedeckte Flüsse, ungeordnete Müllablagerungen und ein grauer Himmel über den deutschen Industriezentren prägten das Bild, als die Bundesregierung sich daran machte, erste umweltpolitische Konzepte zu entwickeln. Im Unterschied zu den meisten anderen europäischen und außereuropäischen Staaten – als gut dokumentierte Beispiele seien nur die Niederlande, Schweden und Japan genannt -, in welchen die Politik durch massiven öffentlichen Druck zu umweltpolitischem Handeln genötigt wurde,[15] blieb selbiger in der Bundesrepublik trotz der offensichtlichen Umweltschäden allerdings aus. Die (bundes)deutsche Entwicklung bildet also insofern einen Sonderfall, als der Umweltschutz durch einen „withinput" – eigenständige Initiativen von Teilen der politisch-administrativen Elite also, die ohne einen entsprechenden gesellschaftlichen „input" entwickelt wurden – nicht nur überhaupt auf die Tagesordnung gelangte, sondern in der Folgezeit auch kräftig forciert wurde. Die Gründe für diesen Durchbruch sind vielschichtig. Sie dürften zum einen in der allgemeinen „Reformfreude" zu finden sein, die den Amtsantritt der sozial-liberalen Koalition im Jahr 1969 begleitete. Zum anderen gab es internationale Initiativen wie etwa die Deklarierung des Jahres 1970 zum „Naturschutzjahr" durch den Europarat und die Einladung zur ersten internationalen „Konferenz über die Umwelt des Menschen" für das Jahr 1972 in Stockholm seitens der Vereinten Nationen. Die Etablierung des Umweltschutzes zeugt aber auch von der Fähigkeit der deutschen Politik zum „Policy-Learning": Für die Geburt der deutschen Umweltpolitik, so etwa Helmut Weidner, seien „im Wesentlichen ausländische Vorbilder entscheidend" gewesen, die man vor allem in den USA, Schweden und Japan gefunden habe.[16]

Die drei genannten Länder nehmen die internationalen Spitzenpositionen ein, wenn man, wie Martin Jänicke dies getan hat, vergleicht, wann in den entwickelten Industrienationen welche Schritte zur Institutionalisierung der

---

14 Vgl. ebd., S.110.
15 Vgl. KennethHanf/Egbert van de Gronden, The Netherlands: Joint regulation and sustainable development, in: Hanf/Jansen (Anm. 12), S. 152-180, hier S. 161; Lennart Lundqvist, Sweden: From environmental restoration to ecological modernisation, in: Ebd., S. 230-252, hier S. 232 und Helmut Weidner, Basiselemente einer erfolgreichen Umweltpolitik. Eine Analyse und Evaluation der Instrumente der japanischen Umweltpolitik, Berlin 1996, S. 159.
16 Weidner (Anm. 12), S. 429f.

Umweltpolitik unternommen wurden.[17] Bei diesem Vergleich rangiert die Bundesrepublik auf einem bescheidenen 22. Platz, denn das Umweltbundesamt wurde zwar immerhin im Jahr 1974 eingerichtet, der erste nationale Umweltbericht erschien aber erst 1979/80 und die Gründung des Bundesumweltministeriums datiert aus dem Jahr 1986. Bis zur Verankerung des Umweltschutzes im Grundgesetz im Form des Artikels 20 a dauerte es weitere acht Jahre, und ein echtes „Grundlagengesetz" zum Umweltschutz gibt es bis heute nicht.

Derartige Institutionalisierungsschritte mögen etwas aussagen über den grundsätzlichen Stellenwert der Umweltpolitik, darüber, ob sie auf der formalen Ebene „gleichberechtigt" neben andere, zum Teil konkurrierende Politikbereiche wie etwa die Agrar- und Verkehrspolitik gestellt wurde. Über konkrete Auswirkungen für die Handlungs- und Durchsetzungsfähigkeit umweltpolitischer Akteure ist damit aber noch nichts gesagt. So gibt es beispielsweise begründete Zweifel, ob die Gründung des Bundesministeriums für Umwelt, Naturschutz und Reaktorsicherheit tatsächlich eine Reform war, die sich positiv auf die Gestaltungschancen der „Umweltbürokratie" innerhalb der Bundesregierung ausgewirkt hat. Zumindest für die Fachbereiche, die vor 1986 im Bundesministerium des Innern für den Umweltschutz verantwortlich zeichneten, scheint diesbezüglich Skepsis angebracht. Die „Befreiung" der Naturschutzabteilung aus der seinerzeitigen Verantwortung des Landwirtschaftsministers hingegen brachte zwar auch Nachteile für die Beamten vor allem in Form von Informationsverlusten mit sich, erscheint aber grundsätzlich in einem positiveren Licht.[18] Auch die 1994 in das Grundgesetz eingefügte Staatszielbestimmung zum Umweltschutz erweist sich bei näherem Hinsehen nicht unbedingt als umweltpolitischer Fortschritt. Weil in Artikel 20 a ein sogenannter „Gesetzesvorbehalt" eingefügt wurde, verleiht diese Bestimmung im Grunde jedwedem Handeln des Gesetzgebers die Weihe der Verfassungskonformität.[19]

Institutionalisierung darf also nicht gleichgesetzt werden mit konkreten politischen Wirkungen. Dies lehrt nicht nur die Binnenanalyse, sondern auch der internationale Vergleich. Ein prägnantes Beispiel dafür lieferte die ehe-

---

17 Vgl. Jänicke (Anm. 4), S. 215-217. In der auf 32 Nationen bezogenen Untersuchung wurde geprüft, „welches Industrieland wann ein Umweltministerium, ein zentrales Umweltamt, ein Grundlagengesetz zum Umweltschutz schuf, wann es ggf. den Umweltschutz in der Verfassung verankerte und den ersten nationalen Umweltbericht herausgab" (ebd., S. 215).

18 Vgl. hierzu ausführlich Heinrich Pehle, Das Bundesministerium für Umwelt, Naturschutz und Reaktorsicherheit: Ausgegrenzt statt integriert? Das institutionelle Fundament der deutschen Umweltpolitik, Wiesbaden 1998.

19 Vgl. hierzu ders., Institutionalisierung als Erfolgsbedingung von Umweltpolitik?, in: Lutz Mez/Helmut Weidner (Hrsg.), Umweltpolitik und Staatsversagen. Perspektiven und Grenzen der Umweltpolitikanalyse. Festschrift für Martin Jänicke zum 60. Geburtstag, Berlin 1997, S. 457-462, und Gertrude Lübbe-Wolff, Verfassungsrechtliche Grenzen symbolischer Umweltpolitik, in: Bernd Hansjürgens/Gertrude Lübbe-Wolff (Hrsg.), Symbolische Umweltpolitik, Frankfurt a.M. 2000, S. 217-238.

malige DDR, wo bereits 1968 der Umweltschutz in der Verfassung verankert, 1970 ein umfassendes Grundlagengesetz verabschiedet und 1971 ein Umweltministerium gebildet wurde. Die katastrophale ökologische Bilanz des Landes, die nach der deutschen Einheit offenbar wurde, zeigt mit aller Deutlichkeit, dass die „Umweltkomparatistik" tiefer schürfen muss, als es ein bloßer Institutionenvergleich ermöglicht.

3.2 Die Steuerungsinstrumente: Deutschland auf Sonderwegen?

Auch wenn auf Grund des zeitlichen Vorlaufs in den umweltpolitischen Pionierländern in der Bundesrepublik politisches Lernen möglich war und auch praktiziert wurde, so heißt das nicht, dass man die ausländischen „Vorbilder" komplett zu kopieren versuchte. Im Gegenteil: Die deutsche Umweltpolitik ging sehr bewusst einen eigenen Weg, indem sie auf national bereits erprobte Regelungsmuster zurückgriff. Diese fanden sich vor allem in der schon im ersten Umweltprogramm der Bundesregierung von 1971 beschworenen „guten Tradition" des Gewerberechts. So baute etwa das im Jahr 1974 verabschiedete Bundesimmissionsschutzgesetz, das der Bekämpfung von Luftverschmutzung und Lärmbelästigung dient, auf der Systematik der bereits zitierten Gewerbeordnung von 1867 auf. Jochen Hucke bilanzierte das Dilemma einer Politik, die zur Etablierung eines neuen Politikfeldes auf die Neubelebung althergebrachter Rechtstraditionen setzte, wie folgt:

> „Mit dem Rückgriff auf die traditionellen umweltpolitischen Regelungsmuster, deren Grundmuster in der frühen Phase der Industrialisierung gegen Ende des 19. Jahrhunderts konzipiert worden sind und die insbesondere den Gedanken des Schutzes des Privateigentums vor Eingriffen des Staates und Dritter in den Mittelpunkt stellten, wurden jedoch zugleich auch entscheidende Hemmnisse und Verzögerungen für die weitere Entwicklung und den Vollzug der Umweltpolitik erkauft. Ein umfassender Eigentumsschutz [...] steht nämlich [...] in grundlegendem Widerspruch zu dem im Rahmen der neuen Umweltpolitik programmatisch entwickelten Gedanken, dass der Grad an Umweltbelastungen immer so weit herabgesetzt werden sollte, wie dies jeweils nach dem neuesten Stand der Umwelttechnik möglich ist."[20]

Das „Policy-Learning" bezog sich also nur auf das „Ob", nicht aber auf das „Wie" staatlichen Umweltschutzes. Auf die Einführung speziell auf den Umweltschutz zugeschnittener Instrumente – wie beispielsweise die in den USA seinerzeit bereits praktizierte Umweltverträglichkeitsprüfung – meinte man in Deutschland verzichten zu können und zu sollen. In der Folge bildete sich ein umweltpolitisches Regelwerk heraus, das einem regulativen Ansatz verpflichtet war, also vorzugsweise mit Ge- und Verboten und gebundenen

20 Jochen Hucke, Umweltpolitik: Die Entwicklung eines neuen Politikfeldes, in: Klaus von Beyme/Manfred G. Schmidt (Hrsg.), Politik in der Bundesrepublik Deutschland, Opladen 1990, S. 382-398, hier S. 385f.

Erlaubnissen operierte, welche ihrerseits auf explizite Immissionswerte Bezug nahmen.[21] Im internationalen Vergleich war die deutsche Umweltpolitik von einem beträchtlich höheren Aufwand als diejenige der anderen europäischen Staaten gekennzeichnet, ohne das dem allerdings entsprechend größere Erfolge entsprachen.[22] Im Vergleich der „Paragraphenberge" nahm Deutschland zwar eine Spitzenposition ein, doch das im internationalen Vergleich ausgebauteste Regelungssystem, das mit einem entsprechend höheren Verwaltungsaufwand verbunden war, erwies sich nicht als wirkungsvoller als der „bescheidenere", auf konkrete Emissionssenkungen zielende Ansatz der europäischen Nachbarländer. Ein ähnliches Ergebnis brachte der Vergleich der deutschen mit der US-amerikanischen Luftreinhaltepolitik, der sich konkret auf die Erstellung von „Luftreinhalteplänen" bezog. Es zeigte sich, dass die Anspruchshöhe des deutschen Programms so hoch war, das es in der Praxis faktisch nicht umgesetzt werden konnte. Die amerikanische Variante war zwar wesentlich weniger anspruchsvoll, zeigte sich in ihren konkreten Auswirkungen dem deutschen Modell jedoch deutlich überlegen.[23]

Sieht man einmal von den „Grünen" ab, die im Jahr 1983 erstmals in den Deutschen Bundestag einzogen, wurde die Umweltpolitik in den siebziger und achtziger Jahren faktisch von einem Allparteienkonsens getragen. Die „Wende" von 1982/83, welche die Regierung Kohl ins Amt brachte, schlug sich dementsprechend umweltpolitisch nicht nieder, sondern es blieb bei der ordnungspolitischen Ausrichtung des staatlichen Umweltschutzes.[24] Allerdings begann die konservativ-liberale Koalition ihre Amtszeit insofern mit einem umweltpolitischen Paukenschlag, als sie in Reaktion auf die intensive öffentliche Debatte über das „Waldsterben" die von ihrer Vorgängerregie-

---

21 Eine an Immissionswerten orientierte Umweltpolitik definiert feste Grenzwerte für Anlagen eines bestimmten Typs, die unabhängig von der Umweltqualität des gewählten Standorts gelten. Die Alternative dazu besteht in der Ausrichtung des Steuerungsinstrumentariums an Emissionswerten. Dieser Ansatz, der zum Beispiel die britische Umweltpolitik bis heute prägt, erlaubt „großzügigere" Anlagengenehmigungen für solche Gebiete, die noch nicht bzw. nur unwesentlich mit Schadstoffen belastet sind. Die Kehrseite dieser größeren Flexibilität besteht allerdings in der Gefahr, dass man sogenannte Reinluftgebiete bzw. noch unbelastete Gewässer so lange mit Schadstoffen „auffüllt", bis ein (politisch festgesetzter) Belastungsgrenzwert erreicht ist.

22 Vgl. hierzu und zum Folgenden Peter Knoepfel/Helmut Weidner: Luftreinhaltepolitik (stationäre Quellen) im internationalen Vergleich, Band 1: Methodik und Ergebnisse, Berlin 1985, S. 213-218.

23 Vgl. Helmut Schreiber, Emissions-, Immissions- und Wirkungskataster als Instrumente der Umweltberichterstattung. Ein Vergleich zwischen der Bundesrepublik Deutschland und den Vereinigten Staaten von Amerika, Berlin 1985. Zusammenfassend zur Gesamtproblematik Heinrich Pehle, Umweltpolitik im Internationalen Vergleich, in: Volker von Prittwitz (Hrsg.): Umweltpolitik als Modernisierungsprozess. Politikwissenschaftliche Forschung und Lehre in der Bundesrepublik, Opladen 1993, S. 113-136, hier S. 116-118.

24 Vgl. Helmut Weidner, Die Umweltpolitik der konservativ-liberalen Regierung. Eine vorläufige Bilanz, in: Aus Politik und Zeitgeschichte, B 47-48/89, S. 16-28.

rung bereits im Entwurf erarbeitete Großfeuerungsanlagenverordnung
(GFAV) nach nur neun Monaten Amtsdauer in Kraft setzte. Diese Verordnung zwang der deutschen Energiewirtschaft im Endeffekt ein Investitions-
volumen von mehr als 50 Milliarden DM auf. Aber nicht nur, weil nunmehr
die Großemittenten stärkere Aufmerksamkeit seitens des Gesetzgebers erfuh-
ren, und in Deutschland die europaweit strengsten Vorschriften für Kraftwerke galten, bedeutete die GFAV einen bemerkenswerten Einschnitt in die damalige umweltpolitische Regulierungspraxis. Sie markierte vielmehr auch eine in anderer Hinsicht folgenreiche Reform des deutschen Umweltrechts,
denn erstmals wurden verbindliche Fristen dafür gesetzt, dass *alle* unter die
Verordnung fallenden Anlagen erheblich verschärfte Standards erfüllen
mussten. Damit war ein Durchbruch gelungen für die rechtliche Durchsetzung von Sanierungsanforderungen auch für sogenannte Altanlagen, die bis
dato an einem sehr weit gefassten Eigentumsschutz gescheitert war. Sukzessive wurden in den Folgejahren verbindliche Fristvorgaben für die Sanierung
von bereits genehmigten und im Betrieb befindlichen Anlagen auch in anderen Umweltrechtsbereichen, etwa im Wasser- und Abfallrecht, verankert,
wodurch die „Vollzugswirksamkeit" der Umweltgesetzgebung insgesamt
spürbar verbessert werden konnte.[25]

Dies war der Hauptgrund dafür, dass die deutsche „Umweltbilanz" zum
Ende der neunziger Jahre im internationalen Vergleich recht achtbar ausfiel:

> „Die Schadstoffemissionen der Kraftwerke und Kraftfahrzeuge wurden nach 1983 für
> Europa (nicht für Japan) vorbildhaft reduziert. Im Klimaschutz und in der späteren
> Abfallpolitik spielte Deutschland eine Vorreiterrolle. Die Verbesserung der Wasser-
> qualität des Rheins und anderer Fließgewässer wie auch die rasche ökologische Sanie-
> rung der Neuen Bundesländer sind im internationalen Vergleich durchaus vorzeig-
> bar."[26]

Charakteristisch für die in Deutschland betriebene Politik war allerdings
auch, dass alle Verbesserungen „[...] Umweltprobleme mit hoher Sichtbarkeit
und Politisierbarkeit [betrafen], Umweltprobleme, für die es technische Lösungen und Gewinner gibt."[27] Dass man „schleichende" Umweltgefährdun-
gen – Stichworte hierfür sind etwa die Kontaminierung der Böden, die Zer-
siedelung und Versiegelung der Landschaft etc. – nicht in gleicher Intensität
anging, hat sehr viel mit der „programmatischen Erstarrung" der Umweltpolitik zu tun, die sich im Ordnungsrecht gleichsam selbst gefangen hatte. Insbesondere mit der Einführung von ökonomischen Steuerungsinstrumenten,
mit deren Hilfe man der Umweltnutzung einen Preis geben kann, wodurch
ein wirtschaftlicher Anreiz entsteht, dieselbe einzuschränken, tat man sich
schwer. Eines der wenigen Beispiele war das Abwasserabgabengesetz, mit
dem die (genehmigte) Einleitung von Schadstoffen in Gewässer mit einem
Preis belegt wurde. Im Jahr 1990 hatte der Gesetzgeber noch eine schrittwei-

---

25   Vgl. Hucke (Anm. 20), S. 390.
26   Weidner/Jänicke (Anm. 3), S. 221.
27   Ebd.

se Erhöhung der Abgabe von 60 DM im Jahr 1993 auf 90 DM im Jahr 1999 beschlossen. Vier Jahre später legte er dieses Vorhaben zugunsten einer einmaligen Erhöhung auf 70 DM zu den Akten. Gleichzeitig wurden die Verrechnungsmöglichkeiten der Abgabe mit einschlägigen, ökologisch jedoch kaum wirksamen Investitionen – wie zum Beispiel Abwässerkanälen, die nichts zur Reduzierung von Schadstoffen beitragen – in einem Maße erweitert, dass von der ökonomischen Lenkungswirkung der Abgabe kaum mehr etwas übrigblieb.

Beim Sachverständigenrat für Umweltfragen stieß die Tatsache, dass damit faktisch „die einzige auf Bundesebene praktizierte Lenkungsabgabe" abgeschafft wurde, zwar schon im Vorfeld auf deutliche Kritik,[28] doch zeigt der internationale Vergleich bis heute, dass alle Industrienationen sehr zurückhaltend agieren, wenn es um den Einsatz ökonomischer Lenkungsinstrumente für den Umweltschutz geht. Zwar wird seitens der umweltökonomischen Theorie seit langem propagiert, dass handelbare Emissionslizenzen (oder Zertifikate) im Vergleich mit allen anderen denkbaren Steuerungsinstrumenten die ökonomisch effizienteste und gleichzeitig ökologisch wirksamste Variante darstellen. Über praktische Erfahrungen mit dem Handel von Emissionslizenzen verfügen aber bislang im Grunde nur die USA.[29] Deutschland bildet hinsichtlich des Einsatzes ökonomischer Instrumente im Umweltschutz also keine Ausnahme, hat sich bislang aber eben auch nicht als internationaler „Vorreiter" profiliert. Im europäischen Kontext kommt diese Rolle seit kurzem Großbritannien zu. Im Vorgriff auf eine entsprechende Richtlinie der Europäischen Union, die – nach anhaltenden deutschen Widerständen schließlich doch im Dezember 2002 einstimmig vom Rat der Umweltminister verabschiedet – im Jahr 2005 in Kraft treten wird, ist dort bereits zum 1. April 2002 eine neue Regelung betreffend die Luftreinhaltung in Kraft. Sie erlaubt es interessierten Unternehmen, branchenübergreifend mit Schadstoffzertifikaten zu handeln.[30]

Sah man in Deutschland im Einsatz von ökonomischen Instrumenten – aus welchen Gründen auch immer – also keine Alternative bzw. sinnvolle Ergänzung des herkömmlichen Ordnungsrechts,[31] so wurde man sich dessen Grenzen gleichwohl bewusst. Deshalb schrieb die im Jahre 1994 zwischen CDU, CSU und FDP ausgehandelte Koalitionsvereinbarung den Vorrang „freiwilliger Selbstverpflichtungen der Wirtschaft" für die Erreichung der umweltpolitischen Ziele der Bundesregierung fest. Damit betrat man zwar kein völliges Neuland, denn die ersten Selbstverpflichtungen – sie betrafen

---

28 Rat von Sachverständigen für Umweltfragen, Umweltgutachten 1994: Für eine dauerhaft-umweltgerechte Entwicklung, Bundestag-Drucksache 12/6995, S. 189.

29 Vgl. ders., Umweltgutachten 2000: Schritte ins nächste Jahrtausend, Stuttgart 2000, S. 125.

30 Vgl. hierzu Süddeutsche Zeitung vom 2. April 2002, S. 18.

31 Eine Ausnahme bildeten und bilden Anreizprogramme in Form staatlicher Zuschüsse etwa für die nachträgliche Wärmedämmung von Wohnhäusern oder für die Installierung von Solarzellen zur Energiegewinnung von Privathaushalten.

die Reduzierung von Einwegverpackungen und die Verwertung von Altglas –
datierten aus dem Jahr 1977. Die Hervorhebung dieses Instruments im Koalitionsvertrag setzte gleichwohl einen neuen umweltpolitischen Akzent.
Mittlerweile ist es zu einem schon selbstverständlichen Bestandteil der Umweltpolitik geworden: Gab es nach Angaben des Umweltministeriums im
Jahr 1994 ungefähr 35 laufende, bundesweite Selbstverpflichtungen, ging
man für das Jahr 2000 von etwa 100 Selbstverpflichtungen der Wirtschaft
zum Umweltschutz aus.[32] Eine besonders wichtige Rolle spielen sie traditionell im Chemikalien- und Abfallwirtschaftsbereich, wo es meist um den Verzicht auf den Einsatz oder das Inverkehrbringen bestimmter Produkte geht;
seit Mitte der neunziger Jahre gelten sie als zentrales Instrument auch für den
Klimaschutz.[33] Mit Selbstverpflichtungen zum Umweltschutz wird heute im
Grunde in allen entwickelten Industrienationen gearbeitet. Im europäischen
Vergleich liegt die Zahl der in Deutschland abgegebenen Selbstverpflichtun-
gen sehr hoch. Allein in Deutschland wurde etwa ein Drittel aller in den
Mitgliedstaaten der Europäischen Union registrierten Selbstverpflichtungen
eingegangen.[34] Nur für die Niederlande wurden nach Angabe des deutschen
Sachverständigenrates noch mehr gezählt,[35] denn dort sind sie seit geraumer
Zeit „extrem populär".[36]

Auch wenn sich der Begriff „Selbstverpflichtung" mittlerweile eingebür-
gert hat, ist er alles andere als eindeutig. Indem er suggeriert, dass die Regierung nur als Empfängerin von Absichtserklärungen gesellschaftlicher Akteure in Erscheinung tritt, vermittelt er ein falsches Bild, denn tatsächlich sind
Selbstverpflichtungen das Resultat oft jahrelanger Verhandlungen zwischen
Wirtschaft und Bundesregierung auf Expertenebene.[37] Selbstverpflichtungen
sind also in Wahrheit Vereinbarungen, denen allerdings ein formaler Vertrags-
charakter und damit jegliche Sanktionsmöglichkeit bei Nichteinhaltung fehlt.
Da es zumeist darum geht, nicht nur Einzelunternehmen, sondern gesamte
Industriebranchen zu erfassen und informal auf ein bestimmtes Verhalten zu

---

32 Vgl. Helge Wulsdorf, Verbandliche Selbstregulierung als ein Beitrag zur einer effizi-
    enteren Umweltschutzvorsorge, in: Hans-Werner Rengeling/Hagen Hof (Hrsg.), In-
    strumente des Umweltschutzes im Wirkungsverbund, Baden-Baden 2001, S. 157-167,
    hier S. 157.
33 Vgl. Pehle (Anm. 18), S. 154; Paul Klemmer, Das Instrument der freiwilligen Selbst-
    verpflichtung – eine kritische Bestandsaufnahme, in: Rengeling/Hof (Anm. 32), S.
    153-156.
34 Vgl. Peter Clinch, Environmental Policy Reform in the EU, in: Giampaolo Galli/
    Jacques Pelkmans (Hrsg.), Regulatory Reform and Competitiveness in Europe, I. Ho-
    rizontal Issues, Cheltenham/Northhampton 2000, S. 202-237, hier S. 206.
35 Vgl. Rat von Sachverständigen für Umweltfragen, Umweltgutachten 1998: Umwelt-
    schutz – Erreichtes sichern, neue Wege gehen, Stuttgart 1998, S. 130; Clinch (Anm.
    34), S. 206.
36 Duncan Liefferink, The Netherlands: a net exporter of environmental policy concepts,
    in: Andersen/Liefferink (Anm. 12), S. 210-250, hier S. 230.
37 Vgl. ausführlich zur Problematik der Selbstverpflichtungen Pehle (Anm. 18), S. 153-
    166.

verpflichten, sitzen sich bei den Verhandlungen Regierungs- und Verbandsvertreter gegenüber. Dies hat zwar den Vorteil, dass sich die Zahl der für den Staat relevanten Gesprächspartner auf ein praktikables Maß reduziert, wirft aber zugleich das Problem der Verpflichtungsfähigkeit der jeweiligen Verbandsführung gegenüber ihren Mitgliedsunternehmen auf. Die Erfahrung zeigt, dass nur Verbände mit hoher Interessenhomogenität und ausgeprägter „Verbandsmacht nach innen" eine befriedigende Umsetzung der jeweils getroffenen Vereinbarung gewährleisten können.[38]

Die weit überwiegende Zahl der bisher eingegangenen Selbstverpflichtungen diente dem Zweck, den Erlass von Gesetzen bzw. Verordnungen überflüssig zu machen. Deshalb bezeichnet man sie auch als „normvertretende" oder „normersetzende Absprachen".[39] Die große Attraktivität, die das Instrument der Selbstverpflichtung mittlerweile in vielen Staaten – und im Übrigen auch auf der Ebene der Europäischen Union[40] – im Laufe der Jahre gewonnen hat, erklärt sich daraus, dass es geeignet erscheint, Umweltbelange schneller, mit niedrigerem Konfliktpotential und mit geringerem Verwaltungsaufwand als sie der formale Normsetzungsprozess verlangt, durchzusetzen. Hinzu kommt, das Absprachen zwischen Staat und Wirtschaft wesentlich flexibler gehandhabt werden können als formale Rechtsnormen. Ihre rechtliche Unverbindlichkeit lässt für die beteiligten Akteure für die jeweilige Zukunft alle Optionen offen, eine Anpassung an veränderte Handlungsbedingungen ist relativ leicht möglich.

Der Nachteil des internationalen „Modeinstruments" Selbstverpflichtung besteht darin, dass ihre Einhaltung oft nur schwer kontrolliert werden kann. Hier ist dann doch wieder der Staat gefragt, der das – häufig recht anspruchsvolle – „Monitoring" nur schlecht der gesellschaftlichen Eigenverantwortung überlassen kann: Eine begleitende staatliche Aufsicht über gesellschaftliches Umweltverhalten ist deshalb auch nach Auffassung des Sachverständigenrats „unerlässlich".[41]

Nicht nur in Deutschland spricht man von „freiwilligen" Selbstverpflichtungen, auch im internationalen – sprich englischen – Sprachgebrauch hat sich die Rede von „voluntary agreements" durchgesetzt. Die angebliche Freiwilligkeit der Übernahme von Umweltschutzaufgaben durch Private verstellt allerdings den Blick auf eine ganz wesentliche Erfolgsbedingung des Instruments. Sie besteht in der glaubhaften Androhung einer bei Nichterfüllung bestehender Vereinbarungen anstehenden Staatsintervention, in der Regel also in der Ankündigung, bei „Vertragsuntreue" eben die Rechtsnorm zu erlassen, die durch die Selbstverpflichtung abgewendet werden sollte. Wer,

38 Vgl. Klemmer (Anm. 33), S. 155.
39 Günter Hartkopf/Eberhard Bohne, Umweltpolitik, Band 1. Grundlagen, Analysen und Perspektiven, Opladen 1983, S. 223.
40 Vgl. Michael Kraack/Heinrich Pehle/Petra Zimmermann-Steinhart, Umweltintegration in der Europäischen Union. Das umweltpolitische Profil der EU im Politikfeldvergleich, Baden-Baden 2001, S. 37.
41 Rat von Sachverständigen für Umweltfragen (Anm. 28), S. 65.

wie es die deutschen Regierungspartner im Koalitionsvertrag von 1994 taten,
schon vorab und allgemein den absoluten Vorrang von Selbstverpflichtungen
vor staatlicher Regulierung propagiert, beschädigt natürlich sein „Drohpoten-
zial" im Kern.

Aber nicht nur deshalb empfiehlt der Sachverständigenrat einen „vor-
sichtigen, eher restriktiven" Umgang mit Selbstverpflichtungen,[42] eine Emp-
fehlung übrigens, die von der „rot-grünen" Bundesregierung beherzigt wurde.[43] Gegen einen allzu forschen Einsatz dieses Instruments spricht auch, dass
die in einer rechtlichen Grauzone stattfindenden Verhandlungen, in welchen
die Grundlagen für Selbstverpflichtungen festgelegt werden, sehr exklusive
Veranstaltungen sind. Vertreter von Umweltverbänden und Konsumenten-
vereinigungen sind regelmäßig ausgeschlossen; die Öffentlichkeit bleibt außen vor, bis das Ergebnis feststeht. In dieser Hinsicht erweist sich die deutsche Umweltpolitik im Vergleich etwa zu den skandinavischen Staaten, die
von jeher dem Prinzip der „Aktenöffentlichkeit" verpflichtet sind, als deutlich „unterentwickelt". Die im internationalen Vergleich ohnehin nicht sonderlich elaboriert erscheinenden Rechte hinsichtlich der Beteiligung der Öffentlichkeit an Planungsverfahren wurden im Zuge der sogenannten Be-
schleunigungsgesetze nach Herstellung der deutschen Einheit noch weiter zu-
rückgestutzt,[44] und die EG-Richtlinie über den freien Zugang zu Informationen über die Umwelt, die 1990 erlassen wurde, wurde nur widerstrebend, mit
erheblicher Verzögerung und mit eindeutig restriktiver Tendenz in deutsches
Recht transformiert.[45] Hier besteht noch erheblicher Reformbedarf, der ein-
gelöst werden müsste, sollen die Demokratie theoretisch begründeten Einwände gegen die „verhandelnden und regelsetzenden Gremien", die (nicht
nur) in der Umweltpolitik wirken,[46] entkräftet werden. Neben „normersetzenden" kennt die Rechtswissenschaft auch „normvollziehende" Absprachen.
Ihnen kommt bei konkreten Erlaubnis- und Genehmigungsverfahren in der

---

42 Vgl. ders. (Anm. 35), S. 150.
43 Während ihrer ersten Amtsperiode (1998-2002) kam es nur zum Abschluss einer ein-
    zigen Selbstverpflichtung im umweltpolitischen Bereich. In ihr verpflichtete sich der
    Verband der Elektrizitätswirtschaft zum Ausbau der Energieerzeugung durch Kraft-
    Wärme-Kopplung, die als besonders umweltschonend gilt, weil sie einen erheblichen
    Beitrag zur angestrebten Reduzierung der Kohlendioxid-Emissionen leisten kann.
    Vgl. Süddeutsche Zeitung vom 26. Juni 2001, S. 6.
44 Vgl. Rudolf Steinberg, Symbolische Umweltpolitik unter besonderer Berücksichti-
    gung der Beschleunigungsgesetzgebung, in: Hansjürgens/Lübbe-Wolff (Anm. 19), S.
    63-101.
45 Vgl. Gertrude Lübbe-Wolff, Erscheinungsformen symbolischen Umweltrechts, in:
    Ebd., S. 25-62, hier S. 32.
46 Vgl. Dieter Grimm, Verbände, in: Ernst Benda/Werner Maihofer/Hans Jochen Vogel
    (Hrsg.), Handbuch des Verfassungsrechts, 2. Aufl., Berlin/New York 1994, S. 657-
    673, hier S. 669-672.

Praxis eine erhebliche Bedeutung zu.[47] Dabei geht es darum, dass die zuständigen Behörden beispielsweise bei Genehmigungsverfahren darauf verzichten, die rechtlich eigentlich vorgesehenen Auflagen zu erteilen, wenn und solange der jeweilige Anlagenbetreiber nachweist, dass er diese auf anderen als den vom Gesetzgeber vorgesehen Wegen erfüllen oder anderweitig kompensieren kann. Dass die Betreiber genehmigungspflichtiger Anlagen die einzuhaltenden Grenzwerte mit den Behörden aushandeln, ist vom deutschen Gesetzgeber nicht vorgesehen, aber durchaus Praxis. Im internationalen Vergleich stellen sich solche Verhandlungen nicht unbedingt als Ausnahme dar. In Schweden etwa ist dieses „bargaining" politisch explizit gewollt, denn es entspricht der am Konsens orientierten politischen Kultur des Landes. Grundlage dieser Verhandlungen sind von der staatlichen Umweltbehörde vorgeschlagene, unverbindliche Emissionsgrenzwerte, auf die sich die Antragsteller und die zuständigen lokalen bzw. regionalen Behörden auch meistens einigen können.[48] In Japan sind Umweltschutzvereinbarungen, in denen sich Unternehmen gegenüber regionalen und/oder lokalen Gebietskörperschaften zur Vermeidung oder Verminderung bestimmter Umweltbelastungen verpflichten, ebenfalls ein „charakteristisches Element" der Umweltpolitik, mit dessen Hilfe vor Ort sogar regelmäßig strengere Anforderungen als sie in den nationalen Gesetzen vorgesehen sind, durchgesetzt werden.[49]

Normvollziehende Absprachen sind also genauso wie ihre normersetzenden Pendants grundsätzlich keine deutsche Besonderheit. Dieser Befund gilt allerdings nicht für eine spezifische Kombination beider Varianten, die in Deutschland nach Verabschiedung der Verpackungsverordnung im Jahr 1991 in Form des „Dualen Systems"[50] aus der Taufe gehoben wurde. Sie ist in dieser Form ansonsten nirgendwo zu finden. Die Verpackungsverordnung schreibt eine Rücknahmepflicht der Wirtschaft und die Einführung eines Zwangspfands für bestimmte Verpackungen vor. Dieser Verpflichtung kann die Wirtschaft jedoch entgehen: Die Rücknahmepflicht entfällt für solche Hersteller und Vertreiber, die sich an einem System beteiligen, das die regelmäßige Abholung gebrauchter Verbrauchsverpackungen an den Haushaltungen oder in deren Nähe garantiert.[51] Für die unterschiedlichen Verpackungsmaterialien schreibt die Verordnung Verwertungsquoten in unter-

---

47 Vgl. hierzu Nicolai Dose, Kooperatives Handeln der Umweltschutzverwaltung, in: Nicolai Dose/Rüdiger Voigt (Hrsg.), Kooperatives Recht, Baden-Baden 1995, S. 91-130.
48 Vgl. Heinrich Pehle, Umweltpolitik in Schweden und Deutschland, in: Nordeuropa-Forum 1 (1991), H. 3, S. 17-22, hier S. 21.
49 Vgl. Weidner (Anm. 15), S. 245-279, Zitat S. 245.
50 „Duales System" deshalb, weil neben der Verantwortlichkeit der zuständigen Gebietskörperschaften für die Beseitigung des Restmülls eine private Entsorgung und Verwertung für Verpackungen etabliert wurde.
51 Vgl. hierzu und zum Folgenden Werner Schmeken/Wolfgang Schwade, Verordnung über die Vermeidung von Verpackungsabfällen vom 12. Juni 1991 – Kommentar, 2. Aufl., Düsseldorf 1991, S. 24-27.

schiedlicher Höhe vor. Werden diese unterschritten, muss die zuständige Behörde einen Widerruf des Dualen Systems – gegebenenfalls nur für bestimmte Materialien – aussprechen. Zusätzlich versuchte man, mit der Verpackungsverordnung die bestehenden Mehrwegsysteme für Getränke zu schützen: Mit der Einführung des Dualen Systems entfiel zwar zunächst einmal die Einführung eines Pflichtpfands für Einwegflaschen und Getränkedosen, doch sollte dies der Verpackungsverordnung zu Folge für bestimmte Getränke nur so lange gelten, wie der Mehrweganteil nicht unter 72 Prozent absank.

Ein internationaler Sonderfall umweltpolitischer Kooperation zwischen Staat und Wirtschaft ist diese Regelung deshalb, weil sie, wie bereits angedeutet, normersetzende und normvollziehende Absprachen zusammenführte: Mit dem Dualen System vollzieht die Privatwirtschaft die Verpackungsverordnung und verhindert gleichzeitig die Verordnung eines Pflichtpfands durch den Staat. Für den Bereich der Getränkeverpackungen allerdings endete die normersetzende Funktion des Dualen Systems am 31. Dezember 2002. Nachdem die Mehrwegquoten erstmals im Jahr 1997 unter die vorgeschriebenen Margen fielen und seitdem konstant weiter sanken, beschloss die Bundesregierung die Einführung des Zwangspfandes auf Dosen und Einwegflaschen für Bier, Mineralwasser und andere kohlensäurehaltige Erfrischungsgetränke zum genannten Zeitpunkt. Nachdem verschiedene Unternehmen gegen den Vollzug der Verpackungsverordnung Klage erhoben hatten, lag die Entscheidung über die Umsetzung des Regierungsbeschlusses letztlich bei der Gerichtsbarkeit. Die Einführung des „Dosenpfands" zum Jahresbeginn 2003 konnte durch die Einschaltung der Justiz allerdings nicht verhindert werden.

Der Beschluss über das Dosenpfand bedurfte keiner Bestätigung durch andere Verfassungsorgane, denn die Verpackungsverordnung enthält eine entsprechende Ermächtigung. Um, wie von der Regierung ursprünglich geplant, die Verpackungsverordnung an neuere Entwicklungen und Erkenntnisse anzupassen, hätte es allerdings der Zustimmung des Bundesrates bedurft. Im Sommer 2002 verweigerte dieser jedoch mehrheitlich die Zustimmung zu einem von der Bundesregierung vorgelegten Novellierungsentwurf, so dass die Verordnung in ihrer ursprünglichen Fassung implementiert werden musste. Dies führt zu der Frage, in welcher Form sich der Föderalismus, der ja die politische Ordnung Deutschlands grundlegend prägt,[52] auf die Umweltpolitik auswirkt.

3.3 Umweltpolitik im Bundesstaat

Einleitend wurde bereits darauf verwiesen, dass es dem Bund in der Frühphase der Umweltpolitik nicht gelang, die konkurrierende Gesetzgebungskom-

---

52 Vgl. hierzu unlängst Roland Sturm, Föderalismus in Deutschland, Opladen 2001.

petenz für alle Umweltrechtsbereiche zu erhalten. Dies hinderte ihn jedoch nicht daran, in relativ kurzer Zeit ein umfängliches umweltpolitisches Regelwerk in Kraft zu setzen. Der Umweltschutz, so der übereinstimmende Tenor im wissenschaftlichen Schrifttum, unterlag in Deutschland von Anbeginn an einer „zentralisierenden Tendenz";[53] der Trend zur Unitarisierung, der den deutschen Bundesstaat ganz allgemein kennzeichnet, hat auch die Umweltpolitik voll erfasst.[54] Dabei fällt auf, dass bundeseinheitliche Regelungen in aller Regel nicht gegen den Widerstand der Länder durchgesetzt werden mussten, sondern häufig sogar auf deren ausdrückliches Betreiben zustande kamen.[55] Aufgrund dieser Entwicklung ist es in vielen Fällen nicht mehr möglich, die konkurrierende von der Rahmengesetzgebung des Bundes inhaltlich zu unterscheiden. Dies lässt sich an der Gesetzgebung zur Abfallwirtschaft einerseits und zum Gewässerschutz andererseits exemplarisch illustrieren. Während erstere bis hin zum Kreislaufwirtschaftsgesetz von 1994, mit welchem man das frühere Abfallgesetz ersetzt hat, trotz der „Vollkompetenz" des Bundes inhaltlich den Charakter ausfüllungsbedürftiger Rahmenbestimmungen hat, geht die Bundesgesetzgebung zum Gewässerschutz unter dem „Deckmantel" von Rahmengesetzen vielfach bis ins Detail – und dies, wie etwa beim Abwasserabgabengesetz, auf expliziten Wunsch der Länder.[56]

Derartige „verfassungsrechtliche Anomalien"[57] lassen sich für andere Bundesstaaten in vergleichbarer Form zwar nicht nachweisen, doch stellt die Frage nach der Zuweisung der umweltpolitischen Kompetenzen für Gesetzgebung und Vollzug eine spezifische und offenbar nur schwer zu meisternde Herausforderung für föderale Systeme – und die Wissenschaftler, die sie analysieren – dar. Dies manifestiert sich in sachlich häufig nicht begründbaren und schwer zu durchschauenden Zuständigkeitsverteilungen auf Bund und Gliedstaaten, die ihrerseits wiederum mitunter zu völlig divergierenden Beurteilungen führen. Ein Vergleich der Umweltpolitiken Deutschlands und der USA zeigt dies in aller Deutlichkeit. So wird aus amerikanischer Perspektive beispielsweise kritisiert, dass die Gesetze des Bundes in den USA ein „zu hohes Maß an Uniformität in Form von Abwasser- bzw. Abgasbehandlungsvorschriften und Emissionsgrenzwerten" aufwiesen, und dass dort – wiederum im Vergleich zur Bundesrepublik Deutschland – zu wenig auf einen Vollzugsspielraum durch Länder und Kommunen gesetzt werde.[58] Von

---

53 Peter-Christoph Storm, Umweltrecht. Eine Einführung in ein neues Rechtsgebiet, 2. Aufl., Berlin 1981, S. 36.
54 Vgl. Gisela Müller-Brandeck-Bocquet, Die institutionelle Dimension der Umweltpolitik. Eine vergleichende Untersuchung zu Frankreich, Deutschland und der Europäischen Union, Baden-Baden 1996, S. 146.
55 Vgl. Pehle (Anm. 18), S. 200-203.
56 Vgl. Müller-Brandeck-Bocquet (Anm. 54), S. 147.
57 Susan Rose-Ackerman, Umweltrecht und -politik in den Vereinigten Staaten und der Bundesrepublik Deutschland, Baden-Baden 1995, S. 90.
58 Ebd., S. 109.

der deutschen „Umweltkomparatistik" ist gelegentlich das exakte Gegenteil zu hören: In den USA sei es üblich, „auf Bundesebene nur Mindestziele fest-zulegen, den Einzelstaaten aber zu erlauben, den Weg zur Erreichung dieser Ziele eigenständig festzulegen und vor allem, es ihnen zu ermöglichen, stren-gere Anforderungen aufzustellen."[59] Der Grund für diese Diskrepanz liegt of-fenbar darin, dass die beiden Autorinnen unterschiedliche Umweltrechtsbe-reiche verglichen haben.

Auch in Bezug auf Österreich, das ja ebenfalls bundesstaatlich verfasst ist, sind die Befunde nicht unbedingt eindeutig. Im Allgemeinen sind dort die Gewichte höchst einseitig zugunsten des Bundes verteilt. Hinsichtlich der Umweltpolitik, so etwa Volkmar Laubinger, sei dies allerdings anders, denn die Länder hätten sich geweigert, dem Bund die nötigen Handlungsermächti-gungen für den Umweltschutz zuzugestehen. Gleichwohl qualifiziert derselbe Autor die österreichische Bundesregierung als „Hauptakteur", weil sie für den Erlass „bedeutender Maßnahmen" im Umweltbereich, die Mitte der acht-ziger Jahre ergriffen wurden, verantwortlich gewesen sei.[60] Damit entspricht die Entwicklung weitgehend der, wie sie in diesem Beitrag für Deutschland skizziert wurde.

Sogar in der für ihre ausgeprägte Bundesstaatlichkeit bekannten Schweiz kommen dem Bund beachtliche umweltpolitische Regelungskompetenzen zu.[61] Der internationale Vergleich deutet also darauf hin, dass der Umweltpo-litik unabhängig von der speziellen Konstruktion der einzelnen politischen Systeme eine Tendenz zur Unitarisierung innewohnt. Den Grund hierfür hat man vereinzelt im „technischen Wesenszug" des Umweltrechts zu finden versucht.[62] Bedeutend wichtiger dürfte aber wohl die Tatsache sein, dass Umweltauflagen gleich welcher Art darauf ausgerichtet sind, zur Internalisie-rung externer Kosten beizutragen. Damit wird die Umweltpolitik zu einem Faktor, der über die Produktionskosten und damit über die Konkurrenzfähig-keit der Wirtschaft mitentscheidet. Die Gefahr eines steten Kreislaufs wett-bewerbspolitisch motivierter Unterbietungsstrategien im Umweltschutz lie-fert ein starkes Motiv auch für ansonsten am Erhalt eigener Kompetenzen interessierte Landesregierungen, sich auf einheitliche Umweltvorschriften einzulassen.[63] Dies ist der Grund, warum sich die bislang diskutierten Ent-

---

59   Monika Böhm, Institutionelle Rahmenbedingungen symbolischer Umweltpolitik, in: Hansjürgens/Lübbe-Wolff (Anm. 19), S. 239-256, hier S. 249.
60   Vgl. Volkmar Laubinger, Umweltpolitik, in: Herbert Dachs u.a. (Hrsg.), Handbuch des politischen Systems Österreichs. Die zweite Republik, 3. Aufl., Wien 1997, S. 608-618, hier S. 609f.; ders., Austria: a latecomer which became a pioneer, in: Skou Andersen/Liefferink (Anm. 12), S. 81-118, hier S. 87.
61   Vgl. Peter Knoepfel, Switzerland, in: Jänicke/Weidner (Anm. 5), S. 175-197, hier S. 185.
62   Storm (Anm. 53), S. 36.
63   Vgl. Heinrich Pehle, Intergouvernementales Handeln als Erfolgsbedingung und Re-striktion von Umweltpolitik, in: Ulrich Hilpert/Everhard Holtmann (Hrsg.), Regieren und intergouvernementale Beziehungen, Opladen 1998, S. 239-256, hier S. 239.

wicklungstendenzen im deutschen „Umweltföderalismus" nur wenig von denen in anderen bundesstaatlich verfassten Ländern unterscheiden. Nimmt man allerdings die weltweit einzigartige Konstruktion des Bundesrates und dessen umweltpolitisches Entscheidungsverhalten etwas näher in den Blick, so werden doch einige Besonderheiten deutlich.

In Bezug auf die umweltpolitische Rolle des Bundesrates lassen sich unterschiedliche Phasen ausmachen.[64] Profilierte er sich bis zum Beginn der achtziger Jahre als umweltpolitischer „Blockierer", nahm er nach der „Wende" von 1982/83 die umweltpolitische Herausforderung an und setzte mehrfach eine Erhöhung des Schutzniveaus von Gesetzes- und Verordnungsentwürfen durch, die von der Bundesregierung vorgelegt worden waren. Seit etwa Mitte der neunziger Jahre allerdings hat sich das Bild wiederum geändert. Von seiten des Bundes wird seitdem regelmäßig moniert, dass der Bundesrat seine Strategie „umweltpolitischer Obstruktion" wiederbelebt habe.[65] Ein Grund für die Verweigerungshaltung der Länderkammer gegenüber umweltpolitischen Initiativen der Bundesregierung liegt darin, dass der Bund dazu tendiert, die mit der Verabschiedung neuer Umweltgesetze verbundenen finanziellen Folgelasten auf die Länder abzuwälzen. Wichtiger noch aber ist die Tatsache, dass der Bund seit geraumer Zeit gezwungen ist, Umweltrichtlinien der Europäischen Union umzusetzen, die in Folge einer programmatischen Neuorientierung der Europäischen Kommission das Bund-Länder-Verhältnis empfindlich stören.[66]

Die neue umweltpolitische Steuerungsphilosophie, die sich auf europäischer Ebene durchgesetzt hat, läuft, kurz gesagt, auf den verstärkten Einsatz verfahrensorientierter Instrumente hinaus. Stichworte hierfür sind unter anderem die Richtlinien betreffend die Umweltverträglichkeitsprüfung für bestimmte öffentliche und private Projekte, das Recht der Bürger auf freien Zugang zu behördlichen Umweltakten und die „Integrierte Vermeidung und Verminderung der Umweltverschmutzung" (IVU-Richtlinie"). Bei der Umsetzung dieser und anderer europäischer Rechtsakte war der Bund faktisch gezwungen, verfahrensrechtliche Regelungen vorzusehen, für deren Erlass nach Artikel 84 Absatz 1 Grundgesetz grundsätzlich die Länder zuständig sind. Ausnahmen sind nur mit Zustimmung des Bundesrates möglich, die dieser in allen genannten Fällen nur nach langwierigen Verhandlungen und nachdem der Bund erhebliche Abstriche an seinen Entwürfen vorgenommen hatte, erteilte.[67] Bei der IVU Richtlinie, die vorsieht, die Umweltauswirkun-

---

64 Vgl. dazu Müller-Brandeck-Bocquet (Anm. 54), S. 129-134.
65 Vgl. Pehle (Anm. 18), S. 214-217.
66 Vgl. hierzu und zum Folgenden Roland Sturm/Heinrich Pehle, Das neue deutsche Regierungssystem. Die Europäisierung von Institutionen, Entscheidungsprozessen und Politikfeldern, Opladen 2001, S. 187-211.
67 Dass dies in bemerkenswerter Regelmäßigkeit zu einer verspäteten und zum Teil ungenügenden Umsetzung europäischen Rechts und damit zur Einleitung zahlreicher Vertragsverletzungsverfahren gegen die Bundesregierung vor dem Europäischen Gerichtshof führte, sei hier nur am Rande vermerkt.

gen bei Genehmigungsverfahren „medienübergreifend" – also Boden, Luft und Wasser gleichzeitig erfassend – zu berücksichtigen, kam erschwerend hinzu, dass der Bund genötigt war, seine legislativen Kompetenztitel aus der konkurrierenden und der Rahmengesetzgebung zu vermischen. Um dieses verfassungsrechtliche Kunststück bemühte sich ein im September 1997 vorgelegter Entwurf eines einheitlichen Umweltgesetzbuchs, mit welchem das im internationalen Vergleich auffällig stark fragmentierte deutsche Umweltrecht zusammengeführt und vereinheitlicht werden sollte.[68] Weder die christlich-liberale Regierung noch ihre 1998 ins Amt gekommene Nachfolgerin konnten dem Bundesrat die Zustimmung für dieses Vorhaben abringen.

Dies entspricht der von der vergleichenden Umweltpolitikforschung postulierten These, dass die „Parteifärbung" der jeweiligen Regierungen relativ wenig über deren umweltpolitische Performanz aussagt.[69] Auch wenn das Abstimmungsverhalten der Landesregierungen oft genug auch parteitaktischen Erwägungen entspringen mag, werden letztere zumindest im hier diskutierten Politikfeld häufig von grundsätzlichen Positionen zum Bund- Länder-Verhältnis überlagert, die sich als weitgehend unabhängig von der jeweiligen parteipolitischen Zusammensetzung der Landesregierungen erwiesen haben.

Der Befund, dass die Umweltpolitik im deutschen Bundesstaat hinsichtlich der fortschreitenden Europäisierung des Politikfeldes vor größeren Anforderungen steht als dies in unitarisch verfassten Staaten der Fall ist, bedeutet allerdings nicht, dass sie grundsätzlich reformunfähig wäre, ein Wechsel der Regierungsmehrheit im Bund umweltpolitisch zwangsläufig folgenlos bleiben müsste und neue Wege grundsätzlich nicht begehbar wären.

4. Regierungswechsel und umweltpolitische Reformen

Der Regierungswechsel von 1998 war verbunden mit dem programmatisch verkündeten Willen zu umweltpolitischen Reformen, für welche sich, ihrem politischen Profil entsprechend, vor allem Bündnis 90/Die Grünen einsetzten. Der Kernpunkt der die Umweltpolitik betreffenden Koalitionsvereinbarungen war die Ökologische Steuerreform, die mit Wirkung vom 01. April 1999 in Kraft trat.[70] Die erste Stufe der „Ökosteuer" bestand aus der Anhebung der

---

68 Vgl. Bundesministerium für Umwelt, Naturschutz und Reaktorsicherheit (Hrsg.), Umweltgesetzbuch (UGB-KomE). Entwurf der Unabhängigen Sachverständigenkommission zum Umweltgesetzbuch beim Bundesministerium für Umwelt, Naturschutz und Reaktorsicherheit, Berlin 1997.

69 Jänicke (Anm.4), S. 215.

70 Vgl. hierzu und zum Folgenden Lutz Mez, Die Ökologische Steuerreform – Eine umweltpolitische Innovation im internationalen Vergleich, in: Volker von Prittwitz (Hrsg.), Institutionelle Arrangements in der Umweltpolitik. Zukunftsfähigkeit durch innovative Verfahrenskombinationen?, Opladen 2000, S. 163-179.

Mineralölsteuer auf Kraftstoffe um 6 Pfennige pro Liter und auf leichtes Heizöl um 4 Pfennige pro Liter. Gas wurde steuerlich mit zusätzlich 0,32 Pfennig je Kilowattstunde belastet, und schließlich wurde eine Stromsteuer in Höhe von 2 Pfennigen je Kilowattstunde eingeführt. Insbesondere für energieintensive Industriebranchen und für die Landwirtschaft wurden Ausnahmeregelungen festgelegt.[71] Mit einem im Sommer 1999 beschlossenen Gesetz zur Fortführung der Ökologischen Steuerreform wurden vier weitere Stufen beschlossen: Jeweils zum 01. Januar der Jahre 2000 bis 2003 stieg die Steuer auf Kraftstoffe um 6 Pfennige pro Liter und auf Strom um 0,5 Pfennig pro Kilowattstunde. Begünstigt werden erneuerbare Energien wie etwa Sonnen- und Windenergie, die von der Stromsteuer vollständig ausgenommen sind. Eine Befreiung von der Mineralöl- und Ökosteuer gilt auch für Kraftwerke, welche Strom und Wärme gekoppelt produzieren, wenn der Energienutzungsgrad 70 Prozent oder mehr beträgt, sowie für hocheffizite Gas- und Dampfturbinenkraftwerke. Außerdem gibt es ermäßigte Steuersätze für den Schienenverkehr und den öffentlichen Personennahverkehr. Die steuerlichen Mehreinnahmen werden zum größten Teil zur Senkung bzw. Stabilisierung der Rentenbeitragssätze – faktisch also zu arbeitsmarktpolitischen Zwecken – eingesetzt.

Hinsichtlich der Entscheidungen zur Ökologischen Steuerreform gilt das oben bereits für die sonstigen ökonomischen Instrumente im Umweltschutz Gesagte: Die Bundesrepublik Deutschland steht mit ihrer Einführung international nicht allein, ist aber auch kein „Vorreiter". In Europa haben sich diesbezüglich vielmehr Schweden, Dänemark und die Niederlande profiliert. Den Anfang machte Schweden, wo bereits seit 1991 Ökosteuern erhoben werden. Dänemark folgte drei Jahre später. In den Niederlanden wurde eine „Umweltabgabe" auf Brennstoffe bereits 1988 eingeführt; eine Energiesteuer im engeren Sinne gibt es dort seit 1996.

Die Ökosteuersysteme der vier genannten Länder unterscheiden sich zwar hinsichtlich mehrerer Details, die Gemeinsamkeiten überwiegen jedoch. Sie bestehen unter anderem darin, dass man die Ökosteuer als Stufenlösung konzipierte, Ausnahmeregelungen für energieintensive Branchen vorsah und regenerative Energien sowie die Energieerzeugung mit Kraft-Wärme-Kopplung von der Steuer befreite bzw. mit Rückerstattungen privilegierte. Auch bei der Verwendung des zusätzlichen Steueraufkommens finden sich Parallelen: In Schweden wurde und wird mit der Ökosteuer die Senkung der Einkommensteuer gegenfinanziert, und in Dänemark und den Niederlanden wird sie – ähnlich wie in der Bundesrepublik – zur Senkung der Lohnnebenkosten eingesetzt.

Die ökologische Lenkungswirkung der Energiebesteuerung ist ebenso umstritten wie ihre Arbeitsplatzeffekte. So sanken beispielsweise in Schwe-

---

71 Im Zuge der Verabschiedung des „Sparpakets" der Bundesregierung wurden die ermäßigten Steuersätze für Strom und Heizöl allerdings spürbar angehoben. Mit Wirkung zum 1. Januar 2003 stiegen sie von 20 auf 60 Prozent des Normalsatzes.

den die Schwefeldioxid-Emissionen zwischen 1989 und 1995 um 30 Prozent,[72] doch kann der Effekt, den die Erhebung der Ökosteuer auf diese Entwicklung hatte, letztlich nicht beziffert werden. Über die Auswirkungen der deutschen Ökosteuer gibt es naturgemäß ebenfalls noch keine verlässlichen Zahlen. Simulationsrechnungen, die das Deutsche Institut für Wirtschaftsforschung (DIW) durchführte, hatten zum Ergebnis, dass die Kohlendioxid-Emissionen bis zum Jahre 2003 um zwei bis drei Prozent niedriger ausfallen dürften als dies ohne die Erhebung der Ökosteuer der Fall wäre.[73] Angesichts des Klimaschutzziels der Bundesregierung, diese Emissionen bis 2005 um 25 Prozent gegenüber 1990 zu senken, ist dies ein eher bescheidener Beitrag. Die Arbeitsplatzeffekte fallen wahrscheinlich geringer aus als von der Bundesregierung erwartet: Nach den Erwartungen des Bundesumweltministeriums können durch die Ökologische Steuerreform bis zum Jahr 2003 250.000 neue Arbeitsplätze entstehen,[74] nach den Berechnungen des DIW allerdings tritt dieser Effekt erst bis zum Jahr 2010 ein.[75]

Im internationalen Vergleich bislang einzigartig ist der im Dezember 2001 per Gesetz beschlossene „Ausstieg" Deutschlands aus der Kernenergiegewinnung. Auf der Basis einer Regellaufzeit von 32 Kalenderjahren wurde jedem Kernkraftwerk eine Höchstmenge an Strom zugeteilt, die es insgesamt produzieren darf. Ist diese Menge verbraucht, endet automatisch die Betriebsgenehmigung. Den Energieunternehmen steht es frei, ältere Kernkraftwerke vorher vom Netz zu nehmen und die Reststrommenge auf jüngere Kraftwerke zu übertragen. Es ist davon auszugehen, dass das letzte Atomkraftwerk in Deutschland im Jahr 2021 abgeschaltet wird.

Einen „Atomausstiegsbeschluss" hatte es vordem nur in Schweden gegeben, wo sich der Reichstag nach einer Volksabstimmung im Jahr 1980 für eine Stilllegung der schwedischen Kernkraftwerke bis zum Jahr 2010 entschied.[76] Taten sind dem bislang kaum gefolgt. Ende 1999 ging zwar einer der zwölf Atomreaktoren vom Netz; eine zeitgerechte Implementation des Beschlusses von 1980 ist mangels der Entwicklung von Alternativen allerdings nicht zu erwarten. Damit steht die Bundesrepublik mit ihrer gesetzlich normierten Abkehr von der Kernenergiegewinnung im internationalen Umfeld (noch) relativ isoliert da. Einen Nachahmer hat sie allerdings gefunden. Nach der Verabschiedung eines entsprechenden Gesetzes durch die beiden Kammern des belgischen Parlaments gilt eine maximale Laufzeit für Kernkraftwerke von 40 Jahren. Konkret bedeutet dies einen endgültigen Ausstieg bis zum Jahr 2025; der erste der insgesamt sieben Atomreaktoren soll im Jahr 2015 vom Netz gehen.[77] Damit gibt es einen zweiten Mitgliedstaat der Euro-

---

72   Vgl. Mez (Anm. 70), S. 177.
73   Vgl. Deutsches Institut für Wirtschaftsforschung, Wochenbericht 14/2001, S. 221.
74   Vgl. http://www.bmu.de/fset 1024.php (April 2002).
75   Vgl. Deutsches Institut für Wirtschaftsforschung (Anm. 73), S. 222.
76   Vgl. Pehle (Anm. 48), S. 22.
77   Vgl. Süddeutsche Zeitung vom 18. Januar 2002, S. 10.

päischen Union, der eine umweltpolitisch motivierte, grundsätzliche Umstrukturierung seines Energiesektors anstrebt.

Um eine energiepolitische „Wende" bemühte sich die Bundesregierung auch in anderer Hinsicht. Im Jahr 2000 trat das „Erneuerbare-Energien-Gesetz" in Kraft, mit dem das Stromeinspeisegesetz abgelöst wurde. Die Energieversorgungsunternehmen werden dazu verpflichtet, Strom aus erneuerbaren Energien wie Windkraft und Solarzellen von anderen Produzenten abzunehmen und mit staatlichfestgesetzten Mindestpreisen zu vergüten. Die Förderung erneuerbarer Energien scheint sich in der Tat zum internationalen Erfolgsmodell zu entwickeln: Deutschland ist nach Angaben des Bundesumweltministeriums mittlerweile zum weltgrößten Markt in den Bereichen Windenergie, Solarthermie und Biodiesel sowie zum zweitgrößten Markt für Photovoltaikanlagen geworden.[78]

5. Zusammenfassung und Ausblick

In der vergleichenden Forschung zur Umweltpolitik wird häufig mit den Etiketten „Vorreiter" und „Nachzügler" operiert, Begriffe, deren normative Besetzung nicht immer ausreichend reflektiert wird. Beispielsweise hängt es von normativen Grundentscheidungen ab, ob man den Ausstieg aus der Kernenergie als umweltpolitische Pionierleistung einstuft oder ihn – möglicherweise auch aus Gründen des Klimaschutzes – für kurzsichtig hält. Und es ist eine genuin politische und damit prinzipiell strittige Entscheidung, welche Prioritäten man bei einer (vermuteten) Konkurrenz etwa von Umwelt- und Arbeitsmarktpolitik zu setzen gewillt ist. Zudem wurde in diesem Beitrag versucht zu zeigen, dass sich die Leistungsfähigkeit der deutschen Umweltpolitik in verschiedenen Bereichen durchaus unterschiedlich darstellt. „Vorreiter" in einem – „Nachzügler" im anderen Bereich: Der Umweltschutz, das lehrt der internationale Vergleich nachdrücklich, ist kein „geschlossenes" Politikfeld; die politischen Leistungen in diesem Bereich kann die Komparatistik daher nur sektoral bzw. unter spezifischen Aspekten evaluieren. Dies berücksichtigend, soll die Frage, ob Deutschland im internationalen Vergleich einen Normal- oder einen Sonderfall darstellt, ausgehend vom Zeitpunkt der Etablierung des Politikfeldes resümierend zu beantworten versucht werden.

Unter diesem Aspekt repräsentiert die Bundesrepublik insofern den Normalfall, als der Beginn der siebziger Jahre in den meisten Demokratien die Entdeckung des Umweltschutzes als politische Aufgabe markierte. Wer sich zeitlich gesehen im Mittelfeld bewegt, hat grundsätzlich die Möglichkeit, von denen, die vorausgegangen sind, zu lernen. Dass man bewusst darauf verzichtete, speziell auf den Umweltschutz zugeschnittene Instrumente

---

78 Vgl. http://www.bmu.de/download/dateien/ee_artikel_020910.pdf (September 2002).

von den seinerzeitigen Pionieren – etwa Japan und den USA – zu übernehmen, und statt dessen auf die spezifisch deutsche Tradition, die ihre Wurzeln im Gewerberecht hat, setzte, erhellt deutsche Besonderheiten zum Teil bis heute.

Im technisch orientierten Umweltschutz nimmt Deutschland noch immer eine Spitzenposition ein. Sie lässt sich damit erklären, dass man Umweltschutz als eine Aufgabe verstand (und teilweise noch immer versteht), der man am Besten mit regulativen Politikkonzepten, die sich an Grenzwerten orientierten, gerecht werden könne. Die Kehrseite der Medaille besteht darin, dass sich die deutsche Umweltpolitik mittlerweile im Ordnungsrecht teilweise selbst gefangen hat. Mit der – auch durch die Europäische Union forcierten – Einführung prozedural orientierter und auf die Beteiligung der Öffentlichkeit gerichteter Instrumente tut man sich deshalb bis heute schwer. Begünstigt wird diese Tendenz durch die Mitwirkungsrechte des Bundesrates an der Umweltgesetzgebung und die Tatsache, dass die Verteilung der Gesetzgebungskompetenzen zwischen Bund und Ländern der Entwicklung eines umfassenden und konsistenten umweltpolitischen Modernisierungskonzepts durch den Bundesgesetzgeber zumindest partiell im Wege steht. Die auffällig starke Fragmentierung des Umweltrechts wird deshalb wohl auch künftig ein „typisch deutsches" Phänomen bleiben.

Gleichwohl kennt die deutsche Umweltpolitik seit einigen Jahren auch einige Innovationen. Die Bundesrepublik steht mittlerweile mit an der „Spitze", wenn es beispielsweise um den Einsatz von – in ihrer Wirksamkeit allerdings durchaus umstrittenen – Selbstverpflichtungen geht. Und hinsichtlich der Erhebung von Ökosteuern gehörte sie zwar nicht zu den absoluten Pionieren, ist aber heute Mitglied eines recht exklusiven „Clubs" von Staaten, die sich dieses Instrumentes bedienen. Bei der Förderung erneuerbarer Energien, die man durchaus als eine neue Variante des hier zu Lande traditionell gut etablierten „technischen" Umweltschutzes interpretieren kann, ist die internationale Spitzenstellung Deutschlands unverkennbar. In der Energiepolitik geht die Bundesrepublik unter umweltpolitischen Gesichtspunkten betrachtet damit gegenwärtig einen markant eigenen Weg. Mit der Förderung regenerativer Energien nimmt sie einerseits tatsächlich die Rolle eines „Vorreiters" ein. Mit der – mit dieser Ausrichtung im Übrigen völlig kompatiblen – Entscheidung, aus der Atomenergie „auszusteigen", repräsentiert sie anderseits allerdings einen internationalen Sonderfall, dem auf absehbare Zeit wohl nur wenige andere Staaten folgen dürften.[79]

In der Gesamtschau zeigt sich damit, dass der deutschen Umweltpolitik, der in den neunziger Jahren noch weitgehender Stillstand attestiert wurde,[80] grundsätzlich doch die Fähigkeit zu Reformen zugesprochen werden kann. Diese gelte es, so der Sachverständigenrat, weiter zu aktivieren, um eine

---

79 Diese Prognose wird beispielhaft gestützt durch den Beschluss des finnischen Parlaments vom Mai 2002 zur Errichtung eines neuen Kernkraftwerks.
80 Vgl. Pehle (Anm. 18), passim.

plausible „Nachhaltigkeitsstrategie" entwickeln zu können, welche den Gedanken des Umweltschutzes wirksam in andere Politikbereiche integrieren
und die Öffentlichkeit mittels einer intensivierten Umweltberichterstattung
besser in das Politikfeld einbinden müsse: „Die Bundesrepublik, die 1971 mit
ihrem ersten Umweltprogramm noch als internationaler Vorreiter auf diesem
Gebiet gelten konnte, gehört heute zu den Nachzüglern dieser Entwicklung."[81] Die Aufgabe, die sich der deutschen Umweltpolitik für die kommenden Jahre stellt, ist damit klar umrissen. Es wird darum gehen, die Konkurrenzfähigkeit des Umweltschutzes gegenüber anderen Politiken durch die
Weiterentwicklung verfahrensorientierter Instrumente zu sichern. Diesbezüglich kann Deutschland von ausländischen Beispielen durchaus noch lernen.

---

81 Rat von Sachverständigen für Umweltfragen (Anm. 29), S. 89.

Eckhard Jesse

Demokratieschutz

1. Einleitung

Jeder Staat der Welt schützt sich gegen Angriffe von innen und außen. Das war so, ist so, wird weiterhin so sein. Aber der Schutz von Diktaturen fällt offenkundig anders aus als der Schutz von Demokratien. Die Objekte des Schutzes weichen ebenso krass voneinander ab wie seine Instrumente. Uwe Backes hat sieben Säulen des – wertfrei gesprochen – Staatsschutzes herausgearbeitet. Dabei unterscheidet er zwischen Außenpolitik, den Institutionen, dem politischen Prozeß, der politischen Kultur, den sozio-ökonomischen Rahmenbedingungen, dem Strafrecht und der Streitbarkeit[1], ohne eine Wechselbeziehung dieser Elemente zu leugnen. Sie sind mit unterschiedlichem Inhalt gefüllt. So dient die Außenpolitik in der Autokratie auch der Eroberung; so zeichnen sich Institutionen hier durch Willkürherrschaft und eine politisierte Justiz aus, nicht durch Rechtsstaatlichkeit und eine unabhängige Justiz; so ist der politische Prozeß keineswegs von Pluralismus und liberaler Öffentlichkeit bestimmt, die politische Kultur nicht von Toleranz und Mündigkeit; so sind die sozio-ökonomischen Rahmenbedingungen durch staatliche Kontrolle und Privilegien gekennzeichnet; so dient das Strafrecht der Kriminalisierung der politischen Opposition, weniger der Bekämpfung politisch orientierter Gewalt; so ist die Streitbarkeit umfassender Natur, keineswegs – wie beim Konzept der streitbaren Demokratie – auf die Begrenzung der Freiheitsrechte des politischen Extremismus ausgerichtet. Gewiss weicht die Realität von dieser idealtypischen Zuordnung mitunter ab, doch wird auf diese Weise deutlich: „Staatsschutz" ist nicht gleich „Staatsschutz". In dem einen Fall geht es um den Schutz der Demokratie, im anderen um den der Diktatur.

Das Problem des Demokratieschutzes ist vielfältig. Zum einen handelt es sich um Gruppierungen, die den Verfassungsstaat mit Gewalt bedrohen und/oder sogar systematisch Gewalt anwenden, zum anderen um solche, die ihm auf andere Weise den Kampf angesagt haben: durch Legalitätstaktik. Dieser Beitrag behandelt nur die Frage des Demokratieschutzes vor jenen Kräften, die Gewalt entsagen: „Man" hält sich im Rahmen der Legalität, oh-

---

1   Vgl. Uwe Backes, Schutz des Staates. Von der Autokratie zur streitbaren Demokratie, Opladen 1998, S. 59.

ne diese jedoch als legitim anzusehen. Während es allgemeine Akzeptanz
findet, dass sich der demokratische Verfassungsstaat gegenüber Gruppierungen verteidigen muß, die Gewalt zur Erreichung ihrer Ziele propagieren oder
gar praktizieren, weichen die Auffassungen ab, wie man sich gegenüber den
Kräften zu verhalten hat, die sich an der Legalität orientieren, obwohl ihre
Ziele mit denen der Demokratie nicht im Einklang oder zumindest in einem
Spannungsverhältnis stehen. Die Kernfrage lautet dabei: Soll der Demokratieschutz dort anfangen, wo eine Verletzung Gewalt sanktionierender straf-
rechtlicher Normen vorliegt, oder ist eine Vorverlagerung nötig? Im Folgenden gilt es, im einzelnen zu prüfen, von welchen demokratietheoretischen
Prämissen die Bundesrepublik Deutschland und andere demokratische Verfassungsstaaten ausgehen und wie die Praxis aussieht.

Nach einem Überblick zum Forschungsstand (Abschnitt 2) wird das
Konzept der streitbaren Demokratie erläutert (Abschnitt 3), wie es in der
Bundesrepublik Deutschland Verfassungsrang genießt. Anschließend stellt
der Autor am Beispiel von Wertgebundenheit (Abschnitt 4) und Abwehrbereitschaft (Abschnitt 5) dar, wie die demokratischen Verfassungsstaaten damit umgehen. Theorie und Praxis finden gleichermaßen Berücksichtigung.
Dies führt zur Beantwortung der Frage, ob die weitverbreitete These richtig
ist, Deutschland sei mit Blick auf den Demokratieschutz ein Sonderfall (Abschnitt 6).

Der Vergleich, der den Blick für spezifische Ausprägungen, aber auch
für Schwächen im jeweils eigenen System zu schärfen vermag, verlangt, will
er aussagekräftig sein, ein methodisch sauberes Vorgehen. Wer etwa die (zudem noch perhorreszierte) Praxis in der Bundesrepublik mit der (hehren)
Theorie in anderen westlichen Demokratien vergleicht, kommt angesichts der
gewählten Dimensionen notwendigerweise zu einem verzerrten Ergebnis.
Umgekehrt ist es auch nicht angängig, die Verfassungstheorie in der Bundesrepublik mit der Verfassungspraxis in anderen westlichen Demokratien zu
konfrontieren. Die Vergleichsebenen müssen stimmen. Entweder wird die
verfassungsrechtliche Ausgestaltung miteinander verglichen (was nur begrenzten Erkenntniswert besitzt) oder die Praxis. Sofern dies angesichts der
schwierigen Materiallage überhaupt möglich ist, macht die Gegenüberstellung deutlich, wie wenig bestimmte Klischees mit der Wirklichkeit gemein
haben. Im übrigen geht es an dieser Stelle nicht um einen systematischen
Vergleich. Die komparativen Hinweise dienen mehr der Illustration.

2. Forschungsstand

Es ist bezeichnend, dass zwei deutsche Emigranten – Karl Loewenstein und
Karl Mannheim – das Konzept der streitbaren Demokratie entfaltet haben.
Das Schicksal der Weimarer Republik warf die Frage auf, ob die Demokratie
nicht Mechanismen zum eigenen Schutz vorsehen kann und soll. Karl Loe-

wenstein entwickelte während der Emigration in einer Reihe von Abhandlungen ein systematisches Konzept zum Schutz des demokratischen Staates. Angesichts totalitärer Ideologien wie Bewegungen müsse die Demokratie „militant" reagieren und jenen, die sie zu beseitigen trachten, vorübergehend die Rechte beschneiden, z.b. durch Partei- oder Vereinigungsverbote.[2] Karl Mannheim wandte sich in einem Buch von 1941 gegen das *Laissez-faire-*Prinzip. Toleranz dürfe man nicht mit Neutralität verwechseln. „Um zu überleben, muss unsere Demokratie eine streitbare Demokratie werden."[3] Während die streitbare Demokratie für Loewenstein nur als ein situationsorientiertes Krisenkonzept galt, war diese Form der Demokratie nach Mannheim die Folge einer irreversiblen Entwicklung. Allerdings lassen sich direkte Verbindungslinien zwischen den Gedankengängen der beiden Autoren und denen der Mitglieder des Parlamentarischen Rates nicht nachweisen. Es war Friedrich Karl Fromme, später lange (1974-1997) innenpolitischer Ressortleiter der „Frankfurter Allgemeinen Zeitung", der in einer bei Theodor Eschenburg angefertigten Dissertation die retrospektive Sicht der Verfassungsväter herausgearbeitet hat. Die entsprechenden Schutzbestimmungen seien nur vor diesem Hintergrund zu verstehen.[4]

Der Demokratieschutz gegenüber Bestrebungen, die sich in ein demokratisches Gewand kleideten, war zunächst ein vernachlässigtes Forschungsfeld. In den Anfangsjahren wurden Partei- und Vereinigungsverbote in der Bundesrepublik Deutschland weithin als selbstverständlich angesehen. Im Zuge des Extremistenbeschlusses von 1972 setzte eine heftige Diskussion über Sinn und Unsinn, Chancen und Gefahren der streitbaren Demokratie ein. Dabei überwogen klar die Kritiker der streitbaren Demokratie, wurde doch gemutmaßt, es komme zu einer unvertretbaren Einschänkung der Freiheitsrechte.[5] Schlagworte wie „Duckmäusertum" und „Gesinnungsschnüffelei" spielten in der Diskussion eine große Rolle

---

2 Vgl. Karl Loewenstein, Militant Democracy and Fundamental Rights (I + II), in: American Political Science Review 31 (1937), S. 417-432, 638-658.

3 Karl Mannheim, Diagnose unserer Zeit. Gedanken eines Soziologen (1941), Zürich u.a. 1951, S. 17. Es handelt sich um ein Kuriosum insofern, als der Begriff der „streitbaren Demokratie" damit von einem Übersetzer geprägt wurde.

4 Vgl. Friedrich Karl Fromme, Von der Weimarer Verfassung zum Bonner Grundgesetz. Die verfassungspolitischen Folgerungen des Parlamentarischen Rates aus Weimarer Republik und nationalsozialistischer Diktatur (1960), 3. ergänzte Aufl., Berlin 1999.

5 Vgl. z.B. (aus unterschiedlicher Sicht): Martin Kutscha, Verfassung und „streitbare Demokratie". Historische und rechtliche Aspekte der Berufsverbote im öffentlichen Dienst, Köln 1979; Joachim Hirsch, Der Sicherheitsstaat. Das 'Modell Deutschland', seine Krise und die neuen sozialen Bewegungen, Frankfurt a.M. 1980; Wolf-Dieter Narr (Hrsg.), Wir Bürger als Sicherheitsrisiko. Berufsverbot und Lauschangriff. Beiträge zur Verfassung unserer Republik, Reinbek bei Hamburg 1977. Der Verfasser dieses Beitrages gehört(e) zu den Anhängern der streitbaren Demokratieschutzkonzeption: Eckhard Jesse, Streitbare Demokratie. Theorie, Praxis und Herausforderungen in der Bundesrepublik Deutschland, Berlin 1980.

Angesichts der schwierigen Materiallage ist um die Frage, ob und wie man Extremisten vom öffentlichen Dienst in den westlichen Demokratien fernhält, lange ein Bogen gemacht worden. Anfang der Achtziger Jahre haben sich zwei voluminöse Sammelbände dieser vernachlässigten Thematik angenommen. Es handelt sich zum einen um die von Mitgliedern der Deutschen Sektion der Internationalen Juristen-Kommission verfaßte Studie unter der Ägide des Heidelberger Staatsrechtslehrers Karl Doehring[6], zum andern um eine von der Friedrich-Ebert-Stiftung angeregte und von Ernst-Wolfgang Böckenförde, Christian Tomuschat und Dieter C. Umbach herausgegebene Untersuchung.[7] Die Studien über diesen Komplex gelangen wenn nicht zu gegensätzlichen, so doch zumindest zu unterschiedlichen Schlußfolgerungen. Die Länderberichte in der von der Friedrich-Ebert-Stiftung angeregten Projektuntersuchung kommen – *cum grano salis* – zu dem Ergebnis, dass die anderen westlichen Demokratien ein höheres Maß an Liberalität aufweisen als die Bundesrepublik. Es herrsche weitgehend ein Dienst- und Gesetzlichkeitsmodell vor: Entscheidend sei die Einhaltung der gesetzlichen Bestimmungen. Besondere Anforderungen an das Beamtenverhältnis würden nicht gestellt. Dort werde das Treueprinzip, wenn es denn überhaupt existiert, nur auf das Amt bezogen. Dagegen weisen nach den Berichten in dem von der „Deutschen Sektion der Internationalen Juristen-Kommission" initiierten Sammelband die westlichen Demokratien vielfältige Schutzvorkehrungen auf, fordern durch ein unauffälligeres Verfahren aber weniger Kritik heraus. In den meisten Staaten bestehe kein Anspruch auf Übernahme in den öffentlichen Dienst, und die Auswahlverfahren, die den Behörden zum Teil einen weiten Ermessensspielraum geben, seien nicht immer durchsichtig, so dass sich „klammheimlich" der eine oder andere Bewerber abschieben lasse. Wohl verzichtet man auf „Regelanfragen" bei der Einstellung in den öffentlichen Dienst, doch könnten bei Personen für zum Teil vage umschriebene Vertrauensfunktionen genaue Auskünfte eingezogen werden. Bei der Ablehnung einer Bewerbung fehle in den westeuropäischen Ländern ein Begründungszwang wie in der Bundesrepublik, und auch der Gerichtsschutz sei viel weniger ausgeprägt.[8]

Die breiter angelegte Studie von Gregor Paul V. Boventer arbeitet einerseits die demokratietheoretische Diskussion insbesondere im angelsächsi-

---

6   Vgl. Karl Doehring u.a., Verfassungstreue im öffentlichen Dienst europäischer Staaten, Berlin 1980.

7   Vgl. Ernst-Wolfgang Böckenförde/Christian Tomuschat/Dieter C. Umbach, Extremisten und öffentlicher Dienst. Rechtslage und Praxis des Zugangs zum und der Entlassung aus dem öffentlichen Dienst in Westeuropa, USA, Jugoslawien und der EG, Baden-Baden 1981.

8   Zu den Gründen für die unterschiedliche Interpretation, die u.a. auf den methodischen Ansatz zurückgeht, vgl. Eckhard Jesse, Der Schutz demokratischer Verfassungsstaaten vor extremistischen Bestrebungen. Die demokratische Abwehrbereitschaft auf dem Prüfstand, in: Ders. (Hrsg.), Politischer Extremismus in Deutschland und Europa, München 1993, S. 133-147.

schen Bereich zwischen 1918 und 1945 heraus und andererseits die Praxis nach 1945 – vornehmlich am Beispiel der Bundesrepublik Deutschland (und am Rande auch der westlichen Demokratien).[9] Leider begnügt sich Boventer mehr damit, die einschlägigen Regelungen zu schildern, analysiert er weniger die Praxis.[10] Dieser Umstand erklärt sich wesentlich mit der mangelnden Transparenz in diesem von den Sicherheitsbehörden als „delikat" angesehenen Bereich.

Helmut Steinberger hat in seiner Arbeit über das amerikanische Antisubversionsrecht zu zeigen versucht, dass sich die streitbare Demokratie ohne jeglichen Wertbezug nicht verteidigen lässt.[11] Poppers Lösungsvorschlag für das „Paradox der Toleranz" überzeuge nicht, da eine Begrenzung der Toleranz nur auf der Grundlage wertbezogener Kritik möglich erscheine. Isabelle Canu behauptet in ihrem politikwissenschaftlichem Vergleich zwischen dem Demokratieschutz in der Bundesrepublik Deutschland mit dem in Frankreich einerseits, dass Frankreich, „stolz auf seine freiheitlich-liberale Tradition, sich als liberal gegenüber allen politischen Ideen gibt"[12], andererseits kann sie im Nachbarland repressive Maßnahmen gegen (gewaltlose) rechtsextremistische Bestrebungen nachweisen. Ihre Hinweise auf einen europaweiten Demokratieschutz besitzen Aktualität.

In den neunziger Jahren sind zwei umfassende, grundsätzlich angelegte Kritiken aus politikwissenschaftlicher Sicht an Theorie und Praxis der streitbaren Demokratie erschienen: Hans-Gerd Jaschke versucht in seiner Habilitationsschrift den Nachweis zu führen, dass die streitbare Demokratie mit ihrem Primat der Exekutive die diskursive Auseinandersetzung verdrängt.[13] Die Extremismus- wie Totalitarismustheorie wird ebenso verworfen wie ein unreflektierter Antifaschismus. Die streitbare Demokratie führe zu Feindbildern; demgegenüber plädiert der Autor für geistig-politische Auseinandersetzung. Noch schärfer als Jaschke gehen Claus Leggewie und Horst Meier mit dem

9 Vgl. Gregor Paul V. Boventer, Grenzen politischer Freiheit im demokratischen Staat. Das Konzept der streitbaren Demokratie in einem internationalen Vergleich, Berlin 1985.
10 Dies gilt auch für die folgende Studie von Erich Edwin Brunner, Die Problematik der verfassungsrechtlichen Behandlung extremistischer Parteien in den westeuropäischen Verfassungsstaaten (unter vergleichender Berücksichtigung Westdeutschlands, Österreichs, Frankreichs und der Schweiz), Zürich 1965; die Arbeit von Chih-kuan Wu – Streitbare Demokratie. Ihre Entwickung in Deutschland und ihre Rezeption in Taiwan (Republik China), Frankfurt a.M. 1998 – hält nicht, was der Titel verspricht.
11 Vgl. Helmut Steinberger, Konzeptionen und Grenzen freiheitlicher Demokratie. Dargestellt am Beispiel des Verfassungsrechtsdenkens in den Vereinigten Staaten von Amerika und des amerikanischen Antisubversionsrechts, Berlin u.a. 1987.
12 Isabelle Canu, Der Schutz der Demokratie in Deutschland und Frankreich. Ein Vergleich des Umgangs mit politischem Extremismus vor dem Hintergrund der europäischen Integration, Opladen 1997, S. 14.
13 Vgl. Hans-Gerd Jaschke, Streitbare Demokratie und innere Sicherheit. Grundlagen, Praxis und Kritik, Opladen 1992.

Konzept der streitbaren Demokratie ins Gericht.[14] Sie erteilen diesem eine Fundamentalabsage, weil sie von ihm eine Vitalisierung des Freund-Feind-Gegensatzes befürchten. Die Autoren orientieren sich am Gewaltkriterium als der entscheidenden Grenze, um zwischen legaler und illegaler Politik unterscheiden zu können. Sie erweisen sich damit als Verfechter eines relativistischen, nicht wertgebundenen Demokratieverständnisses – mit einer Ausnahme: Ihr Plädoyer für „eine nachholende Ächtung des Nazismus"[15] läuft auf ein Verbot aller Gruppierungen hinaus, die an die Ziele der NSDAP anknüpfen. Die Position der Autoren zeichnet sich damit durch mangelnde Konsequenz aus.

Die knappe Bestandsaufnahme sollte verdeutlichen, dass die vergleichende (politikwissenschaftliche) Forschung zum Demokratieschutz nach wie vor zu wünschen übrig lässt. Dies gilt in noch weit höherem Maße, wenn Mittel- und Osteuropa einbezogen wird. Der zum Teil unbefriedigende Kenntnisstand erklärt sich wesentlich mit der schwierigen Materiallage. Auch die beiden großen Handbücher unter der Ägide von Wolfgang Ismayr über die politischen Systeme West-[16] und Osteuropas[17] berühren den Demokratieschutz bezeichnenderweise nur am Rande.

3. Konzeption der streitbaren Demokratie

Wer davon ausgeht, dass sich der demokratische Verfassungsstaat in den meisten Ländern Europas erst nach dem Ende des Ersten Weltkrieges herausgebildet hat (als sich Parlamentarisierung und allgemeines Wahlrecht zusammen durchsetzten), kann die Konzeption der streitbaren Demokratie im engeren Sinne historisch schlechterdings nicht früher verorten. Ihre Entstehung ist im Zusammenhang mit der politischen Entwicklung der Zwischenkriegszeit zu sehen, als autoritäre und totalitäre Bewegungen das Ende vieler der nach dem Ersten Weltkrieg entstandenen parlamentarischen Demokratien herbeiführten. Die streitbare Demokratie ist vor allem auch eine Konsequenz der Pervertierung des Prinzips der Volkssouveränität. Wie der Totalitarismus die Massendemokratie zur Voraussetzung hat, ging die streitbare Demokratie aus den Erfahrungen des Totalitarismus hervor. Totalitäre Ideologien, Bewe-

---

14 Vgl. Claus Leggewie/Horst Meier, Republikschutz. Maßstäbe für die Verteidigung der Demokratie. Mit zwei Exkursen von Alexander Molter und Wolfgang Stenke, Reinbek bei Hamburg 1995.

15 Ebd., S. 317. Zur Kritik an dieser Position vgl. Eckhard Jesse, Der Streit um die streitbare Demokratie. Fundamentalkritik an der Schutzkonzeption des Grundgesetzes und an der Praxis, in: Politische Vierteljahresschrift 38 (1997), S. 577-583.

16 Vgl. Wolfgang Ismayr (Hrsg.), Die politischen Systeme Westeuropas, Opladen 1997.

17 Vgl. ders. (Hrsg.), Die politischen Systeme Osteuropas, Opladen 2002.

gungen und Herrschaftssysteme charakterisieren das Massenzeitalter des 20. Jahrhunderts.[18]

Der Erfolg antidemokratischer Bewegungen in der Zwischenkriegszeit beruhte auf vielen Faktoren: wirtschaftlichen, politischen, sozialen.[19] Er hing auch damit zusammen, dass die Demokratie des Weimarer Musters nicht angemessen auf diktatorische Bestrebungen zu reagieren wusste. Deren Verfechter hatten nämlich ihre Taktik verändert. Die Verfassung sollte legal, unter Umgehung des direkten Gesetzesbruchs, aus den Angeln gehoben werden. Einer solchen Legalitätstaktik[20] standen die ohnehin ungefestigten Demokratien in vielen europäischen Staaten einigermaßen hilflos gegenüber.

Gewiß: Wenn Extremisten versuchten, das demokratische System mit Gewalt zu beseitigen, wie dies die KPD in den Anfangsjahren der Weimarer Zeit tat, konnte man gegen sie aufgrund des Gesetzesverstoßes vorgehen. Ein relativistisches, formales Demokratieverständnis ließ es jedoch nicht zu, der propagandistischen Unterminierung der demokratischen Ordnung eine geistig-politische Auseinandersetzung im demokratischen Sinne entgegenzusetzen. So äußerte der SPD-Minister Eduard David bei den Verfassungsberatungen gegenüber den Rechtsparteien: „[Die Verfassung ...] gibt Ihnen die Möglichkeit, auf legalem Wege die Umgestaltung in Ihrem Sinne zu erreichen, vorausgesetzt, dass Sie die erforderliche Mehrheit des Volkes für Ihre Anschauungen gewinnen. Damit entfällt jede Notwendigkeit politischer Gewaltmethoden. Die Bahn ist frei für jede gesetzlich friedliche Entwicklung. Das ist der Hauptwert einer echten Demokratie."[21] So entfiel in der Tat „jede Notwendigkeit politischer Gewaltmethoden" für den politischen Extremismus, aber keineswegs, was damals viele übersahen, das Erfordernis einer effektiven Sicherung der Verfassung und ihrer tragenden Elemente. Die von liberalem Ideengut getragene Vision eines *free market place of ideas* erstarrte zum demokratischen Dogma. Was nach David den Schutz der Demokratie verbürgen sollte, unterminierte ihn gerade. Die Möglichkeit der legalen Beseitigung der Demokratie war für die Feinde des „Systems" eine Verlockung. Der Verzicht auf Gewaltanwendung bedeutete nicht notwendigerweise eine Preisgabe der politischen Umsturzabsichten.

---

18 Vgl. zusammenfassend Karl Dietrich Bracher, Das 20. Jahrhundert als Zeitalter der ideologischen Auseinandersetzungen zwischen demokratischen und totalitären Systemen, in: Klaus W. Hempfer/Alexander Schwan (Hrsg.), Grundlagen der politischen Kultur des Westens. Ringvorlesung an der Freien Universität Berlin, Berlin u.a. 1987, S. 211-235.

19 Vgl. beispielsweise die Analyse von Karl J. Newman, Zerstörung und Selbstzerstörung der Demokratie. Europa 1918-1938, 2. Aufl., Stuttgart 1984 (1965).

20 Die Legalitätstaktik der Nationalsozialisten war prinzipieller Natur und keine Taktik zur Verschleierung eines Putsches. Vgl. etwa Albrecht Tyrell, Der Wegbereiter – Hermann Göring als politischer Beauftragter Hitlers in Berlin 1930-1932/33, in: Manfred Funke u.a. (Hrsg.), Demokratie und Diktatur. Geist und Gestalt politischer Herrschaft in Deutschland und Europa, Düsseldorf 1987, insbes. S. 191.

21 Zitiert nach Gotthard Jasper, Der Schutz der Republik. Studien zur staatlichen Sicherung der Demokratie in der Weimarer Republik 1922-1930, Tübingen 1963, S. 10.

Zwei Entwicklungen trafen also zusammen, die in ihrer brisanten Kombination den Niedergang des demokratischen Verfassungsstaates begünstigten.[22] Einerseits die Verabsolutierung der als alleinige Quelle demokratischer Legitimation geltenden Volkssouveränität, die unter keinen Umständen eingeschränkt werden dürfe. Der rousseauistisch inspirierte Glaube an die ursprüngliche Güte der Menschennatur galt als derart fundiert, dass man Schutzmaßnahmen nicht für erwägenswert hielt. Andererseits das Aufkommen extremistischer Bestrebungen in einer Massengesellschaft, die der Demokratie mit deren eigenen Mitteln zu Leibe rückten, auf einen gewaltsamen Sturz des „Systems" verzichteten, jedoch in ihrer Propaganda dem „System" mit brutaler Deutlichkeit den Kampf ansagten. Das schrankenlose Freiheitsverständnis stieß auf einen machiavellistisch orientierten Extremismus, der die Demokratie nicht mit Gewalt aus den Angeln zu heben versuchte, sondern sich geschickt den neuen Bedingungen anpasste.

Obwohl sich autoritäre und totalitäre Bewegungen herausbildeten, mißlangen in Deutschland alle Putschversuche. Aufstände von Minderheiten waren in einer Demokratie des 20. Jahrhunderts aufgrund des staatlichen Waffenmonopols und der fehlenden Legitimationsbasis ziemlich chancenlos. Wichtiger als das direkte Anrennen gegen den Staat wurde die geistige Bekämpfung des politischen Systems mittels vielfältiger Formen der Propaganda (z.B. durch Medien oder Massenaufmärsche).[23] Es mag auf den ersten Blick paradox anmuten: In dem Moment, in dem die Massendemokratie historisch zu triumphieren schien, traten ihre erbittertsten Gegner in Gestalt totalitärer Bewegungen von rechts und links auf den Plan. Das Ausmaß des Erfolges der demokratischen Bewegung bestimmte *grosso modo* die Schärfe und Unerbittlichkeit antidemokratischer Akteure. Jedenfalls gilt das für Deutschland, wenn auch mit Abstrichen. Die Krisensituation der Demokratie zu Beginn der dreißiger Jahre rief erst recht deren totalitäre Widersacher auf den Plan. Außerdem gab es eine Reihe scharfer Gegner der Massendemokratie, die nicht zu den Repräsentanten des Totalitarismus gehörten (wie etwa die Deutschnationalen).

Die im Grundgesetz verankerte Konzeption der streitbaren Demokratie, wie sie im Grundgesetz verankert ist, will die Hilflosigkeit der relativistisch geprägten Demokratie des Weimarer Typs überwinden. Ihr zentraler Gedanke ist die Vorverlagerung des Demokratieschutzes in den Bereich des legalen politischen Handelns. Der demokratische Verfassungsstaat soll sich seiner Gegner nicht erst erwehren können, wenn diese Strafgesetze übertreten. Die

---

22 Allerdings geriet weder der demokratische Verfassungsstaat an sich in eine existentielle Krise, noch beruhte der Niedergang demokratischer Systeme in erster Linie auf den geschilderten Entwicklungen. Hier wird jedoch das Augenmerk auf den für die Entstehungsgeschichte der streitbaren Demokratie entscheidenden Punkt gerichtet.

23 Vgl. zur totalitären Ideenwelt, die auf demokratische Systeme in vielfältiger Form einwirkte, und zur teils von links, teils von rechts forcierten Kulturkritik Intellektueller: Karl Dietrich Bracher, Zeit der Ideologien. Eine Geschichte politischen Denkens im 20. Jahrhundert, Stuttgart 1982.

Legalitätstaktik von Extremisten bedarf in dieser Sicht einer *Illegitimierungsstrategie* des demokratischen Verfassungsstaates. Jenen extremistischen Bewegungen, die die Legalordnung mit Gewalt bekämpfen, sei es in der Form systematischer Gewaltanwendung (Terrorismus), sei es in der Form punktueller Aktionen oder Aufstände, kann die moderne Demokratie wirksam begegnen. Die vielfältige Facetten aufweisende Legalitätstaktik von Extremisten stellt demgegenüber eine neuartige Herausforderung dar. Dabei bietet sich eine Hauptabstufung zwischen denen an, die die demokratische Ordnung ablehnen und denen, die sie – jedenfalls verbal – bejahen.

Die Demokratie Weimarer Prägung konnte gegenüber solchen Gruppierungen nichts unternehmen, da sie sich (überwiegend) keines Verstoßes gegen Gesetze schuldig machten.[24] Als Legalitätstaktik muß nicht nur das Verhalten jener gelten, die das demokratische System offen ablehnen, sondern auch das derjenigen Organisationen, die sich einer Tarnung befleißigen. Wer nur auf verbale Bekenntnisse abstellt, läuft Gefahr, der Anpassungsstrategie extremistischer Kräfte auf den Leim zu gehen. Er würde die Äußerungen der betreffenden Organisation für bare Münze nehmen, ohne zu prüfen, ob ihnen unter Umständen eine Verschleierungstendenz zugrunde liegt. Während extremistische Kräfte in der Weimarer Republik ihre Legalitätstaktik noch mit einer unverhohlenen Ablehnung des demokratischen Verfassungsstaates verbanden, entwickelten manche extremistischen Organisationen rechts und links in der Bundesrepublik Deutschland eine spezifische Form politischer Mimikry – offenkundig eine Reaktion auf Theorie und Praxis der streitbaren Demokratie. Der demokratische Staat der Gegenwart muss daher nicht nur Verstöße von Extremisten gegen die Strafgesetze ahnden, sondern auch die Legalitätstaktik in den beiden genannten Formen konterkarieren.

Für den demokratischen Verfassungsstaat liegt eine besondere Schwierigkeit darin, im einzelnen herauszufinden, welche Organisationen extremistisch ausgerichtet sind. Naturgemäß ist die Unterscheidung bei jenen Gruppierungen am schwersten, die die freiheitliche Ordnung preisen. Einerseits muss der demokratische Verfassungsstaat großzügig im Umgang mit „Abweichlern" sein und im Zweifel zugunsten der betreffenden Organisationen entscheiden, andererseits deutlich die Grenzen zu antidemokratischen Richtungen markieren, auch wenn diese sich in das Renommiergewand einer demokratische Zuverlässigkeit heuchelnden Sprachstrategie hüllen. Für die Beurteilung kommt es nicht nur auf die Programmatik an, sondern ebenso auch auf die politische Praxis, die Vorstellungen der Anhänger und die Strategien der Führungsspitze. Diese Aufgabe wird in der Praxis häufig dadurch erschwert, dass sich manche Organisationen im geistigen Grenzbereich zwischen Demokratie und Extremismus bewegen.

---

24 Diese Position versucht Christoph Guysy zu relativieren. Vgl. ders., Weimar – die wehrlose Republik? Verfassungsschutzrecht und Verfassungsschutz in der Weimarer Republik, Tübingen 1991.

Die streitbare Demokratie im Verständnis eines präventiven Demokratieschutzes (und nur in diesem Sinne erscheint der Terminus angebracht) ist in
vielen demokratischen Verfassungsstaaten unbekannt. Wer sich bloß gegen
die offenen Demokratiefeinde wendet, erfasst nicht die Strategie jener Extremisten, die den demokratischen Staat zu unterwandern suchen. So heißt es
bei Karl R. Popper, einem der markantesten Verteidiger der „offenen Gesellschaft": „In einer Demokratie sollte sich der volle Schutz der Minoritäten
nicht auf jene erstrecken, die das Gesetz verletzen, und insbesondere nicht
auf jene, die andere zur gewaltsamen Abschaffung der Demokratie anstif-
ten."[25] Wer die Demokratie auf einem nicht gewaltsamen Weg beseitigen
will, kann ebenfalls nicht den vollen Schutz in Anspruch nehmen.

Die Trennung zwischen Zielen und Mitteln führt nicht weiter. Horst
Meier etwa macht die Grenzziehung zwischen verfassungsgemäß und verfassungsfeindlich von der Frage abhängig, „ob jemand zum Einsatz gewaltsamer
Mittel"[26] greift. „Diese allein machen ausnahmslos jedes politische Ziel ‚verfassungswidrig'. Mit der Gewaltgrenze liegt ein Kriterium vor, das ungleich
berechenbarer und transparenter ist, als die Karlsruher Exegese eines ideolo-
gieanfälligen Begriffes der ‚freiheitlichen demokratischen Grundordnung'
jemals sein kann.[27] Nicht „diese allein", sondern „allein diese" erweisen politische Ziele als verfassungsfeindlich: Jeder Befürworter von Gewalt ist ein
Extremist, aber nicht jeder Extremist befürwortet Gewalt. Der Vorteil der
größeren Berechenbarkeit und Transparenz – in der Tat ist relativ leicht zu
entscheiden, ob eine Gruppierung Gewalt anwendet oder Gewalt verkündet –
wird mit dem Nachteil erkauft, dass die Orientierung an der Gewaltgrenze
gegen die gefährlichste Form des politischen Extremismus überhaupt nicht
„greift". Wer die Verfassungsfeindlichkeit von Zielen leugnet, gibt das Konzept der streitbaren Demokratie auf.

Allerdings wirft die Vorverlagerung des Demokratieschutzes für die zu
gewährleistende Liberalität des Staates gravierende Probleme auf. Viele Fragen stecken voller Zünd-, ja Sprengstoff: Wird nicht gerade dadurch, dass die
Legalität des Verhaltens keineswegs der einzige Maßstab für die Beurteilung
ist, die Demokratie unterminiert? Spielt man auf diesem Wege Legalität und
Legitimität gegeneinander aus? Wie kann sich eine im Ruch der Verfassungsfeindlichkeit stehende Organisation überzeugend gegen den Vorwurf wehren,
sie tarne sich? Gibt es eine „Grauzone" zwischen Demokratie und Extremismus? Muß ein Rechtsstaat sich nicht ausschließlich an den Gesetzen orientieren? Fördert die streitbare Demokratie, wenn auch unbeabsichtigt, vielleicht

---

25 Karl R. Popper, Die offene Gesellschaft und ihre Feinde (1944/45), Bd. 2, 2. Aufl.,
    Bern 1970, S. 198.
26 Horst Meier, Parteiverbote und demokratische Republik. Verfassungspolitische
    Perspektiven eines radikalen Pluralismus, in: Merkur 43 (1989), S. 722 (Hervor-
    hebung im Original).
27 Ebd., S. 722. Ausführlicher ders., Parteiverbote und demokratische Republik, Baden-
    Baden 1993.

gerade McCarthyismus? Wie immer man solche Fragen beantwortet – dem Konzept der streitbaren Demokratie sind offenkundig Gefahren eigen. Wer zutiefst von dem Glauben an das freie Spiel der Kräfte und Ideen beseelt ist und dies als die Vollendung des demokratischen Verfassungsstaates betrachtet, findet keine Rechtfertigung für ein Vorgehen wider jene extremistischen Gruppierungen, die innerhalb des Rahmens der Legalität agieren. Nach 1945 war in Deutschland die Auffassung über die Notwendigkeit verbreitet, die demokratische Ordnung vor ihren Gegnern zu schützen. Die Verfassungsgebung in den Ländern hat die Arbeit des Parlamentarischen Rates in der Frage des Demokratieschutzes durch zahlreiche „Vorgaben" wesentlich beeinflußt.[28] Während die Verfassungsberatungen in den Ländern noch durch eine stärker antifaschistische Ausrichtung gekennzeichnet waren, überwog im Parlamentarischen Rat Antiextremismus. Art. 9, Abs. 2 GG sieht die Möglichkeit des Vereinigungsverbots vor, Art. 21, Abs. 2 die des Parteienverbots. Art. 18 erlaubt die Verwirkung der Grundrechte, um drei wesentliche Maßnahmen des präventiven Demokratieschutzes zu nennen.

Für alle Varianten der streitbaren Demokratie gilt, dass sie drei Charakteristika umfassen: (1) die Wertgebundenheit, (2) die Abwehrbereitschaft und (3) die Vorverlagerung des Demokratieschutzes, wobei dieser letzte Punkt eine Präzisierung des zweiten darstellt.

(1) Mit *Wertgebundenheit* ist gemeint, dass der Verfassungsstaat eine Wertordnung zur Grundlage hat, die er nicht zur Disposition gestellt wissen will. Zum demokratischen Minimalkonsensus zählen insbesondere die Menschenrechte.

(2) Zur *Abwehrbereitschaft* gehört die Verteidigung des demokratischen Verfassungsstaates gegenüber extremistischen Positionen. Demokratie ist also weder mit der Lehre der Volkssouveränität noch mit formal verstandenen Prinzipien wie Pluralismus und Toleranz identisch.

(3) Als Vorverlagerung des Demokratieschutzes gilt der Sachverhalt, dass der demokratische Verfassungsstaat es sich vorbehält, nicht erst bei einem Verstoß gegen (Straf-)Gesetze zu reagieren. Der politische Extremismus kann bereits im Bereich legalen, aber verfassungsfeindlichen Handelns gestört werden.

Der Zusammenhang von Wehrhaftigkeit und Werthaftigkeit liegt auf der Hand. Ein Staat, der auf unveränderbaren Werten ruht, hat das Recht der Abwehrbereitschaft. Und Abwehrbereitschaft ohne Wertgebundenheit führt sich ad absurdum. Was die Zuordnung von Wehrhaftigkeit und Werthaftigkeit betrifft, gibt es prinzipiell vier Variationen:

(1) Wertgebundenheit (+)/Abwehrbereitschaft (+)
(2) Wertgebundenheit (+)/Abwehrbereitschaft (-)

---

28 Vgl. Armin Scherb, Präventiver Demokratieschutz als Problem der Verfassungsgebung nach 1945. Frankfurt a.M. 1987, S. 186-248.

(3) Wertgebundenheit (-)/Abwehrbereitschaft (+)
(4) Wertgebundenheit (-)/Abwehrbereitschaft (-)

Die erste ist dadurch gekennzeichnet, dass ein Staat sich in der Verfassung zu unantastbaren Werten bekennt und auch Vorsorge zu ihrem Schutz trifft. Die zweite Variante zeichnet sich dadurch aus, dass die Verfassung wohl Werte schützt, aber keine Vorkehrungen gegen ihre Beseitigung trifft. Die dritte basiert auf dem Wertrelativismus, sieht gleichzeitig aber Schutzmaßnahmen zugunsten der Einhaltung der Verfassung vor. Die vierte Variante schließlich verzichtet sowohl auf die Wertgebundenheit als auch auf Schutzvorkehrungen. Wertrelativismus und Verzicht auf Abwehrbereitschaft fallen zusammen. Auf dieses Schema kommt der Verfasser beim Vergleich zurück.

4. Wertgebundenheit

Der Parlamentarische Rat war sich angesichts der desaströsen Hinterlassenschaft des Nationalsozialismus und des realen Sozialismus, wie er sich in der damaligen sowjetisch besetzten Zone, der späteren DDR, zu etablieren schien, über ein streitbares Demokratieverständnis (fast) einig. Der demokratische Verfassungsstaat sollte geschützt werden – auch und gerade vor gewaltloser Infiltration politisch extremer Bestrebungen. Das Grundgesetz kennt ein „Ewigkeitsgebot". Art. 79, Abs. 3 GG lautet folgendermaßen: „Eine Änderung dieses Grundgesetzes, durch welche die Gliederung des Bundes in Länder, die grundsätzliche Mitwirkung der Länder bei der Gesetzgebung oder die in den Artikeln 1 und 20 niedergelegten Grundsätze berührt werden, ist unzulässig." Diese Werte und institutionellen Verfahrensnormen sind die Legitimationsbasis der Streitbarkeit.

Gegenüber einem solchen Verfassungskern werden zwei Hauptargumente ins Feld geführt[29], die in einem Spannungsverhältnis zueinander stehen. Einerseits heißt es, Art. 79, Abs. 3 begünstige gesellschaftliche Starrheit und limitiere die Volkssouveränität, andererseits: Antidemokratische Gruppierungen würden „im Fall eines Falles" diesen „Papierkram" ignorieren. Beide Einwände überzeugen nicht: Schließlich schränken die für unantastbar erklärten Prinzipien die gesellschaftliche Offenheit nicht ein[30]; und eine Bewegung, die sich über die geschützten Werte hinwegsetzt, bricht damit – für jedermann klar erkennbar – die Legalität.

---

29 Vgl. Brun-Otto Bryde, Verfassungsentwicklung. Stabilität und Dynamik im Verfassungsrecht, Baden-Baden 1982.
30 Allerdings ist die „Ewigkeitsgarantie" für die Republik und den Bundesstaat unbegründet. Denn weder die Einführung einer (parlamentarischen) Monarchie noch die eines Einheitsstaates widerspricht demokratischen Grundsätzen.

Die Verfassungen der meisten anderen europäischen Demokratien[31] weisen nicht so rigide Vorschriften zur Begrenzung einer Verfassungsänderung
auf wie das Grundgesetz. Allerdings gibt es einige Parallelfälle: In Griechenland bestimmt der dortige Art. 110, Abs. 1 der Verfassung die Unverän-
derbarkeit wesentlicher Bestimmungen wie etwa die Staatsform der parlamentarischen Republik oder auch den Schutz der Menschenwürde. Art. 290
der portugiesischen Verfassung listet die von einer Verfassungsrevision aus-
genommenen Bereiche auf (u.a. die nationale Unabhängigkeit, die republikanische Regierungsform, die Trennung von Kirche und Staat, die Unabhängigkeit der Gerichte). Dieser Artikel geht sogar weit über die „Ewigkeitsklausel" des bundesdeutschen Grundgesetzes hinaus. So ist zum Beispiel
selbst das Verhältniswahlsystem von einer Änderung ausgenommen.

Immerhin legen die meisten anderen europäischen Verfassungen erschwerte Quoren für eine Verfassungsänderung zugrunde. Die spanische
Verfassung von 1978 macht für eine Gesamt- oder eine Teilrevision sogar die
Auflösung des Parlaments und eine Neuwahl erforderlich, wenn es auch keine Grenzen der Verfassungsänderung gibt. Das neugewählte Parlament hat
die neue Verfassung auszuarbeiten, wofür mindestens eine Zweidrittel-
Mehrheit beider Kammern notwendig ist. Danach muss die Verfassung in einem Referendum ratifiziert werden. Es sind also zahlreiche Kautelen zur
Verhinderung eines Mißbrauchs vorgesehen. In Norwegen dürfen Verfassungsänderungen nicht dem Geist der Verfassung widersprechen. Der skandinavische Staat ist insofern eine Ausnahme, als Verfassungen des 18. und
19. Jahrhunderts – die norwegische stammt von 1812 – keine entsprechenden
Bestimmungen vorsahen (USA, Belgien, Schweiz).[32] In anderer Hinsicht ist
Großbritannien, das auf eine geschriebene Verfassung verzichtet, ein Sonderfall: Weder nach dem Gesetzesrecht noch nach dem Gewohnheitsrecht bedarf
es qualifizierter Mehrheiten. Eine Reihe von Verfassungen ermöglicht Änderungen durch Plebiszite.

Die nach dem Zweiten Weltkrieg verabschiedeten Verfassungen Italiens
(in Art. 139) und der V. Französischen Republik (in Art. 89) schreiben die
republikanische Staatsform vor. Gemäß Art. 54 der italienischen Verfassung
hat jeder Bürger sogar die Pflicht, „der Republik die Treue zu bewahren und
die Verfassung und die Gesetze zu achten."[33] Die betonte Wertgebundenheit
des Grundgesetzes und der Verfassungen Griechenlands wie Portugals ist ein

---

31 Vgl. für Nachweise Adolf Kimmel (Hrsg.), Die Verfassungen der EG-Mitgliedsstaa-
ten, München 1987; Herwig Roggemann (Hrsg.), Die Verfassungen Mittel- und Osteuropas. Einführung und Verfassungstexte mit Übersichten und Schaubildern, Berlin
1999.

32 Vgl. auch Christian Tomuschat, Rechtsvergleichende Analyse. Der öffentliche Dienst
im Spannungsverhältnis zwischen politischer Freiheit und Verfassungstreue. Standards für die Behandlung politischer Extremisten in Westeuropa, in: Böckenförde/
Tomuschat/Umbach (Anm. 7), S. 649.

33 Der Text der italienischen Verfassung findet sich u. a. bei Kimmel (Anm. 31), S. 205-
232 (Zitat: S. 213).

Reflex auf die geschichtliche Erfahrung. Bezeichnenderweise verzichtet die im Jahre 1983 verabschiedete niederländische Verfassung auf die Festschreibung bestimmter Artikel. Die gesamte Verfassung steht zur Disposition des Gesetzgebers.[34] Die Möglichkeit einer Totalrevision gilt auch für Russland und Bulgarien – freilich erst durch eine eigens gewählte Versammlung. Die anderen Staaten Osteuropas schreiben besondere Anforderungen für die Änderung der Verfassung vor. „Mehrere Verfassungen enthalten einen unveränderlichen Verfassungskern – so die Verfassungen Bulgariens, Rumäniens, Tschechiens, Moldovas, Russlands und der Ukraine. Gegen Verfassungsänderungen geschützt sind die Grundrechte und Grundfreiheiten, die Unverletzlichkeit des Staatsgebietes (Ukraine, Rumänien) und – besonders ausgeprägt – in Rumänien darüber hinaus die republikanische Staatsform und die Bestimmungen bezüglich der ,Unverletzlichkeit der Rechtspflege, des politischen Pluralismus und der Amtssprache' (Art. 148 RumVerf.). Die Regelung der tschechischen Verfassung, der zufolge eine Änderung der wesentlichen Bestandteile des demokratischen Rechtsstaates unzulässig ist (Art. 9, Abs. 2 TschechVerf.), lässt offen, welche Verfassungsvorschriften konkret gemeint sind."[35] Offenkundig ist die diktatorische Vergangenheit eine wesentliche Ursache für die Einführung solcher auf „ewig" angelegten Schutzbestimmungen.

5. Abwehrbereitschaft

5.1 Parteien- und Vereinigungsverbote

Die Schutzvorkehrungen, die den Verfassungsstaat in der Bundesrepublik „diktaturfest" machen sollten, wurden nicht exzessiv praktiziert.[36] In der Anfangszeit war dies – bezogen auf Parteien- und Vereinigungsverbote – durchaus anders. Die junge Demokratie reagierte verunsichert, und manche Vorkehrung – wie das erste Strafrechtsänderungsgesetz von 1951[37] – war nicht frei von Alarmismus.

1952 wurde die Sozialistische Reichspartei (SRP) verboten, 1956 die Kommunistische Partei Deutschlands (KPD). Die im Oktober 1949 gegrün-

---

34 Allerdings sind die nach 1945 erlassenen Verfassungen von Spanien und Österreich änderbar. Eine Totalrevision ist jeweils nur durch ein Plebiszit möglich.

35 So Wolfgang Ismayr, Die politischen Osteuropas im Vergleich, in: Ders. (Anm. 17), S. 15.

36 Die vier Anträge auf Grundrechtsverwirkung gemäß Art. 18 GG – 1960 gegen Otto Ernst Remer, 1969 gegen Gerhard Frey, 1992 gegen Heinz Reisz und gegen Thomas Dienel – scheiterten sämtlich. Sie wurden wegen offenkundiger Aussichtslosigkeit von der Bundesregierung nicht weiter verfolgt. Die Kritik an Art. 18 GG ist heftig und im Kern berechtigt bei Leggewie/Meier (Anm. 13), S. 82-92.

37 Vgl. Alexander von Brünneck, Politische Justiz gegen Kommunisten in der Bundesrepublik Deutschland 1949-1968, Frankfurt a.M. 1978.

dete SRP hatte durch ihre Erfolge im Mai (11,0 Prozent in Niedersachsen) und im Oktober 1951 (7,7 Prozent in Bremen) für Furore gesorgt. Das Bundesverfassungsgericht stützte sein Urteil gegen die SRP unter anderem auf die Rekrutierung der Führungsschichten aus ehemals aktiven Nationalsozialisten, das Verhalten der Anhängerschaft, die fehlende innerparteiliche Demokratie sowie auf die Programmatik, die sich im Kern nicht von der Vorstellungswelt der NSDAP unterscheide.[38] Zu diesen Punkten wurden handfeste Beweise präsentiert. Nach dem Urteil wurde es still um die SRP-Funktionäre, sieht man einmal von Otto Ernst Remer ab, der vielfältig und unrühmlich von sich reden machte.[39]

Die KPD, die mit 5,7 Prozent der Stimmen in den ersten Bundestag eingezogen war, hatte sklavisch die Politik der KPdSU und der SED unterstützt – mit der Folge, dass sie kontinuierlich an Stimmen verlor. So erreichte sie in Nordrhein-Westfalen 1947 14,0 Prozent der Stimmen, 1950 5,5 Prozent und 1954 nur noch 3,8 Prozent. Das Parteiverbotsverfahren zog sich lange hin. Das Gericht ging auf die Zielsetzung der KPD ein, befasste sich mit der Betätigung der Partei im Sinne des Marxismus-Leninismus und beurteilte deren allgemeines politisches Erscheinungsbild. In allen Punkten verstieß die KPD nach Meinung des Gerichts gegen die Prinzipien der freiheitlichen demokratischen Grundordnung. Das Verbot der KPD wurde wesentlich damit begründet, dass sich die Forderung nach der „proletarischen Revolution" und die nach der „Diktatur des Proletariats" mit den Prinzipien der freiheitlichen demokratischen Grundordnung nicht vereinbaren lasse.[40]

Die junge Demokratie wollte mit den beiden Verboten Exempel statuieren. Diese waren nicht nur rechtmäßig, sondern wohl auch zweckmäßig. Die Urteile des Gerichts, die den Freiraum für das Wirken politischer Parteien großzügig auslegten, zeichneten sich in hohem Maße durch Zurückhaltung und Liberalität aus. Der antitotalitäre Konsens war so verbreitet, dass eine Differenzierung zwischen der rechts- und der linksextremistischen Variante nicht für sinnvoll angesehen wurde. Die Angst gegenüber „früher" und „drüben" war vorherrschend.

In der zweiten Hälfte der sechziger Jahre kam es zu einer anderen Verbotsdiskussion. Die 1964 gegründete Nationaldemokratische Partei Deutschlands (NPD) gelangte in mehrere Landesparlamente und erreichte in Baden-

---

38 Vgl. für Einzelheiten Otto Büsch/Peter Furth, Rechtsradikalismus im Nachkriegsdeutschland. Studien über die „Sozialistische Reichspartei" (SRP), Berlin/Frankfurt a.M. 1957; Norbert Frei, Vergangenheitspolitik. Die Anfänge der Bundesrepublik und die NS-Vergangenheit, München 1996, S. 326-360.

39 Vgl. Eckhard Jesse, Biographisches Porträt: Otto Ernst Remer, in: Uwe Backes/Eckhard Jesse (Hrsg.), Jahrbuch Extremismus & Demokratie, Bd. 6, Bonn 1994, S. 207-221.

40 Vgl. für Einzelheiten Hans Kluth, Die KPD in der Bundesrepublik. Ihre politische Tätigkeit und Organisation 1945-1956, Köln/Opladen 1959; Patrick Major, The Death of the KPD. Communism and Anti-Communism in West Germany. 1945-1956, Oxford 1997.

Württemberg 1968 sogar 9,8 Prozent. Öfters erscholl der Ruf nach einem Verbot. Noch vor der Bundestagswahl 1969, bei der die Partei knapp an der Fünfprozentklausel scheiterte, entschloß sich die Bundesregierung dazu, Verbotspläne nicht weiter zu verfolgen. Zu einem anderen Ergebnis kam die Politik im Jahre 2000. Nicht zuletzt wegen fremdenfeindlicher Übergriffe wurde gegen die radikalisierte NPD, die allerdings bei Wahlen nicht reüssieren konnte (Bundestagswahl 1998: 0,3 Prozent; Bundestagswahl 2002: 0,4 Prozent), ein übereiltes Verbotsverfahren eingeleitet[41] – von Bundesregierung, Bundestag und Bundesrat. Die Wissenschaft machte dagegen überwiegend Bedenken geltend.[42] Aufgrund verschiedener Pannen (z.b. waren V-Leute in der Führungsspitze der Partei vertreten) setzte das Bundesverfassungsgericht die Eröffnung der Hauptverhandlung zu Anfang des Jahres 2001 ab, und im März 2003 stellte es das Verfahren wegen der V-Mann-Affären ein.[43] Das ist kein Sieg der aggressiv-kämpferisch gegen die freiheitliche Demokratie gerichteten Strategie der NPD[44], jedoch eine peinliche Niederlage der Exekutive, die das Gebot der Liberalität missachtete. (Nur die FDP hatte sich gegen ein Verbot der NPD gewandt). Gewiss sollen extremistische Parteien beobachtet werden, aber die demokratische Ordnung muss sich dabei (und bei anderen Maßnahmen) strikt an rechtsstaatliche Prinzipien halten.[45] Das Verfahren gegen die NPD kann eine heilsame Lehre sein.

Bis zum Inkrafttreten des Vereinsgesetzes im Jahr 1964 war von der Bestimmung des Art. 9, Abs. 2 GG rege Gebrauch gemacht worden: Es kam allein zu 328 Verbotsverfügungen. Die hohe Zahl erklärt sich damit, dass Verbote gegen dieselbe Organisation auf der Landesebene erfolgten – zum Teil sogar auf der Ebene der Regierungspräsidien. Zudem orientierte sich die

---

41   Vgl. den Sarkasmus bei Ingo von Münch, Der „Aufstand der Anständigen", in: Neue Juristische Wochenschrift 54 (2001), S. 728-733.
42   Vgl. Horst Meier, „Ob eine konkrete Gefahr besteht, ist belanglos". Kritik der Verbotsanträge gegen die NPD, in: Leviathan 29 (2001), S. 439-468; Eckhard Jesse, Soll die Nationaldemokratische Partei Deutschlands verboten werden? Der Parteiverbotsantrag war unzweckmäßig, ein Parteiverbot ist rechtmäßig, in: Politische Vierteljahresschrift 42 (2001), S. 683-697; Michael Henkel/Oliver Lembcke, Die Dilemmata des Parteiverbots. Probleme der wehrhaften Demokratie im Umgang mit dem Rechtsextremismus, in: Zeitschrift für Parlamentsfragen 32 (2001), S. 572-587.
43   Zur Diskussion um das NPD-Verbot vgl. die beiden Sammelbände: Heinz Lynen von Berg/Hans-Jochen Tschiche (Hrsg.), NPD – Herausforderung für die Demokratie?, Berlin 2002; Claus Leggewie/Horst Meier (Hrsg.), Verbot der NPD oder Mit Rechtsradikalen leben? Die Positionen, Frankfurt a.M. 2002.
44   Vgl. etwa die folgende Selbstdarstellung: Holger Apfel (Hrsg.), „Alles Große steht im Sturm". Tradition und Zukunft einer nationalen Partei. 35 Jahre NPD – 30 Jahre JN, Stuttgart 1999.
45   Vgl. Lars Oliver Michaelis, Politische Parteien unter der Beobachtung des Verfassungsschutzes. Die Streitbare Demokratie zwischen Toleranz und Abwehrbereitschaft, Baden-Baden 2000; Uwe Backes, Probleme der Beobachtungs- und Berichtspraxis der Verfassungsschutzämter – am Beispiel von REP und PDS, in: Bundesamt für Verfassungsschutz (Hrsg.), Bundesamt für Verfassungsschutz. 50 Jahre im Dienst der inneren Sicherheit, Köln u.a 2000, S. 213-231.

Exekutive seinerzeit am Legalitätsprinzip. Die Ausschaltung von insgesamt 64 Vereinigungen (40 links- und 24 rechtsextremistischen) aus dem politischen Leben hat der Liberalität wohl eher geschadet, die innere Sicherheit kaum gestärkt. Seit 1964 sind vom Bundesministerium des Innern insgesamt 26 Vereinigungen verboten worden. Es handelt sich in 15 Fällen um ausländische Vereinigungen, in zehn Fällen um rechtsextremistische (1980: „Wehrsportgruppe Hoffmann"; 1982: „Volkssozialistische Bewegung Deutschlands/Partei der Arbeit"; 1983: „Aktionsfront Nationaler Sozialisten/Nationale Aktivisten"; 1989: „Nationale Sammlung"; 1992: Nationalistische Front"; „Deutsche Alternative"; „Nationale Offensive"; 1994: „Wiking Jugend"; 1995: „Freiheitliche Deutsche Arbeiterpartei"; 2000: „Blood & Honour Division Deutschland, White Youth") und – im Jahre 1983 – um die kriminelle Vereinigung „Hell's Angels Motor-Club".[46] Zusätzlich gab es Verbote von Gruppierungen, die nur in einem Land aktiv waren (wie die Hamburger „Nationale Liste" im Jahre 1995). Die meisten Verbote gegen rechtsextremistische Vereinigungen in den neunziger Jahren waren eine Folge der fremdenfeindlichen Ausschreitungen. Wer Verbote verwirft oder allenfalls als *ultima ratio* zu berücksichtigen gedenkt, legt nicht die Axt an die Wurzeln der streitbaren Demokratie. Sie sind nur der Endpunkt einer Vielzahl abgestufter Schutzmaßnahmen.[47] Umgekehrt sprechen Verbote nicht für autoritäres Gehabe der Exekutive, da die Gerichtsentscheidungen in der Regel zu deren Gunsten ausgegangen sind.

Da die Verfassungen mancher europäischer Demokratien keine ausgeprägte Wertbestimmtheit aufweisen, liegt die Annahme nahe, dass Vorschriften über Parteien- und Vereinsverbote international kaum eine Rolle spielen. Diese Vermutung bestätigt sich mehr oder weniger. Auffallenderweise unterscheiden viele Verfassungen im Gegensatz zum Grundgesetz nicht strikt zwischen Parteien und Vereinen. Das gilt für ältere Verfassungen, u.a. jedoch auch für die Schwedens von 1975 und für die der Niederlande von 1983.

In der Regel wird den Parteien kein Bekenntnis zum demokratischen System abverlangt. In Österreich etwa sind Schutzvorkehrungen gegen Parteien (ausgenommen solche nationalsozialistischer Observanz[48]) nicht vorgesehen – „Resultat einer Auffassung, die in der Demokratie den nach formalen Ordnungsregeln sich abspielenden politischen Machtkampf erblickt".[49] Der Hinweis, dass das österreichische Vereinsrecht die Möglichkeit vorsieht, die Bildung gesetz-, rechtswidriger oder staatsgefährlicher Vereinigungen zu unter-

---

46 Vgl. die folgende Auflistung: Vom BMI verfügte Vereinsverbote (nach dem Inkrafttreten des Vereinsgesetzes – 12. 09. 1964), Stand v. 4. Februar 2003.

47 Vgl. Cornelia Grundmann, Das Vereinsverbot – ein überholtes Instrument der streitbaren Demokratie?, in: Bundesministerium des Innern (Hrsg.), Verfassungsschutz: Bestandsaufnahme und Perspektiven. Beiträge aus Wissenschaft und Praxis, Halle (Saale) 1998, S. 120-145.

48 Der österreichische Staatsvertrag von 1955 sieht in seinem Art. 9 die Auflösung aller faschistischen Organisationen vor.

49 Brunner (Anm. 10), S. 214.

sagen, geht insofern in die Irre, als der Verstoß sich fast ausschließlich auf Gewalt sanktionierende strafrechtliche Bestimmungen bezieht, also nicht in den Bereich der streitbaren Demokratie fällt.

Frankreich und die Schweiz betonen im Vergleich zu Österreich das Prinzip des Verfassungsschutzes stärker – freilich „mit dem Vorbehalt, man wolle nicht die Verfechtung einer politischen Idee durchkreuzen, solange die betreffende Zielsetzung auf ‚legalem' Wege erreicht werden soll, vielmehr nur beabsichtigte oder zu befürchtende Rechtswidrigkeiten, Gewaltsamkeiten verhindern".[50] Die Analogie zur Weimarer Verfassung und zu ihrer Interpretation durch liberale Staatsrechtslehrer ist offenkundig. Als streitbar kann dieses Verfassungsverständnis nicht gelten. Der Art. 4 der französischen Verfassung verpflichtet die Parteien zur Respektierung der nationalen Souveränität und der Demokratie; eine Konkretisierung in einem Parteiengesetz ist jedoch bisher unterblieben, so dass die Bestimmung allenfalls „appellativen" Charakter besitzt.

In Art. 6 der spanischen Verfassung von 1978 wird eigens die Sonderstellung der Parteien hervorgehoben, in Italien ist gemäß Verfassungstext die Neugründung der faschistischen Partei untersagt, doch weicht die Praxis davon ab. Auch wenn die italienische Verfassung nicht eigens die Möglichkeit eines Parteienverbots statuiert, gibt es Interpretationen, wonach die Existenz einer undemokratischen Partei mit dem Geist der Verfassung unvereinbar sei.[51] Großbritannien sieht keinerlei Vorkehrungen gegenüber Parteien und Vereinigungen vor. Es kennt „keine Ansätze zu einer streitbaren Demokratie im Bereich der Vereinigungsfreiheit"[52], empfindet sie vielmehr als Fremdkörper.

Etwas differenzierter stellt sich die Situation für Spanien und Portugal dar, deren Verfassungen aus der zweiten Hälfte der siebziger Jahre stammen. Gemäß Art. 22, Abs. 5 der spanischen Verfassung sind Geheimbünde und paramilitärische Vereinigungen verboten; ähnlich lautet Art. 46, Abs. 4 der portugiesischen Verfassung, der eigens von einem Verbot für Organisationen spricht, die „die Ideologie des Faschismus vertreten"[53]. Andere Einschränkungen sind nicht vorgesehen. Offenbar ist das eine Reaktion auf die historischen Erfahrungen mit der rechten Variante des politischen Extremismus.

Parteiverbote (insbesondere gegen faschistische Parteien) wurden in den westlichen Demokratien in der Zwischenkriegszeit mehrfach ausgesprochen, später noch in den Niederlanden (1955 und 1978 gegen solche aus dem rechtsextremen Spektrum).[54] Obwohl die griechische und die portugiesische Verfassung stark wertbetont ausgerichtet sind, gibt es – eigentümlicherweise – kein Parteiverbotsverfahren. Es liegt damit ein Spannungsverhältnis zwi-

50 Ebd., S. 320.
51 Vgl. Hans-Joachim Trappe, Die verfassungsrechtliche Stellung der politischen Parteien in Italien, in: Jahrbuch des öffentlichen Rechts 18 (1969), S. 195.
52 Boventer (Anm. 9), S. 192.
53 Zitiert nach Kimmel (Anm 31), S. 290.
54 Tomuschat (Anm. 32), S. 651.

schen der mangelnden Abwehrbereitschaft und der betonten Werthaftigkeit vor. In der Schweiz ist es gerade umgekehrt. Einerseits konnten, wie das in den dreißiger Jahren der Fall gewesen ist, der Vereinsbildung Schranken gesetzt werden, andererseits steht die Verfassung *in toto* zur Disposition des Gesetzgebers. Abwehrbereitschaft und Wertrelativismus kommen also nicht zur Deckung. Das führt ebenfalls zu einem gewissen Spannungsverhältnis.

Die Verfassungsvorschriften in den mittel- und osteuropäischen Demokratien weichen von denen der westeuropäischen Ländern etwas ab: „Das ausdrückliche Bekenntnis ausnahmslos aller neuen Verfassungen zum politischen Parteienpluralismus ist verbunden mit ebenso signifikanten Vorschriften zur Eingrenzung von Parteienmacht, um künftige Machtusurpation einzelner Parteien auszuschließen und damit den politischen Prozess offen zu halten."[55] Allerdings geht aus den jeweiligen Verfassungsbestimmungen nicht immer klar hervor, ob sich der Staat vor extremistischen Zielen oder nur vor einer gewaltsamen Machtergreifung zu schützen gedenkt.[56] Der letzte Fall ließe sich nicht im Sinn der streitbaren Demokratie deuten. Die polnische Verfassung legt in Art. 13 klar fest, von welchen Positionen sie sich distanziert: „Verboten ist das Bestehen politischer Parteien und anderer Organisationen, die sich in ihren Programmen auf totalitäre Methoden oder Handlungspraktiken des Nazismus, Faschismus oder Kommunismus berufen, sowie solcher, deren Programm oder Tätigkeit rassischen oder völkischen Hass oder Gewaltanwendung zum Zwecke der Machtergreifung oder der Einflussnahme auf die Staatspolitik veranlasst oder zulässt oder die Verheimlichung von Strukturen oder der Mitgliedschaft vorsieht."[57] Gleiches gilt für Art. 37, Abs. 2 der rumänischen Verfassung: „Die Parteien oder Organisationen, die durch ihre Ziele oder ihre Tätigkeit den politischen Pluralismus, die Grundsätze des Rechtstaates oder die Souveränität, die Unversehrtheit oder die Unabhängigkeit Rumäniens bekämpfen, sind verfassungswidrig."[58]

In zahlreichen Ländern lassen sich Parteien ebenso wie sonstige politische Vereinigungen verbieten (z. B. Dänemark, Irland, Norwegen), ohne dass sich das Verfahren dabei unterscheidet. In Frankreich ist die trotzkistische „Kommunistische Revolutionäre Liga" zweimal (1968 und 1973) verboten (und neu gegründet) worden. Das in der Türkei 1998 verhängte Verbot der Partei des früheren Premierministers Necmettin Erbakan, die die Trennung von Staat und Kirche aufheben wollte, wurde im Jahr 2003 vom Europäischen Gerichtshof für Menschenrechte in Straßburg als rechtens angesehen.[59] Leider sind annähernd genaue Angaben über die Zahl der Vereinigungsver-

---

55 Herwig Roggemann, Einführung, in: Ders. (Anm. 31), S. 87.
56 Auch in der einschlägigen Literatur wird dieser Unterschied zuweilen verwischt. Vgl. z.B. John Finn, Electorial Regimes and the Proscription of Anti-democratic Parties, in: Terrorism and Political Violence 12 (2002), Nr. 3-4, S. 51-77.
57 Zitiert nach Roggemann (Anm. 31), S. 677f.
58 Zitiert nach ebd., S. 745.
59 Vgl. den folgenden Artikel: Verbot „zum Schutz der Demokratie", in: Junge Freiheit v. 21. Februar 2003, S. 8.

bote in den meisten europäischen Demokratien nicht zu ermitteln. Gewiss liegen sie deutlich unter denen in der Bundesrepublik. Keineswegs lässt sich immer sicher entscheiden – das gilt zumal für Osteuropa -, ob die Verbote dem Schutz der Aufrechterhaltung des Pluralismus dienten oder seiner Einschränkung. Ein sonderlich hohes Maß an Transparenz existiert jedenfalls nicht. Offenbar gehört dieser Bereich zu den *arcana imperii*. Das gilt erst recht für die folgende Materie.

5.2 Schutz des öffentlichen Dienstes vor Unterwanderung

Kein Komplex der streitbaren Demokratie löste eine solche Auseinandersetzung aus, wie der zum Teil in irrationalen Formen geführte Streit um die Fernhaltung von Extremisten aus dem öffentlichen Dienst. Insbesondere bei vielen Gegnern des Extremistenbeschlusses – ein weitaus treffender Terminus als jener des „Radikalenerlasses" – herrschten recht simple argumentative Strickmuster vor. Durch diesen Konflikt ist im Grunde die Konzeption der streitbaren Demokratie – mit ihren Chancen und Gefahren gleichermaßen – erst wieder in das Bewusstsein eines großen Teils der Bevölkerung gedrungen. Ihre Wurzeln waren weithin verdorrt. Dass allen der öffentliche Dienst offen steht, sofern sie sich keines Verstoßes gegen Strafgesetze schuldig gemacht haben, sahen und sehen viele als normal an.

Hingegen galt es bis in die sechziger Jahre hinein als selbstverständlich, den Staatsdienst für Repräsentanten extremistischer Bewegungen zu versperren. Doch vom Jahre 1972 an – der Extremistenbeschluss wollte angesichts des propagierten „Marsches durch die Institutionen" insbesondere von Teilen der Studentenschaft lediglich daran erinnern, dass Verfassungsfeinden nicht der Zugang zum öffentlichen Dienst eröffnet wird – mußte diese Position zunehmend zurückweichen. Eine indirekte Folge des Extremistenbeschlusses war die alsbald ins Schußfeld der Kritik geratene „Regelanfrage". In weiten Teilen der politischen Parteien und der öffentlichen Meinung setzte sich die Auffassung durch, der Extremistenbeschluß sei ein Fehler gewesen. Die von heftiger Kritik begleitete Geschichte des Extremistenbeschlusses ist eine Geschichte seiner ständigen Rücknahme gewesen.[60] Es wurde nicht nur der *Status quo ante* wiederhergestellt, sondern auch Mitgliedern extremistischer Organisationen der Zugang zum öffentlichen Dienst erleichtert – eine bis Mitte der sechziger Jahre für undenkbar gehaltene Möglichkeit. Das politische Koordinatensystem hat sich also verschoben, aber nicht im Sinne mancher Kritiker des (angeblichen) McCarthyismus. Für viele anglo-amerikanische Poli-

---

60 Vgl. dazu ausführlich Gerald Braunthal, Politische Loyalität und Öffentlicher Dienst. Der „Radikalenerlaß" von 1972 und die Folgen, Marburg 1992. Der Verfasser setzt in seiner ungedruckten Habilitationsschrift (Streitbare Demokratie in der Bundesrepublik Deutschland. Das Beispiel des Extremistenbeschlusses von 1972, Trier 1989) die Akzente etwas anders – und zwar in dem Sinne, dass der Beschluss mit seinen Folgen keine Illiberalität hervorgerufen hat.

tikwissenschaftler, meist in der Wolle gefärbte Liberale, galt in den siebziger und achtziger Jahren die Freiheitlichkeit als bedroht. Einige *catchwords* zur Beurteilung der Schutzvorkehrungen im allgemeinen und des Extremistenbeschlusses im besonderen mögen das verdeutlichen: „Erosion of civil liberties"[61]- „antidemocratic reglementation"[62]- „excessive legalism", „mistake"[63] – „a powerful device for tightening the public ideological climate against Marxist and other radical ideas"[64] – „dangerous lack of tolerance", „anxiety syndrome", „lack of self-confidence of officials"[65] – „an exhaustive screening procedure"[66] – „indication of the governments' lack of sensitivity to civil liberties issues".[67]

Die Regelanfrage wurde weniger wegen der ihr innewohnenden Gefahr für die Liberalität aufgegeben als vielmehr aufgrund der heftigen Kritik aus dem In- und Ausland. Das Duckmäusertum, das bei vielen Bewerbern für den öffentlichen Dienst bestand, hatte seine Ursache nicht so sehr in den Fehlentscheidungen der Behörden als in der massiven Kritik der Gegner des Extremistenbeschlusses, so dass sich uninformierte Personen eingeschüchtert sahen. Insgesamt dürften ungefähr 1000 Personen wegen mangelnder Verfassungstreue nicht in den öffentlichen Dienst eingestellt worden sein – vornehmlich Mitglieder linksextremistischer Organisationen. Gerade die starke Formalisierung des Einstellungsverfahrens schiebt nicht überprüfbaren Mechanismen einen Riegel vor. Die Internationale Arbeitsorganisation (ILO), die älteste Sonderorganisation der UNO, setzte eine dreiköpfige Kommission ein und ließ prüfen, ob die Bundesrepublik gegen Bestimmungen der ILO verstoße. Mit einem Ergebnis von 2:1 fiel die Entscheidung zuungunsten der Bundesrepublik aus.[68] Die hiesige Praxis sei völkerrechtswidrig. Wer sich legal verhalte, dürfe nicht vom öffentlichen Dienst ausgeschlossen werden. Die

---

61 So Lewis Edinger, West Germany: Problems and Prospects, in: Political Science Quarterly 93 (1978), S. 33.

62 Eva Kolinsky, Parties, Opposition and Society in West Germany, London/Sydney 1984, S. 240

63 David P. Conradt, The German Polity, 3. Aufl., New York/London 1986 (1978), S. 62, S. 66.

64 So Geoff Eley, Nazism. Politics and the Image of the Past: Thoughts on the West German Historikerstreit 1986-1987, in: Past and Present, Nr. 121/1988, S. 183, Anm. 23.

65 Kenneth H. F. Dyson, Left-wing Political Extremism and the Problem of Tolerance in Western Germany, in: Government and Opposition 10 (1975), S. 329, S. 330, S. 330.

66 Peter J. Katzenstein, Policy and Politics in West Germany. The Growth of a Semisovereign State, Philadelphia 1987, S. 270.

67 Gerald Braunthal, Public Order and Civil Liberties, in: Gordon Smith/William Paterson/Peter H. Merkl (Hrsg.), Developments in West German Politics, London 1989, S. 322.

68 Vgl. Peter Voegeli, Völkerrecht und „Berufsverbote" in der Bundesrepublik Deutschland 1976-1992. Die Kontrollverfahren der Internationalen Arbeitsorganisation in Theorie und Praxis, Berlin 1995.

Bundesrepublik akzeptierte das Votum nicht und verwies auf die hiesige Rechtsprechung.

Bei diesen und anderen Kontroversen unterblieb in der Regel der Vergleich zu anderen Staaten. Die nicht-deutschen Staaten erwiesen sich offenkundig als großzügiger bei der Einstellung in den öffentlichen Dienst, zumal bei „niedrigen Rängen", aber auch im gesamten Erziehungsbereich. So waren und sind Mitglieder der französischen KP „in nicht unerheblichem Umfang im öffentlichen Dienst, insbesondere in der Lehrerschaft, tätig".[69] Eine besondere Treuepflicht für den öffentlichen Dienst besteht nicht oder wird nur „funktionell-amtsbezogen" interpretiert, also etwa auf den sicherheitsrelevanten Bereich angewendet. Allerdings zogen bei der Frage, wie die Mitgliedschaft in der kommunistischen Partei zu gewichten sei, in den siebziger und achtziger Jahren die „meisten Länder Diskretion und Geschmeidigkeit einer rechtsstaatlichen Postulaten entgegenkommenden Prägnanz der Regelung bei weitem"[70] vor. Maßnahmen der Prävention grundsätzlicher Art fehlen jedoch.

Was den Begründungszwang und den Rechtsschutz bei Ablehnungen, überhaupt die Transparenz betrifft, sind Defizite in den nicht-deutschen Staaten offenkundig, die Strategien der Umgehungen vielfältig. Aufgrund des Ermessensspielraums der Einstellungsbehörden ist es also kaum möglich, Daten darüber zu erhalten, wieviele Personen aus politischen Gründen nicht in den öffentlichen Dienst eingestellt und/oder aus ihm entlassen worden sind. Die Behörden in Griechenland und Italien müssen ablehnende Bescheide begründen, während in Belgien, Dänemark, Frankreich, Irland, Österreich, Schweden, der Schweiz und in den USA von dieser Vorschrift keine Rede ist. Die Möglichkeit der gerichtlichen Anfechtung ist in den meisten Staaten unterentwickelt, besonders in Österreich, Belgien, Irland und der Schweiz. Großbritannien kennt weder einen Begründungszwang bei Ablehnungen noch einen Rechtsschutz. Angesichts dieser Regelungen ist der Nachweis meistens schwer möglich, dass die Nichteinstellung auf politische Gründe zurückgeht, wenn es denn der Fall sein sollte.[71]

Über die Praxis in osteuropäischen Demokratien liegt noch weniger zuverlässiges Informationsmaterial vor. In den neuen Bundesländern wurde ein beträchtlicher Teil der Personen aus dem öffentlichen Dienst entfernt (allerdings keineswegs jeder), der als „Inoffizieller Mitarbeiter" (IM) für den Staatssicherheitsdienst aktiv war. Mehrere Staaten wie Tschechien und Polen

---

69 Kay Hailbronner, Treuepflicht und die Grenzen politischer Betätigung im öffentlichen Dienst Frankreichs, in: Doehring u.a. (Anm. 6), S. 157.
70 Tomuschat (Anm. 32), S, 656.
71 Vgl. Gerald Braunthal, Political Loyalty and Public Service in West Germany. The 1972 Decree against Radicals and its Consequences, Amherst 1990, S. 138-151 (Kapitel „Civil Service Loyalty in Other Countries"). In der deutschen Fassung (Anm. 60) fehlt dieses Kapitel.

haben sich in abgeschwächter Form am ostdeutschen Modell orientiert.[72] Die inoffizielle Mitarbeit für den Geheimdienst, nicht die Tätigkeit für die „Staatspartei" kann zur Entlassung aus dem öffentlichen Dienstverhältnis führen.

6. Deutschland als Sonderfall?

Im Abschnitt über die Konzeption der streitbaren Demokratie ist von vier Varianten gesprochen worden, was das Verhältnis von Wertgebundenheit und Abwehrbereitschaft betrifft. Konsequent ist die Verbindung zwischen Wertgebundenheit und Abwehrbereitschaft. Die Bindung an Werte verlangt die Bereitschaft, sie zu schützen. Umgekehrt gilt das ebenso für Wertrelativismus und Negierung des Demokratieschutzes. Diese Variante, wie sie in Großbritannien heimisch ist, hat bisher keine negativen Konsequenzen gezeigt, wenngleich eine Ergänzung insofern angebracht sein mag, als in der Praxis mannigfache (andere) Schutzmechanismen bestehen.

Die zweite und die dritte Variante sind in sich nicht stimmig. Insofern schneidet das Verfassungssystem der Bundesrepublik besser ab als das manch anderer europäischer Demokratien. Denn nur diejenige Demokratie kann glaubwürdig gegen ihre Gegner vorgehen, die sich zu Werten bekennt. Außerdem sieht das Grundgesetz den demokratischen Verfassungsstaat prinzipiell von rechts und links als bedroht an, während eine Reihe westeuropäischer Demokratien, sofern sie wertbestimmende Elemente sowie Schutzvorkehrungen akzeptieren, vor allem gegen extremistische Bestrebungen von rechts gewappnet ist. Das hängt wesentlich mit der spezifischen historischen Situation anderer Länder zusammen. Kommunisten kämpften dort für die Beseitigung der (rechten) Diktatur bzw. Okkupation. In Osteuropa hingegen ist der Antiextremismus (von der Theorie her) stärker entwickelt, auch wenn die Verfassungswirklichkeit diesem Befund zum Teil widerstreitet. Schließlich hat das Grundgesetz mit der Vorverlagerung des Demokratieschutzes eine Konsequenz gezogen, die eine angemessene Antwort auf extremistische Bestrebungen enthält. Wer nur auf den Schutz der demokratischen Ordnung vor Gewalt abstellt, nimmt die Legalitätstaktik extremistischer Bestrebungen nicht oder nicht hinreichend zur Kenntnis.

Ein anderes Problem ist die politische Praxis. Wie wird von den Abwehrmechanismen Gebrauch gemacht? Die Mittel, derer sich die demokratischen Staaten beim Schutz der Verfassung bedienen, sind vielfältiger Natur. Seit dem Zweiten Weltkrieg verzichten die westeuropäischen Demokratien

---

72 Vgl. Petra Bock/Edgar Wolfrum (Hrsg.), Umkämpfte Vergangenheit. Geschichtsbilder, Erinnerung und Vergangenheitspolitik im internationalen Vergleich, Göttingen 1999; Helmut König/Michael Kohlstruck/Andrea Wöll (Hrsg.), Vergangenheitsbewältigung am Ende des zwanzigsten Jahrhunderts, Opladen/Wiesbaden 1998, insbes. S. 195-323.

faktisch auf Parteiverbote[73], und nur selten kam es zu Vereinigungsverboten (überwiegend im rechtsextremistischen Bereich). Zurücksetzungen im öffentlichen Dienst für Extremisten, sofern sie keine Gewalt anwenden, sind nur schwer nachweisbar.[74] Auch die Entwicklung in der Bundesrepublik Deutschland fällt nicht völlig aus dem Rahmen. Will man *in toto* eine Kategorisierung vornehmen, beruht eine Dichotomie – hier die Bundesrepublik Deutschland als tendenziell autoritäres Regime, dort andere westliche Demokratien als Gralshüter der Liberalität – nicht auf einer angemessenen Perzeption der Wirklichkeit. Eher zutreffend mag die Kontinuumsvorstellung sein. Zwischen der Bundesrepublik und den anderen europäischen Demokratien Europas bestehen auffällige Parallelen. Keiner dieser Staaten verzichtet völlig auf Schutzvorkehrungen.

Die Antwort auf die Frage, ob Demokratieschutz nur in der Bundesrepublik angesichts der Weimarer Erfahrungen Niederschlag gefunden hat, muss differenziert ausfallen. Erstens dürfte er in der Bundesrepublik noch nicht (oder nicht mehr) heimisch sein, so sehr man auch allerorten nicht müde wird, sich auf den Grundsatz der streitbaren Demokratie zu beziehen. Zweitens gibt es auch im Ausland Versuche, Extremisten von Schalthebeln der Macht fernzuhalten, ohne dass dafür entsprechende Bestimmungen vorliegen. Man greift, wie das Beispiel des öffentlichen Dienstes offenbart, zu eher informellen Mechanismen, die wenig Aufmerksamkeit erregen.

7. Schluss

7.1 Zusammenfassung

Jeder Vergleich zwischen der Entwicklung in Deutschland und den anderen westlichen Demokratien steht unter einem wichtigen Vorbehalt: Der Einblick in sicherheitsrelevante Bereiche ist nur begrenzt möglich. Der Annahme, alle westeuropäischen Demokratien außer der Bundesrepublik Deutschland verschrieben sich einem formalistischen Demokratieverständnis, wohnt ein hohes Maß an Weltfremdheit inne: Die meisten Demokratien unterlaufen aufgrund vielfältiger Loyalitätspflichten das Kriterium der Gewaltgrenze. In Schlüsselpositionen des Staates können Extremisten nicht eindringen, auch wenn sie Gewalt als Mittel der Politik weder anwenden noch propagieren.

Die in der Bundesrepublik geltende Konzeption der streitbaren Demokratie unterscheidet sich sowohl von der formalen Demokratie des Weimarer

---

73 Eine der wenigen Ausnahmen ist das 1978 ausgesprochene Verbot der „Niederländischen Volksunion". Vgl. Theo L. Bellekom, Zulassung zum und Ausschluß aus dem öffentlichen Dienst in den Niederlanden, in: Böckenförde/Tomuschat/Umbach (Anm. 7), S. 327.

74 Die Praxis in den osteuropäischen Demokratien lässt noch nicht erkennen, in welche Richtung die Entwicklung geht.

Musters als auch von einem Demokratietyp, der nach außen streitbare Elemente meidet, faktisch aber jedenfalls teilweise für ihre Geltungskraft indirekt Sorge trägt. Der Unterschied zur Bundesrepublik liegt wohl vor allem darin, dass die Bekämpfung in einer „diskreteren", jedenfalls weniger auffälligen Art geschieht. Manchmal erfahren Repräsentanten extremistischer Gruppierungen – z.b. durch das geringere Maß an Formalisierung – nicht einmal die Gründe ihrer Zurücksetzung. Vor allem besteht wegen des fehlenden Begründungszwangs und des wenig ausgeprägten Rechtsschutzes die Gefahr von Benachteiligungen, ohne dass die Betroffenen davon überhaupt Kenntnis erhalten. Systemkritische, aber nicht extremistische Positionen könnten daher leichter ins Abseits geraten.

Allerdings ist die in westlichen Demokratien praktizierte größere Gelassenheit gegenüber extremistischen Störungen für diese auch von Vorteil, wirkt sie doch einer öffentlichen Stigmatisierung entgegen. Viele Demokratien orientieren sich zwecks Abwehr politischer Unterwanderung von Extremisten an dem, was in der Bundesrepublik offen verteidigt und begründet wird. Damit unterscheidet sich weniger die Verfassungspraxis voneinander als vor allem die Verfassungstheorie. Das martialisch anmutende Instrumentarium des Grundgesetzes ist nicht typisch für die Verfassungswirklichkeit der Bundesrepublik, die Abwehrschwäche hingegen keineswegs charakteristisch für die Praxis westlicher Demokratie. Wie die politische Wirklichkeit auf eindrucksvolle Weise zeigt, praktiziert keine westliche Demokratie die Regeln der Freiheit ungefiltert. Die Alternative zur *Wehrhaftigkeit* bundesdeutschen Musters ist also nicht *Wehrlosigkeit*. Demokratieschutz ist kein deutsches Phänomen, wohl aber die spezifische Konzeption der streitbaren Demokratie.

Die demokratische Streitbarkeit soll einerseits dafür Sorge tragen, dass extremistische Bestrebungen keine Oberhand gewinnen, und andererseits darf sie sich nicht so entwickeln, dass sie selbst repressive Züge annimmt. Es handelt sich also um ein demokratisches Dilemma, um eine Gratwanderung: Der demokratische Verfassungsstaat muß vermeiden, aus Angst vor Mord Selbstmord zu begehen. „Keine Freiheit für die Feinde der Freiheit" – diese dem Jakobinismus zugeschriebene militante Devise ist keine angemessene Beschreibung des Demokratieschutzkonzepts.

7.2 Perspektiven

Gewiss hat sich der demokratische Verfassungsstaat bei allen Schwächen bewährt. Aber dauerhaft muss er nicht sein. „Nach aller historischen Erfahrung mit dem Aufstieg und Niedergang von Staaten, Herrschaftssystemen, politischen und gesellschaftlichen Ordnungen und Wertsystemen ist es jedoch zweifelhaft, ob der in den modernen Demokratien erreichte Stand erhalten bleibt oder perfektioniert werden kann: Schon jetzt zeigen sich allerorten die Grenzen der Reformfähigkeit, ohne dass aber erkennbar würde, worin die Alternativen zu den dringend gebotenen Reformen bestehen können."[75] Die Richtigkeit dieses Befundes vorausgesetzt, kann das nicht heißen, auf Demokratieschutz zu verzichten. Die nicht auf Verbotsinstrumentarien verkürzte Konzeption der streitbaren Demokratie leistet dazu einen Beitrag.[76]

Eingangs war von dem Staatsschutz die Rede, wie er für jedes Land der Welt gleichermaßen gilt. Es sollte deutlich geworden sein, dass der in Demokratien praktizierte Schutz nicht mit dem in Diktaturen auf eine Stufe gestellt werden kann, auch wenn der Schutz auf Vorverlagerung basiert. Und weiter lässt sich erkennen: In der Praxis spielt es weniger eine Rolle, ob diese Form des Demokratieschutzes vorgesehen ist oder nicht. Im Zuge des Europäisierungsprozesses könnten sich Angleichungen vollziehen. Eine realistische Möglichkeit wäre die, dass die Vorverlagerung gegenüber bestimmten rechtsextremistischen Bestrebungen (z.B. die Beobachtungsstelle für Rassismus und Fremdenfeindlichkeit) auch in anderen Demokratien Platz greift[77] und die Vorverlagerung gegen linksextremistische in Deutschland an Bedeutung verliert (z.b. der Verzicht des Verfassungsschutzes auf die Beobachtung von Gruppierungen, die keine Gewalt anwenden). Mag sein, dass auch die Herausforderung des Islamismus Annäherungen im Demokratieschutz fördert. Wünschenswert wären nicht nur „Maßnahmen und Programme gegen Rechtsextremismus"[78], sondern auch gegen Linksextremismus – ohne dabei die Liberalität der demokratischen Ordnung zu gefährden. Diese Form der antiextremistischen Orientierung entspräche dem Verständnis des demokratischen Verfassungsstaates.

---

75 Horst Möller, Diktatur- und Demokratieforschung im 20. Jahrhundert. Über den Sinn des Vergleichs, in: Vierteljahrshefte für Zeitgeschichte 51 (2003), S. 50.
76 Vgl. dazu Armin Scherb, Streitbare Demokratie und politische Bildung. Grundlagen und Bauelemente eines normativ-pädagogischen Konzepts, Hamburg 2003.
77 Vgl. die Ausführungen von Canu (Anm. 12), S. 291-323.
78 Vgl. Heinz Lynen von Berg/Roland Roth (Hrsg.), Maßnahmen und Programme gegen Rechtsextremismus wissenschaftlich begleitet. Aufgaben, Konzepte und Erfahrungen, Opladen 2003.

Kapitel V

Eckhard Jesse/Roland Sturm

Die Herausforderungen des 21. Jahrhunderts

1. Die Neugestaltung des demokratischen Raumes

Der demokratische Raum wurde im 20. Jahrhundert in der Regel mit dem Staat und seinen Untergliederungen gleichgesetzt. Hier wird der Mensch zum Bürger und das Volk zum Souverän. Und hier findet der Diskurs über gesellschaftliche Zukunftsalternativen statt. Der Verfassungsstaat bildete den Rahmen, um auf legalem Wege politische Auseinandersetzungen zu einem legitimen Ende zu führen, womit sowohl der innere als möglichst auch der äußere Frieden gesichert werden sollte. „Der Verfassungsstaat ist darauf eingerichtet", so Dolf Sternberger, „Einigung zu ermöglichen. Sie geschieht entweder im Wege des materialen Kompromisses oder durch die Einhaltung der Spielregel, dass Mehrheit bestimmen, Minderheit sich fügen soll, oder schließlich durch Rekurs auf die Entscheidung des Gerichts, welches die uneinigen Parteien als unparteiische Instanz respektieren."[1] Die folgenden Überlegungen zielen darauf, mögliche Unterschiede zwischen der Rolle des Staates im 20. und der im 21. Jahrhundert prononciert herauszustellen.

Das 21. Jahrhundert stellt die Gewissheiten des 20. Jahrhunderts hinsichtlich der Ausgestaltung des demokratischen Raumes in vielerlei Hinsicht in Frage.[2] Im ausgehenden 20. Jahrhundert wurden noch Fragen nach der „Regierbarkeit" (*governability*) gestellt, also der Fähigkeit von Demokratien, in ausreichender Effizienz ihren Gestaltungsauftrag wahrzunehmen. Es wurde als Problem registriert, dass in Demokratien der Haushalt gemeinsamer Ziele abnehme und die Artikulation von Partikularinteressen dafür zunehme, dass es Demokratien an qualifizierter und allgemein anerkannter und angesehener politischer Führung (*leadership*) mangele, dass Parteien sich schwer tuen, Wählerinteressen aufzugreifen und zu repräsentieren, dass die Ansprüche der Bürger an die Politik zu einer Überlastung (*overload*) des politischen

---

1   Dolf Sternberger, Politie und Leviathan. Ein Streit um den antiken und den modernen Staat, in: Heinz Maier-Leibnitz (Hrsg.), Zeugen des Wissens, Mainz 1986, S. 861-896, hier S. 895f.

2   Vgl. Manuel Castells, Das Informationszeitalter. Wirtschaft, Gesellschaft, Kultur, 3 Bde., Opladen 2001/3.

Systems führen und dass die Gefahr eines Rückfalls in engstirnige national-staatliche Interessenpolitik drohe.[3]

Im 21. Jahrhundert geht es in der Diskussion um Zukunftsperspektiven demokratischer Gesellschaften nicht mehr um besseres, sondern um anderes Regieren, nicht um „governability", sondern um „governance" oder „good governance". Die OECD erläutert den Unterschied so: „Während Regieren ursprünglich jeweils vorwiegend politischen Charakter hatte, werden ihm auf diese Weise jetzt daneben auch – national wie international – zunehmend technische, soziale, wirtschaftliche, ökologische und andere Dimensionen zugeordnet, und neue Interpretationen, wie zum Beispiel ‚von unten nach oben', neue Formen verteilter Einrichtungen und weitläufigerer Machtstrukturen mit Zwischensystemen und mehr oder weniger harmonischem Zusammenwirken. Auch von Demokratiemangel und Effizienzverlust ist die Rede, in gewissen Fällen sogar von Bedenken wegen möglicher ‚Parallelregierung'."[4] Regieren wird zum gesamtgesellschaftlichen Managementauftrag mit weithin unzureichenden Ressourcen und einem gewachsenen Maß an Herausforderungen und Ungewissheiten.

Der demokratische Raum ist nicht mehr der traditionelle Nationalstaat mit seinen geographischen Grenzen und einer Bevölkerung, deren gemeinsame Geschichte und Identitätsbezüge nicht nur die in schriftlicher Form niedergelegte, sondern auch die gelebte Verfassung tragen, und die sich in ihrer großen Mehrheit dem Gemeinwesen zugeordnet fühlt, in dem sie lebt.[5] Regierungen im 21. Jahrhundert zeigen sich in zunehmendem Maße unfähig, Politikalternativen mit entsprechender Autorität, gesellschaftlichen Problemen zuzuordnen, weil es ihnen an Machtmitteln, Kompetenzen und Informationen mangelt. Und Zeitfenster und Gewicht staatsbürgerlicher Teilhabe nähern sich immer mehr den Parametern von situativen Entscheidungen in Marktprozessen an, die von den Konsumenten kurzfristige Kosten-Nutzen-Kalküls im individuellen Interesse unter Nutzung der neuesten Medien abverlangen. Gestalt und Substanz des demokratischen Raumes justieren sich neu.

Den hier skizzierten Tendenzen einer Neubestimmung des Kernbestandes von Demokratien im 21. Jahrhundert soll im Folgenden unter Bezugnahme auf Staat, Regierung und politischer Teilhabe als Untersuchungsebenen intensiver nachgegangen werden. Tabelle 1 gibt einen Überblick über die für diese Spurensuche in der Zukunft wichtigsten Themenfelder.

---

3   Michel J. Crozier/Samuel P. Huntington/Joji Watanuki, The Crisis of Democracy. Report on the Governability of Democracies to the Trilateral Commission, New York 1975, S. 157-168.

4   OECD, Governance im 21. Jahrhundert, Paris 2001, S. 259.

5   Petra Dobner, Constitutionalism and the Transformation of the State, in: Rainer-Olaf Schultze/Roland Sturm (Hrsg.), The Politics of Constitutional Reform in North America. Coping with New Challenges, Opladen 2000, S. 33-44.

Tabelle 1: Die Neugestaltung des demokratischen Raumes

Politischer Raum im 20. Jahrhundert	Herausforderung	Politischer Raum im 21. Jahrhundert
I. STAAT		
Nationalstaat	Regionale Integration	Europäisierung
Definierte Grenzen	Globalisierung	Entgrenzung
Gesellschaftliche Kohäsion	Individualisierung, Migration	Transitorische Identität, multikulturelle Gesellschaften
II. REGIERUNG		
Regieren durch Gesetze	Nachlassende staatliche Steuerungsfähigkeit	Regieren durch Verhandeln und Entstaatlichung
Gewaltmonopol des Staates	Transnationaler Terrorismus und international organisierte Kriminalität	Grenzüberschreitende Sicherheitszusammenarbeit
Sozialstaat	Überalterung	Privatisierung von Lebensrisiken
III. POLITISCHE TEILHABE		
Demokratischer Willensbildungsprozess	Informationstechnologien	E-democracy
Wahl der Repräsentanten durch Staatsbürger	Politikvermittlung durch die Medien und mangelnde Zurechenbarkeit politischer Kompetenzen	Politikkonsument
Weltanschauliche Prägung des politischen Wettbewerbs	Relativierung der gesellschaftlichen Bedeutung von Normen und Werten	Entideologisierung, Volatilität im Wählerverhalten

2. Neue Staatlichkeit

Regionale Integrationsprozesse fordern weltweit nationalstaatliche Gewissheiten heraus. Die Erscheinungsformen der Souveränitätsbeschränkungen von Nationalstaaten reichen von den ambitionierten politischen Integrationsprojekten, für die in erster Linie die Europäische Union steht, bis hin zu stärker am Modell der Freihandelszone orientierten regionalen Zusammenschlüssen, beispielsweise verwirklicht in Form der Nordamerikanischen Freihandelszone (NAFTA) oder des Mercosur in Südamerika. Ein weiter in die Zukunft blickendes Konzept der regionalen Integration wurde von Keinichi Ohmae[6] entwickelt, der die Geburt des „Region State" vor seinem geistigen Auge sieht. Für Ohmae ist ein solcher Regionalstaat nichts anderes als ein von der unsichtbaren Hand des Weltmarktes abgegrenzter Raum für den

---

6   Keinichi Ohmae, The Rise of the Region State, in: Patrick O'Meara/Howard D. Mehlinger/Matthew Krain (Hrsg.), Globalization and the Challenges of a New Century, Bloomington/Indianapolis 2000, S. 93-100.

Austausch von Gütern und Dienstleistungen, dessen Existenz die traditionellen Grenzen von Nationalstaaten ignoriert.

Für die europäischen Länder ist die Relativierung des Nationalstaats unmittelbar mit der Vertiefung und der Erweiterung der EU verbunden. Welche neue Form des Staates sich auf der europäischen Ebene herausbildet, bleibt umstritten. Entsprechende Überlegungen reichen von der deskriptiven Charakterisierung der EU als „Mehrebenenstaat" bis hin zu analytischeren Kategorien, wie der Einordnung der EU als „fusioniertem Föderalstaat".[7]

Mit dem Begriff Mehrebenenstaat wird darauf verwiesen, dass heutiges und zukünftiges Regieren sich auf die Ebenen Europa, Nationalstaat, Region bzw. andere substaatliche Handlungskontexte erstreckt. „Der Mehrebenenstaat wird durch mehrere Staatsbürgernationen gebildet. ... Neben die territorial definierte Staatsbürgerschaft als Mitgliedschaftsnorm in den Mitgliedstaaten tritt nicht nur eine – auf der Basis der nationalen Staatsbürgerschaft definierte – transnationale Bürgerschaft im umfassenden Herrschaftsverband, sondern auch die Mitgliedschaft in sektoralen Strukturen. Diese ergeben sich entweder aus der Zugehörigkeit der Bürger zu den jeweils beteiligten staatlichen Einheiten, die einen spezifischen Kooperationsverbund bilden, oder durch ihre Beteiligung in Körperschaften oder Verbänden, die in Entscheidungsstrukturen beteiligt sind."[8]

Die Überlegungen zum „fusionierten Föderalstaat"[9] füllen die Erkenntnis, dass der Nationalstaat in der EU überlebt, sich aber in einem dynamisch-symbiotischen Prozess ständig formal und substantiell wandelt, mit Leben. Mit Fusion ist der Verschmelzungsprozess staatlicher Handlungs- und Steuerungsinstrumente, die teils in der Verfügungsgewalt der EU-Mitgliedstaaten (oder auch ihrer Regionen) und teils in derjenigen der EU-Organe liegen, gemeint. „Demnach sind staatliche Akteure mehrerer Ebenen gemeinsam, aber in variierenden Formen, an der Vorbereitung, Herstellung, Durchführung und Kontrolle allgemein verbindlicher Entscheidungen zum Einsatz legislativer und budgetärer Handlungs- und Steuerungsinstrumente der EU beteiligt."[10]

Aus der Sicht des Nationalstaates bedeutet dies nicht den Ausschluß von nationalen Entscheidungsträgern durch Prozesse der Europäisierung, sondern deren Mitwirkung an Entscheidungen im institutionellen Kontext der EU,

---

7   Roland Sturm/Heinrich Pehle, Das neue deutsche Regierungssystem. Die Europäisierung von Institutionen, Entscheidungsprozessen und Politikfeldern in der Bundesrepublik Deutschland, Opladen 2001, S. 11-31.

8   Arthur Benz, Der moderne Staat. Grundlagen der politologischen Analyse, München/Wien 2001, S. 285.

9   Wolfgang Wessels, Staat und (westeuropäische) Integration. Die Fusionsthese, in: Michael Kreile (Hrsg.), Die Integration Europas, Opladen 1992 (= PVS-Sonderheft 23), S. 36-61, hier S. 41.

10 Wolfgang Wessels, Die Europäische Union der Zukunft – immer enger, weiter und ... komplexer? Die Fusionsthese, in: Thomas Jäger/Melanie Piepenschneider (Hrsg.), Europa 2020. Szenarien politischer Entwicklungen, Opladen 1997, S. 45-79, hier S. 45.

dort aber unter den neuen Bedingungen europäischen Entscheidens. Zu berücksichtigen ist auch, dass dieser Kontext einem ständigen von der fortschreitenden Realität der europäischen Integration getriebenen Wandel unterliegt und politikfeldspezifisch sich unterschiedliche Realitäten sachlicher und institutioneller Europäisierung herausbilden. Nationales Regieren unter diesen Kontextbedingungen ist in zunehmendem Maße ausgerichtet auf das Management der Interdependenzbeziehungen, die sich aus der gemeinsamen Nutzung der Instrumente politischer Steuerung durch die unterschiedlichen politischen Ebenen ergeben. Ein zentrales Managementinstrument ist das Schnüren von Paketlösungen bei Verhandlungen, die Verluste bei der Wahrnehmung nationaler Interessen durch entsprechende Zugewinne ausgleichen.

Alle Bereiche des Politischen von den Institutionen (*polity*) über die Willensbildung (*politics*) bis hin zu den Politikfeldern (*policies*) sind von Europäisierungstendenzen betroffen, wenn auch in unterschiedlichem Maße. Nirgendwo gibt es mehr nationalstaatliche Autonomie, aber selbst die am stärksten europäisierten Politikbereiche funktionieren noch nicht vollständig in der gleichen Weise wie dies in einem „Staat Europa" zu erwarten wäre. Es fällt auf, dass in Deutschland bei zentralen politischen Institutionen, wie der Bundesregierung, dem Bundestag, oder dem Bundesrat, die Europäisierung bisher am wenigsten weit fortgeschritten ist. Auch die Parteien agieren weiterhin vorwiegend im nationalen Kontext und sind gegenüber einem politischen Wettbewerb um europäische Themen sehr zurückhaltend. Immer stärker europäisiert werden hingegen die Politikfelder. Die unterschiedlich starke Europäisierung der Polity und der Politics-Dimensionen hat weitreichende politische Folgen, wobei der Politics-Bereich eine Art „Zwischenbereich" der Europäisierung darstellt, innerhalb dessen die den Institutionen näher stehenden Parteien weniger und die den Politikfeldern näher stehenden Interessengruppen stärker europäisiert sind.

Die EU und noch stärker die traditionellen Nationalstaaten sind von Globalisierungsprozessen betroffen, die es immer schwieriger für verantwortliche Politiker machen, im Auftrag ihrer nationalen Wählerschaft effizient zu handeln und die Ergebnisse von Politik im nationalen, ja selbst im europäischen Rahmen zu verantworten. Das zentrale Thema der Globalisierungsdebatte ist die Einigung der Welt in einem Wirtschaftsraum ohne Grenzen. Welche Schlussfolgerungen hieraus für die Zukunft des Staates im 21. Jahrhundert gezogen werden müssen, ist umstritten. Einigkeit besteht bei Beobachtern von Globalisierungsprozessen allerdings in der Feststellung, dass der Staat seine Handlungsoptionen und Eingriffsmuster in die Wirtschaft ändern muss.

Die Globalisierungskritik befürchtet, dass in Zukunft Staaten machtpolitisch abdanken werden und „Regierungen zu Nebendarstellern in der neuen Ära"[11] werden. Die Theoretiker des „regulatorischen Staates"[12] sehen hinge-

---

11   Kimon Valaskakis, Langfristige Tendenzen in der globalen Governance: von „Westfalen" nach „Seattle", in: OECD (Anm. 4), S. 57-82, hier S. 70.

gen in der Globalisierung nur eine weitere Aufforderung an den Staat, die Effizienz seiner Rolle in der Gesellschaft zu verbessern. Ein schon vorhandenes Instrument des Staatshandelns, der regulierende Eingriff in Wirtschaft und Gesellschaft, muss institutionell und politikfeldspezifisch so angepaßt werden, dass die von der Gesellschaft vorgegebenen ökonomischen und sozialen Ziele optimal erreicht werden. Da nicht alle Gesellschaften identisch sind, weder in ihren Staatsformen noch in ihren politisch-kulturellen Traditionen oder in den ihre Politik bestimmenden Kräftekonstellationen, wird im Unterschied zu der Sichtweise der Globalisierungskritiker nicht erwartet, dass Globalisierung zur weltweiten Uniformität führt. Vielmehr wird angenommen, es konkurrieren ganz unterschiedliche Wirtschafts- und Sozialmodelle.[13] Der Staat übernimmt jeweils diverse Rollen bzw. tritt je nach Politikfeld variierend in verschiedener Weise als gesellschaftlicher Moderator auf. Dies wird von den empirischen Ergebnissen der Globalisierungsforschung ausdrücklich bestätigt.[14]

Tabelle 2: Wettbewerbsstaat und regulatorischer Staat

	Wettbewerbsstaat	Regulatorischer Staat
Analyseperspektive	Herrschaft	Effizienz
Staat	als Gegenpol	als Korrektiv
Verhältnis Staat-Markt	hierarchisch	nicht-hierarchisch
Globalisierung	Zwang	Chance
Gesellschaftsmodelle	Uniformität	Vielfalt

Parallel zur Entgrenzung von Staatlichkeit vollzieht sich ein Prozess der Ausdifferenzierung des Souveräns in Nationalstaaten, des Staatsvolkes. Hierzu tragen wesentlich der Prozess der Individualisierung und das Entstehen multikultureller Gesellschaften durch weltweite Migrationsprozesse bei. Individualisierungsprozesse sind, wie die Soziologie seit Georg Simmel immer wieder argumentierte, ein Element der gesellschaftlichen Moderne. Individualisierung bedeutet, „dass die Biographie der Menschen aus vorgegebenen Fixierungen herausgelöst, offen, entscheidungsunabhängig und als Aufgabe in das Handeln jedes einzelnen gelegt wird."[15] Die gesellschaftliche Kohäsion

12 Markus M. Müller/Roland Sturm, Ein neuer regulativer Staat in Deutschland? Die neuere Theory of the Regulatory State und ihre Anwendbarkeit in der deutschen Staatswissenschaft, in: Staatswissenschaften und Staatspraxis 9 (1998), S. 507-534; Roland Sturm/Stephen Wilks/Markus M. Müller/Ian Bartle, Der regulatorische Staat: Deutschland und Großbritannien im Vergleich, London 2002; Markus M. Müller, The New Regulatory State, Birmingham 2002.
13 Stephen Wilks, Regulatory Compliance and Capitalist Diversity in Europe, in: Journal of European Public Policy 4 (1996), S. 536-559.
14 Marianne Beisheim/Sabine Dreher/Gregor Walter/Bernhard Zangl/Michael Zürn, Im Zeitalter der Globalisierung? Thesen und Daten zur gesellschaftlichen und politischen Denationalisierung, Baden-Baden 1999.
15 Ulrich Beck, Risikogesellschaft. Auf dem Weg in eine andere Moderne, Frankfurt a.M. 1986, S. 216.

in Demokratien des 21. Jahrhunderts stellt sich weder über ihren Traditionsbestand, noch über weltanschauliche Gewissheiten oder ihre Institutionen automatisch her. Stattdessen findet ein Prozess der Privatisierung der Religion, der Moral, der Kulturproduktion und letztlich auch des Politischen statt. „Gestrichen wird die politische Idee, ganz zu schweigen von der politischen Utopie. Zurück bleibt ein rein auf prozeduralen Vollzug beschränktes, um den Gehalt von Politik gekürztes Konzept des Öffentlichen."[16]

Zur Herstellung von gesamtgesellschaftlicher Verbindlichkeit bedarf es in Zukunft immer mehr einer dauernden Anstrengung. Adressaten einer solchen Anstrengung sind inzwischen Bürger, die sich nicht nur in ihrer lebenspraktischen Sinnfindung zunehmend auf sich selbst beziehen, sondern dies auch von sehr unterschiedlichen Grundpositionen aus tun. Eine Ursache hierfür ist Migration aus unterschiedlichen Kulturkreisen, was die im jeweiligen Lande vorherrschenden Vorstellungen von Gesellschaft und erwünschter gesellschaftlicher Bindekraft pluralisiert. Eine andere Ursache ist die „transitorische Identität"[17] der Bürger, die im Laufe ihres Lebens häufiger und radikaler als früher eine Neudefinition ihres Selbstbildes und damit auch ihrer sozialen Rolle vornehmen. Charles Taylor diagnostizierte: „Das Volk ist immer weniger in der Lage, einen gemeinsamen Zweck zu bestimmen und anzustreben. Fragmentarisierung entsteht, wenn die Menschen immer stärker einer atomistischen Sichtweise zuneigen, wenn sie sich immer weniger mit ihren Mitbürgern in gemeinsamen Vorhaben und Verpflichtungen verbunden fühlen. Sie können zwar mit anderen Menschen gemeinsame Projekte durchführen, doch handelt es sich dabei in zunehmendem Maße um kleinere Gruppierungen und nicht um die Gesamtgesellschaft, also beispielsweise um eine lokale Gemeinschaft, eine ethnische Minderheit, die Anhänger einer religiösen Bewegung oder Ideologie oder die Propagandisten bestimmter Sonderinteressen."[18]

Für den politischen Raum bedeuten diese Beobachtungen, dass Regierungen im 21. Jahrhundert immer mehr in die Situation geraten, nicht nur Sachentscheidungen treffen zu müssen, sondern, um für diese gesellschaftliche Akzeptanz zu finden, auch gleichzeitig in der Lage sein müssen, zumindest zeitweise ausreichend gesellschaftliche Kohäsion zu erzeugen, also zivilgesellschaftliche Koalitionen, bestehend aus Individuen mit sehr unterschiedlichen Lebenslagen, zu organisieren. Die Grenzlinie zwischen Politik und Nichtpolitik verschwimmt, und der Staat wird zu einem Moderator in zufällig auftretenden, zeitlich befristeten Perioden der Thematisierung bestimmter ge-

---

16 Cornelia Klinger, Private Freiheiten und öffentliche Ordnung. Triumph und Dilemma einer modernen Denkfigur, in: Werner Weidenfeld (Hrsg.), Demokratie am Wendepunkt. Die demokratische Frage als Projekt des 21. Jahrhunderts, Berlin 1996, S. 413-434, hier S. 422.
17 Jürgen Straub/Joachim Renn (Hrsg.), Transitorische Identität. Der Prozesscharakter des modernen Selbst, Frankfurt a.M./New York 2002.
18 Charles Taylor, Der Trend zur politischen Fragmentarisierung. Bedeutungsverlust demokratischer Entscheidungen, in: Weidenfeld (Anm. 16), S. 254-273, hier S. 268.

484 Eckhard Jesse/Roland Sturm

sellschaftlicher Probleme. Staatliches Handeln ist damit situativ richtig oder falsch aus der Sicht der jeweils Beteiligten, kann aber immer weniger am traditionellen Links-Rechts-Schema ausgerichtet werden. Dies heißt aber nicht, dass staatliches Handeln mit gesellschaftlicher Beliebigkeit konfrontiert wird, wohl aber mit wechselnden, im Sinne der Stabilisierung gesellschaftlicher Konflikte durchaus sinnerfüllten Akteurskonstellationen.

3. Probleme effizienten Regierens

Im 21. Jahrhundert hat sich nicht nur die Reichweite, sondern auch die Form der Staatstätigkeit entscheidend verändert. Regiert wird nun im „kooperativen Staat" (Ritter[19], Voigt[20]) bzw. im Steuerungsstaat (Kaufmann[21]). Der Staat bzw. die Regierung steuert die Gesellschaft und kooperiert mit der Gesellschaft auf eine Weise, die bunt und vielfältig in ihren Interessenkonstellationen und Machtressourcen geworden ist. Nichthierarchische Diskurse und das Management komplexer Netzwerke von Interessen und Entscheidungsstrukturen bilden den Kern der neuen Staatlichkeit. "Souveränes politisches Entscheidungshandeln, die Dezision eines obersten Staatsorgans oder einer politischen Verbandsführung, hat den ihr einst zugeschriebenen zentralen Stellenwert verloren. Dafür treten Vertretung und Verhandlung als elementare Erscheinungsformen politischen Handelns in den Vordergrund."[22]

Die Debatte um den kooperativen Staat stellt die Alternativlosigkeit von Kooperation für zukünftiges Staatshandeln in den Vordergrund. Traditionelle Steuerungsmedien wie Recht (Gesetze), Geld (Angebote finanzieller Leistungen des Staates) und Wissen (Know how-Vorsprung der staatlichen Bürokratie) können aus der Sicht derjenigen, die den Staat des 21. Jahrhunderts als kooperativen Staat sehen, heute und in der Zukunft längst nicht mehr selbstverständlich als wirksam betrachtet werden. Wenn der staatliche Eingriff durch Zwang, Anreiz oder Beratung nicht mehr alle politischen Ziele verwirklichen kann, bleibt nur noch die Suche nach gesellschaftlichem Konsens. Die Logik der Konsensbildung impliziert die praktische und, wie sich in der zunehmenden Zahl der *public-private partnerships* zur Erfüllung von Staatsaufgaben zeigt, auch die rechtliche Aufhebung der klassischen Trennung von hoheitlicher und privatwirtschaftlicher Sphäre.

19 Ernst Hasso Ritter, Der kooperative Staat. Bemerkungen zum Verhältnis von Staat und Wirtschaft, in: Archiv des öffentlichen Rechts 104 (1979), S. 389-413.
20 Rüdiger Voigt (Hrsg.), Der kooperative Staat. Krisenbewältigung durch Verhandlung?, Baden-Baden 1995.
21 Franz Xaver Kaufmann, Diskurse über Staatsaufgaben, in: Dieter Grimm (Hrsg.), Staatsaufgaben, Baden-Baden 1994, S. 15-41.
22 Roland Czada, Verhandeln und Inter-Organisationslernen in demokratischen Mehrebenenstrukturen, in: Ulrich Hilpert/Everhard Holtmann (Hrsg.), Regieren und intergouvernementale Beziehungen, Opladen 1998, S. 67-85, hier S. 68.

Der Staat kooperiert nicht nur mit gesellschaftlichen Interessen, er verändert sich selbst in diesem Prozess. Verhandeln ist im kooperativen Staat wichtiger als Handeln. Das Aufrechterhalten des Kooperationsprozesses wird selbst zum politischen Erfolg. Die Interessenneutralität des Staates bei gesellschaftlichen Konflikten manifestiert sich nicht in normativer Offenheit von Entscheidungsprozessen in staatlichen Institutionen, sondern in der Aufrechterhaltung von Kooperationsbeziehungen, die Entscheidungprozesse erst ermöglichen: „Das bedeutet, dass auch dort, wo ein direkter Steuerungsdurchgriff staatlicher Stellen (verfassungs-)rechtlich durchaus möglich und die Folgebereitschaft der Adressaten zumindest erzwingbar wäre, auf eine Ausübung dieses Rechts verzichtet und stattdessen für eine freiwillige Erfüllung der staatlichen 'Wünsche' – ggf. im Wege tauschförmiger Verhandlungen (‚Bargaining‘) – geworben wird."[23] Für Voigt liegt als Schlußfolgerung aus diesen Überlegungen nahe: „Nicht mehr das Parlament als Repräsentant des Volkes entscheidet über die wichtigsten Angelegenheiten, sondern Planungsausschüsse, Kooperationsgremien und ‚Runde Tische‘".[24]

Staatshandeln stößt an Grenzen, weil Gesellschaften nicht mehr umfassend steuerbar sind bzw. weil der staatliche Eingriff, der gesellschaftliche Interessen nicht aufgreift, nichtintendierte Effekte haben kann, die die Kosten von Staatshandeln weit höher treiben als dessen Nutzen. Will der Staat sich nicht einfach aus seinen Gestaltungsaufgaben zurückziehen, muss er zumindest mit denjenigen gesellschaftlichen Kräften Kompromisse schließen, die selbst wieder in den Augen eines Teils der Gesellschaft legitimiert sind, für ihre Entscheidungen Unterstützung erwarten zu können.[25]

Die staatliche Realität beim Staatshandeln des kooperativen Staates trennt sich immer mehr in eine normensetzende und potentiell zur Durchsetzung staatlich definierter Interessen konfliktfähige Ebene im Bereich der inneren und äußeren Sicherheit, also in gewisser Weise in den Bereich, den man als Minimalstaat bezeichnen könnte, und eine Ebene der Verflechtung mit gesellschaftlichen Netzwerkstrukturen. Netzwerke sind im Kern nichts anderes als auf Dauer gestellte und damit institutionalisierte Kooperationsmuster, die sich politikfeldspezifisch und interessengeleitet konstituieren.[26] Netzwerkstrukturen beruhen auf dem Konsens der Orientierung von Staat und unterschiedlichen gesellschaftlichen Interessen vor allem am ökonomischen Erfolg. In der Sozial- und der Wirtschaftspolitik treten wegen des neuen Entscheidungsmodus der Kooperation Fragen der Umverteilung, die we-

---

23 Rüdiger Voigt, Der kooperative Staat. Auf der Suche nach einem neuen Steuerungsmodus, in: Ders. (Anm. 20), S. 33-92, hier S. 42.

24 Ebd. S. 76.; Rolf G. Heinze, Die Berliner Räterepublik. Viel Rat – wenig Tat?, Wiesbaden 2002.

25 Helmut Wiesenthal, „Kooperative Verfahren" oder innovative Konstellationen? Zur Komplexität politischer Verhandlungen, in: Siegfried Frick/Reinhard Penz/Jens Weiß (Hrsg.), Der freundliche Staat. Kooperative Politik im institutionellen Wettbewerb, Marburg 2001, S. 173.

26 Voigt (Anm. 20), S. 57.

gen unterschiedlicher Interessenlagen die Kohäsion der Netzwerke erodieren könnten, hinter Konsensbildungsprozesse zurück. Verteilungsfragen sind nicht länger solche, die normativ durch gesellschaftliche Kämpfe und politische Nullsummenspiele entschieden werden, sondern sie hängen vom Erfolg der im Konsens von Teilgesellschaften in Netzwerken gefundenen Modernisierungsstrategien ab.[27]

Auch im Kernbereich des Staates, nämlich seinem Gewaltmonopol, treten zunehmend Erosionserscheinungen auf. Neue Herausforderungen wie der internationale Terrorismus[28] und die grenzüberschreitende Kriminalität[29] erfordern im 21. Jahrhundert ein bisher nicht gekanntes Maß internationaler Zusammenarbeit, ohne die die innere Sicherheit von Demokratien nicht mehr gewährleistet ist.

Zu den grenzüberschreitenden Verbrechen zählen u.a. die Geldwäsche, der Diebstahl von Kunstwerken und von geistigem Eigentum, der illegale Waffenhandel, die Flugzeugentführung, die Piraterie zur See, die Entführung von Fahrzeugen zu Lande, der Versicherungsbetrug, Verbrechen im Zusammenhang mit elektronischer Datenverarbeitung, Umweltdelikte, Menschenhandel, illegaler Handel mit menschlichen Körperteilen, illegaler Drogenhandel, betrügerischer Konkurs, die Unterwanderung legaler Unternehmen durch Kriminelle sowie Korruption. Die Relativierung des Nationalstaats nach außen und seine abnehmende Bindekraft nach innen erleichtern nichtlegale internationale Kooperation.

Auch terroristische Bedrohungen können grenzüberschreitend sein. Der Terrorismus lässt sich nach vielen Formen unterscheiden: dem sezessionistischen, dem ideologisch-sozialrevolutionären, dem fremdenfeindlichen, dem religiös-fundamentalistischen. Wie die Ereignisse vom 11. September 2001 schlaglichtartig gezeigt haben, spielt besonders der Terrorismus islamistischer Fundamentalisten eine große Rolle. Da der Terrorismus nicht an nationalen Grenzen Halt macht, ist seine Bekämpfung nur übernational sinnvoll und nötig.

Eine andere gesellschaftliche Erscheinung, die zumindest für die führenden Industrienationen im 21. Jahrhundert gehörige Sprengkraft besitzt, ist das demographische Problem der gesellschaftlichen Überalterung. In einigen

---

27 Roland Sturm, Kooperative Steuerung auf dem Gebiet der Technologiepolitik, in: Voigt (Anm. 20), S- 257-271, hier S. 263.
28 Für die Zeit vor dem 11. September 2001 vgl. Kai Hirschmann/Peter Gerhard (Hrsg.), Terrorismus als weltweites Phänomen, Berlin 2000; für die Zeit danach siehe den Literaturbericht von Uwe Backes, 11. September 2001 – Handlungen, Hintergründe, Herausforderungen, in: Ders./Eckhard Jesse (Hrsg.), Jahrbuch Extremismus & Demokratie, Bd. 14, Baden-Baden 2002, S. 229-242.
29 Reinhard C. Meier-Walser/Gerhard Hirscher/Klaus Lange/Enrico Palumbo (Hrsg.), Organisierte Kriminalität. Bestandsaufnahme, Transnationale Dimension, Wege der Bekämpfung, München 1999; Adam Edwards/Peter Gill, The Politics of ‚Transnational Organized Crime': Discourse, Reflexivity and the Narration of ‚Threat', in: British Journal of Politics and International Relations 4 (2002), S. 245-270.

Ländern, in denen die Sozialsysteme[30] direkt mit der Finanzierungsleistung zukünftiger Generationen verbunden sind, geraten diese unmittelbar ins Wanken; in allen Ländern aber gilt, dass „alte Gesellschaften" andere Prioritäten setzen als junge. Das Ausmaß der sich aus den demographischen Besonderheiten von Staaten ergebenden Differenzen zwischen diesen ist schwer absehbar. In der Sozial- und Gesundheitspolitik überalterte Staaten verteilen die Lasten der Sozialsysteme neu, wodurch individuelle Lebensrisiken stärker privatisiert werden. Im 21. Jahrhundert dürften die Menschen früher zu arbeiten beginnen, die Ausbildungszeiten kürzer werden, die Berufstätigen später in Rente gehen, mehr Frauen erwerbstätig sein und Arbeitsmigranten die Zahl der Bevölkerung im erwerbsfähigen Alter erhöhen.[31]

4. Politische Teilhabe

Im 21. Jahrhundert ist die Demokratie als auf Dauer angelegte Regierungsform ohne angemessene Alternative. Auch wenn Krisen und Zusammenbrüche von Demokratien nie ausgeschlossen werden können, ist keine Regierungsform als Konkurrenz zur Demokratie ersichtlich.[32] Allerdings kündigt sich ein Formenwandel der Demokratie an, der u.a. auf neuen kommunikationstechnischen Möglichkeiten beruht. Bisher sind mindestens fünf Varianten[33] der durch die Informationsgesellschaft neuen Möglichkeiten des Regierens in der Diskussion. Für die optimistische Annahme – in der Tradition der politischen Kybernetik – ermöglicht die neue Qualität von Information ein höheres Maß an politischer Kontrolle und damit an gesellschaftlicher Gestaltung. Der Staat handelt leichter aus einem Guß und kann sein Handeln besser planen. Allerdings verstärkt sich die Macht der politisch Planenden in der Informationsgesellschaft, also der Entscheidungsträger des Staates zuungunsten der Autonomie der Gesellschaft. Die Variante des Überwachungsstaates entsteht aus dem Mißbrauch des Informationsmonopols der Exekutive. Integriertes staatliches Handeln wird eher zu einer gesellschaftlichen Bedrohung als zum Ausweis von Effizienz.

Geht man davon aus, dass die Qualität von Politik auch durch den neuen Rohstoff Information weder verbessert noch grundlegend verändert werden

---

30 Josef Schmid, Wohlfahrtsstaaten im Vergleich, 2. Aufl. Opladen 2002; Dieter Döring, Die Zukunft der Alterssicherung. Europäische Strategien und der deutsche Weg, Frankfurt a.M. 2002.

31 Stephan Hradil, Bevölkerungsentwicklung und Gesellschaftsveränderung in den kommenden Jahrzehnten, in: Gegenwartskunde 50 (2001), S. 377-403, hier S. 388.

32 Davide Grassi, La Globalizzazione della democrazia: transizioni e consolidamento democratico agli albori del XXI secolo, in: Rivista italiana di scienza politica 32 (2002), S. 3-29.

33 Perri 6, Regieren durch Technik. Einschätzung und Aussichten der Gouvernanz von und mittels Technologie, in: OECD (Anm. 4), S. 83-143, hier S. 121-125.

kann, reduziert sich die Bedeutung der Informationsgesellschaft auf Verfahrensinnovationen in der öffentlichen Verwaltung (*e-government*). Diese Annahme tangiert die Zukunft des traditionellen Nationalstaates am wenigsten. Der Umgang mit neuen Medien hat allenfalls legitimatorischen und symbolischen Charakter, weil er den Anschein von Modernität staatlichen Handelns erweckt, ohne dass dieses in der Substanz tatsächlich innovativ zu sein braucht.

Die postmodernen Betrachter zweifeln an der Fähigkeit des Staates die aus der Gesellschaft entstehenden Informationsflüsse so zu kanalisieren, dass eine verbesserte staatliche Handlungsfähigkeit das Ergebnis ist. Das Gegenteil sei vielmehr der Fall. Der Staat kapituliere angesichts der Kakophonie gesellschaftlicher Präferenzbekundungen, seine Steuerungsfähigkeit habe sich entleert. Die Informationsgesellschaft habe nicht nur wegen der Entgrenzung des Staates, die aus ihr heraus entsteht, sondern auch wegen der reduzierten Fähigkeit des Staates, sich artikulierenden gesellschaftlichen Pluralismus mit den traditionellen Instrumenten staatlichen Handelns zu bewältigen, einen Bedeutungsverlust des Staates zur Konsequenz.

Geht man jedoch unter anderen Prämissen davon aus, der durch die neuen technischen Mittel erleichterte Zugang zum Rohstoff Information könne dazu genutzt werden, die Teilhabe der Bürger an ihrem Gemeinwesen zu verbessern, so ist geradezu eine Neubegründung des Staates im 21. Jahrhundert zu erwarten. Mit der neu sich entwickelnden *e-democracy* ist die Vision verbunden, dass sie einen noch nie gekannten raschen, umfassend auf der Willensbildung der Staatsbürger basierenden und informationsgesättigten politischen Entscheidungsprozess ermöglicht.

Robert A. Dahl, einer der führenden amerikanischen Demokratietheoretiker, hat die Öffnungswirkung, die von dem Einsatz neuer Informationstechnologien für den demokratischen Prozess ausgehen kann, schon Ende der achtziger Jahre des 20. Jahrhunderts anschaulich beschrieben.[34] Durch die Telekommunikation, so Dahl, habe so gut wie jeder Bürger die Möglichkeit sich sofort über alle politischen Themen zu informieren. Er könne dies sowohl in einer ihn interessierenden Form tun (gedruckt, als Debatte zwischen den Protagonisten oder beispielsweise als Zeichentrickfilm) als auch auf einem individuell angepassten intellektuellem Niveau. Mit Hilfe der Telekommunikation können die Bürger auch selbst Fragen auf die politische Tagesordnung des Gemeinwesens bringen. Die interaktiven Möglichkeiten der neuen Informationstechnologien erlauben zusätzlich, dass sich interessierte Bürger an Diskussionen mit Experten, Politikern und anderen Bürgern beteiligen.

---

34 Robert A. Dahl, Democracy and its Critics, New Haven/London 1989, S. 339. Einführend zur aktuellen Diskussion: Reinhard C. Meier-Walser/Thilo Harth (Hrsg.), Politikwelt Internet. Neue demokratische Beteiligungschancen mit dem Internet?, München 2001.

Ob sich in der Informationsgesellschaft die Stärkung individueller Beteiligungsmöglichkeiten am politischen Prozess auch in einer Erweiterung des Kreises der Beteiligungswilligen niederschlägt, ist fraglich. Skeptische Stimmen überwiegen hier zur Zeit noch, auch aufgrund empirischer Erhebungen, insbesondere im Umfeld der politischen Parteien, die beispielsweise das Internet inzwischen schon routinemäßig im Wahlkampf nutzen.[35] So wurde festgestellt: „Es ist nicht gesagt, dass eine verbesserte Versorgung mit Informationen auch ein höheres politisches Engagement zur Folge hat. Die Differenz zwischen angebotener und aufgenommener Information dürfte eh bei 99 Prozent liegen."[36] Die Parteienforschung sieht die sogenannte „Reinforcement-These" bestätigt: „Wer ohnehin politisch interessiert und vorgebildet ist, wer eine gute Ausbildung und eine hohe Medienkompetenz besitzt, der kann dieses Angebot am besten nutzen."[37]

Tabelle 3: Formen der Informationsgesellschaft

	Intelligenter Staat	Überwachungsstaat	traditioneller Nationalstaat	postmoderner Staat	e-democracy
Information als:	Zusätzliche Ressource zur Optimierung der Staatstätigkeit	Zusätzliche Ressource zur Verbesserung der sozialen Kontrolle	Als technisches Instrument	Als Störfaktor für staatliche Zielfindung	Als Instrument politischer Teilhabe
Konsequenzen für Staatlichkeit	Stärkung	Stärkung	Keine	Schwächung	Neubegründung
Konsequenzen für die politischen Machtverhältnisse	Dominanz der politischen Exekutive	Diktatorische Gewalt der Exekutive	Keine	Stärkung der gesellschaftlichen Gegenmacht zur Staatlichkeit	Stärkung individueller Einflussmöglichkeiten

Mit der gewachsenen Rolle elektronischer Medien im 21. Jahrhundert verbindet sich nicht nur die Chance neuer Partizipationsformen, sondern auch eine Tendenz zur Veränderung der Politik. Die „Medienkompatibilität" des

---

35 Jürgen Stern, www.mehr-demokratie.ade: Das Internet und die Zukunft der deutschen Politik, in: Gesellschaft-Wirtschaft-Politik 51(2002), S. 245-270, hier S. 267.
36 Manfred Stegger, Partizipation und Demokratie im Cyberland. Politische Kommunikation im Zeitalter der elektronischen Netze, in: Jörg Tauss/Johannes Kollbeck/Jan Mönikes (Hrsg.), Deutschlands Weg in die Informationsgesellschaft. Herausforderungen und Perspektiven für Wirtschaft, Recht und Politik, Baden-Baden 1996, S. 785-799, hier S. 793f.
37 Andrea Römmele, Parteien und das Internet: Neue Formen der politischen Partizipation?, in: Meier-Walser/Harth (Anm. 34), S. 154-170, hier S. 169; Beate Hoecker, Mehr Demokratie via Internet? Die Potenziale der digitalen Technik auf dem empirischen Prüfstand, in: Aus Politik und Zeitgeschichte, B 39-40/02, S. 37-45.

politischen Personals gewinnt an Bedeutung. Die Darstellung von Politik[38] wird wichtiger als ihre Inhalte. Die von Medien eingeforderte Personalisierung von Politik verführt Regierungschefs in parlamentarischen Demokratien dazu, wie ein mit umfassenden Kompetenzen ausgestatteter Präsident zu agieren und veranlaßt Staatsoberhäupter und Regierungschefs, sich mehr Verantwortung zuschreiben zu lassen, als sie tragen können und müssen. Einzelheiten der Verfassungslage interessieren die Medien im 21. Jahrhundert in der Regel aus systematischen Gründen wenig. Was interessiert, sind die Gewinner und die Verlierer, also die „Schicksale" der Politik. „Die Politikvermittlung in der Fernsehdemokratie entspricht keineswegs politischen Rationalitätskriterien: Denn Unterhaltung ist die Superideologie des Fernsehens, nicht Information. Die Politik ist längst den Eigengesetzlichkeiten dieser permanenten Show unterworfen, die nicht Ratio, Urteilsvermögen und analytische Fähigkeiten der Rezipienten anspricht, sondern ihre Affekte."[39]

Ein Großteil der Bürger neigt ohnehin dazu, Politik vor allen Dingen nach den aus der individuellen Perspektive relevanten Ergebnissen zu beurteilen und weniger nach ihrem Zustandekommen zu fragen. Die gewachsene Komplexität des politischen Prozesses durch die Neugestaltung des politischen Raumes macht diesen undurchsichtiger, die Individualisierung der Gesellschaft verringert aus der Sicht des Einzelnen das Interesse an längerfristiger Orientierung an gesellschaftlichen Entwicklungen. Informationskosten steigen, und Informationen über den politischen Prozess werden zudem zusehends weniger attraktiv. Der Bürger im 21. Jahrhundert dürfte weniger der an effizienter politischer Teilhabe interessierte Staatsbürger sein als vielmehr kritischer Konsument der Politik, der von seiner Wahlentscheidung keine weltanschaulich geprägte Gesellschaftsveränderung erwartet, sondern vor allen Dingen handwerklich überzeugende Politikergebnisse, abgeliefert von Politikprofis.

Latent erzeugt eine solche Orientierung eine Gegenbewegung. Werden Politikergebnisse als unbefriedigend empfunden, kommt es im 21. Jahrhundert leichter zur Protestwahl, zum Ruf nach direkter Demokratie oder zur Politikabstinenz. Zudem nimmt die Wechselbereitschaft der Wähler mit der Emanzipation von sozialen und religiösen Bindungen zu. Innovation und Unsicherheit, Wahlenthaltung und kurzfristige Wechselbereitschaft machen den Parteienwettbewerb unberechenbarer.

---

38 Karl-Rudolf Korte/Gerhard Hirscher (Hrsg.), Darstellungspolitik oder Entscheidungspolitik. Über den Wandel von Politikstilen in westlichen Demokratien, München 2000.

39 Heinrich Oberreuter, '98 und die Folgen. Veränderungen in Parteiensystem und medialer Politikdarstellung, in: Ders. (Hrsg.), Umbruch '98. Wähler, Parteien, Kommunikation, München 2001, S. 9-28, hier S. 20.

5. Zusammenfassung

Im 21. Jahrhundert wird sich die demokratische Regierungsform durch kreative Lösungen für Regierungshandeln jenseits des Nationalstaates bewähren müssen. Sie ist zudem herausgefordert, durch die Pluralisierung der Lebensformen und Identitäten der Bürger. Die Anerkennung der sich durch Individualisierungsprozesse herstellenden neuen Formen gesellschaftlichen Zusammenlebens macht gemeinwohlorientierte Politikinitiativen nicht überflüssig. Auch wenn solche Verbindlichkeiten weniger häufig durch staatliche Handlungsmacht vorgegeben werden können, muss Regierungshandeln nach Wegen suchen, gesellschaftlichem Konsens Ausdruck zu verleihen. Die Weichenstellungen sind bereits heute erkennbar. Sie weisen in Richtung weniger Staat, mehr internationale Kooperation und öffentlich-privater Partnerschaften. Partnerschaften von sozialen Gruppen bei staatlichen Entscheidungen stellen ein Element künftiger Einbindung der Zivilgesellschaft dar.

Die zivilgesellschaftliche Öffnung von Politik wird sich auch verstärkt der modernen Medien der *e-democracy* bedienen und damit Politik auf neue Weise attraktiv machen. Teilnahme an Politik verliert mit dem zunehmenden Pragmatismus politischer Entscheidungsfindung zugleich an Attraktivität. Der Bürger dürfte nicht zuletzt wegen der abnehmenden Relevanz weltanschaulicher Konflikte für sein gesellschaftliches Selbstbild stärker zum rasch auf Themenkonjunkturen reagierenden Politikkonsumenten neigen. Das allgemeine Bewußtsein für institutionelle Kontinuität in Demokratien schwindet, aber die Hoffnung besteht, dass auch die Bürger des 21. Jahrhunderts an den Freiheits- und Menschenrechten als Garantie individueller Selbstverwirklichung und als Kern demokratischen Zusammenlebens festhalten.

Die zunehmende Globalisierung ist eine Chance und Gefahr zugleich. Durch die Internationalisierung der Kapitalmärkte und die Informationstechnologie wächst die Welt zusammen. Dies kann die gegenseitige Lernfähigkeit befördern, ebenso Abschottungstendenzen hervorrufen. Verschärfte Ungleichheiten mögen neue Zwistigkeiten säen, die sogar zu Kriegen ausarten. Einige der alten Bedrohungen sind damit die neuen.[40]

---

40 Vgl. u.a. Ignacio Ramonet, Kriege des 21. Jahrhunderts. Die Welt vor neuen Bedrohungen, Zürich 2002; siehe auch (nicht nur mit Blick auf die Politik): Michael Dinkhauser/Volker Stümke (Hrsg.), Herausforderung 21. Jahrhundert. Hoffnungen und Ängste angesichts des Milleniumswechsels, Bremen o.J. (2001).

Literaturverzeichnis

Alemann, Ulrich von/Stefan Marschall (Hrsg.): Parteien in der Mediendemokratie, Wiesbaden 2002.

Almond, Gabriel A./B. Bingham Powell (Hrsg.): Comparative Politics Today, 6. Aufl., New York 1996.

Arzberger, Klaus: Bürger und Eliten in der Kommunalpolitik, Stuttgart 1980.

Backes, Uwe/Patrick Moreau: Die extreme Rechte in Deutschland. Geschichte – gegenwärtige Gefahren – Ursachen – Gegenmaßnahmen, München 1994.

Backes, Uwe/Eckhard Jesse (Hrsg.): Jahrbuch Extremismus & Demokratie, Bonn 1989-1994, Baden-Baden 1995ff.

Backes, Uwe: Politischer Extremismus in demokratischen Verfassungsstaaten. Elemente einer normativen Rahmentheorie, Opladen 1989.

Backes, Uwe/Eckhard Jesse: Politischer Extremismus in der Bundesrepublik Deutschland, 4. Aufl., Berlin 1996.

Backes, Uwe/Eckhard Jesse: Totalitarismus – Extremismus – Terrorismus. Ein Literaturführer und Wegweiser im Lichte deutscher Erfahrung, Opladen 1985.

Beichelt, Timm: Demokratische Konsolidierung im postsozialistischen Europa. Die Rolle der politischen Institutionen, Opladen 2001.

Benda, Ernst/Werner Maihofer/Hans-Jochen Vogel (Hrsg.): Handbuch des Verfassungsrechts, 2. Aufl., Berlin/New York 1994.

Benz, Arthur: Der moderne Staat. Grundlagen der politologischen Analyse, München/Wien 2001.

Berg, Thomas (Hrsg.): Moderner Wahlkampf. Blick hinter die Kulissen, Opladen 2002.

Bergmann, Knut: Der Bundestagswahlkampf 1998. Vorgeschichte, Strategien, Ergebnis, Wiesbaden 2002.

Berg-Schlosser, Dirk/Hans-Joachim Giegel: Perspektiven der Demokratie. Probleme und Chancen im Zeitalter der Globalisierung, Opladen 1999.

Berg-Schlosser, Dirk/Ferdinand Müller-Rommel (Hrsg.): Vergleichende Politikwissenschaft, 3. Aufl., Opladen 1997.

Berg-Schlosser, Dirk/Ralf Rytlewski (Hrsg.): The Political Culture of Germany, London 1993.

Berg-Schlosser, Dirk/Jakob Schissler (Hrsg.): Politische Kultur in Deutschland. Bilanz und Perspektiven der Forschung, Opladen 1987.

Bergsdorf, Harald: Ungleiche Geschwister. Die deutschen Republikaner (REP) im Vergleich zum französischen Front National (FN), Frankfurt a.M. u.a. 2000.

Bermbach, Udo/Bernhard Blanke/Carl Böhret (Hrsg.): Spaltungen der Gesellschaft und die Zukunft des Sozialstaates, Opladen 1990.

Best, Heinrich/Maurizio Cotta (Hrsg.): Parliamentary Representatives in Europe 1848-2000, Oxford 2000.

Betz, Hans-Georg: Radical Right-wing Populism in Europe, New York 1994.

Betz, Hans-Georg/Stefan Immerfall (Hrsg.): The New Politics of the Right: Neo-populist Parties and Movements in Established Democracies, Basingstoke 1998.

Beyme, Klaus von: Die parlamentarische Demokratie. Entstehung und Funktionsweise 1789-1999, 3. Aufl., Opladen 1999.

Beyme, Klaus von: Systemwechsel in Osteuropa, München 1984.

Blondel, Jean/Ferdinand Müller-Rommel: Cabinets in Eastern Europe, Basingstoke 2001.

Böckenförde, Ernst-Wolfgang: Staat, Verfassung, Demokratie. Studien zur Verfassungstheorie und zum Verfassungsrecht, 2. Aufl., Frankfurt a.M. 1992.

Böckenförde, Ernst-Wolfgang/Christian Tomuschat/Dieter Umbach (Hrsg.) : Extremisten und öffentlicher Dienst. Rechtslage und Praxis des Zugangs zum und der Entlassung aus dem öffentlichen Dienst in Westeuropa, USA, Jugoslawien und der EG, Baden-Baden 1981.

Bogdanor, Vernon (Hrsg.): Constitutions in Democratic Politics, Aldershot 1988.

Bogumil, Jörg: Modernisierung lokaler Politik: kommunale Entscheidungsprozesse im Spannungsfeld zwischen Parteienwettbewerb, Verhandlungszwängen und Ökonomisierung, Baden-Baden 2001.

Bohrmann, Hans u.a. (Hrsg.): Wahlen und Politikvermittlung durch Massenmedien, Wiesbaden 2000.

Borkenau, Franz: The Totalitarian Enemy, London 1940.

Boventer, Gregor Paul: Grenzen politischer Freiheit im demokratischen Staat. Das Konzept der streitbaren Demokratie in einem internationalen Vergleich, Berlin 1995.

Bracher, Karl Dietrich: Zeit der Ideologien. Eine Geschichte politischen Denkens im 20. Jahrhundert, München 1985.

Broughton, David/Mark Donovan (Hrsg.), Changing Party Systems in Western Europe, London 1999.

Brünneck, Alexander von: Verfassungsgerichtsbarkeit in westlichen Demokratien, Baden-Baden 1992.

Brunner, Georg: Politische und ökonomische Transformation in Osteuropa, 3. Aufl., Berlin 2000.

Bürklin, Wilhelm/Hilke Rebenstorf u.a.: Eliten in Deutschland. Rekrutierung und Integration, Opladen 1997.

Camus, Jean-Yves (Hrsg.): Les extrémismes en Europe. État des lieux 1998, Paris 1998.

Canu, Isabelle: Verteidigung der Demokratie in Deutschland und Frankreich. Ein Vergleich des Umgangs mit politischem Extremismus vor dem Hintergrund der europäischen Integration, Opladen 1997.

Castells, Manuel: Das Informationszeitalter. Wirtschaft, Gesellschaft, Kultur, 3 Bde, Opladen 2001/2.

Colomer, Joseph M. (Hrsg.): Political Institutions in Europe, London/New York 1996.

Courtois, Stéphane u.a.: Das Schwarzbuch des Kommunismus. Unterdrückung, Verbrechen und Terror, München/Zürich 1998.

Czudnowski, Moshe M. (Hrsg.): Political Elites and Social Change. Studies of Elite Roles and Attitudes, DeKalb 1983.

Daele, Wolfgang van den/Friedhelm Neidhardt (Hrsg.): Kommunikation und Entscheidung. Politische Funktionen öffentlicher Meinungsbildung und diskursiver Verfahren, Berlin 1996.

Diamond, Larry: Developing Democracy toward Consolidation, Baltimore 1999.

Doehring, Karl (Hrsg.): Verfassungstreue im öffentlichen Dienst europäischer Staaten, Berlin 1980.

Donges, Patrick/Otfried Jarren/Heribert Schatz (Hrsg.): Globalisierung der Medien? Medienpolitik in der Informationsgesellschaft, Opladen/Wiesbaden 1999.

Eckart, Karl/Helmut Jenkis (Hrsg.): Föderalismus in Deutschland, Berlin 2001.

Eith, Ulrich /Gerd Mielke (Hrsg.): Gesellschaftliche Konflikte und Parteiensysteme, Opladen 2001.

Elgie, Robert (Hrsg.): Divided Government in Comparative Perspective, Oxford 2001.

Elgie, Robert: Political Leadership in Liberal Democracies, London u.a. 1995.

Elgie, Robert (Hrsg.): Semi-presidentialism in Europe, Oxford 1999.

Ellwein, Thomas/Everhard Holtmann (Hrsg.): 50 Jahre Bundesrepublik Deutschland, Wiesbaden 1999.

Eucken, Walter: Grundsätze der Wirtschaftspolitik, Tübingen 1990.

Everts, Carmen: Politischer Extremismus. Theorie und Analyse am Beispiel der Parteien REP und PDS, Berlin 2000.

Falter, Jürgen/Oscar W. Gabriel/Hans Rattinger (Hrsg.): Wirklich ein Volk? Die politischen Orientierungen von Ost- und Westdeutschen im Vergleich, Opladen 2000.

Frei, Norbert: Karriere im Zwielicht. Hitlers Eliten nach 1945, Frankfurt a.M. 2001.

Fenske, Hans: Der moderne Verfassungsstaat. Eine vergleichende Geschichte von der Entstehung bis zum 20. Jahrhundert, Paderborn u.a. 2001.

Fraenkel, Ernst: Deutschland und die westlichen Demokratien, Neuauflage, Frankfurt a.M. 1991.

Furet, François: Das Ende der Illusionen. Der Kommunismus im 20. Jahrhundert, München 1996.

Gabriel, Oskar W./Frank Brettschneider (Hrsg.): Die EU-Staaten im Vergleich, 2. Aufl., Opladen 1994.

Gabriel, Oscar W./Jürgen W. Falter (Hrsg.): Wahlen und politische Einstellungen in westlichen Demokratien, Frankfurt a.M. 1996.

Gabriel, Oscar W./Oskar Niedermayer/Richard Stöss (Hrsg.): Parteiendemokratie in Deutschland, 2. aktual. u. erweit. Aufl., Wiesbaden 2002.

Gallagher, Michael/Michael Laver/Peter Mair: Representative Government in Modern Europe: Institutions, Parties and Governments, 3. Aufl., New York 2000.

Gallup, George/Saul Forbes: The Pulse of Democracy. The Public Opinion Poll and How It Works, New York 1968.

Gallus, Alexander/Marion Lühe: Öffentliche Meinung und Demoskopie, Opladen 1998.

Gebhardt, Jürgen (Hrsg.): Verfassung und politische Kultur, Baden-Baden 1999.

Geißler, Rainer: Die Sozialstruktur Deutschlands, 3. Aufl., Wiesbaden 2002.

Gellner, Winand/Hans-Joachim Veen (Hrsg.): Umbruch und Wandel in westeuropäischen Parteiensystemen, Frankfurt a.M. 1995.

Glaeßner, Gert-Joachim: Demokratie nach dem Ende des Kommunismus. Regimewechsel, Transition und Demokratisierung im Postkommunismus, Opladen 1994.

Glaeßner, Gert-Joachim/Charlie Jeffery/Werner Reutter (Hrsg.): Verfassungspolitik in Deutschland und Großbritannien im Vergleich, Wiesbaden 2001.

Glatzer, Wolfgang/Ilona Ostner (Hrsg.): Deutschland im Wandel, Opladen 1999.

Gourd, Andrea/Thomas Noetzel (Hrsg.): Zukunft der Demokratie in Deutschland, Opladen 2001.

Greiffenhagen, Martin: Von Potsdam nach Bonn. Zehn Kapitel zur politischen Kultur Deutschlands, München 1986.

Greiffenhagen, Martin/Sylvia Greiffenhagen: Ein schwieriges Vaterland: zur politischen Kultur Deutschlands, 2. Aufl., München 1993.

Grimm, Dieter: Die Zukunft der Verfassung, Frankfurt a.M. 1994.

Häberle, Peter: Verfassungslehre als Kulturwissenschaft, 2. Aufl., Berlin 1998.

Hainsworth, Paul (Hrsg.): The Politics of the Extreme Right. From the Margins to the Mainstream, London 2000.

Hall, Peter: The Political Power of Economic Ideas, Princeton 1989.

Hansjürgens, Bernd/Gertrude Lübbe-Wolff (Hrsg.): Symbolische Umweltpolitik, Frankfurt a.M. 2000.

Hartmann, Jürgen: Europa im Vergleich. Die politischen Systeme in den westeuropäischen Demokratien, Berlin 1991.

Hetterich, Volker: Von Adenauer zu Schröder – Der Kampf um Stimmen. Eine Längsschnittanalyse der Wahlkampagnen von CDU und SPD bei den Bundestagswahlen 1949 bis 1998, Opladen 2000.

Higley, John/György Lengyel (Hrsg.): Elites After State Socialism, Lanham 2000.

Higley, John/G. Lowell Field/ Knut Grøholt, Elite Structure and Ideology, New York 1976.

Higley, John/Jan Pakulski/Włozimierz Wesołowksi: Postcommunist Elites and Democracy in Eastern Europe, Houndmills 1998.

Hobsbawn, Eric: Das Zeitalter der Extreme. Weltgeschichte des 20. Jahrhunderts, München/Wien 1995.

Hoffmann-Lange, Ursula: Eliten, Macht und Konflikt in der Bundesrepublik, Opladen 1992.

Holtmann, Everhard: Politik und Nichtpolitik. Lokale Erscheinungsformen Politischer Kultur im frühen Nachkriegsdeutschland, Opladen 1989.

Hrbek, Rudolf/Martin Nettesheim (Hrsg.): Europäische Union und mitgliedstaatliche Daseinsvorsorge, Baden-Baden 2002.

Huntington, Samuel P.: Kampf der Kulturen. Die Neugestaltung der Weltpolitik im 21. Jahrhundert, München/Wien 1996.

Huntington, Samuel P.: The Third Wave. Democratisation in the Late Twentieth Century, London u.a. 1991.

Inglehart, Ronald u.a.: Modernisierung und Postmodernisierung. Kultureller, wirtschaftlicher und politischer Wandel in 43 Gesellschaften, Frankfurt a.M. 1998.

Ismayr, Wolfgang (Hrsg.): Die politischen Systeme Osteuropas, Opladen 2002.

Ismayr, Wolfgang (Hrsg.): Die politischen Systeme Westeuropas, 3. Aufl., Opladen 2003.

Iwand, Wolf M.: Paradigma Politische Kultur, Opladen 1985.

Jäckel, Michael: Medienwirkungen. Ein Studienbuch zur Einführung, 2. Aufl., Wiesbaden 2002.

Jänicke, Martin/Helmut Weidner (Hrsg.): National Environmental Policies. A Comparative Study of Capacity-Building, Berlin u.a. 1997.

Jänicke, Martin (Hrsg.): Umweltpolitik der Industrieländer. Entwicklung – Bilanz – Erfolgsbedingungen, Berlin 1996.

Jarren, Otfried/Ulrich Sarcinelli/Ulrich Saxer (Hrsg.): Politische Kommunikation in der demokratischen Gesellschaft. Ein Handbuch mit Lexikonteil, Opladen/Wiesbaden 1998.

Jaschke, Hans-Gerd: Streitbare Demokratie und Innere Sicherheit. Grundlagen, Praxis und Kritik, Opladen 1991.

Jesse, Eckhard: Die Demokratie der Bundesrepublik Deutschland. Eine Einführung in das politische System, 8. Aufl., Baden-Baden 1997.

Jesse, Eckhard (Hrsg.): Totalitarismus im 20. Jahrhundert. Eine Bilanz der internationalen Forschung, 2. Aufl., Baden-Baden 1999.

Jesse, Eckhard/Steffen Kailitz (Hrsg.): Prägekräfte des 20. Jahrhunderts. Demokratie, Extremismus, Totalitarismus, Baden-Baden 1997.

Jesse, Eckhard/Konrad Löw (Hrsg.): 50 Jahre Bundesrepublik Deutschland, Berlin 1999.

Kaiser, André (Hrsg.): Regieren in Westminster-Demokratien, Baden-Baden 2000.

Kepplinger, Hans Mathias: Die Demontage der Politik in der Informationsgesellschaft, Freiburg/München 1998.

Kimmel, Adolf (Hrsg.): Die Verfassungen der EG-Mitgliedstaaten, 5. Aufl., München 2000.

Klein, Markus u.a. (Hrsg.): 50 Jahre Empirische Wahlforschung in Deutschland, Wiesbaden 2000.

Kleinfeld, Ralf/Wolfgang Luthhardt (Hrsg.): Westliche Demokratien und Interessenvermittlung, Marburg 1993.

Klingemann, Hans-Dieter/Friedhelm Neidhardt (Hrsg.): Zur Zukunft der Demokratie. Herausforderungen im Zeitalter der Globalisierung, Berlin 2000.

Kluth, Hans: Die KPD in der Bundesrepublik. Ihre politische Tätigkeit und Organisation 1945-1956, Köln/Opladen 1959.

Knütter, Hans-Helmuth: Ideologien des Rechtsradikalismus im Nachkriegsdeutschland. Eine Studie über die Nachwirkungen des Nationalsozialismus, Bonn 1961.

Köcher, Renate/Joachim Schild (Hrsg.): Wertewandel in Deutschland und Frankreich. Nationale Unterschiede und europäische Gemeinsamkeiten, Opladen 1998.

Korte, Karl-Rudolf/Gerhard Hirscher (Hrsg.): Darstellungspolitik oder Entscheidungspolitik. Über den Wandel von Politikstilen in westlichen Demokratien, München 2000.

Kraack, Michael/Heinrich Pehle/Petra Zimmermann-Steinhart: Umweltintegration in der Europäischen Union. Das umweltpolitische Profil der EU im Politikfeldvergleich, Baden-Baden 2001.

Krais, Beate (Hrsg.): An der Spitze. Von Eliten und herrschenden Klassen, Konstanz 2001.

Kühnhardt, Ludger u.a. (Hrsg.): Die doppelte deutsche Diktaturerfahrung. Drittes Reich und DDR – ein historisch-politikwissenschaftlicher Vergleich, Frankfurt a.M. u.a. 1994.

Kühnhardt, Ludger: Die Universalität der Menschenrechte, 2. Aufl., Bonn 1991.

Kreile, Michael (Hrsg.): Die Integration Europas, Opladen 1992.

Landfried, Christine: Das politische Europa. Differenz als Potential der Europäischen Union, Baden-Baden 2002.

Lane; Jan-Erik: Constitutions and Political Theory, Manchester/New York 1997.

Lauth, Hans-Joachim/Gert Pickel/Christian Welzel (Hrsg.): Demokratiemessung. Konzepte und Befunde im internationalen Vergleich, Wiesbaden 2000.

Leggewie, Claus/Horst Meier: Republikschutz. Maßstäbe für die Verteidigung der Demokratie, Reinbek 1995.

Lehner, Franz/Ulrich Widmaier: Vergleichende Regierungslehre, 3. Aufl., Opladen 1995.

Lehmbruch, Gerhard: Parteienwettbewerb im Bundesstaat, 2. Aufl., Opladen 1998.

Lerner, Robert/Althea K. Nagai/Stanley Rothman: American Elites, New Haven 1996.

Lijphart, Arend: Democracies. Patterns of Majoritarian and Consensus Government in Twenty-One Countries, New Haven/London 1984.

Lijphart, Arend: Patterns of Democracy. Government Forms and Performance in Thirty-Six Countries, New Haven/London 1999.

Lipset, Seymour M./Stein Rokkan (Hrsg.): Party Systems and Voter Alignments. Cross National Perspectives, New Haven/London 2000.

Luchterhandt, Otto (Hrsg.): Neue Regierungssysteme in Osteuropa und der GUS, Berlin 1996.

Machnig, Matthias (Hrsg.): Politik – Medien – Wähler. Wahlkampf im Medienzeitalter, Opladen 2002.

Majone, Giandomenico: Regulating Europe, London 1996.

Mayer, Tilman/Reinhard C. Meier-Walser (Hrsg.): Der Kampf um die politische Mitte. Politische Kultur und Parteiensystem seit 1998, München 2002.

Meier-Walser, Reinhard C./Thilo Harth (Hrsg.): Politikwelt Internet. Neue demokratische Beteiligungschancen mit dem Internet?, München 2001.

Merkel, Wolfgang: Systemtransformation. Eine Einführung in die Theorie und Empirie der Transformationsforschung, Opladen 1999.

Michaelis, Lars-Oliver: Politische Parteien unter der Beobachtung des Verfassungsschutzes. Die Streitbare Demokratie zwischen Toleranz und Abwehrbereitschaft, Baden-Baden 2000.

Michels, Robert: Zur Soziologie des Parteiwesens in der modernen Demokratie, 4. Aufl., Stuttgart 1989.

Minkenberg, Michael: Die neue radikale Rechte im Vergleich. USA, Frankreich, Deutschland, Opladen 1998.

Mols, Manfred/Hans-Joachim Lauth/Christian Wagner (Hrsg.): Politikwissenschaft: Eine Einführung, 2. Aufl., Paderborn 1996.

Moreau, Patrick /Marc Lazar/Gerhard Hirscher (Hrsg.): Der Kommunismus in Westeuropa. Niedergang oder Mutation?, Landsberg am Lech 1998.

Müller, Markus M.: The new regulatory state in Germany, Birmingham 2002.

Müller-Armack, Alfred: Wirtschaftsordnung und Wirtschaftspolitik, Freiburg i.B. 1996.

Müller-Brandeck-Bocquet, Gisela: Die institutionelle Dimension der Umweltpolitik. Eine vergleichende Untersuchung zu Frankreich, Deutschland und der Europäischen Union, Baden-Baden 1996.

Neidhardt, Friedhelm (Hrsg.): Öffentlichkeit, öffentliche Meinung, soziale Bewegungen, Opladen 1994.

Neugebauer, Gero/Richard Stöss: Die PDS. Geschichte – Organisation – Wähler – Konkurrenten, Opladen 1996.

Niclauß, Karlheinz: Der Weg zum Grundgesetz. Demokratiegründung in Westdeutschland, Paderborn u.a. 1998.

Niedermayer, Oskar (Hrsg.): Die Parteien nach der Bundestagswahl 2002, Opladen 2003.

Niedermayer, Oskar/Bettina Westle (Hrsg.): Demokratie und Partizipation, Opladen 2000.

Nohlen, Dieter (Hrsg.): Kleines Lexikon der Politik, München 2001.

Nohlen, Dieter/Mirjana Kasaporivic: Wahlsysteme und Systemwandel in Osteuropa, Opladen 1996.

Oberreuter, Heinrich (Hrsg.): Umbruch '98. Wähler, Parteien, Kommunikation, München 2001.

O'Connor, James R.: The fiscal crisis of the state, New York 1973.

Ortwein, Edmund: Das Bundeskartellamt, Baden-Baden 1998.

Pehle, Heinrich: Das Bundesministerium für Umwelt, Naturschutz und Reaktorsicherheit: Ausgegrenzt statt integriert? Das institutionelle Fundament der deutschen Umweltpolitik, Wiesbaden 1998.

Pfahl-Traughber, Armin: Rechtsextremismus in der Bundesrepublik, 3. Aufl., München 2001.

Pratchett, Lawrence/David Wilson (Hrsg.): Local Democracy and Local Government, HoundMills 1996.

Preuß, Ulrich K. (Hrsg.): Zum Begriff der Verfassung. Die Ordnung des Politischen, Frankfurt a.M. 1994.

Prittwitz, Volker von (Hrsg.): Umweltpolitik als Modernisierungsprozess. Politikwissenschaftliche Forschung und Lehre in der Bundesrepublik, Opladen 1993.

Ramonet, Ignacio: Kriege des 21. Jahrhunderts. Die Welt vor neuen Bedrohungen, Zürich 2002.

Reichel, Peter (Hrsg.): Politische Kultur in Westeuropa. Bürger und Staaten in der Europäischen Gemeinschaft, Bonn 1984.

Rhodes, Martin/Paul Heywood/Vincent T. Wright (Hrsg.): Developments in West European Politics, Basingstoke 1997.

Rohe, Karl: Wahlen und Wählertraditionen in Deutschland. Kulturelle Grundlagen deutscher Parteien und Parteiensysteme im 19. und 20. Jahrhundert, Frankfurt a.M. 1992.

Rohrschneider, Robert: Learning Democracy. Democratic and Economic Values in Unified Germany, Oxford 1999.

Rose-Ackerman, Susan: Umweltrecht und -politik in den Vereinigten Staaten und der Bundesrepublik Deutschland, Baden-Baden 1995.

Rudzio, Wolfgang: Das politische System der Bundesrepublik Deutschland, 6. Aufl., Opladen 2003.

Schatz, Heribert/Patrick Rössler/Jörg-Uwe Nieland (Hrsg.): Politische Akteure in der Mediendemokratie. Politiker in den Fesseln der Medien?, Wiesbaden 2002.

Scherb, Armin: Präventiver Demokratieschutz als Problem der Verfassungsgesetzgebung nach 1945, Frankfurt a.M. 1987.

Schiller, Karl: Preisstabilität durch globale Steuerung der Marktwirtschaft, Tübingen 1966.

Schlecht, Otto: Grundlagen und Perspektiven der Sozialen Marktwirtschaft, Tübingen 1990.

Schmid, Josef: Wohlfahrtsstaaten im Vergleich, 2. Aufl. Opladen 2002.

Schmidt, Manfred G.: Demokratietheorien. Eine Einführung, 3. Aufl., Opladen 2000.

Schreyer, Bernhard/Manfred Schwarzmeier: Grundkurs Politikwissenschaft: Studium der politischen Systeme. Eine studienorientierte Einführung, Wiesbaden 2000.

Schultze, Rainer-Olaf/Roland Sturm (Hrsg.): The Politics of Constitutional Reform in North America. Coping with New Challenges, Opladen 2000.

Schulz, Winfried: Politische Kommunikation. Theoretische Ansätze und Ergebnisse empirischer Forschung, Opladen/Wiesbaden 1997.

Schüttemeyer, Suzanne S.: Fraktionen im Deutschen Bundestag. Empirische Befunde und theoretische Folgerungen, Opladen 1998.

Seidel, Bruno/Siegfried Jenkner (Hrsg.): Wege der Totalitarismus-Forschung, Darmstadt 1974.

Skou Andersen, Michael/Duncan Liefferink (Hrsg.): European Environmental Policy. The Pioneers, Manchester/New York 1997.

Sniderman, Paul M.: The Clash of Rights – Liberty, Equality and Legitimacy in Pluralist Democracy, New Haven, London 1997.

Steffani, Winfried: Gewaltenteilung und Parteien im Wandel, Opladen/Wiesbaden 1997.

Steffani, Winfried: Parlamentarische und präsidentielle Demokratie, Opladen 1979.

Steffani, Winfried (Hrsg.): Regierungsmehrheit und Opposition in den Staaten der EG, Opladen 1991.

Steinberger, Helmut: Konzeption und Grenzen freiheitlicher Demokratie. Dargestellt am Beispiel des Verfassungsrechtsdenkens in den Vereinigten Staaten von Amerika und des amerikanischen Antisubversionsrechts, Berlin 1974.

Stöss, Richard: Stabilität im Umbruch, Opladen 1997.

Sturm, Roland/Jürgen Dieringer/Markus M. Müller: Rediscovering Competition. Competition Policy in Eastern Central Europe in Comparative Perspective, Opladen 2001.

Sturm, Roland/Markus Müller, Public Deficits, Harlow 1999.

Sturm, Roland/Heinrich Pehle: Das neue deutsche Regierungssystem. Die Europäisierung von Institutionen, Entscheidungsprozessen und Politikfeldern in der Bundesrepublik Deutschland, Opladen 2001.

Sturm, Roland: Die Industriepolitik der Bundesländer und die europäische Integration, Baden-Baden 2001.

Sturm, Roland: Föderalismus in Deutschland, Opladen 2001.

Sturm, Roland: Politische Wirtschaftslehre, Opladen 1995.

Swanson, David L./Paolo Mancini (Hrsg.): Politics, Media, and Modern Democracy. An International Study of Innovations in Electoral Campaigning and Their Consequences, Westport/London 1996.

Tauss, Jörg/Johannes Kollbeck/Jan Mönikes (Hrsg.): Deutschlands Weg in die Informationsgesellschaft. Herausforderungen und Perspektiven für Wirtschaft, Wissenschaft, Recht und Politik, Baden-Baden 1996.

Timmermann, Heiner (Hrsg.): Eine Verfassung für die Europäische Union. Beiträge zu einer grundsätzlichen und aktuellen Diskussion, Opladen 2001.

Timmermann, Heiner/Wolf D. Gruner: Demokratie und Diktatur in Europa. Geschichte und Wechsel der politischen Systeme im 20. Jahrhundert, Berlin 2001.

Vetter, Angelika: Lokale Politik als Ressource der Demokratie in Europa? Lokale Autonomie, lokale Strukturen und die Einstellungen der Bürger zur lokalen Politik, Opladen 2002.

Vetter, Matthias (Hrsg.): Terroristische Diktaturen im 20. Jahrhundert. Strukturelemente der nationalsozialistischen und stalinistischen Herrschaft, Opladen 1996.

Voigt, Rüdiger (Hrsg.): Der kooperative Staat. Krisenbewältigung durch Verhandlung?, Baden-Baden 1995.

Vorländer, Hans: Die Verfassung. Idee und Geschichte, München 1999.

Ware, Alan: Political Parties and Party Systems, Oxford 1996.

Weidenfeld, Werner (Hrsg.): Demokratie am Wendepunkt. Die demokratische Frage als Projekt des 21. Jahrhunderts, Berlin 1996.

Wey, Klaus-Georg: Umweltpolitik in Deutschland. Kurze Geschichte des Umweltschutzes in Deutschland seit 1900, Opladen 1982.

Widmaier, Ulrich/Andrea Gawrich/Ute Becker: Regierungssysteme Zentral- und Osteuropas. Ein einführendes Lehrbuch, Opladen 1999.

Wilke, Jürgen (Hrsg.): Mediengeschichte der Bundesrepublik Deutschland, Köln 1999.

Wilke, Manfred/Hans-Peter Müller/Marion Brabant: Die Deutsche Kommunistische Partei (DKP). Geschichte – Organisation – Politik, Köln 1990.

Wollmann, Hellmut/Roland Roth (Hrsg.): Kommunalpolitik. Politisches Handeln in Gemeinden, Opladen 1998.

Autorenverzeichnis

Arzheimer, Kai Dr.: Wissenschaftlicher Assistent im Fach Politikwissenschaft an der Universität Mainz.

Backes, Uwe Dr.:   Stellvertretender Leiter des Hannah-Arendt-Instituts für Totalitarismusforschung und als Privatdozent Lehrbeauftragter im Fach Politikwissenschaft an der TU Dresden.

Berg-Schlosser, Dirk Dr.: Prof. im Fach Politikwissenschaft an der Universität Marburg.

Falter, Jürgen W. Dr.: Prof. im Fach Politikwissenschaft an der Universität Mainz.

Gabriel, Oscar W. Dr.: Prof. im Fach Politikwissenschaft an der Universität Stuttgart.

Gallus, Alexander Dr.: Wissenschaftlicher Assistent im Fach Politikwissenschaft an der TU Chemnitz.

Helms, Ludger Dr.: Privatdozent im Fach Politikwissenschaft an der Humboldt-Universität zu Berlin, z.Z. Heisenberg Fellow am Center for European Studies der Harvard University.

Hoffmann-Lange, Ursula Dr.: Prof. im Fach Politikwissenschaft an der Universität Bamberg.

Holtmann, Everhard Dr.: Prof. im Fach Politikwissenschaft an der Universität Halle-Wittenberg.

Jesse, Eckhard Dr.: Prof. im Fach Politikwissenschaft an der TU Chemnitz.

Kropp, Sabine Dr.: Privatdozentin für Politikwissenschaft an der Universität Erlangen-Nürnberg und Lehrstuhlvertreterin im Fach Politikwissenschaft an der Universität Potsdam.

Müller, Markus M. Dr.: Leiter der Zentralstelle im Wirtschaftsministerium von Baden-Württemberg, Stuttgart.

Niedermayer, Oskar Dr.: Prof. im Fach Politikwissenschaft an der Freien Universität Berlin.

Pehle, Heinrich Dr.: Privatdozent und Akademischer Oberrat im Fach Politikwissenschaft an der Universität Erlangen-Nürnberg.

Schmidt, Manfred G. Dr.: Prof. im Fach Politikwissenschaft an der Universität Heidelberg.

Schüttemeyer, Suzanne S. Dr.: Prof. im Fach Politikwissenschaft an der Universität Halle-Wittenberg.

Sturm, Roland Dr.: Prof. im Fach Politikwissenschaft an der Universität Erlangen-Nürnberg.

Walter-Rogg, Melanie Dr.: Wissenschaftliche Assistentin im Fach Politikwissenschaft an der Universität Stuttgart.